O SEMINÁRIO
DE JACQUES LACAN

Campo Freudiano no Brasil

Coleção dirigida por Judith (*in memoriam*) e Jacques-Alain Miller

Assessoria brasileira: Angelina Harari

Jacques Lacan

O SEMINÁRIO

livro 6

o desejo e sua interpretação

Texto estabelecido por
Jacques-Alain Miller

5ª reimpressão

ZAHAR

Tradução autorizada da primeira edição francesa, publicada em 2013
por Éditions de La Martinière/Le Champ Freudien Éditeur, de Paris, França

Grafia atualizada segundo o Acordo Ortográfico da Língua Portuguesa de 1990, que entrou em vigor no Brasil em 2009.

Título original
Le Séminaire de Jacques Lacan
Livre VI: Le désir et son interprétation

Cet ouvrage, publié dans le cadre du Programme d'Aide à la Publication 2014 Carlos Drummond de Andrade de la médiathèque, bénéficie du soutien du Ministère français des Affaires Étrangères et du Développement International.

Este livro, publicado no âmbito do Programa de Apoio à Publicação 2014 Carlos Drummond de Andrade da mediateca, contou com o apoio do Ministério francês das Relações Exteriores e do Desenvolvimento Internacional.

Liberté • Égalité • Fraternité
RÉPUBLIQUE FRANÇAISE

MÉDIATHÈQUE
MaisondeFrance

Indexação
Gabriella Russano

Revisão
Eduardo Monteiro
Eduardo Farias

CIP-Brasil. Catalogação na fonte
Sindicato Nacional dos Editores de Livros, RJ

Lacan, Jacques, 1901-1981
L129s O seminário, livro 6: o desejo e sua interpretação / Jacques Lacan; texto estabelecido por Jacques-Alain Miller; tradução Claudia Berliner. – 1ª ed. – Rio de Janeiro: Zahar, 2016.
il. (Campo Freudiano no Brasil)

Tradução de: Le séminaire de Jacques Lacan livre VI: le désir et son interpretation.
Inclui índice
ISBN 978-85-378-1521-2

1. Psicanálise. 2. Psicologia. I. Miller, Jacques-Alain. II. Título. III. Série.

CDD: 150.195
15-28511 CDU: 159.964.2

EDITORA SCHWARCZ S.A.
Praça Floriano, 19, sala 3001 – Cinelândia
20031-050 – Rio de Janeiro – RJ
Telefone: (21) 3993-7510
www.companhiadasletras.com.br
www.blogdacompanhia.com.br
facebook.com/editorazahar
instagram.com/editorazahar
twitter.com/editorazahar

livro 6

o desejo e sua interpretação

1958-1959

Tradução:
CLAUDIA BERLINER

Versão final:
ANGELINA HARARI E MARCUS ANDRÉ VIEIRA

Preparação de texto:
ANDRÉ TELLES

Sumário

Introdução

O Desejo no Sonho

Sobre um Sonho Analisado por Ella Sharpe

Sete Lições sobre Hamlet

A Dialética do Desejo

Conclusão e Abertura

Anexos

Introdução

I
Construção do Grafo

Reintroduzir a palavra "desejo"
Poetas e filósofos
Os três esquemas
A defesa contra o desamparo
Darwin e o arrepio do Diabo

Este ano falaremos do desejo e de sua interpretação.

Dizem que uma análise é uma terapêutica. Digamos que é um tratamento, um tratamento psíquico.

Esse tratamento incide sobre vários níveis do psiquismo, a começar sobre o que chamaremos de fenômenos marginais ou residuais, o sonho, os lapsos, o chiste, que foram os primeiros objetos científicos da experiência psicanalítica e nos quais me detive no ano passado.

Esse tratamento, se entrarmos mais no seu aspecto terapêutico, incide também sobre sintomas em sentido amplo, pois estes se manifestam no sujeito por inibições, que se constituem em sintomas e são sustentadas por eles.

Por fim, é um tratamento modificador de estruturas, em especial dessas estruturas chamadas neuroses ou neuropsicoses, que Freud inicialmente estruturou e designou como *neuropsicoses de defesa.*

Por outro lado, a que título a psicanálise intervém para lidar em diversos níveis com essas diversas realidades fenomênicas? Intervém na medida em que estas põem em jogo o desejo.

Assim, foi expressamente sob a rubrica do desejo, como significativos do desejo, que os fenômenos que chamei de residuais ou marginais foram primeiro apreendidos por Freud, nos sintomas que vemos descritos de uma ponta à outra de seu pensamento.

Também a angústia, se fizermos dela o ponto-chave da determinação dos sintomas, só intervém na medida em que esta ou aquela atividade que venha a entrar no jogo dos sintomas esteja erotizada, ou seja, melhor dizendo, tenha sido capturada no mecanismo do desejo.

Finalmente, o que significa o termo "defesa" quando empregado a propósito das neuropsicoses? Contra o que há defesa senão contra algo que nada mais é que o desejo?

Para concluir esta introdução, basta indicarmos que a libido, cuja noção se encontra no centro da teoria analítica, não é outra coisa além da energia psíquica do desejo.

Já indiquei em outra ocasião, de passagem – lembrem-se da metáfora da fábrica –, que a noção de energia, até mesmo para que ela subsista, necessita de certas conjunções entre o simbólico e o real, mas não quero me demorar agora nesse ponto.

Portanto, a teoria analítica repousa por inteiro na noção de libido, na energia do desejo.

1

Contudo, eis que, nos últimos tempos, vemos essa teoria analítica cada vez mais orientada numa direção que mudou.

Aqueles mesmos que sustentam a nova orientação articulam-na muito conscientemente – pelo menos os mais conscientes dentre eles. Como escreve várias vezes – porque ele não para de escrever – o representante mais típico dessa tendência, o sr. Fairbairn, e em particular na coletânea intitulada *Psychoanalytic Studies of the Personality*, a teoria moderna da análise modificou alguma coisa no eixo que Freud lhe deu de início, na medida em que, para nós, a libido já não é *pleasure-seeking*, mas *object-seeking*.

O que significa essa tendência que orienta a função da libido em função de um objeto que lhe estaria, de certa forma, predestinado é algo a que já fizemos alusão uma centena de vezes. Mostrei-lhes de mil formas suas incidências na técnica e na teoria analíticas. Creio ter podido lhes apontar, em várias ocasiões, os desvios práticos que ela acarreta, alguns dos quais não deixam de ser perigosos.

Para fazê-los abordar hoje o problema em questão este ano, quero lhes assinalar a importância do mero fato de reintroduzir a palavra "desejo", cujo velamento é manifesto em toda a manipulação atual da experiência analítica. Assim fazendo, produzimos uma impressão, não diria de renovação, mas de desconcerto. Quero dizer que se em vez de falar de libido ou de objeto genital, falamos de *desejo* genital, talvez se torne imediatamente mais difícil para nós considerar evidente que a maturação desse desejo implique, por si só, essa possibilidade de abertura para o amor, ou de plenitude de realização do amor, que parece ter se tornado doutrinal numa certa perspectiva da maturação da libido.

Essa tendência, essa realização, essa implicação quanto à maturação da libido mostra-se ainda mais surpreendente por ocorrer no seio de uma doutrina que foi precisamente a primeira não só a pôr em destaque, como também a explicar, o que Freud classificou sob o título de degradação da vida amorosa. A saber, que, embora o desejo pareça, com efeito, carregar consigo um certo montante de amor, trata-se muitas vezes de um amor que se apresenta à personalidade como conflituoso, de um amor que não se declara, que inclusive se recusa a se declarar.

Por outro lado, pelo mero fato de reintroduzirmos a palavra *desejo* ali onde termos como *afetividade* e *sentimento positivo* ou *negativo* são empregados correntemente, numa abordagem, pode-se dizer, envergonhada das forças eficazes na relação analítica e, particularmente, da transferência, ocorrerá uma clivagem que, parece-me, terá por si só algo de esclarecedor.

Com efeito, se em vez de considerar que a transferência é constituída por uma afetividade, por sentimentos positivos ou negativos, com o que esses termos comportam de vago e de velado, nomearmos o que aqui se experimenta com um termo único, o desejo; se falarmos de desejo sexual e desejo agressivo em relação ao analista, logo perceberemos, num piscar de olhos, que esses desejos não são, de jeito nenhum, tudo na transferência e que esta precisa ser definida por outra coisa além de referências mais ou menos confusas à noção de afetividade, positiva ou negativa.

Enfim, se pronunciarmos a palavra *desejo*, o benefício final desse uso pleno será nos perguntarmos: o que é o desejo?

Esta não será uma pergunta à qual poderemos responder de forma simples. Se eu não estivesse comprometido, aqui, com o que poderia chamar de encontro urgente com minhas necessidades práticas experienciais, teria me permitido uma interrogação sobre o sentido da palavra "desejo" para aqueles que estiveram mais qualificados para valorizar seu emprego, quais sejam, os poetas e os filósofos. Não o farei.

O que acontece, na poesia, com o emprego da palavra "desejo", com a transmissão do termo e com sua função será algo que reencontraremos *a posteriori* se formos longe o suficiente em nossa investigação. Caso seja verdade, como toda a minha exposição este ano lhes mostrará, que a situação do desejo está profundamente marcada, amarrada, presa a certa função da linguagem, a uma certa relação do sujeito com o significante, a experiência analítica nos levará longe o bastante nessa exploração – ao menos é o que espero – para que encontremos todo o tempo necessário de ser ajudados pela evocação propriamente poética que disso pode ser feita, o que também nos permitirá, no fim, entender mais profundamente a natureza da criação poética em suas relações com o desejo.

Quero apenas ressaltar que as dificuldades próprias do jogo de ocultação, que, como veremos, está no fundo do que nossa experiência nos mostrará, já aparecem no fato, por exemplo, de que se vê bem como a relação poética com o desejo se ajusta mal, pode-se dizer, à pintura de seu objeto. Nesse sentido, a poesia figurativa, aquela que pinta, quase posso dizer, *as rosas e os lírios* [*les roses et les lys*] da beleza, nunca expressa o desejo fora do registro de uma singular frieza, ao passo que, curiosamente, é todo o contrário que ocorre na chamada poesia metafísica. Isso se deve à lei propriamente dita, que rege a evocação do desejo. Para aqueles que leem inglês, basta mencionar aqui a referência mais eminente dos poetas metafísicos da literatura inglesa, John Donne, convidando-os, por exemplo, a se reportar a um poema famoso como "The ecstasy", a fim de constatar que o que ali é evocado é o problema da estrutura das relações do desejo.

Esse título indica e esboça, em certa medida, a direção em que se elabora, ao menos no plano lírico, a abordagem poética do desejo quando ele é visado em si mesmo. É certo que, quando o jogo do poeta se arma de ação dramática, ele vai bem mais longe para presentificar o desejo. Por ora, deixarei essa dimensão de lado, mas anuncio-a desde já porque dela nos aproximamos o ano passado – é a dimensão da comédia. Saibam que teremos de voltar a isso.

Deixemos aí os poetas. Só os nomeei aqui a título de indicação preliminar e para lhes dizer que os reencontraremos mais adiante, de forma mais ou menos difusa. Quero, em contrapartida, deter-me por um instante em qual foi, no tocante a isso, a posição dos filósofos, pois, creio, foi bastante ilustrativa do ponto em que para nós se situa o problema.

Tomei o cuidado de escrever no quadro esses três termos: *pleasure-seeking, object-seeking*. Busca do prazer ou busca do objeto: foi efetivamente assim que, desde sempre, a questão se colocou para a reflexão e para a moral. Refiro-me à moral teórica, aquela que se enuncia por meio de preceitos e regras, de operações de filósofos e, muito especialmente, dizem, de eticistas.

Já lhes indiquei o que constitui a base de toda moral que poderíamos chamar de *fisicalista*, no sentido em que, na filosofia medieval, se fala da teoria física do amor em oposição à sua teoria extática. Pode-se dizer, até certo ponto, que toda moral expressa até agora na tradição filosófica tomou como base o que se poderia, em suma, chamar de tradição hedonista. Esta consiste em estabelecer uma espécie de equivalência entre os dois termos, o prazer e o objeto – no sentido de que o objeto é o objeto natural da libido, no sentido de que ele é um benefício. Trata-se, afinal, de incluir o prazer na categoria dos bens buscados pelo sujeito, na categoria do soberano bem, ou até de recusar-se a isso, mas com o mesmo critério.

Quando se está implicado no diálogo da escolástica, a tradição hedonista da moral para de surpreender, já não se notam seus paradoxos. No entanto, o que há, afinal, de mais antagônico ao que chamaremos de experiência da razão prática do que essa pretensa convergência entre o prazer e o bem?

Se olharmos mais de perto, se olharmos, por exemplo, como essas coisas são tratadas em Aristóteles, o que vemos elaborar-se? Em Aristóteles é muito claro, as coisas são muito puras: a identificação entre prazer e bem só chega a se realizar no interior do que chamarei de uma ética do "mestre" [*maître*].* Esse ideal lisonjeiro ostenta o termo "temperança" – em oposição à intemperança –, como algo que decorre do domínio ou da mestria/dominação [*maîtrise*] do sujeito em relação a seus próprios hábitos. Ora, a inconsequência dessa teorização é muito impressionante.

Se relerem as célebres passagens concernentes ao uso dos prazeres, verão que nada entra nessa ótica moralizante que não seja do registro do domínio, de uma moral de mestre, do que o mestre pode discipli-

* Vale lembrar que o termo *maître* em francês teria como primeira tradução "senhor" ou "amo". Seguimos a tradução por "mestre", já estabelecida em outras publicações em razão dos variados usos das assonâncias deste termo. (N.E.)

nar. Ele pode disciplinar muitas coisas, principalmente seu comportamento em relação a seus hábitos, isto é, ao manejo e uso de seu eu. Em contrapartida, no tocante ao desejo, as coisas são bem diferentes.

O próprio Aristóteles, muito lúcido, muito consciente do que resulta dessa teorização moral, prática e teórica, reconhece que os desejos, as *epithemia*, ultrapassam certo limite, que é precisamente o da dominação e o do eu, e que elas muito rapidamente se apresentam no terreno do que ele chama de *animalidade*. Os desejos são exilados do campo próprio do homem, supondo que o homem se identifique com a realidade do mestre. No caso, a animalidade é mesmo algo como as perversões. Aliás, a esse respeito Aristóteles tem uma concepção singularmente moderna, que poderíamos traduzir dizendo que o mestre não poderia ser julgado por isso. Isso quase equivale a dizer, no nosso vocabulário, que ele não poderia ser reconhecido como responsável. São textos que vale a pena relembrar, e reportar-se a eles irá esclarecê-los.

No oposto dessa tradição filosófica, há alguém que eu gostaria, mesmo assim, de nomear aqui. A meu ver, ele é o precursor disso que acredito ser novo, que devemos considerar como novo no, digamos, progresso, no sentido de certa relação do homem consigo mesmo que é a da análise tal como Freud a constituiu. É Espinosa.

Em todo caso, é nele que se pode ler, em todo caso com uma ênfase bastante excepcional, uma fórmula como esta: *O desejo é a própria essência do homem*. Para não isolar o começo da fórmula de sua continuação, acrescentaremos: *na medida em que ela é concebida a partir de alguma de suas afecções, concebida como determinada e obrigada por qualquer uma de suas afecções a fazer alguma coisa*.

Já se poderia fazer muita coisa a partir disso para articular o que nessa fórmula ainda permanece, se me permitem, irrevelado. Digo *irrevelado* porque, é claro, não se pode traduzir Espinosa a partir de Freud. Mas ofereço-o a vocês como um testemunho muito singular. Eu, sem dúvida, tenho para isso mais propensão que outros, pois, em tempos muito remotos, frequentei muito Espinosa. Nem por isso creio que este seja o motivo pelo qual, relendo-o a partir de minha experiência, me pareça que alguém que participa da experiência freudiana também possa ficar à vontade nos textos daquele que escreveu o *De servitude humana* e para quem toda a realidade humana se estrutura, se organiza em função dos atributos da substância divina. Mas, por ora, também deixemos de lado esse bosquejo, prontos para a ele voltar.

Quero lhes dar um exemplo bem mais acessível, com o qual encerrarei a referência filosófica relativa a nosso problema.

Tomei-o no nível mais acessível, até mesmo mais vulgar do acesso que possam ter a ele. Abram o dicionário do encantador finado Lalande, seu *Vocabulário filosófico*. Todo tipo de exercício dessa natureza, o de fazer um vocabulário, é sempre uma das coisas mais perigosas e, ao mesmo tempo, mais frutíferas, de tal forma a linguagem predomina em tudo o que se refere aos problemas. Temos certeza de que, ao organizar um vocabulário, sempre faremos algo sugestivo. Aqui, encontramos isto: *Desejo* [*Désir*]*: Begehren, Begehrung*. Não é inútil lembrar o que o desejo articula no plano filosófico alemão.

> *Tendência espontânea e consciente em direção a um fim conhecido ou imaginado. O desejo repousa, pois, sobre a tendência, da qual ele é um caso particular e mais complexo. Opõe-se, por outro lado, à vontade (ou à volição) na medida em que esta pressupõe ademais: 1º a coordenação, pelo menos momentânea, das tendências; 2º a oposição entre o sujeito e o objeto; 3º a consciência de sua própria eficácia; 4º o pensamento dos meios pelos quais se realizará o fim pretendido.*

São lembretes bastante úteis, mas notemos que, num artigo que pretende definir o desejo, há duas linhas para situá-lo em relação à tendência, e que todo o desenvolvimento se refere à vontade. A isso se reduz o discurso sobre o desejo nesse *Vocabulário*, com a ressalva de que a ele se acrescenta: *Por fim, segundo certos filósofos, existe ainda, na vontade, um* fiat *de natureza especial, irredutível às tendências e que constitui a liberdade.* Há uma sombra de ironia nessa última linha, o que é notável vindo desse autor filosófico.

Em nota: *O desejo é a tendência a se proporcionar uma emoção já experimentada ou imaginada, é a vontade natural de um prazer.* Segue-se menção a Rauh e Revault d'Allonnes, sendo que o termo *vontade natural* tem grande interesse como referência. Ao que Lalande acrescenta pessoalmente: *Esta definição parece-nos demasiado estreita, uma vez que não leva suficientemente em conta a anterioridade de certas tendências em relação às emoções correspondentes. Em todo caso, o desejo parece-nos ser essencialmente o desejo de um ato ou de um estado sem que nele haja necessariamente a representação da característica afetiva desse fim.* Penso que isso quer dizer "do prazer" ou de alguma outra coisa. Seja como for, certamente não deixa de levantar o problema de saber se o que está em jogo é a representação do prazer ou o prazer. Certamente não penso que seja uma tarefa simples apreender a significação do desejo por via desse *Vocabulário*, tanto mais que tampouco se pode dizer que essa tarefa tenha de alguma maneira sido preparada pela tradição a que o autor se refere.

O desejo é a realidade psicológica rebelde a toda organização? Será pela subtração das características indicadas como próprias da vontade que finalmente chegaremos a nos aproximar da realidade do desejo? Teríamos, então, o contrário do que abandonamos. Teríamos a não-coordenação, ainda que momentânea, das tendências. A oposição entre sujeito e objeto seria realmente retirada. Estaríamos também em presença de uma tendência sem consciência de sua própria eficácia e sem o pensamento das palavras pelas quais ela realizará o fim pretendido. Em suma, estaríamos num campo para o qual a análise trouxe articulações mais precisas.

Com efeito, no interior dessas determinações negativas, a análise desenha muito precisamente, em diversos níveis, a pulsão, na medida em que ela é justamente a não-coordenação, ainda que momentânea, das tendências, e a fantasia, na medida em que introduz uma articulação essencial ou, mais exatamente, uma espécie totalmente caracterizada no interior dessa vaga determinação designada como a não oposição entre o sujeito e o objeto. Nosso objetivo este ano será tentar definir o que é a fantasia, e talvez de uma maneira um pouco mais precisa do que a tradição analítica conseguiu fazer até agora.

Quanto ao que resta da definição, e que implica o idealismo e o pragmatismo, guardaremos apenas uma coisa, por enquanto: como parece difícil situar e analisar o desejo em função de referências puramente objetais.

Paremos aqui para entrar, propriamente, nos termos em que penso poder, este ano, articular para vocês o problema de nossa experiência, na medida em que eles são nomeadamente os do desejo – do desejo e sua interpretação.

2

O nexo interno, o nexo de coerência, na experiência analítica, entre o desejo e sua interpretação apresenta em si mesmo um traço que só o hábito nos impede de ver: o quanto a interpretação do desejo já é, por si só, subjetiva. Isso parece mesmo algo ligado de modo igualmente interno à própria manifestação do desejo.

Vocês sabem de que ponto de vista, não vou dizer partimos, mas caminhamos. Com efeito, não é de hoje que estamos juntos. Já faz cinco anos que tentamos indicar os delineamentos da compreensão mediante certas articulações de nossa experiência. Esses delineamentos vêm este ano convergir para um problema que pode ser o ponto de confluência de todos esses pontos, alguns afastados uns dos outros, para cuja abordagem quero prepará-los.

Uma vez que andamos juntos durante esses cinco anos, posso afirmar desde logo que a psicanálise nos mostra, essencialmente, o que chamaremos de captura do homem no constituinte da cadeia significante. Essa captura está, sem dúvida, ligada ao fazer do homem, mas não é coextensiva a esse fazer. Se o homem fala, para falar ele tem de entrar na linguagem e num discurso preexistente. Essa lei da subjetividade que a análise destaca especialmente, qual seja, sua dependência fundamental da linguagem, é tão essencial que, literalmente, toda a psicologia desliza sobre isso.

Diremos que há, pelo menos, uma psicologia submetida à linguagem, aquela que definimos como a soma dos estudos relativos ao que poderíamos chamar, em sentido amplo, de uma sensibilidade, enquanto função da manutenção de uma totalidade ou de uma homeostase. Em suma, trata-se das funções da sensibilidade com relação a um organismo. Nisso, tudo está implicado – não só todos os dados experimentais da psicofísica, mas também tudo o que, na ordem mais geral, a entrada em jogo da noção de forma pode propiciar no que se refere à apreensão dos meios para a manutenção da constância do organismo. Há todo um campo da psicologia inscrito aí, sustentado pela experiência que lhe é própria e que dá lugar a uma pesquisa que prossegue.

No entanto, a subjetividade em questão estando o homem capturado na linguagem, estando capturado nela queira ele ou não, e estando capturado nela bem além do saber que disso tenha, não é imanente a uma sensibilidade, se entendemos por isso o par estímulo-resposta. A razão disso é que o estímulo está dado em função de um código, que impõe sua ordem à necessidade, a qual nele tem de se traduzir.

Na perspectiva experimental, podemos, a rigor, explicar a prova do ciclo estímulo-resposta em termos de sinais. Diremos que o estímulo é um sinal que o meio externo dá ao organismo de que tem de responder, de que tem de se defender, e que ele, por sua vez, emite um sinal. Se você faz cócegas na planta do pé de uma rã, ela responde com certa distensão muscular. Contudo, quando se trata da subjetividade capturada pela linguagem, há emissão não de um sinal – ou de um signo –, mas de um significante.

Guardem bem isso, que parece simples. Na teoria da comunicação, fala-se do signo como algo endereçado a alguém e que vale em relação a uma terceira coisa que esse signo representa. Muito recentemente ainda lemos que três são os termos mínimos. Sem nem mesmo haver necessidade de falar de emissor, é preciso haver aquele que ouve e, em seguida, basta um signo, o qual significa uma terceira coisa, que ele simplesmente representa.

Ora, no que concerne ao significante, essa construção é falsa, na medida em que o significante não vale em relação a uma terceira coisa que ele representaria, mas em relação a outro significante, que ele não é.

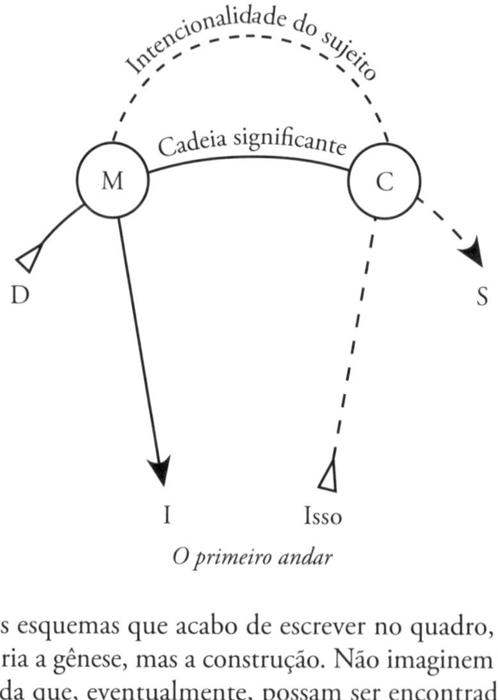

O primeiro andar

Dos três esquemas que acabo de escrever no quadro, quero mostrar, não diria a gênese, mas a construção. Não imaginem tratar-se de etapas, ainda que, eventualmente, possam ser encontradas aí etapas de fato realizadas pelo sujeito. É certo que o sujeito precisa ocupar seu lugar aí, mas não vejam nesses esquemas etapas típicas do desenvolvimento; trata-se, antes, de uma geração, de uma anterioridade lógica de cada um em relação ao que o segue.

O que representa isso que chamamos de D maiúsculo? D representa a cadeia significante. Essa estrutura basal, fundamental, submete toda manifestação de linguagem à condição de estar regulada por uma sucessão, em outras palavras, por uma diacronia, por algo que se desenrola no tempo. O S maiúsculo está posto para *significante*.

Deixamos de lado as propriedades temporais envolvidas; talvez tenhamos de voltar a elas mais adiante. Digamos que nem toda a plenitude da matéria temporal, como se diz, está implicada aí. Aqui, as coisas se resumem à noção de sucessão, com o que ela já pode implicar da noção de escansão, mas tampouco chegamos nisso.

Nosso problema é o da implicação do sujeito no significante. A única base sobre a qual ela vai se instaurar é o elemento discreto, isto é, diferencial.

Dado o que acabei de mostrar, isto é, que o significante se define, ganha seu valor e seu sentido por sua relação com outro significante dentro de um sistema de oposições significantes, a cadeia significante se desenvolve numa dimensão que implica certa sincronia dos significantes, ou seja, a existência de certa bateria significante.

Pode-se levantar o problema de saber qual é a bateria mínima. Tentei dedicar-me a esse probleminha. O que parece ser a bateria mínima é uma bateria de quatro. É possível fazer uma linguagem com isso? Não creio ser impensável. Procurar saber se é possível não os arrastaria para muito longe de sua experiência, mas deixemos isso de lado. É claro que, no atual estado de coisas, estamos longe de estar reduzidos a esse mínimo.

O importante é o seguinte: o que está indicado pela linha pontilhada vem recortar, da frente para trás, cortando-a em dois pontos, a linha representativa da cadeia significante.

O primeiro encontro se dá no nível sincrônico, o da simultaneidade dos significantes. O ponto C é o que chamo de ponto de encontro do código. Em outras palavras, há aqui o jogo do significante, algo que funciona como uma matraca [*moulin à paroles*]. A criança se dirige a um sujeito que ela sabe ser falante, que ela viu falando, que a penetrou com relatos desde o começo de seu despertar para a luz do dia. É muito cedo que o sujeito tem de aprender que essa é uma via, que esse é o desfilamento [*défilé*] pelo qual as manifestações de suas necessidades devem rebaixar-se a passar para serem satisfeitas.

M, o segundo ponto de interseção, é aquele onde se produz a mensagem. Com efeito, é sempre por um jogo retroativo da sequência de significantes que a significação se afirma e se precisa. É *a posteriori* que a mensagem toma forma, a partir do significante, do código, que está ali à sua frente. Inversamente, a mensagem, enquanto se formula, a todo instante se antecipa ao código, busca uma garantia.

Já lhes indiquei o que resulta do processo intencional que vai do *Isso* ao I maiúsculo.

O que está na sua origem apresenta-se sob a forma de eclosão da necessidade, da tendência, como dizem os psicólogos. Isso está representado no meu esquema no nível do *Isso*. Aqui não há via de retorno que se feche, pois o *Isso* está capturado na linguagem, mas não sabe o que é, ele não se reflete nessa abordagem inocente da linguagem na qual o sujeito se constitui inicialmente discurso.

O fato, mesmo reduzido às suas formas mais primitivas de apreensão pelo sujeito, de este estar em relação com outros sujeitos falantes resulta que, no fim da cadeia intencional, se produza o que denominei primeira identificação, a identificação primária, I.

É a primeira realização de um ideal do qual, nesse momento do esquema, não se pode sequer dizer que se trata de um Ideal do eu, mas apenas que o sujeito recebeu aqui a primeira chancela [*seing*], *signum*, de sua relação com o Outro.

3

Vem agora a segunda etapa do esquema.

Vocês podem, de certo modo, fazê-la abranger certa etapa evolutiva, desde que não considerem essas etapas como cesuras. Na evolução, existem coisas claramente distintas, mas não é no nível das etapas do esquema que elas se encontram. Essas cesuras, como notou Freud em algum lugar, marcam-se no nível do juízo de atribuição com relação à nomeação simples. Não é disso que estou falando agora, deixo para mais adiante.

A primeira parte desse esquema representa o nível *infans* do discurso, pois talvez nem seja necessário a criança já estar falando para que a marca, a impressão deixada pela demanda sobre a necessidade, se exerça, como mostram seus vagidos alternantes. A segunda parte implica que a criança, embora ainda não saiba sustentar um discurso, assim mesmo já sabe falar, o que vem muito cedo.

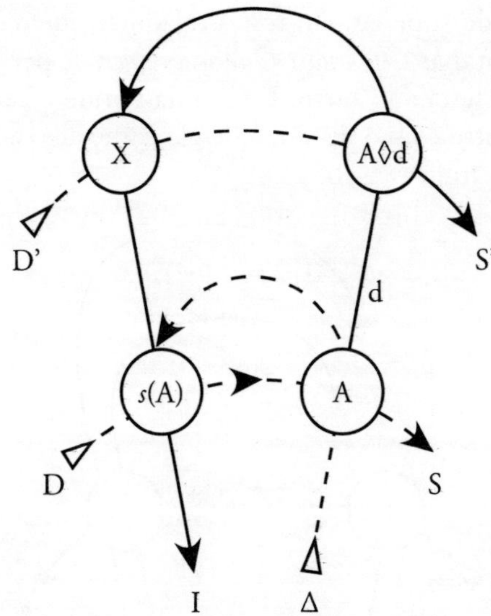

O segundo andar

Quando digo que sabe falar, quero dizer que, no nível da segunda etapa do esquema, há algo que vai além da captura na linguagem. Há, propriamente falando, relação com o Outro, na medida em que há apelo ao Outro como presença, presença sobre fundo de ausência. É o momento assinalado do *Fort-da*, que tanto impressionou Freud numa data que podemos fixar em 1915, quando foi convocado por um de seus netos, que viria a se tornar ele próprio psicanalista – refiro-me à criança que foi objeto de sua observação.

Na primeira etapa, o que a cadeia do discurso articula como existindo para além do sujeito impõe a este sua forma, queira ele ou não. Há nisso, pode-se dizer, uma apreensão inocente da forma linguageira por parte do sujeito. Contudo, para além dessa articulação, para além dessa apreensão, vai se produzir algo diferente, fundado nessa experiência da linguagem, a saber, a apreensão do Outro como tal pelo sujeito. Eis o que nos faz passar para a segunda etapa de realização do esquema.

O Outro em questão é aquele que pode dar ao sujeito a resposta, a resposta a seu apelo. Vemos esse Outro, a quem fundamentalmente ele dirige sua pergunta, aparecer em *O diabo enamorado* de Cazotte como o bramido da forma terrificante que representa o aparecimento do supereu, em resposta àquele que o evocou numa caverna napolitana: *Che vuoi? Que quer você?* A pergunta sobre o que ele quer é feita ao Outro. É feita dali onde o sujeito tem seu primeiro encontro com o desejo, o desejo como algo que é, primeiro, o desejo do Outro.

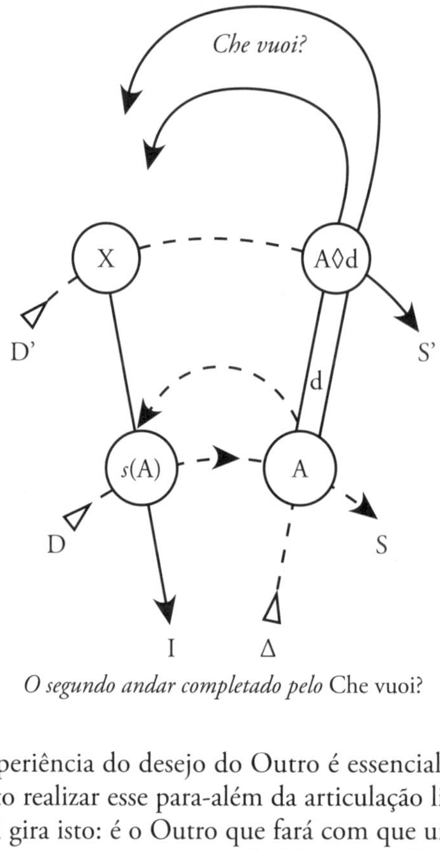

O segundo andar completado pelo Che vuoi?

Se essa experiência do desejo do Outro é essencial é porque permite ao sujeito realizar esse para-além da articulação linguageira em torno da qual gira isto: é o Outro que fará com que um significante ou outro esteja ou não na presença da fala. Com efeito, até então a bateria dos significantes, entre os quais podia ser feita uma escolha, estava ali, mas apenas em si. Agora, é na experiência que essa escolha se mostra comutativa, na medida em que está ao alcance do Outro fazer com que um ou outro dos significantes ali esteja.

Segue-se que, nesse nível da experiência, dois novos princípios se introduzem e vêm se somar ao que primeiramente era um puro e simples princípio de sucessão envolvendo o princípio de escolha.

Temos agora um princípio de substituição. Isto é essencial: a partir da comutatividade, estabelece-se para o sujeito o que denomino, entre o significante e o significado, a *barra*. Ou seja, há entre o significante e o significado uma coexistência, uma simultaneidade que é, ao mesmo tempo, marcada por certa impenetrabilidade. Quero dizer que a diferença, a distância entre o significante e o significado se mantém.

$$\frac{S}{s}$$

Coisa curiosa, a teoria dos grupos, tal como a aprendemos no estudo abstrato dos conjuntos, nos mostra a ligação absolutamente essencial de toda comutatividade com a própria possibilidade de utilizar o que aqui chamo de signo da barra, do qual fazemos uso para a representação das frações. Isso é uma indicação à margem que, por ora, deixaremos de lado.

A partir do momento em que a estrutura da cadeia significante realizou o apelo do Outro, ou seja, em que o processo da enunciação se distingue da fórmula do enunciado e a ela se superpõe, a captura do sujeito na articulação da fala, captura que era inicialmente inocente, torna-se inconsciente. Além disso, a comutatividade do significante se torna uma dimensão essencial para a produção do significado. Ou seja, é de maneira efetiva, e que repercute na consciência do sujeito, que a substituição de um significante por outro será, como tal, a origem da multiplicação dessas significações que caracterizam o enriquecimento do mundo humano.

Um segundo princípio também se delineia, o da similitude. Em função do fato de que, no interior da cadeia significante, um dos termos significantes seja ou não semelhante a outro, exerce-se uma certa dimensão de efeito, a dimensão metonímica. É essencialmente nessa dimensão que se produzem os efeitos característicos e fundamentais do que intitulamos o discurso poético, os efeitos da poesia. Vou mostrá-lo na sequência.

Portanto, o que se produz nessa segunda etapa nos permite localizar, lá onde no primeiro esquema estava a mensagem, o surgimento do que é significado do Outro, *s*(A), por oposição ao significante dado pelo Outro S(A). Ele é produzido sobre a cadeia pontilhada, porque é uma cadeia só em parte articulada, que é apenas implícita, que representa aqui apenas o sujeito como suporte da fala.

Como falei anteriormente, essa segunda etapa se produz na experiência do Outro como Outro que tem um desejo. Desde seu surgimento, na sua origem, o desejo, *d*, se manifesta no intervalo, na hiância que separa a pura e simples articulação linguageira da fala daquilo que marca que o sujeito aí realiza algo dele mesmo, algo que só tem alcance, sentido, em relação a essa emissão da fala, algo que é seu ser – o que a linguagem chama com esse nome.

É, por um lado, entre os avatares de sua demanda e o que esses avatares fizeram ele se tornar e, por outro, essa exigência de reconhecimento pelo Outro que, no caso, podemos chamar de exigência de amor, que se situa para o sujeito um horizonte de ser, e trata-se de saber se ele pode ou não alcançá-lo.

É nesse intervalo, nessa hiância que se situa a experiência do desejo. Ela é inicialmente apreendida como sendo a do desejo do Outro, e é dentro dela que o sujeito tem de situar seu próprio desejo, o qual não pode situar-se em outro espaço que não esse.

4

Isso representa a terceira etapa, forma, fase, do esquema.

Eis o que a constitui. Ante a presença primitiva do desejo do Outro como obscuro e opaco, o sujeito encontra-se sem recursos, *hilflos*. A *Hilflosigkeit* – emprego o termo de Freud – diz-se em francês *détresse*, o *desamparo* do sujeito. Aí se encontra o fundamento do que, na análise, foi explorado, experimentado, situado como a experiência traumática.

O que Freud nos ensinou, ao término do caminho que lhe permitiu, finalmente, situar em seu verdadeiro lugar a experiência da angústia, nada tem desse caráter, sob certos aspectos difuso, a meu ver, da chamada experiência existencial da angústia.

Numa referência filosófica, chegaram a dizer que a angústia nos confronta com o nada. Essas formulações seguramente se justificam em certa perspectiva da reflexão. Saibam, contudo, que Freud tem, sobre esse tema, um ensino articulado, positivo. Ele faz da angústia algo totalmente inserido numa teoria da comunicação: a angústia é um sinal. Supondo que o desejo deva se produzir no mesmo lugar onde, inicialmente, se origina e experimenta o desamparo, não é no nível do desejo que a angústia se produz.

Este ano retomaremos atentamente, linha por linha, o estudo de "Inibição, sintoma e angústia". Hoje, nesta primeira aula, não tenho

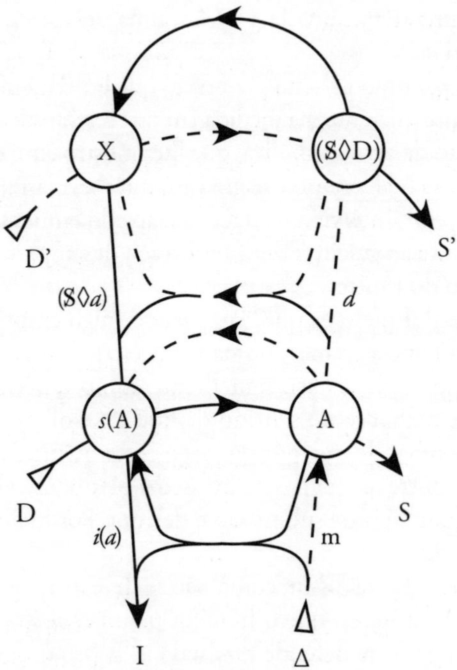

A terceira etapa

outra alternativa senão já esboçar alguns pontos centrais para depois voltar a eles e, particularmente, este: que Freud nos diz que a angústia se produz como um sinal no eu, com base na *Hilflosigkeit* que, como sinal, ela é chamada a remediar. Sei que estou indo rápido demais e que isso mereceria todo um seminário, mas não posso lhes falar de nada se não começar mostrando o desenho do caminho que temos de percorrer.

No nível dessa terceira etapa intervém a experiência especular, aquela da relação com a imagem do outro como fundadora da *Urbild* do eu. Voltamos a encontrar, assim, o que articulamos no final de nosso primeiro ano sobre as relações entre o eu ideal e o Ideal do eu. Não estou fazendo alusão aqui apenas ao que disse e articulei sobre a relação especular, a saber, a confrontação do sujeito com sua própria imagem no espelho, mas ao chamado esquema O-O', ou seja, o uso do espelho côncavo, que nos permite pensar a função de uma imagem real, por sua vez refletida, e que só pode ser vista como refletida a partir de uma determinada posição, uma posição simbólica que é a do Ideal do eu.

Utilizaremos tudo isso num contexto que lhe dará uma ressonância completamente diferente, na medida em que seremos levados a repensá-lo no contexto da ação simbólica, que lhes mostro aqui como essencial.

Portanto, se o elemento imaginário, qual seja, a relação do eu, *m*, com o outro, *i*(*a*), intervém na terceira etapa do esquema, é na medida em que permite ao sujeito fazer frente a seu desamparo na sua relação com o desejo do Outro.

Faz frente por meio de quê? Por meio de algo emprestado do jogo de dominação que a criança, numa idade eletiva, aprendeu a manejar numa certa referência a seu semelhante como tal. Trata-se da experiência do semelhante no sentido de que ele é olhar, de que ele é o outro que te olha, de que põe em jogo certa quantidade de relações imaginárias, entre as quais, em primeiro plano, as relações de preeminência, e também de submissão e derrota. Por meio disso é que o sujeito procede.

Em outras palavras, assim como não se deve dizer que a alma pensa, mas, como Aristóteles, que o homem pensa *com* sua alma, deve-se dizer que o sujeito se defende *com* seu eu. É isso o que a nossa experiência nos mostra.

O sujeito se defende de seu desamparo e, com esse recurso que a experiência imaginária da relação com o outro lhe dá, constrói algo que, diferentemente da experiência especular, é flexível com o outro. Com efeito, o que o sujeito reflete não são simplesmente jogos de preeminência, não é simplesmente seu aparecimento para o outro no prestígio e no artifício, é ele mesmo como sujeito falante. É por isso que o que lhes designo aqui como lugar de saída, como lugar de referência por onde o desejo vai aprender a se situar, é a fantasia.

Formulo a fantasia com esses símbolos, ($\$\lozenge a$). Se o sujeito está barrado aqui é porque se trata do sujeito como falante, na medida em que se refere ao outro como olhar, ao outro imaginário. Sempre que tiverem de lidar com algo que é propriamente uma fantasia, verão que ela é articulável nesses termos de referência, como relação do sujeito como falante com o outro imaginário. É isso o que define a fantasia. A função da fantasia é dar ao desejo do sujeito seu nível de acomodação, de situação. Por isso é que o desejo humano tem a propriedade de estar fixado, adaptado, combinado não a um objeto, mas sempre, essencialmente, a uma fantasia.

Isso é um fato de experiência. Embora possa ter permanecido misterioso por muito tempo, não esqueçamos que, de todo modo, é o fato de experiência que a análise introduziu na corrente do conhecimento. Foi só a partir da análise que isso deixou de ser uma anomalia, coisa opaca, algo da ordem do desvio do desejo, de seu descaminho, de sua perversão.

Foi a partir da análise que tudo isso que, conforme o caso, pode se chamar descaminho, perversão, desvio ou até delírio, foi concebido e articulado numa dialética que, como acabei de lhes mostrar, pode conciliar o imaginário e o simbólico.

5

Eu bem sei que, para iniciar o ano, não os estou conduzindo por uma vereda fácil. Mas se não começasse formulando imediatamente nossos termos de referência, se me contentasse em ir devagar, passo a passo, para lhes sugerir a necessidade de uma referência, o que conseguiria fazer?

Se não lhes apresentar imediatamente o que chamo de grafo, terei de fazer como no ano passado, aos pouquinhos, e ficará ainda mais obscuro. Daí ter começado por esse ponto. Não digo, com isso, que tenha tornado a experiência de vocês mais fácil.

Para descontrair essa experiência, gostaria agora de lhes dar uma pequena ilustração dela, tomada no nível mais simples, já que se trata das relações do sujeito com o significante. A primeira coisa e o mínimo que se pode exigir de um esquema é ver para que ele serve em relação à comutação.

Lembrei de uma anedota que li certa vez no livro de Darwin sobre a expressão das emoções no homem e no animal e que, devo dizer, achei muito divertida. Darwin conta ter ouvido, certa noite, um tal Sydney Smith – que devia ser, suponho, um homem da sociedade inglesa de seu tempo – dizer com toda a tranquilidade, *placidly*, a seguinte frase: *Chegou-me aos ouvidos que a querida velha Lady Cork escapou dessa* [*y a coupé*], *I hear that dear old Lady Cork has been overlooked.*

No sentido etimológico, *to be overlooked* quer dizer que não fomos notados, por um vigilante, por exemplo, que passamos batido, fomos esquecidos. Literalmente, o olho passou por cima de você. O verbo *to overlook* é de uso corrente na língua inglesa, não há nada que corresponda a ele na francesa. Por isso é que o uso das línguas é ao mesmo tempo tão útil e tão prejudicial: evita que façamos esforços, que façamos, na nossa própria língua, a substituição de significantes graças à qual podemos chegar a visar a um certo significado, pois é preciso, então, mudar todo o contexto para obter o mesmo efeito.

Darwin admira-se que a frase tenha ficado perfeitamente clara para todos os presentes. Com efeito, ninguém tinha a menor dúvida de que aquilo queria dizer que *the Devil*, o Diabo, tinha esquecido a querida velha, esquecido de levá-la para o túmulo, o que parecia ser, naquele momento, na cabeça dos ouvintes, seu lugar natural, desejado até. E Darwin coloca realmente um ponto de interrogação, deixando a questão em aberto. *Como é que Sydney Smith conseguiu obter esse efeito* – é mais ou menos o que ele se pergunta –, *sou realmente incapaz de dizer.*

Reparem que podemos agradecer-lhe por ressaltar que ali, de forma singularmente significativa e exemplar, ele experimenta seu próprio limite na abordagem do problema. Já que havia, de certa forma, abordado o problema das emoções, Darwin poderia ter dito que, de todo modo, a expressão das emoções estava implicada, justamente pelo fato de o sujeito não manifestar estritamente nenhuma, de ele dizer aquilo *placidly*, mas isso talvez fosse levar as coisas um pouco longe demais. Em todo caso, não é o que Darwin faz. Ele fica realmente espantadíssimo com o fato que relata, o que deve ser tomado ao pé da letra, pois, como sempre quando estudamos um caso, não devemos reduzi-lo tornando-o vago. Todo mundo entendeu que o outro falava do Diabo, diz Darwin, apesar de o Diabo não estar em nenhum lugar. E o interessante é isto: que Darwin nos diga que o arrepio do Diabo percorreu a assembleia.

Procuremos, agora, entender um pouco. Não vamos nos demorar nas limitações mentais próprias de Darwin, chegaremos a isso obrigatoriamente de qualquer maneira, mas não já. O certo é que há, logo de cara, algo que participa de um conhecimento, e o impressionante é isso. Não é preciso ter formulado o princípio do efeito metafórico, isto é, da substituição de um significante por um significante, nem exigir de Darwin que ele tenha pressentido isso, para logo perceber que o efeito decorre, sobretudo, do fato de o locutor não articular o que seria esperado.

Uma frase que começa com *Lady Cork* deveria normalmente terminar com *ill*, *doente*. *Ouvi dizer que ela não anda muito bem*. Parece, com efeito, que se espera uma notícia a respeito da saúde da velha senhora, pois, quando se trata de velhas senhoras, é sempre com sua saúde que as pessoas se preocupam primeiro. Portanto, há aqui substituição: a notícia esperada é substituída por outra coisa, que, sob certos aspectos, é irreverente. Smith não diz que ela está à beira da morte, tampouco que está ótima, diz que ela foi esquecida.

Então, o que intervém para produzir esse efeito metafórico? Numa frase em que *overlooked* fosse esperado, não haveria esse efeito. Um efeito de significado, novo, se produz na medida em que não é esperado, mas que substitui outro significante. Ele não está na linha do que se esperava, nem na do inesperado. Justamente, esse inesperado não foi caracterizado como inesperado, mas é algo de original que tem de ser realizado na cabeça de cada um segundo seus próprios ângulos de refração. Em todo caso, há abertura de um novo significado para esse algo que faz, por exemplo, com que Sydney Smith passe, de forma geral, por um homem espirituoso, ou seja, que não se exprime por meio de clichês.

Mas por que o Diabo? Reportar-nos ao nosso pequeno esquema vai certamente nos ajudar muito. Se fazemos esquemas, é para usá-los. Podemos, aliás, chegar ao mesmo resultado sem ele, mas o esquema nos guia e escancara o que acontece lá, no real. O que se presentifica é, estritamente falando, uma fantasia.

E por meio de quais mecanismos? É aqui que o esquema permite ir mais longe que a noção ingênua, eu diria, de que as coisas são feitas para exprimir algo que seria comunicado, uma emoção, como se diz, como se as emoções em si mesmas não colocassem tantos outros problemas, a saber, o que elas são, a saber, se elas mesmas já não se ressentem de uma falta de comunicação.

Nosso sujeito, dizem-nos, está perfeitamente tranquilo. Em outras palavras, ele de certo modo se apresenta em estado puro, a presença de sua fala sendo seu puro efeito metonímico, quer dizer, sua fala enquanto fala na sua continuidade de fala. E nessa continuidade, precisamente, ele faz intervir isto: a presença da morte, na medida em que o sujeito pode ou não escapar dela.

Em outros termos, ele evoca a presença de algo que tem um enorme parentesco com a vinda ao mundo do próprio significante. Com efeito, se há uma dimensão em que a morte, ou o fato de já não havê-la, pode ser ao mesmo tempo diretamente evocada e, no mesmo ato, velada, mas em todo caso encarnada, tornar-se imanente a um ato, é justamente a da articulação significante.

É claro que esse sujeito que fala da morte com tanta desenvoltura não quer especialmente bem a essa senhora. Por outro lado, porém, a total placidez com que fala implica justamente que, a esse respeito, ele dominou seu desejo, uma vez que este poderia se exprimir, como em *Volpone*, pela amável expressão: *Apodrece e morre!* Ele não diz isso, ele simplesmente articula, serenamente, que o destino que espera cada um de nós quando sua vez chegar foi, ali, por um instante, esquecido. Mas isso, se assim posso me exprimir, não é o Diabo, é a morte, e esta, mais dia menos dia, chegará. Ao mesmo tempo, esse personagem coloca a si mesmo como alguém que não teme igualar-se àquela de quem fala, pôr-se no mesmo nível, nas garras da mesma falta [*faute*] e, portanto, da mesma igualação terminal por parte do senhor absoluto aqui presentificado.

Em outros termos, na plenitude de que dá mostras no manejo da linguagem, o sujeito revela-se aqui como tendo uma espécie de familiaridade com o que, da linguagem, está velado. Isso nos sugere uma coisa com a qual quero terminar, que ficou faltando em tudo o que pronunciei em minha exposição em três etapas e que completará o escopo do que pretendia articular para vocês.

No nível do primeiro esquema, temos a imagem inocente do sujeito. Ele é inconsciente, claro, mas é uma inconsciência que não pede outra coisa senão passar para o saber. Não esqueçamos que o latim *scire* está presente em *inconsciência* e que, mesmo em francês [e em português], a dimensão de *ter consciência* implica a noção de saber.

No nível das duas etapas seguintes, temos, repito, um uso bem mais consciente do saber: o sujeito sabe falar e fala, é o que ele faz quando chama o Outro. E, no entanto, é aí que se encontra a originalidade do campo que Freud descobriu e que chama de inconsciente.

Há, com efeito, nesse Outro um algo que sempre põe o sujeito a certa distância de seu ser e que faz com que ele nunca se reúna com esse ser, com que só possa alcançá-lo nessa metonímia do ser no sujeito que é o desejo. E por quê? Porque, no nível em que o sujeito está embrenhado na fala e, consequentemente, na relação com o Outro como lugar da fala, há um significante que sempre falta. Por quê? Porque é o significante especialmente delegado à relação do sujeito com o significante. Esse significante tem um nome, é o falo.

O desejo é a metonímia do ser no sujeito, o falo é a metonímia do sujeito no ser. Voltaremos a isso. O falo é o elemento significante subtraído da cadeia da fala, na medida em que ela envolve toda relação com o Outro. Esse é o princípio-limite que faz com que o sujeito, na medida em que está implicado na fala, fique exposto ao que se desenvolve, com todas as suas consequências clínicas, sob o termo "complexo de castração".

O que sugere toda espécie de uso, não diria *puro*, mas talvez de preferência *impuro*, das *palavras da tribo*? Toda espécie de inauguração metafórica, por menos audaciosa que se mostre, se dá a despeito do que a linguagem sempre vela. O que ela sempre vela é, em última instância, a morte. Isso sempre tende a fazer surgir, despontar, a figura enigmática do significante faltante, o falo. É ele que aparece aqui e, como sempre, sob uma forma dita diabólica: orelha, pele, ou até o próprio falo.

O fenômeno inscreve-se, aqui, é claro, na tradição do humor inglês, que, embora contido, nem por isso dissimula menos um desejo violento. Mas o simples uso metafórico já basta para fazer aparecer no imaginário, no outro que ali está como espectador, no *a* minúsculo, a imagem do sujeito, na medida em que ele é marcado por essa relação especial com o significante que se chama o interdito.

Nesse caso, o sujeito que fala viola um interdito, pois não se fala assim de velhas senhoras. Ele mostra o que há para além dos interditos que compõem a lei da linguagem. Esse senhor que quer falar da forma mais plácida do mundo nem por isso deixa de fazer aparecer o Diabo. E é nesse ponto que o caro Darwin se pergunta: como, *diabos*, ele fez isso?

Deixo-os com isso hoje.

Retomaremos a próxima vez um sonho colhido em Freud e tentaremos lhe aplicar nossos métodos de análise, o que nos permitirá, ao mesmo tempo, situar os diferentes modos de interpretação.

12 de novembro de 1958

II

Explicação Suplementar

2 andares, 4 processos
Continuidade e fragmentação
Os dois [eu]
O que quer dizer "Eu te desejo"?
Da primeira à segunda tópica

Vou primeiro colocar os limites do que gostaria de fazer hoje, ou seja, nesta aula mesmo.

Enunciarei, portanto, o que pretendo lhes mostrar hoje abordando o exemplo da interpretação de um sonho, bem como o uso do que, faz algum tempo, denominamos, por convenção, o grafo.

Como não prossigo esse discurso por cima de suas cabeças, se assim posso me exprimir, gostaria que, por meio dele, se estabelecesse certa comunicação, como se diz. Não deixei de ouvir alguns ecos das dificuldades que alguns de vocês, muitos até, já sentiram a última vez ante a nova exposição desse grafo, embora ele esteja longe de ser novo para todos.

Construímos esse grafo juntos o ano passado e o fomos ajustando progressivamente. Vocês o viram ser edificado para responder às necessidades de certa formulação, centrada no que chamei de "as formações do inconsciente". Não espanta, como alguns notaram, que seu uso ainda não seja unívoco para vocês, pois parte do que deveremos articular este ano sobre o desejo nos mostrará sua utilidade e, ao mesmo tempo, nos ensinará seu manejo.

Trata-se, pois, em primeiro lugar, de sua compreensão. Parece ser isso mesmo que causa dificuldades para alguns, em diferentes graus, talvez menos até do que eles manifestam. Gostaria de observar que o termo "compreensão" – garanto que não há qualquer ironia nisso – é problemático. Se há, entre vocês, alguns que sempre, em qualquer situação e a todo instante, compreendem o que fazem, eu os felicito e invejo. Mesmo após 25 anos de exercício, não é isso o que corresponde à minha experiência.

Na verdade, esse termo mostra bastante claramente os perigos que comporta em si. Há, em toda compreensão, um perigo de ilusão, de modo que não se trata tanto de compreender o que faço, mas de sabê-lo. Nem sempre é a mesma coisa, pode não se confundir, e, justamente, vocês verão que há razões internas para que isso não se confunda. Em certos casos, vocês podem saber o que estão fazendo, saber em que ponto estão e nem sempre compreender, ao menos imediatamente, de que se trata.

Para despertar o interesse de vocês, comunico-lhes que, se tiver tempo, acho que hoje consigo começar a lhes mostrar como esse grafo e, creio, só ele – ou algo análogo, pois não é à uniformidade sob a qual ele possa se apresentar que cabe se aferrar – pode ser de eminente utilidade para distinguir três coisas que vocês volta e meia confundem, a ponto de escorregarem imprevidentemente de uma para a outra – a saber, tomando simplesmente o modo como Freud os define, o recalcado, o desejo e o inconsciente.

O grafo é feito precisamente para tais usos de balizamento. Antes de aplicá-lo, voltemos a refazê-lo passo a passo, a fim de que, pelo menos, não haja dúvidas sobre o que representa aquilo que chamaremos de seus dois andares.

A dificuldade para muitos de vocês provém de que esses dois andares em nada correspondem ao que costuma lhes ser apresentado como o que eu poderia chamar de arquitetônica das funções superiores e inferiores, das funções de síntese e dos automatismos. É justamente por não a encontrarem que esses dois andares lhes causam embaraço. Vou, portanto, tentar rearticulá-los na frente de vocês.

Parece ser o segundo andar da construção, que não é necessariamente uma segunda etapa – andar abstratamente definido, porque, como esse grafo é um discurso, não se pode dizer tudo ao mesmo tempo –, que gera uma especial dificuldade para alguns.

Vou, portanto, retomar as coisas.

1

Qual a finalidade desse grafo? É mostrar as relações, essenciais para nós, na medida em que somos analistas, do sujeito falante com o significante.

Afinal, a questão em torno da qual se dividem esses dois andares é a mesma para ele, o sujeito falante, e para nós. É um bom sinal. Dizia há pouco: será que sabemos o que fazemos? Pois bem, também ele, será que sabe ou não sabe o que faz ao falar? O que quer dizer: ele consegue significar eficazmente para si sua ação de significação? É justamente em torno dessa questão que se repartem esses dois andares.

Vou direto ao ponto, pois isso parece ter escapado a alguns: devemos pensar que esses dois andares estão em funcionamento, ambos, ao mesmo tempo, no menor ato de fala. E verão o que entendo por *ato de fala* e até onde estendo esse termo.

O que vou lhes dizer já tive a oportunidade de articular para um de vocês, a quem dei uma pequena explicação suplementar depois do meu seminário, e se lhes chamo atenção é porque meu interlocutor me fez notar o quanto aquilo podia ter passado despercebido para ele.

Ou seja, pensar nos processos do que acontece no sujeito na medida em que o significante intervém na sua atividade. Vocês têm de considerar que os processos em questão partem ao mesmo tempo dos quatro pontos, Δ, A, D, *X*, isto é – vocês vão ver qual é o aporte da minha exposição de hoje –, respectivamente, a intenção do sujeito, o sujeito enquanto [eu]* falante, o ato da demanda e isso, *X*, a que daqui a pouco daremos um certo nome e que, por ora, deixo de reserva.

Os processos são, portanto, simultâneos nesses quatro trajetos, D→S, Δ→I, A→*s*(A) e o trajeto da linha superior. Acho que isso está fundamentado o bastante.

Portanto, se há dois andares, é porque o sujeito faz algo relacionado com a ação prevalente do significante, sua estrutura prevalente.

Comecemos por detalhar o que ocorre no andar inferior. Aqui, o sujeito recebe, suporta essa estrutura. Isso é especialmente aparente, ilustrado – não apenas, mas especialmente – no contexto da demanda.

* Conforme estabelecido na edição brasileira dos *Escritos*, adotaremos a grafia "[eu]" para traduzir o *Je*, sujeito do inconsciente. Já *moi* será grafado "eu". (N.T.)

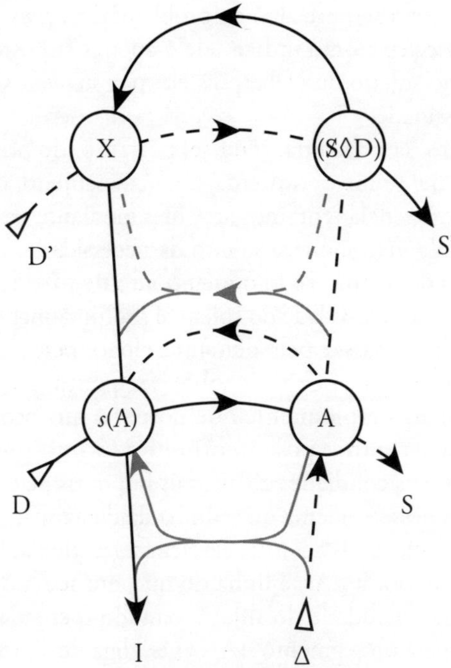

Simultaneidade dos quatro trajetos

Escutem bem tudo o que estou dizendo, porque não há nisso nenhum improviso. Os que fazem anotações é que estão certos. O fato de estar especialmente ilustrado faz com que seja especialmente compreensível, mas no mesmo ato, pode fazer com que vocês não vejam toda a sua generalidade, o que gera certas incompreensões. Entendam logo que, cada vez que compreenderem, é aí que o perigo começa.

Encontramos no andar inferior a linha da intencionalidade do sujeito – do que supomos ser o sujeito. O sujeito de que se trata ainda não se tornou o sujeito falante, é o sujeito de que sempre se fala, diria até que é o sujeito de que se falou até agora, pois, que eu saiba, ninguém nunca estabeleceu realmente bem a distinção, que estou tentando introduzir para vocês aqui, entre ele e o sujeito falante. Em poucas palavras, é o sujeito do conhecimento, o sujeito correlativo do objeto, o sujeito em torno do qual gira a eterna questão do idealismo e que é ele próprio um sujeito ideal.

Esse sujeito tem sempre algo de problemático, pois, afinal, como foi observado e seu nome indica, ele é apenas suposto. O mesmo não se aplica ao sujeito que fala, pois ele, por sua vez, se impõe com absoluta necessidade.

No contexto da demanda, trata-se, portanto, do primeiro estado – estado informe, se me permitem – de nosso sujeito, daquele cujas condições de existência tentamos articular mediante este grafo. Aqui, esse sujeito nada mais é que o sujeito da necessidade. Ele exprime a necessidade na demanda. Todo o meu ponto de partida é esse.

Segue-se que a necessidade do sujeito é profundamente modificada pelo fato de dever passar pela demanda, logo, pelos desfilamentos do significante. Sem insistir mais sobre esse ponto, porque suponho conhecido, quero simplesmente que notem o que ocorre em razão da troca que se dá entre a posição primitiva inconstituída do sujeito da necessidade e as condições estruturais impostas pelo significante.

Vocês veem nesse esquema que a linha da demanda, D→S, é cheia até A, ao passo que, mais adiante, ela fica fragmentada. Inversamente, na sua parte anterior a *s*(A), a linha do que, em seu momento, denominei de intencionalidade do sujeito está fragmentada, e só depois está cheia. É cheia no segmento *s*(A)→I, e, digamos, provisoriamente – pois terei de insistir nisso num segundo momento –, na medida em que vocês não devem levar em conta a linha A → *m* → *i*(*a*) → *s*(A).

Por que é assim? Vou dizê-lo brevemente, pois, afinal, não é o caso de me demorar eternamente nesse grafo, tanto mais que teremos de voltar a ele.

Comecemos nos indagando sobre o que representa a continuidade da linha D→S até o ponto A.*

Vocês sabem que A maiúsculo é o lugar do código, o lugar onde jaz o tesouro da língua em sua sincronia, ou seja, a soma dos elementos taxiemáticos sem os quais não há meio de haver comunicação entre seres submetidos às condições da linguagem. A continuidade da linha D→S até o ponto A representa a sincronia da organização sistemática da língua. Sincronicamente, está dado aí como um sistema, como um conjunto dentro do qual cada um de seus elementos tem valor enquanto distinto dos outros elementos do sistema, dos outros

* A letra "A" se refere, aqui, à inicial de *Autre*, Outro. O uso consagrou a inicial do termo francês, em detrimento de "O" como seria a primeira alternativa em português. (N.E.)

significantes. Esse é o motor de tudo o que articulamos a respeito da comunicação. O que sempre é esquecido nas teorias da comunicação é que o que é comunicado não é o signo de outra coisa, é simplesmente o signo, o sinal de que, lá, no seu lugar, outro significante não está.

É da solidariedade desse sistema sincrônico, na medida em que repousa no local do código, que o discurso da demanda como anterior ao código tira sua solidez. Em outras palavras, na diacronia, isto é, no desenvolvimento desse discurso aparece o que se chama o mínimo de duração exigido para a satisfação da menor finalidade – ainda que seja a tal satisfação mágica –, ou seja, o tempo de falar.

Pelo fato de o discurso da demanda ser composto de significantes, a linha que o representa deveria aparecer sob a forma fragmentada em que a vemos subsistir aqui, sob a forma de uma sucessão de elementos discretos, ou seja, separados por intervalos. Se, contudo, ela é contínua, é em função da solidariedade sincrônica do código do qual os elementos sucessivos são tomados. A continuidade exprime a solidez da afirmação diacrônica e a constituição do que se denomina, na articulação da demanda, o tempo da formulação. Eis por que, anteriormente ao código, aquém do código, a linha da demanda se apresenta contínua.

Por que, em contrapartida, a linha que representa a intencionalidade do sujeito está fragmentada aqui?

Observemos que o contexto da demanda, por si só, simplifica a suposta diversidade do sujeito, isto é, os momentos e as variações desse ponto, que se apresenta como essencialmente movediço. Como sabem, faz muito tempo que o problema da continuidade do sujeito se colocou para os psicólogos. Por que um ser essencialmente entregue ao que se pode chamar de intermitências – não apenas as do coração, como já se disse, mas de muitas outras coisas – pode se colocar e se afirmar como um eu? O problema é esse. Ora, pôr uma necessidade em jogo na demanda certamente já é algo que simplifica esse sujeito com respeito às interferências, mais ou menos caóticas, aleatórias, das diferentes necessidades entre si.

No entanto, se a primeira parte da linha $\Delta \rightarrow$ I, aqui até o s(A), aparece sob uma forma fragmentada, é porque ela representa a retroação da forma dos elementos discretos do discurso para o caráter movente simultaneamente contínuo e descontínuo, certamente confuso, que devemos supor ser o da manifestação primitiva da tendência. A discursividade se impõe retroativamente à tendência, que se submete à sua forma. Por isso é que a linha aparece na sua forma fragmentada aquém não do código, mas da mensagem.

O que se produz para além da mensagem? Passo agora rápido por isso, pois já o assinalei suficientemente em outros momentos. O que se produz é a identificação do sujeito ao Outro da demanda, na medida em que este é todo-poderoso. Penso não ser um tema ao qual tenha de voltar, o da onipotência, atribuída pela experiência analítica ora ao pensamento, ora à fala. O que não nos impede de ver aqui, como já apontei, quão abusivo é atribuir essa onipotência ao sujeito – nisso se reconhece a posição depreciativa que geralmente o psicólogo adota, já que ele sempre é, em maior ou menor medida, no sentido original do termo, um pedante – quando a onipotência de que se trata é a do Outro, muito simplesmente porque ele dispõe da soma dos significantes.

Para não dar a impressão de que, ao articular as coisas assim, nos afastamos de referências concretas, vou indicá-las expressamente no desenvolvimento e, precisamente, na aquisição da linguagem no âmbito das relações criança-mãe.

É no I maiúsculo, em que desemboca o segmento que parte do *s*(A), significado de A, que repousa a identificação primária. É o que vocês encontram articulado pelo sr. Glover como o primeiro núcleo da formação do eu. Se esse processo desemboca nesse núcleo da identificação, é porque a mãe não é simplesmente aquela que dá o *seio* [*sein*], é também aquela que dá a chancela [*seing*, Lacan soletra: s.e.i.n.g.] da articulação significante. Isso não decorre apenas do fato de que ela fala com a criança, pois é óbvio que lhe fala bem antes de poder presumir que o filho entende alguma coisa, assim como ele entende alguma coisa bem antes do que ela imagina. Com efeito, desde antes das trocas propriamente linguísticas, todo tipo de jogos, os jogos de ocultação, por exemplo, que tão rápido desencadeiam na criança o sorriso, ou até o riso, já são, propriamente falando, uma ação simbólica.

No decorrer desses jogos, o que a mãe revela à criança é justamente a função do símbolo como revelador. Ao fazer desaparecer e reaparecer alguma coisa, seu próprio rosto, ao esconder e depois descobrir a cara da criança, a mãe lhe revela a função reveladora. Já é uma função de segundo grau.

É onde se dão as primeiras identificações com o que se chama, nesses casos, a mãe como todo-poderosa.

Como veem, isso tem um alcance bem diferente da pura e simples satisfação da necessidade.

Passemos ao segundo andar do grafo, este, cuja apresentação parece ter gerado, da última vez, certas dificuldades, ao menos para alguns.

2

No segundo andar do grafo, o sujeito é uma coisa diferente do sujeito passando sob os desfilamentos da articulação significante. É o sujeito que assume o ato de falar, o sujeito como [eu].

Devo, contudo, deter-me aqui mais longamente na articulação de uma ressalva essencial. Afinal, não me delongaria nesse [eu], pois não é assunto nosso, se não tivesse feito alusão, em alguma passagem, ao [eu] do *Eu penso, logo sou*, existo. Saibam apenas que se trata de um parêntese.

Todas as dificuldades que me foram submetidas relativas ao [eu] o foram a propósito do *Eu penso, logo sou*. A saber, que isso não teria nenhum valor de prova, pois o [eu] teria sido posto indevidamente no que, afinal, não seria senão um *cogitatum*, um *isso pensa*. Por que, então, eu seria [eu] aí dentro?

Creio que todas as dificuldades aqui suscitadas decorrem da não distinção entre os dois sujeitos, tal como a articulei no começo. Nessa experiência a que nos convida o filósofo, reportamo-nos, mais ou menos equivocadamente, à confrontação do sujeito com um objeto e, por conseguinte, com um objeto imaginário, entre os quais não espanta que o [eu] se revele ser apenas um objeto entre outros. Se, ao contrário, levamos a questão para o nível do sujeito definido como falante, a questão ganha um alcance totalmente diferente, como a fenomenologia, que agora lhes vou indicar, irá lhes mostrar. Para os que desejarem referências relativas à discussão em torno do *Eu* do *cogito*, lembro que há um artigo já citado do sr. Sartre na revista *Recherches Philosophiques*.

O [eu] de que se trata no *cogito* não é simplesmente o [eu] articulado no discurso, o [eu] que se pronuncia no discurso e que os linguistas chamam, pelo menos faz algum tempo, de *shifter*. O [eu] do *cogito* é um semantema, que só tem um emprego articulável em função do código, ou seja, em função, pura e simplesmente, do código lexicalmente articulável. Em contrapartida, o *[eu]-shifter*, como mostra a experiência mais simples, não remete a nada que possa ser definido em função de outros elementos do código, portanto a um semantema, e sim define-se simplesmente em função do ato da mensagem, designando aquele que é o suporte da mensagem, ou seja, alguém que varia a cada instante.

Não é mais complicado que isso, mas ressalto o que daí resulta, a saber, que, doravante, o *[eu]-shifter* é essencialmente distinto do que se pode denominar de o verdadeiro sujeito do ato de falar enquanto tal, como os farei perceber bem rápido. É inclusive isso que sempre dá ao mais simples discurso em [eu] uma presunção de discurso indireto. Quero dizer que esse [eu] poderia muito facilmente ser seguido no próprio discurso de um parêntese: *[eu] (que falo)* ou *[eu] (digo que).*

Isso fica muito evidente, como outros notaram antes de mim, no fato de que um discurso que formula *[eu] digo que* e que acrescenta, *e [eu] repito* não diz nesse *[eu] repito* algo inútil, pois trata-se justamente de distinguir os dois [eu] em questão, *aquele que disse que* e aquele que adere ao que este disse. Caso precisem de outros exemplos para entender, sugiro a diferença existente entre o [eu] de *Eu vos amo* ou de *Eu te amo*, e o de *Eu estou aqui.*

Em razão da estrutura que evoco, o [eu] em questão é particularmente perceptível ali onde é plenamente ocultado, a saber, nessas formas do discurso que realizam o que chamarei de função vocativa, isto é, aquelas cuja estrutura significante demonstra que o destinatário não é de modo algum o [eu]. É o [eu] do *Levanta-te e anda.*

Esse mesmo [eu] fundamental é encontrado em qualquer forma vocativa imperativa e também num certo número de outras formas, que, provisoriamente, ponho sob o título de vocativo. É, se preferirem, o [eu] vocativo de que já lhes falei durante o seminário sobre o presidente Schreber – não sei se consegui mostrá-lo plenamente naquele momento.

Há também um [eu] subjacente a esse *Tu és aquele que me seguirás* sobre o qual tanto insisti. Ele se inscreve, com todo o problema de um certo futuro, no interior de vocativos propriamente ditos, de vocativos da vocação. Para os que não estavam lá, lembro a diferença existente em francês – é uma sutileza que nem todas as línguas permitem destacar – entre *Tu és aquele que me seguirás* e *Tu és aquele que me seguirá*, sem *s*. No caso, a diferença de poder performativo do *Tu* é, efetivamente, uma diferença atual do [eu] na medida em que ele opera nesse ato de falar. Nesse nível, percebe-se que o sujeito sempre recebe sua própria mensagem de forma invertida, a saber, que é o [eu] que está aqui se revelando por intermédio da forma que ele dá ao *Tu*.

Esse discurso, então, o discurso que se formula no nível do segundo andar, é o discurso de sempre. Todo discurso é o discurso do Outro, mesmo quando é o sujeito que o profere. Nesse sentido, a distinção entre os dois andares é apenas arbitrária.

Contudo, o que encontramos fundamentalmente no segundo andar é um apelo do ser, emitido com mais ou menos força. Ele sempre contém, em maior ou menor medida, um "que Seja" [*Soit*], e esse é, uma vez mais, um dos maravilhosos equívocos homofônicos que o francês contém.* Em outras palavras, ele contém um *Fiat*, que é a fonte e a raiz do que, da tendência, vem se inscrever para o ser falante no registro do querer. Ou ainda, ele é a raiz do [eu] na medida em que este se divide nos dois termos estudados, de um ao outro, do imperativo do *Levanta-te e anda* à ereção, pelo sujeito, de seu próprio [eu].

Vocês veem agora em que nível se coloca a pergunta que articulei a última vez sob a forma do *Che vuoi?* Esse *Che vuoi?* é, pode-se dizer, a resposta do Outro ao ato de falar do sujeito. Essa pergunta responde – como sempre, diria eu, as perguntas respondem. Essa resposta anterior à pergunta responde a esta, ao temível ponto de interrogação, cuja própria forma articula, no meu esquema, o ato de falar.

Será que ao falar o sujeito sabe o que faz? É isso justamente o que estamos nos perguntando aqui. Freud responde "não" a essa pergunta.

O ato de falar vai muito mais longe do que a simples fala do sujeito, uma vez que toda a sua vida está capturada em atos de falar, porque sua vida como tal, ou seja, todas as suas ações, são ações simbólicas, fosse apenas porque são registradas, porque estão sujeitas a registro, porque frequentemente são uma ação para dar fé [*prendre acte*]. Em conformidade com tudo o que ocorre perante o juiz de instrução, tudo o que ele fizer poderá ser usado contra ele. Todas as suas ações lhe são impostas num contexto de linguagem, e seus próprios gestos são sempre gestos a escolher num ritual preestabelecido, a saber, numa articulação de linguagem.

À pergunta *Ele sabe o que faz?* Freud responde "não". Isso nada mais é do que aquilo que exprime o segundo andar de meu grafo. Esse segundo andar só vale a partir da pergunta do Outro, a saber, *Che vuoi? O que quer você?*.

---

* Há homofonia entre *soit*, *sois* e *soi*, que podem ser traduzidos pelo subjuntivo *seja*, pelo imperativo *sê!* e pelo pronome *si*. (N.T.)

Até o momento da pergunta, permanecemos na ignorância e na parvoíce. Tento provar aqui que o didatismo não passa obrigatoriamente pela parvoíce. Evidentemente não é possível basear-se em vocês para realizar a demonstração.

Com relação a essa pergunta, e nas respostas, o segundo andar do esquema articula onde se situam os pontos que veem entrecruzarem-se, por um lado, o discurso verdadeiro sustentado pelo sujeito e, por outro, o que se manifesta como querer na articulação da fala. Onde se situam os pontos de entrecruzamento? Aí reside todo o mistério desse símbolo que parece ser opaco para alguns de vocês.

O discurso que se apresenta nesse nível como um apelo do ser não é o que parece ser, como sabemos por Freud. É isso o que o segundo andar do grafo tenta nos mostrar. Causa espanto que não o tenham reconhecido de primeira.

Com efeito, o que Freud disse? O que nós, enquanto psicanalistas, fazemos todos os dias? Deixamos evidente que, no nível do ato da fala, o código não está dado pela demanda primitiva, mas por certa relação do sujeito com essa demanda, na medida em que esse sujeito ficou marcado pelos avatares dessa demanda. É isso que chamamos de formas orais, anais, entre outras, da articulação inconsciente.

Assim sendo, não me parece que o primeiro ponto de entrecruzamento deva suscitar muita discussão. Simplesmente admitimos, a título de premissa, que, no nível do segundo andar, o código do discurso, que é o verdadeiro discurso do ser, responde à fórmula ($◊D): o sujeito como marcado pelo significante, em presença de sua demanda como o que fornece o material.

E quanto à mensagem que o sujeito recebe?

A essa mensagem já aludi várias vezes, dei-lhe várias formas, todas mais ou menos escorregadias, e não sem alguma razão, pois todo o problema da visada analítica consiste em saber qual é essa mensagem. Por hoje, nesta altura de meu discurso, ainda quero deixá-la em estado problemático e simbolizá-la por um significante presumido. É uma forma puramente hipotética, é um *x*. É um significante do Outro, claro, pois é no nível do Outro que a pergunta é feita, de um Outro que carece de uma parte, justamente do elemento problemático na questão concernente a essa mensagem.

Resumamos. A situação do sujeito no nível do inconsciente tal como Freud o articula – não sou eu, é Freud que o articula – é que ele não sabe com o que [*avec quoi*] fala. É, portanto, preciso lhe revelar os elementos propriamente significantes de seu discurso. E ele também ignora a mensagem que realmente lhe chega no nível do discurso do ser – digamos *verdadeiramente*, se preferirem, mas não recuso esse *realmente* de jeito nenhum.

Em outras palavras, o sujeito ignora a mensagem que lhe chega da resposta à sua demanda no campo do que quer. Mas vocês, vocês já sabem a resposta, a resposta verdadeira. Ela só pode ser uma. É aquele significante, e nada mais, especialmente destinado a designar as relações do sujeito com o significante. Esse significante é o falo, já lhes disse por quê.

Peço, mesmo àqueles que estão ouvindo isso pela primeira vez, que o aceitem provisoriamente. O importante não é isso, o importante é que o sujeito não pode obter a resposta – porque a única resposta é o significante que designa suas relações com o significante. Na própria medida em que articula essa resposta, ele, o sujeito, se abole e desaparece. É isso que faz com que a única coisa que ele possa sentir seja uma ameaça diretamente dirigida ao falo, a saber, a castração, ou essa noção da falta do falo que, em ambos os sexos, é no que culmina a análise, tal como Freud – notem bem – articulou.

Mas não estamos aqui para repetir essas verdades básicas.

Sei que dá um pouco nos nervos de alguns, já há algum tempo, que façamos um pouco de malabarismos demais com o ser e o ter, mas vai passar, pois isso não quer dizer que no trajeto não tenhamos uma colheita valiosa para fazer, uma colheita clínica, uma colheita que, mesmo dentro do meu ensino, possa se produzir com todas as características do que chamarei de encenação médica.

Trata-se, agora, de situar o que quer dizer o desejo.

Como dissemos, o segundo andar do grafo comporta, como o andar inferior, um tesouro sincrônico, uma bateria de significantes inconscientes para cada sujeito e uma mensagem em que se anuncia a resposta ao *Che vuoi?*. Como puderam constatar, esta se anuncia perigosamente. Toco neste ponto apenas de passagem – é para evocar em vocês memórias vívidas, que fazem da história de Abelardo e Heloísa a mais bela história de amor.

O que quer dizer "desejo"? Onde ele se situa? Na forma completa do grafo, vocês têm uma linha pontilhada que vai do código do segundo andar à sua mensagem por intermédio de dois elementos, o d minúsculo, que significa o lugar onde o sujeito desce, e \$ em face do *a* minúsculo, que significa a fantasia.

Isso tem uma disposição homóloga à linha que, partindo de A, inclui no discurso o eu [*moi*] – o *m* do esquema, digamos a pessoa densa [*personne étoffée*] – com a imagem do outro, *i*(*a*). É a simbolização dessa relação especular que lhes propus como fundamental para a instauração do eu.

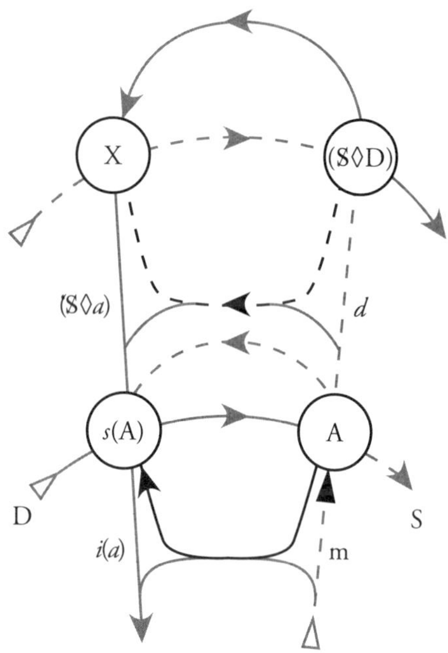

Homologia entre as duas relações

Essa relação homóloga entre os dois andares merece ser mais plenamente articulada. Se não o faço hoje não é por não ter tempo, já que estou disposto a usar o tempo que for necessário para lhes transmitir o que tenho para dizer, mas porque prefiro abordar as coisas de maneira indireta.

É o que me parece capaz de fazer com que entendam o alcance que isso tem.

3

Vocês sem dúvida não são incapazes de adivinhar, desde já, o que pode ter de rico o fato de ser no campo de hiância determinado entre os dois discursos que se inscreva uma relação imaginária que reproduz homologamente a relação com o outro do jogo de preeminência.

Vocês não são incapazes de pressenti-lo, mas pressenti-lo é totalmente insuficiente. Antes de articulá-lo plenamente, quero apenas que se detenham um instante no que comporta o termo situado, plantado, no interior dessa economia, o termo "desejo".

Como sabem, Freud introduziu esse termo desde o começo da análise. Ele o introduziu a propósito do sonho e sob a forma do *Wunsch*. O *Wunsch* não é por si só o desejo, é um desejo formulado, um desejo articulado, isto é, ele se articula de direito sobre essa linha. É nisso que, por ora, quero que se detenham, isto é, na distinção entre esse *Wunsch* e o que merece ser chamado *desejo* no que introduzo e instalo este ano.

Vocês devem ter lido *A interpretação dos sonhos*, e este momento em que lhes falo marca o momento em que nós mesmos vamos começar a falar a respeito. Assim como começamos, o ano passado, por *O chiste*, este ano começamos pelo sonho.

Vocês devem ter notado, desde as primeiras páginas e até o fim, que ali não encontram o desejo sob a forma em que, diria eu, vocês lidam com ele o tempo todo na experiência analítica, ou seja, aquela em que ele lhes dá uma canseira por seus excessos, por seus desvios e – finalmente, sejamos francos – mais assiduamente por seus esmorecimentos, quero dizer, o desejo sexual, aquele que prega peças. Cumpre ressaltar, ainda, que faz tempo que sobre isso recai, em todo o campo analítico, um tom de ofuscamento digno de nota. Portanto, vocês têm de observar a diferença. Com a condição, claro, de lerem de verdade, isto é, de não continuarem pensando em seus probleminhas enquanto seus olhos percorrem a *Traumdeutung*, perceberão que é muito difícil captar esse famoso desejo que, em todo sonho, supostamente se encontra em toda parte.

Lembrem-se do sonho inaugural, o sonho da injeção de Irma, ao qual já nos referimos mais de uma vez, sobre o qual escrevi um pouco, sobre o qual voltarei a escrever e do qual poderíamos falar excessivamente por muito tempo. O que ele quer dizer exatamente? É algo ainda muito incerto.

No desejo do sonho, Freud quer fazer Irma ceder, quer que ela deixe, como é dito ali, de se eriçar ante todas as suas aproximações. O que ele quer? Quer despi-la? Quer fazê-la falar? Quer desacreditar seus colegas? Quer forçar sua própria angústia até vê-la projetada no interior da garganta de Irma? Ou quer aplacar a angústia devida ao mal ou ao dano causado a Irma? Mas esse mal é, parece-nos, irremediável, como, justamente, está bastante articulado no sonho. Será que é disso de que se trata, de não ter havido crime? O que não impede de dizerem que, visto não ter havido crime, tudo irá correr bem, já que está tudo reparado e, em seguida, que tudo isso se deve ao fato de que fulano ou sicrano tomam singulares liberdades e que o responsável por isso é o terceiro termo, e assim por diante. Poderíamos ir tão longe quanto isso.

Aliás, chamo a atenção de vocês para o fato de o próprio Freud assinalar energicamente, numa nota da *Traumdeutung*, a partir da sétima edição, que ele jamais, em lugar algum, afirmou que o desejo em questão no sonho era sempre um desejo sexual. Tampouco afirmou o contrário, mas, enfim, ele não disse isso – isso para as pessoas que o criticam por esse motivo.

Mas não nos enganemos. Saibamos que a sexualidade está sempre mais ou menos envolvida no sonho. Só que, de certo modo, ela o está lateralmente, em derivação, digamos. A questão é, justamente, saber por quê, mas para saber por quê, quero me deter, um instantinho, nessas coisas evidentes que o uso e emprego da linguagem nos dão.

O que significa quando um homem diz a alguém – homem ou mulher, há que escolher, pois, se for um homem, isso talvez acarrete muitas referências contextuais – o que significa quando alguém diz a uma mulher *Eu te desejo*? Será que significa, como quer o otimismo moralizante, com o qual vocês me veem, de tempos em tempos, terçar armas no interior da análise, *Estou disposto a reconhecer para teu ser tantos, se não mais, direitos que para o meu, a prover todas as tuas necessidades, a pensar na tua satisfação*? *Senhor, faça-se a tua vontade antes da minha!* Basta evocar essa referência para provocar em vocês os sorrisos que, felizmente, estou vendo abrirem-se nesta assembleia. Aliás, quando empregamos as palavras convenientes, ninguém se engana sobre o objetivo de um termo como esse, por mais genital que ele seja.

A outra resposta – digamos, para empregar belas e exatas palavras chulas – é esta: *Desejo dormir com você, trepar*. Devemos reconhecer que é bem mais verdadeiro. Mas será tão verdadeiro assim? É verdade num certo contexto, social, eu diria. Afinal, dada a extrema dificuldade de dar a solução correta para a formulação *Eu te desejo*, talvez não encontremos nada melhor para prová-lo.

Creiam-me, talvez baste essa fala não estar ligada aos incomensuráveis constrangimentos e louça quebrada provocados pelas proposições que têm um sentido, talvez baste essa fala ser pronunciada *in petto* para que, imediatamente, vocês entendam que, se esse *Eu te desejo* tem um sentido, é um sentido bem mais difícil de formular. *Eu te desejo*, articulado dentro de si, por assim dizer, a respeito de um objeto, tem mais ou menos o sentido de um *És bela*, em torno do qual se fixam, se condensam, todas essas imagens enigmáticas cujo caudal chama-se, para mim, meu desejo. Em outras palavras, *Eu te desejo porque és o objeto de meu desejo.* Ou seja, *Tu és o denominador comum de meus desejos.*

Deus sabe, se é que posso meter Deus nesse assunto – e por que não? –, Deus sabe o que o desejo arrasta consigo. É algo que, na realidade, mobiliza e orienta na personalidade algo bem diferente daquilo em direção a que, por convenção, parece se ordenar sua finalidade precisa. Para nos referirmos a uma experiência talvez infinitamente menos poética, mas parece que não preciso ser analista para evocá-la, não se pode desconhecer quão rápido e em primeiro plano surge, a propósito da menor distorção da personalidade, como se diz, ou das imagens, a estrutura da fantasia.

Implicar o sujeito no desejo sempre faz aparecer essa estrutura, legitimamente prevalente nele. Dizer a alguém *Eu te desejo* é, muito precisamente, dizer-lhe *Eu te implico em minha fantasia fundamental.* Mas isso a experiência nem sempre fornece, exceto para os valorosos e instrutivos pequenos perversos, pequenos e grandes.

Já que este ano decidi não esticar muito o tempo em que lhes peço para me ouvirem durante minhas aulas, e já que espero continuar às voltas com isso, é aqui, ou seja, bem antes do ponto em que pensava concluir hoje, que vou parar e pôr fim à sua provação de hoje.

Vou parar designando, na fantasia, o ponto-chave, o ponto decisivo em que deve se produzir a interpretação do desejo, se esse termo "desejo" [*désir*] tem um sentido diferente do sentido de "anseio" [*voeu*]* no sonho.

---

* Embora o *Wunsch* de Freud seja traduzido por "desejo" nas versões de sua obra em português, a tradução deste *Seminário* obriga a usar termos não habituais na literatura psicanalítica, como *voto*, ou *anseio*, para assinalar a demarcação de Lacan em relação ao termo usado por Freud. Lacan o faz empregando, em lugar de *désir*, *voeu* ou ainda *souhait.* (N.E.)

Esse ponto está aqui, no grafo. Notem que ele faz parte do circuito pontilhado que desenha essa espécie de rabinho no nível do segundo andar. Gostaria de lhes dizer simplesmente, para lhes abrir um pouco o apetite, que sobre esse circuito pontilhado giram elementos. Se ele é construído dessa forma é porque, uma vez alimentado pelo começo, põe-se a girar indefinidamente no interior. Quais são esses elementos? São os do recalcado. Em outras palavras, é, no grafo, o lugar do inconsciente como tal. Foi disso, e unicamente disso que Freud falou até 1915, quando concluiu com os dois artigos que se chamam, respectivamente, "O inconsciente" e "O recalque".

Retomarei daqui na próxima vez, para lhes dizer até que ponto está articulado em Freud aquilo que é a própria substância do que tento fazê-los compreender a respeito do significante. O que o próprio Freud efetivamente articula, da maneira menos ambígua possível, é que só podem ser recalcados elementos significantes. Está em Freud. Só falta a palavra *significante*. Vou lhes mostrar, retomando o artigo sobre o inconsciente, que somente significantes podem ser recalcados.

No grafo, vocês veem dois sistemas se oporem.

O sistema pontilhado, como dissemos, é o lugar do inconsciente, aquele em que o recalcado anda em círculos até chegar ao ponto em que se faz notar, isto é, em que algo da mensagem no nível do discurso do ser vem perturbar a mensagem no nível da demanda, o que é todo o problema do sintoma analítico.

Há outro sistema pontilhado. É aquele que prepara o que chamo aqui de pequeno patamar, ou seja, a descoberta do avatar. Como já fora tão custoso acostumar com o primeiro sistema, Freud nos fez o grande favor de dar ele mesmo o passo seguinte antes de morrer, com sua segunda tópica, que é esse pequeno patamar de que eu falava. Ele descobriu o registro do outro sistema.

Em outras palavras, Freud se indagou sobre o que se passa no nível do sujeito pré-discurso, em função de que o sujeito que fala não sabe o que está fazendo quando fala, isto é, em função desse inconsciente que Freud descobriu como tal. Digamos, se preferirem, para esquematizar as coisas, que Freud procurou em que nível desse lugar original de onde isso fala, e em que momento com relação a uma visada que é a da culminação do processo em I, o eu se constitui. Trata-se do eu na medida em que ele tem de se situar com relação à primeira captura do isso na demanda.

Freud também descobriu ali um discurso primitivo, puramente imposto e ao mesmo tempo marcado de profunda arbitrariedade, que continua a falar. Trata-se do supereu.

Contudo, também deixou algo em aberto. Deixou-nos algo para descobrir e articular, que completa sua segunda tópica e permite restaurá-la, ressituá-la, reinseri-la no conjunto de sua descoberta. É a função profundamente metafórica da linguagem.

19 de novembro de 1958

O Desejo no Sonho

III

O Sonho do Pai Morto
"Ele Não Sabia que Estava Morto"

O ser ao pé da letra
Do associacionismo à psicanálise
Afetos e significantes
Elisão = metáfora
A instância da semimorte

Começo cumprindo minhas promessas.

Indiquei-lhes a última vez o artigo de Sartre intitulado "La transcendance de l'ego, esquisse d'une description phénomenologique" [A transcendência do ego, esboço de uma descrição fenomenológica]. Está no volume VI, páginas 85 a 103, das *Recherches Philosophiques*, excelente revista que parou de ser publicada com a guerra e com o falecimento de seu editor, Boivin. Quanto ao relato feito por Freud, está no tomo II-III, que contém a *Traumdeutung*, na página 402.*

> *A afirmação de que "todos os sonhos têm"*, ou, mais exatamente, *"exigem uma interpretação sexual" – contra a qual toda a literatura polemiza incansavelmente – é absolutamente estranha à minha Traumdeutung, nas sete edições desse livro. Ela está em contradição particularmente evidente com o resto do conteúdo.*

Muitos de vocês assistiram ontem à noite à apresentação clínica de um de nossos colegas, e excelente psicanalista, sobre o tema do

* Com a entrada da obra de Freud em domínio público, o leitor brasileiro passou a dispor de diversas traduções, além da tradicional *Edição standard* (Imago). (N.E.)

obsessivo. Ouviram-no falar sobre o desejo e a demanda. Se procuramos destacar aqui o problema da estrutura do desejo e da demanda, é porque essa distinção não é apenas teórica, estando ligada ao essencial de nossa prática, e porque se aplica de imediato à clínica, a vivifica, a torna, eu diria, compreensível.

Eu quase diria que é um sinal o fato de que, após a manejarem em excesso no nível da compreensão, vocês possam experimentar um sentimento qualquer de insuficiência. A verdade é que o nível da compreensão está longe de esgotar os impulsores da estrutura que tentamos penetrar, porque é sobre ela que tentamos agir. A distinção entre demanda e desejo esclarece imediatamente a demanda. Em contrapartida, situa o desejo do homem bem no seu lugar, ou seja, no seu ponto estritamente enigmático.

A chave de tudo isso é a relação do sujeito com o significante. O que caracteriza a demanda não é ser apenas uma relação de um sujeito com outro sujeito, mas o fato de essa relação se dar por intermédio da linguagem, ou seja, do sistema dos significantes.

Como anunciado, abordaremos agora a questão do que é o desejo, na medida em que ele é o fundamento do sonho. Não é simples saber qual é o desejo quando ele é o motor do sonho. Pelo menos, vocês sabem que ele é duplo.

Primeiramente, esse desejo visa sobretudo à manutenção do sono – Freud articulou isso da forma mais categórica possível –, ou seja, desse estado em que, para o sujeito, a realidade é suspensa. Em segundo lugar, esse desejo é desejo de morte. Ele o é por outro lado e, ao mesmo tempo, o é de modo perfeitamente compatível, na medida em que é muitas vezes por intermédio desse segundo desejo que o primeiro é satisfeito, o desejo de morte sendo aquilo em que o sujeito do *Wunsch* se satisfaz.

Gostaria de pôr esse sujeito numa espécie de parêntese. O sujeito, não sabemos o que é, e o sujeito do *Wunsch* do sonho, a questão é saber quem ele é. Quando alguns dizem *O eu*, se enganam, Freud certamente afirmou o contrário. E se dizemos *É o inconsciente*, isso não diz nada. Portanto, quando digo *O sujeito do* Wunsch *se satisfaz*, ponho esse sujeito entre parênteses. Tudo o que Freud nos diz é que é um *Wunsch* que se satisfaz.

Ele se satisfaz com quê? Eu diria: *ele se satisfaz com ser* [*il se satisfait de l'être*]. Entendam, *com ser, satisfeito*. É tudo o que podemos dizer, já que o sonho não traz consigo nenhuma outra satisfação além da satisfação no nível do *Wunsch*, ou seja, uma satisfação verbal, por assim dizer. O *Wunsch* de um sonho se contenta com aparências. Tanto é que o caráter dessa satisfação reflete-se aqui na linguagem, nesse *satisfeito com ser*, como me exprimi há pouco, onde se desvela a ambiguidade da palavra *ser*.

O ser está aí, ele se infiltra em tudo e também adota a forma gramatical de referência ao ser, *o ser satisfeito*. Esse ser pode ser tomado do lado da substância? Não há nada de substancial no ser além da própria palavra, *ele se satisfaz com ser*. O ser [*l'être*], só o podemos tomar ao pé da letra [*lettre*]. Afinal de contas, é algo da ordem do ser que satisfaz o *Wunsch*. Em suma, é só no sonho, ao menos no plano do ser, que o *Wunsch* pode se satisfazer.

Gostaria agora de fazer aqui o que costumo fazer, um pequeno preâmbulo, e lançar um olhar para trás a fim de lhes abrir os olhos para um sei lá o quê, que compreende nada menos que o conjunto da história da especulação psicológica.

1

A psicologia moderna, vocês sabem, começou por ser formulada em termos de atomismo psicológico.

É sabido que não estamos mais nisso, que abandonamos o associacionismo, como se diz, e que fizemos consideráveis progressos desde que passamos a levar em consideração a demanda por totalidade, a unidade do campo, a intencionalidade e outras forças.

Só que a história não está nem um pouco resolvida, precisamente por causa da psicanálise de Freud. E o que se ignora é como, na realidade, interveio o impulsor desse ajuste de contas, que não é um. Quero dizer que deixaram escapar por completo a essência e, ao mesmo tempo, também a persistência do que supostamente foi reduzido.

No começo, é verdade, o associacionismo, que pertence à tradição da escola psicológica inglesa, é, se assim posso dizer, um enorme engano.

O problema é o do campo do real e de sua apreensão psicológica pelo sujeito humano. Trata-se, em suma, de explicar não só que há homens que pensam, mas que há homens que se deslocam pelo mundo, nele apreendendo, de modo mais ou menos adequado, o campo dos objetos. Ora, de onde esse campo dos objetos tira seu caráter fragmentado, estruturado? Muito simplesmente, da cadeia significante. Na realidade, a teoria associacionista nada mais faz senão dotar, logo de início, o campo do real do caráter fragmentado e estruturado da cadeia significante.

A partir daí, percebe-se, é claro, que há desacerto. Supõe-se que deva haver, na origem, por assim dizer, relações com o real que estejam menos estruturadas pela cadeia significante, sem nem mesmo saber que é do significante que se trata. Parte-se, portanto, em busca dos casos em que a apreensão do mundo se apresenta como mais primitiva, com base numa noção proporcionalista das coisas. Vai-se para a psicologia animal, evocam-se todos os delineamentos estigmáticos graças aos quais o animal pode chegar a estruturar seu mundo e se faz disso o ponto de referência da apreensão humana do real. Recusam-se, por conseguinte. os famosos elementos do associacionismo por provirem de uma primeira e falsa concepção dessa apreensão do real, procede-se à sua reabsorção e o todo é diluído numa espécie de teoria do campo, onde o real aparece movido pelo vetor de um desejo primordial.

Imagina-se, então, ter solucionado o problema. Na verdade, nada foi feito. Descreveu-se outra coisa, outra psicologia, que procura captar o nível de combinação do campo sensório-motor do sujeito com seu *Umwelt*, seu entorno. Contudo, os elementos do associacionismo sobrevivem perfeitamente ao estabelecimento dessa nova psicologia. O associacionismo não foi absolutamente reduzido, só o escopo da psicologia é que foi deslocado.

A prova disso é justamente o campo analítico, no qual todos os princípios do associacionismo continuam reinando. Até hoje, nada demoliu o fato de que, quando começamos a explorar o campo do inconsciente, nós o fizemos seguindo algo que se chama, em princípio, *associação livre*, e voltamos a fazê-lo todos os dias. Embora esta seja uma expressão aproximativa, inexata para designar o discurso analítico, a visada da associação livre continua válida.

Vejam as experiências originais das palavras induzidas. Embora não tenham conservado para nós qualquer valor terapêutico ou prático, ainda guardam, contudo, seu valor orientador na exploração do campo do inconsciente. Isso, por si só, já bastaria para mostrar que estamos num campo onde reina a palavra, o significante.

Em que se fundamenta a teoria associacionista entendida como o que vem em seguida sobre o mesmo fundo de experiência? Na constatação de que certos elementos, átomos, *ideias* – como se diz, sem dúvida de forma aproximada, insuficiente, mas não sem razão – coordenam-se num determinado nível na mente de um sujeito. E o que mostravam as primeiras explorações experimentais do fenômeno? Que ele está condicionado pelo que era chamado de relações de contiguidade. Acompanhem os textos, vejam de que se fala, em que exemplos se apoiam e reconhecerão perfeitamente que essa contiguidade nada mais é que a combinação discursiva na qual se fundamenta o efeito que aqui chamamos de metonímia.

Há contiguidade entre duas coisas que ocorreram, na medida em que sejam evocadas na memória, no plano das leis da associação. Um acontecimento foi vivido num contexto que podemos chamar, genericamente, de contexto aleatório. Evocada uma parte do acontecimento, a outra vem à mente. Constitui-se assim uma associação por contiguidade, que é simplesmente um encontro. O que isso quer dizer? Quer dizer, em suma, que ela se rompe, que seus elementos são tomados num mesmo texto de relato. Se falamos aqui em contiguidade, é na medida em que o acontecimento evocado na memória é um acontecimento relatado, em que o relato forma seu texto.

Por outro lado, há a contiguidade que distinguimos, por exemplo, numa experiência de palavras induzidas. Uma palavra puxa outra. Digo a palavra *cereja*, o sujeito evoca a palavra *mesa*. Será uma relação de contiguidade porque, tal dia, havia cerejas na mesa.

Uma relação de similitude se distingue de uma relação de contiguidade, mas é também uma relação de significantes, na medida em que a similitude é a passagem de um termo por uma similitude de ser. Há similitude entre um e outro sempre que, um e outro sendo diferentes, algum assunto de ser os torna semelhantes. Não vou entrar em toda a dialética do mesmo e do outro, com tudo o que ela tem de difícil e de infinitamente mais rico do que se imagina à primeira vista. A quem interessar, remeto ao *Parmênides*. Verão que passarão ali algum tempo antes de esgotarem a questão.

O que estou dizendo aqui e quero que percebam é, simplesmente, que existem outros usos além do uso metonímico. Se falo do lábio dizendo que ele é como uma cereja, faço da palavra *cereja* um uso metafórico. Dão-me a palavra *lábio*, ela induz na minha mente a palavra *cereja* – por que elas estão ligadas? Porque ambas são vermelhas? Porque ambas têm a mesma forma, analogicamente falando? Porque são semelhantes por alguma atribuição? Não, não só. Trate-se do que for, estamos imediatamente, e isso é algo que se percebe, perante esse efeito totalmente substancial que se chama o efeito de metáfora. Quando falo da cereja a propósito do lábio numa experiência de palavras induzidas, não há ambiguidade de nenhuma espécie: estamos no plano da metáfora, no sentido mais substancial do termo. E no plano mais formal, o efeito de metáfora sempre se reduz, como lhes mostrei, a um efeito de substituição na cadeia significante.

Se a cereja está aí, é na medida em que ela pode ser inscrita num contexto, estrutural ou não, em que figura o lábio. Ao que vocês podem objetar que a cereja pode vir a propósito dos lábios numa função de contiguidade, que talvez a cereja tenha desaparecido entre os lábios, ou que uma mulher tenha me incentivado a tirar a cereja dos lábios dela. Sim, claro, também é assim que isso pode se apresentar, mas de que contiguidade se trata aqui senão da do relato a que eu me referia agora há pouco?

Do ponto de vista real, convém não se deixar enganar pelo acontecimento em que se integra essa contiguidade e que faz com que a cereja tenha, com efeito, estado por um curto espaço de tempo em contato com o lábio. O que importa não é que a cereja toque o lábio, é que seja engolida. Não é que seja retida nos lábios, é que nos seja oferecida num gesto erótico. Se interrompemos por um instante o contato dessa cereja com o lábio, é em função de um flash, que é precisamente o flash do relato. É a frase, são as palavras que por um instante suspendem essa cereja entre os lábios.

Inversamente, é porque existe a dimensão do relato instituindo um flash que a imagem criada pela suspensão do relato torna-se efetivamente, nesse caso, um estimulante do desejo. É a implicação da linguagem no ato que impõe aqui um tom. É *a posteriori* que a linguagem introduz no ato uma estimulação, um elemento estimulante, que decorre da interrupção do relato. Essa suspensão, que no caso vem alimentar o próprio ato, adquire o valor da fantasia, que tem significação erótica no desvio do ato.

Acho que isso basta para lhes mostrar que a instância do significante está nos fundamentos da própria estruturação de um certo campo psicológico. Não é a totalidade desse campo. É uma parte dele, se, por convenção, chamarmos *psicologia* uma disciplina constituída sobre a base do que eu denominaria uma teoria unitária intencional ou apetitiva. Resta ainda que, como Freud nos lembra sem cessar, essa presença do significante está articulada de forma infinitamente mais instante, potente, eficaz na experiência analítica.

Curiosamente, é algo que se tende a esquecer. Gostariam de fazer a psicanálise ir na mesma direção em que a psicologia acabou situando seu interesse. Só se admite o inconsciente na área de um campo clínico tensional. Nessa perspectiva, a psicanálise seria uma espécie de poço, um túnel de perfuração, por assim dizer, paralelo à evolução geral da psicologia, e que teria nos dado acesso a tensões elementares, a um campo das profundezas reduzido ao vital, ao passo que o que vemos na superfície seria o chamado campo do consciente e do pré-consciente.

Isso é um erro.

E é muito precisamente nesse contexto que o que dizemos ganha valor.

2

Alguém seguiu meu conselho de se reportar aos dois artigos de Freud publicados em 1915?

Se forem, por exemplo, ao artigo sobre o *Unbewußte*, ao ponto que, a esse respeito, parece o mais delicado, constatarão que se trata exclusivamente de elementos significantes. Quando me refiro aqui ao significante, aqueles que não entendem absolutamente nada articulam todos os dias que se trata de uma teoria intelectualista, à qual eles opõem, naturalmente, a vida afetiva, a dinâmica. Longe de mim contestar sua existência, pois é precisamente para explicá-la de modo claro que passo pelo artigo sobre o *Unbewußte*. Vamos nos situar, portanto, no nível dos sentimentos inconscientes, já que Freud fala deles.

Na terceira parte de "Das Unbewußte", Freud nos explica muito claramente que só pode ser recalcado, em sentido estrito, o que ele chama de *Vorstellungsrepräsentanz*. Isso quer dizer *representante da representação*. De quê? Do movimento pulsional, aqui chamado *Triebregung*, e que podemos até chamar, mais precisamente, de unidade de moção pulsional.

O texto não deixa margem a nenhum tipo de ambiguidade: a *Triebregung* não deve ser considerada nem inconsciente nem consciente. O que isso quer dizer? Quer simplesmente dizer que o que chamamos *Triebregung* deve ser entendido como um conceito objetivo. É uma unidade objetiva, na medida em que olhamos para ela, e ela não é nem consciente nem inconsciente, ela é simplesmente o que é, a saber, um fragmento isolado de realidade que concebemos como tendo incidência de ação própria.

A meu ver, é ainda mais notável que o que a representa, a saber, o *representante da representação* – este é o valor exato do termo alemão –, único representante da pulsão, *Trieb*, possa ser dito pertencente ao inconsciente. Ora, este implica justamente o termo que introduzi há pouco com um ponto de interrogação, a saber, um sujeito inconsciente.

É claro que vocês já veem, não aonde quero chegar, mas aonde chegaremos necessariamente. Embora Freud em sua época se encontrasse numa situação em que as coisas podiam ser ditas num discurso científico, esse *Vorstellungsrepräsentanz*, vocês já devem estar percebendo, equivale estritamente à noção e ao termo de "significante".

O que faço é apenas anunciá-lo, embora sua demonstração, me parece, já tenha sido exposta; se não, de que serviria tudo o que acabei de falar? É claro que irei demonstrá-lo mais, sempre mais. É muito precisamente disso que se trata.

Freud, em contrapartida, articula da maneira mais precisa que tudo o que se pode conotar sob os termos, por ele reunidos, de sensação, sentimento, afeto, não pode ser dito inconsciente, a não ser por um relaxamento, um descuido da expressão. Conforme o contexto, este tem, ou não, inconvenientes, como todos os descuidos, mas, em princípio, ele lhe recusa formalmente qualquer possibilidade de uma incidência inconsciente. Isso é expresso e repetido de um modo que não comporta nenhum tipo de dúvida ou ambiguidade.

Quando falamos em afeto inconsciente, isso quer dizer que ele é percebido, porém não reconhecido. Não reconhecido em quê? Em seus laços; mas nem por isso é inconsciente, pois é sempre percebido. Simplesmente, nos diz Freud, ele foi se enlaçar a outra representação, não recalcada. Em outras palavras, o afeto teve de se acomodar ao contexto que subsistia no pré-consciente, o que lhe permite ser considerado pela consciência – o que, no caso, não é difícil – como uma manifestação deste último contexto. Isso está articulado em Freud. Para ele, não é suficiente articulá-lo uma vez, ele o articula cem vezes, volta a isso o tempo todo.

É precisamente aí que se insere o enigma da "transformação do afeto", que, a esse respeito, revela-se singularmente plástica. Aliás, isso chamou a atenção de todos os autores quando eles abordam a questão do afeto, ou seja, uma vez na vida outra na morte, quer dizer, na medida em que se atrevem a tocar nessa questão. Pois, o impressionante é que eu, que, dizem, faço uma psicanálise intelectualista, vou passar o ano repisando isso, mas vocês podem contar nos dedos os artigos dedicados à questão do afeto na análise – embora os psicanalistas encham a boca com isso quando falam de um caso clínico pois, claro, é sempre ao afeto que recorrem.

Até onde sei, há um único artigo válido sobre a questão do afeto, é um artigo de Glover, do qual se fala muito nos textos de Marjorie Brierley. Há ali uma tentativa de passo adiante na descoberta da noção de afeto, a qual deixa um pouco a desejar no que Freud diz sobre o tema. Esse artigo é, aliás, detestável, assim como o livro todo, dedicado às chamadas *tendências da psicanálise*. É uma ilustração bastante boa de todos os locais verdadeiramente impossíveis em que a psicanálise está indo se alojar, a moral, a *personologia* e outras perspectivas eminentemente práticas em torno das quais se esvai o blá-blá-blá de nossa época.

Voltando às coisas que nos dizem respeito, isto é, às coisas sérias, o que lemos em Freud? Lemos que o problema é saber no que o afeto se transforma quando se desengancha da representação recalcada e passa a depender apenas da representação substitutiva a que consegue se enlaçar. Ao *desenganchado* corresponde essa possibilidade que lhe é própria de estar anexado a outra representação, motivo pelo qual o afeto se apresenta na experiência analítica como uma coisa problemática.

Vemos isso, por exemplo, no vivido [*vécu*] de uma histérica. É daí que parte a análise, é daí que parte Freud quando começa a articular as verdades analíticas. Vê-se um afeto surgir no texto ordinário, compreensível, comunicável do vivido de todos os dias de uma histérica, e esse afeto que ali está – e que, aliás, parece compor com o conjunto do texto, salvo para um olhar um pouquinho exigente – é, contudo, a transformação de outra coisa.

Vale a pena nos determos nessa outra coisa, pois não é um outro afeto que estaria, ele sim, no inconsciente. Isso, Freud nega absolutamente. Não existe absolutamente nada de parecido com isso. Não há absolutamente nada que, nesse momento, esteja realmente no inconsciente. O que se transforma é o fator puramente quantitativo da pulsão. A outra coisa é o fator quantitativo sob uma forma transformada.

Toda questão consiste, então, em saber como são possíveis essas transformações no afeto, isto é, por exemplo, como um afeto que está nas profundezas, um afeto que é concebível restaurar no texto inconsciente como sendo este ou aquele, se apresenta sob outra forma no contexto pré-consciente.

O que Freud nos diz? Primeiro texto: *Toda a diferença vem de que, no inconsciente, as Vorstellungen são investimentos, no fundo, de traços mnésicos, enquanto os afetos correspondem a processos de descarga, cujas manifestações finais são percebidas como sensações.* Essa é a regra da formação dos afetos.

Como eu lhes disse, o afeto remete ao fator quantitativo. Freud entende por isso não só que ele é mutável, móvel, mas que está submetido à variável que esse fator constitui. Ele articula isso precisamente dizendo que os destinos do afeto podem ser três: *o afeto continua, subsiste, no todo ou em parte, como é; ou sofre uma metamorfose numa quantidade de afetos qualitativamente diferentes, sobretudo em angústia* – é o que ele escreve em 1915, e vemos esboçar-se aqui uma posição que "Inibição, sintoma e angústia" articulará em 1926 na segunda tópica –, *ou é suprimido, isto é, seu desenvolvimento é interrompido.*

A diferença, escreve Freud, *entre o afeto e o Vorstellungsrepräsentanz é que a representação, após o recalque, permanece como formação real no sistema ICS, enquanto ao afeto inconsciente corresponde apenas uma possibilidade incipiente que não tinha nenhuma necessidade de se desenvolver.*

Não podia evitar passar por esse preâmbulo antes de entrar no modo como pretendo formular aqui as questões sobre a interpretação do desejo do sonho.

Comuniquei-lhes que aproveitaria, para esse fim, um sonho extraído do texto de Freud, porque, afinal, ainda é o melhor guia para estar certo do que ele pretende dizer quando fala do desejo do sonho.

3

Extraio esse sonho do artigo intitulado "Formulierungen", "Formulações sobre os dois princípios do funcionamento psíquico", de 1911, publicado logo antes do caso Schreber.

Se escolhi esse texto para pegar um sonho e a análise que Freud faz dele, é porque nele encontramos articulado de modo simples, exemplar, significativo e não ambíguo como Freud entende a manipulação desses *Vorstellungsrepräsentanzen*, já que se trata, nesse artigo, da formulação do desejo inconsciente.

O que se depreende do conjunto da obra de Freud sobre as relações do *Vorstellungsrepräsentanz* com o processo primário, na medida em que ele está submetido ao primeiro princípio, ou princípio do prazer, não deixa nenhum tipo de dúvida. Não há nenhum outro modo de conceber a oposição entre o princípio do prazer e o princípio de realidade, a não ser percebendo que o que nos é dado como o surgimento alucinatório em que o processo primário – isto é, o desejo no nível do processo primário – encontra sua satisfação não concerne simplesmente a uma imagem, mas a um significante.

É, aliás, surpreendente que não se tenham dado conta disso de outro modo, quer dizer, a partir da clínica. Se nunca se deram conta disso de outro modo é porque a noção de significante não estava elaborada no momento do grande esplendor da psiquiatria clássica. Pois, enfim, no maciço da experiência clínica, sob quais formas se apresentam a nós as alucinações? Quais são as principais formas mais problemáticas, mais insistentes sob as quais se coloca para nós a questão da alucinação? São as alucinações verbais ou de estrutura verbal, quando há intrusão, imisção no campo do real não de uma imagem, não de uma fantasia, não do que um simples processo perceptivo suportaria, mas de um significante. Se uma alucinação nos coloca problemas que lhe são próprios, é porque se trata de significantes e não de imagens, nem de coisas, nem de percepções, dessas *falsas percepções da realidade*, como se diz. Em Freud, não resta qualquer dúvida quanto a isso.

No final desse artigo, Freud toma um sonho para ilustrar o que ele chama de a *neurotische Währung*, a *valorização neurótica*, na medida em que o processo primário ali irrompe. Essa *Währung* é um termo que devemos guardar. A palavra não é muito habitual em alemão. Está ligada ao verbo *währen*, que é uma forma durativa do verbo *wahren*. Embora queira dizer *duração*, seu uso mais comum a toma no sentido de *valor*, *valorização*.

Esse sonho é o sonho de um sujeito de luto pelo pai, de quem cuidou, nos diz ele, nos prolongados tormentos de seu fim. Eis o sonho. O pai ainda está vivo e fala com ele como antes. Apesar disso, ele não deixa de experimentar de maneira extremamente penosa o sentimento de que o pai já está morto. Só que *ele não sabia de nada* – entenda-se, o pai.

É um sonho curto. É um sonho que se repetiu com insistência nos meses seguintes ao falecimento do pai. É um sonho que, como sempre, Freud apresenta no nível transcrito, pois o essencial da análise freudiana sempre se baseia no relato do sonho como, antes de mais nada, articulado. Como Freud irá abordá-lo?

Não há dúvida, claro – fosse apenas em razão da distinção que ele sempre fez entre conteúdo manifesto e conteúdo latente – que Freud nunca pensou que um sonho se referia imediatamente ao que, na análise, ele não se abstém de chamar a todo instante com essa expressão, que não tem equivalente, o *wishful thinking*. Ao pronunciá-la, eu queria quase fazê-la transmitir algum som equivalente a uma campainha de alarme. O uso de tal expressão já deveria, por si só, pôr um analista de sobreaviso, na defensiva até, e persuadi-lo de que se embrenhou na falsa via.

Está fora de questão que Freud, por um instante sequer, jogueteie [*taquine*] com esse *wishful* e nos diga que, se o sujeito sonha com o pai, é simplesmente porque sente necessidade de vê-lo e porque isso lhe dá prazer. Isso não é nem um pouco suficiente pelo simples motivo de que esse sonho não parece de jeito nenhum ser uma satisfação e porque seu caráter penoso está suficientemente acentuado para evitar esse tipo de passo precipitado. No entanto, se o menciono é para assinalar essa possibilidade, no limite, embora, no fim das contas, eu não pense haver um só psicanalista capaz de chegar a isso quando se trata de um sonho. É precisamente porque não se pode chegar a isso quando se trata de um sonho que os psicanalistas já não se interessam pelo sonho.

Como Freud aborda as coisas? Permanecemos no nível de seu texto:

> *Nenhum outro meio leva ao entendimento do sonho {em sua sonoridade de non-sens} senão a adjunção "conforme seu anseio", ou "em consequência de seu anseio", às palavras "que seu pai, contudo, estava morto", com o corolário de que "ele ansiava por isso" após o fim da frase. O pensamento do sonho entende-se, então: para ele seria uma lembrança penosa ter tido de ansiar pela morte do pai, e como seria terrível se o pai tivesse suspeitado disso.*

Isso nos leva a dar o devido peso ao modo como Freud trata o problema: por meio do significante. O que Freud insere no texto e nos fornece como o que permite alcançar o entendimento do sonho, como o que outorga sentido ao texto, são cláusulas. Vamos tentar articular no plano linguístico o que elas são.

Rogo que escutem o que estou dizendo. Não estou dizendo que esta é a interpretação. Talvez seja, de fato, a interpretação, mas ainda não estou dizendo isso. Prestem bem atenção a esse momento em que um certo significante é designado como tendo sido produzido por sua falta. É devolvendo-o ao contexto do sonho que temos, de cara, acesso ao que nos é dado como sendo o entendimento do sonho.

Eis-nos, portanto, diante de um caso típico, aquele em que a recriminação que dirigimos a nós mesmos a respeito da pessoa amada remete à significação infantil do desejo de morte. O termo "transferência", *Übertragung*, é aqui empregado por Freud no sentido em que é empregado primitivamente na *Interpretação dos sonhos*, para designar o transporte de uma situação original – de um desejo de morte originário, no caso – para uma situação atual. Um voto análogo, homólogo, paralelo, similar de uma forma qualquer, se introduz para fazer reviver o desejo arcaico em questão.

Portanto, Freud trata o problema por meio do significante. É a partir daí que podemos tentar elaborar o que quer dizer interpretação. Mas comecemos acertando as contas com o tipo de interpretação que deixamos de lado, que se refere ao *wishful thinking*. Bastará uma única observação.

Se essa expressão não pode ser traduzida por *pensamento desejoso* ou *desejante*, é por um motivo muito simples. Ela tem um sentido, claro, mas é empregada em análise num contexto em que esse sentido não é válido. Sempre que a encontrarem, para pôr à prova a pertinência de seu uso, basta fazerem a seguinte distinção. A *wishful thinking* não se deve atribuir a significação *tomar os próprios desejos por realidades*, como é corrente nos exprimirmos – esse é o sentido do pensamento quando ele escorrega, quando titubeia –, e sim *tomar o próprio sonho por uma realidade*. Só por isso, já é totalmente inaplicável à interpretação do sonho, a esse tipo de compreensão do sonho. No caso do sonho, isso simplesmente quer dizer que se sonha porque se sonha. Uma interpretação nesse nível não é de forma alguma aplicável, em momento algum, a um sonho.

Passemos, então, ao procedimento que denomino adjunção de significantes.

Se seguirmos o texto de Freud, esse procedimento supõe que, antes, houve subtração de um significante – *subtração* é exatamente o sentido do termo que Freud usa para designar a operação do recalque na sua forma pura, no seu efeito, diria eu, *unterdrückt*. É então que somos detidos por algo que se nos afigura uma objeção e um obstáculo.

Se não estivéssemos decididos de antemão a achar bom tudo o que está em Freud, ou seja, se não estivéssemos decididos de antemão a *crer-crer*, como diz o sr. Prévert, deveríamos realmente nos deter nisto: que a pura e simples reconstituição das duas cláusulas *nach seinem Wunsch* e *daß er es wünschte* – ou seja, que ele, o filho, ansiava por essa morte do pai – não agrega estritamente nada ao que o próprio Freud nos designa como o objetivo final da interpretação, qual seja, a restauração do desejo inconsciente.

Com efeito, o que reconstituímos nesse momento senão algo que o sujeito já sabe cabalmente? Com efeito, durante a doença extremamente penosa do pai, o sujeito ansiava para ele a morte como solução e como fim de seus tormentos. Claro que fez de tudo para esconder do pai o desejo, o anseio [*voeu*] que, para ele, estava perfeitamente acessível no seu contexto, seu contexto vivido, recente. Nem é preciso falar, a esse respeito, de pré-consciente – é uma lembrança consciente, perfeitamente acessível ao texto contínuo da consciência.

Logo, é o sonho que subtrai de seu texto um elemento que não está absolutamente removido da consciência do sujeito. E é, portanto, esse fenômeno de subtração que adquire valor positivo, se me permitem. Quer dizer, o problema é esse, o do recalque. O que aqui é recalcado é sem dúvida nenhuma um *Vorstellungsrepräsentanz*, totalmente típico, aliás.

Se algo merece esse termo é justamente algo que é, em si mesmo, eu diria, uma forma vazia de sentido. *Conforme seu anseio*, em si, isolado, não quer dizer nada. Isso quer dizer *conforme o anseio de que falamos anteriormente*. O sentido depende da frase que vem antes.

É nessa direção mesmo que desejo levá-los para que entendam o caráter irredutível do que está em questão em comparação com toda concepção que se refira a uma elaboração imaginária ou até a uma abstração dos dados objetais, quando, na verdade, se trata do significante e da originalidade do campo que, no psiquismo, no vivido, no sujeito humano se instaura pela ação do significante. O que temos aqui são formas significantes que só se sustentam na medida em que estão articuladas com outros significantes.

Estou enveredando por considerações que, bem sei, suporiam uma articulação bem mais longa.

Os psicólogos da chamada Escola de Marburgo, cujos trabalhos se desenrolavam num pequeno círculo totalmente fechado, realizaram, com muita perseverança, todo tipo de experimentos sobre uma espécie de intuição que eles denominavam pensamento sem imagens. Tratava-se de pensar, sem imagens, tipos de formas que nada mais eram senão formas significantes sem contexto, em estado nascente. Por outro lado, os problemas que a noção de *Vorstellung* nos coloca aqui mereceriam lembrarmos que Freud assistiu durante dois anos, fato de que temos testemunhos inquestionáveis, ao curso de Brentano. Teríamos de nos referir à *Psicologia* deste último e à sua concepção da *Vorstellung* para entender o peso exato do que esse termo podia abarcar na mente de Freud e não simplesmente na minha interpretação.

Qual é o problema que encontramos? É o da relação existente entre, por um lado, o recalque, na medida em que ele se aplica, diz Freud, a algo que é da ordem da *Vorstellung* e, por outro, o surgimento de um sentido novo sob o efeito de algo que, para nós, no ponto por onde avançamos, é diferente do fato do recalque, qual seja, a elisão das duas cláusulas no contexto do pré-consciente. Será essa elisão a mesma coisa que o recalque? Será sua exata contraparte o contrário?

Convém explicar essa elisão primeiro no plano mais formal. Qual é seu efeito? É claro que é um efeito de sentido. Digo *elisão* e não *alusão*, pois aí não há, para empregar a linguagem coloquial, uma *figuração*. O sonho, longe de fazer alusão, bem longe disso, ao que precedeu, ou seja, as relações do pai com o filho, introduz algo que soa absurdo e que tem um alcance de significação totalmente original no plano manifesto. Trata-se de uma *figura verborum*, de uma figura de palavra, para empregar um termo que se contraponha ao primeiro. A elisão produz um efeito de significado. Nisso, equivale à substituição dos termos ausentes por um branco, um zero – mas um zero não é o mesmo que nada. Em suma, o efeito em questão pode ser qualificado de efeito metafórico.

O sonho é uma metáfora. Nessa metáfora surge algo novo que é um sentido, um significado. Este é, sem dúvida nenhuma, enigmático, mas mesmo assim não é algo que não tenhamos de considerar. É, eu diria, uma das formas mais essenciais do vivido humano, pois foi justamente essa imagem que, durante séculos, lançou os seres, em algum dos meandros enlutados de sua existência, pelos caminhos mais ou menos secretos que os conduziam até o necromante.

O que o necromante fazia surgir no círculo mágico era essa coisa chamada "sombra", diante da qual não se passava outra coisa do que o que se passa nesse sonho. A sombra é esse ser que está ali a ser, sem que se saiba como ele existe, e diante do qual, literalmente, não se pode dizer nada. Esse ser, é claro, fala, mas pouco importa, pois, até certo ponto, o que ele diz é também o que ele não diz, e o sonho sequer nos diz. Sua fala só tem valor pelo fato de que aquele que chamou o ser amado do reino das sombras não pode, por sua vez, lhe dizer literalmente nada sobre a verdade de seu coração.

Essa confrontação, essa cena estruturada, essa trama solicita que nos interroguemos: o que é isso? Qual o seu alcance? Tem o valor fundamental, estruturado e estruturante do que tento especificar para vocês este ano sob o nome de fantasia? É uma fantasia? Há um certo número de características exigidas para reconhecermos em tal trama as características da fantasia?

Infelizmente, só poderemos começar a responder a isso da próxima vez. Entendam bem que daremos a essa questão respostas absolutamente precisas. Por meio delas, será possível nos aproximar do que isso tem efetivamente de fantasia e de fantasia de sonho.

Articularei de imediato um primeiro ponto. No sentido preciso que podemos dar a essa palavra, *fantasia*, uma fantasia de sonho tem formas muito particulares e não tem o mesmo alcance que uma fantasia de vigília, seja ela inconsciente ou não. Veremos, a esse respeito, como devemos conceber a função da fantasia.

Segundo ponto. Veremos, a partir daí, onde se inscreve o que Freud chamou de mecanismos de elaboração do sonho, a saber, na relação do recalque, supostamente antecedente, com os significantes, sobre os quais lhes mostrei a que ponto Freud os isola e como articula a incidência da ausência deles em termos de puras relações significantes – entendo por isso as relações existentes entre os significantes.

Tentaremos situar esses significantes do relato, *ele está morto*, por um lado, *ele não sabia*, por outro, *conforme seu anseio*, em terceiro lugar, e fazê-los funcionar nos trajetos das cadeias respectivamente denominadas "cadeia do sujeito" e "cadeia significante", tal como estão aqui postas, repetidas, insistentes diante de nós sob a forma de nosso grafo.

Assim, verão para que pode servir esse grafo e que só há funcionamento possível do discurso com base nessas estruturas em que se inscreve a posição topológica dos elementos e de suas relações. Verão também que somente a noção dessas estruturas nos permite dar um sentido à análise desse sonho. Ou seja, que, até certo ponto, podemos dizer que as duas cláusulas em questão são verdadeiramente o conteúdo do recalque, isto é, o *Real verdrängt*, como diz Freud, *o que está realmente recalcado*.

Mas isso não basta. Temos também de distinguir como e por que o sonho faz uso desses elementos. Eles estão, sem dúvida alguma, recalcados, mas no nível do sonho, precisamente, não o estão. A vivência imediatamente antecedente os pôs em jogo como tais, ao passo que agora, como cláusulas, longe de serem recalcados, eles são, pelo sonho, elididos. Por quê? Para produzir certo efeito de quê? Não é tão simples. Em suma, o que é produzido é uma significação, sem dúvida, mas veremos que a mesma elisão do mesmo desejo pode ter efeitos totalmente diferentes segundo estruturas diferentes.

Para despertar um pouco a curiosidade de vocês, para estimulá-la, gostaria simplesmente de apontar que talvez haja uma relação entre a elisão da cláusula *conforme seu anseio* e o que se manifesta em outros contextos, que não são de sonho, mas de psicose, por exemplo, como a ignorância da morte, a ignorância que o sujeito tem da própria morte. No plano formal, basta que o *ele não o sabia* ou o *ele não queria saber de nada* venha se articular de outra maneira com o *ele está morto* para que uma desemboque na outra, desde que se distingam de início os contextos clínicos, como a *Verwerfung* se distingue da *Verneinung*.

Na psicose, essa articulação pode desembocar em sentimentos ditos de invasão ou de irrupção, ou em momentos fecundos em que o sujeito pensa que há efetivamente diante dele algo bem mais próximo ainda da imagem do sonho do que poderíamos esperar, isto é, alguém que está morto. O sujeito vive com um morto, mas um morto que, simplesmente, não sabe que está morto.

Talvez possamos chegar a reconhecer um fenômeno similar na vida normal, aquela que vivemos todos os dias. Talvez nos aconteça mais frequentemente do que imaginamos ter em nossa presença alguém com toda a aparência de um comportamento socialmente satisfatório, mas que, do ponto de vista do interesse, do ponto de vista do que nos permite estar de acordo com um ser humano, é alguém que é de fato um morto, e morto faz tempo, morto e mumificado, que só está esperando o pequeno revertério, sei lá eu de quê, de semblante, para se reduzir a essa espécie de pó que deve conduzi-lo a seu fim. Conhecemos mais de um desses. Agora que o assinalei, procurem em suas relações.

Esse aspecto semimorto talvez esteja bem mais difusamente presente do que imaginamos nas relações entre sujeito e sujeito. Não é verdade que o que há de semimorto em toda espécie de ser vivo não nos deixa a consciência totalmente tranquila? Talvez boa parte de nosso comportamento com nossos semelhantes introduza em nós uma reação incidente sempre presente, essencial, denotada por esse tipo de precaução que temos de tomar para que o semimorto não note que, ali onde ele está, onde ele está falando conosco, ele é meio presa da morte.

Isso talvez seja algo que tenhamos de levar em conta, cuja importância tenhamos de avaliar quando nos encarregamos de escutar os discursos, a confidência, o discurso livre de um sujeito numa experiência da psicanálise. Tal audácia de intervenção sobre esse sujeito não deixa de comportar para nós certo contragolpe, que é muito precisamente aquilo contra o que mais nos defendemos. Ou seja, o que há em nós de mais fictício, de mais repetido, a saber, também a semimorte.

Em suma, no ponto em que chegamos ao final desse discurso hoje, as perguntas mais se multiplicaram do que se fecharam.

Se esse sonho pode lhes trazer algo a respeito da questão das relações do sujeito com o desejo, é porque ele tem um valor que não deve nos surpreender, dado seus protagonistas, isto é, um pai, um filho, a morte presente e, vocês verão, a relação com o desejo.

Portanto, não é por acaso que escolhemos esse exemplo e que ainda teremos de explorá-lo da próxima vez.

26 de novembro de 1958

IV

O Sonho da Pequena Anna

A alucinação entre prazer e realidade
A topologia dos significantes
O palimpsesto dos recalques
O [eu] do enunciado e o [eu] da enunciação
O recalque, do não-dito ao não saber

Deixei-os da última vez com um sonho, um sonho extremamente simples, ao menos na aparência. Anunciei-lhes que, a respeito dele, iríamos nos empenhar para articular o sentido próprio que damos aqui a essa expressão, "desejo do sonho", e a esta outra, "interpretação". Vamos retomar isso. Penso que esse sonho tem também seu preço e seu valor no plano teórico.

Estou mergulhado nos últimos tempos numa releitura, depois de tantas outras, dessa *Interpretação dos sonhos* que, eu lhes disse, seria a primeira coisa que discutiríamos este ano a respeito do desejo e sua interpretação.

Devo dizer que, até certo ponto, acabei fazendo a seguinte crítica: esse é um livro cujos meandros a comunidade analítica conhece muito mal. É um fato notório. Essa crítica, como toda crítica, aliás, tem outra face, que é uma face de justificativa. Para dizer a verdade, não basta ter percorrido esse livro centenas de vezes para guardar seu conteúdo. Trata-se de um fenômeno que conhecemos bem, mas que me impressionou mais especialmente nestes últimos dias. No fundo, todos sabem o quanto se esquece tudo o que tem a ver com o inconsciente.

Por exemplo, é patente como esquecemos anedotas, as boas anedotas, os chamados chistes. Esse fato tão significativo é absolutamente inexplicável fora da perspectiva freudiana. Vocês estão numa reunião de amigos. Alguém solta uma piada, nem sequer conta uma história engraçada, mas faz um trocadilho no começo da reunião ou no fim do almoço, e ao passarem para o café vocês pensam *O que foi mesmo que essa pessoa que está aqui à minha direita disse de tão engraçado agora há pouco?*, e não vem nada. É quase um atestado de que o que é chiste escapa do inconsciente.

Quando se lê ou relê *A interpretação dos sonhos*, a impressão que se tem é de um livro mágico, eu diria, se essa palavra não se prestasse, no nosso vocabulário, a tanta ambiguidade, para não dizer erros, o que é uma pena. A gente realmente passeia pela *Interpretação dos sonhos* como se fosse o livro do inconsciente, e é por isso que dá tanto trabalho manter reunida essa coisa, que é tão articulada. Há aí um fenômeno que merece ser notado.

Soma-se a isso a deformação quase insensata da tradução francesa.* Realmente, quanto mais a frequento, mais julgo indesculpáveis as grosseiras imprecisões nela contidas. Alguns de vocês me pedem explicações e vou imediatamente ao texto. Há, por exemplo, na quarta parte, dedicada à elaboração dos sonhos, um capítulo intitulado "Cuidados com relação à delimitação da cena" [*Égards pris à la mise en scène*], cuja tradução francesa da primeira página é mais que um tecido de imprecisões: não tem relação nenhuma com o texto alemão, confunde, desorienta. Não vou insistir. Evidentemente, isso tudo não torna especialmente fácil o acesso dos leitores franceses a *A interpretação dos sonhos.*

Começamos a articular nosso sonho da última vez de uma maneira que talvez não lhes tenha parecido muito fácil, mas que ainda assim era inteligível – ao menos é o que espero. Para ver claramente de que se trata, vamos articulá-lo em função de nosso grafo.

Se um sonho nos interessa, é no sentido em que ele interessa a Freud, no sentido de realização de desejo. Aqui, o desejo está em função no sonho, na medida em que o sonho é sua realização. Como poderemos articular isso? Vou primeiro expor outro sonho, que já lhes mostrei antes e do qual verão o valor exemplar. Ele realmente não é muito conhecido, é preciso procurá-lo em um canto.

No começo do capítulo III, cujo título é "O sonho é uma realização de desejo", encontramos sonhos cuja existência acho que nenhum

---

* Lacan refere-se à tradução de Ignace Meyerson, *La Science des rêves*, Paris, Alcan, 1926. (N.T.)

de vocês ignora, sonhos de crianças, que nos são oferecidos como o primeiro estado do desejo no sonho.

O sonho em questão está presente desde a primeira edição da *Traumdeutung*. Freud o relata no momento em que começa a soletrar, perante seus leitores da época, a questão do sonho. O fato de que a *Traumdeutung* tenha o caráter de um trabalho expositivo em desenvolvimento explica muitas coisas, em particular que as coisas possam ser apresentadas, num primeiro momento, de maneira um tanto maciça, que comporta certa aproximação.

Quando não damos a devida atenção a essa passagem, atemo-nos ao que Freud nos diz sobre o caráter direto, sem deformação, sem *Entstellung*, do sonho infantil, embora, em geral, o sonho nos apareça sob um aspecto profundamente modificado quanto a seu conteúdo profundo, seu conteúdo pensado. Na criança, seria muito simples: o desejo iria sem rodeios, da maneira mais direta, para o que o sujeito deseja. Freud nos dá vários exemplos disso. O primeiro merece ser considerado, porque realmente fornece sua fórmula. Aqui está:

> *Minha filha caçula* – é Anna Freud –, *então com dezenove meses de idade, vomitara certa manhã e por isso fora mantida em jejum. Na noite que se seguiu a esse dia de fome, nós a ouvimos gritar durante o sonho: "Anna F.eud, Er(d)beer, Hochbeer, Eier(s)peis, Papp!"*

Er(d)beer é a forma infantil de pronunciar *morangos*, *Hochbeer* também quer dizer *morangos*, *Eier(s)peis* corresponde mais ou menos à palavra *flã* e, por fim, *Papp* é *mingau*. E Freud diz:

> *Portanto, ela usava o próprio nome para expressar posse, e a enumeração de todos esses pratos prestigiosos, ou que assim lhe pareciam, uma comida digna de desejo. O aparecimento dos morangos* (aí sob a forma de duas variedades, *Erdbeer* e *Hochbeer* – não cheguei a situar *Hochbeer*, mas o comentário de Freud assinala duas variedades) *era um protesto, uma manifestação contra a política sanitária da casa e tinha seu fundamento na circunstância, muito bem observada por ela, de que, na véspera, a babá tinha atribuído sua indisposição a um pequeno abuso na ingestão de morangos; desse conselho, desse parecer importuno, incômodo, ela logo tirou, no sonho, sua desforra.*

Deixando de lado o sonho do sobrinho Hermann, que coloca outros problemas, mencionarei com prazer uma notinha que não está na primeira edição pelo fato de ter sido elaborada posteriormente, durante discussões de escola de cujos relatos dispomos. Ferenczi contribuiu trazendo em socorro o provérbio *O porco sonha com bolotas, o ganso, com milho*. Naquele momento, Freud também menciona o provérbio *Com que sonha o ganso? Com milho*, que ele sem dúvida não retira tanto do contexto alemão, acho eu, dada a forma particular da última palavra.* Há, por fim, o provérbio judaico *Com que sonha a galinha? Com milheto.*

Detenhamo-nos neste ponto.

Vamos começar com um pequeno parêntese.

1

Evoquei ontem à noite, a respeito da comunicação de Granoff, um problema essencial, o da diferença entre a diretiva do prazer e a do desejo.

Voltemos um pouco à diretiva do prazer e, de uma vez por todas, o mais depressa possível, ponhamos os pontos nos is.

Evidentemente, isso também tem a mais estreita relação com as perguntas que me são feitas ou que são feitas a respeito da função que dou, no que Freud designa como processo primário, à *Vorstellung*.

Em poucas palavras, pois isso é apenas um desvio, quando nos indagamos sobre a função da *Vorstellung* no princípio do prazer, é preciso convir que sobre esse problema Freud vai direto ao ponto. Poderíamos dizer, em suma, que ele realmente precisa de um elemento para construir o que percebeu por intuição, e que encontra esse elemento na *Vorstellung*.

É próprio da intuição genial introduzir no pensamento algo que até então não tinha absolutamente sido percebido. Nesse caso, é a concepção do processo primário como distinto, separado, do processo secundário. Não nos damos conta de tudo o que há de original nisso, pensamos que é comparável à ideia que tínhamos no instante anterior, mas não tem absolutamente nada a ver. A composição, a síntese dos dois princípios é totalmente original.

O processo primário significa a presença do desejo, mas não de qualquer um, do desejo ali onde ele se apresenta mais fragmentado.

* *Kukuruz* é a palavra austríaca que Freud emprega, no lugar do alemão *Mais*. (N.T.)

Quanto ao elemento perceptivo, é com isso que Freud vai nos explicar, nos fazer entender do que se trata.

Quando só o processo primário está em jogo, o que acontece? Ele dá na alucinação. Lembrem-se dos primeiros esquemas que Freud nos expôs a esse respeito. Essa alucinação se produz por um processo de regressão que ele denomina de regressão tópica. Os diferentes esquemas que Freud fez do que motiva, do que estrutura o processo primário têm em comum supor como fundo o percurso do arco reflexo, com suas duas vias: via aferente e aferência de algo que se chama sensação, via eferente e eferência de algo que se chama motilidade.

Nessa perspectiva, e de um modo a meu ver tremendamente discutível, a percepção é concebida como algo que se cumula, que se acumula em algum lugar do lado da parte sensorial, do afluxo de excitações, do estímulo do meio externo, e é posta na origem do ato. Supõe-se que todo tipo de outras coisas venha em seguida. Manifestamente, é aí que Freud vai inserir toda a sequência de camadas superpostas que vão do inconsciente para o pré-consciente e assim por diante, para desembocar em algo que passa ou não passa para a motilidade.

Cada vez que Freud fala do que acontece no processo primário, vejamos bem de que se trata: acontece um movimento regressivo. Quando, por um motivo qualquer, a saída da excitação para a motilidade é barrada, produz-se sempre algo que é de ordem regressiva. É aqui que aparece algo, uma *Vorstellung*, que por acaso dá à excitação em questão uma satisfação que, rigorosamente falando, é alucinatória.

Eis a novidade introduzida por Freud.

Os esquemas em questão nos são dados por seu valor funcional, quer dizer, para estabelecer – Freud o diz expressamente – uma sucessão, uma sequência, sobre a qual, aliás, ele ressalta ser mais importante considerá-la como temporal do que como espacial. Para Freud, o fenômeno alucinatório vale, diria eu, por sua inserção num circuito. Em suma, o que Freud nos descreve como sendo o resultado do processo primário é que, sobre esse circuito, alguma coisa se acende.

Não farei uma metáfora, apenas direi o que em substância ressalta da explicação que Freud deduz do fenômeno, a tradução que ele lhe propõe – se me refiro aqui ao funcionamento de um circuito com fins homeostáticos, passando por uma série de comutadores em que a atividade elétrica é sempre implicitamente mensurável por reflexometria. Em certas condições, o fato de que algo aconteça no nível de um desses comutadores adquire, em si, certo valor de efeito terminal, idêntico ao que vemos produzir-se numa máquina de mensuração qualquer, quando, numa série de lâmpadas, uma delas entra em atividade. O importante não é tanto o que aparece, ou seja, um fenômeno luminoso, mas o que ele indica de certa tensão – produzida, aliás, em função de uma resistência – e do estado, num determinado ponto, do conjunto do circuito.

Comecemos por afirmar que uma alucinação não corresponde em absoluto ao princípio da necessidade, sejamos claros, pois, evidentemente, nenhuma necessidade é satisfeita por uma satisfação alucinatória. Para ser satisfeita, a necessidade exige a intervenção do processo secundário – e até dos processos secundários, pois há uma grande variedade deles –, processos estes que, como seu nome indica, só se satisfazem com realidades. Eles estão submetidos ao princípio de realidade.

Se há processos secundários que se produzem, eles só se produzem porque houve processos primários. É uma obviedade, mas não menos que a seguinte observação: que a partição dos dois princípios torna o instinto impensável, seja qual for a forma em que seja concebido. Ele é volatilizado.

Notem bem em que direção vão todas as pesquisas sobre o instinto e, em especial, as mais modernas, elaboradas e inteligentes. Elas visam explicar como uma estrutura que não é puramente pré-formada – não estamos mais nisso, já não vemos o instinto como o sr. Fabre, para nós é uma estrutura que engendra e mantém sua própria cadeia – desenha no real caminhos que conduzem um ser vivo para objetos que ainda não foram experimentados por ele.

Eis o problema do instinto. Explicam-nos que ele tem uma fase apetitiva e, depois, uma fase de condução de busca, de investigação. O animal entra num certo estado, cuja motilidade se traduz por uma atividade nas mais variadas direções. Atinge-se em seguida uma fase de ativação especializada. Mesmo que essa ativação especializada resulte numa conduta que o engana, ou seja, se, por exemplo, ele se apossa de alguns trapos coloridos, ainda assim ele detectou esses trapos no real.

O que quero indicar aqui é que uma conduta alucinada se distingue da forma mais radical de uma conduta de auto-orientação do investimento regressivo, por assim dizer, que se traduz no acender de uma lâmpada sobre os circuitos condutores. Esse fenômeno luminoso pode, a rigor, iluminar um objeto já experimentado. Mas se, por acaso, esse objeto já estiver presente, ele não mostra o caminho dele – e menos ainda, claro, se ele mostrar o objeto mesmo quando este não está presente, o que de fato ocorre no fenômeno alucinatório. O sujeito pode, no máximo, inaugurar a partir daí o mecanismo da investigação, e é efetivamente o que ocorre com o processo secundário.

Em suma, para Freud, o processo secundário cumpre o papel do comportamento instintivo. Por outro lado, porém, dele se distingue absolutamente, porque, dada a existência do processo primário, apresenta-se como um comportamento de testagem da realidade alucinatória, da experiência, *Erfahrung*, primeiramente ordenada como efeito de lâmpada no circuito. O processo secundário motiva uma conduta de juízo – esta última palavra é proferida por Freud quando ele explica as coisas nesse nível.

Notem bem que não subscrevo tudo isso, apenas deduzo o sentido do que Freud articula para transmiti-lo a vocês.

No fim das contas, a realidade humana se constrói, segundo Freud, sobre um fundo alucinatório prévio, que é o universo do prazer em sua essência ilusória. Todo esse processo é plenamente aceito. Não estou dizendo que ele se trai, nem mesmo isso!

Qual o termo que Freud emprega constantemente cada vez que tem de explicar a sucessão das marcas nas quais se decompõe o processo do aparelho psíquico e, sobretudo, na *Traumdeutung*? O termo *niederschreiben*. Nós o encontramos sempre que, nesse texto e nos demais, ele mostra uma sucessão de camadas, empilhadas umas sobre as outras, em que vêm imprimir-se – *niederschreiben* não é sequer *imprimir-se*, é *inscrever-se* – e registrar-se elementos, que Freud articula de maneira diferente segundo os diferentes momentos de seu pensamento. No nível de uma primeira camada, irá se tratar, por exemplo, de relações de simultaneidade, que serão em seguida ordenadas no nível de outras camadas.

É assim que o esquema se fraciona numa sucessão de inscrições, de *Niederschriften* – na verdade, é uma palavra impossível de traduzir –, que se superpõem umas às outras. Todas essas coisas que ocorrem originalmente – ou seja, antes de chegar a outra forma de articulação que é a da pré-consciência –, isto é, que estão muito precisamente no inconsciente, exigem, para serem concebidas, uma espécie de espaço tipográfico. Há ali uma verdadeira topologia de significantes. Não se escapa dessa conclusão quando se segue exatamente a articulação de Freud.

Na carta 52 a Fliess, vemos que Freud é necessariamente levado a supor, na origem, uma espécie de ideal, que não pode ser tomado como uma simples *Wahrnehmung*, uma *apreensão de verdade* [*prise de vrai*]. Se traduzirmos literalmente essa topologia dos significantes, chegaremos ao *Begreifen* da realidade, termo que ele emprega o tempo todo.

Como, em Freud, se chega à apreensão da realidade? Não pela via da triagem eliminatória, seletiva, nem por meio de nada que se pareça com o que toda teoria do instinto apresenta como o primeiro comportamento aproximativo, que dirige o organismo para as vias do comportamento instintivo bem-sucedido. Trata-se de uma crítica, verdadeira, recorrente, dos significantes evocados no processo primário. Essa crítica, claro, como toda crítica, não elimina o anterior sobre o qual ela incide, mas o complica. Complica-o conotando-o de quê? De índices de realidade que são, eles mesmos, de ordem significante.

O que articulo como sendo o que Freud concebe e nos apresenta como processo primário acentua a função do significante, mas, dessa acentuação, não há nenhum meio de escapar. Por menos que se reportem a qualquer um dos textos que ele escreveu nas diferentes etapas de sua doutrina, verão que a repetiu sempre que teve de abordar esse problema, desde sua introdução na *Traumdeutung* até o que ele retomou mais tarde, quando forneceu o segundo modo de exposição de sua tópica, a partir de "Além do princípio do prazer" e de "Psicologia das massas e análise do eu".

E, agora, o que dizer das representações?

Permitam-me criar umas imagens por um instante, brincando com a etimologia, tal como fiz com a *apreensão de verdade* que conduziria uma espécie de sujeito ideal ao real, que o levaria a alternativas mediante as quais ele induziria o real em suas proposições. *Vorstel-lungen*, decomponho a palavra articulando-a assim.

Essas *Vorstellungen* têm uma organização significante. Se quiséssemos falar delas em termos pavlovianos, diríamos que elas não fazem parte, desde a origem, de um primeiro sistema de significações conectado à tendência da necessidade, mas de um segundo sistema de significações. Elas se parecem com o acender da lâmpada na máquina caça-níquel quando a bolinha cai no buraco certo. O buraco certo, Freud também articula isso, quer dizer o mesmo buraco em que a bola caiu anteriormente. O processo primário não busca um objeto novo, mas um objeto a ser reencontrado, e isso por meio de uma

Vorstellung, reevocada porque era a *Vorstellung* correspondente a um primeiro trilhamento. A ativação da lâmpada dá direito a um prêmio. O princípio do prazer é isso.

Só que, para que esse prêmio seja honrado, é preciso haver certa reserva de moedas na máquina. No caso, essa reserva está destinada ao segundo sistema de processos, aos processos secundários. Em outras palavras, o acender da lâmpada só é uma satisfação no interior da convenção total da máquina, na medida em que essa máquina é a do jogador a partir do momento em que ele joga.

A partir daqui, voltemos ao sonho de Anna.

2

O sonho de Anna é descrito por Freud como o sonho da nudez do desejo.

Parece-me totalmente impossível, na revelação dessa nudez, eludir, elidir o próprio mecanismo por meio do qual essa nudez se revela. Em outras palavras, o modo de revelação dessa nudez não pode ser separado dessa própria nudez.

Minha ideia é que esse sonho – nu, digamos –, só o conhecemos, nesse caso, de ouvir dizer. Quando digo isso, não estou de jeito nenhum querendo dizer o que alguns me fizeram dizer: que, em suma, só saberíamos que alguém sonha pelo que ele nos conta, de tal modo que tudo o que se reporta ao sonho pelo fato de reportá-lo, deveria ser posto entre parênteses. Embora certamente não seja indiferente que Freud conceda tanta importância à *Niederschrift* que esse resíduo do sonho constitui, é claro que essa *Niederschrift* se refere a uma experiência que o sujeito nos relata.

Freud está longe, muito longe de considerar, mesmo por um instante, a evidente objeção de que uma coisa é um relato falado e outra, uma experiência vivida. Pelo contrário, ele a afasta com vigor, fazendo inclusive toda a sua análise partir expressamente disso, a ponto de aconselhar uma espécie de técnica do *Niederschrift*, do que ali está *deitado por escrito* do sonho. Isso permite ver bem o que ele, no fundo, pensa da experiência vivida, a saber, que é muito vantajoso que ela seja abordada assim, por meio do significante. Se a experiência está articulada, não é por obra dele, claro, ela mesma já está estruturada numa série de *Niederschriften*.

Há aí uma escrita em palimpsesto, caberia dizer, se pudéssemos imaginar um palimpsesto em que os diversos textos superpostos mantivessem certa relação mútua, ainda resta saber qual. Mas se procurassem qual relação, veriam que ela deveria ser buscada muito mais na forma das letras do que no sentido do texto. Logo, não estou dizendo isso.

O que digo, nesse caso, é que o que sabemos do sonho de Anna é propriamente o que dele sabemos atualmente, no momento em que ele ocorre como um sonho articulado. Em outras palavras, o grau de certeza que temos no tocante a esse sonho está ligado ao fato de que estaríamos igualmente muito mais certos do que sonham porcos e gansos se eles mesmos o contassem para nós. Contudo, nesse exemplo original, temos mais. O valor exemplar do sonho surpreendido por Freud é ele ter sido articulado em voz alta durante o sono, o que não deixa nenhum tipo de ambiguidade quanto à presença do significante no seu texto atual.

Não é possível lançar qualquer dúvida sobre o fenômeno desse sonho tomando como pretexto o caráter pretensamente aumentado das informações que, a seu respeito, chegam até nós pela fala. Sabemos que Anna Freud sonha porque ela articula: *Anna F.eud, Er(d)beer, Hochbeer, Eier(s)peis, Papp!* Portanto, as imagens do sonho, sobre as quais nada sabemos nesse caso, encontram nessas palavras um *afixo* simbólico, se é lícito pinçar aqui um termo da teoria dos números complexos, um afixo em que vemos, de certa forma, o significante se apresentar em estado floculado, ou seja, numa série de nomeações.

Essas nomeações constituem uma sequência em que a escolha dos elementos não é indiferente. Com efeito, como Freud nos diz, trata-se precisamente de tudo o que lhe foi interdito, *inter-dito*, de tudo aquilo a cuja demanda lhe disseram *Não! Não pode pegar*. Esse denominador comum introduz uma unidade na diversidade desses termos, sem que possamos nos impedir de observar que, inversamente, essa diversidade reforça aquela unidade, e até a designa. É, em suma, essa unidade que essa série opõe ao caráter eletivo da satisfação da necessidade.

Imputa-se um desejo tanto ao porco quanto ao ganso. Pois bem, reflitam apenas no efeito que teria se, em vez de dizer, como no provérbio, que o porco sonha com *Kukuruz*, com milho, nos puséssemos a enumerar tudo com que o porco supostamente sonha. Vocês veriam que isso dá um efeito totalmente diferente. E mesmo que se pretendesse que só uma insuficiente educação da glote impede o porco e o ganso de nos informarem sobre isso, e mesmo que se pudesse dizer que poderíamos chegar a remediá-lo percebendo em ambos os casos, e encontrando o equivalente, se preferirem, dessa articulação em alguns frêmitos detectados em suas mandíbulas, ainda assim seria pouco provável que acontecesse o seguinte, qual seja, que esses animais se nomeassem, como faz Anna Freud na sequência.

Admitamos até que o porco se chame Totó e o ganso, Belazor. Mesmo que algo dessa ordem se produzisse, constataríamos que eles se nomeariam numa linguagem que dessa vez ficaria bem evidente – nem mais nem menos evidente, aliás, que no homem, mas no homem isso se nota menos – que essa linguagem precisamente não tem nada a ver com a satisfação da necessidade deles, porque esse nome eles o teriam no curral, ou seja, num contexto que responde às necessidades do homem e não às deles.

Como dissemos há pouco, desejamos, primeiramente, nos deter no fato de que Anna Freud articula palavras. Portanto, o mecanismo da motilidade não está ausente desse sonho, já que é por seu intermédio que o conhecemos. Em segundo lugar, queremos nos deter no fato de que a estruturação significante da sequência do sonho coloca à frente de tudo uma mensagem, como podem ver ilustrado se souberem como se comunicar dentro de uma dessas máquinas complicadas que são as da era moderna. Por exemplo, quando alguém telefona do bico para a cauda de um avião, de uma cabine para outra, ele se anuncia, anuncia-se quem fala. Anna Freud, com dezenove meses, durante seu sonho, se anuncia, ela diz: *Anna F.eud*, e depois forma sua série. Eu quase diria que, depois de tê-la ouvido articular seu sonho, a gente só espera uma coisa, que ela diga no final: *Câmbio, desligo!!*

Fomos, portanto, introduzidos no que denomino de topologia do recalque – a mais clara, a mais formal também e a mais articulada.

No próprio momento em que Freud fala, pelo menos em duas oportunidades na *Traumdeutung*, dessa *andere Schauplatz* com que tinha ficado tão impressionado ao ler Fechner, a ponto de sentirmos que foi para ele uma espécie de clarão, de iluminação, de revelação, ele sempre aponta não tratar-se de modo algum de outro local neurológico. Dizemos que esse outro local deve ser buscado na estrutura do próprio significante.

O que estou tentando lhes mostrar com esse grafo é a estrutura do próprio significante. A partir do momento em que o sujeito nela se embrenha, com as hipóteses mínimas exigidas pelo fato de um sujeito entrar no jogo do significante – a saber, dado o significante, e o sujeito será definido apenas como nada além daquilo que vai entrar no significante –, as coisas se ordenam necessariamente assim e disso decorrerá todo tipo de consequência. Essa necessidade provém do fato de que há uma topologia que é preciso e basta conceber como constituída por duas cadeias superpostas.

No nível do sonho de Anna Freud, como as coisas se apresentam? Apresentam-se de maneira problemática, ambígua, o que, até certo ponto, legitima a distinção que Freud faz entre o sonho da criança e o sonho do adulto.

Onde se situa a cadeia das nomeações que constitui o sonho de Anna Freud? Na cadeia superior ou na cadeia inferior?

Vocês puderam notar que, na parte superior do grafo, essa cadeia está representada de forma pontilhada, acentuando o elemento de descontinuidade do significante, ao passo que representamos a cadeia inferior do grafo como contínua. Por outro lado, eu lhes disse que, em todo processo, as duas cadeias estão implicadas.

No nível em que formulamos a questão, o que quer dizer a cadeia inferior? Ela está no nível da demanda e, na medida em que eu lhes disse que o sujeito como falante adquiria aí uma solidez tomada da solidariedade sincrônica do significante, é bem evidente que isso é algo que participa da unidade da frase. Foi o que levou a que se falasse, e de uma maneira que fez correr muita tinta, da função da holófrase, da frase enquanto todo. A holófrase existe, não há dúvida.

A holófrase tem um nome – é a interjeição. Para ilustrar no nível da demanda a função da cadeia inferior, seria *Pão!* ou *Socorro!*. Essas interjeições estão na dimensão do discurso universal, não estou falando agora do discurso da criança. Essa forma de frase existe, chego até a dizer que, em certos casos, ela adquire um valor absolutamente premente e exigente. A necessidade, que sem dúvida deve passar pelos desfilamentos do significante como necessidade, está expressa aqui de uma maneira certamente deformada, mas ao menos monolítica, com a ressalva de que, nesse nível, o monólito em questão é constituído pelo próprio sujeito.

O que acontece na linha de cima é totalmente diferente. O que se pode dizer sobre isso não é fácil de dizer, mas por um bom motivo: é porque o que acontece na linha de cima está na base do que acontece na linha de baixo.

Mesmo em algo que nos é apresentado como tão primitivo quanto o sonho de Anna, algo nos indica que o sujeito não está constituído simplesmente na frase e pela frase, ao passo que, quando o indivíduo, ou a multidão, ou a insurreição grita *Pão!*, todo o peso da mensagem recai sobre o emissor. É ele o elemento dominante e esse grito por si só basta, justamente, nas formas que acabo de evocar, para constituir esse emissor num sujeito perfeitamente único, mesmo que ele tenha cem bocas, mil bocas. Ele não precisa se anunciar, a frase o anuncia suficientemente.

Em contrapartida, quando o sujeito humano opera com a linguagem, ele se conta, e é esta a sua posição primitiva. Não sei se vocês se lembram de certo teste do sr. Binet, feito para esclarecer as dificuldades do sujeito em transpor determinada etapa, que, a meu ver, considero muito mais sugestiva do que esta ou aquela etapa indicada pelo sr. Piaget. Não lhes direi de que etapa se trata porque não quero entrar em detalhes, mas ela parece distintiva e consiste em que o sujeito perceba que há algo de errado na frase: *Tenho três irmãos, Paul, Ernest e eu.*

Até uma idade bastante avançada, isso lhe parece totalmente natural, e pela melhor razão do mundo, já que, na verdade, nisso está toda a implicação do sujeito humano no ato da fala: ele se conta, ele se nomeia. Por conseguinte, essa é a expressão, por assim dizer, mais natural, mais coordenada. Simplesmente, a criança não encontrou a fórmula correta, *Somos três irmãos, Paul, Ernest e eu* – com a ressalva de que deveríamos ficar muito longe de ter de recriminá-la por isso, considerando as ambiguidades da função do ser e do ter. Claro que há um passo a dar para que se faça a distinção entre o [eu] enquanto sujeito do enunciado e o [eu] enquanto sujeito da enunciação, pois é disso que se trata.

Quando nós, por nossa vez, damos o passo seguinte, dizemos que o que se articula na linha de baixo é o processo do enunciado. No nosso sonho do outro dia, o que é enunciado é *Ele está morto*.

Notem, de passagem: toda a novidade da dimensão que a fala introduz no mundo já está implicada nesse enunciado. Em qualquer outra perspectiva que não seja a do dizer, *Ele está morto* não quer dizer absolutamente nada. *Ele está morto* é *Ele não é mais*. Como ele não está mais aqui, não é preciso dizê-lo. Para que se diga *Ele está morto*, é preciso que já se trate de um ser suportado pela fala.

Não se pede a ninguém que se dê conta disso, é claro, mas, sim, apenas disto, a saber, que o ato da enunciação do enunciado *Ele está morto* exige, comumente, dispor no próprio discurso de todo tipo de referenciais, que se distinguem dos referenciais tomados a partir do enunciado do processo. Se o que estou dizendo não fosse evidente, toda a gramática se volatilizaria.

Por ora, estou simplesmente chamando a atenção de vocês para a necessidade do uso do futuro do presente, na medida em que há duas coordenadas do tempo. Uma coordenada do tempo concerne ao ato em questão – por exemplo, no enunciado *Em tal época, terei me tornado seu marido*, trata-se da localização desse [eu] que vai se transformar por casamento. No entanto, como vocês o exprimem no termo do futuro do presente, há, por outro lado, o ponto atual de onde vocês falam, que os situa como o [eu] do ato de enunciação. Há, portanto, dois sujeitos, dois [eu].

A etapa que a criança tem de transpor no nível do teste de Binet, a saber, a distinção entre esses dois [eu], me parece não ter literalmente nada a ver com a famosa redução à reciprocidade que Piaget transforma no pivô essencial do acesso ao uso dos pronomes pessoais. Mas por enquanto deixemos isso de lado.

3

Chegamos, pois, à apreensão dessas duas linhas como representando, uma, o que se refere ao processo da enunciação, a outra, ao processo do enunciado.

Se elas são duas não é porque cada uma representa uma função, é porque, sempre que se tratar das funções da linguagem, encontraremos essa duplicidade.

Digamos também que não só elas são duas, como terão sempre estruturações opostas, uma será descontínua quando a outra for contínua e vice-versa.

Onde se situa a articulação de Anna Freud?

Se essa topologia serve para algo, não é para que eu lhes dê a resposta. Quer dizer, não vou sair declarando assim, de supetão, *ela está aqui ou ali*, porque me convém, ou mesmo porque eu enxergue um pouquinho mais longe, já que fui eu que fabriquei o troço e sei para onde vou. Se formulo essa pergunta é porque se coloca a questão de o que essa articulação representa, que é a face sob a qual se apresenta para nós a realidade do sonho de Anna Freud.

Essa criança foi perfeitamente capaz de perceber o sentido da frase da babá. Verdade ou não, Freud implica isso. Freud o supõe, e com razão, é claro, pois uma criança de dezenove meses compreende muito bem que sua babá vai lhe aprontar alguma.

O que ela enuncia no seu sonho se articula sob a forma que chamei de floculada. Significantes se sucedem numa certa ordem, mas essa sucessão extrai sua forma de seu empilhamento. Eles se superpõem, se me permitem, numa coluna. Essas coisas substituem umas às outras, como metáforas uma da outra. O que se trata de fazer emergir, então, é a realidade da satisfação como interdita.

Não iremos mais longe com o sonho de Anna Freud. Por se tratar da topologia do recalque, daremos agora o próximo passo indagando de que modo o que começamos a articular pode servir para esclarecer o que está em questão no sonho do adulto. Ou seja, qual a verdadeira diferença entre a forma que adota o desejo da criança no sonho de Anna Freud e a forma do sonho do adulto, certamente mais complicada, porque vai dar muito mais dor de cabeça, em todo caso, na interpretação.

O que Freud diz a esse respeito não tem ambiguidade nenhuma, basta ler. A função do que intervém é da ordem da censura. A censura se exerce tal qual ilustrei em meus seminários anteriores. Não sei se vocês se lembram da famosa história que tanto agradou, a da datilógrafa pega na revolução irlandesa e que enuncia: *Se o rei da Inglaterra é um babaca, então tudo é permitido*. Eu tinha lhes sugerido outra explicação para isso, baseada no que encontramos em Freud para explicar os sonhos de punição. Muito especialmente, tínhamos suposto a lei *Quem disser que o rei da Inglaterra é um babaca terá a cabeça decepada*, e eu lhes mencionava o fato de que, na noite seguinte, sonhei que minha cabeça era decepada.

Existem formas mais simples ainda, que Freud também articula. Já que, faz algum tempo, conseguiram me fazer ler *Tintim*, tirarei daí meu exemplo. Na minha qualidade *tintinesca*, tenho outra maneira de transpor a censura, posso articular em voz alta: *Quem disser na minha frente que o general Tapioca vale tanto quanto o general Alcazar terá de se haver comigo*. Se articulo algo assim, é claro que nem os partidários do general Tapioca nem os do general Alcazar ficarão satisfeitos e, o que é bem mais surpreendente, os menos satisfeitos serão os partidários de ambos.

Freud o explica de forma muito precisa, é da natureza do que é dito nos pôr diante de uma dificuldade muito, muito particular, que, ao mesmo tempo, abre possibilidades muito especiais. É simplesmente disso que se trata.

Aquilo com que a criança tinha de lidar era com o interdito, com o *dito que não* – formado por algum princípio da censura, por todo o processo de educação –, isto é, com uma operação com o significante que faz dele um indizível. Contudo, esse significante é dito, o que supõe que o sujeito se deu conta de que o *dito que não* permanece dito mesmo que não seja executado. Segue-se daí que *fazer e não dizer* é distinto de *obedecer e não fazer*.

Dito de outra forma, a verdade do desejo é por si só uma ofensa à autoridade da lei. Então, a saída oferecida a esse novo drama é censurar a verdade do desejo. Contudo, a censura, como quer que ela se exerça, não é algo que possa se sustentar mediante uma canetada, porque, nesse caso, o que é visado é o processo de enunciação.

Para impedir um enunciado de chegar à enunciação, é necessário algum pré-conhecimento do processo do enunciado. Todo discurso destinado a banir do processo de enunciação esse enunciado irá, portanto, encontrar-se em delito mais ou menos flagrante com sua finalidade. É a matriz dessa impossibilidade que é fornecida no nível da linha superior de nosso grafo – e ele fornecerá muitas outras matrizes. O sujeito, pelo fato de articular sua demanda, é capturado num discurso em que ele não pode senão ser ele mesmo erigido em agente da enunciação, e é por isso que não pode renunciar a esse enunciado, pois isso, para ele, seria se apagar como sujeito que sabe do que se trata.

A relação entre essas duas linhas que representam, respectivamente, o processo de enunciação e o do enunciado, é bem simples, é toda a gramática. Se isso os diverte, poderei lhes dizer onde e como, em que termos e quadros isso foi articulado no âmbito de uma gramática racional. Por ora, contudo, nossa questão é esta: o recalque, quando se introduz, está essencialmente ligado ao aparecimento absolutamente necessário de que o sujeito se apague e desapareça no nível do processo de enunciação.

Como, por quais vias empíricas o sujeito tem acesso a essa possibilidade? É totalmente impossível até de articular isso se não percebermos a natureza do processo da enunciação.

Como lhes disse, toda fala parte desse ponto de cruzamento que designamos como ponto A. Em outras palavras, toda fala, na medida em que o sujeito nela esteja implicado, é discurso do Outro. É precisamente por esse motivo que, primeiro, a criança não duvida de que todos seus pensamentos sejam conhecidos.

Contrariamente à definição dos psicólogos, um pensamento não é um ato esboçado. O pensamento é, antes de tudo, algo que participa dessa dimensão do não-dito que acabei de introduzir por meio da distinção entre processo da enunciação e processo do enunciado. Mas, é claro, para que um não-dito seja um não-dito, é preciso dizer. Para que esse não-dito subsista, é preciso dizê-lo no nível do processo da enunciação, ou seja, como discurso do Outro. E é por isso que a criança não duvida por um só instante sequer que os que representam para ela o lugar em que esse discurso é proferido, isto é, seus pais, saibam todos os seus pensamentos.

É, em todo caso, seu primeiro movimento. Esse movimento subsistirá enquanto não se introduza algo novo, que ainda não articulamos aqui, concernente à relação da linha superior com a linha inferior, a saber, o que as mantém, por fora da gramática, numa certa distância.

A gramática, não preciso lhes dizer como ela mantém à distância frases como *Eu não saberia dizer se ele morreu* [*Je ne sache pas qu'il soit mort*] – *Ele não morreu, que eu saiba* [*Il n'est pas mort, que je sache*] – *Eu não sabia que ele tivesse morrido* [*Je ne savais pas qu'il fût mort*] – e *O medo é que ele possa ter morrido* [*C'est la crainte qu'il ne fût mort*]. Todos esses taxiemas sutis que [em francês] vão do subjuntivo a um *ne* que o sr. Le Bidois denomina, de maneira realmente incrível por parte de um filólogo que escreve no *Le Monde*, o "*ne expletivo*", tudo isso serve para nos mostrar que toda uma parte da gramática, a parte essencial, os taxiemas, são feitos para manter a separação necessária entre as duas linhas.

Da próxima vez, projetarei sobre essas duas linhas as articulações em questão. Para o sujeito que ainda não aprendeu essas formas sutis, a distinção das duas linhas ocorre bem antes. Há condições exigidas para tal fim, que formam a base da interrogação que lhes trago hoje. Direi simplesmente que, cada vez que a distinção existente entre essas duas linhas se apoia numa diferença de tempo, que não é uma coordenada apenas temporal, mas tensional, vocês veem a relação que pode haver com a topologia do desejo.

Estamos nesse ponto. Durante certo tempo, a criança está, em suma, inteiramente capturada no jogo das duas linhas. O que é preciso aqui para que possa se produzir o recalque?

Hesito antes de me embrenhar por um caminho que, no fundo, eu não gostaria que parecesse o que, no entanto, ele é, um caminho concessivo. Ele consiste em apelar a noções de desenvolvimento. Direi que, no processo empírico em cujo nível o recalque se produz, a implicação de uma intervenção, de um acidente, de uma incidência de natureza empírica é certamente necessária – mas que a necessidade em que vem repercutir essa incidência empírica, a necessidade que esta precipita na sua forma, é de outra natureza.

Seja como for, a criança percebe, num determinado momento, que esses adultos que deveriam conhecer todos os seus pensamentos, pois bem, eles não os conhecem. Isso supõe que ela não dá o passo, ao menos não de imediato, que consiste em se introduzir no que é a possibilidade fundamental do que designaremos, resumida e rapidamente, como a forma dita mental da alucinação. Aí aparece a estrutura primitiva do que chamaremos o pano de fundo do processo da enunciação – paralelamente ao enunciado corriqueiro da existência –, que se chama o eco dos atos, o eco dos pensamentos expressos.

O fato é que, se uma *Verwerfung* não se realizou, num certo momento a criança percebe que esse adulto que conhece todos seus pensamentos não sabe nada sobre eles. O adulto, como tal, não sabe – quer se trate, no sonho, de *ele sabe* ou de *ele não sabe – que está morto*. Veremos da próxima vez qual é, neste caso, a significação exemplar dessa relação. Por enquanto, não cabe aproximarmos esses dois termos, o saber e a morte, porque ainda não avançamos longe o suficiente na articulação do que será atingido pelo recalque.

Qual é a possibilidade fundamental do que não pode ser senão a finalidade desse recalque, se ele for bem-sucedido?

Não é simplesmente que ele afete o não-dito com um sinal de *não*, que diz que o não-dito não é dito ao mesmo tempo em que o deixa dito. Se o não-dito de que se trata no recalque é mesmo um troço desses, não há dúvida de que a negação aqui em jogo é uma forma tão primordial que Freud, afinal, põe a *Verneinung* – que no entanto parece ser uma das formas mais elaboradas do recalque no sujeito, já que a encontramos em sujeitos de alta eflorescência psicológica – logo depois da *Bejahung* primitiva. Vocês notam, portanto, que ele procede tal como estou fazendo por ora diante de vocês, por meio de uma possibilidade – e até por uma dedução – lógica e não genética.

A *Verneinung* primitiva, é disso que lhes estou falando a propósito do não-dito. A etapa seguinte é o *Ele não sabe*, por intermédio do qual o Outro, que é o lugar da minha fala, se torna a morada de meus pensamentos e pode se introduzir o *Unbewußte* no qual entrará, para o sujeito, o conteúdo do recalque.

Não me façam ir mais longe, nem mais rápido, do que estou indo. Embora lhes diga que é a exemplo desse Outro que o sujeito procede para que nele se inaugure o processo do recalcado, não lhes disse que era um exemplo fácil de seguir. Além disso, já lhes indiquei que há mais de um modo de negação, pois enunciei a esse respeito a *Verwerfung* e fiz reaparecer ali, antes de rearticulá-la da próxima vez, a *Verneinung*.

A *Verdrängung*, recalque, não poderia ser uma operação tão cômoda de realizar, pois aquilo de que no fundo se trata é que o sujeito se apague. Na ordem do recalque, facilmente afigura-se à criança que os outros, os adultos, não sabem nada. Naturalmente, o sujeito que está entrando na existência não sabe que, se, como qualquer um sabe, eles, os adultos, não sabem nada, é porque passaram por todo tipo de aventuras, precisamente pelas aventuras do recalque. O sujeito nada sabe sobre isso e, quando se trata de imitá-los, a tarefa não é fácil. Um sujeito escamotear a si próprio como sujeito é um passe de mágica um pouquinho mais pesado que muitos outros que sou levado a lhes apresentar aqui.

Ou seja, rearticulando os três modos pelos quais o sujeito pode fazer esse *passe*, em *Verwerfung*, *Verneinung* e *Verdrängung*.

A *Verdrängung* consiste no seguinte: para atingir com esse não-dito, de uma maneira que seja no mínimo possível, se não duradoura, aquilo que se trata de fazer desaparecer, o sujeito opera pela via do significante, opera sobre o significante. Eis por que, a propósito desse sonho do pai morto que proferi a última vez, e em torno do qual continuamos rodando aqui apesar de eu não ter voltado a evocá-lo completamente no seminário de hoje, Freud articula que o recalque incide essencialmente sobre a elisão de duas cláusulas, isto é, *nach seinem Wunsch* e *daß er es wünschte*.

Na sua origem, na sua raiz, o recalque, tal como se apresenta em Freud, não pode se articular de outra maneira que não seja incidindo sobre o significante.

Não fiz vocês darem um passo muito grande hoje, mas é um passo a mais.

Esse passo nos permitirá ver sobre que tipo de significante incide a operação do recalque, pois nem todos os significantes são igualmente lesáveis, recalcáveis, frágeis.

Que tenhamos podido ver o recalque incidir sobre o que chamei duas cláusulas já é de uma importância essencial, pois isso vai nos dar condições de designar de que propriamente se trata quando falamos do desejo do sonho, em primeiro lugar, e do desejo puro e simples, em seguida.

3 de dezembro de 1958

V

O Sonho do Pai Morto "Conforme Seu Anseio"

O foraclusivo e o discordancial
Vacilação do sujeito diante do objeto do desejo
"Ser uma bela moça loira e popular..."
O sonho distribuído sobre o grafo
Morte, dor, castração, necessidade

No ponto em que os deixei a última vez, já puderam ver que eu tendia a abordar nosso problema, o do desejo e sua interpretação, pela via de certa ordenação da estrutura significante.

Mostrei-lhes que o que se enuncia no significante comporta uma duplicidade interna, entre processo do enunciado e processo do ato de enunciação.

Enfatizei a diferença existente entre o [eu] do enunciado e o [eu] da enunciação. O primeiro está implicado num enunciado qualquer, ao mesmo título que qualquer outro; é, por exemplo, o sujeito de um processo enunciado, o que, aliás, não é o único modo de enunciado. O outro está implicado em toda enunciação, mas tanto mais quando se anuncia como [eu] da enunciação.

O modo pelo qual este se anuncia não é indiferente. No sonho da pequena Anna Freud, ele se anuncia nomeando-se no começo da mensagem do sonho. Indiquei-lhes que restava algo de ambíguo ali: esse [eu], como [eu] da enunciação, é ou não é autenticado naquele momento? Dou a entender que ainda não, e que é isso que constitui a diferença que Freud nos apresenta como sendo a que distingue o desejo do sonho na criança do desejo do sonho no adulto.

Na criança, algo ainda não está terminado, precipitado pela estrutura, ainda não se distinguiu na estrutura. Desse algo eu já lhes dei o reflexo e o rastro, rastro tardio, sem dúvida, no âmbito de uma prova psicológica. Embora as condições muito definidas da experiência não permitam prejulgar como é isso, no fundo, para o sujeito, parece que a dificuldade de distinguir o [eu] da enunciação do [eu] do enunciado persiste por muito tempo, até se traduzir por esse tropeço diante do teste, que o acaso e o faro do psicólogo fizeram Binet escolher sob a forma *Tenho três irmãos, Paul, Ernest e eu*, donde se conclui que o sujeito ainda não sabe se descontar.

Esse rastro por mim assinalado é um indício, existem outros, desse elemento essencial para o sujeito que é a diferença entre o [eu] da enunciação e o [eu] do enunciado. Ora, como já disse, não tomamos as coisas pela via de uma dedução, mas por uma via que não posso dizer que seja empírica, pois já foi traçada, construída, por Freud.

Freud nos diz que o desejo do sonho no adulto é um desejo emprestado, que é a marca de um recalque, recalque que, nesse nível, ele apresenta como sendo uma censura. Quando ele entra no mecanismo da censura, onde ele põe o acento, senão nas impossibilidades dessa censura? E é assim que ele nos mostra o que é uma censura. Era nisso que eu tentava fazer vocês deterem por um instante sua reflexão, manifestando-lhes o tipo de contradição interna que é a de todo não-dito no nível da enunciação, quer dizer, a contradição interna que estrutura o *Eu não estou dizendo que…*

Disse-lhes isso outro dia sob diversas formas humorísticas, *Aquele que disser isto ou aquilo sobre este ou aquele personagem cujas palavras têm de ser respeitadas e que não deve ser ofendido, terá de se haver comigo!*. O que isso quer dizer, senão que, ao proferir essa tomada de partido, que é evidentemente irônica, vejo-me precisamente pronunciando o que não se deve dizer.

O próprio Freud apontou amplamente a frequência com que o sonho toma essa via, a saber, que no que ele articula como não devendo ser dito reside justamente o que ele tem para dizer e por onde passa o que é efetivamente dito no sonho.

Como esse *Eu não estou dizendo que* nos leva a algo ligado à estrutura mais profunda do significante, gostaria de me deter ainda um pouco nisso antes de dar outro passo.

1

Não é à toa que Freud, no artigo que dedica à *Verneinung*, faz dela o motor, situando-a na própria raiz da fase mais primitiva em que o sujeito se constitui como tal e se constitui especialmente como inconsciente.

Portanto, começa a se colocar para nós a questão da relação da *Verneinung* com a *Bejahung* mais primitiva – isto é, com o acesso de um significante à dimensão do questionamento, pois uma *Bejahung* é isso.

O que se inscreve no nível mais primitivo? Será, por exemplo, o par *bom* e *mau*? Vocês conhecem o papel que esse par, certamente muito primitivo, desempenhou numa certa especificação da via analítica. Escolher ou não escolher um ou outro desses termos primitivos já é optar por toda uma orientação de nosso pensamento analítico.

Se me detenho na função do *não* no *Eu não estou dizendo* [*Je ne dis pas*], é porque acredito que esta seja a articulação essencial. Ao dizer que não o dizemos, nós precisamente o dizemos. A coisa coloca em evidência, de certa forma pelo absurdo, o que já indiquei como sendo a propriedade mais radical, pode-se dizer, do significante.

Se vocês se lembram, já tentei levá-los pelos caminhos de uma imagem exemplar, que mostrava a relação existente entre o significante e uma certa espécie de índice ou de signo que chamei de rastro, que ele mesmo já leva em si e que é a marca de não sei que espécie de avesso da impressão do real.

Falei-lhes de Robinson Crusoé e do rastro do passo de Sexta-Feira. Aquilo já é o significante? Eu lhes disse que o significante começa não no rastro, mas nisto: que apagam o rastro. No entanto, não é o rastro apagado que constitui o significante. O que inaugura o significante é o fato de que o rastro se coloca como passível de ser apagado. Em outras palavras, Robinson Crusoé apaga o rastro do passo de Sexta-Feira, mas o que ele faz no seu lugar? Se quer conservar esse lugar do pé de Sexta-Feira, faz no mínimo uma cruz, ou seja, uma barra e outra barra sobre a primeira. E esse é o significante específico.

O significante específico se apresenta ao mesmo tempo como suscetível de ser apagado e, na própria operação do apagamento, de subsistir como tal. Quero dizer que o significante já se apresenta dotado das propriedades características do não-dito. Com a barra, anulo esse significante, mas também o perpetuo indefinidamente, inauguro a dimensão do significante como tal. Fazer uma cruz é fazer o que, rigorosamente falando, não existe em nenhuma forma de sinalização permitida ao animal.

Não se deve crer que os seres não falantes, os animais, não sinalizam nada, mas eles não deixam intencionalmente, com o dito, os rastros dos rastros. Quando tivermos tempo, voltaremos aos hábitos do hipopótamo e veremos o que, ao passar, ele deixa de propósito para seus congêneres. Já o homem, o que ele deixa atrás de si é um significante, é uma cruz, é uma barra enquanto barrada.

A barra é recoberta por outra barra, indicando que, como tal, ela está apagada. Essa função do *não do não*, na medida em que é o significante que anula a si mesmo, certamente merece por si só todo um longuíssimo desenvolvimento. Os lógicos, por serem como sempre psicólogos demais, deixaram estranhamente de lado o mais original da negação nas articulações e classificações que dela forneceram.

Vocês sabem, ou não sabem, quais são os diferentes modos da negação e, afinal, não tenho a intenção de fazê-los entrar em tudo o que pode ser articulado, na ordem do conceito, sobre o que distingue o sentido da negação, da privação etc. É com o fenômeno do falar, com a experiência linguística que devemos contar para encontrar o que é mais original que tudo isso e mais importante para nós. Só vou me deter nisso.

Aqui, não posso deixar de expor, ao menos por um instante, algumas pesquisas que têm valor de experiência e, especialmente, aquela feita por Édouard Pichon, que, como vocês sabem, foi um de nossos predecessores como psicanalista, morto no começo da guerra de uma grave doença cardíaca. Édouard Pichon percebeu algo a respeito da negação e fez uma distinção sobre a qual vocês têm de ter, ao menos, uma pequena visão, uma pequena noção, uma pequena ideia.

Foi na qualidade de lógico que ele fez essa distinção, mas ele manifestamente queria ser psicólogo, e escreveu que o que estava fazendo era uma exploração *Das palavras ao pensamento* [*Des mots à la pensée*] – como muita gente, ele podia se iludir sobre si mesmo. O que há de mais fraco na sua obra é precisamente essa pretensão de remontar das palavras ao pensamento, felizmente. Em contrapartida, mostrou-se um admirável observador dos usos da linguagem, ou seja, tinha um senso da matéria linguageira que fez com que ele tenha nos informado muito mais sobre as palavras do que sobre o pensamento.

Ele se deteve especialmente no uso da negação em francês e não pôde deixar de fazer uma descoberta que se articula na distinção que fez entre o *foraclusivo* e o *discordancial*. Vou lhes dar exemplos agora mesmo.

Tomemos uma frase como *Il n'y a personne ici* [*Não tem ninguém aqui*]. Isso é foraclusivo – por enquanto, está excluído que haja alguém aqui. A esse respeito, Pichon nota que, cada vez que topamos com uma foraclusão pura e simples, o francês emprega sempre dois termos – um *ne* e, depois, algo que aqui está representado pela palavra *personne*, mas que pode sê-lo pelas palavras *pas* ou *rien*, como em *Je n'ai pas où loger* [*Não tenho onde morar*] ou *Je n'ai rien à vous dire* [*Não tenho nada para lhe(s) dizer*].

Por outro lado, ele observa que há um número muito grande de usos do *ne* e, justamente, os mais indicativos – que são, aí como em todo lugar, os que colocam os problemas mais paradoxais – em que ele está sozinho. Ora, nunca, ou quase nunca, um *ne* puro e simples é posto em uso para indicar a pura e simples negação que, em alemão ou em inglês, se encarna no *nicht* ou no *not*. O *ne* por si só, entregue a si mesmo, exprime o que ele chama uma discordância. Pois bem, essa discordância situa-se muito precisamente entre o processo de enunciação e o processo do enunciado.

Vou lhes dar o exemplo no qual Pichon mais se detém, pois é especialmente ilustrativo. É o emprego desse *ne* que as pessoas que não entendem nada, ou seja, as pessoas que querem compreender, chamam de *ne expletivo*. Já esbocei esse ponto da última vez, fazendo alusão a um artigo do *Le Monde* sobre esse suposto *ne expletivo*, que tinha me parecido levemente escandaloso.

Esse *ne* totalmente essencial ao uso da língua francesa é aquele que se encontra em frases tais que *Je crains qu'il ne vienne*. Qualquer um sabe que isso quer dizer *Temo que ele venha* e não *Temo que ele não venha*, mas, em francês, isso se diz assim. Em outras palavras, nesse ponto de seu uso linguístico, o francês captura o *ne* em algum lugar no nível de sua errância, se assim posso dizer, durante sua descida do processo de enunciação para o processo do enunciado.

No nível da enunciação, a negação incide sobre a articulação mesma do significante, sobre o significante puro e simples dito em ato, é a negação do *Não estou dizendo que...* por exemplo, *Não estou dizendo que sou tua mulher*. No nível do enunciado, ela se torna a negação do *Não sou tua mulher*.

Sem dúvida que não estamos aqui para fazer a gênese da linguagem, mas algo desse tipo está implicado na nossa própria experiência.

A articulação que Freud dá do fato da negação implica em todo caso que a negação desça da enunciação para o enunciado. Por que isso nos surpreenderia, se, afinal, toda negação no enunciado comporta certo paradoxo, pois formula algo para, ao mesmo tempo, formulá-lo como não existente – pelo menos, digamos, em certo número de casos.

O plano em que se instauram as discordâncias se situa em algum ponto entre a enunciação e o enunciado. Como algo de meu temor se antecipa ao fato de que ele virá, como anseio que ele não venha, resta-me outra alternativa senão articular *Je crains qu'il* ne *vienne*? – enganchando de passagem, se assim posso dizer, esse *ne* de discordância que, no registro da negação, se distingue enquanto tal do *ne* foraclusivo.

Vocês me dirão: *Isso é um fenômeno particular da língua francesa, você mesmo disse isso agora há pouco ao falar do nicht alemão e do not inglês.* Sim, claro. Só que o importante não é isso.

Na língua inglesa, por exemplo, temos rastros na articulação do sistema linguístico de que algo análogo se manifesta. Não posso demonstrá-lo, porque não estou aqui para lhes dar um curso de linguística, mas saibam que, em inglês, a negação não pode ser aplicada pura e simplesmente ao verbo que designa a ação no enunciado. Não se diz *I eat not*, mas *I don't eat*. Em outras palavras, para tudo o que é da ordem da negação, o enunciado é levado a adotar uma forma calcada no emprego de um auxiliar, o auxiliar sendo tipicamente o que, no enunciado, introduz a dimensão do sujeito, como em *I don't eat*, *I won't eat* ou *I won't go*.

Em francês, *Je n'irai pas* exprime apenas o fato de que o sujeito não irá, ao passo que *I won't go* implica a resolução do sujeito de não ir.

O fato de que, na língua inglesa, toda negação pura e simples faça aparecer algo como uma dimensão auxiliar, é o rastro deste algo que liga essencialmente a negação a uma posição original da enunciação.

Na origem, portanto, o sujeito se constitui no processo da distinção entre o [eu] da enunciação e o [eu] do enunciado. O que vem depois, o segundo tempo ou a segunda etapa, comecei, da última vez, a articulá-lo diante de vocês.

É o que iremos ver agora.

2

Para lhes mostrar o caminho pelo qual o sujeito se introduz na dialética do Outro, na medida em que ela lhe é imposta pela própria estrutura da diferença entre a enunciação e o enunciado, levei-os por uma via que não é a única possível, mas que tornei propositalmente empírica, isto é, nela introduzi a história real do sujeito.

O próximo passo nessa história, como lhes disse, é a dimensão do nada *saber disso*.

O sujeito a experimenta num contexto em que o Outro sabe tudo sobre seus pensamentos, já que, na origem, seus pensamentos são, por natureza e estruturalmente, o discurso desse Outro. A descoberta de que, é fato, o Outro nada sabe sobre seus pensamentos inaugura a via por onde o sujeito vai desenvolver a exigência contraditória contida no não-dito. A partir daí, terá de encontrar o difícil caminho ao longo do qual terá de efetuar esse não-dito no seu ser, até se tornar essa espécie de ser com que lidamos, isto é, um sujeito que tem a dimensão do inconsciente.

O passo essencial que a psicanálise nos faz dar na experiência do homem é que, depois de longos séculos em que a filosofia, diria eu, se obstinou, e isso cada vez mais, em levar sempre mais longe esse discurso no qual o sujeito é apenas o correlato do objeto na relação de conhecimento, em que ele é o que é suposto pelo conhecimento dos objetos, em que ele é essa espécie de sujeito estranho sobre quem eu disse em algum lugar, já não sei mais onde, que ele podia dar uma de filósofo aos domingos porque, no resto da semana, ou seja, durante o trabalho, qualquer um pode, é claro, negligenciar abundantemente esse sujeito que, de certo modo, é apenas a sombra e o duplo dos objetos – perceberam essa coisa que estava esquecida nesse sujeito, a saber, que o sujeito é o sujeito que fala.

É só a partir de certo momento que não podemos mais esquecer isso, a saber, o momento em que sua competência de sujeito que fala se sustenta sozinha, quer o sujeito esteja ou não presente. Mas o que muda completamente a natureza de suas relações com o objeto é esse ponto crucial que se chama "desejo".

É no campo do desejo que procuramos articular as relações do sujeito com o objeto. Essas relações são relações de desejo, pois é no campo do desejo que a experiência analítica nos ensina que o sujeito tem de se articular. A relação do sujeito com o objeto não é uma relação de necessidade, é uma relação complexa, que, precisamente, estou tentando articular diante de vocês.

Começarei indicando rapidamente que, na medida em que a relação de articulação do sujeito com o objeto se situa no campo do desejo, o objeto não pode ser o correlato e o correspondente de uma necessidade do sujeito. O objeto é essa coisa que suporta o sujeito no momento preciso em que este tem de enfrentar, digamos, sua existência. É essa coisa que suporta o sujeito na sua existência no sentido mais radical, a saber, justamente no sentido de que ele existe na linguagem. Em outras palavras, o objeto consiste em algo que está fora dele e que ele só pode apreender em sua natureza própria de linguagem no momento preciso em que ele, como sujeito, tem de se apagar, desvanecer, desaparecer por trás de um significante. Nesse momento, que é, por assim dizer, um ponto pânico, o sujeito tem de se aferrar a algo, e ele se aferra justamente ao objeto enquanto objeto do desejo.

Alguém que, para não criar confusão, não vou nomear hoje de imediato, alguém totalmente contemporâneo, morto, escreveu em certo lugar: *Chegar a saber o que o avarento perdeu com o roubo de seu cofrinho; aprenderíamos muito.* É exatamente o que temos de aprender, isto é, aprender para nós mesmos e ensinar aos outros. A análise é o primeiro lugar, a primeira dimensão na qual se pode responder a essas palavras. É claro que, para fazer vocês entenderem o que quero dizer, terei de encontrar outro exemplo, um exemplo mais nobre, porque o avarento é ridículo, ou seja, próximo demais do inconsciente para que possam suportá-lo.

Se eu articulasse isso nos mesmos termos que empreguei ao falar há pouco da existência, em dois minutos vocês me tomariam por um existencialista e não é isso o que desejo. Vou tomar um exemplo de *A regra do jogo*, o filme de Jean Renoir.

Nesse filme, há um personagem, interpretado por Dalio, que é o velho personagem, um daqueles que se vê na vida, numa certa zona social, e não creiam que esteja limitado a essa zona social; é um colecionador de objetos e, mais especificamente, de caixas de música. Se vocês ainda se lembram do filme, recordem o momento em que Dalio expõe perante um numeroso público seu último achado, uma caixa de música particularmente mais bonita. Naquele momento, o personagem está literalmente numa posição que é a daquilo que podemos ou, melhor, devemos chamar de pudor: ele enrubesce, se apaga, desaparece, está muito constrangido. O que ele mostrou, está mostrado – mas como poderiam compreender, aqueles que estão ali olhando que aqui captamos, precisamente, o ponto de oscilação que se manifesta ao extremo na paixão do sujeito pelo objeto que ele coleciona e que é uma das formas do objeto do desejo?

O que o sujeito mostra, seria tão somente o ponto principal, o mais íntimo de si mesmo? Não, pois o que é suportado por esse objeto é justamente o que o sujeito não pode desvelar, nem mesmo para si mesmo. É essa coisa que está na borda mesmo do maior dos segredos. É por essa via que devemos procurar saber o que é para o avarento seu cofrinho. É certamente preciso dar um passo a mais, em relação ao colecionador, para estar totalmente no plano do avarento. Por isso é que o avarento só pode ser tratado por meio da comédia.

Mas eis-nos aqui já introduzidos no que está em jogo quando, a partir de certo momento, o sujeito se vê incitado a articular seu anseio enquanto secreto. O anseio, o que aqui é o anseio, como ele se expressa? Essa expressão varia segundo as línguas, segundo essas formas próprias a cada língua a que fiz alusão na última vez. Foram inventados diferentes modos e registros, que tocam diversas cordas. Quanto a isso, não se fiem sempre no que dizem os gramáticos: o subjuntivo não é tão subjuntivo quanto parece e outros modos do verbo podem igualmente exprimir o tipo de anseio aqui em questão.

Busquei algo que possa ilustrá-lo e, não sei por que, voltou-me do fundo da memória esse pequeno poema, que tive aliás certa dificuldade para reconstituir, e até para ressituar.

Être une belle fille
blonde et populaire
qui mette de la joie dans l'air
et lorsqu'elle sourit
donne de l'appétit
aux ouvriers
*de Saint-Denis.**

Isso foi escrito por uma pessoa que é contemporânea nossa, poetisa discreta, mas que tem como uma de suas características ser baixa e negra, e que sem dúvida exprime, na sua vontade de despertar apetite nos operários de Saint-Denis, algo que pode ser vinculado bastante intensamente a este ou aquele momento de seus devaneios ideológicos. Mas tampouco se pode dizer que esta seja sua ocupação rotineira.

* Ser uma bela moça/ loira e popular/ que encha o ar de alegria/ e que quando sorri/ desperte o apetite/ nos operários/ de Saint-Denis. (N.T.)

Queria fazer vocês pararem um instante diante desse fenômeno, que é um fenômeno poético, pois nele encontramos primeiro algo bem importante quanto à estrutura temporal.

Talvez esta seja a forma pura, não digo do anseio, mas do almejado, ou seja, do que, no anseio, é enunciado como almejado. Como veem, esse almejado apresenta-se aqui no infinitivo, e nele o sujeito primitivo parece elidido. Mas isso não quer dizer nada – na verdade, ele não está absolutamente elidido. Se nos introduzirmos no interior da estrutura para ali situar a posição do que aqui está sendo articulado, veremos que essa articulação se situa diante do sujeito e o determina retroativamente. Não se trata de uma aspiração pura e simples, nem de um lamento, mas de uma articulação que se coloca diante do sujeito como que o determinando retroativamente num certo tipo de ser.

Isso está totalmente no ar. Ainda assim, é desse modo que o almejado se articula. Já temos aí algo que vale guardar quando procuramos dar um sentido à frase com que termina *A interpretação dos sonhos*, a saber, que *o desejo indestrutível modela o presente à imagem do passado*. O que essa frase diz e cujo ronronar escutamos, nós o pomos de imediato na conta da repetição ou do *a posteriori*, mas será isso tão certo se examinarmos mais de perto? Se o desejo indestrutível modela o presente à imagem e semelhança do passado, talvez seja porque, como a cenoura do burro, ele está sempre diante do sujeito, produzindo sempre retroativamente os mesmos efeitos.

Uma vez definidas as características estruturais desse enunciado, somos imediatamente introduzidos em sua ambiguidade. Afinal, o caráter gratuito, pode-se dizer, dessa enunciação não deixa de ter certas consequências, nas quais nada nos impede de nos embrenhar. Donde a seguinte observação.

Tendo me reportado ao texto, vi que ele estava intitulado, como que por acaso, "Anseios secretos" [*Vœux secrets*]. Foi portanto isso que encontrei na minha memória depois de uns vinte e cinco, trinta anos, ao procurar algo que nos levasse ao segredo do anseio. Esse anseio secreto está poeticamente expresso, ou seja, é claro, ele é comunicado. E aí reside todo o problema: como comunicar aos outros algo que se constituiu como segredo? Resposta: por meio de alguma mentira.

Com efeito, para nós, que somos um pouquinho mais espertos que os outros, isso pode acabar se traduzindo por: *Assim como é verdade que* sou uma bela moça loira e popular, desejo encher o ar de alegria e despertar apetite nos operários de Saint-Denis. Ora, não está dito, não é óbvio que todo ser, mesmo generoso, mesmo poético, mesmo poetisa, tenha tanta vontade assim de encher o ar de alegria. Afinal, por que encher o ar de alegria? Por que, senão na fantasia e para demonstrar até que ponto o objeto da fantasia é metonímico? Portanto, a alegria vai circular como uma metonímia.

Quanto aos operários de Saint-Denis, cai tudo nas costas deles. Que resolvam o assunto entre eles. Em todo caso, eles já são numerosos o suficiente para que não se saiba a quem se dirigir.

Nessa digressão, apresentei-lhes a estrutura do anseio pela via da poesia. Podemos agora entrar nela pela via das coisas sérias. Ou seja, localizando o papel efetivo que nela desempenha o desejo.

3

Vimos que, como era de se esperar, o desejo tinha de encontrar seu lugar em algum canto no grafo, entre, por um lado, o ponto de onde partimos dizendo que o sujeito nele se aliena na medida em que tem de entrar nos desfilamentos do significante – ou seja, essencialmente, a alienação do apelo, o da necessidade – e, por outro, esse para-além onde vai se introduzir como essencial a dimensão do não-dito.

Como e onde se articula o desejo, o sonho que escolhi, o do pai morto, vai nos permitir mostrá-lo.

Esse sonho é seguramente um dos mais problemáticos, enquanto sonho da aparição de um morto. A aparição dos mortos ainda está muito longe de ter nos revelado seu segredo, embora Freud já articule muitas coisas a esse respeito, na página 433 da *Traumdeutung* na edição alemã. Ao longo de sua análise dos sonhos na *Traumdeutung*, Freud não cessou de enfatizar quão profunda é essa ambivalência dos sentimentos dirigidos às pessoas queridas e respeitadas, que foi sua primeira abordagem da psicologia do inconsciente. O tema, aliás, é novamente abordado a respeito desse sonho do pai morto, que escolhi para começar a tentar articular perante vocês a função do desejo no sonho.

Fiz uma alusão, da última vez, ao fato de que sempre se esquece o que tem dentro da *Traumdeutung*. Pois bem, tendo escolhido, para certos fins, reler a *Traumdeutung* na primeira edição, percebi que tinha esquecido que esse sonho só foi acrescentado em 1930. Mais precisamente, pouco depois da publicação, ele primeiro foi acrescentado em nota nas "Sammlung kleiner Schriften zur Neurosenlehre", 1913, tomo III, página 271 da segunda edição, e acrescentado ao texto na edição de 1930. Portanto, agora ele está no texto da *Traumdeutung*.

Recapitulemos como esse sonho está constituído. O sujeito vê aparecer o pai na frente dele, esse pai que ele acaba de perder depois de uma doença que constituiu, para ele, longos tormentos. Ele o vê aparecer na sua frente e é atravessado, nos diz o texto, por uma profunda dor ao pensar que seu pai está morto e que *ele não sabia disso*. Freud insiste no caráter dessa formulação, que soa absurda, e nos diz que pode ser entendida se acrescentarmos que ele estava morto *conforme seu anseio*. Resumindo, *ele não sabia* que era *conforme seu anseio* que *ele estava morto*.

Eis, portanto, os elementos que tenho de inscrever no grafo. Faço-o segundo a seguinte disposição em andares. Tentaremos controlá-lo minuciosamente no nível da experiência.

O *ele não sabia* eu coloco na linha de baixo, na medida em que está relacionado essencialmente com a dimensão da constituição do sujeito. Com efeito, é sobre um *ele não sabia* inútil que o sujeito tem de se situar e é precisamente aí que ele mesmo tem de se constituir

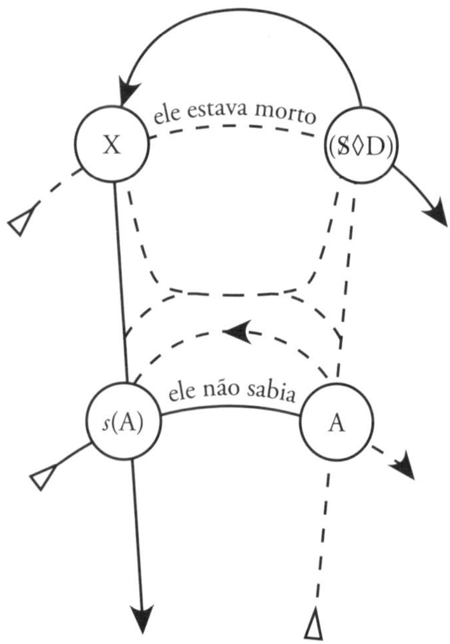

A interpretação entre enunciado e enunciação

como não sabendo, pois é o único ponto de saída que lhe é dado para que o que é não dito ganhe efetivamente alcance de não-dito.

O *ele não sabia* se situa no nível do enunciado, mas é certo que nenhum enunciado desse tipo pode ser feito senão como suportado pela subjacência de uma enunciação. Com efeito, *ele estava morto*, para todo ser que não fale, não quer dizer nada. Temos provas disso – digo mais, temos o teste disso na indiferença imediata que a maioria dos animais demonstram pelos despojos, pelos cadáveres de seus semelhantes, a partir do momento em que são cadáveres.

Não há dúvida de que um animal pode se apegar a um defunto. Cita-se o exemplo dos cães. Mas é necessário, precisamente, que o cão esteja nessa postura excepcional que faz com que, embora não tenha inconsciente, tenha um supereu. Em outras palavras, é necessário ter entrado em jogo algo que permita a emergência do que é da ordem de certo esboço de articulação significante. Mas deixemos isso de lado.

O *ele estava morto* já supõe o sujeito introduzido em algo que é da ordem da existência. A existência, aqui, nada mais é do que o fato de o sujeito, a partir do momento em que se posta no significante, já não poder se destruir, de ele entrar nesse encadeamento intolerável que, para ele, se desenrola imediatamente no imaginário e que faz com que ele já não possa se conceber senão como ressurgindo sempre na existência.

Isso não é construção de filósofo. Pude constatá-lo nos chamados pacientes. Lembro que uma das viradas da experiência interior de uma paciente foi quando, num certo sonho, que, é claro, não surgiu em qualquer momento de sua análise, ela tocou em algo apreendido, vivido oniricamente, que não era outra coisa senão uma espécie de sentimento puro de existência. Era o sentimento de existir, pode-se dizer, de uma maneira indefinida. E de dentro dessa existência sempre ressurgia para ela – para sua intuição íntima, pode-se dizer – uma nova existência, que se estendia a perder de vista. A existência era apreendida e sentida por ela como algo que, por sua própria natureza, só se extinguia ressurgindo cada vez mais longe, e isso vinha acompanhado, precisamente, de uma dor intolerável.

Isso se aproxima muito do que o conteúdo do sonho fornece, pois, enfim, quem sonha é o sonhador. É sempre bom lembrar disso quando falamos em personagens de um sonho. Neste caso, como o sonho é de um filho, o problema do que chamamos identificação se coloca com uma facilidade muito específica. Não há nenhuma necessidade de dialética para pensar que há alguma relação de identificação entre o sujeito e suas próprias produções oníricas.

O que vemos aqui? Há o sujeito, atravessado pela mais profunda dor, ali, diante do pai. E há o pai, que não sabe que está morto ou, mais exatamente – pois convém pôr o verbo no tempo em que o sujeito o apreende e comunica –, *ele não sabia*.

Insisto nesse ponto, sem por enquanto poder insistir até o fim totalmente. Minha regra de conduta é proscrever o mais ou menos e sempre zelar para não lhes oferecer coisas aproximativas. Mas como, por outro lado, não posso precisá-las logo de início, isso às vezes me leva à obscuridade e, em todo caso, deixa, naturalmente, portas abertas.

No tocante ao sonho, é importante lembrar-lhes a maneira como ele nos é comunicado. É sempre por meio de um enunciado. O sujeito nos relata o quê? Um outro enunciado, mas dizer isso não é absolutamente suficiente. Ele apresenta esse outro enunciado como uma enunciação.

Com efeito, quando o sujeito nos conta o sonho, é mediante algo bem diferente do enunciado que ele nos relata. É para que busquemos sua chave, seu sentido, ou seja, para saber o que quer dizer. Nessa perspectiva, tem toda a sua importância o fato de o *ele não sabia*, que se inscreve no desenho no primeiro plano da clivagem, ser dito no imperfeito.

Prossigamos, para aqueles a quem interessa a questão das relações entre o sonho e a fala mediante a qual o recolhemos, e vejamos como as coisas se distribuem.

Do lado do que se apresenta, no sonho, como o sujeito, encontramos o quê? Um afeto, a dor. Dor por quê? *Porque ele estava morto*. Do outro lado, o do pai, o que corresponde a essa dor é *ele não sabia*. Ele não sabia o quê? A mesma coisa, *que ele estava morto*. Em complemento, coloco o *conforme seu anseio*.

DO LADO DO SUJEITO	DO LADO DO PAI
a dor	ele não sabia
(por) que ele estava morto	que ele estava morto

conforme seu anseio

Distribuição dos quatro elementos entre os dois personagens do sonho

Quando Freud nos diz que é no *conforme seu anseio* que se encontra o sentido do sonho e, implicitamente, sua interpretação, isso parece ser muito simples. Contudo, dei-lhes suficientes indicações de que não era. Mas o que isso quer dizer? Se estamos no nível do significante, como Freud nos indica categoricamente – não só nessa passagem, como naquela que concerne ao recalque e à qual pedi que se remetessem –, vocês logo devem perceber que podemos fazer mais de um uso do *conforme seu anseio*.

A que nos leva o *Ele estava morto conforme seu anseio*? Parece-me que alguns de vocês, pelo menos, se lembram desse ponto a que, uma vez, eu os levei seguindo a história de Édipo.

Lembram-se daquele sujeito que, depois de esgotar de todas as formas a via do desejo, na medida em que este é, pelo sujeito, não conhecido, e, sob o efeito do castigo – por qual crime? Por nenhum outro crime senão o de ter, justamente, existido nesse desejo –, vê-se levado ao ponto em que já não há outra exclamação a proferir senão esse *me phunai*, esse *não ter nascido* em que desemboca a existência que chegou à extinção de seu desejo. Pois bem, a dor que sente o sujeito no sonho – não esqueçamos que é um sujeito sobre quem nada mais sabemos além desse antecedente imediato de que viu o pai morrer nos terrores de uma longa doença cheia de tormentos –, essa dor se aproxima, na experiência, dessa dor da existência quando nada mais a habita além dessa própria existência, e tudo, no excesso do sofrimento, tende a abolir esse termo inerradicável que é o desejo de viver.

Essa dor de existir quando o desejo já não está presente, se ela foi vivida por alguém, foi sem dúvida por aquele que está longe de ser um estranho para o sujeito, a saber, seu pai, mas o que é certo, em todo caso, é que, dessa dor, o sujeito sabia. Nunca saberemos se aquele que sentiu essa dor no real sabia ou não sabia seu sentido, mas, em contrapartida, o que é evidente é que o sujeito não sabe que o que ele assume é, como tal, aquela dor. Ele não sabe no sonho, claro – nem fora do sonho, muito provavelmente –, antes que a interpretação nos conduza a isso.

Prova disso é que, no sonho, ele só pode articular essa dor de uma maneira que, na sua relação com o outro, é ao mesmo tempo fiel e cínica, e sob uma forma absurda. A que corresponde essa forma? Se nos reportarmos ao pequeno capítulo da *Traumdeutung* que trata dos sonhos absurdos, veremos indicado que o sentimento de absurdidade, frequentemente ligado nos sonhos a uma espécie de contradição ligada à estrutura do próprio inconsciente, pode desembocar no risível, mas que, em certos casos, o absurdo é introduzido como elemento expressivo de um repúdio particularmente violento do sentido designado. Freud deixa isso muito claro a propósito desse sonho, e é uma confirmação do que eu tentava articular aqui antes de ter relido essa passagem.

O que quer dizer o *Ele não sabia*? Certamente que o sujeito vê que seu pai não sabia qual era o anseio dele, do sujeito: que seu pai morresse para acabar com seus sofrimentos. Em outras palavras, nesse nível, ele, o sujeito, sabe qual é seu próprio anseio. Ele pode ver – ou não ver, tudo depende do ponto da análise em que esteja – que o anseio de que seu pai morra foi seu no passado, e não pelo seu pai, mas por si, o sujeito, que era seu rival.

Mas há algo que ele não pode ver de jeito nenhum, no ponto em que está. É que a dor de seu pai, ele a assume sem saber. E é também que a ignorância que ele põe diante de si, no personagem do pai, no objeto, sob a forma do *Ele não sabia*, é absolutamente necessário que ele a mantenha para não saber que mais vale não ter nascido. Se não há nada no termo final da existência além da dor de existir, melhor assumi-la como sendo do outro que ali está e que ainda fala, assim como eu, o sonhador, continuo falando.

Melhor isso do que ver desnudar-se esse derradeiro mistério, que é o conteúdo mais secreto desse anseio. É o quê, no fim das contas? Não temos nenhum elemento no próprio sonho, só o sabemos pelo conhecimento da experiência analítica. O conteúdo secreto desse anseio é o anseio da castração do pai, isto é, o anseio por excelência que, no momento da morte do pai, retorna ao filho, porque é sua vez de ser castrado. É o que não deve ser visto sob hipótese alguma.

Embora eu não esteja, por enquanto, detalhando os termos e os tempos nos quais formular a interpretação, é fácil mostrar no grafo que uma primeira interpretação pode imediatamente ser feita no andar inferior, no nível da linha cheia onde se inscreve o *ele não sabia* da fala do sujeito. Seria uma observação do tipo: *No seu sonho, seu pai não padece nem um pouco, já que não sabia, conforme o seu anseio, a enunciação do anseio*. Estaria muito bom, mas com a condição de que o analista já introduza nessa observação algo de problemático, que seja de tal natureza que faça surgir do inconsciente o que até então estava recalcado e pontilhado no andar superior, isto é, que *ele estava morto* já fazia muito tempo *conforme seu anseio*, conforme o anseio de Édipo.

Contudo, trata-se de dar todo o alcance ao que, como antes, vai bem além desse anseio.

Com efeito, o anseio de castrar o pai, com seu retorno sobre o sujeito, tem um alcance que vai além de qualquer desejo justificável. Esse anseio é, aqui, a máscara do que há de mais profundo na estrutura do desejo tal como o denuncia o sonho, a saber, a necessidade estruturante, significante, que impede o sujeito de escapar da concatenação da existência na medida em que esta é determinada pela natureza do significante. Esse encadeamento necessário, não é *seu anseio* que o exprime e, sim, nada mais que a essência do *conforme*.

Afinal, a *Verdrängung* repousa toda ela na problemática do apagamento do sujeito, que no caso é sua salvação, nesse ponto derradeiro em que o sujeito está fadado a uma derradeira ignorância. É esse o sentido que tentei lhes apresentar bem no final da última vez. O motor da *Verdrängung* não é o recalque de algo pleno, que se descobre, se vê e se compreende, mas a elisão de um puro e simples significante, o do *nach*, do *conforme*, do que marca a concordância ou a discordância, o acordo ou desacordo entre a enunciação e o significante, a relação entre o que está no enunciado e o que está nas necessidades da enunciação. É em torno da elisão de uma cláusula, de um puro e simples significante, que tudo subsiste.

Afinal, o que se manifesta no desejo do sonho é isto: *ele não sabia*. O que isso quer dizer, então, na ausência de qualquer outra significação que tenhamos a nosso alcance?

Abordaremos isso quando estudarmos o sonho de alguém que conhecemos melhor, a saber, Freud. Da próxima vez, apresentaremos um sonho que está muito perto deste na *Traumdeutung*: o sonho em que Freud revê o pai sob a forma de Garibaldi. Com ele, iremos mais longe e veremos realmente qual é o desejo de Freud. E aqueles que me criticam por não dar suficiente atenção ao erotismo anal não ficarão no prejuízo.

Por enquanto, fiquemos com o sonho do pai morto.

Esse sonho esquemático figura a confrontação do sujeito com a morte. Mas essa sombra convocada pelo sonho faz, precisamente, cair seu sentido mortal. Com efeito, o que quer dizer a aparição do morto, senão que ele, o sujeito, não está morto, já que pode sofrer no lugar do morto?

Mas isso não é tudo. Por trás desse sofrimento, subsiste o chamariz, o único ao qual o sujeito ainda pode se aferrar nesse momento crucial. E qual é ele? É justamente o do rival, o do assassinato do pai, o da fixação imaginária.

Será desse ponto que retomaremos a próxima vez, pois penso ter preparado suficientemente, pela articulação de hoje, a elucidação da fórmula constante da fantasia no inconsciente, *S barrado, losango, a minúsculo* – ($◊*a*).

O sujeito enquanto barrado, anulado, abolido pela ação do significante encontra seu suporte no outro, que é o que, para o sujeito que fala, define o objeto como tal. Esse outro, objeto prevalente do erotismo humano, é o que tentaremos identificar.

De fato, nós o identificaremos muito rapidamente. Aqueles que assistiram ao primeiro ano deste Seminário ouviram falar dele durante um trimestre. Esse outro é a imagem do corpo próprio, no sentido amplo que lhe daremos.

Neste caso, é aí, nessa fantasia humana, que é fantasia do sujeito e que não é mais que uma sombra, é aí que o sujeito mantém sua existência, mantém o véu que faz com que possa continuar sendo um sujeito que fala.

10 de dezembro de 1958

VI
Introdução ao Objeto do Desejo

Os três níveis da interpretação
O algoritmo ($\$\lozenge a$) nos guia
Da castração à afânise
Do uso à troca
Do hipopótamo à mulher

Fiz alusão à *Grammaire française* de Jacques Damourette e Édouard Pichon. Os dados do foraclusivo e do discordancial que evoquei estão distribuídos em dois lugares no segundo volume, onde há, condensado, todo um artigo sobre a negação. Ali verão, em especial, que o foraclusivo é encarnado na língua francesa por esses tão singulares *pas*, *point* ou *personne*, *rien*, *goutte*, *mie*, que trazem em si o signo de sua origem no rastro. São todas, com efeito, palavras que designam o rastro. É aí que o ato simbólico de foraclusão se refugia em francês, ficando o *ne* reservado para aquilo que a negação é mais originalmente, esse discordancial.

A última vez, tentei mostrar-lhes que na sua origem, na sua raiz linguística, a negação é algo que migra da enunciação para o enunciado.

Indiquei-lhes como isso podia ser representado no pequeno grafo que estamos utilizando, dispondo os elementos do sonho *Ele não sabia que estava morto*.

Foi em torno do *conforme seu anseio* que designamos o ponto de incidência real do desejo, na medida em que o sonho ao mesmo tempo o carrega e o marca.

Para continuar avançando, ainda temos de nos perguntar como e por que essa ação do desejo no sonho é possível.

1

Indiquei-lhes, ao terminar, por qual via pretendo interrogar a função do desejo, tal como está articulada em Freud, ou seja, no nível do desejo inconsciente, a partir da fórmula ($\$\Diamond a$) à qual nos conduz tudo o que mostramos da estrutura do sonho do pai morto.

Em que consiste esse sonho, senão no enfrentamento entre o sujeito e um outro, um pequeno outro nesse caso?

A respeito do sonho e no sonho, o pai reaparece vivo e está, com relação ao sujeito, numa relação cujas ambiguidades começamos a interrogar. É ele que faz com que o sujeito assuma o que denominamos a dor de existir. É ele cuja alma o sujeito viu agonizar. É dele a morte pela qual o sujeito ansiou – na medida em que nada é mais intolerável do que a existência reduzida a si própria, a existência para além de tudo o que a pode sustentar, a existência sustentada na abolição do desejo.

Indicamos o que ali se podia pressentir de uma distribuição das funções intrassubjetivas, se me permitem. O sujeito assume a dor do outro, ao mesmo tempo em que lança para este o que ele não sabe, sua própria ignorância, a do sujeito. Seu desejo, com efeito, é sustentar-se nessa ignorância, ali se manter. É precisamente esse o desejo do sonho.

Aqui, o desejo de morte adquire todo seu sentido. É o desejo de não acordar – de não acordar para a mensagem, a mensagem mais secreta que possa ser carregada pelo próprio sonho e que é que o sujeito, devido à morte do pai, passa agora a estar confrontado com a morte, aquilo de que até então o protegia a presença do pai. *Confrontado com a morte,* ou seja, com quê? Com esse *x* ligado à função do pai, presente nessa dor de existir, que é o eixo em cuja órbita gira tudo o que Freud descobriu no complexo de Édipo, ou seja, a significação da castração.

Tal é a função da castração.

Que significa *assumir a castração*? A castração é realmente assumida em algum momento? O que é essa espécie de ponto contra o qual vêm se quebrar as últimas ondas da *análise terminável ou interminável*, como diz Freud? E até que ponto o analista está, não só no direito, mas em posição, em potência, em poder de interpretá-lo, nesse sonho e a propósito desse sonho?

No final do que dizíamos a última vez sobre esse sonho, abri, sem fechá-la, uma questão sobre os três modos como o analista pode reintroduzir na interpretação o *conforme seu anseio* do sujeito.

Há, em primeiro lugar, o modo que procede conforme a fala do sujeito, conforme o que ele quis e de que ele se lembra perfeitamente, que não está esquecido. *Ele não sabia, conforme seu anseio*. O *conforme seu anseio* está inscrito aqui, no nível da linha do enunciado.

Restabelecido, em seguida, no nível da linha superior, ou seja, no nível da enunciação escondida da lembrança inconsciente, ele restaura os rastros do complexo de Édipo, que são os do desejo infantil da morte do pai: *Ele estava morto, conforme seu anseio*.

Lembrem-se aqui do que Freud diz sobre o desejo infantil: que, em toda formação do sonho, ele é o capitalista, e que este encontra seu empresário num desejo atual. Esse outro desejo, que, por sua vez, está longe de ser sempre inconsciente, é aquele que se exprime no sonho e é, a rigor, o desejo do sonho. No caso, uma vez restaurado o *conforme seu anseio* no nível do desejo infantil, acaso não fica claro que este está em condições de ir no sentido do desejo do sonho?

Qual é, com efeito, o desejo desse sonho? É incontestavelmente, nesse momento crucial da vida do sujeito que é o desaparecimento do pai, interpor a imagem do objeto, para fazer dela o suporte de uma ignorância perpétua que oculte o desejo. O *Ele não sabia* é, em suma, um apoio dado ao que até então era o álibi do desejo. Ele mantém e perpetua o que era a própria função da interdição que o pai veiculava. Esta é, de fato, o que dá aqui ao desejo sua forma enigmática, abissal até. Separa o sujeito de seu desejo, proporciona ao sujeito um refúgio, uma defesa no fim das contas contra esse desejo, fornece-lhe um pretexto moral para não o enfrentar.

Isso foi muito bem entrevisto por Ernest Jones, de quem hoje terei a oportunidade de lhes mostrar as percepções deveras extraordinárias que teve de certos pontos dessa dinâmica psíquica.

Por último, acaso não podemos dizer que existe alguma etapa intermediária da interpretação do sonho, à qual se prende a interpretação pura e simples do desejo edipiano, *Você quis a morte de seu pai em tal data e por tal motivo*? Vocês reconhecerão a natureza dessa etapa terceira quando eu a tiver designado como *se identificar com o agressor*. Em algum lugar da infância de vocês está a identificação com o agressor. Vocês não notaram que, por ser uma das formas típicas da defesa, ela não só é essencial, como se oferece no próprio lugar onde é elidido o *conforme seu anseio*?

O sentido do *conforme* é, sem dúvida nenhuma, essencial para uma interpretação plena do sonho.

Resta ainda que as condições e oportunidades que permitirão ao analista chegar lá dependerão do tempo do tratamento, bem como do contexto da resposta que o sujeito dará, por meio de quê? Por meio de seus sonhos – pois sabemos que os sonhos do sujeito em análise são respostas ao analista, pelo menos ao que este se tornou na transferência –, mas, essencialmente, diria eu, por meio da posição lógica dos termos.

Resta, sobretudo, que podemos nos perguntar se, para a questão de saber qual é o anseio do *conforme seu anseio*, não corremos sempre o risco de dar alguma resposta precipitada, prematura, e oferecer, assim, ao sujeito a chance de evitar aquilo de que se trata, a saber, o impasse em que o põe a estrutura fundamental que faz do objeto de todo desejo o suporte de uma metonímia essencial.

Como tal, com efeito, o objeto do desejo humano se apresenta sob uma forma evanescente, da qual talvez possamos entrever que a castração é o que poderíamos chamar de último temperamento.

Esse desejo humano, para interrogar mais de perto o que ele quer dizer, o que ele significa, vemo-nos aqui levados a pensar a questão pelo outro lado, um lado que não está dado nos sonhos, a saber, por nosso algoritmo, onde o S barrado é confrontado, posto em presença, posto diante do *a* minúsculo, o objeto.

2

Já introduzimos da última vez esse algoritmo, ($\$\lozenge a$). Por que não submetê-lo à prova da fenomenologia do desejo, tal como ela se apresenta a nós, analistas? Deixar-nos levar por esse algoritmo nos conduzirá a interrogarmos juntos nossa experiência comum.

Esse desejo que está aqui em nós, que está aqui desde Freud, que está aqui no coração da análise e que, coisa curiosa, não foi até agora interrogado como convém, tentemos ver sob qual forma, para nós, ele se apresenta no sujeito.

O sujeito não é obrigatoriamente, e nem sempre, o sujeito neurótico, mas se o for, isso não é motivo para presumir que nossa pesquisa relativa ao desejo não deva incluir sua estrutura, pois esta é reveladora de uma estrutura mais geral. Não há dúvida de que o neurótico está situado em algum lugar na continuidade de uma experiência que, para nós, tem valor universal. Toda a doutrina freudiana se edifica sobre essa base.

Antes de enveredar por interrogação acerca de alguns modos em que já foi abordada a dialética das relações do sujeito com seu desejo e, particularmente, antes de tocar no que anunciei há pouco sobre o pensamento de Jones, quero me remeter a um exemplo surgido muito recentemente na minha experiência clínica e que me parece bem apropriado para introduzir o que procuramos ilustrar.

Tratava-se de um impotente. Não é ruim partir da impotência para começar a interrogar sobre o que é o desejo. Em todo caso, temos certeza de estar no nível humano.

Era um sujeito jovem que, como muitos impotentes, decerto não era nada impotente. Tinha feito amor normalmente ao longo da vida e tivera alguns relacionamentos. Estava casado e era com a mulher que não funcionava mais. Isso não deve ser atribuído à impotência. O termo não parece apropriado por estar localizado precisamente no objeto com o qual as relações eram para ele bastante desejáveis, já que amava a mulher.

Ora, eis mais ou menos o que, passado certo tempo de experiência analítica, se concluía da fala do sujeito. Não se tratava absolutamente de falta de ímpeto, mas, caso se deixasse levar por ele uma noite e mais alguma outra noite, seria capaz de sustentar esse ímpeto? Estávamos, então, no período atual, vivido da análise.

As coisas tinham ido bem longe no conflito provocado pela inação que ele acabava de atravessar. Tinha ele o direito de impor à mulher alguma nova provação, alguma nova peripécia de suas tentativas e fracassos? Em suma, será que esse desejo, que se percebia a todo instante não estar nem um pouco fora das possibilidades de realização, será que esse desejo era legítimo?

Não posso levar mais longe a referência a esse caso preciso e fornecer-lhes o relato clínico, não só por tratar-se de uma análise em curso, como por muitos outros motivos. Esse é o inconveniente que sempre se apresenta quando aludimos a análises atuais. Tomarei, então, de outras análises, um termo absolutamente decisivo em certas evoluções, que às vezes leva a desvios, até mesmo às chamadas perversões, as quais têm importância estrutural diferente daquela que se pôs a nu, pode-se dizer, no caso da impotência.

Será que ele tem um falo suficientemente grande? Em certos casos, a questão emerge no vivido do sujeito e vem à tona na análise. Ela pode ter uma função decisiva e, como em outros lugares, revelar uma estrutura, o ponto onde o sujeito se coloca o problema. Sob determinados ângulos, sob determinadas incidências, essa questão provocará por si só, no sujeito, a experimentação de toda uma série de soluções, que, superpondo-se umas às outras, sucedendo-se e adicionando-se, podem arrastá-lo para bem longe do campo de uma execução normal daquilo para o que ele dispõe de todos os elementos.

Esse *falo suficientemente grande* ou, mais exatamente, esse falo essencial para o sujeito, encontra-se, portanto, num momento de sua experiência, foracluído. Isso é algo que encontramos sob mil formas, que, claro, nem sempre são aparentes ou manifestas, que são latentes. Mas é precisamente no caso em que esse momento, essa etapa da experiência do sujeito está a céu aberto que podemos, como diria o sr. de La Palice, vê-la e tocá-la, além de avaliar seu alcance.

No momento da vida do sujeito em que ele encontra o signo do desejo, e que muitas vezes se situa durante e no despertar da puberdade, nós o vemos mais de uma vez confrontado, se me permitem, com algo que é da mesma ordem do que acabamos de evocar há pouco: o desejo está legitimado, sancionado por alguma outra coisa? Poderíamos assumir da seguinte forma aquilo que, de modo fulgurante, já aparece aqui na fenomenologia pela qual o sujeito o exprime: o sujeito tem ou não tem a arma absoluta? Por carecer da arma absoluta, vai se ver arrastado para uma série de identificações, de álibis, de jogos de esconde-esconde, que podem levá-lo bem longe.

Pelos motivos já mencionados, não posso desenvolver aqui as dicotomias em jogo. Pouco importa, pois o essencial do que lhes quero indicar não está aí. A finalidade é fazer vocês entenderem onde o desejo encontra a origem de sua peripécia.

O sujeito sempre aliena seu desejo num signo, numa promessa, numa antecipação, em algo que comporte, como tal, uma perda possível. Devido a essa perda possível, o desejo se acha ligado à dialética de uma falta. Está subsumido num tempo que, como tal, não está lá – assim como tampouco o signo é o desejo –, um tempo que, em parte, está por vir. Em outras palavras, o desejo tem de enfrentar o temor de não se manter no tempo sob sua forma atual e, *artifex*, perecer, se assim posso me exprimir.

Claro, esse desejo que o homem sente, experimenta como *artifex* só pode perecer do ponto de vista do artífice de seu próprio dizer. É na dimensão do dizer que esse temor se elabora e se estabiliza. E é aqui que encontramos o termo tão surpreendente e tão curiosamente negligenciado na análise, do qual Jones faz o suporte de sua reflexão, de sua meditação sobre a castração, a saber, a *afânise*.

Na experiência moderna da análise, por assim dizer, cujas normas reorientam a relação com o doente numa direção totalmente diferente, a fenomenologia da castração está cada vez mais velada, como se vê pelas publicações atuais. Em contraposição, na etapa da análise em que ele se encontrava, tarefas diferentes se impunham a Jones, que se via confrontado com a necessidade de dar, do pensamento de Freud, certa interpretação, exegese, apologética, explicação, concernente, em particular, àquilo de que se trata no complexo de castração. Foi ali que encontrou esse meio de se fazer entender, esse intermediário, por assim dizer, que consiste em dizer que o sujeito teme ser privado de seu próprio desejo.

O termo *afânise* quer dizer *desaparecimento*. Vocês verão no texto de Jones que se trata, expressamente, do desaparecimento e do desejo. A *afânise* lhe serve de introdução em virtude de uma problemática que deu muito trabalho a este caro homem e de que ele nunca se desvencilhou, a problemática das relações da mulher com o falo.

De início, ele faz uso desse termo para pôr sob o mesmo denominador comum as relações do homem e da mulher com seu desejo. Isso é cair num impasse, pois significa precisamente desconhecer o que Freud descobriu, ou seja, que essas relações são profundamente diferentes, devido à assimetria da relação de um e outro sexo com o significante falo. Penso já tê-los feito entender isso o bastante para que possamos considerá-lo hoje como algo dado, ao menos provisoriamente.

Ainda assim, essa utilização da *afânise*, esteja ela na origem da invenção ou apenas em suas consequências, marca uma espécie de inflexão que, em suma, desvia seu autor da verdadeira questão, a saber: o que significa na estrutura do sujeito a possibilidade da *afânise*? Será que ela não nos obriga a uma estruturação do sujeito humano como tal, justamente na medida em que é um sujeito para quem a existência pode ser suposta e é suposta para além do desejo, um sujeito que existe, subsiste fora do que é seu desejo?

A questão não é saber se devemos ou não levar em conta objetivamente o desejo em sua forma mais radical: o desejo de viver, o *instinto de vida*, como dizemos. O que a análise nos mostra é bem diferente, é que esse desejo de viver é, como tal, colocado subjetivamente em jogo, no vivido do sujeito. Isso não quer apenas dizer que o vivido humano está sustentado pelo desejo – damos isso, é claro, por entendido –, mas que o sujeito humano leva em conta esse desejo, conta com ele.

O elã vital, se assim posso me exprimir, esse caro elã vital, essa adorável encarnação do desejo humano na natureza – é de fato o caso de falar de antropomorfismo –, esse famoso elã com o qual tentamos dar coerência a essa natureza da qual não entendemos muita coisa, esse elã vital, quando se trata dele, o sujeito humano o vê à sua frente e tem medo de que lhe falte.

De todo modo, trata-se aí de uma coisa diferente de reflexos do inconsciente. Isso, por si só, já basta para sugerir a ideia de que não nos faria mal ter aqui algumas exigências de estrutura. Quero dizer que a relação sujeito-objeto, concebida como imanente, se me permitem, à pura dimensão do conhecimento, vai assim mesmo nos colocar problemas um pouquinho mais complicados a partir do momento em que se trata do desejo, como nos demonstra a experiência freudiana.

Já que partimos da impotência, podemos agora passar a outro termo. Ao sujeito humano acontece de ele satisfazer seu desejo, acontece de ele antecipá-lo como satisfeito. Mas quando está ao seu alcance satisfazê-lo, ou seja, quando não sofre de impotência, também lhe acontece recear satisfazê-lo – ao passo que, nessa ordem, o impotente não teme nem potência nem impotência. Esses casos muito notáveis em que o sujeito receia a satisfação de seu desejo ocorrem com muita frequência. É que essa satisfação o faz passar a depender do outro que vai satisfazê-lo.

Fenomenologicamente, trata-se de um fato cotidiano. É até o texto corrente da experiência humana. É desnecessário voltar-se para os grandes dramas que ganharam a forma de ilustrações exemplares dessa problemática para constatar como se desenrola uma biografia ao longo de todo seu curso. O sujeito passa o tempo evitando sucessivamente as chances que lhe são dadas de encontrar o que sempre foi pontuado na sua vida como o mais premente desejo. É que ali está também o que ele receia, essa dependência do outro que mencionei.

Com efeito, a dependência do outro é a forma sob a qual se apresenta na fantasia aquilo que é pelo sujeito temido e que o faz afastar-se da satisfação de seu desejo.

O temor em questão talvez não se refira apenas ao que se poderia chamar de capricho do outro. Essa palavra, *capricho*, não sei se vocês se dão conta, não tem muita relação com a etimologia vulgar, a do dicionário Larousse, que a remete a cabra – na verdade, nós a tomamos do italiano, onde *capriccio* quer dizer *arrepio*. Nada mais é que a palavra tão apreciada por Freud, *sich sträuben*, que significa *se eriçar*, e que é, como vocês sabem, em toda a sua obra, uma das formas metafóricas sob as quais ele encarna, do modo mais perceptível, sua apreciação da resistência. Ele o faz a propósito de tudo, quer esteja falando da sua mulher, de Irma ou do sujeito que resiste em geral.

O que o sujeito teme quando representa-se para si o outro não é essencialmente depender de seu capricho, é que o outro marque esse capricho como signo. O que está velado é isso. Não há signo suficiente da boa vontade do sujeito, a não ser a totalidade dos signos em que ele subsiste. Na verdade, não há outro signo do sujeito senão o signo de sua abolição como sujeito, esse signo que se escreve $.

Isso lhes mostra, em suma, que, quanto ao seu desejo, o homem não é veraz, já que – seja pouca ou muita a coragem que empenhe nisso – a situação lhe escapa radicalmente. Na presença do objeto *a*, há desvanecimento do sujeito. O que eu quis que vocês entendessem a esse respeito no meu último seminário, alguém, falando comigo mais tarde, chamou de *uma umbilicação do sujeito no nível do seu querer*, imagem que acato com prazer, tanto mais que ela está estritamente conforme com o que Freud designa quando fala do sonho.

O umbigo do sonho é o ponto de convergência final de todos os significantes onde o sonhador se via de tal forma implicado que Freud o chama de o *desconhecido*. Ele mesmo não reconheceu aquilo de que se trata nesse *Unbekannt*, termo muito estranho sob sua pena e que faz a diferença radical do inconsciente que ele descobriu. Como tentei lhes indicar, não é na simples dimensão da inocência do sujeito com relação ao significante que se organiza, que se articula no seu lugar, que o inconsciente freudiano se constitui, se institui como inconsciente, pois na relação do sujeito com o significante há um impasse essencial. Acabei de formular isso ao lhes dizer que não há outro signo do sujeito além do signo de sua abolição como sujeito.

As coisas não param por aí, como vocês podem imaginar. Afinal, caso se tratasse só de um impasse, não iríamos muito longe, como se diz. O que é próprio dos impasses é que eles são fecundos, e esse impasse só tem interesse pelas ramificações que o vemos desenvolver e que são justamente aquelas nas quais o desejo vai efetivamente se embrenhar.

Tentemos percebê-la, essa *afânise*, nesse momento da análise de vocês em que é preciso que ela apareça num clarão. Mas não há só a experiência, há os modos mentais com os quais vocês são levados a pensá-la.

Sobre o complexo de Édipo, explicam que há um momento em que o sujeito se esquiva. É o momento, dito do Édipo invertido, em que o sujeito vislumbra a solução do conflito edipiano no fato de atrair, pura e simplesmente, o amor do mais poderoso, isto é, do pai. Se ele se esquiva, então, desse amor, é, dizem, porque seu narcisismo se vê ameaçado, na medida em que, para ele, receber o amor do pai comporta a castração.

Isso é dito como se fosse a coisa mais óbvia, afinal, quando não se consegue resolver um problema, este é considerado compreensível, o que, em geral, faz com que não seja assim tão claro. É este, efetivamente, o caso aqui.

Essa solução é, com efeito, possível, tanto mais possível que será, ao menos em parte, o caminho normalmente tomado, aquele que irá conduzir à introjeção do pai sob a forma do Ideal do eu. Em todo caso, assim parece. No entanto, embora a função dita inversa do Édipo participe da solução normal, esse momento foi assim mesmo entrevisto, foi especialmente colocado em evidência na problemática da homossexualidade, em que o sujeito sente o amor pelo pai como essencialmente ameaçador. Qualificamos essa ameaça, na falta de um termo mais apropriado, de ameaça de castração.

No fim das contas, esse termo não é tão inapropriado. Felizmente, os termos conservaram na análise suficiente sentido e plenitude, um caráter denso, pesado e concreto para que, afinal, seja isso o que nos dirige.

Percebe-se, nota-se que há narcisismo no meio, que o narcisismo está envolvido nesse desvio do complexo de Édipo. A coisa será confirmada pelas vias posteriores da dialética que levará o sujeito para o caminho da homossexualidade. Como vocês sabem, elas são de uma complexidade bem maior do que a exigência, pura e simples, sumária, da presença do falo no objeto, mesmo que esta ali esteja fundamentalmente oculta.

Mas não é por aí que pretendo seguir. Guardo simplesmente isto: que, no limiar da problemática do significante, o sujeito, para fazer frente à suspensão do desejo, tem diante de si, por assim dizer, mais de uma artimanha.

Claro que essas artimanhas incidem, em primeiro lugar, essencialmente sobre a manipulação do objeto, a manipulação do *a* na fórmula.

3

A captura do objeto na dialética das relações entre o sujeito e o significante deve ser posta no princípio dessa relação com o falo que, nos últimos anos, venho tentando articular com vocês.

Vemos a relação com o falo o tempo todo e em todo lugar. Será preciso lembrar-lhes esse momento da vida do Pequeno Hans, quando, com dois anos, ele se pergunta, a respeito de todos os objetos: ele tem ou não tem um *fazedor de xixi*, *Wiwimacher*? Basta observar uma criança para ver essa função essencial operando a céu aberto sob todas as suas formas.

Freud indica incidentalmente que a pergunta feita por Hans constitui um modo de interpretação da forma fálica, o qual define uma espécie de análise. Essa colocação apenas traduz, é claro, a presença do falo na dialética, sem nos dar qualquer informação nem sobre a natureza do procedimento, nem sobre sua estabilidade, nem sobre sua finalidade, que tentei fazê-los ver a seu tempo. O que quero indicar é, simplesmente, que temos o tempo todo provas de que não estamos perdendo o rumo e que os termos em presença são exatamente estes: o sujeito, e isto por seu desaparecimento, no seu enfrentamento com um objeto, que, de tempos em tempos, se revela ser o significante essencial em torno do qual se decide o destino de toda a relação do sujeito com o objeto.

Começarei evocando rapidamente em que sentido, no sentido mais geral, essa incidência relativa ao objeto, ou seja, o *a* minúsculo de nosso algoritmo, recai no que podemos chamar de especificidade instintiva da necessidade.

Quando a interposição do significante torna impossível a relação do sujeito com o objeto, isto é, quando o sujeito não pode se manter em presença do objeto, já sabemos o que acontece: o objeto humano sofre essa espécie de volatilização que, na nossa prática concreta, chamamos de possibilidade de deslocamento. Isso não quer dizer somente que o sujeito humano, como todos os sujeitos animais, vê seu desejo se deslocar de objeto em objeto, mas que o próprio deslocamento é aquilo por cujo intermédio é possível manter o frágil equilíbrio de seu desejo.

Afinal, de que se trata no deslocamento? Trata-se, diria eu, de impedir a satisfação e, ao mesmo tempo, conservar um objeto de desejo. Por outro lado, porém, é também, por assim dizer, um modo de simbolizar metonimicamente a satisfação.

Com isso avançamos diretamente para a dialética do cofrinho e do avarento, que está longe de ser a mais complicada, embora não se veja muito bem de que se trata. É que, no caso, uma certa retenção do objeto, como dizemos fazendo intervir a metáfora anal, é a condição para que o desejo subsista. Mas isso na medida em que o objeto retido, que é o suporte do desejo, não seja ele mesmo objeto de nenhum gozo.

A fenomenologia jurídica carrega as marcas disso. Quando se diz que se outorga a alguém o gozo, o usufruto de um bem, o que isso quer dizer, senão, justamente, que é perfeitamente concebível, humanamente falando, ter um bem de que não se goze, de que não se desfrute, mas do qual outro goze? O objeto revela aqui sua função de caução do desejo, pode-se dizer, para não dizer de refém.

Podemos, se preferirem, tentar fazer aqui a ponte com a psicologia animal. No tocante à etologia, inclino-me bastante a acreditar no que um de nossos colegas disse de mais exemplar e ilustrativo. Eu me dei conta ao ler a brochura que acabou de sair pela editora Plon e que se chama *L'Ordre des choses*. Não queria lhes contar, porque isso pode distraí-los, mas felizmente é um livro pequeno, de Jacques Brosse, personagem até agora completamente desconhecido.

Trata-se de uma espécie de pequena *história natural* – é assim que a interpreto aqui – condizente com o nosso tempo. Quero dizer que ela nos restitui o que encontramos de tão sutil e de tão encantador na leitura de Buffon e nunca mais em nenhuma publicação científica. Ainda assim, o que nos impede, então, de nos entregar a esse exercício, mesmo sabendo sobre o comportamento dos animais, sobre a etologia muito mais que Buffon? Nas revistas especializadas, é ilegível. O que se diz nesse livrinho está expresso, vocês verão, num estilo, devo dizer, muito, muito notável. Leiam sobretudo o que está no meio, que se chama "Des vies parallèles", a vida da mígala, a vida da formiga.

Pensei nesse livrinho porque seu autor tem em comum comigo o fato de que, para ele, a questão dos mamíferos está resolvida. Fora o homem, mamífero essencialmente problemático – basta ver o papel que as mamas desempenham em nossa imaginação –, há um único mamífero realmente sério, é o *'pótamo*. Todo o mundo concorda com isso, desde que tenha um pouco de sensibilidade. T.S. Eliot, que tem umas péssimas ideias metafísicas, mas que assim mesmo é um grande poeta, simbolizou imediatamente a Igreja militante no *The Hippopotamus* – voltaremos a isso.

O que faz o hipopótamo? Falam-nos das dificuldades de sua vida. São grandes, parece, e uma das coisas essenciais que ele faz é guardar seu campo de pastagem – porque, afinal, ele precisa ter alguma reserva de recursos – com seus excrementos. Isto é um ponto essencial: ele mapeia o que se chama seu território delimitando-o por meio de uma série de sedimentos, de pontos destinados a demarcar suficientemente para todos aqueles que têm de se reconhecer naquilo, a saber, seus semelhantes, que, ali, é a casa dele. Como veem, não deixa de haver um esboço de atividade simbólica nos animais. No mamífero, é um simbolismo muito especificamente excrementício.

Se, em suma, o hipopótamo guarda sua pastagem com seus excrementos, o homem, por sua vez, não é sua pastagem que ele guarda com merda, é sua merda que ele guarda como caução da pastagem essencial, da pastagem a determinar. Essa é a dialética do chamado simbolismo anal, que é uma das dimensões absolutamente insuspeitadas até então e que a experiência freudiana nos revelou – nova revelação das *Núpcias químicas*,* se assim posso me exprimir, do homem com seu objeto.

Na verdade, esse progresso realizado pelo homem decorre apenas desse singular intérprete, a linguagem – que, por sua vez, não sabemos de onde vem –, que introduz em nossa relação com o objeto a complicação essencial, ou seja, que nos levou a ter com o objeto uma relação problemática.

Trata-se, em suma, da mesma pergunta que Marx levanta, sem resolvê-la, em sua polêmica com Proudhon, a saber: como os objetos humanos passam de um valor de uso para um valor de troca? Quis simplesmente lhes indicar aqui por que isso ocorre, dar, de todo modo, ao menos um pequeno esboço de explicação.

É preciso ler esse trecho de Marx que se chama *Miséria da filosofia, resposta à "Filosofia da miséria" do sr. Proudhon*. As páginas em que ele zomba desse caro Proudhon por ele ter decretado que a passagem do valor de uso para o valor de troca se dava por uma espécie de puro decreto dos cooperadores – em relação aos quais falta saber por que eles se tornaram cooperadores e com a ajuda de quê – são algo bastante

* *Núpcias alquímicas de Christian Rozenkreuz* (*Chymische Hochzeit Christiani Rosencreutz anno 1459*) ou, simplesmente, *Núpcias alquímicas (ou químicas)* é um manifesto rosa-cruz publicado em 1616 na cidade alemã de Estrasburgo (anexada à França em 1681). (N.T.)

salutar. O modo como Marx o esfola durante umas vinte ou trinta boas páginas, sem contar a continuação da obra, é uma boa educação para o espírito.

Eis, portanto, o que acontece no que se refere ao objeto, e ao sentido de sua volatilização. A valorização do objeto é também sua desvalorização, quer dizer, sua extração do campo da necessidade pura e simples. Isso nada mais é, afinal, que uma menção à fenomenologia essencial, a fenomenologia do bem propriamente dito – e, vejam, em todos os sentidos da palavra *bem*. Mas, por hoje, deixemos isso em estado de esboço.

Digamos apenas que, quando o que está implicado como objeto é o outro, outrem e, especialmente, o parceiro sexual, há um certo número de consequências, é claro, tanto mais tangíveis na medida em que estávamos há pouco na dimensão do social. Aquilo de que aqui se trata está, decerto, na própria base do contrato social. Com efeito, devem ser levadas em conta as estruturas elementares do parentesco, em que o parceiro feminino, sob uma forma que não carece, ela própria, nem de latência, nem de retorno, é, Lévi-Strauss nos mostrou, objeto de troca.

Essa troca não é moleza. Para ser sucinto, como objeto de troca a mulher é, pode-se dizer, um péssimo negócio para aqueles que realizam a operação, pois isso tudo também nos compromete nessa mobilização real, pode-se dizer, designada como o empréstimo do falo, a locação de seus serviços. Situamo-nos aí, naturalmente, na perspectiva do utilitarismo social, o que, como vocês sabem, não deixa de ter alguns inconvenientes. Aliás, foi daí mesmo que parti agora há pouco.

A partir do momento em que a mulher é incluída nessa dialética, a saber, como objeto socializado, ela padece uma transformação muito inquietante. É de fato muito divertido ver como Freud, na inocência de sua juventude, fala disso. Vejam as páginas 192-193 do tomo I da edição francesa de sua biografia escrita por Jones.

Numa carta à própria noiva, ele descreve para que serve uma mulher, *uma boa mulher*. Faz isso a propósito dos temas de emancipação da mulher em Stuart Mill, de quem, como vocês sabem, Freud se fez num momento o tradutor, a pedido de Gomperz. Isso é o máximo, se pensarmos que ele estava no auge de sua paixão.

Essa carta termina em torno do fato de que uma mulher deve ficar no seu lugar e prestar todos os serviços que dela se esperam, numa época em que ele se dispunha a ser o mentor eventual da esposa, serviços que não diferem em nada dos famosos *Kinder, Küche, Kirche* [filhos, cozinha, igreja]. Tenho de ler essa passagem a partir do inglês, pois nunca foi publicada em outra língua: *Nem a lei, nem o costume têm muito a dar à mulher que lhe tenha sido anteriormente retirado. Mas, fundamentalmente, a posição das mulheres deve certamente ser a de ser, na juventude, uma querida adorada* – um adorável movelzinho, uma porcelana angelical – *e, na sua maturidade, uma mulher amada.** Eis algo não de todo destituído de interesse para nós, pois nos mostra ao mesmo tempo de que experiência Freud partiu e o caminho que teve de percorrer.

Diante dessa posição problemática, outra solução é possível para o sujeito. E não é por acaso que entramos na questão pelo viés da dialética social, pois essa outra solução – é também por Freud que o sabemos – é a identificação. Identificação com o quê? Identificação com o pai.

Identificação com o pai, por quê? Já lhes indiquei: na medida em que o pai, de certo modo, é percebido como aquele que conseguiu superar realmente o impasse do laço conjugal, por ser reputado como tendo realmente castrado a mãe. Digo *reputado*, porque, claro, ele só é reputado.

Aí se apresenta a problemática do pai. Se volto a isso hoje com alguma insistência, talvez seja devido ao que foi discutido ontem à noite em nossa reunião científica a respeito da função imaginária do pai, de sua *senhorilidade,* em certas esferas da cultura.

A figura do pai não deixa de apresentar toda espécie de possibilidades de deslizamento. Com efeito, cumpre notar que a solução aqui, digamos, preparada, a saber, a identificação com o pai, decorre diretamente do fato de o pai já ser um tipo, no sentido próprio do termo. Não há dúvida nenhuma de que esse tipo está submetido a variações temporais, mas esse fato não nos atrapalha, pois não podemos concebê-lo de outra maneira senão em relação com uma função imaginária. É graças à identificação do sujeito com o ideal do pai, que nega a realidade de sua relação com o pai, que talvez possamos dizer

---

* Carta de 5 de novembro de 1883. O original em inglês diz: "*Law and custom have much to give women that has been withheld from them, but the position of women will surely be what it is: in youth an adored darling and in mature years a loved wife.*" A tradução brasileira encontra-se na p.185 do vol.1 de "A vida e a obra de Sigmund Freud" e diz: "A legislação e os costumes concederão às mulheres muitos direitos que ainda lhes são vedados, mas a posição da mulher não pode ser diferente: ser uma namorada adorada na mocidade e uma esposa amada na maturidade" em trad. de Júlio Castañon Guimarães, Rio de Janeiro, Imago, 1989. (N.T.)

que, em média, as noites de núpcias correm bem e, no fim das contas, dão certo – embora essa estatística nunca tenha sido feita de forma absolutamente rigorosa.

Como quer que seja, para nós a identificação com o pai, que está evidentemente ligada não só a dados factuais, como a dados imaginários, em nada resolve a problemática do desejo – nem para nós nem, é claro, para nossos pacientes, e, talvez, nesse ponto nos confundimos.

A identificação com a imagem do pai é apenas um caso particular do que temos de abordar agora como sendo a solução mais geral da relação sujeito-objeto, do enfrentamento do sujeito barrado com o *a* do objeto, a saber, a introdução da função imaginária na sua forma mais geral, em outras palavras, a dimensão do narcisismo.

É o narcisismo que oferece ao sujeito o suporte, a solução, a via de solução do problema do desejo. O eros humano está comprometido numa certa relação com uma certa imagem, que nada mais é senão a do corpo próprio. Ali se produz a troca, a interversão na qual vou tentar articular para vocês o enfrentamento de $\$$ com o *a* minúsculo.

Como já são quinze para as duas e eu não pude levar as coisas mais longe hoje, é nesse ponto que retomaremos depois das férias, em 7 de janeiro.

Teremos finalmente a oportunidade de determinar esse *a* minúsculo em sua essência, em sua função, em sua natureza essencial.

Como já esbocei longamente nos seminários anteriores, todo objeto humano está fundamentalmente marcado por uma estrutura narcisista, pela relação profunda com o Eros narcísico. Na estrutura mais geral da fantasia, verifica-se que esse objeto humano recebe normalmente o mais essencial dos *Ansätze* do sujeito, ou seja, nem mais nem menos que seu afeto em presença do desejo, esse temor, esse sentimento de iminência, no qual eu lhes indicava agora há pouco o que, por essência, retém o sujeito na borda de seu desejo. Toda a natureza da fantasia consiste em transferi-lo para o objeto.

Ao retomar o estudo de algumas fantasias cuja dialética desenvolvemos até agora, veremos que o afeto do sujeito em presença de seu desejo é transferido para seu objeto enquanto narcísico. Bastará uma só, a fantasia "Bate-se numa criança", fundamental por ser uma das primeiras descobertas, para fazer aparecer os traços mais essenciais dessa transferência.

Inversamente, o sujeito torna-se o quê? Como ele se estrutura? Por que se estrutura como eu e como Ideal do eu? Isso não poderá ser percebido em sua necessidade estrutural absolutamente rigorosa a não ser como retorno, devolução da delegação de afeto que o sujeito fez a esse objeto, o *a*.

Desse *a*, na verdade ainda não falamos nunca, no sentido de que ainda não lhes mostrei que ele tem de ser formulado necessariamente não como *a*, mas como imagem de *a*, imagem do outro, o que, junto com o eu, constitui uma única e mesma coisa. Essa imagem é marcada com o índice de um I maiúsculo, de um Ideal do eu, na medida em que ele é o herdeiro de uma relação primeira do sujeito, não com seu desejo, mas com o desejo de sua mãe. Esse Ideal toma então o lugar do que foi experimentado pelo sujeito como o efeito de uma criança desejada.

Na sequência desse desenvolvimento necessário, o I vem se inscrever num certo rastro. Impõe-se aqui uma transformação do algoritmo, que já posso escrever no quadro a título de anúncio. O I se inscreve numa certa relação com o outro, *a*, na medida em que este é afetado pelo próprio sujeito quando este é afetado por seu desejo.

$$\frac{i(a)}{\$} \lozenge \frac{a}{I}$$

Fórmula do Ideal do eu

Veremos isso na próxima vez.

17 de dezembro de 1958

VII
A Mediação Fálica do Desejo

O sintoma no nó RIS
A interposição imaginária do pai morto
O privilégio significante do falo imaginário
O masoquismo primordial do sujeito
Amor e desejo no homem e na mulher

Nossa experiência nos confronta com a necessidade de fazermos uma distinção essencial entre duas funções. No sujeito, há o que devemos chamar de "desejo". Contudo, a constituição desse desejo, sua manifestação, as contradições que, nos tratamentos, brotam entre o discurso do sujeito e seu comportamento, obrigam a distingui-lo da função da demanda.

Se há uma coisa que põem em evidência não só os dados de origem, o discurso freudiano, mas também as contradições que brotaram em seguida, é justamente o papel desempenhado pela demanda e seu caráter problemático.

Com efeito, o desenvolvimento da análise depois de Freud sempre deu mais importância e ênfase ao que, sob diversas denominações, acaba convergindo para uma noção geral da neurose de dependência. Para isso convergem os deslizes na teoria, e também os fracassos na prática, de uma certa concepção da redução que deveria ser obtida pela terapêutica. O que se esconde por trás dessa noção de neurose de dependência, o que é oculto por essa fórmula, é o fato fundamental da demanda, com seus efeitos impressores, compressores, opressores sobre o sujeito.

Será que, em relação a essa função que revelamos como sendo formadora na gênese do sujeito, adotamos a atitude correta? Quero dizer, aquela que a elucidação do sintoma, e ao mesmo tempo sua dissipação, justifica.

O sintoma não é simplesmente o legado dessa espécie de subtração, suspensão, que se chama frustração, não é simplesmente uma espécie de deformação do sujeito, como quer que o concebamos, sob o efeito de algo que seria dosado em função de certa relação com o real, pois uma frustração imaginária, como eu disse, sempre se remete a algo real. Entre o que descobrimos efetivamente na análise como as consequências, sequências, efeitos da frustração, ou mesmo seus efeitos duradouros – pois ela se imprime – e, por outro lado, o sintoma, há outra coisa, de uma dialética infinitamente mais complexa, que se chama "desejo".

Ora, o que tentei demonstrar é que o desejo não resulta de algumas impressões deixadas pelo real, mas que só pode ser apreendido, compreendido, no mais estreito nó em que, para o homem, enodam-se entre si o real, o imaginário e seu sentido simbólico. É por isso que, no grafo, a relação do desejo com a fantasia se inscreve no campo intermediário situado entre as duas linhas estruturais de qualquer enunciação significante.

Se é efetivamente do desejo que parte o que constitui o sintoma, a saber, digamos, o fenômeno metafórico, ou seja, a interferência do significante recalcado sobre um significante patente, perde-se o fio da meada quando não se procura situar, organizar, estruturar o lugar desse desejo.

Começamos a fazer isso este ano, pinçando um sonho sobre o qual já me detive longamente.

1

Verificamos que Freud destacou esse sonho singular, o da aparição do pai morto, em duas oportunidades. Depois de lhe conceder um lugar particular e totalmente útil no seu artigo de 1911 sobre os dois princípios do funcionamento psíquico, o desejo e o princípio de realidade, ele o integrou em seguida à *Traumdeutung*.

Tentamos situar os elementos desse sonho no que podemos chamar de grafo da inscrição do sujeito biológico elementar, o sujeito da necessidade, nos desfilamentos da demanda. Esse grafo comporta uma cadeia, uma articulação, fundamentalmente dupla, que corresponde a uma distinção estrutural. Mostrei-lhes como considerá-la.

É que a demanda nunca é pura e simplesmente demanda de alguma coisa, na medida em que, no fundo de toda demanda precisa, de toda demanda de satisfação, há, por conta da linguagem, a simbolização do Outro, o Outro como presença e como ausência, o Outro que pode ser o sujeito do dom de amor. O que ele dá está além de tudo o que ele pode dar. O que ele dá, ele o dá por sua presença e nada mais que por sua presença. O que ele dá é justamente esse nada que é tudo da determinação presença-ausência.

Articulamos esse sonho lançando, de maneira didática, sobre essa duplicidade dos signos algo que nos permite apreender, na estrutura do sonho, a relação estabelecida por essa produção fantasística, cuja estrutura Freud tentou elucidar a vida toda e, em primeiro lugar, magistralmente, na *Traumdeutung*.

O filho, de luto por um pai a quem sem dúvida nenhuma amou e acompanhou até o fim de sua agonia, o faz ressurgir em condições que o sonho articula com uma simplicidade exemplar. O pai aparece como era em vida, ele fala e, diante dele, o filho fica mudo, pungido, confrangido, transido pela dor – a dor, diz ele, de pensar *que seu pai estava morto e que ele não sabia*. É preciso completar, nos diz Freud, *que ele estava morto, conforme seu anseio. Ele não sabia* o quê? Que era *conforme seu anseio*.

Logo, está tudo aí. Se tentarmos penetrar mais na construção desse sonho e considerar sua estrutura mais de perto, notaremos que o sujeito se confronta com uma certa imagem e isso, em certas condições bem particulares. Eu diria que, entre essa imagem e o que o sujeito assume no seu sonho, se estabelece uma distribuição, uma repartição, que vai nos mostrar a essência do fenômeno.

Já tínhamos tentado circunscrevê-la, se me permitem, articulá-la, distribuindo sobre a gama significante os temas significantes característicos desse sonho.

O *ele não sabia*, que tínhamos situado na linha inferior, é, na sua essência, uma referência essencialmente subjetiva, pois, como tal, não concerne a nada de factual. Implica a dimensão profunda do sujeito, vai ao fundo de sua estrutura, e sabemos que, aqui, ela é ambígua. Não só esse *ele não sabia* é atribuível àquele a quem ele é atribuído apenas de maneira paradoxal, absurda, contraditória, que soa até como um sem sentido, já que se trata de um morto, como também está bem presente na estrutura do sujeito, na medida em que também participa dessa ignorância, e isso é essencial.

Além disso, como o sujeito se situa na suspensão, se me permitem, da articulação onírica? Ele se assume como quem sabe o que o outro

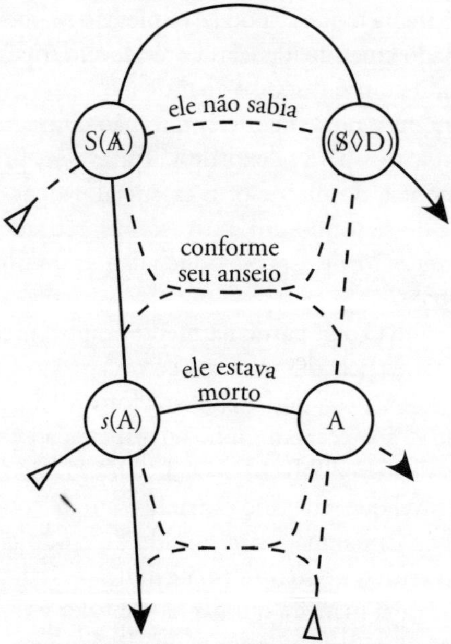

Nova distribuição enunciado/enunciação

não sabe. Disso resulta que a posição subjetiva do outro, aqui, é a de estar, pode-se dizer, em desvantagem.

"Que ele esteja morto" é um enunciado que, por certo, não pode alcançar o outro. Mas semelhante expressão simbólica, *estar morto*, encerra um paradoxo, pois faz subsistir aquele a que visa, conserva-o no ser, embora aqui não haja ser sendo-o, morto.* Não há afirmação simbólica do ser/estar morto que, de certo modo, não o imortalize. É efetivamente disso que se trata nesse sonho.

Resta que a posição do estar em desvantagem, que essa menos-valia subjetiviza não visa ao fato de que ele esteja morto, e sim de que ele é aquele que não sabe. É assim que o sujeito se situa em face do outro. Não só o outro não sabe que está morto, mas eu diria que, no limite, é melhor não lhe dizer. Esse tipo de proteção do outro sempre está, em maior ou menor medida, na raiz de toda comunicação entre os

* "*...alors qu'il n'y a pas ici d'être à l'être, mort.*" Na passagem ao português perde-se o duplo sentido, de ser e estar, do verbo *être*. Procuramos manter essa oscilação no parágrafo. (N.T.)

seres, onde sempre há o que se pode e o que não se pode fazer o outro saber. Eis um dado cujas incidências vocês devem sopesar sempre que estiverem lidando com o discurso analítico.

Falava-se ontem à noite daqueles que não conseguem dizer, que encontram obstáculos para se exprimir. Tratava-se, propriamente falando, da resistência do discurso. É essencial evocar essa dimensão para aproximar desse sonho um outro sonho, retirado da última página do *Diário do exílio* de Trótski, pouco depois do fim de sua estada na França, creio eu.*

Esse sonho é uma coisa particularmente comovente. Surge no momento em que, talvez pela primeira vez, começam a soar para Trótski os primeiros dobres de não sei que declínio da força vital que, nele, era tão inesgotável, e ele vê aparecer em sonho seu camarada Lênin. Este lhe dá a entender que, dessa vez, talvez haja nele, Trótski, algo que não continua no mesmo nível que seu velho camarada sempre conheceu. Todavia, diante desse velho camarada assim surgido de modo tão significativo num momento crítico de sua própria evolução vital, aquilo em que Trótski pensa, de uma maneira que ganha seu valor por essa ambiguidade sempre presente no diálogo, é em poupá-lo. E querendo evocar uma lembrança que se reporta precisamente ao momento em que o esforço de Lênin declinou, Trótski lhe diz, para se referir ao momento em que ele morreu, *o momento em que você estava muito, muito doente*... – como se qualquer formulação precisa do que estava em questão pudesse, com seu mero sopro, dissipar a sombra diante da qual, no seu sonho, nessa mesma guinada de sua existência, Trótski se mantém.

Pois bem, se, na distribuição entre as duas formas confrontadas do sonho do pai morto, a ignorância é imputada ao outro, como não ver que, inversamente, há também a ignorância do próprio sujeito? Que não só não sabe qual é a significação de seu sonho, isto é, tudo o que lhe subjaz e que Freud evoca, ou seja, sua história inconsciente, os antigos anseios de morte contra o pai, mas, ainda mais, qual é a natureza da dor da qual ele, o sujeito, participa então? Ao procurar sua origem, reconhecemos que era a dor que ele tinha sentido, tinha entrevisto ao participar dos últimos momentos do pai. Mas é também

* Mais exatamente, em 26 de junho de 1935. O diário termina com uma anotação de 3 de março de 1940. O sonho pode ser lido em português em *Diário do exílio* de Leon Trótski, trad. Juan Martinez de la Cruz (São Paulo, Edições Populares, 1980, na p.116). (N.T.)

a dor da existência como tal, nesse limite em que essa existência subsiste num estado em que nada mais é apreendido além de seu caráter inextinguível e da dor fundamental que a acompanha quando todo desejo a abandona, quando todo desejo evanesceu dessa existência.

É precisamente essa dor que o sujeito assume, mas ele também explica o motivo dela absurdamente, pois a explica unicamente pela ignorância do outro. No fim das contas, examinando com atenção, essa ignorância é motivo de sua dor tanto quanto o é, do afeto que irrompe numa crise histérica, o contexto em que este aparentemente se organiza, mas onde, na verdade, ele é extrapolado.

É precisamente por tomar para si essa dor que o sujeito se torna cego para o que ocorre na sua vizinhança imediata, para o fato de que a agonia e o desaparecimento de seu pai são uma ameaça para ele mesmo. Ele as viveu e delas se separa atualmente por meio dessa imagem reevocada. Tal imagem o separa dessa espécie de abismo ou vertigem que se abre diante dele cada vez que se vê confrontado com o derradeiro termo de sua existência, e o vincula a essa coisa que acalma o homem, a saber, o desejo. O que ele necessita interpor entre si próprio e a existência insustentável é, no caso, um desejo.

Não é qualquer suporte de seu desejo, qualquer desejo, que ele convoca, mas o mais próximo e urgente, o melhor, aquele que o dominou por muito tempo, aquele que ele agora abateu e que precisa fazer reviver imaginariamente por um certo tempo.

Na questão de poder que se encontra presente no fundo de sua rivalidade com o pai, é ele, no fim das contas, que sai ganhando. E se ele triunfa é pelo fato de que o outro não sabe, ao passo que ele sabe. É essa a tênue passarela graças à qual o sujeito não se sente ele mesmo diretamente invadido, engolido pelo que se abre para ele de hiância pura e simples, de confrontação direta com a angústia de morte.

Para dizê-lo em linguagem mais grosseira, sabemos que a morte do pai é sempre sentida pelo sujeito como o desaparecimento dessa espécie de escudo, dessa interposição, substituição que o pai é em relação ao mestre/senhor absoluto, isto é, a morte.

Começamos, pois, a ver esboçar-se aqui uma espécie de prefiguração, de quê?, senão da fórmula que tento apresentar-lhes como sendo a do suporte do desejo, a fórmula fundamental da relação intrassubjetiva essencial em que, como tal, todo desejo deve se inscrever, ($\$\lozenge a$).

2

Sob essa forma, a mais simples, a fórmula ($\$\lozenge a$) exprime a mesma relação que aquela que, no esquema quadrilátero que vocês já conhecem, chamado esquema L, vem se interpor no discurso parcialmente inconsciente que vem do grande Outro e vai para o sujeito.

A tensão imaginária *a'-a* entre o eu e o outro – que, em certas relações, podemos chamar de tensão entre *a* minúsculo e *imagem de a* – estrutura de modo geral a relação do sujeito com o objeto, ao passo que a fórmula ($\$\lozenge a$) exprime, em particular, essa ausência do sujeito característica da incidência do desejo na relação do sujeito com as funções imaginárias.

Com efeito, o desejo enquanto tal coloca para o homem, e em relação a todo objeto possível, a questão de sua elisão subjetiva, $\$$.

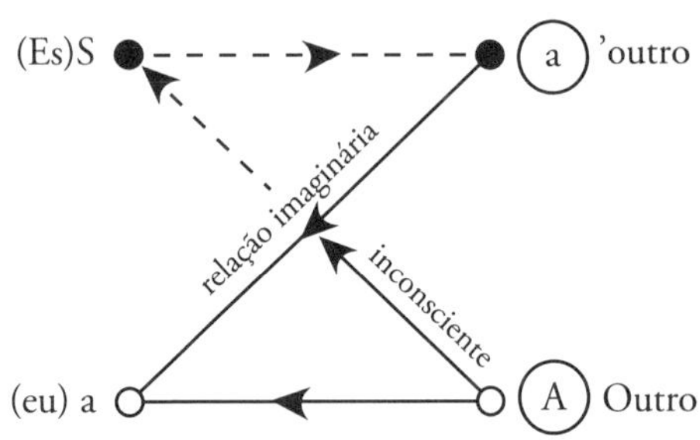

O esquema L

Na medida em que se inscreve na dimensão da fala como demandante, o sujeito se aproxima do objeto mais elaborado, mais evoluído, o qual, de modo mais ou menos hábil, a concepção analítica nos apresenta como sendo o objeto da oblatividade. Trata-se de uma noção difícil, como já apontei mais de uma vez. Nós também tentamos nos confrontar com o que está em questão aí e formulá-lo de maneira mais rigorosa.

Se, como desejo, ou seja, na plenitude de um destino humano que é aquele de um sujeito falante, ele se aproxima desse objeto, o sujeito é pego numa espécie de impasse. Só consegue alcançar esse objeto, como objeto, se ele mesmo, como sujeito da fala, for apagado nessa elisão que o deixa na noite do trauma, no que está, rigorosamente falando, para além da própria angústia. Ou então ele tem de tomar o lugar do objeto, substituí-lo, subsumir-se num certo significante.

Qual? Por ora, vou pura e simplesmente articulá-lo, sem justificar; todo nosso desenvolvimento o justificará: é o falo. Toda a experiência analítica está aí para mostrá-lo. É disso que parte o fato de que, em toda assunção da posição madura, a posição que chamamos de genital, ocorre algo que tem incidências no nível do imaginário: chama-se castração. É só nessa perspectiva que se pode compreender essa problemática da fase fálica que levantou, verdadeiramente ao infinito, questões e contradições das quais foi impossível os analistas saírem. O diálogo Freud-Jones sobre esse tema é, eu diria, singularmente patético. Basta ver o impasse em que Jones entra quando se revolta contra a concepção, simples demais para seu gosto, que Freud tem da função fálica, como sendo o termo unívoco em torno do qual gira todo o desenvolvimento concreto, histórico, da sexualidade no homem e na mulher. Jones destaca, então, o que ele chama as funções de defesa ligadas à imagem do falo.

Ambos, no fim das contas, dizem a mesma coisa, apesar de a abordarem de pontos de vista diferentes. Se eles seguramente não podem coincidir é por não disporem dessa noção central segundo a qual o falo deve, nesse caso, ser concebido como subtraído, por assim dizer, da comunidade imaginária, isolado ante a diversidade, a multiplicidade de todas as outras imagens que as funções corporais vêm assumir. Ele tem uma função privilegiada, que faz dele o significante do sujeito.

Lancemos ainda mais luz, distinguindo o plano do apelo daquele do anseio.

O plano do apelo é primeiro, imediato, aparente, espontâneo. No apelo *Socorro!* ou *Pão!*, que, no fim das contas, é um grito, o sujeito é, por um momento, da maneira mais total, idêntico à sua necessidade. No entanto, ainda assim ele tem de se articular no nível inquisitivo [*quésitif*] da demanda. Ele o será na experiência entre a criança e a mãe, e em tudo pelo que ele a substitui, a saber, o conjunto da sociedade que fala sua própria língua.

Em contrapartida, a articulação do plano votivo está no segundo grau. É a dimensão em que o sujeito, ao longo de toda a sua vida, tem de se reencontrar, isto é, encontrar o que lhe escapou por estar fora e para além de tudo o que a forma da linguagem filtra. À medida que ele vai se desenvolvendo, essa filtragem rejeita, recalca cada vez mais o que, inicialmente, tendia a se expressar da necessidade do sujeito. E é isso mesmo que fazemos na análise, a saber, tentar passar para além do que, justamente, foi filtrado, modelado, transformado pela fala do sujeito.

Pode-se dizer que tudo o que deve se articular no nível inquisitivo reside no Outro – aqui, em A – como um código predeterminado que preexiste – e como! – à experiência do sujeito, e que se oferece ao jogo da linguagem, à primeira bateria significante que o sujeito experimenta na medida em que aprende a falar.

O que fazemos na análise, o que reencontramos, o que reconhecemos quando dizemos que o sujeito está na fase oral, na fase anal etc.? Temos, primeiramente, de expressá-lo de forma madura, o que pressupõe não esquecer o elemento completo, a saber, que sempre se trata do sujeito enquanto marcado pela fala e numa certa relação com sua demanda. Em seguida, deve-se visualizar que uma interpretação em que fazemos o sujeito perceber a estruturação de sua demanda não consiste em fazê-lo simplesmente reconhecer o caráter oral, anal ou outro da demanda em questão, mas, literalmente, em confrontá-lo com esse caráter. O que interpretamos não é simplesmente um caráter imanente à demanda do sujeito, confrontamos este último com a estrutura de sua demanda enquanto tal.

É precisamente nesse ponto que deve balançar, oscilar, vacilar a ênfase de nossa interpretação. Se soubermos enfatizá-la de uma determinada forma, ensinamos o sujeito a reconhecer, no nível superior – que é o nível votivo, o nível do que ele anseia, o nível de seus votos, na medida em que são inconscientes – os suportes significantes que estão ocultos, inconscientes, na sua demanda. É inteiramente nesse registro que a interpretação deve-se manter. Em suma, nada mais fazemos além de ensinar o sujeito, por assim dizer, a falar, a se reconhecer como sujeito no que corresponde ao D, sem, no entanto, lhe dar as respostas.

Em contrapartida, revelar ao sujeito esse vocabulário inconsciente sem confrontá-lo com sua demanda equivale a produzir o colapso da função do sujeito como tal, equivale a solicitar que ele se apague e desapareça. É bem isso que se passa numa técnica em que a análise do inconsciente se reduz ao aprendizado de um vocabulário. O que desaparece, o que foge, o que se vê cada vez mais reduzido é a exigência, própria do sujeito, de se manifestar – para além de tudo isso – em seu ser. Por remetê-lo incessantemente ao nível da demanda – que numa certa técnica se chama *analisar as resistências* –, o que se acaba fazendo é reduzir, pura e simplesmente, o que é seu desejo.

É simples e fácil perceber que os dois níveis do grafo comportam o vetor de uma resposta retroativa. Na relação do sujeito com o Outro, esse vetor volta para trás sobre o sujeito para confirmá-lo no sentido da demanda e, conforme o caso, para identificá-lo com sua própria demanda. Da mesma forma, no nível em que o sujeito procura se reconhecer no que está para além dessa demanda, há um lugar para a resposta, que está esquematizado pela sigla S(Ⱥ), que é o significante de A barrado. É o lembrete de que o Outro também está marcado pelo significante, também está, de certo modo, abolido no discurso.

Isso não tem outra função senão a de indicar um ponto teórico, do qual veremos a forma que deve adotar. Digamos apenas que essa forma é essencialmente o reconhecimento do que tem de castrado tudo o que, do ser vivo, tenta se aproximar do ser vivo, quando esse ser vivo é evocado pela linguagem. Claro que não é nesse nível que podemos, inicialmente, dar a resposta, mas devemos visá-lo, respeitá-lo e explorá-lo.

Para tanto, podemos utilizar o que o sujeito já expressa para além do lugar da resposta, a saber, a situação imaginária em que ele mesmo se situa, se mantém, se suspende, numa posição que, sob certos aspectos, seguramente participa dos artifícios da defesa. É isso que constitui a ambiguidade de tantas manifestações do desejo, do desejo perverso, por exemplo. Esse é o ponto mais essencial em que o ser do sujeito tenta se expressar e se afirmar.

É de suma importância considerar isso, pois é precisamente aí, nesse lugar mesmo, que é esperada a produção do que chamamos tão facilmente de maturação genital, bem como o aparecimento do objeto completo. Assim sendo, cumpre constatar que tudo o que constitui as relações entre o homem e a mulher, como biblicamente se exprime o sr. Jones em algum lugar, permanece marcado pelas dificuldades estruturais decorrentes do fato de que o homem é um sujeito falante, e que são aquelas expressas pela relação do $ com o *a*. Por que essas dificuldades?

Até um determinado ponto do desenvolvimento, o vocabulário e o código da demanda podem entrar num certo número de relações, as quais comportam um objeto amovível, a saber, para nos limitarmos a estes dois: o alimento na relação oral, o excremento na relação anal. Contudo, quando se trata da relação genital, é bem evidente que é apenas por uma espécie de empréstimo, de prolongamento da fragmentação significante do sujeito na relação da demanda, que algo pode aparecer – e de fato aparece, mas a título mórbido, a título de todas as suas incidências sintomáticas –, a saber, o falo. E isso, por uma muito simples e boa razão, que é que o falo não é um objeto amovível e que ele só se torna amovível ao passar à categoria de significante.

Aquilo de que se trata numa maturação genital completa repousa nisto: que tudo o que, no sujeito, se apresenta como realização de seu desejo é, para dizê-lo claramente, algo que não pode ser demandado. A essência da neurose, daquilo com que lidamos nessa estrutura, consiste muito precisamente em que o que não pode ser demandado nesse terreno, ou seja, o que é da ordem do desejo se inscreve, se formula no registro da demanda. Esse fenômeno neurótico aparece, de modo mais ou menos esporádico, na evolução de todos os sujeitos que participam da estrutura da neurose.

Durante uma releitura que fiz recentemente do sr. Jones, recapitulei tudo o que ele escreveu sobre a fase fálica. Impressiona muito, o tempo todo, o que ele traz de sua experiência mais fina, mais direta.

> *Gostaria de relatar algo de um número muito grande de pacientes do sexo masculino que apresentam uma deficiência para finalizar ou consumar sua virilidade em relação a outros homens ou a mulheres, e mostrar que a failure deles* – a falta deles nessa ocasião, sua dificuldade – *é, da maneira mais estrita, sua atitude de, primeiro, precisar adquirir algo das mulheres, algo que, por um bom motivo, eles nunca podem realmente adquirir.*

"*Por quê?*", diz Jones, e quando ele diz "*por quê?*" no seu artigo e no seu contexto é um verdadeiro "*por quê?*". Ele não sabe por quê, mas ele o pontua como um ponto no horizonte, uma abertura, uma perspectiva, um ponto em que as rédeas lhe escapam.

> *Um ato é algo imperfeito. Assim, pode dar ao menino a sensação da posse imperfeita de seu próprio pênis. Estou totalmente convencido de que as duas coisas estão total e intimamente ligadas uma à outra, embora a conexão lógica entre essas duas coisas certamente não seja evidente* – em todo caso, não é evidente para ele.

A fenomenologia mais aflorante revela a todo instante os pressupostos necessários para que um sujeito alcance a ação plena de seu desejo. Podemos reconstituir os detalhes, até encontrar o que chamarei de percursos labirínticos por onde ele desliza. Neles fica marcado o que constitui um fato essencial, a saber, a posição que ele ocupou na relação estrutural entre desejo e demanda.

Por isso é que se diz, por exemplo, que a manutenção da posição incestuosa no inconsciente tem consequências diversamente devastadoras sobre as manifestações e a realização do desejo do sujeito. Essa proposição só tem sentido na medida em que essa posição dita incestuosa, que ficaria conservada em algum lugar no inconsciente, seja justamente uma posição da demanda. Quando o sr. Jones diz que num determinado momento o sujeito tem de escolher entre seu objeto incestuoso e seu sexo, e que, se quiser conservar um, tem de renunciar ao outro, eu digo que esse entre isto e aquilo que ele tem de escolher num certo momento inicial é entre sua demanda e seu desejo.

Depois dessas indicações gerais, vamos agora nos embrenhar num percurso destinado a mostrar a implicação efetiva da estruturação do desejo no nível do imaginário, e seu denominador comum com os elementos imaginários que serão modificados e introduzidos no jogo necessário da partida significante, na medida em que esse jogo é comandado pela dupla estrutura do votivo e do inquisitivo.

3

Tomemos uma fantasia, a mais banal, a mais comum, aquela a que Freud dedicou uma atenção especial: a fantasia "Bate-se numa criança".

Voltemos a examiná-la sob a perspectiva que é aquela de que estamos nos aproximando, a fim de captar aí como a fantasia é o suporte necessário do desejo.

A *Schlagephantasie* [fantasia de espancamento], a fantasia de que Freud nos fala, ele a encontrou, em sua época, num certo número de sujeitos, com predomínio de mulheres. Quando a primeira fase da fantasia consegue ser rememorada, seja nas fantasias, seja nas lembranças do sujeito, ela é reconstituída, nos diz Freud, pela seguinte frase: *Der Vater schlägt das Kind* [O pai bate na criança]. E Freud sublinha que, nesses casos, a criança espancada está, em relação ao sujeito, na posição expressada pela frase completa, *O pai bate na criança que eu odeio*.

Eis-nos, portanto, conduzidos por Freud do ponto inicial até o âmago mesmo do ser, ali onde se situa a qualidade mais intensa do amor e do ódio. Com efeito, a outra criança está representada aqui como submetida, pela violência, pelo capricho do pai, ao máximo da degradação, da desvalorização simbólica, como absolutamente frustrada, privada de amor. O ódio a visa no seu ser, visa nela o que é demandado para além de toda demanda, a saber, o amor. A chamada ferida narcísica cometida aqui contra o sujeito odiado é total.

O caráter de degradação subjetiva, que, para a criança, está ligado a seu encontro com a primeira punição corporal, deixa marcas diversas segundo as modalidades de sua repetição. Na época em que vivemos, as crianças são extremamente poupadas dessas coisas. Contudo, como qualquer um pode constatar, se acontecer de uma criança que nunca apanhou ser uma vez, tardiamente, objeto de algumas sevícias, ainda que sejam as mais justificadas, essa experiência tem para ela, pelo menos na hora, consequências prostrantes impossíveis de imaginar de antemão.

Como quer que seja, se concordarmos que a experiência primitiva é, de fato, tal como Freud nos apresenta, *entre essa fase e a seguinte devem ocorrer algumas grandes transformações*. Freud expõe a segunda fase assim:

> *A pessoa que bate continuou sendo o pai, mas a criança castigada tornou-se, regularmente, via de regra, a própria criança da fantasia. A fantasia é marcada num muito, muito alto grau pelo prazer e se realiza de modo extremamente significativo, modo este de que trataremos mais tarde – e por um bom motivo. Sua fórmula articulada agora é assim: "Sou castigada pelo pai."*
>
> Mas Freud acrescenta que *esta é a fase mais importante e mais prenhe de consequência, pode-se dizer, contudo, que, em certo sentido, ela nunca tem existência real. Em nenhum caso ela é rememorada, nunca chega a se tornar consciente. É uma construção da análise, mas nem por isso menos necessária.*

Creio que não se avaliam suficientemente as consequências dessa afirmação em Freud. No fim das contas, nunca encontramos essa fase, que é a mais significativa. No entanto, como ela desemboca numa terceira fase, devemos considerá-la necessária.

Ora, a fórmula dessa segunda fase nos interessa no mais alto grau. De fato, ela nada mais é do que a fórmula do masoquismo primordial. Este intervém, precisamente, no momento em que o sujeito, em sua busca, encontra-se muito perto de sua realização como sujeito na dialética significante.

Como Freud aponta, de maneira pertinente, algo essencial ocorreu entre a primeira e a segunda fase: o sujeito viu o outro ser derrubado de sua dignidade de sujeito erigido, de pequeno rival. A abertura que a isso se seguiu o faz perceber que é nessa possibilidade mesma de anulação subjetiva que reside todo seu ser próprio, como ser existente. É roçando muito de perto essa abolição que ele avalia a dimensão na qual ele subsiste como um ser sujeito a querer, um ser que pode emitir um anseio.

É na literatura masoquista, quer nos agrade ou não, seja pornográfica ou não, que temos de ir buscar a fenomenologia do masoquismo. Quer tomemos um romance famoso ou um romance recente publicado por uma editora semiclandestina, qual é a essência da fantasia masoquista, no fim das contas? É a representação que o sujeito tem de uma série de experiências imaginadas que seguem um declive, cuja vertente, borda, limite, consiste essencialmente no fato de que ele é pura e simplesmente tratado como coisa, como uma coisa que, no limite, se comercializa, se vende, se maltrata, de que é anulado em qualquer espécie de possibilidade votiva de se perceber como autônomo. Podemos dizer que é tratado feito um cão, e não qualquer cão – um cão que é maltratado e, precisamente, feito um cão já maltratado.

Eis então o ponto, o pivô dessa segunda fase, que podemos apenas supor. É também a base de transformação a partir da qual o sujeito vai tentar entrar na última fase, a fim de nela encontrar o ponto de oscilação, o ponto de equilíbrio de sua posição, ou seja, o $\$$. Pois, uma vez tendo entrado na dialética da fala, se entrar, em algum lugar ele tem de se formular como sujeito.

No entanto, no fim das contas o sujeito neurótico é como Picasso. Um dia, ele se expressou com esta fórmula realmente soberana: *Eu não procuro, acho*. Na verdade, há um tipo de gente que procura, e há aqueles que acham. Creiam-me, o neurótico – isto é, tudo o que o enlace do homem com sua fala produz de espontâneo no sujeito – acha.

Quero que notem, a esse respeito, que *trouver* [*achar*] vem do latim *tropus*. Isso se refere expressamente àquilo de que não me canso de falar, às dificuldades da retórica. É curioso que, nas línguas latinas, o termo que designa o fato de achar seja tomado da linguagem da retórica, ao contrário das línguas germânicas, nas quais é outra a raiz que serve para esse fim.

Detenhamo-nos por um instante nesse momento terceiro, em que, portanto, o sujeito achou seu ponto de equilíbrio. Logo o apreendemos e talvez valha a pena demorar-se aí. O que vemos, em primeiro lugar, na fantasia "Bate-se numa criança"?

Quem bate? Um sujeito indeterminado. Quando Freud insiste e pergunta para o sujeito: *Mas quem bate? É fulano ou sicrano?*, não tem jeito, ele permanece evasivo. É só depois de certa elaboração interpretativa que o sujeito poderá encontrar certa figura ou imagem paterna em sua fantasia, na medida em que esta serve de suporte para seu desejo na realização masturbatória. No começo, porém, o sujeito da frase está perfeitamente neutralizado, ele é *Se*.

Quanto àquele em que tanto batem, não é menos difícil de apreender. É múltiplo: muitas crianças, meninos quando se trata da menina. Mas não existe uma relação obrigatória entre o sexo da criança que fantasia e o sexo da imagem fantasiada.

Também reinam as maiores variações, as maiores incertezas quanto à posição da criança cuja fantasia é essa. Sabemos bem que, por algum lado, seja *a* ou *a'*, *i*(*a*) ou *a*, a criança, até certo ponto, participa dessa fantasia, já que é ela que a produz. Mas, enfim, a criança não se situa em nenhum lugar de maneira precisa, inequívoca, sua posição é indefinidamente oscilante.

Gostaria agora de apontar uma coisa muito próxima do que chamei há pouco de distribuição entre os elementos intrassubjetivos do sonho. Onde o afeto acentuado está? No sonho do pai morto, esse afeto é a dor, e ela incide sobre o sujeito que sonha. Também, na fantasia "Bate-se numa criança", que é incontestavelmente uma fantasia sádica – como, aliás, em quase todas as fantasias sádicas que podemos observar, tomadas em sua maior extensão –, o afeto incide sobre a imagem fantasiada do parceiro, não tanto como quem é espancado, mas como aquele que vai ser espancado ou que não sabe como vai ser punido.

Voltarei a esse elemento extraordinário, a propósito da fenomenologia da angústia. Mas já lhes indico uma distinção, uma sutileza presente no texto de Freud, e na qual, naturalmente, ninguém nunca prestou atenção no tocante à angústia. Não se deve confundir a perda pura e simples do sujeito na noite da indeterminação subjetiva, e algo que é completamente diferente, o alerta, a ereção, pode-se dizer, do sujeito diante do perigo.

Em "Inibição, sintoma e angústia", Freud introduz uma distinção fenomenológica ainda mais incrível, tão sutil que não é fácil de traduzir para o francês. É a diferença entre *abwarten*, que tentarei traduzir por *padecer*, *não ter o que fazer*, *suportar*, e *erwarten*, que é *ficar na expectativa de*. É nesse registro, nessa gama que se situa, na fantasia sádica, o afeto enfatizado e vinculado ao outro, ao parceiro, àquele que está em frente, *a* minúsculo.

No fim das contas, onde está esse sujeito, que, no caso, acha-se justamente atormentado por algo que lhe falta para saber onde está? Seria fácil dizer que está entre os dois. Vou mais longe – digo que ele está, realmente, tão entre os dois que ilustra de modo exemplar o papel do instrumento com que se bate. É ao instrumento que o sujeito é idêntico aqui.

Com efeito, o instrumento não raro intervém como o personagem essencial na estrutura imaginária do desejo, cuja articulação estamos tentando articular. Sempre percebemos isso com estupefação, e sempre temos as maiores razões para nos espantar, salvo se não quisermos ver. O mais paradoxal, o que mais nos serve de advertência é que, em suma, é sob esse significante, aqui totalmente desvendado em sua natureza de significante, que o sujeito termina se abolindo quando se apreende em seu ser essencial, se nos é lícito afirmar, com Espinosa, que tal essencial é seu desejo.

Com efeito, é para essa mesma encruzilhada que somos levados cada vez que se coloca para nós a problemática sexual. O pivô desta última é a fase fálica na mulher, de onde partimos dois anos atrás e à qual Jones sempre regressa para novamente partir dela, discuti-la, efetivamente elaborá-la, pois o texto de Jones sobre esse assunto tem valor de uma elaboração analítica.

O ponto central é a relação entre o ódio da mãe e o desejo do falo. É disso que Freud faz partir a exigência fálica que intervém na saída do Édipo no menino, na entrada do Édipo para a mulher. Essa exigência tem um caráter realmente fundamental, genético.

O ponto de conexão *ódio da mãe-desejo do falo* é o sentido próprio do *Penisneid*. Ora, Jones sublinha, com razão, as ambiguidades encontradas cada vez que utilizamos esse termo. Embora o desejo de ter um pênis se inscreva numa rivalidade com um outro, ele se apresenta sob um aspecto ambíguo, que nos mostra claramente que, na realidade, é para além que se deve buscar seu sentido. *Desejo do falo* quer dizer *desejo mediado pelo falo*. Na mediação do desejo, o mediador falo desempenha um papel essencial.

Isso nos leva a formular o problema em termos que já introduzem o que teremos de desenvolver posteriormente em nossa análise da construção da fantasia. Trata-se de saber como situar o lugar do significante falo na experiência imaginária. Esta, como sabemos, está profundamente estruturada pelas formas narcísicas que regulam as relações do sujeito com seu semelhante, ou seja, do sujeito falante, $\$$, com o *a* minúsculo, esse outro que o sujeito traz em si.

Hoje, identificamos o falo ao *a*. Isso quer dizer que o outro imaginário é o que o sujeito tem em si mesmo como *pulsão* – entre aspas, pois é a pulsão ainda não elaborada, a pulsão antes de ser capturada na dialética significante, a pulsão em seu caráter primitivo, em que ela representa uma determinada manifestação da necessidade no sujeito. No entanto, se a imagem do outro é aquilo em que o sujeito, por intermédio da reflexão especular, tem de situar suas necessidades, há no horizonte o que inicialmente chamei de a primeira identificação com o Outro no sentido radical, ou seja, a identificação com as insígnias do Outro. Qual seja: o significante I maiúsculo sobre o *a* minúsculo.

$$\frac{I}{a}$$

Vou propor um esquema que será reconhecido por aqueles que seguiram o primeiro ano de meu Seminário, em que falamos do narcisismo. É o esquema do espelho parabólico, graças ao qual podemos fazer aparecer sobre uma plataforma, num vaso, a imagem de uma flor escondida, seja iluminada por baixo, seja da plataforma, e que, graças à propriedade dos raios esféricos, vem se projetar, se desenhar como imagem real. Isso quer dizer que, por um instante, ela produz a ilusão de que há precisamente aquela flor no vaso.

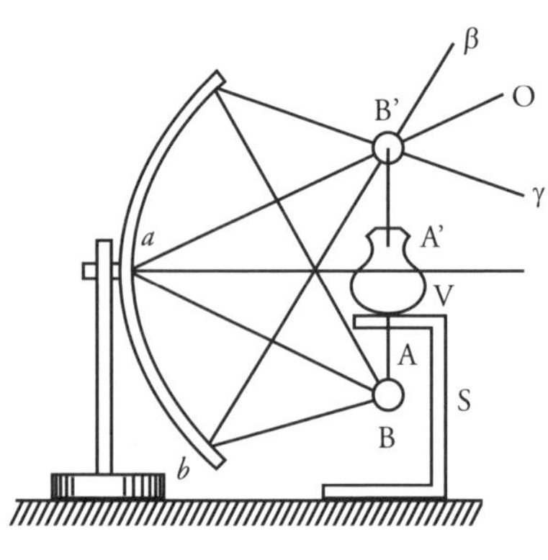

A ilusão do buquê invertido

Para acolher essa imagem no espaço, precisamos aqui de uma pequena tela. Pode parecer misterioso, mas não é. Com efeito, a ilusão, a saber, a visão dessa imagem real erguendo-se no ar, só é percebida num certo campo do espaço, que é precisamente determinado pelo diâmetro do espelho esférico, balizado pelo centro desse espelho. Disso resulta que, se o espelho for estreito, para ver a imagem será preciso situar-se num campo em que os raios refletidos do espelho voltem a cruzar seu centro, o que supõe certa expansão da zona espacial.

A astúcia de minha pequena explicação foi, outrora, a seguinte. Se alguém quiser ver essa imagem, fantasística, se produzir em algum lugar no espaço – dentro do pote ou um pouco ao lado, pouco importa –, onde já há um objeto real, e se esse observador estiver em $\$_1$, ele poderá inclinar o espelho-plano a fim de vir ocupar a posição simétrica e virtual $\$_2$, que está no interior do cone de visibilidade da imagem, e verá a imagem da flor no espelho-plano, no ponto simétrico.

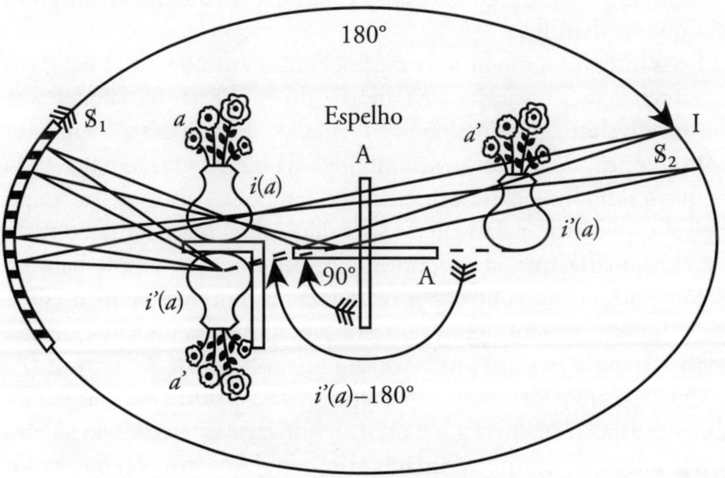

Báscula do espelho-plano

Em outros termos, o raio luminoso que se reflete na direção do observador é rigorosamente simétrico ao que se passa do outro lado, desde que esse observador tenha virtualmente ocupado o lugar de onde ele verá, no espelho plano, o vaso – o que é de se esperar, já que ele está ali – e, por outro lado, a imagem real, que se produz num lugar onde ele não pode vê-la diretamente.

Portanto, esse aparelho óptico é apto para representar a relação, a interação, entre os elementos imaginários e os elementos de identificação simbólica do sujeito. Não creio que o modo como ele o faz não seja conforme à tradição. Freud propõe, em algum lugar de sua *Traumdeutung*, o esquema das lentes sucessivas nas quais se refrata a passagem progressiva do inconsciente para o pré-consciente. Portanto, ele buscava referências análogas, na óptica, diz ele precisamente.

Isso é apenas uma metáfora, que representa para nós a via especular por meio da qual o sujeito tenta, na fantasia, ir ao encontro de seu lugar no simbólico. Por conseguinte, o $\$$ é algo diferente de um olho. O espelho-esférico, que lhe serve para ir ao encontro de seu lugar no simbólico, figura aqui o A maiúsculo – é apenas um espelho simbólico, não se trata do espelho diante do qual a criança pequena se agita. Trata-se, na verdade, de certa reflexão, feita com a ajuda das palavras, no transcurso do primeiro aprendizado da linguagem, e graças à qual o sujeito aprende a regular, numa distância adequada, as insígnias com que se identifica.

Essas insígnias simbólicas correspondem ao que, do outro lado, são as primeiras identificações imaginárias do eu. Portanto, já encontramos no nível imaginário algo pré-formado, aberto para a fragmentação simbólica, mas que só entra no jogo da fragmentação na medida em que o simbólico existe e lhe abre seu campo. É dentro desse campo que vai se produzir, pela ação do simbólico, uma transformação da relação imaginária, que, já vou indicando, fará com que sempre haja, na relação erótica com o outro, por mais acabada, por mais bem-sucedida que a suponhamos, um ponto de redução, que vocês podem entender como extrapolações da épura erótica entre os sujeitos.

Qual é a transformação sofrida pela relação primeira, fundamentalmente especular, entre *a* e *a'* ou *i*(*a*), que rege as relações do sujeito com o outro? O conjunto imaginário dos elementos fragmentados do corpo deve ser distribuído sobre a marionete com que lidamos no simbólico, na medida em que somos a marionete, e na medida em que nosso parceiro também o é. Mas há algo que falta nessa marionete: o falo.

O falo está ocupado alhures, na função significante. Diante do outro, o sujeito se identifica com o falo, mas ele mesmo se fragmenta quando está em presença do falo. Para pôr os pingos nos *is*, peço que se detenham no que se produz na relação, por mais amorosa que seja, entre um homem e uma mulher.

No homem, o desejo está fora da relação amorosa. A forma acabada dessa relação supõe, de fato, que o sujeito dê o que não tem, o que é a própria definição do amor. Em contrapartida, a forma ideal do desejo, se me permitem, realiza-se nele quando ele reencontra o complemento de seu ser na mulher, na medida em que ela simboliza o falo.

No amor, o homem fica verdadeiramente alienado ao objeto de seu desejo, ao falo. No ato erótico, contudo, esse mesmo falo reduz a mulher a ser um objeto imaginário. Por isso é que, no próprio âmago da relação amorosa mais profunda, mais íntima, mantém-se no homem a duplicidade do objeto. Insisti nisso muitas vezes quando criticava a famigerada relação genital.

Por outro lado, a relação da mulher com o homem, que todos gostam de crer muito mais monogâmica, não deixa de apresentar a mesma ambiguidade – com a ressalva de que a mulher encontra no homem o falo real. Está, portanto, em condições de obter efetivamente no casal uma relação de gozo que satisfaça seu desejo.

Mas, justamente, na medida em que a satisfação do desejo se dá no plano real, o amor da mulher, não seu desejo, volta-se para um ser que está para além do encontro do desejo – a saber, o homem enquanto privado do falo, o homem que, precisamente, por sua natureza de ser completo, de ser falante, é castrado.

7 de janeiro de 1959

Sobre um Sonho Analisado por Ella Sharpe

VIII
A Mensagem da Tossezinha

O enigma da enunciação
O ser do sujeito está na fantasia
Os afetos posicionais do ser
Texto e contexto do sonho
A brilhantíssima Ella Sharpe

Já que, das últimas vezes, falamos muito do desejo, passemos à questão da interpretação. O grafo irá nos servir, sob a seguinte forma:

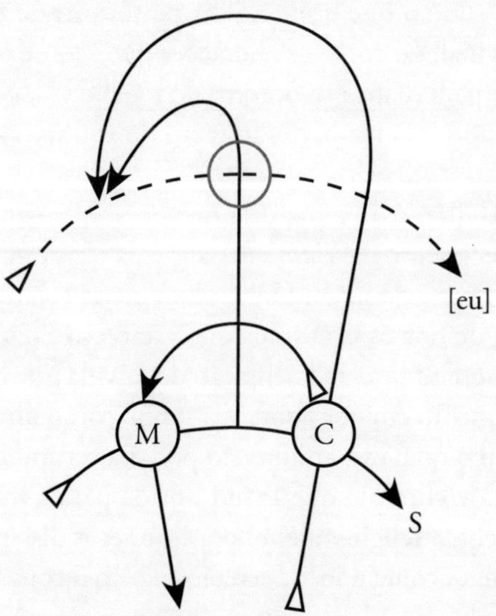

Grafo simplificado

O que vou lhes dizer hoje se refere à interpretação de um sonho, tomada como exemplo. Quero introduzi-lo por meio de algumas observações sobre o que resulta das indicações que Freud nos dá, precisamente a respeito da interpretação do sonho.

1

No capítulo VII da *Traumdeutung*, Freud se interessa pela sensação intelectual do sujeito no momento em que relata um sonho.

Pois ele tem a sensação de que algo, que ele esqueceu, está faltando no seu relato, ou que alguma coisa está ambígua, duvidosa, incerta. O sujeito indica essa incerteza do sonho, sua dúvida sobre ele, sua ambiguidade, por meio de *Não está muito claro*, *Foi assim ou assado*, *Não lembro mais*, *Não sei mais*. Põe em dúvida inclusive o grau de realidade do que viu no sonho – que algo ali tenha se afirmado com tamanho realismo que o notou, ou que o sonho lhe pareça, ao contrário, carregado de absurdidade. Pois bem, nos diz Freud, tudo isso, em todos esses casos, deve ser tomado como enunciação do que ele denomina *um dos pensamentos latentes do sonho*.

Em suma, tudo o que o sujeito diz no tocante ao texto do sonho em nota marginal, tal como as anotações que acompanham uma partitura musical para marcar os acentos de tonalidade, *allegro*, *crescendo*, *decrescendo*, tudo isso faz parte do texto do sonho. Isso é realmente fundamental.

Não penso que, para a maioria de vocês, que suponho já terem tomado conhecimento da *Traumdeutung* e da técnica da interpretação de um sonho, isso seja novo. Logo, vou apenas recapitular, pois não tenho tempo de dar os exemplos que estão em Freud. Vemos, por exemplo, que Freud integra a sensação de dúvida que o sujeito experimenta no momento em que conta seu sonho como um dos elementos do sonho, sem o qual esse sonho não poderia ser interpretado.

Essa regra de conduta que Freud nos dá para a interpretação do sonho foi recebida religiosamente por inúmeros discípulos seus, sem maiores pesquisas, confiando, de certa forma, no inconsciente. De nossa parte, não nos basta aceitá-la sem mais nem menos. Não partimos da interpretação freudiana sem nos perguntarmos o que ela implica.

Freud nos diz que, quando a lembrança que você tem do sonho some ou, ao contrário, é alinhada sob certa rubrica, sob certo acento, isso não se deve apenas à tensão do seu inconsciente aí presente, mas faz parte dos pensamentos latentes do próprio sonho. O que isso implica? O que convencionamos chamar de grafo nos permite precisá-lo e articulá-lo de maneira mais evidente, mais certa.

O que fazemos quando comunicamos um sonho, seja dentro ou fora da análise? O que, no conjunto das enunciações possíveis, especifica a enunciação de um sonho? De fato, os enunciados têm certa estrutura com relação ao sujeito, e não foi preciso esperar a psicanálise para dar a sua fórmula.

Entre os enunciados factuais de um discurso, ou seja, os que se referem a acontecimentos, é lícito distinguir, no que tange ao registro significante, aqueles que podemos situar na categoria geral do discurso indireto. São os enunciados que relatam as enunciações de outros sujeitos, as articulações significantes de um outro alguém. Muitas coisas são introduzidas dessa forma, inclusive os enunciados do boato: *Ouvi dizer... Fulano ou sicrano falou... Fulano garante que aconteceu...* O discurso indireto é a forma ou uma das formas mais fundamentais do discurso universal, pois a maioria das coisas que temos de expor faz parte do que recolhemos da tradição dos outros.

Portanto, de forma geral, podemos dizer que um enunciado comporta, por um lado, um relato de enunciado puro e simples, factual, que assumimos como nosso, e, por outro, a dimensão da enunciação, latente, que não necessariamente é posta em evidência, mas que se torna evidente a partir do momento em que se trata de relatar o enunciado de outra pessoa. No entanto, pode-se tratar, também, de um enunciado de nós mesmos. Podemos dizer que dissemos tal coisa, que testemunhamos diante de tal outra, podemos até fazer a enunciação de que o enunciado que fizemos é completamente falso, podemos declarar que mentimos.

Uma dessas possibilidades irá capturar nossa atenção neste momento. Que fazemos na enunciação de um sonho? Fazemos algo que não é único em sua classe, pelo menos do modo como iremos defini-lo agora.

Qual foi a forma espontânea com que sempre nos comportamos em relação a um sonho, antes de entrarmos na querela dos sábios? Objetavam a Freud: o sonho não tem nenhuma significação, é um produto da decomposição da atividade psíquica. Essa posição dita científica só se manteve, de fato, por um período bastante curto da história, com o próprio Freud ressaltando que ele nada mais fazia senão ir ao encontro da tradição. Já é algo considerável saber, como dissemos agora mesmo, que a tradição nunca deixou de pôr um ponto de interrogação quanto à significação de um enunciado, pelo menos quando se tratava do sonho.

Em outras palavras, a partir do momento em que o sujeito conta seu sonho a alguém, a própria forma da enunciação sob a qual ele produz o enunciado de um sonho comporta um ponto de interrogação que não é qualquer, que pressupõe que haja sob o sonho algo de que esse sonho é o significante. Podemos escrever isso na nossa formalização – trata-se da enunciação de um enunciado que tem, ele mesmo, um índice de enunciação, que, supostamente, adquire, ele mesmo, um valor, o qual, é claro, não é factual ou relativo a eventos – *E(e)*.

Para ficar na dimensão puramente descritiva, temos de acrescentar aqui um acento suplementar.

A criança pequena que começa a contar seus sonhos, diz: *Esta noite eu sonhei*. Essa atitude espontânea é ainda a atitude tradicional, mas aqui ela é muito ambígua. Se observarmos as coisas, tudo se passa como se, em algum momento, a criança tivesse descoberto a possibilidade que ela tem de expressar esse tipo de coisas, a tal ponto que, quase sempre, não conseguimos realmente saber, na idade em que essa atividade confidencial da criança começa, se o que ela está nos contando é mesmo o que ela sonhou ou algo que ela nos traz porque sabe que as pessoas sonham e que os sonhos podem ser contados.

Como sentimos no contato com uma criança, seus sonhos têm a característica de estar no limite da fabulação. Mas, justamente, se a criança o produz assim e o conta assim, é com o *e* minúsculo que o faz, o índice de enunciação. Há algo para além do enunciado, e, com isso, a criança joga com seu interlocutor o jogo de uma pergunta, de uma fascinação.

Em poucas palavras, toda espécie de enunciado que remeta a um sonho, seja ele intra ou extra-analítico, responde à fórmula *E(e)*. Esta não é específica do sonho. Podemos dizer que é a fórmula geral do enigma.

A partir daí, o que significa o que Freud quer dizer? Vejamos isso no nosso pequeno grafo, que, neste caso, é proposto da forma que está no quadro. Como vamos utilizá-lo para nele projetar os diferentes elementos dessa formalização? Pode haver várias maneiras.

O interesse desse grafo consiste em ele ser estrutural. É uma estrutura que nos permite situar a relação do sujeito com o significante. Com efeito, a partir do momento em que o sujeito é capturado no significante – e é essencial que nele seja capturado, é o que o define, o sujeito é a relação do indivíduo com o significante, com sua estrutura – uma rede se impõe necessariamente, rede esta que continua sempre sendo fundamental. Procuremos, portanto, ver aqui como distribuir no mencionado grafo as diversas funções envolvidas na enunciação do sonho.

O sonho, criação espontânea, apresenta-se à primeira vista com um caráter de relativa totalidade, é o resultado de um certo bloco, é, eu diria, um enunciado total. A gente diz *Tive um sonho* e distingue esse sonho do que veio depois e não é o mesmo. Um sonho tem o caráter de um discurso. No momento em que o sonhamos, não há nada nele que faça aparecer a fragmentação, a decomposição do significante. Dispomos de todo tipo de indícios retroativos de que a fragmentação está de fato ali, incidindo sobre a função de todo discurso, mas no momento em que o sujeito pronuncia um discurso, e desde que se atenha a isso, a escolha que ele faz a cada instante entre os significantes permanece suspensa, despercebida, sem o que lhe seria muito árduo comunicar-se.

Enquanto nos é dado como um todo, o sonho é o enunciado, a cadeia significante que se produz no nível inferior do grafo e que se apresenta sob a forma habitual da linguagem, uma forma tanto mais global quanto mais fechada for. Contudo, o sujeito tem de fazer um relato, uma enunciação sobre esse enunciado, situar-se com relação a ele, transmiti-lo a vocês com todos seus acentos, conforme sua adesão ao que esteja lhes contando seja maior ou menor. Tudo isso, que acompanha o sonho e que, de certo modo, o comenta desde a posição mais ou menos assumida pelo sujeito, inscreve-se no nível do discurso para o Outro, que é também o discurso onde o sujeito assume seu sonho.

Em outras palavras, quando conta seu sonho, o sujeito já está presente no interior do enunciado. E é no discurso em que o sujeito assume seu sonho para vocês, a quem ele o conta, que vemos produzirem-se essas diferentes acentuações que expressam sempre a maior ou menor assunção, pelo sujeito, de seu relato. Ele diz: *Parece, acho, que isso se passou naquele momento*. Naquele momento, tudo se passa como se o sujeito fosse ao mesmo tempo aquele outro, ou se transformasse naquele outro.

O que chamei de "acentos" são os diversos modos de enunciação segundo os quais o sujeito assume em maior ou menor medida a vivência de seu sonho, esse acontecimento psíquico. Em nosso grafo, esses modos se situam na linha do [eu] da enunciação, linha fragmentada, descontínua. O grafo indica que essa fragmentação é a característica do que se articula no nível da enunciação, na medida em que isso diz respeito ao significante.

Colocamos no andar inferior a retroação do código sobre a mensagem, que, a cada instante, dá à frase seu sentido. Essa unidade frasal, notem bem, é de amplitude variável. No fim de um longo discurso, no fim do meu Seminário ou no fim de meus seminários, há algo que fecha retroativamente o sentido do que lhes enunciei antes. Até certo ponto, porém, o mesmo fecho se forma depois de cada uma das partes de meu discurso, após cada um dos parágrafos.

Podemos procurar saber qual é a unidade mais reduzida em que se produzirá esse efeito que chamamos efeito de significação – que, para merecer esse nome, deve ser uma criação nova, feita na linguagem e que extrapole os empregos do significante. Onde isso para? Isso evidentemente para na menor unidade que existe e que é a frase.

Indaguemos agora como essa unidade se apresenta no relato que nos é feito do sonho. Aí, fica totalmente claro que o que o sujeito assume ou não assume, acredita ou não acredita, ou põe em dúvida, não é obrigatoriamente o conjunto do que ele nos conta. A captura enunciativa do sujeito pode ser de alcance mais curto. O sujeito pode assumir ou recusar apenas uma frase, e até fragmentos de frase.

Em outras palavras, o fecho retroativo introduz uma possibilidade de fragmentação de amplitude bem mais curta no nível superior do que no nível inferior.

Essa observação nos põe na via do que implica Freud quando diz que o acento de assunção pelo sujeito faz parte dos pensamentos latentes do sonho.

Isso, para nós, significa que esse acento se situa no nível da enunciação, na medida em que é nela que se realiza esse destaque do significante implicado pela associação livre.

2

A cadeia significante possui dois aspectos.

O primeiro é a unidade de seu sentido, a significação frasal, o monolitismo da frase, o *holofrasismo*. Digamos, mais precisamente, que uma frase pode ser tomada como tendo um sentido que é único, como sendo algo que forma um significante, transitório, digamos, mas que, durante o tempo que existe, existe como tal, por si só.

A outra face do significante é o que chamamos *associação livre*. Ela implica que para cada um dos elementos da frase – e tão longe quanto se possa ir na decomposição, parando estritamente no elemento fonético – algo pode intervir e fazer com que um desses significantes caia fora, implantando em seu lugar outro significante, que suplanta o primeiro. Aí jaz a propriedade do significante.

Isso se refere a esse lado do querer do sujeito indicado pelo fecho retroativo. Sem que o sujeito saiba, portanto, de maneira inconsciente, para além de sua intenção, um incidente cruza a cada instante seu discurso e intervém na escolha dos elementos da cadeia significante. Vemos seus efeitos virem à tona, por exemplo, sob a forma do lapso fonemático, que é a mais elementar. A mera troca de uma sílaba numa palavra basta para mostrar que ali está, presente e incidente, outra cadeia significante, e que esta veio se entrecruzar com a primeira para implantar, para introduzir, outro sentido.

No nível da assunção do enunciado pelo sujeito, que, aparentemente, é o nível mais elaborado, a regra interpretativa proposta por Freud implica que o [eu] se postule como consciente. No entanto, não diremos que o enunciado é a produção desse [eu], porque o enigma permanece ali por inteiro – de quem é, então, o enunciado de que se fala no nível da enunciação? O sujeito não decide, mas se ele diz *Eu sonhei*, é com uma conotação e um acento próprios, que mostram claramente que, afinal, aquele que sonhou se apresenta a ele como problemático.

Quem é o sujeito da enunciação contida no enunciado em questão? Ficamos no ponto de interrogação. Esse sujeito, aliás, foi considerado por muito tempo como sendo o *deus*, antes de se tornar, mais ou menos à maneira de Aristóteles, o *si mesmo* do sujeito.

Quanto a esse para-além do sujeito que é o inconsciente freudiano, a questão de sua alteridade não é menos permanente. Toda uma oscilação ou vacilação produz-se em torno disso. O que, desse para-além, o sujeito retoma em seguida é da mesma natureza fragmentadora, tem o mesmo valor de elemento significante que o que se produz no fenômeno espontâneo de substituição, de perturbação do significante, pelo qual perpassa o que é, segundo Freud, a via normal para decifrar o sentido do sonho.

Em outras palavras, a fragmentação que se produz no nível da enunciação, na medida em que esta é assunção do sonho pelo sujeito, se situa, para Freud, no mesmo plano e é da mesma natureza que a via da interpretação do sonho, a saber, a decomposição significante máxima, a soletração dos elementos significantes. Essa soletração destaca as possibilidades do sonho, que só aparecem na medida em que a cadeia significante é intersectada por todas as outras cadeias passíveis de se entrecruzar, se misturar com ela, em cada um de seus elementos, em cada um dos intervalos que ela deixa.

Quando a interpretação mais se aproxima do que a doutrina freudiana denomina, no sujeito, *inconsciente*? Quando, no discurso que o sujeito profere, fazemos vacilar a significação atual para deixar que dela se despregue o que implica de significante na enunciação. Isso vale para o sonho de maneira ainda mais exemplar do que para qualquer outro discurso.

Na análise, estamos na pista de quê? O que é que nós, como analistas, estamos ali para buscar? Senão aquilo que aconteceu de essencial no sujeito, que mantém certos significantes no recalque. Pois bem, esse inconsciente jaz precisamente nos pontos de ruptura em que o significante está implicado. E é também o significante que vai nos pôr na via do desejo do sujeito.

O desejo é esse *x* do sujeito capturado na rede significante, nas malhas do significante, submetido à filtragem, à peneira do significante. Temos como objetivo revelá-lo, reconstruí-lo, restaurá-lo no seu discurso. Como fazer isso? O que indica que possamos fazê-lo?

Segundo a doutrina, a prática e a experiência freudianas, repito, a posição do desejo consiste em estar excluído, ser enigmático. Com relação ao sujeito, ele está essencialmente ligado à existência do significante recalcado como tal, e sua reconstrução, sua restauração, passa pelo retorno desses significantes. Mas isso não quer dizer que a reconstrução desses significantes enuncie pura e simplesmente o desejo.

Uma coisa é o que se articula nesses significantes recalcados e que é sempre uma demanda, o desejo é outra coisa, na medida em que o desejo é aquilo mediante o que o sujeito se situa, devido à existência do discurso, com relação a essa demanda. Não se trata, com efeito, do que ele demanda, mas do que ele é, em função dessa demanda.

Na medida em que sua demanda é recalcada, mascarada, o ser do sujeito se exprime de maneira fechada na fantasia de seu desejo. Não haveria esse ser do sujeito se não houvesse a demanda, o discurso. É fundamentalmente a linguagem que introduz a dimensão do ser para o sujeito e, ao mesmo tempo, a tira dele.

A restauração do sentido da fantasia, que é algo imaginário, inscreve-se no grafo entre essas duas linhas: entre o enunciado da intenção do sujeito, por um lado, e, por outro, a enunciação, na qual o sujeito lê sua intenção de uma forma profundamente decomposta, despedaçada, fragmentada, refratada pela língua. A fantasia, onde o sujeito geralmente suspende sua relação com o ser, é sempre enigmática, mais que qualquer outra coisa. E o sujeito, que quer ele? Que o interpretemos.

Interpretar o desejo é restaurar aquilo a que o sujeito não pode ter acesso por si só, a saber, o afeto que designa seu ser e que se situa no nível do desejo que lhe é próprio. Estou falando aqui do desejo preciso que intervém neste ou naquele incidente da vida do sujeito, do desejo masoquista, do desejo suicida, do desejo oblativo conforme a ocasião. Trata-se de que isso, que se produz sob uma forma fechada para o sujeito, recupere seu sentido em relação ao discurso mascarado implicado nesse desejo, recupere seu sentido em relação ao ser, confronte o sujeito com o ser.

Esse sentido verdadeiro é, por exemplo, aquele definido pelo que eu chamaria de afetos posicionais em relação ao ser. Eles consistem no que designamos por esses termos essenciais, *amor*, *ódio*, *ignorância* – mas há muitos outros mais, que teremos de percorrer e catalogar.

O que denominamos afeto não é essa coisa pura e simplesmente opaca e fechada, que seria uma espécie de para-além do discurso, uma espécie de núcleo vivido que não se sabe de onde caiu. O afeto é, muito precisamente e sempre, algo que se conota numa certa posição do sujeito com relação ao ser. Quer dizer, com relação ao ser na medida em que o que se propõe a ele em sua dimensão fundamental é simbólico. Mas também pode acontecer, ao contrário, de no interior desse simbólico ele constituir uma irrupção do real, dessa vez assaz perturbadora.

Difícil não perceber que um afeto fundamental como a cólera nada mais é que isto: o real que chega no momento em que armamos uma belíssima trama simbólica, em que tudo vai indo muito bem, a ordem, a lei, nosso mérito e nossa boa vontade. Percebemos, de repente, que os pininhos não entram nos buraquinhos. É esta a origem do afeto da cólera. Tudo parece estar bem com a ponte de naus no Bósforo, mas uma tempestade faz o mar se agitar. Toda cólera consiste em fazer o mar se agitar.

O afeto pode igualmente remeter-se à intrusão do próprio desejo. Esta determina uma forma de afeto à qual retornaremos.

Ao menos para toda uma categoria fundamental de afetos, porém, o afeto é essencialmente conotação característica de uma posição do sujeito, a qual se situa, entre as posições possíveis, na entrada em jogo, entrada em funcionamento, entrada em ação dele mesmo, tendo como referência as linhas necessárias que lhe impõe seu encapsulamento no significante.

3

Vejamos agora um exemplo.

Pincei-o na posteridade de Freud. Ele nos permite articular o que é o desejo do sonho na análise. E, para proceder de um modo que não dê margem a uma escolha particularmente arbitrária, tomei o capítulo V de *Dream Analysis*, de Ella Sharpe, no qual ela procede à análise de um único sonho, um sonho singular, ou seja, cuja análise ela leva, na medida do que lhe é possível, até o fim.

Nos capítulos anteriores, ela mostrara certo número de perspectivas, leis e mecanismos, examinando, por exemplo, a incidência do sonho na prática analítica, ou mesmo, um pouco adiante, os problemas que a análise do sonho coloca, ou o que acontece nos sonhos das pessoas analisadas. Mas o ponto central do livro é o capítulo V, onde ela nos apresenta um sonho singularmente exemplar. A propósito dele, aplica e ilustra tudo o que, por outro lado, ela pode ter tido de produzir no tocante a como a prática analítica nos mostra que devemos, efetivamente, ser guiados na análise de um sonho.

O essencial do que a praticante traz de novo depois da *Traumdeutung* é que um sonho não é simplesmente algo que se revelou dotado de significância, mas que ele desempenha no diálogo analítico um papel atual, que não é o mesmo num e noutro momentos da análise. Em suma, o sonho acompanha de maneira ativa, determinada, o discurso analítico, para esclarecê-lo e alargar seus caminhos. Ou seja, o sonho é feito não só para a análise, como não raro para o analista, e é portador de uma mensagem no interior da análise.

A autora em questão, como alguns outros autores, tem o mérito de não hesitar em falar da análise dos sonhos, considerando-se que alguns acreditam poder evitá-lo – chamei a atenção a respeito disso na minha intervenção em Royaumont sobre a direção do tratamento – por verem nisso algo similar a uma atividade intelectual.

Não é a menor das questões que o estatuto do pensamento coloca quando se trata do sonho. Mas é preciso saber que ênfase lhe damos. Se o sonho se apresenta como matéria de discurso, de elaboração discursiva, esse fato é, por si só, significativo do que o inconsciente é. O inconsciente não está em sei lá que alforje psíquico onde estaria em estado inconstituído, e sim nas latências do discurso. Com relação à formulação do sujeito, ao seu discurso, à sua enunciação, ele está aquém ou é imanente? Essa é outra questão. Ainda assim, é legítimo tomar o sonho como ele sempre foi considerado, como a *via régia do inconsciente*.

Para passarmos ao sonho que a autora nos apresenta, vou começar por lê-lo, antes de mostrar os problemas que se colocam a seu respeito. Teremos muito a dizer sobre uma breve advertência que ela nos faz sobre o sujeito, bem como sobre o capítulo todo. Nossos referenciais, como vocês verão, aplicam-se, melhor que qualquer outro registro, ao que ela enuncia, ao mesmo tempo em que nos ajudam a nos orientar melhor.

O paciente chega à sua sessão naquele dia – em determinadas condições que relatarei daqui a pouco, pois ele só se lembra delas depois de certas associações de grande importância.

> *Não sei por que acabei, justamente, de pensar no meu sonho da noite passada. Foi um sonho terrível, tremendous. Devo ter sonhado por uma eternidade. Me tomaria o resto da sessão contá-lo. Mas não se preocupe; não vou incomodá-la com isso pelo simples motivo de que não me lembro mais dele.*
>
> *Mas foi um sonho muito excitante, cheio de incidentes e cheio de interesse. Acordei com calor e suando. Foi sem dúvida o sonho mais longo que já tive.*

Ele diz não se lembrar da imensidão, do mar de sonhos que teve, mas surge uma cena bastante curta.

Estava fazendo uma viagem com minha mulher ao redor do mundo... Há aqui uma nuança muito bonita, que talvez não tenha sido suficientemente destacada. A ordem dos adjuntos adverbiais merece ser notada, pois, tenho a impressão, esta não é a ordem normal em francês, que seria, de preferência, *Estava fazendo uma viagem ao redor do mundo com minha mulher*. Creio não me enganar ao dizer que a sensibilidade do ouvido é, neste caso, a mesma em inglês.

> *Estava fazendo uma viagem com minha mulher ao redor do mundo e tínhamos chegado à Tchecoslováquia, onde todo tipo de coisas acontecia. Eu encontrava uma mulher numa estrada, uma estrada que agora me faz lembrar a estrada que lhe descrevi faz algum tempo nos outros dois sonhos em que eu fazia um jogo sexual com uma mulher na frente de outra mulher.*
>
> *Aqui, a autora muda a tipografia, com razão, pois é uma reflexão lateral:* **Foi o que aconteceu neste sonho**.
>
> *Desta vez, minha mulher estava presente enquanto a atividade sexual se dava. A mulher que eu encontrava parecia super apaixonada, was very passionate looking... – aí, nova mudança tipográfica, para um comentário que já é uma associação...* **o que me lembrou uma mulher que eu tinha visto na véspera num restaurante. Era morena, dark, e tinha os lábios muito grossos, muito vermelhos e passionate looking** *– mesma expressão, mesmo ar apaixonado –,* **e é evidente que, se eu tivesse lhe dado alguma bola, ela teria correspondido. Foi ela quem desencadeou, estimulou este sonho, acho**.
>
> **Neste sonho**, *a mulher queria ter uma relação sexual comigo e tomava a iniciativa, o que, como você sabe, é uma coisa que me ajuda muito. E ele comenta:* **Se uma mulher quer fazer isso, me ajuda muito. No sonho**, *a mulher estava, de fato, em cima de mim; isso acaba de me vir à cabeça. Ela evidentemente tinha a intenção de introduzir nela o meu pênis. Eu percebia pelas manobras que ela fazia. Eu não estava de acordo, mas ela ficava tão desapontada que pensei que deveria masturbá-la, she was so disappointed I thought I would masturbate her.*
>
> *Aqui, retomada do comentário:* **Isso não soa nada bem, usar esse verbo de maneira transitiva. Dizer I masturbated, eu me masturbava, isso está correto.**

É, de fato, próprio do verbo inglês não ter a forma reflexiva que tem na língua francesa. *I masturbate* quer dizer *Eu me masturbo*. A analista não deixa de reagir a essa observação do sujeito. Este acrescenta alguns comentários confirmativos e começa a associar com suas próprias masturbações. Ele, contudo, não fica nisso.

Eis o enunciado desse sonho. Ele desperta o interesse pelo que vamos dizer.

Apresento-lhes as coisas, devo dizer, numa forma de exposição totalmente arbitrária, e poderia prescindir dela. Tampouco pensem que a via pela qual procedo é a que lhes aconselho seguir sistematicamente para interpretar um sonho. Faço-o apenas como um jeito de fincar um marco que aponte o que vamos procurar ver e demonstrar.

No sonho do pai morto, designamos – na esteira de Freud, e de uma maneira que, como viram, não deixava de ter seus artifícios – os significantes *segundo seu anseio*, o do filho. Do mesmo modo, veremos aqui em que significante culmina a fantasia do sonho. Essa fantasia se expressa por estas palavras: *Eu não estava de acordo, mas ela ficou tão desapontada que pensei que deveria masturbá-la*. E o sujeito observa logo em seguida que é totalmente incorreto empregar esse verbo transitivamente. Toda a análise do sonho vai nos mostrar que é restabelecendo a intransitividade do verbo que se descobre o verdadeiro sentido daquilo de que se trata.

Ela fica *tão desapontada* com quê? Todo o texto do sonho indica suficientemente: com o fato de que nosso sujeito não participa, embora, pelo que ele diz, tudo na cena do sonho é feito para incitá-lo a isso, de tal modo que, normalmente, a posição da parceira deveria ajudá-lo muito. Sem dúvida, é disso que se trata, e podemos dizer que a segunda parte da frase se apresenta como tendo um conteúdo compreensível, aspecto que corresponde bastante ao que Freud articula como sendo uma das características da formação do sonho, qual seja, a elaboração secundária.

No entanto, o próprio sujeito nos faz notar que a coisa não é tão simples, que seu emprego do verbo não soa bem. Essa observação, basta seguir a regra de conduta fornecida por Freud para considerar que ela nos põe na via, na pista, do pensamento do sonho. E aí está o desejo.

Com efeito, o sujeito nos diz que *I thought* se completa pela forma *I thought she could masturbate*, que é a forma normal em que o anseio se apresentaria, *Que ela se masturbe se não está satisfeita!* O sujeito nos indica aqui com bastante energia que a masturbação é uma atividade que não é transitiva, no sentido de que ela seria exercida por um sujeito sobre outro, mas intransitiva, o que, nesse caso, quer dizer uma atividade do sujeito sobre si mesmo, já que *I masturbated* significa *Eu me masturbei*. O importante não é chegar a uma conclusão sobre esse assunto, mas apenas notar que a primeira indicação dada pelo sujeito já vai no sentido da retificação de uma articulação significante.

Vamos agora recuar no capítulo – antes do relato do sonho, antes da entrada em jogo dessa cena, antes do relato da sessão – até o pequeno preâmbulo da autora a respeito da constelação psíquica do sujeito. O que ela pôs nessas premissas será reencontrado nos seus resultados. Resultados que teremos de criticar.

Passemos de imediato ao que nos permitirá avançar. Ella Sharpe nos faz notar que esse sujeito tem evidentemente muitos dons. Veremos cada vez melhor qual é seu comportamento, à medida que formos centrando as coisas.

É um senhor de certa idade, casado, advogado. O que ela nos diz vale a pena ser citado em seus próprios termos. *A partir do momento em que o sujeito começou a exercer sua atividade profissional na ordem dos advogados, desenvolveu severas fobias. Para ser breve* – é a isso que se limita a exposição do mecanismo da fobia, mas confiamos muito nela, pois é uma das melhores analistas, uma das mais intuitivas e perspicazes que existiram –, *isso não significa que ele não ousasse trabalhar com sucesso, successfully, mas que, na verdade, teve de parar de trabalhar por ser successful demais*. A nota que a analista expõe aqui – que não se trata de uma afinidade com o fracasso, e sim que o sujeito estaca, digamos, diante da possibilidade imediata do realce de suas capacidades – merece ser retida. Vocês verão o uso que faremos disso mais adiante.

Deixemos de lado, mas voltaremos a isso, o que a analista indica desde o começo como podendo estar relacionado com o pai. Saibamos apenas que o pai do sujeito morreu quando este tinha três anos e que, por muito tempo, ele não fez a isso outra menção em análise além de dizer: *Ele morreu*. Isso, com razão, chama a atenção da analista. Ela entende, o que parece incontestável, que ele não quer se lembrar que seu pai viveu. Quando ele se lembrou que o pai foi vivo, foi, diz ela, um acontecimento totalmente *startling*, que produziu nele uma espécie de pavor.

Rapidamente a posição do sujeito em análise implicará que o anseio de morte que ele possa ter tido com relação ao pai seja o motor tanto desse esquecimento do pai vivo quanto de toda a articulação de seu desejo, na medida em que o sonho o revela. Contudo, nada nos indica, em absoluto, que essa agressiva intenção esteja na origem de um temor de retaliação. Um estudo atento do sonho nos permitirá esclarecer isso.

O que mais nos diz a analista a respeito desse sujeito? Que naquele dia, como em todos os outros dias, ela não o escutou chegar, e aí, um pequeno parágrafo brilhante sobre a apresentação extraverbal do sujeito. Essa descrição corresponde a uma certa moda, segundo a qual é recomendável detectar no paciente os mínimos incidentes de seu comportamento, o que um analista com um bom olho sabe identificar. Este, nos diz ela, eu nunca escuto chegar.

O leitor compreende, pelo contexto, que o acesso ao seu consultório é feito por uma escada. Eu percebo o paciente subindo dois degraus por vez, diz ela, por um *extra thud*. É uma palavra inglesa sem equivalente em francês; designa um barulho abafado, surdo, o barulho que pode fazer o pé num degrau de escada coberto por um carpete, e que se torna um pouco mais forte, *pff, pff*, quando se sobe dois degraus por vez. *Um outro chega, se precipita...* Todo o parágrafo é assim, literariamente muito saboroso. Isso, no entanto, é puro desvio, pois a coisa importante é o que o paciente faz.

O paciente tem uma atitude de perfeita correção, um pouco afetada, invariável: *He never varies. Ele sempre vai para o divã de uma única maneira. Faz sempre uma pequena saudação perfeitamente convencional com o mesmo sorriso, um sorriso absolutamente gentil, que não tem nada de forçado e que não encobre de maneira explícita intenções hostis. Nunca há nada nele tão revelador quanto isso.* Aqui, o tato da analista orienta-se muito bem: *... nada é deixado ao acaso, as roupas são perfeitamente corretas... nem um fio de cabelo fora do lugar... Ele se instala, cruza as mãos, está bem tranquilo...*

E ele nunca evoca de imediato qualquer tipo de contratempo, como o fato de que sua empregada tenha lhe aprontado alguma e o atrasado – só se saberá disso após um bom tempo, no fim da sessão, ou na sessão seguinte. *Ele fala durante toda a hora, de maneira clara e fluida, com uma excelente dicção, sem qualquer hesitação e com muitas pausas. Com essa voz nítida e sempre uniforme, ele expressa o que pensa e, nunca*, acrescenta ela, *o que sente.*

Quanto ao que cabe pensar sobre essa distinção entre pensamento e sentimento, claro que teremos todos a mesma opinião. O importante, evidentemente, é saber o que significa o modo particular de comunicação que é o do sujeito. Há ali uma espécie de esterilização do texto da sessão, que deve fazer a analista desejar que apareça algo mais vivenciado na sessão. No entanto, o fato de que o sujeito se exprima assim também deve, naturalmente, ter um sentido. Qualquer analista pensaria que há nesse sujeito algo que ele teme. Afinal, a ausência de sentimentos, como se exprime a analista, não é absolutamente nada que deva ser inscrito na rubrica do capítulo sentimental.

Falei há pouco do afeto como referente à relação do sujeito com o ser, e seu revelador. Devemos nos indagar o que, neste caso, pode ser comunicado por essa via do afeto. É tanto mais oportuno indagar-se sobre isso na medida em que é, de fato, por uma comunicação pertencente a esse registro que, nesse dia, a sessão se abre.

A discordância existente entre o mutismo da analista ante a manifestação que ela já detectou faz alguns dias e a surpresa que ela sente, como ela mesma nota, no dia em que o paciente se põe a falar de si próprio, mostra bem o passo adicional que deve ser dado no que se refere à posição habitual do analista para apreciar aquilo de que se trata neste caso em particular. Pois o que começa a se abrir ali, veremos se abrir cada vez mais, até a intervenção final da analista e seu fruto espantoso. É, de fato, espantoso não só que essa intervenção tenha se produzido, mas que seja registrada como uma interpretação satisfatória, exemplar até, por seu aspecto frutífero.

De que se trata? No meio desse quadro que se destaca pela severa retidão do sujeito – ele ficava na defensiva com relação a si próprio –, algo vem acontecendo nos últimos dias. É que ele chega à porta dela e, justo antes de entrar, faz *Hum, hum!* Isso já é muito, pois é a mais discreta das tosses, um pigarro.

Ella Sharpe era uma mulher muito brilhante e tudo em seu estilo sugere isso. Ela foi algo como uma professora primária antes de ser analista, e esse é um ponto de partida muito bom para a penetração dos fatos psicológicos. É certamente uma mulher de enorme talento. Ela ouve essa *tossezinha* como a chegada da pomba na arca de Noé. Essa tosse anuncia que, em algum canto, atrás, há um lugar onde vivem sentimentos. Oh!, pensa ela, mas eu nunca vou lhe falar sobre isso, pois se eu disser uma palavra, ele vai esconder tudo de novo.

É a posição clássica em casos semelhantes. A regra é nunca fazer a um paciente – numa certa etapa de sua análise, no momento em que se trata de vê-lo chegar – observações sobre seu comportamento físico. Ou seja, sobre sua maneira de tossir, de deitar, de abotoar ou desabotoar seu casaco, tudo o que comporte a atitude motora reflexiva sobre si próprio – na medida em que esta possa ter um valor de sinal, e em que tudo isso toca profundamente o que pertence ao registro narcísico.

Contudo, a mesma regra não irá se aplicar de maneira nenhuma a algo como essa tossezinha. Nela se distingue a potência, a dimensão simbólica, na medida em que esta se estende, se alastra a tudo o que pertence ao registro do vocal. Uma tosse, como quer que seja, independentemente do fato de que ela possa dar a impressão de ser um evento puramente somático, é da mesma dimensão dos *hum, hum...*, dos *sim, sim...*, que alguns analistas às vezes utilizam, muito decisivamente e que têm, decididamente, todo o alcance de um incentivo.

A melhor prova disso é que, para grande surpresa da analista, essa tosse é a primeira coisa de que o sujeito lhe fala nesse dia. Com sua habitual voz uniforme, mas muito deliberada, ele lhe diz:

Estava pensando nessa tossezinha que tive logo antes de entrar nesta sala. Nesses últimos dias, eu tossi, eu percebi; eu me pergunto se você notou. Hoje, quando a empregada me mandou subir, decidi não tossir. Fiquei muito aborrecido ao me dar conta de que tinha tossido assim que acabei de fazê-lo. É muito irritante fazer uma coisa dessas, muito irritante que uma coisa aconteça em você ou através de você, que você não consegue controlar ou que você não controla. A gente poderia pensar que isso serve para alguma coisa, mas pergunto-me a que purpose poderia servir uma tossezinha desse tipo.

A analista avança com a prudência da serpente, e replica. Pois é, *a que propósito isso poderia servir? – Evidentemente,* diz ele, *é uma coisa que somos capazes de fazer se entramos num recinto onde haja amantes.* Conta que fez algo parecido na infância, antes de entrar no cômodo onde estava seu irmão com sua *girl-friend* – tossiu antes de entrar, porque pensava que eles talvez estivessem se beijando e que era melhor eles pararem antes, pois, assim, se sentiriam menos constrangidos do que se ele os surpreendesse.

Ela prossegue: Para que pode servir você tossir antes de entrar aqui? – É um pouco absurdo, diz ele, porque não me teriam mandado subir se tivesse alguém aqui... Ele agrega: Não consigo ver nenhum tipo de razão para essa tossezinha. Isso me traz, no entanto, à lembrança a phantasy, uma fantasia que tive uma vez de estar num cômodo onde não deveria estar e de pensar que alguém poderia ter entrado, pensando que eu estava lá. E, então, eu achava que, para impedir que alguém entrasse, coming in, e me encontrasse ali, eu poderia latir como um cão. Isso disfarçaria minha presença. Quem quisesse entrar pensaria: "Oh! Aí dentro só tem um cão." A dog? retoma a analista, com prudência – Isso me lembra, continua o paciente, sem qualquer dificuldade, um cão que veio se esfregar na minha perna, realmente se masturbando. Me dá bastante vergonha contar-lhe isso, porque eu não o interrompi. Deixei que ele continuasse, e alguém poderia ter entrado.

Dito isso, ele dá uma leve tossida e engata com seu sonho.

Vamos esmiuçar isso da próxima vez, mas já não poderíamos marcar que a própria lembrança do sonho veio imediatamente depois do episódio da tosse? É muito provável que essa tossezinha fosse uma mensagem. Aliás, a autora não tem dúvidas quanto a isso, porque ela a faz entrar na análise do sonho, e totalmente em primeiro plano. A tossezinha era uma mensagem, mas trata-se de saber mensagem de quê.

Por outro lado, é uma mensagem de segundo grau, na medida em que o sujeito referiu-se a ela da maneira mais formal e não inconsciente, e que foi dessa maneira que introduziu o sonho. Se ele tivesse simplesmente dito "Tossi", isso já seria uma mensagem. Mas ele não disse simplesmente que tossia, ele disse: "Eu tossi e isso quer dizer alguma coisa." E, logo depois, começa a nos contar histórias singularmente sugestivas. Essa tosse quer evidentemente dizer: Estou aqui. Se você está fazendo algo divertido, mas que não seria divertido se fosse visto, é hora de pôr um fim nisso.

Contudo, não levar em conta o relato feito ao mesmo tempo seria não ver aquilo de que se trata nessa tosse. Ele pensou, diz ele, em dissimular sua presença num cômodo – sua presença enquanto tal, diria eu – fazendo muito precisamente algo que, evidentemente, não poderia deixar de chamar a atenção, a saber, latir. Isso é apresentado com todas as características da fantasia.

Em primeiro lugar, é o próprio sujeito quem o apresenta como uma fantasia, desenvolvida na infância. Além disso, nada mostra melhor do que essa fantasia por qual viés o sujeito preenche sua forma vazia, a saber, que ele tem de se adornar com um significante, encontra-se adornado pelo efeito do significante. Encontramos nisso, com efeito, todas as características do uso que a criança faz do que já se apresenta em forma de significantes naturais, quando se serve deles como atributos para significar algo, um cão, por exemplo, que a criança chamará de um au-au. Mas aqui onde o sujeito está inserido numa atividade fantasística, é ele mesmo que se atribui o au-au.

Nessa fantasia, em suma – fantasia totalmente inaplicável –, se ele assinala sua presença, é fazendo-se outro que não ele. Ele se manifesta supostamente como outro, torna-se ausente, até se expulsa do campo da fala, faz-se animal, literalmente naturalizado. Não irão verificar se ele está ali, porque terá se feito apresentar, articular, num significante, o mais elementar. Não é *Não há nada aqui*, mas, literalmente, *Há ninguém* [*Il y a personne*]. É realmente o que o sujeito nos anuncia em sua fantasia – na medida em que estou em presença do Outro, não sou ninguém [*Je ne suis personne*]. É o *Onde ele está?* de Ulisses diante do Ciclope.

Estes são apenas elementos do que o sujeito associou com seu sonho. Teremos de levar a análise mais longe para ver em que sentido e como o sujeito é ninguém [*le sujet est personne*]. A coisa não deixa de ter seu correlato do lado do outro que, aqui, se trata de advertir, e que, neste caso, resulta ser, como no sonho, uma mulher. Certamente não é por acaso que a relação com a mulher enquanto tal faz parte da situação.

Articular o algo que o sujeito não é, que ele não pode ser, vai nos dirigir, como vocês verão, para o mais fundamental dos símbolos relativos à identificação do sujeito.

Se, como tudo indica, o sujeito quer de todo modo que sua parceira feminina se masturbe, se ocupe de si mesma, é certamente para que não se ocupe dele. Por que ele não quer que ela se ocupe dele? De que maneira não o quer?

O fim normal do tempo designado para esta sessão não nos permite responder hoje. Vamos deixar para a próxima vez.

14 de janeiro de 1959

IX
A Fantasia do Cão Latindo

A tossezinha, significante do Outro
Analisar a fantasia sem compreendê-la
O cão faz miau; o gato, au-au
Darwin e o quac do pato
Cão se masturbando = Ideal do eu

Da última vez paramos bem no meio da análise de um sonho que Ella Sharpe chama de *single*, singular, único. Ela lhe dedica um capítulo inteiro, para o qual converge a parte ascendente de seu livro, e ainda acrescenta complementos.

Esse livro, composto de conferências dadas a analistas em formação e baseado em trinta anos de experiência analítica geral, tem a originalidade de estar expressamente dedicado à análise dos sonhos, donde a sua importância para nós.

Esse sonho, extremamente interessante, foi objeto de uma sessão de seu paciente. Os desenvolvimentos que ela fornece, a conexão que estabelece não só entre as associações do sonho e as interpretações, mas também entre todas as mensagens da sessão como um todo, tudo isso mostra que devemos reconhecer à autora o mérito de uma grande sensibilidade para a direção, o sentido da análise.

Ela interpreta esse sonho linha por linha, como convém fazer. Interpreta-o, como veremos em detalhe, no sentido de um desejo ligado ao anseio de onipotência em seu paciente. Seja isso justificado ou não, pensem, desde já, que, se esse sonho nos interessa, é com referência a esse viés pelo qual tento mostrar-lhes o que há de ambíguo e de enganoso na noção unilateral segundo a qual, no anseio de onipotência, esse anseio de possibilidade ou de perspectiva de potência que podemos chamar de anseio neurótico, é sempre da onipotência do sujeito que se trata.

É evidente que a onipotência em questão é a onipotência do discurso. Isso de modo algum implica que o sujeito se sinta seu suporte e depositário. Se ele tem algo a ver com a onipotência do discurso, é por intermédio do Outro que o profere.

Isso está particularmente esquecido na inflexão que Ella Sharpe imprime à sua interpretação do sonho.

1

Começo por lhes indicar o que irá aparecer no final, pois provavelmente não conseguiremos amarrar tudo nesta aula. Com efeito, um trabalho tão elaborado levanta um mundo de coisas – e ainda mais na medida em que percebemos que, no fim das contas, quase nada foi dito a esse respeito, embora este seja o próprio terreno no qual operamos todos os dias.

Portanto, Ella Sharpe argumenta com seu paciente sobre o tema de seu anseio de onipotência, de onipotência agressiva, ressalta.

Em primeiro plano, esse paciente, do qual ela absolutamente não fornece todas as coordenadas, parece enfrentar na sua profissão – pertence à ordem dos advogados – grandes dificuldades, cujo caráter neurótico é tão evidente que ela as define de modo matizado. Esclarece, com efeito, não se tratar tanto de fracasso e sim de um medo de se sair bem demais. É na própria modulação da definição do sintoma que ela destaca uma clivagem e introduz na análise um matiz que merece nossa atenção por sua evidente sutileza.

Ela assinala que o doente tem ainda outras dificuldades, que extrapolam suas atividades profissionais, que se estendem ao conjunto de suas relações com os outros sujeitos e que se exprimem muito especialmente nos jogos, sobretudo no jogo de tênis. O tipo de dificuldade que esse paciente apresenta consiste, por exemplo, em penar para fazer o que seria necessário para vencer um *set* ou uma partida, a saber, *to corner*, encurralar, acuar seu adversário num canto da quadra e, então, como é clássico, lançar a bola no canto oposto onde o outro não a alcançará. A valorização desses sintomas por parte da analista lhe é de grande ajuda para confirmar que o paciente efetivamente sofre de uma dificuldade para manifestar sua potência ou, mais exatamente, seu poder.

Isso será determinante para que ela intervenha de uma certa maneira, a qual provocará no paciente um certo número de reações, que, em suma, a deixarão radiante de alegria. Será o momento-ápice em que ela apontará onde está o desejo, e realmente no sentido em que o definimos. Quase poderíamos dizer que ela visa ao desejo em sua relação com a demanda – vocês verão, é exatamente isso.

Só que ela interpreta esse desejo no sentido de um conflito agressivo, situando-o no plano do conflito imaginário. Sua referência é essencial e profundamente dual. Mostrarei o que justifica que ela aborde as coisas desse ponto de vista, mas já quero levantar aqui a questão de saber se a oportunidade desse tipo de interpretação é, de fato, sancionada pelas duas reações em que ela se apoia.

A primeira ocorre três dias depois da sessão em que o sujeito lhe relatou o belíssimo sonho em questão e que foi um momento crucial da análise, quando ela lança o primeiro esboço de sua interpretação de tipo dual, referente à agressividade do sujeito enquanto fundada num retorno, numa transferência de seu anseio de onipotência. O paciente lhe traz este resultado: pela primeira vez desde os tempos imemoriais de sua infância, ele mijou na cama! É uma coisa chocante, incrível, num sujeito adulto. Voltaremos a isso em detalhe, para apontar o problema que se coloca.

A segunda reação surge na semana que sucede a primeira, por ocasião de uma partida de tênis que ele perdeu. Aconteceu de ele sofrer um desses percalços bem conhecidos pelos jogadores de tênis que tiveram a oportunidade de se observar um pouco quanto ao modo como empregam suas capacidades, e em que a derradeira recompensa, de uma superioridade que eles conhecem, mas não podem manifestar, às vezes lhes escapa. Um de seus parceiros habituais debocha dele por causa dessa partida perdida, com essa sensibilidade em relação aos impasses inconscientes que, no fim das contas, compõem a trama desse jogo e que se esgrimam no duelo verbal entre os sujeitos, a zombaria, o deboche, a superioridade que um assume sobre o outro. E, então, ele fica tão furioso que pega o adversário pelo pescoço e o encurrala num canto da quadra, intimando-o a nunca mais fazer esse tipo de brincadeira.

Não estou dizendo que não há fundamento na direção, na ordem em que Ella Sharpe conduziu sua interpretação. Veremos que ela fez uso de elementos comprovados com base na mais fina dissecção do material, mas também que ela tem ideias *a priori*, preconcebidas. Estas, em última instância, acham-se muitas vezes fundamentadas, pois um erro nunca provém somente de uma falta de verdade, mas fundamentadas num outro registro, que ela não sabe nem articular nem manejar, embora nos forneça seus elementos, e nisso consiste o que essa observação tem de precioso.

O ponto em cuja direção ela conduz sua interpretação tem um grau de complexidade menor, pois ela situa tudo no plano da rivalidade imaginária, do conflito de poder. Será o seu próprio texto, depois de triado, que irá nos mostrar – e de modo brilhante, a meu ver – o que ela deixa escapar. Aquilo de que se trata na sessão analisada e no sonho central manifesta-se com tamanha coerência que nos incita a examinar se não conseguiríamos centrar melhor as coisas com a ajuda das categorias que venho propondo já faz algum tempo e cujo referencial tentei lhes fornecer nesse esquema topológico, o grafo, que utilizamos.

No sonho – recapitulo – o paciente faz uma viagem com a mulher ao redor do mundo. Chega à Tchecoslováquia, *onde todo tipo de coisas acontecia*. Ele deixa bem claro que há um mundo de coisas antes desse breve momento, mas que as esqueceu, de modo que o sonho fica bem curto para contar.

Ele encontra uma mulher numa estrada, estrada esta que o lembra de uma com que ele sonhou e que já descreveu para sua analista em dois sonhos recentes. Nessa estrada, ele tinha feito um *sexual play com uma mulher*, e isso *na frente de outra mulher*. O mesmo ocorre, diz ele à margem, nesse sonho.

> *Desta vez é minha esposa que está presente enquanto a atividade sexual acontece. A mulher que encontro no sonho tinha um aspecto muito apaixonado,* ***e isso me lembra***, diz ele à margem, ***uma mulher que vi na véspera no restaurante. Ela era morena e tinha lábios muito grossos, muito vermelhos e o ar apaixonado, e era evidente que, se eu tivesse lhe dado a menor bola, ela teria correspondido à minha cantada. Isso deve ter estimulado o sonho***.
>
> *No sonho, a mulher queria ter uma relação sexual comigo, ela tomava a iniciativa, o que, como você sabe, sempre me ajuda bastante.* Ele repete a título de comentário: ***Se a mulher faz isso, me ajuda muitíssimo. No sonho****, a mulher estava efetivamente em cima de mim; isso acaba de me vir à cabeça. Ela evidentemente tinha a intenção de to put my penis in her body, de pôr meu pênis no corpo dela. Eu percebia isso pelas manobras que*

ela fazia. Eu não estava nem um pouco de acordo com isso, mas ela ficava tão desapontada que pensei que devia masturbá-la.

Logo depois, vem uma observação que realmente só vale em inglês: ***Soa mal, muito mal, utilizar o verbo masturbate de maneira transitiva. Pode-se dizer I masturbate*** – o que quer dizer eu me masturbo –, ***e isso está correto***. Veremos na sequência do texto um outro exemplo que mostra bem que, quando se emprega *to masturbate*, trata-se de *se masturbar*. O caráter primitivamente reflexivo do verbo é de tal forma conotado em inglês que o sujeito, a esse respeito, faz o que é, rigorosamente falando, uma observação filológica, e decerto não é por acaso que a faz nesse momento.

Como eu disse, se procedermos como fizemos com o sonho anterior, podemos completar essa frase restabelecendo os significantes eludidos, da seguinte maneira: *Ela estava tão desapontada* de não ter meu pênis, ou um pênis, que pensei que *she should masturbate*, e não *I would masturbate her*. Que ela se masturbasse! Vocês verão na sequência o que nos permite completar as coisas assim.

Temos, em seguida, uma série de associações e um diálogo entre a analista e o paciente. Não é muito longo, mas amplamente suficiente para nossas meditações. Como são quase três páginas, só vou retomálas depois, para não cansá-los.

Ella Sharpe escreveu esse capítulo com fins pedagógicos. Como está numa posição didática, ela faz o balanço do que se lê na sessão e elabora a lista do que o paciente lhe trouxe, a fim de mostrar, para aqueles a quem ensina, em cima de que material fez sua escolha para fundamentar tanto a interpretação que ela guarda para si como aquilo que, dessa interpretação, irá transmitir ao paciente. Insiste no fato de que ambas estão longe de coincidir, pois o que há para dizer ao paciente provavelmente não é tudo o que há para dizer do sujeito. Do que o paciente lhe forneceu, há coisas que é bom dizer e outras que não devem ser ditas.

O primeiro desses elementos é a tosse, a tossezinha que o paciente deu naquele dia antes de entrar na sessão e que ela já o ouvira dar na mesma situação, alguns dias antes.

Visto a maneira tão contida e compassada como o paciente se comporta, prova manifesta de uma defesa – Ella Sharpe percebe isso muito bem e está longe de reduzi-la a uma defesa do tipo "*defesa contra os próprios sentimentos*" –, ela vê nesse pigarro a manifestação, que seria espontânea, de uma presença mais imediata do que sua atitude, na qual tudo é refletido, na qual nada se reflete. Nessa *tossezinha*, como diz o paciente, outros que não ela talvez nem se detivessem. Para ela, contudo, por mais insignificante que seja, é, literalmente, como que um ramo de oliveira: essa tosse a faz ouvir o anúncio de uma espécie de recuo das águas. Logo, ela pensa: *Respeitemos isso*, e não lhe assinala o fato.

Ora, o que acontece é justamente o contrário. É o próprio paciente que se põe a fazer um longo discurso sobre o tema dessa tossezinha. Falei-lhes a respeito da última vez e voltaremos a isso, bem como ao modo como Ella Sharpe o entende e ao modo como, a nosso ver, devemos entendê-lo.

Na sessão crucial, o sujeito está longe de relatar o sonho imediatamente. Começa contando a série de associações que lhe ocorreram depois de ter percebido a tosse que teve antes de entrar no consultório – sendo que ele costuma subir a escada interna tão discretamente que a analista nem escuta. Tinha decidido não tossir de novo aquela vez, mas a tosse lhe escapou de novo. Algo nele que ele não consegue controlar, isso o aborrece muito e ele se pergunta o que isso pode querer dizer.

Vamos agora recapitular o que ele disse, seguindo a maneira como Ella Sharpe registra na perspectiva que lhe é própria. Ela faz uma lista do que denomina de *Ideias a respeito da finalidade de uma tosse*.

Em primeiro lugar, essa tosse *traz a ideia de amantes que estão juntos*. O que foi que o paciente disse? Depois de ter falado de sua tosse e se perguntado sobre o fim a que ela pode servir, ele disse isto:

> *É, é o tipo de coisa que se pode fazer quando se vai entrar num recinto onde dois amantes estão juntos. Quando a gente se aproxima de um lugar desses, pode tossir um pouquinho, discretamente, e assim fazê-los saber que serão incomodados. Eu fiz isso, por exemplo, quando tinha quinze anos e meu irmão estava com a namorada na sala, eu costumava tossir um pouco antes de entrar, de modo que, se estivessem se beijando, pudessem parar antes da minha entrada. Pois, nesse caso, eles de fato ficariam menos constrangidos do que se eu os tivesse surpreendido fazendo aquilo.*

Não é indiferente, a esse respeito, assinalar que a tosse é uma mensagem. O paciente a expressou, e nós intuímos isso, pois tudo o que vem a seguir a desenvolve. A esse respeito, façamos desde já um comentário.

Mesmo que pareça um pouco preciosista, saibam, contudo, que a ordem de comentários que vou introduzir mostrará que é disso que se deduz todo o resto, o que designei como a queda de nível que marcará a interpretação de Ella Sharpe. Pela maneira como analisa as coisas, ela deixa de captar, ou ao menos não destaca o que é importante destacar, qual seja, que o sujeito não tossiu simplesmente, e sim, de certo modo, veio dizer à analista, para sua grande surpresa, como ela mesma aponta: *É uma mensagem*. Isto, ela elide.

Basta nos referirmos à lista de seus troféus de caça – ainda não chegamos ao que ela escolhe pôr ali, e que dependerá primeiro do que ela reconheceu – para constatar que ela, na verdade, nota *the cough*, a tosse, mas que elide isso, que, no entanto, foi ela mesma quem ressaltou: que o sujeito se pergunta qual a finalidade, *purpose*, dessa tosse, o que é que ela anuncia? No entanto, o ponto importante sobre essa tosse-mensagem, se mensagem for, é o seguinte: o sujeito começa literalmente dizendo, sobre essa tosse, que é uma mensagem, ele a assinala como mensagem. E mais ainda, nessa dimensão em que ele anuncia que é uma mensagem, ele se pergunta qual a finalidade dessa mensagem.

O que acontece na análise, segundo a definição e a articulação que dela estamos tentando dar? Trata-se, antes de mais nada, de um discurso. Não se pode esquecer sua trama estrutural. A exigência de desarticulá-lo não procede de nenhum refinamento especial, trata-se apenas, a rigor, de analisá-lo.

Veremos qual a importância disso. Até certo ponto, podemos, desde já, começar a nos situar no nosso grafo. Quando o sujeito se pergunta *O que é esta tosse?* faz uma pergunta de segundo grau sobre o evento. Ele a formula a partir do Outro, pois é na medida em que está em análise que ele a formula.

Posso dizer que, nessa oportunidade, o sujeito se mostra bem mais avançado do que Ella Sharpe imagina, como se nota pela surpresa que ela demonstra. É mais ou menos a forma como os pais estão sempre atrasados em relação ao que os filhos entendem e não entendem. Aqui, a analista está atrasada em relação ao fato de que já faz tempo que o paciente pescou o truque, qual seja, o de que se trata de indagar sobre os sintomas do que se passa na análise, e que qualquer tropeçozinho coloca uma questão.

Resumindo, a questão sobre a tosse como mensagem está de fato aqui, com sua forma em ponto de interrogação, na parte superior do grafo. Para vocês localizarem o ponto em que estamos, ponho também a parte inferior, que defini, a respeito de outra coisa, dizendo-lhes que era o nível do discurso do Outro.

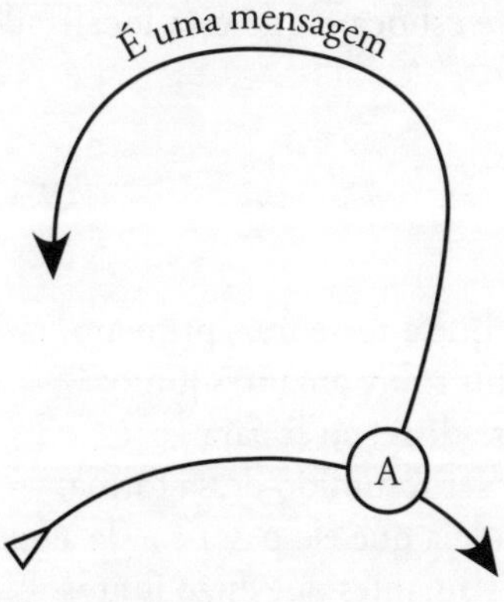

Fica evidente, aqui, que o sujeito de fato entrou no discurso analítico e que, literalmente, formula uma questão concernente ao Outro que há nele, a saber, seu inconsciente. Esse nível de articulação é sempre premente em cada sujeito, na medida em que ele se pergunte: *Mas que quer Ele?*

Isso não é um enunciado inocente feito no âmbito da análise. Não há dúvida nenhuma de que essa interrogação é enunciada num nível que se distingue do primeiro plano verbal, o do enunciado inocente, e que ela indica o lugar onde colocamos o que, finalmente, deve ser o *schibboleth* da análise, qual seja, o significante do Outro. Esse significante é precisamente o que está velado para o neurótico, na medida em que este não conhece sua incidência e se interroga a respeito. Quando isso ocorre, ele reconhece, mas está longe de ter a resposta. Donde a interrogação: *O que é esse significante do Outro em mim?*

Para sintetizar, digamos, nos termos que convêm ao início de nossa exposição, que o sujeito está longe, e por todos os motivos, de poder reconhecer que o Outro é castrado, assim como não o reconhece em relação a si mesmo. Por ora, simplesmente, dessa posição de inocência ou de douta ignorância constituída pelo fato de estar em análise, ele se questiona sobre o que é esse significante, na medida em que é significante de algo no seu inconsciente, que é significante do Outro.

É isso que fica elidido no progresso de Ella Sharpe.

Ela irá enumerar as *ideias concernentes à finalidade da tosse*, é como ela vê as coisas. Claro que são ideias concernentes à tosse, mas estas já dizem bem mais do que uma simples cadeia linear de ideias.

Já há algo que se esboça e que está localizado, particularmente aqui, no nosso grafo.

2

Ella Sharpe nos diz que a tosse traz, primeiro, *thoughts of lovers being together*, pensamentos sobre amantes juntos.

O que o paciente disse, eu li para vocês, e isso não me parece de modo algum poder ser resumido dessa forma.

Escutando-o, a ideia que ele passa é a de alguém se aproximando como terceiro desses amantes que estão juntos. Ele chega como terceiro, mas não de qualquer maneira, porque dá um jeito de não chegar como terceiro de maneira muito importuna.

Em outras palavras, é muito importante, desde o começo, indicar que, se há três personagens, a reunião deles comporta variações no tempo, e variações coerentes, ou seja, que eles estão juntos enquanto o terceiro está fora. Quando o terceiro entra, deixam de estar, isso salta à vista.

Pensando bem, se precisássemos de uma semana de meditação para entender o que o paciente nos traz, como precisaremos de dois seminários para abarcar o material que esse sonho e sua interpretação nos trazem, a análise poderia parecer algo inalcançável, sobretudo porque as coisas não deixarão de se avolumar e seremos rapidamente ultrapassados. Na verdade, porém, esta não é de modo algum uma objeção válida, pela simples razão de que, até certo ponto, o essencial se encontra no esquema que já se desenha. Ou seja, quando o terceiro está fora, os dois estão juntos, e quando o terceiro está dentro, os dois deixam de estar juntos.

Não estou dizendo que tudo o que iremos ver a respeito disso já esteja aí, pois seria um pouco simplório. Mas veremos isso se desenvolver, se estender e, em poucas palavras, involuir em si mesmo, como um *leitmotiv* indefinidamente reproduzido e que se enriquece em todos os pontos da trama, até constituir toda a textura do conjunto. Vocês verão qual.

Que ideia Ella Sharpe aponta em seguida? *Rejeição de uma fantasia sexual relativa à analista.* Será isso algo que dá conta do que o paciente trouxe?

Logo após ele explicar para que serviria a tosse se fossem amantes que estivessem no recinto, a analista lhe perguntou: *Então, por que tossir antes de entrar aqui?* Ele respondeu: *É absurdo, porque, naturalmente, não me teriam mandado subir se houvesse alguém aqui, e, além disso, eu de jeito nenhum penso em você dessa maneira. Não há motivo nenhum para essa tosse. Contudo, isso me lembra uma fantasia que tive de estar num recinto onde não deveria estar...* Aí termina o que Ella Sharpe resume, dizendo que há aqui *rejeição de uma fantasia sexual relativa à analista.* Será?

Não parece haver rejeição nenhuma, e sim, antes, aceitação, aceitação atravessada, vá lá, mas, mediante as associações que estão por vir, aceitação. Não se pode dizer que o sujeito esteja numa posição de pura e simples negação, que ele rejeita pura e simplesmente a proposição da analista, que, pelo contrário, parece ser o próprio tipo de interpretação oportuna, já que acarretará tudo o que seguirá. A fantasia sexual associada à entrada do paciente no consultório da analista onde se supõe que ela esteja sozinha é de fato o que está em questão, e logo ficará claro que não é preciso ser uma grande sumidade para esclarecê-lo.

O terceiro elemento que as associações nos sugerem é, nos diz Ella Sharpe, uma fantasia – *Fantasia de estar onde não deve estar, e latindo como um cão para despistar as pessoas.*

O que traduzo por *despistar* é, no texto inglês, uma expressão metafórica, *to put off the scent.* Nunca é em vão que se emprega uma metáfora e não outra, mas não há traço de *scent* no que diz o paciente. Esteja ou não recalcado, não temos nenhum motivo para decidir. Digo isso porque o *scent* [cheiro, faro] faz a festa de algumas formas de análise. Contentemo-nos aqui com o que o paciente diz.

Respondendo à pergunta que lhe fez a analista, ele diz: *Isso me lembra, no entanto, uma fantasia em que tinha de estar num recinto onde não deveria estar* – isso está conforme ao que *surmises* [supõe, conjetura] a analista – *e de pensar que alguém poderia ter pensado...*

É uma estrutura dupla, de referência à subjetividade do outro – *Penso que alguém pode pensar...* É nela que vou pôr a ênfase, pois é algo absolutamente constante, trata-se sem cessar disso, e é unicamente aí que podemos centrar onde está o desejo. É também isso que é o tempo todo eludido no relato de Ella Sharpe e na maneira como ela leva em conta as diferentes incidências tendenciais.

Portanto, ele diz: tive a fantasia *de pensar que alguém poderia ter pensado que eu estava lá, e então pensei que, para impedir alguém de entrar e me encontrar ali, eu poderia latir como um cão. Isso disfarçaria minha presença. The "someone" poderia, então, dizer: "Oh, é só um cão que tem aqui."*

O sujeito deixou bem claro que essas lembranças remontam a uma infância tardia, uma adolescência. A despeito do caráter pouco coerente, paradoxal, absurdo até, dessa fantasia, a analista não deixou de perceber todo o seu valor e a elegeu, como algo apreciável, em sua lista de ideias. Ela a resume, portanto, nos termos que mencionamos: *Fantasia de estar onde não deve estar, e latindo como um cão para despistar as pessoas.*

A coisa está correta, com a ressalva de que, embora ele se imagine estar ali onde não deveria estar, a finalidade da fantasia, seu sentido, seu conteúdo evidente é mostrar que ele não está onde está. É a outra face. É muito importante, porque, veremos, é essa a característica, a própria estrutura de toda afirmação subjetiva por parte desse paciente.

Ser curta e grossa, como faz a analista, e lhe dizer que, em determinado ponto, ele quis matar seu semelhante e que seu medo aqui é do revide e da revanche, é certamente tomar partido, e isso em condições em que as chances que você tem ao mesmo tempo de errar e acertar, ou seja, suas chances de fazê-lo efetivamente adotar de maneira subjetiva, subjetivar, aquilo sobre o que você arbitra, são particularmente evidentes. E nisso consiste o interesse do texto.

Por outro lado, essa interpretação não deixa de evidenciar o que aqui se anuncia de sua estrutura e que já aparece na fantasia, a saber, que ele não está onde está. Veremos não só o sentido que essa interpretação talvez possa ter, como também uma interpretação totalmente diferente a que isso talvez possa nos conduzir.

Seja como for, não é a um meio qualquer que ele recorre para se fazer não estar onde está – põe-se a latir como um cão. Fazer isso num recinto onde não se deve estar certamente não é a melhor maneira de não chamar a atenção. Do ponto de vista da realidade, é muito claro que essa fantasia é insustentável.

O único valor que essa frase tem é nos fazer notar que não estamos no compreensível, mas na estrutura imaginária. Quando escutamos coisas assim durante uma sessão, acreditamos entender, mas isso é um efeito *a posteriori* – o doente faz cara de entender e nos contentamos com isso. Ser compreensível, já lhes disse, é próprio de todo afeto, de toda essa margem, esse acompanhamento, essas orlas do discurso interior – e, especialmente, tal como o podemos reconstituir quando temos a sensação de que ele não é tão contínuo quanto parece. A continuidade é um efeito obtido principalmente por meio do afeto. É uma lei: quanto menos motivados os afetos, mais eles parecem compreensíveis para o sujeito.

Esta não é uma razão para o seguirmos. De toda forma, a observação que fiz – por mais evidente que possa parecer – tem seu alcance. O que se trata de analisar é a fantasia, e sem compreendê-la, ou seja, descobrindo nela a estrutura que ela revela.

Ora, neste caso, o que essa fantasia quer dizer? Agora há pouco, o importante era ver que o sujeito nos dizia a propósito de sua tosse: *É uma mensagem*. Da mesma forma, importa perceber que essa fantasia realmente não tem nenhum sentido, que sua eventual eficácia tem um caráter totalmente irreal e que, ao latir, o sujeito simplesmente diz: *É um cão*.

Também aí ele se faz outro, mas não é essa a questão. Aí, ele não se pergunta qual é esse significante do Outro nele, ele faz uma fantasia. Afinal, que isso apareça é suficientemente precioso para que percebamos o que nos está sendo dado.

Ele se faz outro com a ajuda de quê? De um significante, precisamente. O latido é aqui o significante do que ele não é. Ele não é um cão, mas, graças a esse significante, na fantasia o resultado é perfeitamente obtido: ele é outro que não aquilo que é.

3

Embora não tenhamos esgotado tudo o que surgiu como simples associação com a tosse, pois há ainda um quarto elemento que veremos daqui a pouco, vou lhes pedir para abrir um parêntese a propósito da função do significante na fantasia.

Vamos deixar esse sonho de lado e retomar a pequena observação clínica elementar a que aludi no final de uma comunicação científica recente, a qual disse que traria aqui.

Convém dizer que, em matéria tão abundante, o que haveria para ensinar é tão desmesurado em comparação com o que se ensina, isto é, com o que se martela, que, certos dias, sinto-me realmente esmagado pela tarefa a que me propus.

No caso de Ella Sharpe, é claro que o sujeito se considera suficientemente acobertado por esse latido fantasístico. Tomemos o *É um cão*. Quero, a respeito disso, chamar a atenção de vocês para um ponto que concerne à psicologia da criança.

Com essa criança que queremos entender, tentam fazer essa psicologia a que denominam genética e que consiste em se perguntar como o queridinho, que é tão tolo, começa a adquirir suas ideias. Perguntam-se como a criança procede. Seu mundo seria primitivamente autoerótico, os objetos só viriam mais tarde. Espero que todos vocês tenham bastante experiência com crianças, tomara Deus – se não diretamente, ao menos por intermédio de pacientes que lhes contam a história de seu filhinho –, para ver que não existe nada mais interessado pelos objetos, e pelos reflexos dos objetos, do que um bebezinho.

Mas deixemos isso de lado, pois, agora, trata-se de perceber como entra em jogo, na criança, a operação do significante. Digo que podemos vê-lo na criança, na fonte, na origem de sua apreensão do mundo que a ela se oferece – e que é, antes de mais nada, um mundo de linguagem, um mundo em que as pessoas falam com ela, o que é evidentemente um enfrentamento bastante espantoso. Como o significante vai entrar nesse mundo?

Já fiz alusão ao seguinte fato, que qualquer um pode constatar, com a mera condição de estar com o ouvido atento e não querer, a todo custo, confirmar as ideias preconcebidas a partir das quais entra em contato com a criança.

Um amigo me fez recentemente esta observação: tendo decidido tomar conta do filho, a quem dedica muito tempo, sempre lhe falara do cachorro chamando-o apenas de *cachorro*, e não deixou de ficar um tanto surpreso quando a criança, que tinha identificado perfeitamente o que era designado pela nomeação primitiva do adulto, pôs-se a chamá-lo de *au-au*.

Esse *au-au*, cujo uso a criança limita à designação do cão, é um traço escolhido primitivamente no cão, entre todas as suas características. E por que o espanto? A criança evidentemente não vai começar a qualificar seu cão desde já. Bem antes de conseguir manejar qualquer tipo de atributo, ela começa a fazer entrar em jogo o que pode dizer a respeito, a saber, o modo como o animal se apresenta enquanto produtor de um signo – que não é um significante.

Notem que a linguagem é aqui favorecida pelo que lhe oferece algo suficientemente isolado no que se manifesta – a saber, a presença do animal – para fornecer-lhe o material, algo que já é emissão laríngea. A criança toma esse elemento como o quê? Como algo que substitui o cão, termo que ela já escutou e entendeu perfeitamente, a ponto de, quando alguém diz *cão*, ela poder dirigir o olhar tanto para o cão quanto para uma imagem desse cão. Substituir *cão* por *au-au* é fazer a primeira metáfora, e é aí onde vemos esboçar-se a operação predicativa. Nada mais conforme à verdadeira gênese da linguagem.

Foi observado que, nas formas primitivas da linguagem, o que exerce a função de adjetivo são metáforas. Isso se confirma aqui no sujeito, com a ressalva de que não estamos, neste caso, diante de alguma misteriosa operação primitiva da mente, e sim de uma necessidade estrutural da linguagem, segundo a qual, para que algo seja gerado na ordem do significado, é preciso haver substituição de um significante por outro significante.

Vocês me dirão: *Por que afirmar que o que é essencial é a substituição de* cão *por* au-au*? O que você sabe sobre isso?*

Respondo-lhes, em primeiro lugar, com um fato corriqueiro que me foi relatado, não faz muito tempo, por pessoas que, vez ou outra, podem falar comigo de uma maneira que, embora não diretamente inspirada pelos planos de pesquisa que proponho, é orientada por meu ensino. A partir do momento em que a criança aprende a chamar um cão de *au-au*, chamará de *au-au* um bocado de coisas que não têm absolutamente nada a ver com um cão. Isso já lhes mostra que se trata realmente da transformação do signo em significante, e da colocação à prova do poder do significante. Põem-no à prova de todo tipo de substituições e, a partir daí, pouco importa se ele é substituído por outros significantes ou por unidades do real.

O auge desse processo é o momento decisivo, que apontei no final da comunicação científica a que me referia, em que a criança declara com a maior autoridade e a maior insistência: *o cão faz miau*, ou *o gato faz au-au*. Auge absolutamente decisivo, pois é nesse momento que a primitiva metáfora, constituída, pura e simplesmente, pelo exercício da substituição significante, gera a categoria da qualificação.

Entendam bem. A propósito, podemos formalizar o passo, o progresso aqui efetuado.

Diremos que primeiro se estabelece uma cadeia monolinear, cadeia que diz *cão = au-au*. Em seguida, a criança superpõe, combina uma cadeia com outra, faz a cadeia *o cão faz au-au* se cruzar com a cadeia *o gato faz miau*. Por fim, substituindo o *au-au* pelo *miau*, faz entrar em jogo a possibilidade de uma divisão de cada uma das cadeias em duas partes: aquela que provisoriamente será fixa, e aquela que, não menos provisoriamente, será móvel. Algo restará de uma cadeia, e em torno disso irá girar o que pode ser intercambiado.

Em outras palavras, o significado S' do gato associou-se com o S, o *au-au*, significante do cão. Isso supõe que embaixo – e, para começar, não existe embaixo – a criança liga o *miau*, significante do gato, ao significado do *au-au*, o cão.

$$\frac{S'.\,S}{S\,.\,S'}$$

Entrecruzamento e troca

A importância que a criança dá a esse exercício é totalmente evidente e demonstrada pelo seguinte: se os pais tiverem a péssima ideia de intervir, criticá-la, repreendê-la ou ralhar com ela por falar tal bobagem, a criança terá reações emocionais muito intensas, ou seja, vai chorar. Pois sabe muito bem o que está fazendo, ao contrário dos adultos, que acham que ela faz besteira. Ela está fazendo uma metáfora.

Segundo a minha formulação, do ponto de vista do grafo uma metáfora consiste basicamente no seguinte: algo no nível da linha superior se deslocou, foi elidido em relação a algo que, na linha inferior do significado, também se deslocou. A enunciação *o cão faz au-au* é uma simples conexão imitativa em relação à realidade. A partir do momento em que o jogo é introduzido, em que *o cão faz miau* e em que o *au-au* elidido vem embaixo da enunciação concernente ao cão, esta se torna propriamente uma enunciação significante.

O cão ser indicado ou nomeado, tanto faz. Mas quando uma qualidade lhe é atribuída, isso não está, literalmente, na mesma linha, está na da qualidade enquanto tal, onde há aqueles que fazem *au-au*, há aqueles que fazem *miau* e há também todos aqueles que farão os outros barulhos, todos implicados, aqui, na verticalidade, na altura do paradigma. Aí começa a nascer, da metáfora, a dimensão do adjetivo.

Vocês sabem que não é de ontem que essas coisas foram vistas – Darwin já se ocupara delas. Só que, por falta de aparelho linguístico, as coisas ficaram muito problemáticas para ele. Mas é um fenômeno tão geral, tão essencial, tão funcionalmente dominante no desenvolvimento da criança que Darwin, embora geralmente dado a explicações naturalistas, não deixou de ficar impressionado com o seguinte fato.

Ele achava muito engraçado que uma criança já com astúcia suficiente para isolar do pato seu *quac* – é assim que o grito do pato, retomado pela criança, é fonetizado no texto – aplique esse *quac* a toda uma série de objetos, cuja homogeneidade genérica ficará suficientemente evidenciada para vocês pelo fato de haver, se bem me lembro, em meio a esses objetos vinho e um "*sou*".

Não sei muito bem o que designa o termo *sou*, se é um *penny* ou outra coisa; não fui verificar o que isso queria dizer nos tempos de Darwin, mas era uma moeda. Darwin, no seu embaraço, não deixa de notar que, num canto dela, havia a marca de uma águia, donde se poderia propor a explicação de que o *quac* é unificado, remetido à espécie volátil em geral. Evidentemente, o vinho ainda é um problema, mas talvez possamos simplesmente pensar que há alguma relação entre o vinho e, digamos, o elemento líquido, na medida em que o pato nele chapinha.

Contudo, mesmo querendo crer que seja a qualidade *líquida* que justifica a criança aplicar ao vinho o *quac* do pato, e que ela o aplique ao *sou* sob pretexto de que uma imagem tão ambígua como a de uma águia de asas abertas numa moeda possa ser, por uma criança, homogeneizada com sua percepção do pato, não se pode deixar de constatar mais uma vez que aquilo de que se trata está muito mais marcado, atravessado pelo elemento significante do que associado na contiguidade da percepção. Em todo caso, é no registro da cadeia significante que podemos captar o que funda na criança a apreensão do mundo como mundo estruturado pela fala.

Também não é que ela esteja buscando o sentido, ou a essência, das aves, do fluido ou das moedas. É que, literalmente, ela os encontra pelo exercício do sem-sentido. E se tivéssemos tempo, formularíamos questões sobre o que é, tecnicamente, o sem-sentido – quero dizer, na língua inglesa, o *nonsense*.

O *nonsense* é precisamente um gênero. A língua inglesa tem dois exemplos eminentes de *nonsense*, Edward Lear, autor dos *nonsenses* que ele definiu como tais, e Lewis Carroll, de quem imagino que vocês conheçam pelo menos *As aventuras de Alice no país das maravilhas*.

Se eu tivesse de aconselhar um livro introdutório a quem pretendesse ser psiquiatra ou psicanalista de crianças, devo dizer que, mais que qualquer dos livros do sr. Piaget, eu o aconselharia a começar lendo uma obra a cujo respeito tenho os melhores motivos para pensar, dado o que se sabe sobre o autor, que repousa na profunda experiência do chiste por parte da criança, *Alice no país das maravilhas*.

Nele, captaria o valor, a incidência, a dimensão do jogo de *nonsense* como tal. Aqui, posso apenas propor essa indicação.

Eu a introduzi, à maneira de parênteses, a propósito do *É um cão* de nosso sujeito.

Voltaremos a isso para concluir.

4

O *É um cão, é apenas um cão* pede para ser interpretado de modo significante.

Algo da fantasia se esboça aqui.

Com efeito, neste ponto vocês reencontram o que lhes expus como sendo a fórmula da fantasia, a saber, que nela o sujeito parece elidido. Não é ele, na medida em que ali há um outro, um outro imaginário, *a* minúsculo. Primeira indicação, que lhes permite identificar nessa cena uma fantasia como tal e que lhes garante a validade dessa identificação.

Passo agora ao quarto elemento associativo que Ella Sharpe nos fornece em sua lista de ideias. *Dog again brought memory of masturbating a dog*. Traduzo: *O cão, de novo, trouxe a lembrança de um cão se masturbando*.

O verbo *to masturbate*, como vimos, tem, de fato, um emprego naturalmente intransitivo. Trata-se, efetivamente, de um cão se masturbando, como o paciente contou, logo depois do esquema *É só um cão que tem aqui*: *Isso me lembra um cão que se esfregava na minha perna, masturbando-se realmente ele mesmo. Tenho vergonha de lhe falar sobre isso, porque eu não o interrompi. Deixei ele continuar e alguém poderia ter entrado.*

Essa *recordação de um cão se masturbando* tem, na lista de Ella Sharpe, a conotação de um elemento que deve ser posto na sequência da cadeia. Será que isso é plenamente satisfatório para nós? Acho que não. Esse elemento nos permite, com efeito, avançar um pouco mais naquilo de que se trata na mensagem que o sonho traz.

Nada mais evidente nesta oportunidade que a linha percorrida pelas associações do paciente. Onde ela está? Está na enunciação do sujeito. Desenho esse primeiro arco [*boucle*] associativo em pontilhado.

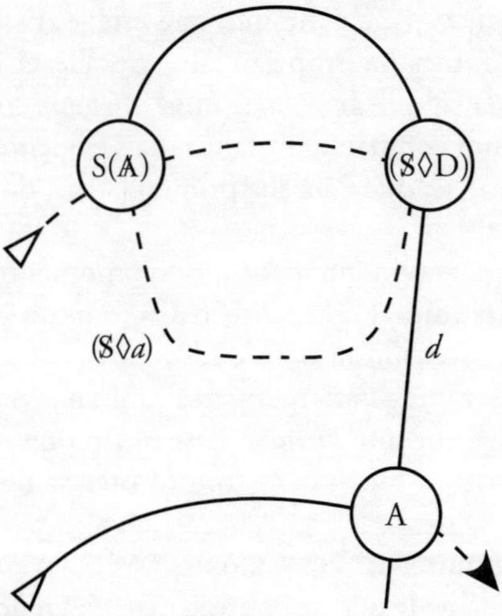

O primeiro arco associativo

Tal como na fala comum e normal, os elementos significantes dessa cadeia rompida vão passar pelos dois pontos-referência, da mensagem e do código. Mas, no andar superior em que estamos, a mensagem e o código são de uma natureza bem diferente da daqueles do nível inferior, onde o Outro, A, designa somente o parceiro que fala a mesma língua que o sujeito.

A linha associativa superior chega ao ponto S(Ⱥ), o significante do Outro que está em mim. Essa é a pergunta. E o que o sujeito começa a desfiar a esse respeito não faz nada menos do que passar pelo ponto ($\$◊a$) – voltaremos a isso em seguida – e depois por *d*, nível onde está a pergunta de seu desejo.

O que faz o paciente ao ter aquela tossezinha – no momento de entrar num lugar onde há algo que ele não sabe o que é? *Fantasia sexual relativa à analista*, diz Ella Sharpe, mas qual? O que se revela por meio das associações que se seguem é a própria fantasia dele, a saber, que ele, se estivesse no lugar do outro, pensaria primeiro em não estar ali, ou, mais exatamente, em ser tomado por outro que não ele mesmo.

Agora, a que chegamos? Muito precisamente ao que ocorre. Aqui, de repente, a cena se revela. Ela é desenvolvida pelo paciente. O que é que ocorre?

Esse cão, enquanto é ele mesmo, não está lá. Esse cão, ei-lo, não mais fantasístico, mas na própria realidade. Desta vez, é um outro que já não é nada significante, mas uma imagem, um companheiro nesse recinto, e um companheiro tanto mais evidentemente próximo dele, assimilado a ele, que é na sua própria perna, do paciente, que o cão vem se masturbar.

Qual é o esquema do que ocorre nesse momento? Sabemos que o outro – aqui o animal enquanto real – tem uma relação com o sujeito, porque este tomou o cuidado, antes, de nos informar. O sujeito poderia ser imaginariamente esse animal, com a condição de se amparar do significante *latindo*. Esse outro presente se masturba. Ele lhe mostra algo – mostra-lhe, muito precisamente, que está se masturbando.

A situação termina aí? Não. Como nos diz o próprio paciente, existe a possibilidade de que um outro entre. E, então, que vergonha! A situação ficaria insustentável. O sujeito desapareceria literalmente de vergonha ante esse outro, testemunha do que ocorre.

Em outras palavras, eis o que se articula aqui. *Mostre-me o que tenho de fazer, com a condição de que o outro, na medida em que ele é o grande Outro, o terceiro, não esteja presente. Olho o outro que sou, esse cão, com a condição de que o Outro não entre, caso contrário, desapareço de vergonha. Em contrapartida, porém, esse outro que sou, a saber, esse cão, eu o vejo como* Ideal do eu, *como fazendo o que eu não faço* – como *ideal de potência*, dirá mais tarde Ella Sharpe.

Contudo, isso certamente não deve ser tomado no sentido que ela o ouve, pois, justamente, não tem nada a ver com as palavras. É na medida em que o cão não é um animal falante que ele pode ser, aqui, o modelo e a imagem ideal – e que o sujeito pode ver nele o que deseja ver, ou seja, que lhe mostrem o que deve fazer, o que pode fazer, e isso, enquanto estiver fora da vista do Outro, aquele que pode entrar, e aquele que fala.

Em outras palavras, é na medida em que ainda não entrei na sala da minha analista que posso imaginá-la, a própria Ella Sharpe, a querida pobre mulher, mostrando-me que está se masturbando. E tusso para adverti-la que deve retomar uma posição normal.

Há nisso um jogo entre duas figuras do outro – aquele que não fala e que imaginamos, e aquele a quem vamos falar, mas a quem rogamos prestar atenção para que a confrontação não se dê rápido demais, para que o sujeito não comece a desaparecer.

É nesse jogo que reside o ponto axial em que, de súbito, o sonho desponta na memória.

Pois bem, retomaremos o sonho da próxima vez e veremos que ele é o contrário dessa fantasia forjada no estado de vigília, cujos delineamentos descrevemos hoje.

21 de janeiro de 1959

X

A Imagem da Luva pelo Avesso

Articulação fantasia-sonho
Atrás da porta, o enigma
Rainha da Suécia e Mulher da China
A relação narcísica com o pênis
Separar os princípios macho e fêmea

Em nossa experiência, já fazemos, na prática, uso da noção do desejo.

Em que consiste nosso exercício? Trata-se de lhes mostrar que, nesse uso, supomos, sem saber, certo número de coordenadas que são sempre as mesmas e que estou tentando situar.

Há interesse em reconhecê-las, pois, caso contrário, o pensamento escorrega sempre um pouco mais para a direita, um pouco mais para a esquerda, aferra-se a relações mal definidas, e isso nem sempre deixa de gerar inconvenientes à condução da interpretação.

Hoje prosseguirei a análise do sonho que escolhi em Ella Sharpe, por seu caráter excepcionalmente bem elucidado. Veremos as coisas sob dois aspectos.

Por um lado, o que ela diz de mais agudo, de mais fino, de mais notável no relato da sessão em que esse sonho é analisado e das duas sessões que se seguem inscreve-se tão bem nas categorias cujo emprego venho tentando lhes ensinar que estas permitem dar o devido valor aos elementos por ela reunidos. Por outro lado, contudo, ao não distinguir a originalidade desses elementos, ela de certo modo reduz seu alcance, faz sua cor, seu relevo cair em um nível, mistura-os, reduzindo-os a noções mais grosseiras, sumárias, que a impedem de tirar todo o partido possível do que tem em mãos.

Para fixar na cabeça de vocês algo que está destinado a se delinear de maneira cada vez mais precisa e um pouco melhor, começarei retomando por um instante o grafo.

Acho que vocês começam a vislumbrar o que quer dizer o duplo andar do grafo.

Esse percurso que retorna sobre si mesmo e que é o da enunciação analítica liberada, diria eu, pela regra da associação livre, a que tende ele, em suma, senão a valorizar, o máximo possível, o que está incluído em todo discurso, uma cadeia significante fragmentada no que qualquer um sabe, isto é, em elementos interpretáveis? Esses elementos, interpretáveis como fragmentados, aparecem precisamente na medida em que o sujeito tenta se reconquistar na sua originalidade, tenta ser para além do que a demanda fixou, aprisionou, nele, de suas necessidades.

Com efeito, na expressão de suas necessidades, o sujeito se acha primitivamente apanhado, moldado nas premências próprias da demanda, decorrentes de que a forma desta já está alterada, alienada, pelo fato de termos de pensar sob a forma da linguagem, de já ser no registro do Outro como tal, no seu código, que ela tem de se inscrever. O que, na sua raiz, é a necessidade não pode ser a mesma na chegada, onde só pode ser reconquistada, ou conquistada além da demanda, numa realização de linguagem, na forma do sujeito que fala.

É nesse nível que se produz o primitivo afastamento, a primitiva distância entre o sujeito e a necessidade. O sujeito da necessidade está numa relação de certo modo imanente à vida, está completamente incluído na sua participação vital. Ao contrário, esse *x*, que se chama *o que o sujeito quer*, refere-se ao sujeito na medida em que ele se constitui declarando-se estar, e estando, em certa relação com o ser.

Entre a linguagem pura e simplesmente *inquisitiva* da demanda e aquela em que o sujeito responde à pergunta sobre o que quer e se constitui em relação ao que é há um intervalo. É nesse intervalo que se produz o que se denomina desejo. Por isso é que, na dupla inscrição do grafo, ele encontra seu lugar em algum lugar na parte superior.

Há certa homologia entre o desejo e a função que tem o eu.

O eu, que se constitui em certa relação imaginária com o outro, com minúscula, vê-se em seguida capturado no discurso do Outro, com maiúscula. Com efeito, o apelo feito ao Outro não se limita a visar à satisfação de uma necessidade, ele retoma a si próprio para se instituir no que por vezes chamei de *palavra plena*. É a palavra de compromisso, em que o sujeito se constitui com relação a um outro, dizendo-lhe *Tu és meu mestre*, *Tu és minha mulher*.

Vocês podem seguir o traçado disso no grafo: o eu é capturado no discurso do Outro, que o institui com relação a um objeto, antes de retornar aqui na forma de mensagem. É dessa captura do eu no discurso do Outro que depende o simples fato de que eu fale de mim como eu. Este é um enunciado articulado de modo fragmentário, que necessita de um deciframento de ordem especial no desejo.

Onde se inscreve o desejo? Com relação ao nível superior do discurso, no qual o sujeito, mediante o esforço de toda a sua vida, tende a se consumar em algo onde seu ser se declara, o desejo, na medida em que é uma reflexão, um retorno, desse esforço, situa-se a meio caminho. Assim como o eu se constitui em certa relação com o outro imaginário, o desejo se institui e se fixa em certa relação com a fantasia.

O sujeito evanescente, que desvanece em certa relação com um objeto eletivo – é essa a relação que lhes designo por meio da fantasia. A fantasia tem sempre essa estrutura. Não é simplesmente relação de objeto. É algo que corta. É certa evanescência, certa síncope significante do sujeito em presença de um objeto.

A fantasia satisfaz certa acomodação, fixação, do sujeito com relação a um objeto que tem um valor eletivo.

A eletividade desse valor é o que estou tentando lhes demonstrar este ano, com a ajuda de alguns exemplos.

O último em data, que tomei emprestado de Ella Sharpe, pede uma demonstração que falta concluirmos.

1

Na fantasia cuja confissão constitui o prefácio, o prelúdio do sonho enunciado pelo sujeito, a relação de oposição entre o sujeito e um objeto determinado está implícita.

Portanto, ele chega e começa a falar de sua tosse – mensagem sobre a mensagem. Essa tosse serve para avisar misteriosamente, antes de entrar no recinto onde poderiam estar outros dois que estariam se amando, avisá-los de que é hora de se separarem.

Em segundo lugar, as associações nos mostram que essa tosse está muito próxima de uma fantasia que ele relata logo em seguida. Numa fantasia passada, imaginou que, estando em algum lugar e não querendo ser encontrado lá – porque não deveria estar ali, nesse lugar –, poderia latir como um cão. E todo o mundo pensaria: *Ora, é um cão!* O latido se revela, portanto, como o sinal por meio do qual o sujeito se ausenta profundamente de onde está, assinalando-se como outro. A tosse, por sua vez, está correlacionada com o fato de que um casal de outros, isolado num recinto, tem prazer.

Mas uma terceira associação nos mostra que o próprio sujeito está incluído nesse casal. Esse cão que ele foi, latindo para se fazer outro que não ele, eis que ele surge na lembrança de um episódio real, quando um cão veio se masturbar na sua perna – e o que teria acontecido se eles dois tivessem sido surpreendidos?

Em suma, vemos desenhar-se aqui algo de ordem estrutural.

Aquilo de que se trata na fantasia dos dois, um diante do outro dentro de determinado recinto, na relação imaginária, fica suficientemente esclarecido pela lembrança que volta na sequência dessa fantasia, do cão, ele mesmo imaginário, se masturbando na sua perna. Ele mostra assim, ao se masturbar, que não está ausente do casal de amantes.

Como era de se esperar, a identificação do sujeito está em toda parte. O sujeito é tanto aquele que está fora e se anuncia quanto aquele que está dentro e é capturado na relação de casal, com o que ela comporta de fascinação imaginária comum. Mas o essencial não é isso.

O que é importante destacar é a estrutura. Ou os dois elementos do casal imaginário, dual, permanecem conjugados numa fascinação comum pelo ato, entre estreitamento, acasalamento e fascinação especular, e o outro não deve estar lá. Ou o outro se mostra e, então, os dois se separam, o acoplamento se dissolve.

No entanto, é também essa estrutura que falseia o problema.

O que nos diz o sujeito? Que ele teve uma tossezinha antes de entrar no consultório da sua analista, embora esteja claro que, se o autorizaram a subir, é porque não havia mais ninguém, ela estava sozinha. Ademais, diz ele, estas não são coisas que eu me permitiria pensar a seu respeito. Contudo, o problema é justamente esse.

Ao tossir, o sujeito executa um ato cuja significação ele mesmo desconhece, já que se pergunta o que essa tosse pode querer dizer. Digamos que, por meio dessa tosse, como o cão por meio de seu latido, ele se faz outro que não ele. Ele mesmo não sabe qual é essa mensagem e, mesmo assim, se anuncia mediante essa tosse. Ao se anunciar mediante sua tosse, o que ele imagina? O que ele imagina que há no interior dessa sala?

Ele nos indica que essa tosse é nessa oportunidade um impulso, uma compulsão que o venceu, e isso o irrita. Destaquei quanto a isso como a atitude de Ella Sharpe a esse respeito foi espantosa: julgou que o mais importante era não tocar no assunto com ele, pois o sujeito não tinha consciência disso e não era o caso de torná-lo consciente. Na verdade, ele está tão consciente disso que é ele mesmo quem toca no assunto, é ele que assinala que é uma mensagem e que ele não sabe qual é.

O que ele imagina haver dentro da sala? Qual é o objeto que está ali, atrás da porta, enquanto ele está fora e se anuncia de uma maneira que o aliena, por meio de sua tossezinha, por meio dessa mensagem que ele não entende? A associação que conduz da tosse ao latido do cão serve para mostrar que, se ele se manifesta pela tosse, é para se anunciar como um outro, como alguém diferente de si mesmo.

De maneira flutuante, ambígua, o sujeito de certa forma traçou aqui um primeiro circuito. Primeiro, nos falou de sua tosse como mensagem. Em seguida, associou em cima da fantasia em que se deleitou imaginando ser um cão, depois a lembrança, na realidade, de acoplamento com um cão num recinto. Portanto, passou sucessivamente por algo que reflete seu desejo e depois encarna sua fantasia. Aqui, o laço se fecha e o sujeito vai mudar de registro.

Foi nesse ponto que terminou minha última aula. Nesse momento, observa a analista, o sujeito volta a ter uma tossezinha, como se pontuasse, e passa a enunciar o sonho que já li para vocês.

Vou lhes dizer qual será, a partir daqui, nosso objetivo. Vamos confrontar a fantasia e o sonho, ou seja, o que, no sonho, se manifesta da relação do desejo com a fantasia. Percebemos então, como já lhes disse, que eles estão acentuados de maneira exatamente oposta.

Na fantasia, a acentuação incide sobre o sujeito.

O sujeito late como um cão. Esse latido é uma mensagem, um anúncio e ao mesmo tempo o que o disfarça. Ao latir, ele se anuncia como outro. Não entende por que procede assim, mas as associações envolvendo a tosse nos indicam que, para ele, trata-se de adotar a postura de não estar presente ou, se estiver, de se anunciar como um outro, de modo que o casal se separe e que desapareça o que havia para ver atrás da porta. O que ele imagina que acontecia no recinto antes de ele entrar? Esse é o enigma.

O caráter enigmático do que se lhe esconde é suficientemente denotado pelo famigerado pigarro que ele puxa ao entrar no consultório de sua analista. Por que ele deseja se anunciar assim? O que pode haver atrás da porta? O que será que ele imagina? O que está velado é o lado direito da fórmula da fantasia, o objeto *x*, que aqui é, não digo sua analista, mas o que está na sala.

Agora vamos ao sonho. Nele, o que está posto totalmente em primeiro plano é um objeto.

Esse objeto é um elemento imaginário, mas não qualquer um. Como está num sonho, vocês devem esperar que ele esteja marcado por certa função, e o que lhes ensinei sobre o sonho não teria sentido se essa função não fosse uma função de significante. Sabemos que o que está à direita da relação na fórmula da fantasia tem uma função complexa, sendo não apenas uma imagem, como também um elemento significante. Contudo, isso permanece velado, enigmático, e não conseguimos articulá-lo como tal.

Do outro lado da relação, à esquerda, há o sujeito.

Tudo o que sabemos dele é que, na fantasia, ele mesmo se anunciou como outro, ou seja, como sujeito marcado pelo significante, como sujeito barrado. No sonho, em contrapartida, o que temos é a imagem, e o que não sabemos é quem está do outro lado, ou seja, o sujeito.

O que ele é no sonho? É isso que, na sua interpretação do sonho, a sra. Ella Sharpe vai tentar articular.

Abordaremos agora as associações que ocorrem ao sujeito a propósito do sonho.

2

O relato do sonho se conclui com a observação do sujeito sobre o uso do verbo *to masturbate*.

Ele o empregou no sentido transitivo, na frase *ela ficou tão desapontada que tive a ideia de masturbá-la*, quando o uso correto é o intransitivo. Trata-se evidentemente de outra coisa, a saber, que o sujeito se masturbe. É isso o que a analista pensa e sugere imediatamente. O sujeito aquiesce e comenta que é extremamente raro ele masturbar alguém, que ele só se lembra de tê-lo feito uma vez, com outro menino. E prossegue:

> *O sonho permanece totalmente vivo, vívido, na minha memória. Não houve orgasmo. Lembro da vagina dela agarrando meu dedo. Vejo a frente de suas*

> *partes genitais, a extremidade da vulva.* E descreve: *Uma coisa grande, projetando-se para a frente, pendia para baixo como a dobra de um capuz. Era exatamente como um capuz, e era disso que a mulher se servia ao manobrar* – termo que ele tinha empregado no relato do sonho – *para pegar meu pênis. A vagina parecia se fechar em torno do meu dedo. O capuz parecia estranho, seemed strange.*
>
> A analista intervém: *Em que mais você pensa? Let the look of it be in your mind. Vamos, deixe a coisa fluir. – Penso numa caverna. Havia uma caverna na colina onde eu morava quando criança. Fui lá muitas vezes com minha mãe. Ela era visível da estrada ao longo da qual andávamos. Sua característica mais notável era seu cimo saliente, overhanging top, muito parecido com um enorme lábio.* Uma caverna com uma parte se projetando para a frente, algo como a gruta do Ciclope em Capri, cuja costa está salpicada de coisas parecidas.
>
> Sobre isso, ele faz uma associação digna de nota: *Existe some joke sobre lábios* – labia, sentido genital do termo – *que correm transversalmente e não longitudinalmente, mas não lembro como era esse joke, havia alguma comparação com a escrita chinesa e sua relação com a nossa, cada qual partindo de lados diferentes, uma de cima para baixo, a outra transversalmente. Claro, os lábios estão side by side* – quer dizer, lado a lado –, *ao passo que as paredes da vagina são uma anterior, a outra posterior, ou seja, uma longitudinal e a outra, transversal. Continuo pensando no capuz.*

Os *jokes* mais conhecidos, aqueles que fazem parte do patrimônio cultural inglês, são em geral na forma de *limericks*. O *limerick* é uma coisa muito importante e reveladora; contento-me em assinalá-lo. Procurei numa coleção bastante grande, de uns três mil *limericks*, esse que o sujeito evoca. Ele certamente existe, vi alguns que se aproximavam.

Nem mesmo sei por que justamente o tema da China parece ser considerado. Esse tipo de inversão da linha de escrita remete à assimilação e ao mesmo tempo à oposição entre a fenda genital e a boca. Há também o que se supõe da transversalidade da vagina atrás da linha da fenda genital. Em outras palavras, tudo isso é muito, muito ambíguo.

O *limerick* 1381 de uma obra especializada é aquele que mais se aproxima do *joke* do sujeito. Ele é engraçado sobretudo pelo fato de não entendermos por que a China entra nessa associação. Chama bastante a atenção que nele encontremos, como no nosso assunto, a superposição muito essencial da imagem da boca e de uma imagem genital.

There was a young lady from China
Who mistook for her mouth her vagina.
Her clitoris huge
She covered with rouge,
And lipsticked her labia minor

Havia uma jovem mulher da China
que um dia confundiu a boca com a vagina.
Seu enorme clitóris
ela cobriu de ruge,
e passou batom em seus pequenos lábios

Traduzido, perde o tempero.

O que vou destacar aqui? É o tipo de coisa a cujo respeito o pensamento analítico logo escorrega para elementos imaginários: assimilação da boca à vagina, o seio da mãe considerado o elemento primitivo de ingestão ou de devoração. Na verdade, dispomos de todo tipo de testemunhos, etnológicos, folclóricos, psicológicos, que mostram que a relação primitiva entre a criança e o que se pode chamar de imagem materna é uma relação entre conteúdo e continente.

Pergunto: não lhes parece que merece ser destacado aqui algo que tem exatamente a mesma ênfase de quando, outrora, no caso do Pequeno Hans, me detive com vocês na grande e na pequena girafa? O essencial não era aqueles elementos serem a mãe e o falo, mas o que o Pequeno Hans fazia com eles: podia sentar em cima, amassá-los. Disse-lhes, então, que eram símbolos. Poderíamos dizer, de maneira mais sutil, mais interrogativa, mais sujeita a confirmação, que já eram, na fantasia, coisas transformadas em papel.

Para pontuar aquilo de que se trata, não é inútil introduzir aqui o tão notável elemento imaginário presente no sonho e que nos foi muito precisamente retratado como a dobra de um capuz. Não é pouca coisa. É algo que já tem certa estrutura, que não só cobre e recobre, mas que também é temido. O dedo introduzido nesse elemento sexuado, vaginal, que parece *to close round*, nos dá uma imagem muito precisa. Não há por que afogar isso numa estrutura geral de encapsulamento, ou de devoração, ou de ingestão, sobretudo porque está explicitamente relacionado com o dedo do sujeito.

Digo até que a questão não se resume a isto: ele coloca ou não coloca o dedo? É certo que ele coloca o dedo e que não coloca outra coisa, que não coloca, entre outras coisas, seu pênis, embora este ali esteja, bem presente, nessa relação com o que vem envolver, enluvar a mão. Isso é totalmente preponderante aí, posto em primeiro plano até os limites da *figurabilidade* do sonho, como diz Freud para designar o terceiro elemento em ação no *Traumarbeit*, o trabalho do sonho.

Trata-se de saber o que devemos fazer com isso. Devemos resolvê-lo imediatamente numa série de significações redimidas, pré-formadas? Devemos colocar atrás dessa imagem tudo o que estamos habituados a encontrar, por termos sido nós mesmos que o introduzimos, como num saco de prestidigitador? Não. Vamos parar e respeitá-la como algo que tem aqui um valor específico.

Se vocês tiverem um pouquinho mais do que noções livrescas sobre o que possa ser uma fantasia como esta, devem se dar conta de que uma imagem tão elaborada merece que nos detenhamos nela, e de que convém sobretudo não embuti-la, por exemplo, nessa noção muito genérica de interior do ventre da mãe, de que tanto se fala a respeito das fantasias. Aliás, o que o sonho nos apresenta aqui certamente não é o interior de um útero, já que é *overhanging*, uma borda que se projeta.

De fato, por ser extremamente arguta, Ella Sharpe enfatiza, um pouco adiante, numa passagem que talvez tenhamos de encontrar, que estamos diante de algo notável, a saber, uma *projeção,* diz ela anunciando logo em seguida que esta é o *equivalente de um pênis*.

Pode ser, mas por que a pressa? Tanto mais que ela também sublinha que é difícil não considerar essa projeção como estando ligada à presença da vagina. Isso é algo bastante acentuado no sonho e, considerando a própria manobra a que o sujeito se presta – eu diria que ele substitui a si mesmo colocando o dedo e não o pênis –, como não ver que essa coisa localizada, por assim dizer, nessa fantasia, tem, com efeito, tal como o sujeito articula, a mais estreita relação com a parede anterior e posterior da vagina?

Em poucas palavras, para um médico cuja profissão seja praticar a medicina – o que não era o caso de Ella Sharpe, que era professora de literatura, o que lhe proporcionava grandes aberturas para a psicologia –, trata-se de um prolapso vaginal. Trata-se de uma *prosection*, um deslocamento para baixo das paredes da vagina, a parede anterior primeiro e, depois, eventualmente, a parede posterior e, num estágio ainda mais posterior, é a extremidade do colo que aparece no orifício genital. É uma coisa bastante frequente, que cria todo tipo de problemas para o cirurgião.

Isso, é claro, logo põe em jogo a fantasia da mulher fálica. Tanto é verdade que pincei, para vocês, um episódio da vida da rainha Cristina da Suécia, a amiga de Descartes, que era uma mulher rude como todas as mulheres daquela época. As mulheres daquela maravilhosa metade do século XVII tiveram, na história, uma influência sobre a qual nunca é demais insistir. Não pude verificar a passagem, mas é um fato bastante conhecido para que não seja novidade, creio, para alguns de vocês.

Um dia, a própria rainha Cristina da Suécia viu aparecer, no orifício da vulva, a ponta de um útero que, sem sabermos o motivo, se abriu naquele momento de sua existência. Era um caso perfeitamente caracterizado de prolapso uterino. Foi então que, cedendo a uma enoooorme [*hénaurme**] bajulação, seu médico caiu a seus pés, dizendo: *Milagre! Júpiter finalmente a devolveu a seu verdadeiro sexo.* Isso prova que a fantasia da mulher fálica não é de hoje na história da medicina e da filosofia.

Não é disso que se trata no sonho. Não está no relato nem nas associações e, embora o sujeito deva ter visto, segundo a analista, o órgão genital materno, tampouco cabe supor, por exemplo, que a mãe do sujeito tenha tido um prolapso. Embora, por que não?

Ainda assim, na articulação de sua compreensão do que se passa, a analista afirma o seguinte: que algumas das imaginações do sujeito fazem-na pensar que, muito provavelmente, ele viu um monte de coisas por baixo. É para que sua interpretação seja coerente que Ella Sharpe tem necessariamente de passar pela suposição de que ele teve certa apreensão, por baixo das saias, do órgão genital feminino e, precisamente, o de sua mãe. Por que não ir nessa direção? Vocês verão que teremos muito mais legitimidade para fazê-lo do que a própria analista, mas, no que nos diz respeito, ainda não chegamos lá.

Antes de prosseguir, indico-lhes simplesmente que, quando fazemos referência a imagens do corpo e as fazemos entrar em jogo na interpretação, convém ser precisos. Muito especialmente, não confundiremos o que é obsessão, ou desejo, ou temor do retorno ao ventre materno, e a relação com a vagina. Isso não é algo de que o sujeito possa ter alguma apreensão direta ou indireta, como mostra claramente, no fim das contas, o relato clínico em questão.

* Grafia utilizada primeiramente por Flaubert e depois disseminada para expressar jocosamente um "enorme" exagerado. (N.T.)

Vou destacar agora o ponto que merece nossa atenção. Essa imagem do sonho, a cujo respeito chamei a atenção de vocês para a ênfase especial que se aplica a ela, o sujeito a associa de imediato com algo de uma ordem totalmente diferente, com um jogo poético e verbal. *Joke* ou *limerick*, pouco importa.

Não foi simplesmente para me divertir que recorri a um exemplo de *limerick*, foi para dar uma ideia do estilo da coisa, que é de um extremo rigor literário. É um gênero definido na história literária, um gênero com leis, das mais estritas que existem aplicadas à escrita. Embora não tenhamos encontrado essa referência à escrita no *limerick* que desenterramos, o sujeito, por sua vez, afirma tê-la ouvido. É à direção diferente das linhas de escrita na nossa maneira de escrever e na maneira chinesa que ele se refere no momento em que lhe ocorre bruscamente o pensamento de que a palavra *labia* quer dizer *lábios*, o que aproxima os grandes lábios e os lábios da boca. E é essa mesma referência à escrita que o coloca em seguida na via de uma comparação entre grandes lábios e paredes da vagina.

Vamos inscrever tais aproximações na ordem simbólica, pois não existe nada mais simbólico que as linhas de caracteres chineses. É uma boa referência para nos indicar que, em todo caso, esse elemento do sonho tem um valor significante. É precisamente nesse ponto que se manifesta no sonho algo da relação do desejo com a fantasia, na medida em que o desejo tem de se adequar, se adaptar, se acomodar a ela.

A fantasia encontra seu lugar no grafo, a meio caminho entre o significante do Outro barrado e o significado do Outro, S(Ⱥ) e *s*(A).

Percebem que o que estou dizendo não faz mais que exprimir de maneira mais articulada o que é nossa experiência quando buscamos centrar aquilo que o desejo do sujeito é? Sempre tentamos definir a posição do sujeito ante um determinado objeto que é intermediário entre, por um lado, uma pura e simples significação, assumida, clara, transparente para ele, *s*(A), e, por outro, algo fechado, enigmático, que não é em absoluto uma fantasia, que não é uma necessidade, que não é uma pressão, nem um *feeling*, mas que é sempre da ordem do significante enquanto tal, S(Ⱥ).

Entre esses dois polos está o objeto.

Ele aparece aqui sob a forma de uma representação sensível extremamente precisa e figurada, mas, ao mesmo tempo, o sujeito nos adverte com suas associações: isso é significante.

3

O que vou fazer agora? Será que entro no modo como a analista o interpreta? Entro? [*O público aquiesce.*] Então, preciso lhes dar a conhecer todo o material de que dispomos.

Continuo pensando no capuz, diz o sujeito. – *Bem, o quê?* diz a analista. – *Um homem engraçado*, responde ele, *num dos meus primeiros campos de golfe, lembro.* Devia estar correndo atrás dele, sem dúvida. *Ele disse que podia me dar uma bolsa para tacos de golfe barata, e que o material seria "motor hood cloth"* – é o tecido usado para as capotas de carro. *É do sotaque dele que lembro. Jamais o esquecerei.* Faz, então, uma imitação. *Imitá-lo assim me lembra uma amiga que transmite pelo rádio imitações, who broadcasts impersonations* – "broadcast" é a palavra importante – *muito engenhosas, very clever, mas é uma certa fanfarronice contar-lhe uma coisa dessas, tanto quanto se eu lhe contasse que tenho o mais maravilhoso dos rádios. Ele sintoniza todas as estações sem a menor dificuldade.*

Minha amiga tem uma memória esplêndida, diz ele. *Ela se lembra também da infância, mas minha memória é péssima antes dos onze anos. Lembro, contudo, de uma das primeiras canções que escutamos no teatro e que, depois, ela imitou o homem em questão.*

É uma canção do velho e bom gênero inglês do music-hall, que podemos traduzir mais ou menos por *"Onde você foi arrumar esse chapéu, onde você arrumou essa telha?"*. A palavra *tile*, telha, designa mais especificamente o que, no caso, se chama um *tube*, uma cartola. Também pode significar *bitos* ou *galurin*.*

Meu pensamento, continua ele, *voltou de novo para o capuz, e lembro-me do primeiro car no qual entrei, mas, naquela época, é claro, quando era uma coisa nova, eram chamados de motors.* O sujeito tem sem dúvida bastante idade. *Lembro-me de seu "motor hood"...* Descreve as características bem notáveis da capota. *Ficava amarrada para trás com correias quando não estava fechada. No interior havia desenhos escarlates.* E ele continua. *A velocidade máxima daquele carro era de aproximadamente sessenta milhas...* Estranho falar da vida de um carro, como se ele fosse humano. *Lembro-me de*

* Denominações antigas em francês para chapéu, também usadas como gíria. (N.T.)

ter ficado enjoado dentro daquele car, e isso me faz lembrar do tempo em que tive de urinar num saco de papel quando era criança. Penso de novo no capuz.

Vamos parar por aqui com as associações, mesmo elas não indo muito mais longe, mas, de toda forma, quero contrapontear o que lhes trago aqui com a maneira como a analista começa a interpretar o material.

> *A primeira coisa importante*, diz ela, *é encontrar o fio cardeal da significação do sonho. Podemos fazê-lo*, diz ela muito precisamente, *notando apenas o momento em que as coisas vêm à cabeça do paciente.* Ela começa então pelo cão que se masturbava na perna do paciente. *Logo antes, tinha falado do cão para dizer que ele mesmo imitava um cão, ou seja, que se identificava com um cão. Depois, deu uma tossidinha. Em seguida, lembrou do sonho, um sonho comprido e excitante, do qual acordou suando.*
>
> *A dedução concernente à significação geral do sonho é que se trata de uma fantasia masturbatória.* Nisso, concordo plenamente. *Isso é de suma importância.* Estamos de acordo com ela.
>
> *A próxima coisa a notar, em conexão com essa fantasia de masturbação, é o tema da potência.* Ela não o entende no sentido de potência sexual, mas de potência no sentido mais universal do termo, de onipotência, como irá dizer adiante.
>
> *Ele faz uma viagem ao redor do mundo. É o sonho mais longo que já teve.* É o que o sujeito diz. *Levaria uma hora para contá-lo. Podemos relacionar isso com as desculpas pela "fanfarronice" ao falar das imitações de sua amiga, transmitidas no mundo inteiro, e de seu próprio rádio que sintoniza todas as estações. Notemos também sua própria imitação do homem cujo sotaque tanto o divertiu, um sotaque fortemente cockney e, incidentalmente, o que ele disse desse homem.*
>
> *As imitações, tanto as de sua amiga quanto as suas, têm aqui a significação, a significância, de imitações de uma pessoa mais forte.* Será que ela está enganada? *É mais um fio condutor no sentido, meaning, da fantasia de masturbação, ou seja, a fantasia na qual ele encarna uma outra pessoa, dotada de um poder e de uma potência imensas.*

O simples fato de que, a respeito das encarnações imitadas ou da posse de um aparelho, o sujeito tenha se desculpado por exagerar, gabar-se, exibir-se um pouco demais, significa que temos aí uma fantasia de onipotência, no fundo da qual se supõe estar a fantasia masturbatória. A onipotência deve ser posta em primeiríssimo plano. Eis, portanto, o que é tido pela analista como óbvio. Será isso algo que possamos subscrever?

Mais uma vez, peço-lhes simplesmente que atentem para os dados da experiência. O mínimo que se pode dizer é que talvez haja aí alguma confusão quando se afirma que se trata de uma onipotência ansiada, ou assumida de forma mais ou menos secreta pelo sujeito, quando, se nos ativermos à primeira abordagem do sonho, ao seu conteúdo manifesto, parece que, mais que exagerando, esse sujeito está, ao contrário, reduzindo, minimizando. Aliás, a própria analista aponta esse lado reduzido do sujeito numa outra ocorrência do capuz.

Com efeito, a analista vai bem mais longe que sua própria interpretação, pois está tão tomada por uma certa apreensão do aspecto reduzido da presença do sujeito em sua fantasia do capuz que ela sempre diz que ele viu ou percebeu isto ou aquilo *quando ele era uma criança minúscula*. Na verdade, o que vemos, senão que o sujeito se faz bem pequeno na presença dessa espécie de apêndice vagamente tentacular? Ele ousa, no máximo, aproximar desse apêndice um dedo, que não sabemos se será por ele encapsulado, coberto, protegido, ou apertado, aprisionado, arrancado. Em todo caso, o sujeito afasta de si e do exercício de sua potência, ao menos sexual, esse objeto significante.

Talvez estejamos indo um pouco longe demais, mas continuo vendo aqui sempre a mesma confusão entre a onipotência imputada ao sujeito, mesmo quando ela é negada em maior ou menor medida, e a onipotência da palavra, que, em contraposição, é totalmente clara nessa ocasião. Mas é que, entre as duas, há um mundo. Pois é precisamente no contato com a palavra que o sujeito se vê em dificuldade.

É um advogado, cheio de talento, acometido das mais severas fobias cada vez que tem de comparecer, de falar. Somos informados, no começo, de que o pai morreu quando ele tinha três anos e que o sujeito teve as maiores dificuldades do mundo para fazê-lo reviver um pouco em sua lembrança, mas qual é a única lembrança que continua absolutamente clara para ele? É que lhe transmitiram, na família, a última fala do pai. Essa fala foi: *Robert deve tomar o meu lugar*. Que sentido tem essa frase? A morte do pai é temida? O pai moribundo falou, ele disse *tomar meu lugar*, mas qual? Onde estou ou onde morro?

A dificuldade do sujeito no tocante à palavra, essa distância que faz com que ele se sirva da palavra justamente para estar alhures e que, inversamente, não haja nada mais difícil para ele do que, não só falar, mas fazer falar o pai – e isso só foi vencido muito recentemente, nos diz a analista, e para ele foi *startling*, uma espécie de maravilhamento, *pensar que ele deve ter escutado o pai falar* –, tudo isso não deveria nos incitar, pelo menos, a certa prudência? E a acentuar nele, mais que em outros, a divisão entre o Outro como falante e o outro como imaginário?

A analista encontra a confirmação da onipotência do sujeito no caráter *enorme* do sonho. Só podemos saber do caráter enorme do sonho pelo sujeito. É ele que nos diz que teve um sonho enorme, que havia uma enorme história antes, que houve toda uma volta ao mundo, mil e uma aventuras que tomariam um tempo enorme para contar, com as quais não vai aborrecer a analista. Mas, no fim, a montanha dá à luz um camundongo, uma história bem pequenina. Dizem-nos que ali há, indicado no relato, como que um horizonte de onipotência, mas é um relato não realizado. A onipotência está sempre do lado do Outro, do lado do mundo da fala enquanto tal.

Será que devemos nos apressar, como faz a analista, e atribuir à estrutura do sujeito não só uma fantasia onipotente, como a agressividade que ela comportaria? A parcialidade com que às vezes vêm marcadas as interpretações geralmente decorre do fato de que se ignora uma diferença de plano, que, quando está suficientemente acentuada na própria estrutura, deve ser respeitada. Aliás, é apenas nessa condição que sabemos que essa diferença de plano existe.

> *A questão que se coloca logo em seguida,* nos diz a analista, *é: por que essa fantasia de extremo poder? A resposta é dada no sonho. Ele está dando uma volta ao mundo. A meu ver, isso está ligado à ideia da lembrança real que lhe vem quando está descrevendo o capuz do sonho, que era tão estranho, pois isso não destaca apenas o fato de que ele descreveu uma projeção, uma dobra do capuz, como também que o capuz era saliente como a borda proeminente, the lip, os "lábios" de uma caverna. Obtemos, pois, diretamente a comparação do capuz e dos lábios, lips, da vulva com uma grande caverna no flanco da colina por onde ele passeava com a mãe. A fantasia de masturbação está, portanto, associada a uma potência imensa, porque ele sonha abraçar a mãe-terra, adequar-se à enorme caverna que se abre sob seus lábios projetados para a frente. Essa é a segunda questão importante.*

Vendo como procede aqui o pensamento da analista, vocês não podem deixar de perceber um salto. O fato de poder haver uma relação entre a lembrança infantil de ter sido coberto, como se diz, e o valor significante do que chamarei de fantasia de prolapso, não é algo a ser descartado, claro, já que está demonstrado pela associação. Daí a considerar que, por isso, estamos diante do sujeito clássico da relação edipiana, se me permitem, aquele que se alça ao nível de acoplamento com a mãe, que aqui se torna o próprio abraço da mãe-terra, do mundo inteiro, parece haver um passo dado um pouco rápido.

Convém sobretudo não negligenciar que, ao lado do esquema grandioso do herói edipiano que se mostra à altura da mãe, Freud destacou o momento de uma fase da evolução em que, muito precisamente, a integração do seu órgão como tal está ligada na criança a um sentimento de inadequação – ao contrário do que diz Ella Sharpe – daquilo de que ela dispõe, em comparação com o que exigiria um empreendimento tal como conquistar ou estreitar a mãe. Esse elemento desempenha um papel incontestável, manifestado de modo absolutamente urgente numa grande quantidade de observações atinentes à relação narcísica do sujeito com seu pênis, quando considerado por ele como mais ou menos insuficiente, pequeno demais.

E não se deve crer, nesse aspecto, que só entre em jogo a relação com os semelhantes, os rivais masculinos. A experiência clínica nos mostra, ao contrário, que a inadequação do pênis ao órgão feminino, suposto totalmente enorme em comparação com o órgão masculino, é de importância grande demais para que possamos ir tão depressa aqui.

A analista prossegue:

> *Chamo agora a atenção de vocês para a associação concernente a lips and labia, os lábios bucais e os lábios vulvares. A mulher que serviu de estímulo para esse sonho tinha lábios vermelhos, cheios, apaixonados. No sonho, ele tem uma representação muito viva da imagem dos lábios vulvares e do capuz. A caverna tem um "lábio" saliente. Ele pensa em coisas longitudinais como as labia, e em outras transversais – sugiro, agora, que se trata da comparação entre a boca e a vulva.* Isto, sem comentários.
>
> *Ele pensa, ademais, no primeiro carro, motor, em que entrou, e na sua capota amarrada por correias, para trás quando ela não está fechada, no desenho escarlate dessa capota. Pensa imediatamente na velocidade do car, e diz que "seu pico de velocidade" era de tantas milhas por hora. Fala em seguida da "vida do carro", e nota que fala disso como se fosse de um ser vivo.*
>
> *Devido à descrição de...* – passo – *deduzo que a lembrança da caverna verdadeira que ele visitou com a mãe constitui uma lembrança en-*

cobridora. Poderia deduzir que isso é projetado no carro com seu capuz escarlate, que, em ambos os casos, trata-se da mesma lembrança esquecida e que o pico [peak] de velocidade tem a mesma significação que a projeção das partes genitais no sonho – é a ponta [peak] do capuz. Infiro que é uma lembrança real reprimida [réprimé], a de ter visto os órgãos genitais de alguém bem mais velho que ele quando ele era muito pequeno, very tiny, e infiro isso ao mesmo tempo do carro e da caverna, e também da volta ao mundo com a imensa potência que isso requer. O pico e o capuz interpreto como o clitóris.

Eu disse há pouco que a montanha do sonho paria um camundongo. Na verdade, há aqui algo análogo, detectável no que quase posso chamar de *tatibitates* [*ânonnations*] da analista.

Pode até ser que esse *pico de velocidade* seja identificável ao capuz, mas se realmente for algo tão pontudo, tão enorme, como associá-lo a uma lembrança real, vivida, da infância? Há, apesar de tudo, certo excesso em concluir tão ousadamente que se trata de uma lembrança encobridora relativa a uma experiência efetiva do órgão genital feminino e, especialmente, do clitóris. Contudo, é isso mesmo que a analista decide, expondo, a título de elemento-chave, o fato de que:

Sua irmã é oito anos mais velha que ele. Considerando as referências que ele fez à voz de sua amiga, a saber, que ela soa e tem a tonalidade de uma voz de homem, e visto que ele se refere ao fato de que ela sabe encarnar um homem, deduzo que, ao menos quando ele era bem pequeno, viu os órgãos da irmã, notou a existência do clitóris e a ouviu urinar.

Ela tem de evocar isto logo em seguida: *Mas, considerando o conjunto do trabalho analítico realizado anteriormente, creio, ademais, que na sua primeira infância houve alguma situação em que ele teve, precisamente, a oportunidade de ver as partes genitais de sua mãe.*

Todos esses detalhes fazem a analista supor que, naquele momento, ele teria sido *deitado no chão sobre um cobertor*.

4

Qual a razão de todas essas críticas que estou fazendo? É bom eu lançar um pouco mais de luz e lhes dizer aonde quero chegar.

O que pretendo é ensiná-los a soletrar, pode-se dizer, em que sentido vão algumas inflexões a que a analista submete a compreensão do material que ela nos apresenta e que, longe de aumentar sua evidência, impedem de dar sua justa interpretação.

O corredor por onde adentra o pensamento da analista a conduz a interpretações extremamente ativas, brutais até. Ela sugere ao paciente que o fundo da questão é o caráter agressivo de seu próprio pênis. Seu pênis como órgão agressivo faz entrar em jogo o caráter nocivo e deletério da água que ele emite urinando. Com isso, a analista obtém um efeito que não deveria surpreender tanto: que um sujeito adulto e com idade o bastante acabe produzindo uma micção durante a noite seguinte. Vocês já me ouviram evocar isso, mas vamos adiante.

Para antecipar um pouco o que acredito poder lhes demonstrar ao prosseguir nesse penoso e lento trabalho de análise linha por linha, onde se coloca a questão naquilo que podemos chamar de fantasia fundamental do sujeito, na medida em que esta se presentifica na transferência? O sujeito imagina algo, não sabemos o quê, relacionado com sua analista. O que a própria analista pensa sobre o ponto em que se está da transferência, lhes direi mais à frente. Como quer que seja, no momento da sessão do sonho, a transferência é uma transferência de tipo claramente imaginário.

A analista está focada, centrada em estar essencialmente, com relação ao sujeito, na relação dual, a de um eu com outro eu. A analista percebe muito bem quão rígida, medida, defendida é a atitude do paciente em sua presença. Isso indica que ele está numa relação especular das mais estreitas com a analista. Mas, ao contrário do que ela diz, isso está muito longe de indicar que não haja transferência – é um tipo de transferência, originalmente dual, imaginária.

Então, essa analista, que é a imagem dele, o que ela está fazendo no consultório dela? Algo já se impõe: é claro que aquilo contra o que o sujeito a previne com sua tossezinha é ser surpreendida se masturbando. É o que se supõe que ela esteja fazendo.

Mas como sabemos disso? Não sabemos de cara, e isso é muito importante. Como podemos saber? Pelo sonho, em que as coisas ficam totalmente claras, pois é justamente o que o sujeito está dizendo, a saber, que tem alguém se masturbando.

A analista reconhece, em última instância, que se trata de uma masturbação do sujeito, daquele que sonha. Contudo, o fato de que o sujeito manifeste no relato do sonho a intenção de masturbá-la e, ao mesmo tempo, acrescente que *to masturbate* é um verbo intransitivo, é suficiente para nos pôr no bom caminho, qual seja, de que a fantasia significante de que se trata é a de uma estreita ligação entre um elemento macho e um elemento fêmea, tomados numa espécie de encapsulamento.

Explico-me. Não quero dizer que o sujeito está simplesmente tomado, contido no outro, mas que, na medida em que *a* masturba, ele *se* masturba, mas também não se masturba. Em suma, a imagem fundamental presentificada pelo sonho é a de uma espécie de luva virada pelo avesso, uma espécie de bainha [*gaine*].

São, aliás, em resumo, os mesmos vocábulos: *bainha* é o mesmo que *vagina*. Temos aí um encontro linguístico não destituído de significação. Sobre a bainha, a luva, a capa haverá muito o que dizer do ponto de vista linguístico. E há aí toda uma cadeia de imagens que é extremamente importante destacar, pois elas estão constantemente presentes, não só neste caso particular, como em muitos outros.

Aquilo de que se trata aqui é do personagem, simultaneamente imaginário e significante, que é a imagem central onde o sujeito vê, de certo modo, encapsulada, capturada, toda expressão possível de sua manifestação sexual. É com relação a essa imagem que ele situa seu desejo. É aí que seu desejo está, de certo modo, enviscado.

Vou tentar lhes mostrar isso, pois tenho de fazer um pouco mais para justificar essa noção.

Na sequência das associações, aparece uma ideia que cruzou a mente do sujeito, nos diz a analista, nas associações precedentes. Devido a suas funções, o sujeito tem de ir a um local aonde o rei e a rainha se dirigirão. Atormenta-o a ideia de o carro sofrer uma pane no meio da estrada, bloqueando assim a passagem do veículo real.

A analista vê nisso, mais uma vez, uma das manifestações dessa onipotência cujo retorno contra si mesmo o sujeito teme. Chega inclusive a ver nisso o fato de que o sujeito tenha tido a oportunidade, em alguma cena primitiva, de intervir dessa maneira, detendo os pais. Veremos tudo isso detalhadamente da próxima vez, mas o que é mais chamativo, a nosso ver, é a função do carro.

O sujeito está num carro, teme que ele sofra uma pane, mas, mediante essa pane, se ela ocorrer, ele está muito longe de separar quem quer que seja. Ele interrompe o tráfego, ele sem dúvida nenhuma interrompe os outros, ele interrompe tudo – sabemos claramente quem está num carro, efetivamente num único carro, que encapsula a ambos, analogamente à capota do carro que ele evoca nas suas associações como algo que reproduz o caráter de cobertura da caverna.

Estamos na época em que Melanie Klein começa a crescer na sociedade inglesa e a trazer coisas articuladas que são de alta qualidade clínica. Terá valido a pena falar tanto do genitor ambíguo, do monstro biparental e não conseguir reconhecer aqui a presença particularmente específica de certo caráter ambíguo, ligado a certo modo de apreensão da relação sexual?

Digamos, para enfatizar mais ainda nosso pensamento, que o que está em questão no sujeito é precisamente isto: separar os pais, separar neles os princípios macho e fêmea. Afirmo, de certa maneira, que o que se coloca aqui como horizonte para a interpretação analítica nada mais é que uma espécie de operação de circuncisão psíquica. Pois, no fim das contas, o que é essa vagina protrusa, prolabada?

Ela está aqui, ela vem aqui e, por outro lado, apresenta-se sob a forma de algo que não está em lugar algum, que se furta. Falei há pouco de saco de prestidigitador, mas, na verdade, conhecemos essa operação do prestidigitador – chama-se *o saquinho do ovo* [*le sac à l'œuf*]. A gente o vira e revira e, alternadamente, acha e não acha o que se enfiou lá dentro por meio de uma manobra habilidosa.

Esse tipo de perpétua presença e não presença do sujeito tem ainda outra face, também encontrada na masturbação, na medida em que ela já implica a presença de certo elemento fêmea. É por isso que falo de circuncisão. Esse elemento protruso no sonho dele é também, sob certos aspectos, o prepúcio.

Outra parte de suas recordações vai nos revelar que há certa relação entre ele e a conjunção sexual. Houve uma na sua infância, é incontestável. Mas onde ele estava? Estava na cama e, vocês verão, severamente contido com lençóis presos por alfinetes. Dispomos de outros elementos que também nos mostram o sujeito no seu carrinho de bebê, com correias, látegos. Na medida em que está atado, ele mesmo detido, só pode gozar de sua fantasia e dela participar por meio dessa atividade suplementar, derivada, deslocada, que é a micção compulsiva. Constatamos frequentemente, nos sujeitos, a incidência dessa espécie de suplemento, de falso gozo que lhe é proporcionado pela micção, relacionada com a proximidade do coito parental.

Nesse momento, ele vira o quê? Justamente essa parceira sobre quem nos diz que ela precisa tanto dele, que é ele quem tem de lhe mostrar tudo, que tem de lhe fazer tudo, que ele se feminiza. Se ele for impotente, por assim dizer, é macho. E é claro que isso tem suas compensações no plano da potência ambiciosa. Mas se fica liberado, ele se feminiza.

É nessa espécie de jogo de esconde-esconde, de duplo jogo, de não separação, nele, das duas faces da feminilidade e da masculinidade, é nesse tipo de apreensão fantasística única, profundamente masturbatória, do desejo genital, que jaz o problema.

Espero mostrar da próxima vez os motivos que temos para orientar nossas interpretações nessa direção, a fim de permitir que o sujeito dê um passo adiante.

28 de janeiro de 1959

XI
O Sacrifício da Rainha Tabu

A aphanisis, *termo de Jones*
Onde está o falo?
Escamoteamentos por toda parte
A metáfora do jogo de xadrez
As dificuldades da contratransferência

Chegamos, por fim, ao momento de tentar interpretar o sonho do sujeito de Ella Sharpe.

É uma empreitada que só podemos arriscar, a título, aliás, puramente teórico, como um exercício de pesquisa, graças ao caráter excepcionalmente bem desenvolvido desse sonho no livro de Ella Sharpe.

Nas palavras dela, e nesse ponto lhe damos crédito, esse sonho ocupa um ponto crucial da análise.

1

O sujeito teve, portanto, um sonho enorme, precisaria de horas para contá-lo, ele o esqueceu, resta-lhe isto.

Passa-se numa estrada da Tchecoslováquia. Ele está ali por ter empreendido uma viagem ao redor do mundo com sua mulher. Assinalei, inclusive, que ele disse *uma viagem com a minha mulher ao redor do mundo*.

Nessa estrada, ocorre, em suma, o seguinte: ele é objeto das investidas sexuais de uma mulher que, como apontei, apresenta-se de certa maneira, não explicitada no primeiro texto do sonho. O sujeito diz: *Percebo isso agora, ela estava em cima de mim, ela fazia de tudo to get my penis.* É a essa expressão que teremos de voltar mais adiante.

É claro, diz o sujeito, *que isso não me agradava nada, a ponto de que pensei que diante do seu desapontamento eu deveria masturbá-la.* Faz, então, um comentário sobre a natureza profundamente intransitiva do verbo *to masturbate*, em inglês. Já é de nosso interesse entender que, por certo, trata-se de uma masturbação do sujeito. A própria autora o faz, embora não tenha acentuado tão diretamente quanto nós que isto se funda no caráter de certo modo gramatical do comentário do sujeito.

Salientamos, da última vez, o valor de uma imagem que aparece menos nas associações do que no relato do sonho, a saber, essa forma de dobra, à moda da dobra de um capuz, *hood.* E mostramos que o recurso à bagagem de imagens consideradas pela doutrina clássica, embora estas manifestamente provenham da experiência, talvez leve a certos forçamentos quando as fazemos agir como objetos separados, sem identificar muito bem sua função com relação ao sujeito. Assinalamos, portanto, o que podia haver de paradoxal na interpretação prematura desse singular apêndice, dessa protrusão do órgão genital feminino, como sinal de que se trata do falo da mãe.

Tal precipitação tampouco deixou de levar o pensamento da analista a dar outro salto, dado que, ao contrário do que se diz, um passo imprudente só pode ser retificado por outro passo imprudente. O erro é bem menos instrutivo do que se crê, pois a única chance de escapar de um erro é cometer outro que o compense.

Não estamos dizendo que Ella Sharpe se equivocou por completo, estamos tentando articular melhores modos de direção, que teriam possibilitado uma adequação mais completa. Digo isso com todas as reservas, é claro, pois nunca teremos a experiência crucial.

Qual é esse próximo salto de que falei? Ele concerne ao falo, bem menos o do parceiro figurado no sonho do que o do sujeito. Que o sonho tenha um caráter masturbatório é algo que a analista admite, porque tudo o que aparece depois nos dizeres do sujeito se coordena com isso. Mas esse falo do sujeito, ela é imediatamente levada a considerá-lo um instrumento de agressão, de destruição, de um tipo extremamente primitivo, tal como brota do que poderíamos chamar de coleção de imagens analíticas.

É nesse sentido que se orienta de início o pensamento da analista, embora ela esteja longe de comunicar ao sujeito o conjunto de sua interpretação. Em primeiro lugar, ela o faz notar os elementos que chama "de onipotência". Em segundo lugar, o que aparece no sonho é a masturbação. Em terceiro, essa masturbação é onipotente, no sentido de que o falo do sujeito é um órgão perfurante e que morde.

Convenhamos de que há aí, por parte da analista, uma verdadeira extrapolação teórica. Na verdade, nada, nem no sonho, nem nas associações, fornece qualquer tipo de fundamento para inferir logo de cara, na interpretação, a noção de que o falo do sujeito seja aqui um órgão de agressão e que o sujeito temeria o revide dessa agressão. Quando lemos uma formulação desse tipo na observação de Ella Sharpe, impossível deixar de perceber que não é em absoluto o caso que a justifica, e sim que ela é motivada, sem que a analista nos diga, por sua teoria.

Mas ela nos informou suficientemente, e com bastante cuidado, sobre o caso do paciente em linhas gerais, sobre o que ela tem efetivamente diante dos olhos e que percebe com tantos detalhes e tanta sutileza, para que possamos dizer que certamente há aí algo que constitui um salto. Admitimos de bom grado que tal salto lhe pareceu necessário. Mas que também para nós pareça necessário, eis o ponto que questionamos e cuja análise tentaremos retomar.

Para nós, não se trata de substituir os equivalentes imaginários que ela promove por outras interpretações, no sentido em que isso se entende comumente, do gênero *isto, que é um dado, deve ser entendido assim*. Não se trata de saber o que quer dizer, neste ou naquele momento, cada elemento do sonho. No conjunto, pode-se até dizer que esses elementos estão mais do que corretamente avaliados, em função da tradição da experiência analítica em vigor no momento em que Ella Sharpe opera e, por outro lado, que eles certamente são percebidos com grande discernimento e grande acuidade.

A questão é saber se o problema não pode ser esclarecido se for articulado de um modo que amarre melhor a interpretação naquilo sobre o que tento fazer vocês valorizarem, isto é, a topologia intersubjetiva. É o que, sob diversas formas, sempre tento construir, restaurar perante vocês, na medida em que essa topologia é precisamente a da nossa experiência. Na análise, sempre devemos marcar, no momento de cada fenômeno, os lugares do sujeito, do outro com minúscula e do Outro com maiúscula, se quisermos evitar nos enredar nesse tipo de meada, de nó, como que apertado por um fio que não se soube desatar e que conforma, pode-se dizer, o cotidiano de nossas explicações analíticas.

Já percorremos esse sonho de diversas formas para que pudéssemos, afinal, começar a articular algo simples, direto, algo que não está nem um pouco ausente dessa observação clínica, mas que decorre da leitura que dele fizemos.

Digo que ao ler o preâmbulo que Ella Sharpe faz do relato da sessão, quando detalha os motivos que levam o sujeito à análise, há uma palavra que logo vem à mente e que nada impede que não lhe tenha ocorrido também, pois não pertence ao vocabulário que temos aqui em comum. Mencioná-la não é, de modo algum, fazer intervir uma noção que não estava ao seu alcance, pois, na época em que ela redige seu texto, 1937, o meio inglês está dominado pelas discussões a que me referi, sobre a fase fálica e a função fálica na sexualidade feminina, sobretudo as travadas entre o sr. Ernest Jones e a sra. Joan Rivière – que já mencionamos aqui a propósito de seu artigo "A feminilidade como mascarada".

Há um termo que Jones introduz num determinado momento e que lhe é realmente necessário para compreender aquele que, de fato, é o ponto da análise mais difícil de compreender, e não simplesmente de pôr em jogo, a saber, o complexo de castração. O termo empregado por Jones é *aphanisis*, que ele introduziu de modo interessante no vocabulário analítico, e que não podemos de jeito nenhum considerar ausente do meio inglês, pois ele o menciona muitas vezes.

Aphanisis é *desaparecimento*, já que é assim que ele entende o termo. O que ele quer dizer com isso, veremos mais adiante. Por ora, porém, vou fazer dele um uso totalmente diferente, um uso, em suma, impressionista, a propósito de algo que Ella Sharpe nos apresenta como estando ali o tempo todo no material do sonho, no que o rodeia, no comportamento do sujeito.

Esse sujeito se apresenta a ela de um modo que ela descreve tão belamente, a saber, com uma espécie de ausência profunda que dá a sensação de que não há uma palavra sua, um gesto seu que não seja algo pensado de ponta a ponta, sem nada que corresponda a qualquer coisa sentida. Ele se mantém completamente na defensiva. Aliás, ele não se anuncia, aparece, mas, tão logo aparece, fica mais intangível do que se não estivesse presente.

Consideremos primeiro as premissas do que ele traz como sonho na sessão.

Esse sujeito toma a iniciativa de nos entregar de bandeja a pergunta que ele se fez a respeito de seu pigarro: para que serve? Bem, ele é feito para fazer desaparecer algo que deve estar do outro lado da porta. Não se sabe o que é. Ele mesmo o diz: tratando-se da analista, o que é que poderia haver que tem de desaparecer? Ele lembra, a respeito disso, que, em outras circunstâncias, em outro contexto, tossir teve função de advertência: tratava-se de alertar um casal de amantes para que se separassem, para que se desunissem, pois a situação ficaria embaraçosa com sua entrada, e assim por diante.

E quanto ao próprio sonho?

Estamos aí também em presença de três personagens, pois, além de sua parceira sexual e ele, há sua mulher. Não devemos esquecê-la, embora o sujeito, depois de tê-lo dito uma vez, não toque mais no assunto. O que é que acontece exatamente com sua parceira? Resumindo, ele se esquiva.

Mas será mesmo que ele se esquiva? A continuação do que ele enuncia prova que ele está longe de estar completamente ausente, já que pôs o dedo, diz ele, nessa espécie de vagina protrusa, pelo avesso, prolabada, sobre a qual insisti. Também nesse caso levantam-se questões, e iremos levantá-las. O que está em jogo? Qual o interesse da cena? Levantamos essa questão – se é que se pode levantar uma questão dessas a propósito de um sonho. Nós a levantamos na medida em que toda a teoria freudiana nos impõe levantá-la.

O que vem em seguida nas associações leva o sujeito a evocar a amiga que faz imitações radiofônicas. Antes disso, as associações passam pelas lembranças que lhe vêm sobre o capuz constituído pelo órgão feminino, a caverna, a escrita chinesa. Lembra-se, então, de alguém que, num campo de golfe, lhe ofereceu um saco para acondicionar seus tacos.

Ele achou aquele personagem realmente engraçado, e fala dele com uma espécie de regozijo divertido. O tom com que se refere a ele indica ser realmente um tipo a cujo respeito cabe perguntar por onde é que andou até então. Com aquela cara e aquele papo, o que é que ele podia ser? *He had once been a butcher*, diz o sujeito de passagem. Sabe Deus por que um açougueiro! O estilo da cena toda, sua atmosfera geral, o ambiente de imitação – o sujeito logo se diverte imitando o tal personagem – mostram bem que se trata de um *conman*, uma espécie de golpista ou de escamoteador.

A cena introduz a noção de imitação e, com ela, a associação com a amiga que imita tão bem os homens, que tem esse talento, e um talento que ela explora em *broadcasting*. Ora, a primeira ideia que lhe ocorre a esse respeito é que ele está falando demais de uma relação tão notável, que parece estar se gabando, fanfarreando. Verifiquei a palavra que ele emprega: *swank* é um termo de uso muito recente, que podemos considerar como sendo quase *slang*, e que tentamos traduzir aqui por *se achar* [*la ramener*]. Utiliza-a para dizer: *It sounds swank to tell you*, ou seja, *Parece que estou me achando ao lhe contar isso*.

Em poucas palavras, nessa oportunidade, ele não quer ocupar muito espaço, se apequena, desaparece. Em suma, o que se impõe a todo instante, e que retorna nas falas do sujeito como um tema, como um *leitmotiv*, evoca o termo *aphanisis* – com a ressalva que ele parece aqui bem mais perto do *fazer desaparecer* do que do *desaparecer*. Há um perpétuo jogo em que sentimos que, de diversas formas, algo que poderíamos chamar de objeto interessante nunca está lá.

Esse sujeito nunca está onde se espera, escorrega de um ponto a outro, numa espécie de jogo de escamoteador. Insisti nisso da última vez e vou insistir de novo, e vocês verão aonde isso vai nos levar. Vai nos levar ao que é característico, em todos os níveis, da confrontação perante a qual a analista se encontra. Basta o sujeito afirmar algo que, imediatamente, por algum lado, ele subtrai o essencial.

Vou introduzir aqui uma observação sobre o uso que Jones faz do termo *aphanisis*, na medida em que ele é passível de uma crítica que culminaria em denunciar nele certa inversão da perspectiva.

Jones observou seus sujeitos à medida que se aproximam do complexo de castração. O que vê neles nesse momento, o que entende e percebe, é o medo da *aphanisis*, no sentido de medo do desaparecimento do desejo. Ele de certa forma diz que a castração é a simbolização dessa perda do desejo – ainda que não o formule assim, por não dispor do aparelho necessário.

É certo, e já apontamos em outra ocasião, que, numa perspectiva genética qualquer, é um problema enorme compreender como um sujeito, num determinado momento de seu desenvolvimento, em que se supõe que esteja num nível de certo modo animal da subjetividade, começa a ver a tendência se destacar de si mesma para se tornar temor de sua própria perda. É nesse ponto que Jones se propõe a fazer da *aphanisis* a substância do temor da castração.

Observarei aqui que é exatamente no sentido oposto que convém tomar as coisas. É porque pode haver castração, é porque o jogo dos significantes está implicado na castração, que se elabora no sujeito essa dimensão em que o desaparecimento possível e futuro de seu desejo pode lhe causar temor, alarme.

Notemos, para começar, que é difícil conceber que algo como o desejo, se lhe dermos um sentido pleno, o sentido da tendência no nível da psicologia animal, seja totalmente acessível na experiência humana. Deve-se convir, então, que falar não só da presença do desejo, mas do temor da falta do desejo, constitui um passo a ser explicado. Para explicá-lo, digo-lhes: já que o sujeito humano tem de se inscrever no significante, ele encontra nisso uma posição a partir da qual põe efetivamente em questão sua necessidade, na medida em que esta é capturada, modificada, identificada na demanda. Até aí, tudo é bastante compreensível.

Quanto à função do complexo de castração, como explicá-la? Trata-se de saber em que a tomada de posição do sujeito no significante implica a perda, o sacrifício de um de seus significantes entre outros.

Deixaremos essa questão de lado por enquanto. Contento-me simplesmente em dizer que, ao contrário do que Jones crê, o temor da *aphanisis* nos sujeitos neuróticos deve ser entendido do ponto de vista de uma articulação insuficiente, de uma foraclusão parcial do complexo de castração.

É na medida em que o complexo de castração não protege o sujeito desse tipo de confusão, de arrebatamento, de angústia, manifesta no temor da *aphanisis*, que nós a observamos efetivamente nos neuróticos. Teremos a oportunidade de verificar isso a propósito deste caso.

2

Retornemos ao texto do sonho e às imagens a que nos referimos da última vez, a saber, a representação do sexo feminino sob a forma da vagina prolabada.

Essa espécie de estojo, de saco, de bainha [*gaine*] cria aqui uma imagem muito estranha, embora não seja absolutamente um caso excepcional e único. Ainda assim, não é frequente encontrá-la e ela não foi descrita de forma perfeitamente caracterizada na tradição analítica.

Essa imagem é empregada aqui na articulação significante do sonho, o que significa que seu valor provém do que ocorre, do motivo pelo qual é utilizada. A seu respeito, podemos nos perguntar: o que isso quer dizer entre os personagens presentes? Com efeito, o que vemos é que o sujeito vai pôr o dedo nela.

Não porá o pênis ali, certamente não; porá o dedo. Ele revira, ele reembainha, ele reinvagina o que ali está desinvaginado, e é como se ali se produzisse, quase, um passe de escamoteador. Com efeito, ele põe algo no lugar do que deveria pôr, mas também mostra que ali algo pode ser posto.

Supondo que algo possa efetivamente ser sugerido pela forma do que se apresenta, a saber, o falo feminino – pois esse falo está muito claramente em questão no *to get my penis* –, é legítimo indagarmos o que o sujeito está nos mostrando, pois é como se, bem mais do que de um ato de copulação, ali se tratasse de um ato de exibição. Isso se passa, não esqueçamos, diante de um terceiro.

Já foi evocado o gesto do prestidigitador no truque que, em francês, se chama *le sac à l'œuf*. É aquele saco de lã no qual o prestidigitador faz alternadamente aparecer e desaparecer o ovo, faz com que ele apareça quando menos se espera e o mostra desaparecido ali onde acreditamos vê-lo. Em inglês também se diz *The Egg Bag*.

A mostração [*monstration*] em questão é ainda mais impressionante porque as associações do sujeito nos mostraram, muito precisamente, que ele sempre avisa no momento em que aparece, de modo tal que nada se veja do que havia antes, ou, ainda, que, na sua fantasia, faz com que o tomem por um cão que late, de modo que digam que ali só havia um cão. Sim, sempre o mesmo escamoteamento, em que não sabemos o que é escamoteado.

Por certo, é sobretudo o próprio sujeito que é escamoteado. Mas se procurarmos precisar o que se localiza no sonho como sendo o que está em jogo nesse escamoteamento, o *to get my penis* nos permite dizer que é certamente do falo que se trata. Estamos, eu diria, tão acostumados, tão empedernidos pela rotina analítica, que quase não nos detemos nesse dado do sonho.

O verbo escolhido pelo sujeito para designar o que, aqui, a mulher pretende fazer, *to get*, é de uso extremamente polivalente, mas sempre no sentido de *obter*, *ganhar*, *apanhar*, *pegar*, *conseguir*. Em suma, trata-se, genericamente falando, de algo que se obtém. Claro que ouvimos isso com o tom e o eco do *femina penem devoret*, mas não é tão simples assim, e, na verdade, o que está em jogo nessa ocasião, no fim das contas, dista até mesmo muito de pertencer a esse registro. Quando se trata de obter o pênis, sob a forma que for, real ou imaginária, a primeira pergunta a fazer é: onde está esse pênis?

Parece evidente que ele está presente, já que o sujeito disse, conforme o relato do sonho, que ela fazia manobras *to get my penis*. Parecem achar que, portanto, esse pênis está ali, em algum lugar, no sonho. Mas, literalmente, se olharmos bem para o texto, absolutamente nada o indica. Não basta alegar a imputação da parceira para daí deduzirmos que o pênis do sujeito está ali, isso de jeito nenhum basta para nos satisfazer no tocante à pergunta: onde ele está? Talvez esteja num lugar totalmente diferente daquele que nos faz ver nossa necessidade de completar a cena em que o sujeito parece se furtar aos esforços da mulher *to get my penis*. Não é tão simples. Onde ele está? Vê-se claramente que, de fato, a questão se concentra nisto.

É a partir disso que podemos perceber do que é que se trata na singular discordância, no estranhamento do signo enigmático que o sonho nos propõe, a saber, a indubitável relação existente entre o que se passa no sonho e uma masturbação. O que isso quer dizer? Vale a pena nos determos um instante na questão, pois é muito instrutivo, embora não esteja elucidado e nem mesmo articulado nas colocações da analista.

Trata-se, neste caso, de que a masturbação do outro e a masturbação do sujeito são uma coisa só. De modo geral, podemos até chegar a dizer que tudo o que se assemelha com uma masturbação supõe efetivamente, no sujeito, uma secreta identificação narcísica com o outro. Trata-se menos de uma identificação do corpo com o corpo do que de uma identificação do corpo do outro com o pênis. Toda uma parte das atividades de carícia põe em jogo o falo, na medida em que, como lhes mostrei, ele se desenha imaginariamente para além do parceiro natural.

Acrescento que isso se torna ainda mais evidente à medida que a carícia adquire um caráter de prazer mais destacado, autônomo, mais insistente, confinando até com o que é denominado, nesses casos, com maior ou menor propriedade, certo sadismo. Com efeito, o fato de que o falo esteja implicado como significante na relação do sujeito com o outro faz com que ele possa ser buscado nesse além do abraço do outro em que se esboça toda espécie de forma típica mais ou menos acentuada no sentido da perversão. É justamente nisso que, para o sujeito, masturbar o outro sujeito difere por completo de deixar seu próprio falo ser tomado no abraço desse outro. Ao mesmo tempo, isso nos permitiria afirmar que masturbar o outro é rigorosamente equivalente, para o sujeito, a masturbar a si mesmo.

Mostrei o sentido desse gesto da parceira, que o sujeito exprime por meio de seu *to get my penis*. É quase um gesto de verificação. Trata-se de certificar-se de que o que está ali, diante dele, é algo absolutamente importante para o sujeito, algo que tem certamente toda relação com o falo, mas esse gesto demonstra também que o falo não está ali, que é algo que escapole, que se furta, não simplesmente pela vontade do sujeito, mas devido a algum acidente estrutural.

Eis o que está realmente em questão aqui e que imprime seu estilo a tudo o que retorna na sequência das associações. Isso aparece tanto quando se trata da mulher de tão notável comportamento pelo fato de imitar perfeitamente os homens quanto naquela espécie de incrível escamoteador, de homenzinho falacioso, de quem o sujeito ainda se lembra anos depois. Com uma lábia inverossímil, esse personagem lhe propõe uma coisa que também é, singularmente, uma coisa por outra, a saber, um invólucro para encapsular algo, mas feito de um material destinado a outra coisa, nomeadamente, um saco feito num tecido destinado a confeccionar uma capota de automóvel, e para fazer o quê? Para lhe permitir guardar seus tacos de golfe.

Para o sujeito, as coisas sempre se apresentam de forma problemática. Seja qual for o elemento, tudo tem sempre esse mesmo caráter. O que se apresenta nunca é totalmente o que parece ser, nunca é da coisa verdadeira que se trata.

Vamos adiante. O caráter problemático do que se apresenta a ele insiste. Lembranças de sua infância surgem de imediato. Antigamente, ele teve outra compulsão sem ser a tossezinha na entrada da sessão. Por que, diabos, ele tinha de catar tiras de couro, *to collect leather straps*, cortar as sandálias de sua irmã?

> *Queria fazer com aquelas tiras algo útil, mas, acho, totalmente unnecessary.* Também se pode traduzir: Era muito útil na minha cabeça, mas não tinha nenhuma necessidade séria. Acrescenta: *Não me agrada pensar que era uma compulsão, é por esse motivo que a tosse me chateia. Suponho que cortava as sandálias da minha irmã da mesma forma* que eu catava couro. *Resta-me apenas uma lembrança muito vaga de ter feito isso. Não sei por que fazia aquilo, nem o que pretendia com aquele couro depois do que eu fizera.*

Também aí encontramo-nos diante de uma espécie de fuga. A ela se seguirá outra fuga. Ele pensa de repente nas correias, *straps*, que atam uma criança num carrinho de bebê, um *"pram"*. Nesse momento, de maneira curiosa, de maneira negativa, ele introduz a noção de "*pram*": pensa que não havia nenhum "*pram*" na casa dele. Mas logo depois: *Que idiota você é,* diz ele de si mesmo, *você deve ter tido um. Não há nada mais bobo*, ele mesmo diz, *do que dizer que não havia um "pram" na nossa casa*. Certamente havia um, nota a analista, já que na família havia duas crianças mais velhas. Sempre o mesmo estilo, que domina todas as associações do sujeito: uma coisa aparece sob a forma de algo que falta.

O passo seguinte, diretamente encadeado com esse, qual é? Olha, diz ele, lembrei, logo em seguida, que tinha de mandar cartas a dois membros para avisá-los que foram aceitos no nosso clube. Eu que me vangloriava de ser um secretário melhor que o anterior, estava justamente esquecendo de lhes oferecer os meios de entrar no clube. Em outras palavras, não lhes escrevi.

Encadeada imediatamente depois, e indicada entre aspas no texto de Ella Sharpe – embora ela não explicite, pois é algo bem conhecido do leitor inglês –, a citação de uma frase que está na chamada "General Confession", a saber, uma das preces do *The Book of Common Prayer*, o *Livro de oração para todo o mundo,* que constitui a base dos deveres religiosos dos indivíduos na Igreja Anglicana.

Devo dizer que minhas relações com o *The Book of Common Prayer* não são de ontem. Basta-me evocar aqui o belíssimo objeto criado há vinte ou 25 anos, na comunidade surrealista, pelo meu amigo Roland Penrose, que fez uso, para os iniciados do círculo, do *Common Book of Prayer* [*sic*]. Quando a gente o abria, de cada lado da face interna da capa, havia um espelho.

É algo muito instrutivo, pois a única crítica que se pode fazer a Ella Sharpe, para quem esse texto era certamente bem mais familiar do que para nós, é não ter assinalado que o texto do *Book of Common Prayer* não é exatamente igual ao que o sujeito cita. Este último diz *We have undone, desfizemos aquelas coisas que devíamos fazer…*, quando o texto original diz *We have left undone, deixamos sem fazer,* ou *não fizemos as coisas…*

É pouca coisa, vocês dirão. Mas, em seguida, falta uma frase inteira da *Oração de confissão geral,* que, de certa forma, é sua contrapartida: *e fizemos aquelas coisas que deveríamos não ter feito*. Isso, o sujeito não sente nenhuma necessidade de confessar, e por um bom motivo, é que, no fim das contas, realmente, para ele se trata sempre apenas de *não fazer* as coisas. *Fazer* as coisas não é com ele. É por isso que ele acrescenta que é totalmente incapaz de fazer o que quer que seja, por medo de ser bem-sucedido demais, como inferiu a analista.

Já é alguma coisa, e não é pouco. Mas é nisso que quero chegar. Em vez da frase que falta, o sujeito continua dizendo: *e não há nada de bom em nós*, *no good thing in us*. Isso é pura invenção do sujeito. No *Book of Common Prayer*, não há nada disso. Há: *Não há saúde em nós*. Acho que esse *good thing* que ele pôs no lugar é inclusive certo: o *objeto bom* não está lá, é isso mesmo que está em questão. Ele nos confirma mais uma vez que se trata do falo.

É muito importante para o sujeito dizer que esse objeto bom não está lá. Encontramos de novo o termo *ele não está lá*. Ele nunca está lá onde se espera. É certamente uma *good thing*, que para ele é de extrema importância, mas não é menos claro que o que ele tende a mostrar, a demonstrar, é sempre uma única e mesma coisa, a saber, que ele nunca está lá. Lá onde o quê? Lá onde se poderia *to get*, apanhá-lo, pegá-lo. É isso o que domina o conjunto do material.

Portanto, ele não podia se impedir de cortar as tiras de couro que seguravam as sandálias da irmã. À luz do que acabamos de dizer, talvez a ligação com a outra compulsão, a da tosse, lhes pareça menos surpreendente. A compulsão a cortar tem, com efeito, uma relação com algo que nos contentamos, aqui, como todo mundo, em aproximar genericamente do tema da castração.

Essa é uma interpretação analítica das mais comuns. Se tomarem o sr. Fenichel, verão que os cortadores de tranças são pessoas que fazem isso em função de seu complexo de castração. Mas como dizer, a não ser no exame muito exato de um caso, do que é que se trata precisamente? É um revide da castração, a aplicação da castração a outro sujeito que não eles mesmos? Ou, ao contrário, consiste no amansamento da castração, em colocar em jogo no outro uma castração que não é uma castração de verdade e que, portanto, não se manifesta como tão perigosa assim – a domesticação, pode-se dizer, ou a menos-valia, a desvalorização da castração, tanto mais que sempre se pode pensar que as tranças cortadas voltam a crescer, ou seja, tranquilizam contra a castração? Em suma, poderíamos incluir aqui tudo o que a soma da experiência analítica permite vincular a esse tema.

Se nos obrigarmos a não ir rápido demais, a manter as coisas no nível em que as articulamos até agora, diremos o seguinte. Que há aqui ligação com a castração, é algo que não suscita dúvida. Que a castração faça parte, por assim dizer, do contexto, que o sujeito tenha alguma relação com a castração, sim. Mas que essa castração seja efeito de uma intenção agressiva do sujeito primitivamente voltada contra ele próprio, isso não, nada nos permite, até agora, postulá-lo, e menos ainda indicá-lo ao sujeito de maneira tão precisa como a analista fez.

Não seria muito mais interessante colocar e renovar incessantemente a pergunta: esse falo, onde está? Onde devemos conceber que ele esteja? O que sabemos a seu respeito?

3

A analista força bastante a barra quando diz ao sujeito: em você, o falo está em algum lugar, muito longe, ele faz parte de uma velha rivalidade sua com seu pai, ele está ali, no princípio de seus anseios primordiais de onipotência, está na fonte de uma agressão, de cujo revide você sofre. O que podemos dizer é que nada no texto permite captar o que quer que seja que se articule dessa forma.

Quanto a nós, tentemos também indagar e, talvez até, responder à pergunta com um pouquinho mais de ousadia do que faríamos por natureza.

Não podemos, parece, a respeito de uma observação que lemos impressa, que foi escrita, reagir como se estivéssemos na presença de um aluno. Se fosse um aluno, num caso parecido eu falaria de forma muito mais severa, eu diria: *Que mosquito te picou para dizer uma coisa dessas!* Perguntaria: onde está o elemento contratransferencial?

Pode parecer ousado levantar semelhante pergunta a propósito do texto de um autor que, em última instância, é alguém em quem temos, até a presente data, todos os motivos para ter uma extrema confiança. Eu sorri comigo mesmo no momento em que me fiz essa pergunta, pois ela me parecia um pouquinho exorbitante. Pois bem, no fim das contas, nunca erramos quando somos um pouquinho mais que audaciosos, às vezes é assim que encontramos o que buscamos. E, neste caso, procurei antes de encontrar. Quero dizer que tinha lido quase que distraidamente as primeiras páginas desse livro – pois, como sempre, nunca se lê bem –, embora ali houvesse algo extremamente bonito.

Lembram-se da passagem sobre o pai morto, aquele pai que a analista não consegue despertar na memória do sujeito, mas que, nos últimos tempos, ela conseguiu fazer se mexer um pouquinho, de modo que o sujeito ficou maravilhado ao pensar que, num certo momento, ele devia ter ouvido o pai falar. Pois bem, logo em seguida, ela comenta que o paciente tem a mesma dificuldade com ela. Ou seja: *Ele não tem pensamentos a meu respeito, He has no thoughts about me.*

Nisso já havia algo que poderia ter chamado nossa atenção: *Ele não pensa em mim. Ele não sente nada por mim. Não consegue acreditar na teoria da transferência.* Reconheçamos que é inquietante. O sujeito não ter propriamente consciência não significa que não haja manifestação transferencial, pois, afinal, em tal ou qual ocasião, há uma espécie de obscuro avivamento da ansiedade. Se não me detive nisso, foi porque calculei mal o alcance do que vem em seguida.

Ao lermos isto, acreditamos que Ella Sharpe está fazendo uma dissertação geral, como às vezes faz. *Penso*, diz ela – é disso mesmo que se trata –, *que a análise poderia ser comparada a um jogo de xadrez que se estende no tempo, e que assim continuará até que eu deixe de ser, no inconsciente dele, o pai vingador, que se dedica a encurralá-lo, cornering him, a colocá-lo em xeque, depois do que não resta outra alternativa senão a morte.* Convenhamos que essa referência curiosa ao jogo de xadrez, que, na verdade, nada implica, merece a nossa atenção. No momento em que li essa página, não me detive de imediato no valor que isso tinha em termos transferenciais.

No transcorrer da leitura, o que isso fez vibrar em mim foi: *É muito bonito. Deveríamos comparar todo o desenrolar de uma análise ao jogo de xadrez.* E por quê? Porque o que há de mais bonito e mais chamativo no jogo de xadrez é que cada peça é um elemento significante. O jogo é jogado com a ajuda de uma série de movimentos em réplica, baseados na natureza desses significantes, tendo cada uma seu próprio movimento caracterizado por sua posição como significante, e o que acontece é a progressiva redução do número de significantes em jogo. E poderíamos, em última instância, descrever uma análise da mesma forma, dizendo que se trata de eliminar uma quantidade suficiente de significantes para que reste uma quantidade suficientemente pequena para que se perceba claramente onde está, entre eles, no interior da estrutura, a posição do sujeito. Embora só tenha voltado a isso depois, acho que, de fato, é algo que pode nos levar bem longe.

No que se refere a Ella Sharpe, tudo o que, por outro lado, conheço ou podia conhecer de sua obra indica que, na sua concepção e interpretação da teoria analítica, há uma profunda valorização do caráter significante das coisas. Ela enfatizou a metáfora de uma maneira que em nada destoa do que lhes estou explicando. Ela consegue ressaltar o tempo todo nos sintomas o elemento de substituição propriamente linguístico, o que ela transpôs para suas análises de temas literários, que constituem parte importante de sua obra. Além disso, tudo o que ela fornece como regras técnicas é profundamente marcado por uma espécie de experiência, de apreensão do jogo de significantes como tal.

Pode-se dizer que, nessa oportunidade, ela desconhece que, no plano da fala, que ocupa um lugar de destaque nessa observação, são suas próprias intenções que se exprimem no registro do *encurralar*. É ela mesma que introduz primeiro o *cornering him* no texto, antes que ele apareça no discurso do paciente no momento em que, duas sessões depois desta em que ela lhe dá a interpretação do sonho, ele evoca, como já indiquei, sua impossibilidade, também num jogo, o jogo de tênis, de encurralar, *to corner*, seu parceiro desfechando o último golpe, com uma bola que o sujeito do outro lado não consiga alcançar. É efetivamente nesse plano que a analista se manifesta.

Contudo, não estou de forma nenhuma dizendo que o sujeito percebe isso. Supõe-se que ela seja uma boa analista.

O que se passa nessa análise, ela o diz de todas as maneiras. Vocês devem ter notado, diz ela aos estudantes, que é um caso em que faço apenas comentários mínimos ou me calo. Por quê? Porque, nesse sujeito, não há absolutamente nada que não me indique que sua vontade de querer ser ajudado significa exatamente o contrário, ou seja, que ele quer, sobretudo, manter-se ao abrigo, e com seu pequeno cobertor, sua capota de carro, por cima dele.

Estar sob o *hood* é, realmente, nesse sujeito, uma posição absolutamente fundamental. Isso, ela percebe. Tudo o que se refere à lembrança apagada do *pram* gira, afinal, em torno disto, que ele foi *pinned in bed*, ou seja, *espetado com alfinetes na cama*. Parece, aliás, que ele tem noções muito precisas sobre o que pode provocar numa criança o fato de estar mais ou menos amarrada, embora não haja nada de particular na sua lembrança que lhe permita evocá-lo. Mas essa posição atada é certamente muito importante para ele.

Portanto, a analista está muito longe de deixar transparecer no jogo de xadrez esse elemento contratransferencial que seria intervencionista, agressivo demais. O que digo, contudo, é isto: é precisamente por perceber tão bem o alcance agressivo do jogo analítico para esse sujeito que ela não vê seu alcance preciso. Qual seja, que aquilo de que se trata está estreitamente relacionado com os significantes. Se nos indagamos onde está o falo, é nessa direção que devemos procurar.

Tomemos, se quiserem, o quadrilátero do esquema no qual estão dispostos o sujeito, o outro, o eu enquanto imagem do outro e o grande Outro. Nele, trata-se de saber onde esse significante como tal pode aparecer. Esse falo nunca está onde esperamos, mas ainda assim está lá. Está lá como a carta roubada, lá onde menos se espera e onde, contudo, tudo indica que esteja. Para exprimi-lo como a metáfora do jogo de xadrez nos permite articular, eu diria que o sujeito não quer perder sua rainha.

Explico. No sonho, o falo não é o que está presente e que o sujeito olha. Não é aí que o falo está. Na sua interpretação, a analista percebe isso obscuramente, como que através de um véu: o sujeito tem certa relação com a onipotência, mais simplesmente com a *potence*, com o poder. Seu poder, neste caso, o falo, é o que ele tem de preservar a qualquer preço. Ele deve manter o falo fora do jogo, porque poderia perdê-lo no jogo.

Pois bem, no sonho, esse falo fora do jogo é representado muito simplesmente pelo personagem que menos pensaríamos ser seu representante. Qual seja, sua mulher.

Sua mulher está longe de ser o que aparentemente é, a testemunha da cena de masturbação, pois, na verdade, não está absolutamente indicado que a função do ver seja, aqui, um elemento essencial.

Peço-lhes que guardem isto, porque é um fato clínico tão evidente que é absolutamente surpreendente que não seja um lugar-comum da psicanálise. A parceira feminina como Outro é justamente o que representa para esse sujeito, assim como para muitos sujeitos, o que, de certa forma, há de mais tabu em seu poder, e o que, ao mesmo tempo, parece dominar toda a economia de seu desejo.

Digo que é porque sua mulher é seu falo que ele cometeu essa espécie de ínfimo lapso que comentei de passagem, quando falou em fazer uma viagem *com minha mulher ao redor do mundo*, uma viagem *with my wife around the world*, e não *around the world with my wife*. O tom de onipotência é posto por nossa analista no *around the world*. Acho que o segredo da onipotência nesse sujeito está no *with my wife*. O importante, para ele, é não perder isso.

No fim das contas, é o que ele procura ignorar, e é isso precisamente o que deve ser questionado na análise. Para isso, porém, ele teria de perceber que sua mulher é, neste caso, a analista.

O sujeito não quer perder sua rainha, diríamos, à maneira dos maus jogadores de xadrez que imaginam que perder a rainha é perder a partida, quando ganhar no xadrez é chegar no que se chama a um final de partida. Num final de partida, a faculdade de deslocamento que você tem é a mais simples e a mais reduzida, você tem o mínimo de direitos – ou seja, o sujeito não tem o direito de ocupar uma casa que está posta em xeque por outra peça do jogo – e, com isso, trata-se de encontrar a vantagem da posição. Ocasionalmente, é muito vantajoso sacrificar a rainha. É o que o sujeito não quer fazer de jeito nenhum.

Por quê? Porque, para ele, o significante falo é idêntico a tudo o que aconteceu em sua relação com a mãe. Aqui aparece, tal como transpira nitidamente no relato do caso, o caráter deficiente, manco, da contribuição do pai. Voltamos a cair, é claro, numa vertente já conhecida da relação do sujeito com o casal parental.

No entanto, o importante não é entrar nesse caminho, e sim enfatizar a relação muito oculta, muito secreta do sujeito com sua parceira. Tudo o que mais importa é evidenciar essa relação no momento em que ela aparece na análise. Esse momento é aquele em que o sujeito, por meio de sua discreta tossezinha, avisa sua analista, caso ela porventura, como ocorre no sonho, tenha virado seu saco pelo avesso, por assim dizer, ou seu jogo, que ela tem de colocá-lo para dentro antes que ele chegue, porque, se ele vir isso, se vir que não há nada além de um saco, ele tem tudo a perder.

A prudência de que o sujeito dá provas é exatamente o que o mantém numa relação com seu desejo que o trava como um laço apertado, como a posição *pram-pinned* de sua infância, e que só pode ser fantasística. Ou seja, ele mesmo tem de estar amarrado, num *pram* ou em outro lugar, bem apertado e embrulhado, para que possa estar alhures o significante, a imagem, de uma onipotência sonhada.

É também assim que devemos entender toda aquela história do automóvel, em que a onipotência cumpre um papel capital.

Qualquer um percebe bem a relação desse instrumento problemático de nossa civilização, o automóvel, com a potência – o número de cavalos, a velocidade, o *peak of speed* – e qualquer um diz, evidentemente, *equivalente fálico*, potência estepe dos impotentes. Ao mesmo tempo, porém, qualquer um sabe que esse automóvel está acoplado com quem o conduz e que tem um caráter infinitamente feminino. Pois não é por acaso que *automóvel* se diz no feminino [em francês]. E chegamos a dar a esse automóvel todo tipo de apelido, atribuindo-lhe o caráter de uma parceira do outro sexo. O próprio sujeito faz, a esse respeito, aqueles comentários tão problemáticos que todos se lembram, do tipo: *É estranho falar dele como se fosse um ser vivo.*

Banalidades, claro, mas nem por isso deixa de ser evidente que há algo muito curioso a respeito desse automóvel, a saber, a ambiguidade significante que faz com que ele seja ao mesmo tempo o que o protege, o que o ata e o que o envolve. Tem, com relação a ele, exatamente a mesma posição que, no sonho, o capuz protuso – a mesma palavra é empregada em ambos os casos –, essa bizarra protuberância sexual na qual ele se vê pondo o dedo e que, aliás, não é *listrada de vermelho*, mas *revestida de vermelho* – eu tinha destacado isso bem, mas traduzido mal.

Vejamos agora o que a analista lhe diz.

Na sessão do sonho, ela começa por instalar o sujeito na via de sua agressão. No dia seguinte, ficamos sabendo que disso resultou uma curiosa manifestação da parte dele, cujo caráter ela não destaca de todo, e que podemos chamar de psicossomática: antes de entrar, em vez da tosse, ele sentiu uma pequena cólica. Deus sabe se não foi porque ficou com o cu apertado. É que, como eu disse há pouco, no momento de entrar no consultório da analista para a sessão seguinte, ele tem tudo a perder.

Mas é dois dias depois que Ella Sharpe lhe fornece a interpretação que ela julga a mais iluminadora.

Ele lhe conta que, na véspera, já estava com cólica ao sair de casa. E depois? Depois, diz que *não pôde usar o carro, o mecânico não tinha terminado o conserto*. Não pôde brigar com ele, pois *Ele é muito dedicado, é tão gentil que não dá para se zangar com ele*. E acrescenta, sem dúvida num tom de irritação: *Depois, do jeito que está, não tenho nenhuma necessidade desse carro, mas, na verdade, tenho assim mesmo uma vontade doida, eu quero ele, I love it.*

A analista não se engana: aqui se trata da libido. *Pela primeira vez,* diz ela, *eu estava lidando com libidinal wishes.* Portanto, estamos plenamente de acordo com ela. Se faço essa crítica de Ella Sharpe é porque, no presente caso, considero-a admiravelmente sensível de todos os pontos de vista. Ela compreende a importância do que está presente na vida de um sujeito em termos de desejo, o desejo estando caracterizado por seu caráter não motivado. No caso, ele não tem necessidade nenhuma desse carro. Ela percebe claramente que é a primeira vez que escuta semelhante discurso, a primeira vez que ele lhe declara seu desejo, que, de maneira explícita, se apresenta como algo despropositado no discurso do sujeito.

Ela pula em cima disso e não larga, ou seja, fala para ele. Coisa curiosa: há aqui como que uma oscilação do aparelho de projeção, a imagem fica embaçada. Embora ela sempre tenha nos relatado com muita precisão o que disse para o sujeito, inclusive as coisas mais audaciosas, mais arriscadas, nesse momento não sabemos exatamente o que ela lhe disse. É exasperante. O que entendemos, em resumo, é que ela ficou inebriada de alegria e lhe diz algo como *Aí você está confessando que deseja alguma coisa*, e que comparou o mecânico com o pai dele. Mas o que ela disse exatamente, isso nunca saberemos.

Em contrapartida, sabemos que ela lhe diz algo bastante orientado no sentido do que ela lhe dissera antes para que, no dia seguinte, o sujeito venha lhe dizer, meio contente, meio chateado, que naquela noite tinha molhado a cama.

Repito: não podemos considerar um sintoma transitório como esse – por mais que indique que um golpe foi acertado e que ele certamente repercutiu – capaz de, em si mesmo, confirmar de forma absoluta o que eu poderia chamar de sentido da boa direção do nosso dizer – supondo que tenha havido algum dizer.

Uma enurese, se temos alguma noção do que representa, é certamente o acionamento – pessoal, eu diria – do pênis. Mas, enfim, não é um acionamento genital. É o pênis como real, cuja clínica nos mostra que, quando intervém nas crianças, é muito frequentemente como eco da atividade sexual dos pais. É na medida em que os sujeitos crianças, masculinos ou femininos, se encontram num período em que estão profundamente interessados no comércio sexual dos pais, que se produzem essas manifestações enuréticas, que põem em jogo, no plano do real, o órgão enquanto tal.

Se a colocação em jogo do órgão como real, não mais como significante, nos mostra que a intervenção de Ella Sharpe teve certo peso, a questão é saber se esse peso foi oportuno. É o que resta examinar mais detidamente.

Observa-se ainda outra reação na sequência dessa intervenção. Não é sem certa consciência de satisfação entre seus ativos, ao que parece, que o sujeito conta que não deixou mais os colegas do tênis zombarem dele, ou seja, que ele pegou um deles pelo colarinho e apertou seu gogó num canto com força suficiente para que ele perdesse a vontade de começar de novo.

Claro que não se pode, de jeito nenhum, considerar que isso esteja realmente na linha do que se quer obter. Afinal, não se deveria confundir *to corner* o outro num jogo e *to corner* este outro pelo pescoço por causa desse jogo. Não é absolutamente a mesma coisa.

Encurralar o adversário na saída e pegá-lo pela garganta, esta é justamente a reação inadequada. Nem por um segundo isso torna você mais capaz de *to corner* o oponente no jogo, ou seja, ali onde acontecem as relações com o Outro, o Outro como lugar da fala, como lugar da lei, como lugar das convenções do jogo. É justamente isto que malogra por causa dessa leve declinação do ato de intervenção analítica.

Creio que hoje levamos as coisas bastante longe.

Na próxima vez, farei o último seminário do que aqui se agrupa em torno da análise literária a respeito do desejo e de sua interpretação. Tentarei, então, reunir para vocês, em algumas fórmulas, com a ajuda do grafo e das noções a ele articuladas, como devemos conceber a função que, muito precisamente, devemos dar ao significante fálico em toda a sua generalidade.

Também tentarei lhes mostrar como podem, a título de localização no exercício de análise de vocês, tentar situar o significante fálico nesse esquema.

Para finalizar, vou lhes presentear com uma coisa retirada da obra de um escritor a que já fiz alusão aqui, Lewis Carroll. *Ele pensou ter visto um portão de jardim* – o famoso portão do jardim paradisíaco do interior do ventre materno em que atualmente se centram, ou até se abismam, todas as teorias analíticas:

Ele pensou ter visto um portão abrir-se
Com a chave no lugar certo:
Mas ao olhar de novo para decidir-se,
Viu uma Dupla Regra de Três de perto.

Da próxima vez, vou lhes mostrar qual regra de três é essa.

4 de fevereiro de 1959

XII
A Risada dos Deuses Imortais

Ser e não ser o falo
Não ser sem ter
O Ser e o Um
Crítica a Melanie Klein
A imagem do outro e o I maiúsculo

Anunciei da última vez que desta vez terminaria o estudo desse sonho que vasculhamos particularmente do ponto de vista de sua interpretação, mas serei obrigado a dedicar-lhe mais uma sessão.

Começo com uma breve recapitulação.

Trata-se então do sonho de um paciente advogado que enfrenta várias dificuldades na sua profissão. Ella Sharpe se aproxima com prudência, pois o paciente tem toda a aparência de se manter na defensiva, sem que, aliás, se possa falar de rigidez a respeito de seu comportamento. Ela não deixou de apontar que tudo o que ele conta é da ordem do pensado, e não do sentido.

No ponto em que estamos, ele teve um sonho notável, que foi uma virada na análise. O paciente o concentra em poucas palavras, embora, diz ele, tenha tido *um sonho enorme*, tão enorme que, se lembrasse dele, não conseguiria acabar de contá-lo. Emerge um fragmento, que, em certa medida, apresenta as características de um sonho repetido – ou seja, um sonho que ele já teve.

Fez uma viagem, como ele diz, *com sua mulher ao redor do mundo* – enfatizei isto – e se encontra na Tchecoslováquia. Este é o único ponto sobre o qual Ella Sharpe nos dirá que não obteve esclarecimentos suficientes, por não ter interrogado o paciente sobre o que significava para ele a palavra *Tchecoslováquia*, e lamenta isso. Mas, quem sabe, talvez possamos ter alguma ideia.

Lá, ocorre *um jogo sexual com uma mulher, diante da sua mulher*. A mulher com quem se realiza o jogo sexual apresenta-se, com relação a ele, como que numa posição superior. Por outro lado, trata-se, no caso dela, de manobrar para *to get my penis*. Isso não aparece de imediato no dizer do paciente, mas o encontramos em suas associações.

Assinalei o caráter muito especial do verbo *to get* em inglês. *To get* é *obter*, mas de todas as maneiras possíveis. *To get* é um verbo bem menos limitado que *obter* – é *obter*, *apanhar*, *pegar*, *acabar com*. E se a mulher conseguisse *to get my penis*, isso significaria que ela o tem.

Contudo, esse pênis não entra em ação, tanto é que o sonho termina no seguinte anseio: ante a decepção da mulher, ele pensou que ela bem poderia se masturbar, o que se diz *masturbates*. Como expliquei, é este o sentido secreto desse momento do sonho, pois, no relato que o sujeito faz, isso se manifesta sob a forma: o sujeito pensa que poderia masturbá-*la*, *masturbate her*.

Na verdade, há aqui uma verdadeira exploração de algo que nos é apresentado pelo sujeito como *hoodlike*, e que é interpretado por Ella Sharpe, com muita insistência e cuidado, como equivalente de capuz. Examinando mais detidamente, tal como fizemos, o que merece nossa atenção é que o que está ali é o órgão feminino, e não um capuz. É uma espécie de vagina ao avesso ou prolabada, e tudo se desenrola como se a pseudomasturbação do sujeito não fosse outra coisa senão uma constatação da ausência do falo.

Foi nesse sentido que eu disse que a estrutura imaginária, a articulação manifesta, deveria pelo menos nos obrigar a limitar um pouco a extensão que damos ao registro do significante. É por isso, em suma, que coloco a questão de saber se, com um método mais prudente, que possa ser considerado mais estrito, não poderíamos alcançar uma precisão maior na interpretação.

Isso, no entanto, não nos dispensa de levar em consideração os elementos estruturais com os quais decidimos, aqui, nos familiarizar. É inclusive necessário fazê-lo o suficiente para que esses significantes nos permitam diferenciar o sentido de cada caso. E, fazendo isso, vemos bem que os casos mais particulares são sempre aqueles cujo valor é o mais universal.

Se nada do que esse relato clínico nos mostra deve ser desconsiderado, é porque, para nós, trata-se, nada menos, do que de determinar, nesta oportunidade, aquilo sem o que não se poderia dar à função do falo sua verdadeira posição, a saber, seu caráter de significante.

1

Embora, na interpretação analítica, a função do falo continue sendo tão importante, imediata e crucial, seu manejo conduz, a cada instante, a impasses.

O mais impressionante é o que, a partir desses impasses, traduz e trai a teoria da sra. Melanie Klein, ao fazer do falo, como se sabe, o mais importante dos objetos.

Na teoria kleiniana e em sua interpretação da experiência analítica, como o objeto falo é introduzido? Ele é o substituto, diz ela, o primeiro substituto ao alcance da criança em sua experiência própria, quer se trate da menina ou do menino. É um signo mais cômodo que os demais, mais manejável, mais satisfatório. Essa concepção tem tudo para suscitar perguntas sobre o estatuto e o papel exato dessa entidade, sobre os mecanismos em jogo etc.

Descrevem-nos uma fantasia essencialmente primordial, em que o sujeito se encontra numa relação conflituosa, profundamente agressiva, com o corpo da mãe, concebido como o continente dos objetos bons e maus, que ali estão, em seu interior, numa espécie de caldo primitivo do corpo. Esses objetos são cobiçados, desejados pelo sujeito, ele quer arrancá-los – todos os termos empregados acham-se infelizmente justapostos, o que sempre cria dificuldades. Mas não nos dizem como conceber a saída desse conflito, nem por que, no interior do corpo materno, concede-se tal privilégio ao dito objeto falo.

Além disso, toda essa descrição nos é transmitida num tom de grande autoridade, num estilo extremamente taxativo, que provoca uma espécie de deslumbramento. Os enunciados kleinianos têm um caráter tão determinado que quase chego a dizer que não estão abertos a qualquer discussão. No entanto, depois de ouvi-los serem afirmados, temos de nos recompor e perguntar a todo instante: ao que ela visa? É a criança que traz o testemunho da primazia do objeto falo ou é ela mesma? O que indica que esse objeto tenha o sentido do falo? Devo dizer que, em muitos casos, não nos esclarecem sobre a escolha a fazer quanto à interpretação de suas colocações.

Na verdade, também se interrogam sobre as minhas. Sei que alguns de vocês se perguntam onde colocar o signo do falo nos diferentes elementos do grafo a partir do qual tentamos orientar a experiência do desejo e de sua interpretação. Chegaram até mim alguns ecos sobre a forma que essa interrogação tomou para alguns: qual é a relação do falo com o Outro, com maiúscula, de que falamos como sendo o lugar da fala?

Há, com efeito, uma relação entre o falo e o Outro. Mas certamente não é uma relação que coloca o primeiro para além do segundo, no sentido de que o falo seria o ser do Outro – supondo que alguém tenha formulado a questão nesses termos. Se o falo tem alguma relação com algo, é muito mais com o ser do sujeito.

É este, creio, o ponto novo e importante que tento fazer vocês compreenderem no tocante à introdução do sujeito na dialética que prossegue ao longo do desenvolvimento inconsciente das diversas etapas da identificação, desde a relação primitiva com a mãe até a entrada em jogo do Édipo e da Lei. Embora o que destaquei agora seja muito perceptível nos relatos clínicos, especialmente a respeito da gênese das perversões, a relação do sujeito com o significante falo muitas vezes permanece velada.

Quando, já faz agora dois anos, comecei a revisar a função do falo, partimos do seguinte, de que as coisas são muito diferentes conforme, para o sujeito, se trate, pura e simplesmente, de ser, em relação ao Outro, o falo, ou se, no Outro, a relação com o falo já está presente – instalada por alguma via, meio ou mecanismo, cuja incidência na sequência da evolução do sujeito ainda temos de esclarecer. Neste último caso, como a mãe já mantém certa relação com o falo, o sujeito só pode se fazer valer, nesse contexto, entrando em competição com ele.

Opus, em seguida, as duas formas possíveis que a relação do sujeito com o significante falo pode adquirir, introduzindo uma distinção essencial, aquela entre ser o falo e ter o falo. Ela é essencial, na medida em que sê-lo e tê-lo não acontecem no mesmo tempo da relação de identificação, e em que as incidências não são as mesmas num e noutro caso. Entre ambos há uma verdadeira linha de demarcação, de discernimento: não se pode ser o falo e tê-lo. Para que, em certas condições, o sujeito venha a tê-lo, é preciso que haja renúncia a sê-lo.

Contudo, as coisas são bem menos simples de formular quando tentamos apreender o máximo possível a dialética realmente em questão. Quando dizemos que o falo tem uma relação com o ser do sujeito, não estamos falando do puro e simples sujeito, o pretenso sujeito do conhecimento, suporte noético de todos os objetos. Estamos falando de um sujeito falante, do sujeito como aquele que assume sua identidade no campo da linguagem. Nesse sentido, digo que o sujeito ao mesmo tempo é e não é o falo. E é por isso mesmo que o falo cumpre uma função essencialmente significante.

Perdoem-me o caráter algébrico que as coisas vão ganhar hoje, mas temos de aprender a fixar as ideias, pois, para alguns, questões se colocam. Na nossa notação, esta em particular, ($\$\Diamond a$), há algo que se apresenta como sendo o sujeito barrado, isto é, o sujeito do desejo, na medida em que, na sua relação com o objeto, ele mesmo é profundamente posto em questão. É isso que constitui a especificidade da relação do desejo no próprio sujeito. E é na medida em que o sujeito é o sujeito barrado, por ser o sujeito falante, que se pode dizer que é possível, dadas certas condições, dar-lhe como significante o falo.

O sujeito é e não é o falo. É o falo porque é o significante sob o qual a linguagem o designa, e não é na medida em que, num outro plano, a linguagem, e justamente a lei da linguagem, dele o subtrai.

Com efeito, as coisas não se passam, aí, no mesmo plano. Se a lei dele o subtrai é precisamente para arrumar as coisas, pois, nesse momento, uma escolha é feita. A lei, no fim das contas, traz para a situação uma definição, uma distribuição, uma mudança de plano. A lei lembra-o de que ele o tem ou de que ele não o tem. Mas o que de fato se passa transcorre por inteiro no intervalo entre essa identificação significante e essa distribuição de papéis: o sujeito é o falo, mas o sujeito, claro, não é o falo.

Há, no uso do verbo *être* [ser, estar] em francês, um deslizamento, que a própria forma do jogo da negação na língua permite captar numa fórmula que vou destacar, pois ela exprime o que se passa no momento decisivo, aquele em torno do qual se dá a assunção da castração. A fórmula é esta: sim, pode-se dizer que o sujeito é e não é o falo, mas *ele não é sem tê-lo* [*Il n'est pas sans l'avoir**].

É na inflexão do *não ser sem*, é em torno da assunção subjetiva, infletida entre sê-lo e tê-lo, que se joga a realidade da castração. O valor central que o falo adquire decorre de que, em certa experiência, o pênis do sujeito foi posto na balança com o objeto, ganhou certa função de equivalente ou de padrão na relação com o objeto. E pode-se dizer, até certo ponto, que é na proporção de certa renúncia à sua relação com o falo que o sujeito se apossa dessa infinidade, pluralidade, omnitude do mundo dos objetos que caracteriza o mundo do homem.

---

* A expressão *Il n'est pas sans l'avoir* em seu uso corrente significa "ele não deixa de tê-lo". A opção pela tradução literal visa manter o verbo *ser*. (N.T.)

Notem que essa fórmula, *ele não é sem tê-lo*, cuja modulação, cuja ênfase rogo-lhes que guardem, é encontrada de outras formas em todas as línguas – voltaremos a isso.

Isso vale para o homem. Para a mulher, é de uma forma literalmente oposta que se articulam a relação com o falo e a fase fálica, a qual tem uma função essencial no desenvolvimento da sexualidade feminina. Isso basta para marcar que, em sua relação com a sexualidade, o sujeito masculino e o sujeito feminino partem de pontos diferentes.

A relação do sujeito feminino com o falo tem por fórmula: *ela é sem tê-lo*. Esta é a única fórmula exata que permite sair das ambiguidades, das contradições e dos impasses em torno dos quais giramos no tocante à sexualidade feminina. É esse *ser sem tê-lo* que dá à posição da mulher sua transcendência, e que nos permitirá articular mais tarde a relação que a mulher tem com o falo, essa relação tão particular e tão permanente, cujo caráter irredutível foi repisado por Freud com insistência e que se traduz psicologicamente sob a forma do *Penisneid*.

Para levar as coisas ao extremo a fim de que sejam bem entendidas, diremos que, para o homem, o pênis lhe é restituído por meio de certo ato, sobre o qual, no limite, se poderia dizer que o priva dele.

Não é uma fórmula exata, apresento-a para que abram os ouvidos – espero que essa segunda ênfase não leve aqueles que ouviram a fórmula anterior a degradá-la –, mas ela tem, contudo, sua importância, porque indica onde se dá a junção entre o falo e as chamadas primeiras relações da criança com o objeto materno.

Essas relações são habitualmente abordadas sob o ângulo do desenvolvimento. É precisamente isso que convém revisar, e vou imediatamente tentar fazê-lo junto com vocês.

2

Nossa questão é saber como formular, com os elementos algébricos que utilizamos, o que está em pauta nessas famosas relações. A partir daí, poderemos conceber como se dá a junção dessas relações com o significante privilegiado cuja função estou tentando situar.

A seguirmos o que os psiquiatras dizem, a relação da criança com a mãe é primordial. A sra. Melanie Klein acrescenta a isso que é precisamente com o corpo da mãe que se estabelecem as primeiras relações da criança.

Estas, que seriam imaginárias, encontrariam nesse corpo, por assim dizer, seu lugar ideal. Assim, como todos sabem, os textos kleinianos incluem na experiência primitiva do corpo da mãe a relação entre a forma e o símbolo, embora seja sempre um conteúdo imaginário o que eles promovam. Em todo caso, é difícil entender, a partir dessas descrições, qual seria aqui a relação entre o símbolo e a imagem.

Seja como for, símbolo ou imagem, o corpo da mãe é certamente uma espécie de Um. A oposição entre imagem e símbolo quase coincide com a oposição filosófica entre o Ser e o Um com que opera o famigerado *Parmênides*. Por outro lado, a experiência da relação com a mãe está inteiramente centrada numa apreensão de sua unidade ou de sua totalidade.

Com efeito, segundo Melanie Klein, o bebê apreende os objetos primordiais como estando contidos, fora dele, no corpo da mãe. Este se apresenta à criança como o continente universal de todos os objetos, bons e maus, que ali estão, se não num caos, pelo menos num estado de desordem primitiva. Dessas múltiplas relações, desses objetos diversos, despedaçados, fragmentados, a experiência da criança lhe ensinará progressivamente a captar a pluralidade na unidade desse objeto privilegiado que é o objeto materno, o que lhe abrirá caminho para sua própria unidade. A passagem da fragmentação para a unidade – esse é o progresso primitivo que Melanie Klein nos descreve como sendo essencial para o desenvolvimento da criança.

Como articular isso na nossa álgebra? Comecemos notando que, evidentemente, há aí não dois, mas quatro termos. A relação primordial da criança com o corpo da mãe é o quadro onde vêm se inscrever as relações da criança com seu próprio corpo.

Faz tempo que tento articular para vocês essas relações em torno da noção de afeto especular, na medida em que este é o termo que fornece a estrutura do chamado afeto narcísico. Vocês sabem que fiz referência aqui a uma experiência original que ocorre num certo momento do desenvolvimento, em que o sujeito se reconhece ao mesmo tempo como separado da imagem de seu próprio corpo e como tendo certa relação eletiva com ela. Chega a essa relação especular, seja na experiência do espelho, seja numa certa relação identificatória transitiva durante jogos de preeminência com o pequeno outro – a palavra *pequeno* aponta aqui para o fato de que se trata de amiguinhos.

Não é com qualquer tipo de pequeno outro que o sujeito pode ter essa experiência. A idade desempenha aqui um papel no qual insisti no passado. Tem de ser um outro com uma idade próxima, muito próxima, e que oscile dentro de certo limite, que não pode ser ultrapassado, de maturação motora. Logo, não pode ser a mãe.

Eros, a libido, desempenha aqui um papel especial, na medida em que essa primeira relação só se sustenta articulada com uma segunda. O par que a criança faz com o outro que lhe representa sua própria imagem vem, com efeito, se justapor a uma segunda relação na qual interfere e sob cuja dependência se inscreve. Essa outra relação, que, constata-se, regula o que se passa no par especular, é a relação, mais ampla e mais obscura, entre a criança – cujas tentativas primitivas são motivadas pelas tendências oriundas de sua necessidade – e o corpo da mãe, na medida em que ele é efetivamente o objeto imaginário da identificação primitiva.

Estamos partindo aqui de dois elementos que são, por um lado, o sujeito nesse estado primitivo ainda inconstituído, demonstrado pela forma inconstituída sob a qual se apresenta seu grito, seu primeiro vagido, o apelo de sua necessidade e, por outro, o corpo materno, o continente universal, que se apresenta como um Um no nível do Outro. É a maneira como se estabelecem as relações entre esses dois elementos que, de um modo totalmente primitivo, rege a relação entre os dois outros elementos. Esses elementos são, por um lado, o sujeito, enquanto se constitui de um modo especular, a saber, como eu – e o eu é a imagem do outro –, e, por outro, um certo outro que tem de ser diferente da mãe, a saber, o pequeno outro.

As primeiras adequações do sujeito a sua própria identidade não se dão na simples relação especular. Dão-se na relação quadripartite. Não esqueçam que é na relação mais radical com a mãe que todos os autores, de comum acordo, situam o lugar das anomalias psicóticas ou parapsicóticas, que repercutem sobre a integração, nas fronteiras da imagem do corpo, deste ou daquele termo das relações autoeróticas do sujeito consigo mesmo.

É fácil entender isso com a ajuda do pequeno esquema que utilizei em outro momento e que evoquei recentemente, o do famoso espelho côncavo. Essa experiência consiste em fazer surgir no centro de um espelho esférico não a fantasia, mas a imagem real de uma flor dentro de um vaso efetivamente existente, com a condição de se olhar de um ponto favorável, situado entre linhas que prolongam os limites do espelho. Esse aparelho nos permite imaginar o que está em jogo na relação da criança com a mãe. Assim como vocês têm de estar numa certa posição em relação ao espelho para ver a ilusão se realizar, também é na medida em que a criança se identifica com certa posição de seu ser nos poderes da mãe que ela se realiza.

É justamente sobre isso que recai a ênfase de tudo o que dissemos sobre a importância das primeiras relações da criança com a mãe. A criança tem de se integrar de maneira satisfatória nesse mundo de insígnias representado por todos os comportamentos da mãe. Se ela se situou de um modo favorável com relação à mãe, então poderá se instalar esse *x* oculto dela mesma, a saber, suas tendências, ou pulsões, seus desejos, seja no interior dela mesma, seja fora dela mesma, seja lhe faltando, pode-se dizer. Caso contrário, sua relação com suas pulsões ficará, desde esse momento primeiro, mais ou menos deturpada ou desviada.

Não é tão complicado imaginar isso. Lembrem-se da experiência manifesta, crucial, há muito tempo descrita, em torno da qual fiz girar a explicação do narcisismo. É o famoso exemplo exposto nas *Confissões* de santo Agostinho, aquele da criança que vê o irmão de leite em posse do seio materno. *Vidi ego et expertus sum zelantem parvulum: nondum loquebatur et intuebatur pallidus amaro aspectu conlactaneum suum* – que traduzi por *Vi com meus olhos e observei bem um pequenino tomado de ciúmes: ainda não falava e já contemplava, pálido, com olhar amargo, seu irmão de leite.* Em latim, *amaro* tem uma acepção diferente do francês *amer* [amargo], poderíamos traduzir por *empoisonné* [envenenado], mas isso tampouco me satisfaz.

Uma vez formalizada essa experiência, vocês verão aparecer seu alcance absolutamente geral. Trata-se da relação do sujeito com sua própria imagem, com seu semelhante, desde que, no entanto, o sujeito veja esse semelhante numa certa relação com a mãe – que, aqui, é a mãe como primitiva identificação ideal, como primeira forma do Um.

A propósito da mãe, os analistas preferem falar de totalidade a falar do Um. Em consequência de suas explorações da experiência primitiva com a mãe, fazem tanto caso dela que agora só se fala disso: totalidade para cá, tomada de consciência da totalidade para lá. É como se estivéssemos tão focados nisso que acabamos esquecendo o que nos mostra a experiência analítica quando ela é levada, da maneira mais tenaz, até o mais extremo de tudo o que vemos nos fenômenos, a saber, que o ser humano não tem nenhuma possibilidade de ter acesso a uma experiência da totalidade, que ele é dividido, partido, que nenhuma análise lhe restitui a totalidade.

O motivo disso é que há outro fator que se introduz na dialética dessa experiência. Se tentamos articular essa dialética do modo como estamos fazendo, é porque essa articulação nos é literalmente imposta pela experiência – e, em primeiro lugar, pelo fato de que, em qualquer circunstância, o ser humano só pode ser considerado, em última instância, como não sendo nada mais do que um ser em quem falta algo. Seja ele macho ou fêmea, é um ser castrado. Eis por que, no interior da experiência do Um, é à dialética do Ser que o falo remete essencialmente.

Passemos ao momento em que o sujeito, não sem certa demora, acabou superando a fragmentação e assumindo a totalidade. É o momento crucial da chamada *fase depressiva*, em torno da qual Melanie Klein faz girar a evolução da criança. Esse momento se dá quando a mãe como totalidade foi finalmente realizada pelo sujeito e ocorre a primeira identificação ideal do sujeito.

Correlativamente a essa forma nova que a relação com a mãe adota, o que acontece no par especular? Como lhes disse, o outro, o pequeno outro, o semelhante, está em vias de se apossar do seio materno. Acrescento que, em virtude disso, o sujeito toma consciência do objeto desejado como tal.

Peço que se detenham nessa experiência, que será essencial para nossa formalização. Se ela é crucial é porque dá ao objeto, que neste caso é o seio materno, o valor eletivo de ser desejado, ao mesmo tempo em que dá ao sujeito consciência de si como privado.

Toda privação, diz Jones, provoca o sentimento de frustração, e, claro, ele não diz isso em nenhum outro lugar a não ser quando discute a fase fálica. É exatamente o contrário. É na medida em que o sujeito é imaginariamente frustrado que nasce sua primeira apreensão do objeto como dele estando privado.

O sujeito tem, primeiro, a experiência do semelhante, aquele que está com a mãe numa relação que deveria ser sua, aquele que usurpa seu lugar. Sente esse intervalo imaginário como uma frustração. Vive, então, a si próprio como privado. Se digo que o intervalo é imaginário, é porque, na verdade, nada prova que ele esteja sendo privado – um outro pode estar sendo privado, ou cuidarão dele quando chegar sua vez etc.

Com a privação, inicia-se o processo que permitirá a esse objeto entrar numa relação nova com o sujeito. Será que devemos apor a esse sujeito S o índice *i* minúsculo, de *imaginário*, dada essa espécie de autodestruição passional absolutamente aderida a essa palidez, a essa decomposição que nos mostra o pincel literário daquele que nos desfia a história, ou seja, santo Agostinho? Ou será um sujeito que já podemos conceber como estando propriamente inscrito na ordem simbólica? Ainda não sabemos.

No tocante ao objeto, em contrapartida, fica claro que está simbolizado e que adquiriu, nessa experiência, valor significante. Não só o objeto em questão, o seio da mãe, pode ser concebido como estando presente ou não, mas ele também pode entrar em relação com outra coisa que o substitua e, consequentemente, tornar-se um elemento significante. Em todo caso, Melanie Klein, sem saber do alcance do que está dizendo naquele momento, resolve dizer que pode haver algo melhor que o seio da mãe, qual seja, o falo.

Só que ela não nos explica por quê. O ponto permanece misterioso. É aí que digo que tudo depende desse momento que lhes apontei como sendo essencial distinguir no desenvolvimento da criança e que vê o nascimento de uma metáfora.

Lembrem-se do que lhes disse outro dia sobre essas formas particulares da atividade infantil diante das quais os adultos ficam desconcertados e desajeitados, ao lhes dar o exemplo daquela criança que, não contente em ter se posto a chamar por um significante que ela invocou como tal, *au-au*, o que vocês se obstinaram a lhe dizer que se chamava "cão", decreta que o cão faz *miau* e que o gato faz *au-au*.

Essa historinha serve para ilustrar a atividade de substituição em que jaz todo o motor do progresso simbólico, pois, claro, é muito mais primitivamente que a criança articula, e não existe articulação propriamente dita sem substituição. Contudo, embora o campo da atividade de substituição exceda em muito a experiência passional da criança que se sente frustrada, esta, em todo caso, está incluída naquela. Podemos, portanto, formalizá-la escrevendo que a imagem do outro substitui o sujeito, na medida em que ele é arrebatado em sua paixão aniquiladora, que, no caso, é paixão ciumenta.

$$\frac{i(a)}{\$}$$

Esse sujeito assim substituído encontra-se numa certa relação com o objeto, mas na medida em que este substitui a totalidade. É então que entramos na atividade simbólica propriamente dita, aquela que faz do ser humano um ser falante, o que irá definir toda a sua relação posterior com nosso objeto.

$$\frac{i(a)}{\$} \lozenge \frac{a}{I}$$

Isto posto, como essas distinções tão fundamentais poderiam nos servir para nos orientar no caso de Ella Sharpe, se lhes conservássemos um caráter tão primitivo? Trata-se, ao contrário, de utilizá-las para criar as discriminações que nos permitirão tirar o máximo proveito dos fatos que nos são fornecidos na experiência do sonho e nas falas do sujeito particular, cujo caso estamos analisando.

É o que vamos ver agora.

3

Podemos pegar o relato clínico de Ella Sharpe de várias pontas. Vamos pegá-lo, na medida do possível, pelas pontas que têm mais relevo, pelas pontas sintomáticas.

Ao mesmo tempo devemos nos propor a circunscrever, com precisão e a cada instante, a relação chamada desejo, a relação do sujeito com o objeto como relação de desejo humano.

Lembro que é sempre imprescindível encontrarmos nela, a relação do \$ diante do *a* minúsculo, que é a fórmula da fantasia e que implica que, na sua relação com o objeto, o sujeito se revele, no final das contas, como aniquilado. Como indica nosso último esquema, essa fórmula inscreve-se por sua vez numa relação quádrupla, que nos mostra como esse sujeito chega a dar uma forma ao que ele mesmo é no desejo, a saber, um sujeito barrado fundamentalmente *pallide*, fundamentalmente angustiado. Faz isso se substituindo pela imagem do outro, *i*(*a*), ou seja, as sucessivas identificações que virão a se chamar o eu.

O que encontramos nos diferentes elementos sintomáticos que o paciente traz no material que nos oferece?

Em certo momento ele diz que cortou as tiras, ou correias, das sandálias da irmã. Isso aparece nas associações sobre o sonho, depois de certo número de intervenções da analista, sem dúvida mínimas, mas nem por isso nulas, meros incentivos, que o fizeram chegar pouco a pouco, uma coisa levando a outra, nesse ponto. Depois do capuz e do fato de que este tem a forma do órgão genital feminino, depois da capota do carro e as tiras que servem para prendê-la, aparecem as tiras que ele antigamente cortava das sandálias da irmã, sem que possa explicar agora o objetivo que, sem dúvida nenhuma, lhe parecia útil perseguir, sem que possa, de alguma maneira, mostrar que necessidade tinha daquilo.

Estes são, muito precisamente, os termos de que se utiliza também a respeito de seu próprio carro. Na segunda sessão depois daquela do sonho, ele diz à analista que o mecânico não lhe entregou esse carro, mas que não pensa em criar caso com esse bom homem. Desse carro, não tem nenhuma necessidade, mas o quer, embora não lhe seja necessário. Ele diz: *I love it.*

Temos aí, parece, duas formas do objeto com o qual o sujeito tem uma relação e cujo caráter singular ele mesmo articula, a saber, que não responde a nenhuma necessidade.

Quem diz isso não somos nós. Não estamos dizendo: *o homem moderno não tem nenhuma necessidade de seu carro*, embora qualquer um, se olhar com atenção, percebe que é mais que evidente. Aqui, quem o diz é o sujeito. Diz, em suma: *não tenho necessidade do meu carro. Só que o amo, o desejo*. E, como vocês sabem, é em cima disso que Ella Sharpe, na posição do caçador diante da presa, a saber, o objeto de sua investigação, intervém com muita energia, mas sem nos dizer, coisa curiosa, em que termos ela o faz.

Comecemos a descrever um pouco as coisas que estão em jogo. E como quis partir do mais simples, do mais fácil de localizar numa equação já antiga, direi que as correias ou tiras são o *a* minúsculo. Há, aliás, um momento em que ele coleciona essas tiras.

Obriguemo-nos a seguir um pouco nossas próprias fórmulas, já que, se as propomos, é porque devem servir para alguma coisa. Fica bem claro que, aqui, a imagem de *a*, *i*(*a*), é sua irmã, de quem não se falou muito, pois todos sabem como é complexo remexer no que quer que seja quando se trata de explicar aquilo com que estamos lidando.

$$\frac{\text{sua irmã}}{\$} \lozenge \frac{\text{as tiras}}{X}$$

Sua irmã é mais velha que ele, tem oito anos a mais. Sabemos disso, está no relato do caso. Ella não faz um grande uso do fato de a irmã ser oito anos mais velha que o paciente, mas o certo é que, se ela é oito anos mais velha que ele, tinha onze quando ele, o sujeito, tinha três, no momento de perder o pai.

Um certo gosto pelo significante tem a vantagem de nos fazer usar, de vez em quando, a aritmética. Não é algo abusivo, pois não há absolutamente nenhuma dúvida de que, na sua mais tenra idade, as crianças não param de fazer isso no tocante a sua idade e a suas relações etárias. Nós, graças a Deus, esquecemos que passamos dos cinquenta, temos motivos para isso, mas as crianças fazem muita questão de saber sua idade. E quando fazemos esse pequeno cálculo, percebemos uma coisa muito impressionante: o sujeito nos diz que só começa a ter lembranças a partir dos onze anos. Está no relato, mesmo que a autora não tire muito partido disso.

Não é simplesmente um achado casual que estou apresentando, porque, se relerem agora o relato, verão que isso vai bem mais longe. Imediatamente antes de ter trazido ao nosso conhecimento que ele tem uma memória ruim para tudo o que aconteceu antes de seus onze anos, o sujeito nos fala de sua *girl-friend* que é super instruída, super bacana, craque em *impersonations*, ou seja, ela imita qualquer um e, particularmente, os homens, de maneira brilhante, já que é contratada da BBC.

É impressionante que ele fale disso logo antes de fazer um comentário que parece ser de outro registro, a saber, que abaixo dos onze anos há um buraco negro. Cremos que isso não deixa de ter relação com certa relação de alienação imaginária de si mesmo na personagem sororal. Nosso *i*(*a*) é mesmo a irmã e isso pode explicar muitas coisas, inclusive a elisão que ele fará, em seguida, da existência na sua família de um *pram*, de um carrinho de bebê. Nesse plano, é o passado, é coisa da irmã.

Ainda assim, há um momento em que ele, por assim dizer, alcançou essa irmã. Conseguiu encontrá-la no próprio ponto onde a tinha deixado em torno de um acontecimento que é crucial. Ella Sharpe tem razão ao dizer que a morte do pai é crucial. A morte do pai deixou o sujeito confrontado com todo tipo de elementos, excetuando um, que provavelmente lhe teria sido muito valioso para superar as diversas captações de que irá se tratar. De todo modo, é o ponto que, claro, vai ser um pouco misterioso para nós: por que as tiras?

Como o próprio sujeito declara, ele mesmo não faz ideia. Graças a Deus, somos analistas e podemos vislumbrar que esse elemento é o que está ali, no nível e diante do S barrado. Exige-se que nós, porque conhecemos outras observações, tenhamos alguma ideia do que está em I no esquema.

É algo que, evidentemente, está relacionado com – não digo com a castração, pois se fosse a castração bem assimilada, bem registrada, assumida pelo sujeito, não teria havido aquele pequeno sintoma transitório que consistiu em cortar as tiras. É certo que era mesmo em torno da castração que aquele sintoma girava, mas, até segunda ordem, não temos o direito de extrapolar.

No caso em que trabalhamos, o I maiúsculo, o Ideal do eu, é o quê? Podemos perfeitamente nos permitir suspender um pouco nossas conclusões até segunda ordem. Afinal, se um sujeito está em análise é justamente para tentar compreender um pouco, e compreender em que pé está seu I.

Eu já havia indicado, na última vez, que a identificação com o Ideal do eu era extremamente singular no caso desse sujeito e que convinha deter-se nisso. Podemos tentar precisá-lo agora fazendo referência a suas relações com a analista, que têm algo de mais evolutivo que o I. Pois bem, voltemos a fazer as perguntas, mas a partir do que ocorre atualmente na situação da análise.

Há muitas maneiras de formular esse problema, pois, nesta circunstância, cabe realmente dizer que todos os caminhos levam a Roma. Podemos partir da massa de coisas que o sujeito traz como material em reação às interpretações de Ella Sharpe. A respeito disso, estamos de acordo com ele: o essencial é o carro, bem como as tiras. Evidentemente, não são a mesma coisa, algo evoluiu no intervalo.

No que concerne a esse carro, o sujeito tomou posições, refletiu, reflexões que não deixam de denotar certa ironia: *É estranho falar dele como se fosse um ser vivo*. Nesse aspecto, não preciso insistir, a gente percebe, já apontei, que o caráter evidentemente simbólico desse carro tem sua importância. É certo que, ao longo da vida, o sujeito encontrou nesse carro um objeto mais satisfatório, parece, que as tiras, pelo simples motivo de que, das tiras, ele até hoje não entende nada, ao passo que é capaz de dizer que, evidentemente, o carro não serve tanto para satisfazer uma necessidade, mas que é muito apegado a ele. Além disso, quem manda ali é ele, dentro do seu carro ele se sente bem.

O que vamos encontrar aqui como imagem de *a*? Evidentemente, coisas diferentes conforme tomemos as coisas no nível da fantasia ou no nível do sonho. Pode-se também dizer que há fantasia dos dois lados: as fantasias do sonho e as do sonho acordado.

No sonho acordado, que também tem seu valor, sabemos o que é a imagem do outro. É algo diante do qual o sujeito tomou atitudes bem singulares. A imagem do outro é esse casal de amantes que, a pretexto de não incomodá-los, notem bem, ele nunca deixa de incomodar da maneira mais efetiva, qual seja, intimá-los a se separar. A imagem do outro é também esse outro sobre quem todo o mundo dirá – lembrem dessa fantasia bastante intrigante que ele afirma ter tido não faz tanto tempo – *Oh! Não vale a pena verificar o que tem nesse quarto, é só um cão.*

Em suma, a imagem do outro é algo que, em todo caso, deixa muito pouco espaço para a conjunção sexual. O *i*(*a*) exige, ou a separação, ou, ao contrário, um falo animal, um falo que é totalmente posto fora dos limites do jogo. Se há um falo, é um falo de cão.

Essa situação, como veem, parece ter feito progressos no sentido da desintegração.

Se, por muito tempo, o sujeito foi alguém que tomou como suporte uma identificação feminina, constatamos que sua relação com as possibilidades de conjunção, com o fato da cópula e da satisfação genital, apresenta-se de um modo que, em todo caso, deixa aberto, escancarado, o problema do que está fazendo o falo ali dentro. O que é muito certo, em todo caso, é que o sujeito não está à vontade. A questão do duplo ou do simples na imagem do outro está ali – se é duplo, é separado – se é simples, não é humano. De todo modo, a coisa não funciona bem.

Quanto ao sujeito, não precisamos nos indagar, como no outro caso, o que é e onde está. É totalmente claro: já não há mais ninguém [*personne*], é realmente o *outis*, o ninguém [*personne*] de que falamos em outras circunstâncias.

E o que acontece do lado do sonho? Uma mulher faz de tudo *to get my penis*, mas, literalmente, não há nada feito. Pode-se fazer o que quiser com a mão, até mesmo mostrar que não há nada nas mangas, mas quanto a ele, ninguém [*personne*]!

Quanto a qual é sua fantasia, ela é: *o que há neste lugar onde ele não deve estar?* Não há, com efeito, ninguém. Não há ninguém porque, se há um falo, é o falo de um cão que se masturbava, num lugar em que ele ficaria bem incomodado se alguém entrasse. Em todo caso, não ele.

O que há no nível de I? Temos certeza que há a sra. Ella Sharpe, e que Ella Sharpe não deixa de ter relação com isso. A sra. Ella Sharpe é avisada com antecedência, por uma *tossezinha*, para inverter a fórmula, para não pôr o dedo, ela tampouco, onde não deve – isto é, que, se ela própria estiver mexendo nela, de maneira mais ou menos suspeita, guarde-o antes que o sujeito chegue.

Em resumo, é preciso que a sra. Ella Sharpe esteja totalmente protegida dos golpes do sujeito. Foi o que exprimi da última vez, ao me referir à comparação da análise com uma partida de xadrez, com estas palavras: o sujeito não quer perder sua rainha. Não quer perder sua rainha porque, sem dúvida nenhuma, sua rainha é a chave de tudo isso, já que tudo isso só se sustenta porque é do lado da rainha que nada deve mudar, porque é do lado da rainha que está a onipotência.

O estranho é que Ella Sharpe fareja e reconhece essa ideia de onipotência em toda parte, a ponto de dizer para o sujeito que ele se crê todo-poderoso, alegando que ele teve *um sonho enorme*, por exemplo, embora ele não seja capaz de contar mais do que essa aventurazinha ocorrida numa estrada da Tchecoslováquia. Mas não é o sujeito que é todo-poderoso. O que é todo-poderoso é o Outro, e é precisamente por isso que a situação é especialmente temível.

Não esqueçamos que é um sujeito que não consegue chegar a se defender. Não consegue, e isso não deixa de ser algo impressionante. A chave da questão é esta: é verdade ou não que o sujeito não consegue se defender porque, para ele, o Outro, no lugar de quem sempre nos colocamos se temos de nos defender, com o Outro não devemos mexer?

Em outros termos, o Outro – e, neste caso, é a mulher –, o Outro não deve, em hipótese alguma, ser castrado. Ou seja, o Outro traz em si mesmo o significante que possui todos os atributos. E é exatamente assim que se deve considerar o falo.

Não sou o único a fazer isso. Leiam na página 272 de *La psychanalyse des enfants* da sra. Melanie Klein a respeito da evolução da menininha. Ela diz claramente que o significante falo concentra primitivamente em si todas as tendências que o sujeito pode ter tido em todas as ordens, oral, anal, uretral. Antes mesmo que se possa falar de genital, o significante falo já concentra em si todos os atributos e, especialmente, os atributos pulsionais, as tendências agressivas, que o sujeito pôde elaborar.

Na medida em que o sujeito não pode pôr em jogo o significante falo, em que o significante falo permanece inerente ao Outro como tal, o sujeito se encontra nessa postura em pane sexual que vemos.

Mas o que mais impressiona é que, tanto aí como em todos os casos em que nos vemos perante uma resistência do sujeito, essa resistência é a do analista. Com efeito, se há algo que Ella Sharpe se proíbe severamente na situação é defender-se. Justamente nessa situação em que há uma barreira a transpor, que ela poderia transpor, ela se proíbe transpô-la. Por quê? Ela não se dá conta, mas é certo que admite. Ela se recusa a transpor essa barreira, pois não se dá conta do que é aquilo contra o que o sujeito se mantém na defensiva.

Não é, como ela pensa, algo relativo a uma suposta agressão paterna. O pai, faz muito tempo que está morto, morto e enterrado, e deu um trabalhão reanimá-lo um pouco no interior da análise.

Não é de seu conflito homossexual que se trata. Tampouco de ele se mostrar mais ou menos corajoso, agressivo, na presença das pessoas que zombam dele no tênis porque não consegue dar o último *shot*. Não se trata de incitar o sujeito a fazer uso do falo como se fosse uma arma. Não é de nada disso que se trata.

O sujeito está aquém do momento em que deve consentir em perceber que a mulher é castrada. Não estou dizendo *que a mulher não tem o falo*, que é o que ele demonstra de modo totalmente irônico na sua fantasia onírica, mas que o Outro enquanto tal, pelo próprio fato de estar incluído no Outro da linguagem, está submetido a isto: no tocante à mulher, ela é sem tê-lo.

Ora, para ele, é justamente isso que não pode ser admitido em hipótese alguma. Para ele, ela não deve ser sem tê-lo, e é por isso que ele não quer que ela arrisque. Não esqueçam que, no sonho, sua mulher está fora do jogo. Ela é quem, aparentemente, não desempenha nenhum papel. Sequer é dito que ela olha. É ali, pode-se dizer, que o falo é posto ao abrigo. O próprio sujeito sequer precisa arriscar o falo, porque o falo está inteirinho em jogo num canto onde ninguém pensaria em procurá-lo.

O sujeito não chega a dizer que ele está na mulher, embora seja exatamente na mulher que ele está – a saber, na medida em que Ella Sharpe está lá.

Não é especialmente inoportuno que ela seja uma mulher. Poderia, até, ser muito oportuno, se ela percebesse o que tem de ser dito ao sujeito, ou seja, que ela está ali como mulher e que ousar defender sua causa perante uma mulher é algo que coloca questões para o sujeito, algo que lhe causa dificuldades, e é precisamente o que ele não faz.

Ela percebe claramente que ele não o faz, e é em torno disso que gira esse momento crítico da análise. Então, ela o incita a fazer uso do falo como se fosse uma arma. Ela diz: *Esse pênis é algo que sempre foi excessivamente perigoso, não tenha medo, é disso mesmo que se trata, ele é boring and biting.* Não há nada no material que nos dê uma indicação qualquer do caráter agressivo do falo no sujeito e, no entanto, é nesse sentido que ela intervém pela fala.

Não acho que isso seja o melhor. Por quê? Devido à posição que o sujeito tem e que, ao que tudo indica, ele conservou e que, em todo caso, conservará ainda mais depois dessa intervenção. Que posição? A posição que ele teve num momento de sua infância, aquele que estamos tentando determinar a partir da fantasia das correias cortadas e de tudo que a ela se vincula, as identificações com a irmã e a ausência de carrinho de bebê. E o que mais? Essa posição que ele tem certeza de ter experimentado na infância, vocês verão se lerem bem atentamente suas associações. Mas, enfim, qual? Ele atado, ele *pinned up* na cama.

Ele foi certamente mantido, contido em posições que levam a presumir alguma repressão da masturbação ou, em todo caso, experiências que não deixam de ter relação com o acesso a suas primeiras emoções erógenas, que tudo leva a supor terem sido traumáticas.

Tudo o que o sujeito produz a propósito do atamento, Ella Sharpe interpreta no sentido de dizer que tem certamente relação com alguma cena primitiva, com o coito dos pais. Essa copulação, diz ela, ele sem dúvida nenhuma interrompeu, ou chorando ou por algum problema intestinal. É aí que ela reencontra a *leve cólica* que substitui a tossezinha no momento de bater na sua porta, o que lhe parece ser uma prova que confirma sua interpretação.

Isso não está garantido. Na verdade, o que é uma *leve cólica*? É quando o sujeito solta o que tem no interior do corpo, ou porque ele é pequeno, ou na medida em que algo de um sintoma transitório se produz em eco ao que se passa na análise. É uma incontinência. Isso, contudo, não resolve a questão de sua função.

Essa incontinência, como vocês sabem, irá se reproduzir no nível uretral e, sem dúvida alguma, com uma função diferente. Eu já disse como era importante notar que todo tipo de manifestação de enurese tem o caráter de fazer eco à presença dos pais consumando o ato sexual. Portanto, sejamos prudentes aqui. Nem sempre é conveniente dar uma finalidade unívoca a certos efeitos. Um efeito pode ter sua causa própria e ser, em seguida, utilizado secundariamente pelo sujeito para intervir como terceiro nas relações interparentais, a fim de perturbá-las ou mesmo interrompê-las.

Muito recentemente, contudo, quer dizer, numa época bem próxima do famoso sonho, o sujeito teve uma fantasia muito especial, que Ella Sharpe leva muito em conta para confirmar a noção de que o sujeito de fato procurou romper a conjunção parental. Um dia, ele temeu sofrer uma pequena pane com o famoso carro – decididamente, cada vez mais identificado com sua própria pessoa – e ter essa pane no meio da estrada por onde deveria passar o casal real, nem mais nem menos. Poderíamos pensar que esse casal está colocado aí para lembrar o jogo de xadrez – mas, cada vez que encontrarem o rei, pensem menos no pai do que no sujeito.

Em todo caso, pequena angústia, que o sujeito manifesta: *Esperemos que isso não aconteça se ele tiver de ir a essa pequena reunião de inauguração onde o casal real é aguardado.*

Estamos em 1934, quem porta a coroa inglesa não é uma rainha ladeada por um pequeno consorte, são de fato um rei e uma rainha, que se verão bloqueados pelo carro do sujeito. Quer dizer, será que devemos realmente nos contentar em dizer, pura e simplesmente: *Eis aí algo que renova imaginariamente, fantasisticamente uma atitude agressiva do sujeito, uma atitude de rivalidade, comparável, a rigor, àquela que se pode atribuir ao fato de molhar a cama?* Não é tão certo assim.

Convenhamos que, se algo nessa fantasia deve despertar em nós algum eco, é que o casal real não está em qualquer lugar: ele está bloqueado no seu carro parado e ficará exposto aos olhares. O que está em questão aqui parece, afinal, bem mais próximo da busca febril do falo do que de um xixi na cama.

Do lado do sujeito, o falo é esse anel* que não está em lugar nenhum e que precisa ser encontrado, e que com certeza jamais será encontrado. O sujeito está dentro do seu carro, nesse capuz, sob a capota, nessa proteção construída desde sempre em volta de seu eu, e que é também, para ele, a possibilidade de cair fora, com um *peak of speed*, um pico de velocidade.

Em contrapartida, no momento em que ficarem bloqueados sob a capota do carro à vista de todos, rei e rainha ficarão na mesma posição em que, outrora, escutamos ressoar a risada dos olímpicos. E o sujeito, na de Vulcano, que captura Marte e Vênus nas malhas de uma rede comum.

E todos sabem que a risada dos deuses reunidos naquela ocasião ainda ressoa em nossos ouvidos e nos versos de Homero.

---

* *Furet* [furão] é o termo empregado para designar o objeto que passa de mão em mão, no jogo que conhecemos como "passa-anel". (N.T.)

Onde está o falo? Esta é sempre a principal fonte do cômico.

Afinal, não esqueçamos que essa fantasia é acima de tudo uma fantasia em torno de uma noção de incongruência, muito mais do que de qualquer outra coisa. Liga-se da maneira mais estreita com o que faz a unidade entre o sonho e tudo o que o cerca, a saber, a situação fundamental de uma *aphanisis*, mas não no sentido de *desaparecimento do desejo*, e sim no sentido próprio que a palavra merece se fizermos dela o substantivo *aphanisos*. É menos *desaparecer* do que *fazer desaparecer*.

Não faz muito tempo, um homem talentoso, Raymond Queneau, colocou como epígrafe de um belíssimo livro, *Zazie dans le métro* [*Zazie no metrô*], o πλασας ηφανισεν, *Aquele que o fabricou o fez desaparecer*; ele dissimulou cuidadosamente suas fontes.

No fim das contas, é disso mesmo que se trata. A *aphanisis*, aqui, consiste em escamotear o objeto em questão, o falo. Se o sujeito não consegue ter acesso ao mundo do Outro, é porque o falo não está posto em jogo, está reservado, preservado.

Ora, vocês verão que o que há de mais neurotizante não é o medo de perder o falo ou o medo da castração.

A fonte absolutamente fundamental da neurose é não querer que o Outro seja castrado.

11 de fevereiro de 1959

Sete Lições sobre Hamlet

XIII
O Ato Impossível

Freud sobre Hamlet
Uma trama mais fundamental
Édipo e Hamlet
As primeiras fibras
Ofélia, barômetro do desejo

Creio que levamos longe o bastante a análise estrutural do sonho-modelo presente no livro de Ella Sharpe para que ao menos vislumbrassem até que ponto esse trabalho era importante para nós no trajeto do que estamos tentando fazer este ano a propósito do desejo e sua interpretação.

Embora muitos tenham me dito que não encontraram a referência a Lewis Carroll que dei no meu penúltimo seminário, fico surpreso que não tenham guardado a dupla regra de três na qual ordenei as duas etapas da relação do sujeito com o objeto mais ou menos fetiche.

A coisa acabava finalmente dando no que se expressou como I, a identificação com o Ideal. O que é essa identificação na primeira das duas equações que forneci do caso, a das tiras das sandálias da irmã, deixei em aberto, não sem intenção, escrevendo, no lugar do I, um *x*.

Não creio que nenhum de vocês não tenha percebido que esse *x*, como é evidente, é o falo.

$$\frac{\text{sua irmã}}{\$} \lozenge \frac{\text{as tiras}}{\text{Falo}}$$

O importante, porém, é o lugar onde esse falo está. Ele está precisamente no lugar do I da identificação primitiva, a identificação com a mãe. É que, efetivamente, o sujeito não quer negar o falo à mãe. O sujeito, como ensina a doutrina desde sempre, quer manter o falo da mãe. O sujeito recusa a castração do Outro.

Como eu lhes dizia, o sujeito não quer perder sua rainha, já que era do jogo de xadrez que se tratava. No caso, ele não quer pôr Ella Sharpe numa outra posição que não seja a posição de falo idealizado, posição que ele lhe comunica por meio de uma *tossezinha* antes de entrar na sala. Ele comunica que precisa eliminar os vestígios, de modo a não ter de colocá-los, de jeito nenhum, em jogo na análise.

A propósito do falo idealizado, talvez tenhamos a oportunidade, este ano, de voltar a Lewis Carroll. Vocês verão que, literalmente, não se trata de outra coisa nas duas grandes *Alices*, *Alice in Wonderland* e *Through the Looking-Glass*. Essas duas *Alices* são quase um grande poema sobre os avatares fálicos. Vocês já podem começar a folheá-las um pouco, a fim de se prepararem para certas coisas que eu talvez seja levado a dizer.

Uma coisa pode ter chamado a atenção de vocês no que eu lhes disse e destaquei sobre a posição do paciente de Ella Sharpe com relação ao falo, na oposição entre sê-lo e tê-lo. Quando lhes disse que a questão que se colocava para ele era a de ser o falo, e que ele precisou *sê-lo sem tê-lo*, mediante o que defini a posição feminina, não é possível que não tenha se elevado em vocês, a respeito desse *ser e não ser o falo*, um eco que realmente se impõe a respeito do conjunto dessa observação.

É o eco do *To be or not to be*, sempre tão enigmático e que se tornou quase um gracejo, que nos dá o estilo da posição de Hamlet.

Se enveredássemos por essa abertura, seríamos de cara remetidos a um dos temas mais primitivos do pensamento de Freud, relacionado com a maneira como se organiza o posicionamento do desejo.

De fato, é desde a primeira edição da *Traumdeutung* que o tema de Hamlet foi promovido por Freud a uma categoria equivalente à do tema edipiano. Sem dúvida ele já vinha pensando fazia um bom tempo no tal complexo de Édipo, mas disso sabemos por cartas que não estavam destinadas a ser publicadas. Sua primeira aparição se dá na *Traumdeutung*, em 1900. A nota sobre *Hamlet* é publicada ao mesmo tempo e passa para o corpo do texto em 1910-14.

O tema de *Hamlet* foi retomado muitas vezes depois de Freud, e provavelmente não passarei em revista todos os autores que a ele se dedicaram. Vocês sabem que o primeiro foi Ernest Jones. Ella Sharpe também expôs sobre *Hamlet* umas tantas coisas que não deixam de ter seu interesse, e como o pensamento e a prática de Shakespeare estavam no centro da formação dessa analista, talvez tenhamos a oportunidade de voltar a isso.

Creio que a retomada do tema de *Hamlet* pode nos servir aqui para reforçar uma espécie de elaboração do complexo de castração, que visaria a determinar como ele se articula concretamente na análise, no seu trajeto.

Vamos, hoje, começar a desbravar esse terreno.

Começaremos nos indagando o que Freud quis dizer ao nos trazer *Hamlet*, e o que ficou demonstrado sobre isso no que foi dito posteriormente nas obras de outros autores.

1

Eis o texto de Freud sobre *Hamlet*, que vale a pena ser lido no começo desta investigação. Apresento-o na tradução francesa.*

Freud acabou de falar do complexo de Édipo pela primeira vez e não é inútil notar que ele o introduz a respeito dos "Sonhos com a morte de pessoas queridas". Ora, o sonho que este ano nos serviu de ponto de partida e de primeiro guia foi escolhido por mim num outro capítulo da *Traumdeutung*, por ser um dos mais simples relacionado com um morto.

Nele valorizamos uma coisa que, a princípio, se apresentou de maneira bastante natural, a saber, três significantes destacados por Freud, e mostramos como se instituía a relação entre eles com a ajuda de nossas duas linhas de intersubjetividade superpostas, uma duplicando a outra.

O famoso *Ele não sabia* aparece no sonho sob uma forma de certo modo encarnada pelo próprio pai e no lugar que é o do pai. Sob a forma do *Ele não sabia*, o que se enuncia é precisamente o fato de o pai ser inconsciente. A imagem do pai encarna, aqui, o próprio inconsciente do sujeito – e também seu próprio anseio inconsciente de morte contra seu pai.

O filho tem um outro anseio dirigido ao pai, anseio este que ele conhece e é por isso que pode desejar que o pai não o conheça. É uma

* A presente tradução segue a fonte utilizada por Lacan. (N.T.)

espécie de anseio benevolente, de apelo por uma morte reconfortante. Vê-se, então, que a inconsciência do sujeito quanto ao anseio de morte edipiano está encarnada, na imagem do sonho, sob a forma do desejo de que o pai não saiba que o filho formulou contra ele o anseio de morte benevolente. *Ele não sabia*, diz o sonho absurdamente, *que estava morto*.

Quanto ao *conforme seu anseio*, ausente do sonho, ignorado pelo sujeito, mas não pelo pai fantasístico, Freud nos diz que ele é o significante que devemos considerar recalcado. É nisso que se encerra o texto do sonho.

Eis a nota de Freud sobre *Hamlet*.

> *Outra de nossas grandes obras trágicas, Hamlet de Shakespeare, tem as mesmas raízes que Édipo-Rei. Mas o tratamento totalmente diferente de uma matéria idêntica mostra as diferenças existentes na vida intelectual dessas duas épocas, e que progressos o recalque fez na vida sentimental da humanidade.* A tradução de Gemütsleben por vida sentimental é aproximativa. *No Édipo, os desejos, Wunschphantasie, da criança aparecem e são realizados como no sonho.*

Freud, com efeito, insistiu muito no fato de que os sonhos edipianos são como as irrupções desses desejos inconscientes, que são como que sua fonte fundamental e que sempre reaparecem. Quanto ao *Édipo* de Sófocles ou aqueles da tragédia grega, eles são como a elaboração, a fabulação do que sempre surge desses desejos inconscientes. É assim que as coisas são, textualmente, articuladas por Freud, que nos diz que, em *Hamlet*, esses mesmos desejos da criança *estão recalcados e só ficamos sabendo de sua existência, assim como nas neuroses, por suas Hemmungswirkungen, seus efeitos inibidores.*

> *Fato singular, pois embora esse drama sempre tenha exercido consideráveis efeitos, nunca se chegou a um acordo sobre o caráter de seu herói. A peça está baseada nas hesitações de Hamlet em cumprir a vingança de que está encarregado; o texto não diz quais as razões e motivos dessas hesitações; as inúmeras tentativas de explicação não conseguiram descobri-los. Segundo Goethe, e esta é ainda a concepção dominante, Hamlet representaria o homem cuja força de ação está paralisada por um desenvolvimento excessivo do pensamento, Gedankentätigkeit: "Von des Gedankens Blässe angekränkelt", "Debilitado*

pela palidez do pensamento". Segundo outros, o poeta pretendeu representar um caráter doentio, indeciso e neurastênico.

Contudo, vemos na peça que Hamlet não é incapaz de agir. Age duas vezes: primeiro, num movimento de paixão violenta, quando mata o homem que está escutando atrás do reposteiro – vocês sabem que se trata de Polônio e que Hamlet o mata no momento em que mantém com sua mãe uma conversa que está longe de ser crucial – porque, nessa peça, nada nunca o é – exceto seu término mortal, pois em poucos instantes acumula-se, sob forma de cadáveres, tudo o que, dos nós da ação, estava até então postergado – *depois, de maneira pensada e até astuciosa, quando, com a total indiferença de um príncipe do Renascimento, ele manda os dois cortesãos* – trata-se de Rosencrantz e de Guildenstern, que representam uma espécie de traidores – *para a morte que lhe estava destinada.*

Portanto, o que o impede de executar a tarefa que lhe deu o fantasma de seu pai? Vocês sabem que a peça começa com a aparição, no terraço de Elsinor, desse fantasma, diante de dois guardas que, logo depois, avisarão Hamlet. *Há de se convir que é a natureza dessa tarefa. Hamlet pode agir, mas não conseguiria se vingar de um homem que matou seu pai e tomou o lugar dele junto a sua mãe, de um homem que realizou os desejos de sua infância. O horror que deveria impeli-lo à vingança é substituído por remorsos, por escrúpulos de consciência. Acabo de traduzir em termos conscientes o que permanece inconsciente na alma do herói...*

Essa primeira contribuição de Freud situa o lugar de Hamlet com tamanha precisão e equilíbrio que nos coloca, pode-se dizer, no bom caminho, o qual basta seguir para mantê-lo ali onde ele o instalou. Isso é totalmente claro, a ponto de todas as contribuições posteriores dos autores figurarem como meras digressões ou floreios, por vezes bastante distantes, como veremos, em torno do primeiro esboço da percepção de Freud. Vez ou outra, os pontos sobre os quais esses autores concentraram seu interesse à medida que avançava a exploração analítica são válidos e confirmados na peça, mas isso se dá em detrimento do rigor com que Freud situa, desde o início, o problema.

Ao mesmo tempo, digo que toda a questão reside no que Freud situa no plano dos *escrúpulos de consciência*, que, em suma, é o ponto menos explorado e interrogado de sua nota.

Já que nos apresentam os *escrúpulos de consciência* como sendo a maneira como se pode expressar no plano consciente *o que permanece inconsciente na alma do herói*, parece legítimo indagarmos como isso se articula no inconsciente. Um escrúpulo de consciência não pode ser considerado senão como uma elaboração sintomática. Ora, uma coisa é certa, é que uma elaboração sintomática não está no inconsciente, está no consciente, construída de alguma maneira pelos mecanismos de defesa. Teríamos, então, de nos indagar sobre o que corresponde no inconsciente à estrutura consciente, e é precisamente esta a questão que tentaremos responder.

Seja como for, constata-se que Freud não precisa de muito mais para estender sobre o abismo de *Hamlet* o que será a ponte. Na verdade, é incrível que *Hamlet* tenha permanecido, até Freud, um completo enigma literário. Isso não quer dizer que deixou de sê-lo, mas houve essa ponte. Outras obras possuem esse mesmo caráter de enigma, *O misantropo*, por exemplo.

Vou terminar o pouco que resta do parágrafo.

> *A aversão aos atos sexuais que as conversas com Ofélia delatam está de acordo com esse sintoma. Essa repulsa iria aumentar cada vez mais no poeta, até se manifestar por inteiro em Tímon de Atenas.*

Vou ler até o fim, pois, em duas linhas, o final dessa nota abre caminho para aqueles que, na sequência, tentaram ordenar o conjunto da obra de Shakespeare, considerando sua evolução como indicativa do problema de um recalque pessoal. Trata-se, particularmente, de Ella Sharpe, no seu artigo sobre *Hamlet*, publicado no *International Journal of Psychoanalysis* e reeditado, após sua morte, no volume de seus *Collected Papers*. Propor esse esquema é certamente imprudente, em todo caso criticável do ponto de vista metodológico, o que não impede que ela tenha, efetivamente, encontrado algo válido.

Eis o fim da nota.

> *O poeta só pode ter expressado em Hamlet seus próprios sentimentos. Georg Brandes indica, no seu Shakespeare (1896), que esse drama foi escrito logo depois da morte do pai de Shakespeare (1601), portanto, em pleno luto, e podemos supor que naquele momento as impressões de infância relativas a seu pai estivessem particularmente vivas. Também é sabido que o filho de Shakespeare, falecido precocemente, se chamava Hamnet.*

Com essas simples indicações, vemos a dianteira que Freud toma com relação ao que os autores trabalharam depois dele.

Quanto a mim, gostaria de abordar aqui o problema da maneira possível de fazê-lo a partir dos dados que venho expondo desde o início do ano, pois creio que eles nos permitem reunir de forma mais sintética e abrangente os diferentes motores do que acontece em *Hamlet*.

Graças a esses dados, podemos, de certo modo, simplificar essa multiplicidade de instâncias com que muitas vezes nos vemos confrontados nos comentários analíticos atuais, e que dá a estes um caráter de reduplicação, quando vemos, por exemplo, o mesmo artigo repetir sucessivamente a mesma observação, pouco importa qual, no registro da oposição entre o inconsciente e a defesa, e depois no do eu e do isso, acrescentando, ainda por cima, tudo o que acontece quando se introduz a instância do supereu – sem que esses diferentes pontos de vista jamais sejam unificados, o que às vezes dá a esses trabalhos certa falta de nitidez, de sobrecarga, que não parece propícia a torná-los utilizáveis por nós em nossa experiência.

Para os diferentes órgãos dos aparelhos mentais que Freud nos deu nas sucessivas etapas de seu pensamento, tentamos aqui elaborar guias que nos permitam ressituá-los de modo a levar em conta o fato de que eles só se superpõem semanticamente de maneira parcial.

Não será adicionando uns aos outros numa espécie de conjunto que se poderá fazê-los funcionar normalmente. Mas sim, poderíamos dizer, transpondo-os para uma trama que tentamos tornar mais fundamental, para que saibamos o que estamos fazendo com cada uma dessas ordens de referências quando as fazemos entrar em ação.

Comecemos, então, a soletrar esse grande drama de *Hamlet*.

2

Por mais evocativo que o texto de Freud tenha sido, devo lembrá-los do que trata a peça.

Ela começa pouco depois da morte de um rei que foi, nos diz seu filho Hamlet, um rei muito admirável, o ideal tanto de rei como de pai, e que morreu misteriosamente.

A versão fornecida para sua morte é que foi ele picado por uma serpente num pomar, esse *orchard* que foi interpretado pelos analistas. Em seguida, precipitadamente, poucos meses após sua morte, a mãe de Hamlet casou-se com o cunhado, Cláudio. Esse Cláudio é objeto de todas as execrações do herói central, sobre as quais digo que não eram motivadas apenas pela rivalidade que Hamlet pudesse ter com relação a ele, já que, na verdade, foi afastado do trono por esse tio, mas também por tudo o que ele suspeitava sobre o caráter escandaloso dessa substituição.

Como se fosse pouco, o pai aparece, então, como *ghost*, fantasma, para lhe revelar em que condições de traição dramática ocorreu o que foi efetivamente um atentado, lhe diz o fantasma. Qual seja, que, durante seu sono, despejaram em seu ouvido um veneno designado misteriosamente como *Hebenon*. Essa passagem do texto tampouco deixou de suscitar a curiosidade dos analistas.

Hebenon é uma espécie de palavra forjada, não sei se é encontrada em algum outro texto. Tentaram encontrar-lhe equivalentes, uma palavra próxima e que designa, da maneira como é geralmente traduzida, o meimendro. É muito provável que esse atentado pelo ouvido não satisfizesse um toxicologista, o que, aliás, dá ao analista material para muitas interpretações.

Examinemos de imediato algo que para nós é chamativo, a partir das articulações que salientamos. Façamos uso dessas chaves, por mais singulares que possam lhes parecer as condições de seu surgimento. Que tenham sido forjadas para fins particulares, bem determinados, não impede que, em conformidade com uma das fases mais claras da experiência analítica, esse particular seja o que tem valor mais universal.

Assim é que o *Ele não sabia que estava morto*, que destacamos na análise do sonho do pai morto, tem um alcance fundamental. Com efeito, a ignorância em que o Outro é mantido no tocante a uma situação qualquer é algo absolutamente original na relação com o Outro. Vocês sabem disso, já que lhes ensinam que uma das revoluções da alma infantil é o momento em que a criança, depois de acreditar que os pais conheciam todos os seus pensamentos, percebe que não é assim.

Todos os seus pensamentos é uma expressão que deve sempre nos suscitar uma grande reserva. Os *pensamentos*, somos nós que os chamamos assim – quanto ao que o sujeito vivencia, esses *pensamentos* são tudo o que existe. Tudo o que existe, seus mais ínfimos movimentos internos, seus pais sabem.

Donde a importância do momento em que percebe que o Outro pode não saber. Esse *não saber* no Outro está correlacionado com a própria constituição do inconsciente do sujeito, e é indispensável levar isso em conta. De certa forma, um é o avesso do outro, e talvez seu fundamento. Digo *talvez*, pois essa formulação não basta para constituí-los como tais.

Seja como for, uma coisa é clara e nos serve de guia na abordagem do drama de *Hamlet*, a saber, que vamos tentar refutar a noção histórica – convenhamos que um pouco superficial e em conformidade com o clima da época, o estilo daqueles tempos – segundo a qual, em *Hamlet*, tratar-se-ia de uma fabulação moderna qualquer e que, em comparação com a estatura dos antigos, os modernos seriam uns pobres degenerados. Esse é o estilo do século XIX, não é por acaso que Georg Brandes é citado, e nunca saberemos se Freud, naquela época, conhecia Nietzsche, embora seja provável. Mas essa referência aos modernos pode não ser suficiente para nós. Por que os modernos seriam mais neuróticos que os antigos? Em todo caso, é uma petição de princípio. O que estamos tentando elaborar deverá ir mais longe do que essa petição de princípio ou do que a explicação de *que as coisas andam mal porque andam mal.*

O que temos diante de nós é uma obra, cujas fibras, as primeiras fibras, vamos começar a separar.

Primeira fibra. Aqui, o pai sabe muito bem que está morto, morto conforme o anseio daquele que queria tomar seu lugar, isto é, Cláudio, que é seu irmão. Não é dele, mas do mundo, aquele representado na cena, que o crime é ocultado. Esse é um ponto absolutamente essencial, sem o qual, por certo, o drama de *Hamlet* sequer teria acontecido.

Aliás, esse ponto é destacado por Jones, num artigo de fácil acesso, "The Death of Hamlet's Father", em que ele aponta que esta é a diferença essencial introduzida por Shakespeare com relação à saga primitiva, na qual o assassinato do rei ocorre à vista de todos, sob um pretexto que, de fato, diz respeito ao seu relacionamento com a esposa. Aqui, o rei também é massacrado pelo irmão, mas todo o mundo sabe disso, ao passo que, em *Hamlet*, a coisa é escondida, mas o pai, por sua vez, sabe, e esse é o ponto importante.

É o próprio pai que vem nos informar sobre isso, como lamenta Horácio, que diz a Hamlet: *There needs no ghost, my lord, come from the grave, to tell us this*. Freud o cita várias vezes, porque é proverbial – *Meu senhor, não é preciso um fantasma sair da sepultura para nos dizer isso*. E, com efeito, trata-se do tema edipiano, e nós, a esse respeito, já sabemos muito. Mas na construção do tema de *Hamlet*, fica claro que ainda não nos é dado saber. O que é significativo é que a fábula está construída de modo a que seja o pai que saiba.

Trata-se, no caso, de um elemento absolutamente essencial, e é uma primeira diferença, na fibra, com relação à fabulação fundamental, primeira, do drama de Édipo. Édipo, por sua vez, não sabe. Quando fica sabendo de tudo, o drama se desencadeia e vai até sua autopunição, ou seja, a liquidação, por ele mesmo, da situação. Mas o crime edipiano é cometido por Édipo na inconsciência. Em *Hamlet*, o crime edipiano é sabido e é sabido por aquele que é sua vítima e que aparece para trazê-lo ao conhecimento do sujeito.

Vocês podem ver o caminho pelo qual avançamos e o método a que recorremos.

É um método clássico que procede por comparação, pela correlação das diferentes fibras da estrutura, considerada como um todo articulado – e em nenhum lugar há mais articulação do que no que pertence ao campo do significante. A própria noção de articulação, enfatizo incessantemente, é, em suma, consubstancial ao significante. Afinal, só se fala de articulação no mundo porque o significante dá um sentido a esse termo. Caso contrário, há apenas continuidade ou descontinuidade, mas de forma alguma articulação.

Procedemos por meio de uma espécie de comparação das fibras homólogas em uma e outra fase, o *Édipo* e o *Hamlet*, na medida em que Freud as aproximou e a fim de captar a coerência das coisas. Se, em um dos dois dramas, uma das teclas do teclado está sob um signo oposto àquele em que está no outro, tentamos ver se, como, por que, em que medida ocorre, em cada um, uma modificação correlata de sentido oposto. A colocação em evidência dessas correlações deve nos levar à conexão da espécie de causalidade em questão nesses dramas.

A ideia inicial, portanto, é que o mais instrutivo para nós são as modificações correlativas. Isolá-las e anotá-las de forma quase algébrica nos permite reunir os motores do significante e torná-los mais ou menos utilizáveis para nós.

No sonho do pai morto, tínhamos na linha superior *Ele não sabia*. Em *Hamlet*, temos *Ele sabia que estava morto*. Aqui, o pai sabia que estava morto conforme o anseio assassino que o empurrou para a cova, o de seu irmão.

Quais são as relações desse Cláudio com Hamlet?

Na tradição analítica, sempre nos lançamos de maneira um tanto precipitada na linha da superposição das identificações. Como os conceitos mais cômodos são os menos elaborados, sabe Deus do que nos privamos de fazer com identificações. No fim das contas, dizem-nos,

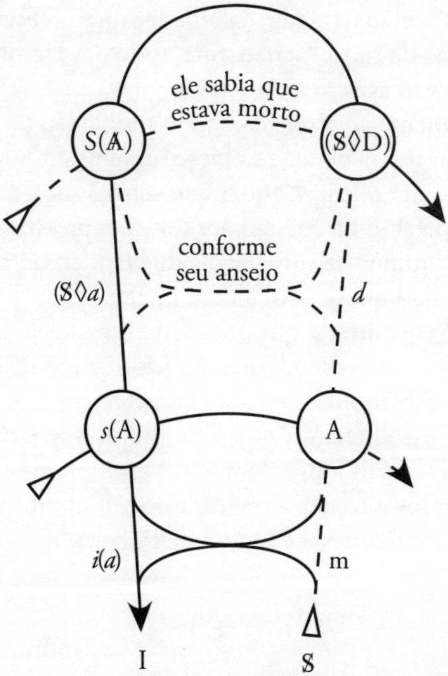

O "Ele sabia" em Hamlet

Cláudio é uma forma de Hamlet. O que ele fez é o desejo de Hamlet. É apressado demais dizer isso.

Com efeito, para situar a posição de Hamlet em relação a seu desejo, vemo-nos ante a necessidade de fazer intervir o escrúpulo de consciência. Ora, esse elemento introduz nas relações entre Hamlet e Cláudio uma posição dupla, profundamente ambivalente. Embora Hamlet se refira a Cláudio como um rival, percebemos claramente que essa rivalidade é singular, de segundo grau, pois Cláudio na verdade é igualmente aquele que fez o que Hamlet não teria ousado fazer. Nessas condições, esse Cláudio se vê rodeado por uma espécie de proteção misteriosa, que temos de definir.

Se Hamlet o deixa ileso, é, dizem-nos, em nome de seus escrúpulos de consciência. Mas que peso eles têm em relação ao que a ele se impõe desde que o *ghost* literalmente o intimou com a ordem de vingá-lo? A partir desse encontro primitivo, Hamlet, para agir contra o assassino do pai, que é também o usurpador que o despojou, está munido de todos os sentimentos – sentimento de usurpação, rivalidade, vingança – e, mais ainda, da ordem expressa recebida de um pai admirado acima de tudo. Certamente, tudo em Hamlet conflui para que aja – e ele não age.

É evidentemente aqui que começa o problema.

Para avançar na via de sua resolução, devemos nos munir da maior simplicidade – quero dizer que o que sempre nos desencaminha é substituir a superação da questão por soluções preestabelecidas. Freud nos diz: os escrúpulos de consciência de Hamlet são a representação consciente de algo que se articula no inconsciente. Pois bem, o que temos a fazer é encontrar o que quer dizer esse desejo inconsciente. E já podemos dizer, com Freud, que, do jeito que as coisas estão, vê-se que algo não vai bem no desejo de Hamlet.

É aqui que escolheremos nosso caminho, o que não é fácil, pois não fomos muito mais longe do que já se foi.

O que faremos é tomar a tragédia no seu conjunto e considerar qual é, no seu transcurso, a conduta de Hamlet.

3

Já que nos referimos ao desejo de Hamlet, cumpre situar o que acontece com sua fantasia, na medida em que a fantasia é para nós o eixo, a alma, o centro, a pedra de toque do desejo.

Aquilo de que se trata naturalmente não escapou aos analistas, mas eles só viram nisso as relações de Hamlet com o objeto consciente de seu desejo, a respeito do qual o autor não nos recusa nenhum detalhe. Mas isso não é exatamente, talvez não seja do mesmo registro, da mesma ordem que a fantasia.

Na peça, temos como que o barômetro da posição de Hamlet em relação ao desejo. Temos isso da maneira mais evidente e mais clara sob a forma da personagem de Ofélia.

Ofélia é, muito evidentemente, uma das criações mais fascinantes já propostas à imaginação humana. É notável ver o que podemos chamar de drama do objeto feminino, o drama do desejo, tal como aparece, na aurora de uma civilização, sob a forma de Helena, encarnado no drama e na desventura de Ofélia, que talvez também seja um ponto culminante. Esse drama, como sabem, foi retomado de muitas formas pela criação artística, seja pelos poetas, seja pelos pintores, que, pelo menos na época pré-rafaelita, chegaram a nos oferecer quadros minuciosos, em que encontramos os próprios termos da descrição que Shakespeare fez dessa Ofélia em seu vestido flutuando no riacho onde, em sua loucura, ela se deixou escorregar – pois o suicídio de Ofélia é ambíguo.

Freud nos indica e vemos aparecer na peça, em correlação com o drama propriamente dito, um horror à feminilidade como tal, cujos termos são articulados, no sentido mais próprio da palavra, pelo próprio Hamlet, quando ele expõe aos olhos de Ofélia todas as possibilidades de degradação, variação e corrupção ligadas ao desenvolvimento da própria vida da mulher quando esta se entrega a todos os atos que, pouco a pouco, fazem dela uma mãe – em nome do que Hamlet a rejeita, e o faz de uma maneira que parece ser a mais sarcástica e cruel.

Há uma correlação essencial entre a evolução que a posição de Hamlet em relação a Ofélia conhece e o que determina sua posição de conjunto no que diz respeito ao desejo.

Notem, de passagem, que estamos confrontados com a interpretação que o psicanalista selvagem, Polônio, pai de Ofélia, dá sobre essa evolução. Ele logo adivinhou o que está em jogo na melancolia de Hamlet. É porque ele escreveu cartas de amor a sua filha e ela lhe respondeu rudemente, seguindo as instruções que ele, Polônio, lhe deu, escutando apenas seu dever de pai. Em outras palavras, pensa ele, nosso Hamlet está doente de amor. Há sempre uma vertente fácil oferecida à interpretação externa dos acontecimentos, e o personagem caricato de Polônio existe para representar o acompanhamento irônico que ela merece.

Embora a mudança da posição sexual de Hamlet seja profunda e absolutamente capital, ela se organiza, sem dúvida alguma, de uma maneira um pouquinho diferente. Aquilo de que se trata concerne, é claro, às relações de Hamlet com quê? Com seu ato, essencialmente. Hamlet tem um ato a executar, e toda a sua posição de sujeito depende disso.

De maneira muito precisa, manifesta-se ao longo dessa peça que Hamlet está, fundamentalmente, com relação ao ato, numa posição que a língua inglesa designa com uma palavra de uso bem mais corrente que em francês: *to procrastinate*, ou seja, *deixar para amanhã*. Em francês, falaríamos *ajournement* [adiamento], *retardement* [retardamento]. Com efeito, é disso que se trata: nosso Hamlet procrastina, e isso ao longo de toda a peça, o que faz dela, por excelência, a peça da procrastinação.

Trata-se de saber o que pode denotar o fato de que, todas as vezes que tem oportunidade de executar o ato em questão, ele o adie para mais tarde, e, ao mesmo tempo, o que será determinante no final, quando dará o passo de cometê-lo. A pergunta que se coloca é saber o que significa o ato que lhe é proposto. É esse o ponto que deve ser destacado a propósito da procrastinação, pelo menos no presente caso.

O que ressaltei já indica suficientemente que o ato proposto a Hamlet não tem nada a ver com o ato edipiano, a revolta contra o pai, o conflito com o pai, no sentido em que ele é, no psiquismo, criador.

Não é o ato de Édipo. O ato de Édipo sustenta a vida de Édipo. Faz dele o herói que ele é antes de sua queda, enquanto nada sabe. Confere seu caráter dramático à conclusão da história. Hamlet, por sua vez, sabe que é culpado de ser. Para ele, é insuportável ser. Bem antes do começo do drama, ele conhece o crime de existir. É a partir desse começo que ele se vê diante de uma escolha a fazer, em que o problema de existir se coloca nos termos que lhe são próprios, a saber, *To be or not to be*, o que o compromete irremediavelmente no ser, como ele tão bem articula.

É justamente porque, em *Hamlet*, o drama edipiano se abre no começo e não no fim, que se propõe ao herói a escolha entre *ser* e *não ser*. E é justamente por haver esse *ou*, *ou* que se verifica que ele, de todo modo, está capturado na cadeia do significante, o que faz com que, dessa escolha, ele seja, não obstante, a vítima.

Darei a tradução de Letourneur, que a meu ver é a melhor.*

> *Ser ou não ser? Eis a questão... Se é mais nobre para a alma sofrer as estocadas pungentes da injusta fortuna ou se revoltando contra essa profusão de males, opondo-se a eles e lhes dando um fim? Or to take arms against a sea of troubles, And by opposing end them. To die – to sleep, No more. Morrer, dormir, nada mais, e durante esse sono, dizer: Terminar com as angústias do coração e com esse enxame de chagas e dores, and by a sleep to say we end The heart-ache and the thousand natural shocks That flesh is heir to, e esses milhares de coisas naturais cuja herdeira é a carne.* Acho que essas palavras não são feitas para nos deixar indiferentes. *Morrer – Dormir – Dormir? Sonhar talvez; eis, talvez, o grande obstáculo: – Pois saber quais sonhos po-*

* A presente tradução segue a fonte utilizada por Lacan. (N.T.)

dem sobrevir nesse sono da morte, depois que somos despojados desse invólucro mortal – "this mortal coil" não é exatamente o invólucro, é essa espécie de torsão de algo enrolado que existe em torno de nós – *nos obriga a fazer uma pausa. Eis a ideia que dá uma vida tão longa e calamitosa. Pois quem suportaria as estocadas e feridas do tempo, as injustiças do opressor, os ultrajes do orgulhoso, as torturas do amor desprezado, os longos prazos da lei, a insolência dos grandes estabelecidos, as aviltantes ofensas que o mérito paciente deve sofrer do homem sem alma, quando, com um punhal, ele próprio poderia se proporcionar o repouso?*

Diante do que se vê Hamlet nesse *Ser ou não ser*? Ele tem de encontrar o lugar ocupado pelo que seu pai lhe disse. E o que seu pai lhe disse enquanto fantasma é que ele foi surpreendido pela morte *na flor de seus pecados*. Trata-se, para o filho, de encontrar o lugar ocupado pelo pecado do Outro, o pecado não pago pelo Outro.

Aquele que sabe é, aqui, alguém que não pagou pelo crime de existir, ao contrário de Édipo, que, ele sim, pagou pelo crime que não sabia ter cometido. Aliás, as consequências para a geração seguinte não são leves, uma vez que os dois filhos de Édipo só pensam em se massacrar mutuamente com todo o vigor e a convicção desejáveis. No caso de Hamlet, é completamente diferente.

Hamlet não pode nem pagar no lugar do pai, nem deixar a dívida em aberto. No final das contas, tem de fazer com que seja paga, mas, nas condições em que está colocado, o golpe passa através dele mesmo. Ao fim de uma sombria trama sobre a qual teremos de nos deter longamente, só depois de ter sido ferido, e com a própria arma que o acerta mortalmente, Hamlet pode atingir o criminoso que está ao seu alcance, qual seja, Cláudio.

O motor que constitui toda a dificuldade do problema com que Hamlet depara para assumir seu ato é o fato de que ambos, pai e filho, sabem, convergem para a luz. O que se trata de saber é por que vias Hamlet poderá alcançar seu ato. Que desvios tornarão possível esse ato, em si mesmo impossível? – na própria medida em que o Outro sabe. Que vias tornarão finalmente possível para Hamlet executar o que tem de ser executado?

São essas vias que devem ser objeto de nosso interesse, são elas que irão nos instruir.

Eis o verdadeiro problema que tínhamos de introduzir hoje.

Cumpre conduzi-los ao termo da coisa, indicando-lhes por onde Hamlet finalmente consegue executar seu ato. Mas não esqueçamos que, se consegue, se, no fim, Cláudio cai fulminado, não deixa de ser um trabalhinho malfeito.

Ele precisou passar, nada menos, do que pelo corpo de alguém que, como veremos, ele certamente mergulhou no abismo, a saber, o amigo, o companheiro, Laertes. Pouco antes, em consequência de um engano, sua mãe se envenenou com a própria taça que devia servir de atentado alternativo caso a ponta envenenada do florete não chegasse a tocar Hamlet. Será apenas depois de um certo número de outras vítimas, e não antes de ele mesmo ser atingido mortalmente, que poderá acertar o golpe em Cláudio.

Mesmo acertando o golpe, mesmo havendo a intervenção de uma espécie de retificação do desejo *in extremis*, que tornou o ato possível, há, no entanto, ali algo que deveríamos problematizar. Como o ato foi executado? É aí, justamente, que se encontra a chave e que faz com que essa peça genial nunca tenha sido substituída por outra mais bem-feita.

Pois, em suma, o que são esses grandes temas míticos sobre os quais se exercitam, no transcurso das eras, as criações dos poetas? Essa longa sequência de variações, que se estendem por séculos e séculos, nada mais é que uma espécie de longa aproximação que faz com que o mito, quando suas possibilidades são analisadas com precisão, acabe por entrar, propriamente falando, na subjetividade e na psicologia. Afirmo e afirmarei sem ambiguidades – e, assim fazendo, penso estar na linha de Freud – que as criações poéticas geram, mais do que refletem, as criações psicológicas.

Uma trama difusa flutua vagamente desde sempre na relação primordial da rivalidade entre o filho e o pai. É ela que, aqui, tratada por Shakespeare, concede toda a importância à peça de *Hamlet* e constitui seu verdadeiro cerne.

É justamente porque faltou alguma coisa na situação original, inicial, do drama de *Hamlet* – enquanto distinta daquela da história de Édipo –, a saber, a castração, que, no interior da peça, as coisas se apresentam como um lento caminhar em zigue-zague, um lento parto, por vias tortuosas, da castração necessária.

É justamente porque algo vem finalmente equivaler ao que faltou, é, em última instância, porque isso se realiza, que Hamlet faz eclodir a ação terminal, na qual sucumbe. Tendo as coisas sido levadas até o ponto em que ele não pode subsistir, outros, os Fortinbrás, sempre prontos para recolher a herança, virão sucedê-lo.

4 de março de 1959

XIV
A Armadilha de Apanhar Desejos

Miríades de críticas
Uma arapuca
Desenvolvimento da peça
A play scene
O ponto-chave

Eis-nos, portanto, desde a última vez, em *Hamlet*.

Hamlet não aparece aqui por acaso, ainda que eu lhes tenha dito que ele foi introduzido neste lugar pela fórmula do *Ser ou não ser*, que se impôs a mim a propósito do sonho de Ella Sharpe.

Fui levado a reler parte do que foi escrito sobre *Hamlet* no plano analítico, e também parte do que foi escrito antes. Como os autores, ao menos os melhores, não deixaram de considerar o que foi escrito sobre o tema antes deles, devo dizer que me vi levado para bem longe, com o risco de me perder de vez em quando um pouquinho, não sem prazer.

O problema é reunir o que está em questão tendo em conta nosso objetivo preciso, que é dar ou voltar a dar sentido à função do desejo na análise e na interpretação analítica. Isso não deveria nos dar muito trabalho, pois o que distingue *A tragédia de Hamlet, príncipe da Dinamarca* – espero conseguir fazê-los perceber – é, essencialmente, o fato de ser a tragédia do desejo.

Hamlet deve ter sido encenado pela primeira vez, em Londres, durante a temporada de inverno de 1601 – sem que haja certeza absoluta, mas, enfim, segundo as averiguações mais rigorosas. A famosa primeira edição in-quarto do texto foi, na época, quase o que chamamos de edição pirata, isto é, não foi feita sob o controle do autor, mas tirada de *prompt-books*, folhetos usados pelo ponto no teatro. Essa edição – não deixa de ser divertido conhecer essas singularidades da história literária – permaneceu desconhecida até 1823, quando finalmente foi encontrado um de seus exemplares imundos, por terem sido muito manipulados, provavelmente levados às apresentações. E a edição in-fólio, a grande edição de Shakespeare, só começou a ser publicada após sua morte, em 1623, precedendo a grande edição em que encontramos a divisão em atos, o que explica por que a divisão em atos é bem menos decisiva e clara em Shakespeare do que em outros lugares. Com efeito, não se acredita que Shakespeare tenha pensado em dividir suas peças em cinco atos. Isso tem sua importância, porque veremos como *Hamlet* é dividido.

O inverno de 1601 precede em dois anos a morte da rainha Elisabeth, e podemos considerar, aproximadamente, que a cesura capital que *Hamlet* marca entre duas vertentes da vida do poeta reproduz, pode-se dizer, o drama da junção entre duas épocas do reino, pois o tom muda completamente quando Jaime I sobe ao trono. Algo já se anuncia, como diz um autor, que rompe o encanto cristalino do reino de Elisabeth, a *rainha virgem*, aquela que conseguiu aqueles miraculosos longos anos de paz após o que foi, na história da Inglaterra e de muitos países, um período de caos, caos em que ela prontamente voltaria a entrar, com todo o drama da revolução puritana.

Em suma, 1601 já anuncia a morte da rainha (que certamente não se podia prever) com a execução de seu amante, o conde de Essex, que ocorre no mesmo ano da primeira encenação da peça. Não é absolutamente em vão que se evocam esses pontos de referência, tanto mais que não somos os únicos a tentar devolver *Hamlet* a seu contexto. Mas o que estou lhes dizendo não vi destacado por nenhum autor analítico. São, contudo, aquela espécie de fatos primeiros que têm sua importância.

Na verdade, não se pode dizer que o que os autores analíticos escreveram seja esclarecedor. Mas não será hoje que farei a crítica daquilo em que caiu uma espécie de interpretação analítica que toma *Hamlet* linha a linha. Tento encontrar um ou outro elemento que poderia ser interessante, mas, na verdade, não podemos dizer outra coisa senão que a compreensão do todo, a coerência do texto, vai se distanciando cada vez mais à medida que os autores insistem nessa via.

Devo também dizer de nossa Ella Sharpe, a quem tenho em alta estima, que no seu *paper*, *unfinished*, é verdade, sobre *Hamlet*, encontrado após sua morte, ela me decepcionou muito. Vou mencioná-lo assim mesmo, porque é significativo. Está tão dentro da tendência que vemos a teoria analítica adotar e que sou levado a explicar e a criticar, que vale a pena destacá-lo. Mas não vamos começar por aí.

Começaremos pelo artigo de Jones de 1910, que é um acontecimento e um monumento, e que é essencial ter lido. Foi publicado no *American Journal of Psychology* e não é fácil de conseguir atualmente. Na pequena reedição que dele fez, Jones acrescentou, creio, alguns complementos à sua teoria sobre *Hamlet*. O artigo se intitula "The Œdipus Complex as an explanation of Hamlet's mystery" ("O complexo de Édipo como explicação do mistério de Hamlet"), com um subtítulo, "A study in motive" ("Um estudo sobre a motivação").

Em 1910, Jones aborda o problema magistralmente indicado por Freud naquela meia página que li para vocês da última vez e sobre a qual podemos dizer que, no fim das contas, tudo já está ali, pois até os horizontes estão marcados, a saber, as relações de Shakespeare com o sentido do problema que se coloca para ele: a significação do objeto feminino. Isso é, creio eu, algo totalmente central.

Com Freud apontando para *Tímon de Atenas* no horizonte, Ella Sharpe tentou se embrenhar por essa via. Fez da obra de Shakespeare uma espécie de vasta oscilação ciclotímica, distinguindo as peças ascendentes, ou seja, que poderíamos considerar otimistas, aquelas em que a agressão se dirige para fora, e aquelas da fase descendente, em que a agressão retorna para o herói ou para o poeta. Eis, segundo ela, como poderíamos classificar as peças de Shakespeare, ou até, conforme for, datá-las. Não creio que haja nisso algo muito válido.

Por ora, no ponto em que estamos, vamos nos ater primeiro a *Hamlet*. Talvez eu dê algumas indicações sobre o que se segue ou precede, sobre *Noite de Reis* e *Troilo e Créssida*, pois é quase impossível, acho, não levá-las em conta, de tanto que iluminam os problemas que vamos inicialmente introduzir apenas a partir do texto de *Hamlet*.

1

Com esse grande estilo de documentação e com a solidez que caracteriza seus escritos e distingue em alto grau suas contribuições, Jones faz uma espécie de resumo do que chama, com justa razão, o mistério de Hamlet.

Das duas, uma: ou vocês se dão conta da extensão que a questão ganhou, ou não se dão conta. Para os que não se dão conta, não vou repetir aqui o que está no artigo de Jones. Em todo caso, informem-se.

Devo dizer que a massa de escritos sobre *Hamlet* não tem equivalente. A abundância da literatura sobre a peça é uma coisa incrível. Mais incrível ainda, porém, é a extraordinária diversidade de interpretações que dela foram dadas. As interpretações mais contraditórias se sucederam, afluíram através da história, instaurando o problema do problema, a saber: por que todo o mundo se empenha tanto em compreender alguma coisa?

Essas interpretações dão nos resultados mais diversos, mais incoerentes, mais extravagantes, sem que se possa dizer que a coisa vá excessivamente longe.

Praticamente tudo foi dito. E, para chegar aos extremos, há um *Popular Science Monthly*, que deve ser uma espécie de revista de divulgação mais ou menos médica, que publicou em 1880 um artigo chamado "The Impediment of Adipose". No fim de *Hamlet*, dizem-nos que Hamlet está gordo e ofegante e, nessa publicação, há todo um desenvolvimento sobre a adipose de Hamlet. Há um tal Vining que, em 1881, descobriu que Hamlet era uma mulher disfarçada de homem, cujo objetivo em toda a peça era seduzir Horácio, e que era para atingir seu coração que Hamlet tramava toda a sua história. Não deixa de ser uma leitura bem bonita, e não podemos dizer que não encontre nenhum eco em nós, pois é certo que as relações de Hamlet com as pessoas de seu próprio sexo estão, de fato, estreitamente entrelaçadas com o problema da peça.

Voltemos às coisas sérias e lembremos com Jones que os esforços da crítica agruparam-se em duas vertentes. Quando há duas vertentes em lógica, há sempre uma terceira, pois, ao contrário do que se pensa, o terceiro não está tão excluído assim. E é evidentemente o terceiro que, no caso, é interessante.

As duas vertentes não tiveram tíbios defensores.

Na primeira vertente estão aqueles que, em suma, interrogaram a psicologia de Hamlet. É evidentemente a eles que cabe a primazia, são eles que devem ocupar a posição mais elevada em nossa estima. Nela encontramos Goethe, e também Coleridge, que, nas suas *Lectures on Shakespeare*, assumiu uma posição muito característica, a que Jones poderia, a meu ver, ter dado mais destaque. Jones, coisa curiosa, lançou-se, sobretudo, num extraordinariamente abundante comentário do que se fez em alemão, que foi prolífico, para não dizer prolixo. As posições de Goethe e de Coleridge, embora não idênticas, têm, contudo, grande parentesco, pois ambas colocam a ênfase na forma espiritual do personagem de Hamlet.

Resumindo, digamos que, para Goethe, Hamlet é a ação paralisada pelo pensamento. Como se sabe, essa concepção teve longa posteridade. Foi lembrado, e não em vão, claro, que Hamlet vivera um tempinho em Wittenberg, e esse fato levou a imputar seus problemas intelectuais a um convívio excessivo com o que nos é apresentado, não sem razão, como um dos centros de certo estilo de formação da juventude estudantil alemã. Desse ponto de vista, em suma, Hamlet é o homem que vê todos os elementos do jogo da vida, todas as suas complexidades, todos os seus motivos e que, por causa desse conhecimento, fica suspenso, paralisado em sua ação. É um problema propriamente goethiano e que não deixou de ter profundas repercussões, sobretudo se a isso vocês agregarem o charme e a sedução do estilo de Goethe e de sua pessoa.

Quanto a Coleridge, tende para o mesmo lado. Não tenho tempo de ler para vocês uma longa passagem de caráter bem mais psicológico que sociológico, uma brilhante peça de psicologia que ele dedica ao caráter psicastênico de Hamlet, sua impossibilidade de se engajar numa via e, uma vez nela, ficar até o fim, sua hesitação entre múltiplos motivos. O que quero reter é uma frase dita de passagem, em tom íntimo, que, a meu ver, fornece o sumo de sua essência: *Devo confessar que há um pouco disso em mim.*

Ele se reconhece nisso e não é o único. Podemos ler uma observação análoga num quase contemporâneo seu, que escreveu coisas notáveis em seus *Essays on Shakespeare*. É Hazlitt, a quem Jones não faz qualquer menção – equivocadamente, pois ele escreveu as coisas mais notáveis sobre esse tema na época.

Coleridge vai mais longe ainda quando diz que, afinal, essa tragédia é tão batida que mal sabemos como fazer sua crítica, assim como não saberíamos descrever nosso próprio rosto. Há outra nota dele que vai no mesmo sentido, e serão essas linhas que irei privilegiar.

Passo rápido pelo que concerne à outra vertente, aquela que imputa o embaraço de Hamlet a uma dificuldade externa.

Essa concepção foi instaurada por um conjunto de críticos alemães, sendo os dois principais berlinenses do final do século XIX, Klein e Werder, que Jones agrupa com razão. Segundo eles, a tarefa que

Hamlet se deu teria sido a de fazer seu povo reconhecer a culpa de Cláudio, que, depois de ter matado seu pai e desposado sua mãe, reinou sobre a Dinamarca. Isso não resiste à crítica, pois as dificuldades que Hamlet teria para executar essa tarefa – das duas, uma: ou fazendo reconhecer a culpa de Cláudio antes de matá-lo, ou perpetrando primeiro o assassinato para em seguida justificá-lo – são facilmente descartadas com a simples leitura do texto, no qual Hamlet nunca se coloca problemas desse tipo.

O princípio de sua ação é que ele deve vingar o pai na pessoa daquele que é seu assassino e que, ao mesmo tempo, tomou seu trono e seu lugar junto à mulher, sua esposa, que ele amava acima de tudo. Esses crimes devem ser purgados pela ação mais violenta, pelo assassinato. Não só esse princípio nunca é questionado por Hamlet, mas lerei para vocês passagens em que ele se trata de frouxo, covarde, espumando em cena pelo desespero de não conseguir se decidir a executar a ação. O princípio da coisa não lhe suscita nenhuma dúvida. Ele não levanta qualquer problema no tocante à validade da tarefa.

A respeito disso, no mesmo período, há uma pessoa chamada Loening, a quem Jones dá grande destaque, que, ao discutir as teorias de Klein e Werder, fez comentários decisivos, que Jones, assinalo de passagem, recomenda com fervor. Ele cita alguns que parecem, de fato, muito perspicazes.

Mas tudo isso não tem uma importância extraordinária, pois a questão é realmente superada a partir do momento em que tomamos a terceira vertente, na qual Jones introduz a posição analítica. Essa morosidade na exposição é necessária, tem de ser seguida para aprendermos sobre que fundo o problema de Hamlet se coloca.

A terceira concepção é esta: embora o sujeito não duvide sequer por um instante de que tem de executar sua tarefa, por algum motivo que lhe é desconhecido ela lhe causa repulsa. Em outras palavras, a dificuldade reside na própria tarefa, não no sujeito nem no que acontece fora – e não é preciso dizer que, em relação à vertente da dificuldade externa, existem versões bem mais sutis do que aquela que só ensaiei para ir direto ao ponto. Portanto, a tarefa é que é apresentada como essencialmente conflituosa em si mesma.

Eis a maneira, muito sólida – e que, convenhamos, é uma lição de método – com que Jones introduz no assunto a teoria analítica.

Além disso, ele mostra que a noção de uma contradição inerente à tarefa não tem nada de novo, pois já foi exposta por Loening, a crer nas citações que Jones fornece, e por alguns outros autores. Estes viram claramente que é possível apreender a natureza problemática, conflituosa, da tarefa por alguns sinais – não foi preciso esperar a psicanálise para perceber seu caráter sinalético –, a saber, a diversidade, a multiplicidade, a contradição, a falsa consistência das razões que o sujeito dá para postergar a tarefa, para não executá-la no momento em que se apresenta a ele. Bem antes da psicanálise, os psicólogos já tinham uma noção do caráter superestrutural, racionalizado, racionalizante dos motivos que o sujeito dá, e Jones sabe destacá-los muito bem.

Só que a questão é saber onde está o conflito. Os autores que vão por essa via não deixam de perceber que há algo que aparece em primeiro plano, e uma espécie de dificuldade subjacente que, embora não seja propriamente articulada como inconsciente, é considerada mais profunda e, em parte, não controlada, não completamente elucidada ou percebida pelo sujeito. Jones discute essas teses com aquela competência característica de que dá mostras em seus artigos, artigos estes que desempenharam importante papel para avalizar, aos olhos de um grande público intelectual, a própria noção de inconsciente.

Por um lado, Jones consegue articular poderosamente o que esses autores, alguns sutis, expuseram como motivos subjacentes que contrariam a ação de Hamlet. Alegaram, por exemplo, um motivo jurídico, qual seja: ele tem direito de fazer isso? Sabe Deus que esses autores alemães não se privaram de apelar a todo tipo de registro, tanto mais que isso ocorria em pleno período de hegelianismo. Por outro lado, Jones está numa posição favorável para ironizar sobre isso e mostrar de maneira convincente que, se algo deve fazer parte das motivações inconscientes, não são os motivos de ordem elevada, de um alto caráter de abstração, em que entra em jogo a moral, o Estado, o Saber absoluto, mas que deve haver algo bem mais radical e mais concreto.

Como foi mais ou menos naquele ano que começaram a ser introduzidas nos Estados Unidos as concepções freudianas, Jones logo vai produzir e publicar uma exposição da teoria de Freud sobre os sonhos, tal como figura nas famosas conferências da Clark University, publicadas primeiro em inglês, se não me falha a memória. Mas o importante é a nova crítica de *Hamlet* que Jones publica na data de 1910.

Toda ela está construída para nos levar à seguinte conclusão: *Chegamos ao aparente paradoxo de que tanto o poeta quanto o herói e o público estão profundamente abalados por sentimentos devidos a um conflito de cuja fonte não estão conscientes – eles não estão despertos, não sabem o que está acontecendo*. Mas a precariedade desse resultado não deve nos impedir de ver que sua análise de *Hamlet* vai realmente tão longe quanto se podia ir naquela época, creio eu, para ressaltar, no desenrolar do drama, o que podemos chamar de estrutura mítica do Édipo.

Devo dizer que não somos todos tão escolados mentalmente para podermos sorrir com tanta facilidade ao ver evocados, a propósito de *Hamlet*, Telésforo, Anfião, Moisés, Faraó, Zoroastro, Jesus, Herodes – entra todo o mundo no pacote. Dois autores escreveram, por volta de 1900, numa revista bem conhecida, um *Hamlet in Iran* que relaciona o mito de *Hamlet* com os mitos iranianos da lenda de Pirro, a que outro autor também deu grande destaque numa revista desconhecida e impossível de encontrar. É essencial notar o passo dado nesse nível, ainda que eu não diga que seja o único possível.

Com efeito, mesmo que a abordagem psicológica do caso de Hamlet não tenha esperado a psicanálise, o primeiro passo analítico consiste, como lhes disse, em transformar a referência psicológica numa referência não a uma psicologia mais profunda, mas a um ordenamento mítico, cujo sentido é supostamente o mesmo para todos os seres humanos.

Contudo, é preciso algo mais, pois, afinal, *Hamlet* não é a *Pyrrhus saga*, as histórias de Ciro com Cambises, nem as de Perseu com seu avô Acrísio.

É outra coisa. Vamos ver o quê.

2

Se falamos de *Hamlet*, não é apenas pela miríade de críticas que foram escritas a seu respeito.

Afinal de contas, vocês não têm a menor ideia do que é *Hamlet*, uma vez que, por uma espécie de coisa muito curiosa, creio poder dizer, a partir da minha própria experiência, que é impossível encená-lo em francês. Nunca vi um bom *Hamlet* em francês, nem alguém que represente bem Hamlet, nem um texto que se possa entender.

Para quem consegue ler o texto, é algo de cair para trás, de beijar a lona, de rolar no chão, é algo inimaginável! Não há um verso de *Hamlet*, uma réplica que, em inglês, não tenha tal potência de impacto, tal violência de linguagem que faz dele algo que nos deixa, a todo instante, absolutamente estupefatos. Parece que foi escrito ontem, que não era possível escrever desse jeito três séculos atrás.

Na Inglaterra, ou seja, lá onde a peça é encenada em sua língua, uma representação de *Hamlet* é sempre um acontecimento. Vou mais longe ainda, porque, afinal, só se pode medir a tensão psicológica do público pela bilheteria. Direi o que ela significa para os atores, e isso nos ensina duas coisas.

Primeiro, é muito claro que, para um ator inglês, representar Hamlet é o coroamento de sua carreira. Quando não é o coroamento de sua carreira, é só depois de ter encenado essa peça que ele se aposenta feliz com um espetáculo de despedida, mesmo que seu papel consista em interpretar o primeiro coveiro. Há nisso algo importante, e veremos seu significado, pois não é por acaso que o digo.

Em segundo lugar, uma coisa curiosa é que, no fim das contas, quando o ator inglês consegue interpretar Hamlet, ele o interpreta bem, todos o interpretam bem. Uma coisa mais estranha ainda é que se fala do Hamlet de fulano ou sicrano. Há tantos Hamlet quantos grandes atores houver. Ainda se fala do Hamlet de Garrick, do Hamlet de Kean etc. Isso também é algo extraordinariamente sugestivo.

Se há tantos Hamlet quanto há grandes atores, é, creio, por uma razão análoga àquela que faz com que uma representação da peça seja um acontecimento, ou que haja uma massa enorme de comentários a seu respeito. A razão não é a mesma, porque uma coisa é interpretar Hamlet e outra é estar interessado como espectador e como crítico. Mas o ponto de convergência de tudo isso é que, no fim das contas, podemos acreditar que, se é assim, é por causa da estrutura do problema que Hamlet como tal coloca a respeito do desejo.

A tese que estou propondo, e que lhes peço para ter em mente, é que Hamlet põe em jogo os diferentes planos, o próprio quadro no qual procuro introduzi-los, aquele no qual vem se situar o desejo. O lugar do desejo está articulado de maneira tão excelente, tão excepcional, que todos, diria eu, nele se reconhecem. O aparelho da peça *Hamlet* é uma espécie de rede, de arapuca em que o desejo do homem é pego. E, na peça, esse desejo está articulado essencialmente nas coordenadas que Freud, justamente, nos revela, a saber, sua relação com o Édipo e com a castração.

Contudo, isso supõe que *Hamlet* não seja simplesmente outra edição, outra tiragem do eterno drama, conflito, típico, o da luta do herói contra o pai, contra o tirano, contra o pai bom ou o pai mau.

Shakespeare leva as coisas a um ponto tal que se vê modificada a forma como se apresenta a estrutura fundamental da eterna saga que encontramos desde a origem dos tempos.

Introduzo com isso considerações que desenvolveremos em seguida.

As coordenadas desse conflito são modificadas por Shakespeare para revelar de que maneira, nessas condições atípicas, opera, com todo o seu caráter mais essencialmente problemático, o problema do desejo, na medida em que o homem não é simplesmente investido, possuído por ele, tendo que situar, encontrar esse desejo – encontrá-lo à sua custa e a duras penas, a ponto de só poder encontrá-lo no limite, a saber, numa ação que, para ele, só pode ser executada, realizada, com a condição de que ele seja mortal.

Isso nos incita a examinar mais de perto o desenvolvimento da peça. Não gostaria de segurá-los muito aqui, mas ainda assim tenho de pôr em evidência os principais aspectos salientes.

O ato I concerne ao que se pode chamar de introdução do problema, e aí, no ponto de sobreposição, de acumulação, de confusão, em torno do qual a peça gira, temos, ainda assim, de voltar a algo simples, que é o texto. Veremos que essa composição merece nossa atenção, que ela não oscila, ou desvia à direita ou à esquerda.

Como vocês sabem, as coisas começam com uma troca de guarda no terraço de Elsinor, e devo dizer que é uma das entradas mais magistrais de todas as peças de Shakespeare, pois nem todas são, de saída, tão magistrais.

É à meia-noite que essa troca se dá e no texto há coisas muito bonitas, muito surpreendentes. Assim, são aqueles que chegam para a troca que perguntam *Quem está aí?*, quando deveria ser o contrário. É que, na verdade, tudo acontece anormalmente, todos estão angustiados por algo que estão esperando, e esse algo não se faz esperar mais de quarenta versos.

É meia-noite quando a troca ocorre, um sino soa a uma hora quando o espectro aparece. E a partir do momento em que o espectro aparece, entramos num movimento muito rápido, com estagnações bastante curiosas.

Logo depois, vem a cena em que aparecem o rei e a rainha, e o rei diz que já é tempo de abandonar o luto: *Podemos chorar com um olho, mas rirmos com o outro*. Hamlet, que está presente, demonstra seus sentimentos de revolta ante a rapidez do novo casamento de sua mãe e o fato de ela ter voltado a se casar com alguém que, perto do que seu pai era, é um personagem absolutamente inferior.

A todo instante veremos destacada, nas falas de Hamlet, a exaltação de seu pai como um ser sobre o qual ele dirá mais tarde que *Todos os deuses pareciam ter posto nele sua marca, para mostrar até onde a perfeição de um homem podia ser levada*. É muito mais tarde no texto que essa frase será pronunciada por Hamlet, mas desde a primeira cena há palavras análogas.

Hamlet se apresenta essencialmente com uma espécie de sentimento de traição, e também de degradação, que lhe inspira a conduta da mãe, seu novo casamento apressado, dois meses, nos dizem, após a morte de seu esposo. É o famoso diálogo com Horácio: *Economia, economia, Horácio! O assado do funeral não terá tempo de esfriar para servir a mesa das bodas*. Não tenho necessidade de relembrar esses célebres temas.

Em seguida, cena III, temos a introdução dos personagens Ofélia e Polônio, seu pai, a propósito de uma espécie de leve reprimenda que Laertes dirige à irmã, Ofélia, a jovem por quem Hamlet foi apaixonado, ele mesmo o diz, e que atualmente, no estado em que se encontra, ele rejeita com muitos sarcasmos. Laertes, a quem, com razão, quiseram reconhecer um papel importante em relação a Hamlet no desenvolvimento mítico da história, voltaremos a isso. Polônio e Laertes sucedem-se, portanto, junto à infeliz Ofélia, dirigindo-lhe todos os sermões da prudência e incitando-a a desconfiar desse Hamlet.

Vem, em seguida, a quarta cena. Trata-se, no terraço de Elsinor, do encontro de Hamlet, secundado por Horácio, com o espectro do pai. Nesse encontro, ele se mostra corajoso, passional, já que não hesita em seguir o espectro até o canto para onde este o leva, nem em ter com ele um diálogo bastante horripilante. Esse caráter de horror, ressalto, é articulado pelo próprio espectro – ele não pode revelar a Hamlet o horror e a abominação do lugar onde vive e do que ali sofre, pois os órgãos mortais do filho não suportariam. E ele lhe dá uma ordem, um comando.

É interessante notar desde já que a ordem consiste em que, da maneira que bem entender, Hamlet faça cessar o escândalo da luxúria da rainha e que, além de tudo isso, contenha seus pensamentos e movimentos, não se entregue a sei lá quais excessos concernentes a pensamentos a respeito da mãe.

Embora os autores tenham dado grande destaque a uma espécie de pano de fundo confuso nas ordens dadas a Hamlet pelo espectro, pois este, em suma, adverte o filho para que se proteja de si mesmo em suas relações com a mãe, nenhum parece ter apontado para o ponto decisivo, qual seja, de que, a despeito do horror das acusações formalmente pronunciadas pelo espectro contra Cláudio, em que revela ao filho ter sido morto por ele, a questão a resolver não concerne ao assassino, tratando-se, essencialmente, desde já e de imediato, da mãe. A ordem que o *ghost* dá não é, em si mesma, uma ordem. O que ele enuncia põe em primeiro plano, desde já e enquanto tal, o desejo da mãe. Esse é um ponto absolutamente essencial e voltaremos a ele.

O segundo ato é constituído pelo que se pode chamar de organização da vigilância em torno de Hamlet. Temos uma espécie de pródromo disso sob a forma das instruções que Polônio, primeiro-ministro, dá a alguém para a vigilância de seu filho, que partiu rumo a Paris. É bem divertido e mostra o caráter de duplo que o grupo Polônio, Laertes e Ofélia exerce em relação ao grupo Cláudio, Hamlet e a rainha.

Portanto, Polônio explica ao agente como proceder para obter informações sobre seu filho. Há, nesse ponto, uma espécie de pequena passagem antológica no estilo *verdades eternas da polícia*, sobre a qual não pretendo insistir. Em seguida, é a chegada, anunciada no primeiro ato, de Guildenstern e Rosencrantz.

Eles não são simplesmente personagens ocos, como se pensa. São antigos amigos de Hamlet. E Hamlet, que deles desconfia, zomba deles, os ridiculariza, confunde e joga com eles um jogo extremamente sutil sob a aparência da loucura – veremos o que significa a loucura, ou pseudoloucura, de Hamlet, que suscitou questões –, realmente apela, num certo momento, à sua velha e antiga amizade, com um tom que, por sua vez, mereceria ser destacado se tivéssemos tempo.

Esse tom prova que Hamlet apela a eles sem confiança nenhuma e que nem por um instante perde sua posição de astúcia e de jogo no que lhes diz respeito. Ainda assim, há um momento em que ele pode lhes falar num certo tom. Rosencrantz e Guildenstern, vindo sondá-lo, são instrumentos do rei, e é isso o que Hamlet percebe, incitando-os realmente a confessar que foram enviados para perto dele e perguntando-lhes o que vieram fazer. E os outros ficam suficientemente abalados para que um deles pergunte ao outro – *O que dizemos para ele? What say you?*. Mas isso passa. E tudo, sempre, se passa de modo a que nunca seja transposta certa barreira, o que aliviaria uma situação que parece, essencialmente, embaralhada do começo ao fim.

Nesse momento, Rosencrantz e Guildenstern apresentam os atores que encontraram no caminho e que Hamlet conhece. Hamlet sempre se interessou por teatro e vai receber esses atores de maneira realmente notável.

Aqui também convém ler as primeiras amostras que eles lhe dão de seu talento. Hamlet pede o trecho de uma tragédia em que Enéas conta o fim de Troia e o assassinato de Príamo. Temos uma belíssima cena em inglês, em que vemos Pirro suspender um punhal sobre o personagem de Príamo e assim ficar.

So, as a painted tyrant, Pyrrhus stood,
And like a neutral to his will and matter,
Did nothing.

Traduzo: *É assim que, como um tirano pintado, Pirro parou e, como que neutralizado entre sua vontade e o que deve ser feito, nada fez.* Como esse é um dos temas fundamentais da coisa toda, o fato de ele ser apresentado de início nessa primeira imagem e por intermédio dos atores merece destaque. É quando nosso Hamlet tem a ideia de utilizá-los na cena que constituirá o corpo do terceiro ato – isso é absolutamente essencial –, cena que os ingleses chamam com um termo estereotipado, *the play scene*, o teatro dentro do teatro, *the play-within-the-play scene*.

E Hamlet conclui: *A peça é a coisa, o truque, a armadilha com que apanharei a consciência do rei.*

... The play's the thing
Wherein I'll catch the conscience of the King

Esse par de rimas encerra, como um clangor de címbalos, uma longa tirada de Hamlet escrita toda ela, notem bem, em versos brancos.

Ele tem todo um valor introdutório, já que é com isso que termina o segundo ato e vai começar o terceiro, no qual, justamente, vai ser realizada *the play scene*.

Essa *play scene* é essencial e passaremos a ela agora.

3

O que precede aquilo que chamei de clangor de címbalos, a saber, o monólogo de Hamlet solitário no palco, nos mostra a violência dos sentimentos de Hamlet em relação a Cláudio e a violência das acusações que dirige contra si próprio.

... Am I a coward?
Who calls me villain, breaks my pate across,
Plucks off my beard and blows it in my face,
Tweaks me by the nose, gives me the lie i'th' throat,
As deep as to the lungs – who does me this?
Ha!

Traduzo. *Sou um covarde? Quem me chama de canalha? Quem demole minha cachola? Quem me arranca a barba e me joga pequenos pedaços na cara? Quem me torce o nariz? Quem me enfia a mentira goela abaixo até os pulmões? Quem me faz tudo isso?* Isso nos dá o estilo geral dessa peça, que é de rolar no chão. E, logo em seguida, ele fala de seu padrasto atual.

Swounds, I should take it: for it cannot be
But I am pigeon-livered and lack gall
To make oppression bitter, or ere this
I should ha'fatted all the region kites
With this slave's offal.

Falamos desses *kites* a respeito da *Recordação de Leonardo da Vinci* – o *kite* é um milhafre. Trata-se de seu padrasto, sendo ele, justamente, o escravo oferecido como vítima, às musas, justamente. E então começa uma série de injúrias.

Bloody, bawdy villain!
Remorseless, treacherous, lecherous, kindless villain!

O ponto importante aqui é que, tanto quanto àquele que o contexto designa, a saber, Cláudio, esses gritos dirigem-se a ele mesmo: *Vilão obsceno e sanguinário! Traidor sem remorsos, concupiscente sem coração, vilão baixo e ignóbil!* É a culminação do segundo ato.

Ora, o que constituiu o essencial do desespero de Hamlet é que ele viu o ator que interpreta Enéas chorar ao descrever a triste sorte de Hécuba, diante da qual seu marido, Príamo, é cortado em pedacinhos. *Mincing*, acho, significa a mesma coisa que *émincer* [cortar em fatias finas] em francês.

When she saw Pyrrhus make malicious sport
In mincing with his sword her husband's limbs

Com efeito, depois de ter mantido por muito tempo uma posição fixa, com o punhal suspenso, Pirro encontra um perverso prazer, o texto nos diz, em esquartejar o corpo de Príamo perante essa mulher que nos é muito bem descrita, envolta em não sei que tipo de manta sobre seus flancos descarnados.

O tema da passagem é: essas lágrimas, essa palidez, essa voz trêmula, tudo isso para Hécuba, mas o que é Hécuba para esse ator? Nada. Existem, portanto, pessoas que chegam a esse extremo de emoção por algo que não lhes concerne em nada. É isso que desencadeia em Hamlet esse desespero de não sentir nada parecido.

Nunca é demais sublinhar a importância dessa passagem para introduzir o que virá em seguida, isto é, a *play scene*. Se Hamlet recorre a isso, é porque sente-se arrebatado pelo clima, parecendo subitamente perceber do que o teatro é capaz. Que razão o instiga? Há nisso, certamente, uma motivação racional, que é a de capturar a consciência do rei. Com essa finalidade, fará representar essa peça diante dele, com algumas modificações introduzidas por ele mesmo, a fim de observar suas emoções e fazê-lo trair-se.

E, de fato, é assim que as coisas acontecem. Num certo momento, o rei não aguenta mais. Representam de maneira tão exata o crime que ele cometeu, com comentários de Hamlet, que ele bruscamente grita *Luzes, luzes, luzes!* e sai com grande estardalhaço. Hamlet diz a Horácio que não há mais dúvida.

Essa *play scene* é, portanto, essencial, e não sou o primeiro a indagar, no registro analítico que nos é próprio, qual é sua função. Rank fez isso antes de mim, em seu artigo "Das 'Schauspiel' in 'Hamlet'", publicado no *Psychoanalytische Bewegung Myth* em 1919, em Viena-Leipzig, páginas 72-85. Ali, a função da *play scene* é exposta de uma maneira à qual teremos de voltar, mas, de todo modo, está claro que essa cena coloca um problema que vai além de seu papel funcional na articulação da peça.

Afinal, trata-se de saber até onde e como podemos interpretar os detalhes do texto. Rank limita-se a apontar todos os traços que mostram que, na própria estrutura do fato de assistir a uma peça, há algo que evoca as primeiras observações pela criança do coito parental. É essa a posição que Rank adota.

Não digo que ela não tenha valor, ou mesmo que seja falsa; acho que é incompleta. Em todo caso, merece ser articulada com o conjunto do movimento. Pois, ao fomentar essa *play scene*, o que Hamlet faz? Tenta ordenar, dar uma estrutura, suscitar justamente essa dimensão disfarçada da verdade que, em algum lugar, chamei de sua estrutura de ficção – sem a qual ele não conseguiria se reorientar, para além do caráter mais ou menos eficaz da ação, a fim de fazer Cláudio se revelar, se trair.

Rank tocou num ponto correto. Há aqui, em Hamlet, algo que concerne a sua própria orientação em relação a si mesmo. Vou apenas indicá-lo para mostrar o interesse que têm os problemas aqui levantados.

4

As coisas não são tão simples, e o terceiro ato não termina antes que as consequências dessa articulação apareçam da seguinte forma: Hamlet é convocado com grande urgência para junto da mãe, que, evidentemente, não aguenta mais. Estas são literalmente as palavras que ela emprega: *O Hamlet, speak no more.*

Enquanto caminha para os aposentos da mãe, Hamlet vê Cláudio se aproximando, se não da resipiscência, ao menos de se arrepender. É a chamada cena da *prayer of repentance*, oração de arrependimento. Esse homem que de certa forma se encontra preso nas redes mesmas do que ele guarda, os frutos de seu crime, eleva a Deus sei lá que oração que lhe dê forças para delas se desvencilhar. Hamlet, que surpreende o rei literalmente de joelhos e não é visto por ele, o tem à sua mercê, tem a vingança ao seu alcance. É quando ele para.

Matá-lo agora, pensa, acaso não o enviaria ao céu, sendo que seu pai insistiu muito no fato de estar sofrendo todos os tormentos de não se sabe muito bem que inferno ou purgatório? Acaso não o enviaria direto para a felicidade eterna? É justamente isso que não devo fazer, conclui. Contudo, aquela era a oportunidade de liquidar o assunto.

Se introduzi o *To be or not to be* da última vez, não foi por acaso. A meu ver, o essencial está todo aí.

Hamlet vem nos dizer que seu pai, devido ao momento em que morreu, permanece fixado para sempre *na flor de seus pecados*. A barra traçada sob as contas de sua vida faz com que ele permaneça idêntico à soma de seus crimes. Foi também diante disso que Hamlet se deteve com seu *To be or not to be.*

Suicídio, isso não é tão simples. Não estamos tanto sonhando, como ele, com o que se passa no além, trata-se simplesmente disto: pôr um ponto final não impede que o ser permaneça idêntico a tudo o que ele articulava por meio do discurso de sua vida. Aqui não há *To be or not to be* – o que quer que se faça, o *To be* permanece eterno.

Também ele, Hamlet, está confrontado com isso. É para não ser pura e simplesmente o instrumento do drama, aquele através do qual passam as paixões, tal como Etéocles e Polinice, que continuam no crime o que o pai realizou na castração, é porque ele se preocupa com o *To be* eterno do tal Cláudio, que, nesse momento, de modo perfeitamente coerente, na verdade, nem sequer tira a espada da bainha.

Isso é essencial: o que ele quer é surpreender o outro no excesso de seus prazeres, em outras palavras, ainda na relação com a rainha. O ponto-chave é aqui o desejo da mãe. E, com efeito, ele vai ter com a mãe essa cena patética que é uma das coisas mais extraordinárias já encenadas no teatro.

Nessa cena, em que é mostrado à mãe o espelho do que ela é, e em que, entre esse filho que incontestavelmente ama sua mãe assim como sua mãe o ama – isso nos é dito – mais do que é possível expressar, produz-se esse diálogo no qual ele a incita a romper os liames do que chama de *that monster, custom*, esse maldito monstro do hábito: *Esse monstro, o costume, que devora toda consciência de nossos atos, esse demônio dos hábitos é ainda anjo, pois também participa das boas ações...* Depois disso, ele lhe impõe começar a se libertar e não deitar essa noite com Cláudio. Tudo isso nos é dito com uma crueza maravilhosa. A próxima vez, você verá, lhe diz ele, será cada vez mais fácil.

Há duas réplicas que me parece essencial destacar, pois fazem eco uma à outra, e é em torno disso que tudo vai girar.

Num determinado momento, durante a *play scene*, a pobre Ofélia, de quem não falei muito ainda, diz a Hamlet que ele é bom como coro, *chorus*, ou seja, que ele comenta muito bem a peça, e ele responde: *I could interpret between you and your love if I could see the puppets dallying*, ou seja, *Eu poderia entrar na interpretação entre você e seu amor se eu pudesse ver as "puppets" jogando o joguinho delas*. Isso faz pensar no que ocorre na cena. Trata-se, em todo caso, de algo que ocorre entre *you* e *your love*.

Na cena com a mãe agora, quando o espectro aparece – pois o espectro aparece ali, e justamente num momento em que as objurgações de Hamlet vão começar a fraquejar – é para dizer a Hamlet:

O step between her and her fighting soul.
Conceit in weakest bodies strongest works.
Speak to her, Hamlet.

O espectro, que ali só aparece para Hamlet, embora, habitualmente, quando ele aparece todo o mundo o vê, vem lhe dizer: *Interpõe-te entre ela e sua alma em conflito.* A palavra *conceit* é unívoca. É empregada o tempo todo nessa peça e justamente a respeito da alma. O *conceit* é justamente o *concetto*, a pitada de estilo, e é a palavra empregada para falar do estilo rebuscado. *O "conceit"*, diz, portanto, o espectro, *opera mais poderosamente nos corpos cansados. Fala com ela, Hamlet.*

Esse lugar *entre isso e aquilo* em que sempre se pede para Hamlet entrar, agir, intervir, nos dá a verdadeira situação do drama. É um apelo significativo – significativo para nós, porque é exatamente aí que temos de intervir, *between her and her*, é esse nosso trabalho. *Conceit in weakest bodies strongest works*, é ao analista que esse apelo é dirigido.

Aqui, mais uma vez, Hamlet fraqueja e despede-se da mãe, dizendo-lhe: depois disso tudo, deixa-te acariciar, ele virá, te dará um beijo gorduroso no rosto e te acariciará a nuca. Abandona a mãe, deixa-a literalmente escorregar, voltar, por assim dizer, ao abandono de seu desejo. E eis como termina esse ato, com a ressalva de que, no intervalo, o infeliz Polônio teve o azar de fazer um movimento atrás do reposteiro e Hamlet lhe transpassou o corpo com sua espada.

5

Chegamos ao quarto ato.

Ele começa de forma muito bonita, com uma verdadeira caça ao corpo, que Hamlet parece achar bem divertida. Ele escondeu o cadáver de Polônio em algum lugar, e grita: *Hide, fox, and all after*, ou seja, *Te esconde raposa; estão atrás de ti.** Acaba finalmente lhes dizendo

* "*Hide, fox, and all after*" é uma denominação do jogo conhecido por esconde-esconde. (N.T.)

para não se cansarem, pois antes do fim do mês começarão a sentir seu cheiro, *you shall nose him*, ao lado da escada, e não falemos mais nisso.

Há aqui uma réplica importante: *The body is with the King, but the King is not with the body. The King is a thing of nothing. O corpo está com o rei, mas o rei não está com o corpo. O rei é uma coisa de nada.* Isso é realmente parte das falas esquizofrênicas de Hamlet, mas também não deixa de contribuir com algo para nossa interpretação, veremos em seguida.

O ato IV é um ato em que muitas coisas acontecem rapidamente. O envio de Hamlet para a Inglaterra, seu regresso antes que tenhamos tido tempo de dar meia-volta. Sabemos por quê: ele descobriu a tramoia, estavam enviando-o para a morte. Seu regresso vem acompanhado de certo drama, qual seja, que, nesse ínterim, Ofélia ficou louca – digamos, por causa da morte do pai e, provavelmente, por outra coisa também –, que Laertes se revoltou, que arquitetou um pequeno golpe. O rei conteve sua revolta dizendo que o culpado é Hamlet, que não se pode contar isso a ninguém porque ele é muito popular, mas que se pode resolver a coisa discretamente com um pequeno duelo manipulado no qual ele perecerá. E é realmente isso que vai acontecer.

A primeira cena do último ato é constituída pela cena do cemitério. Apelei agora há pouco ao primeiro coveiro. Praticamente todos vocês têm no ouvido as réplicas impressionantes trocadas entre esses personagens que estão cavando a sepultura de Ofélia e que, a cada palavra, fazem saltar um crânio, um dos quais é recolhido por Hamlet, que faz um discurso a respeito.

Já que falei dos atores, nunca se viu, na memória de um camareiro de teatro, um Hamlet e um primeiro coveiro que não estivessem em pé de guerra. Jamais o primeiro coveiro pôde suportar o tom com que Hamlet lhe fala. Vale a pena notar, de passagem, esse pequeno traço, pois ele nos mostra até onde pode ir a potência das relações realçadas nesse drama.

Passemos ao que irá requerer sua atenção da próxima vez:

Após a longa e poderosa preparação que a cena do cemitério constitui, vem o desenlace final. Conhecemos esse desejo sempre cambaleante [*re-tombant*], essa coisa esgotada, inacabada, inacabável, que há na posição de Hamlet. Por que, de repente, vemos o que era impossível tornar-se possível? Por que, de repente, vemos Hamlet aceitar, nas condições mais inverossímeis, o desafio de Laertes? São condições ainda mais curiosas pelo fato de Hamlet descobrir que é o favorito de Cláudio.

Vemos Hamlet derrotar Laertes em todos os assaltos. Ele o toca duas ou três vezes, embora lhe tivessem concedido vantagem na aposta – e quando, como previsto, ele acaba se espetando na ponta envenenada, não é sem que haja em seguida uma espécie de confusão que faz com que essa ponta volte à sua mão e ele também fira Laertes. E é na medida em que ambos estão mortalmente feridos que chega o último golpe, desferido contra aquele que, desde o começo, era o alvo das estocadas, Cláudio.

Não foi por acaso que evoquei da última vez o quadro de Millais com a *Ofélia* boiando nas águas. Gostaria de lhes propor outro para terminar nossas colocações de hoje. Gostaria que alguém fizesse um quadro em que se visse o cemitério no horizonte e, aqui, o buraco da sepultura, pessoas indo embora – como aquelas que, no fim da tragédia edipiana, se dispersam e cobrem os olhos para não ver o que se passa, a saber, algo que é mais ou menos a liquefação do sr. Valdemar.

Aqui é outra coisa. Aconteceu algo a que não se deu importância suficiente. Hamlet, que acabou de redesembarcar de urgência, graças aos piratas que lhe permitiram escapar do atentado, vai parar no enterro de Ofélia. Para ele, é novidade: não sabia o que tinha acontecido durante a sua curta ausência. Vemos Laertes rasgar as vestes e saltar na cova para abraçar pela última vez o cadáver da irmã bradando seu desespero.

Hamlet não só não consegue tolerar essa manifestação com relação a uma moça que ele tratou muito mal até ali, como precipita-se na sequência de Laertes, depois de ter emitido um verdadeiro rugido, grito de guerra no qual diz a coisa mais inesperada: Quem lança esses gritos de desespero a propósito da morte desta jovem? E ele conclui: *Sou eu, Hamlet, o dinamarquês*.

Nunca o escutamos dizer que era dinamarquês. Ele execra os dinamarqueses. De repente, ei-lo literalmente transtornado por algo muito significativo, quero dizer, com relação ao nosso esquema. É na medida em que $\$$ está numa certa relação com o *a* minúsculo que ele faz essa súbita identificação, que o faz encontrar, pela primeira vez, seu desejo em sua totalidade.

Vemos Hamlet e Laertes desaparecerem na cova. Ficam por um tempo na cova se engalfinhando. No fim, tiram-nos dali para separá-los. É isto o que veríamos no quadro: esse buraco de onde veríamos coisas escapando.

Veremos, da próxima vez, como entender o que isso pode querer dizer.

11 de março de 1959

XV
O Desejo da Mãe

Do mistério à ilusão
Hamlet, um modo do discurso
O interdito de onde surge o inconsciente
O desejo impuro de Hamlet
O circuito do desejo

Os princípios analíticos são, apesar de tudo, feitos de tal maneira que, para alcançar o objetivo, convém não se apressar.

Alguns de vocês talvez creiam – acho que não são muitos – que estamos longe da clínica. Não é verdade, estamos em cheio nela. Como o que está em questão é situar o sentido do desejo, do desejo humano, o modo de localização a que procedemos em relação ao que, de resto, é um dos grandes temas do pensamento analítico desde o começo, não poderia de modo nenhum nos desviar do que nos é requerido como mais urgente.

Muitas coisas foram ditas sobre *Hamlet*; tentei mostrar-lhes a densidade dos comentários acumulados.

Chegou até mim, no intervalo, um documento pelo qual eu ansiava no meu desejo de perfeccionismo, a saber, o *Hamlet and Œdipus* de Ernest Jones. Eu o li para me dar conta de que Jones manteve seu livro atualizado com o que se passou depois de 1909. Já não é a Loening que ele faz alusão como sendo uma referência recomendável, mas a Dover Wilson, que escreveu muito, e muito bem, sobre *Hamlet*. Como eu mesmo tinha lido parte de sua obra, acredito ter lhes transmitido mais ou menos sua substância.

Agora, seria melhor tomar certa distância com relação a tudo isso.

A especulação de Jones, em contrapartida, é muito penetrante e, no seu conjunto, deve-se dizer, apresenta um estilo diferente de tudo o que foi escrito, acrescentado, a respeito de *Hamlet* na família analítica.

Faz observações muito corretas, em particular esta, de simples bom senso, segundo a qual Hamlet não é um personagem real. Nessas condições, o que pode significar levantar as mais profundas questões relativas a seu caráter? É um ponto que talvez mereça nossa atenção um pouco mais seriamente do que de costume.

Vou simplesmente começar fazendo isso.

1

Como sempre ocorre quando estamos num terreno que concerne, por um lado, à exploração analítica como tal e, por outro, a um objeto particular, o caminho a seguir é duplo.

O caminho que nossa especulação toma está fundado numa certa ideia prévia que formamos do objeto. É evidente que há coisas aí a serem, digamos, sumariamente varridas do mapa.

Por exemplo, no primeiríssimo plano das obras de arte, e das obras dramáticas em particular, há *caractères* [personagens], no sentido como isso se entende em francês. Um *caractère* é uma pessoa, cuja densidade supomos que o autor conhece. O autor criou um *caractère*, espera-se que ele nos emocione com a transmissão das características desse *caractère*, e essa sinalização por si só já nos introduziria numa realidade suposta que estaria além do que nos é oferecido na obra de arte.

Digo que *Hamlet* já possui essa importantíssima propriedade de nos fazer perceber até que ponto essa visão, embora seja comum e a apliquemos espontaneamente a todo instante quando se trata de uma obra de arte, deve, se não ser refutada, ao menos ficar em suspenso.

Com efeito, em toda arte há dois ganchos que podemos agarrar solidamente com as mãos, como pontos de referência absolutamente seguros. Veremos quais são eles.

Hamlet é um espelho, dizem-nos, em que cada um se viu a seu modo, leitor ou espectador – mas deixemos os espectadores, que são insondáveis, de lado. Mesmo que essa afirmação não nos satisfaça, ainda assim, se juntarmos tudo o que foi dito, afirmado, a respeito dessa peça, não podemos deixar de perceber, como penso ter lhes mostrado suficientemente da última vez, que as interpretações críticas vão do contrário ao contrário, que são, propriamente falando, inconciliáveis, contraditórias, o que de fato sugere haver aí algum mistério.

Também indiquei que, para os atores, o papel de Hamlet era *o* papel por excelência e que, ao mesmo tempo, se dizia *o Hamlet de fulano, de sicrano, de beltrano*: quantos atores houver com certa potência pessoal, tantos Hamlet haverá.

Mas isso vai mais longe ainda do que a constatação de uma diversidade.

Suponho que alguns ficaram um pouco exasperados com aquela espécie de *rush* que houve, na época do tricentenário, em 1864, sobre os temas shakespearianos, a exaltação passional com a qual todo o mundo literário inglês fez esse tema reviver. Mesmo assim, em 1919, John Robertson, no seu *The Problem of "Hamlet"*, fez ouvir sua voz na direção contrária, ao dizer que, rigorosamente falando, Hamlet era o vazio, que não se sustentava, que não existia chave para o personagem de Hamlet, que Shakespeare tinha feito o que podia para remendar o *Hamlet* atribuído a Kyd, que já havia sido encenado uns doze anos antes daquele outono de 1601, em que temos mais ou menos a certeza de que nosso *Hamlet* apareceu pela primeira vez. Desde então, aliás, a exploração filológica foi bem longe nesse sentido.

Esse dramaturgo austríaco a quem Freud faz, de passagem, uma referência que não deixa de ter importância, Grillparzer, com quem Jones termina o segundo capítulo de seu livro, chegou a articular em termos próprios que a razão do sucesso de *Hamlet* é sua impenetrabilidade. Não deixa de ser uma opinião curiosa; em todo caso, não se pode negar que seja uma opinião estritamente antiaristotélica, na medida em que o caráter similar, *homoios*, do herói com relação a nós é o que Aristóteles coloca em primeiro plano para explicar o efeito da comédia e da tragédia.

Entretanto, o fato de ter sido possível dizer tudo isso a respeito de *Hamlet* é importante.

Acrescento que há aí uma ampla gama de opiniões que não se equivalem, que apresentam uma grande série de matizes. Não é a mesma coisa dizer que a impenetrabilidade de *Hamlet* provocou seu sucesso ou que *Hamlet* é uma peça fracassada, como pensa ninguém menos do que T.S. Eliot, que, para certo meio, é mais ou menos o maior poeta inglês moderno. Segundo ele, Shakespeare não esteve à altura de seu herói. Se Hamlet é alguém desqualificado para sua tarefa, Shakespeare também era desqualificado para a articulação do papel de Hamlet.

São opiniões que, não obstante, podemos considerar problemáticas. Se as enumero é para conduzi-los rumo ao que está em questão. Creio que a opinião mais matizada seja, neste caso, a mais correta: há, na relação de *Hamlet* com aquele que o apreende, seja como leitor, seja como espectador, um fenômeno que é da ordem de uma ilusão.

Dizer isso é diferente de dizer que *Hamlet* é simplesmente o vazio. Uma ilusão não é igual ao vazio. Para produzir no palco um efeito fantasmagórico da ordem do que representa, se quiserem, meu espelhinho côncavo, com a imagem real que surge e que só se pode ver de certo ângulo e de certo ponto, é preciso toda uma maquinaria. Que *Hamlet* seja uma ilusão, a organização de uma ilusão, eis algo que não é da mesma ordem de ilusão do que se todo o mundo sonhasse a respeito do vazio. Afinal, é importante fazer essa distinção; em todo caso, tudo confirma haver algo dessa ordem.

Este é o primeiro gancho a que podemos nos agarrar firmemente.

Por exemplo, Trench, citado por Jones, escreve o seguinte: *Já achamos difícil entender Hamlet com a ajuda de Shakespeare; até mesmo Shakespeare, talvez, achasse difícil entendê-lo; quanto a Hamlet* – percebe-se que é uma passagem engraçada, o deslizar da pena ou do pensamento se dirige a isto: *acha impossível entender a si próprio.* Pode ser. *Mais capaz que os outros homens de ler o coração e a razão dos outros* – isto não se refere nem a nós nem a Shakespeare, mas a Hamlet, que, como vocês sabem, entrega-se o tempo todo a um jogo de desmontagem com seus interlocutores, com aqueles que vêm interrogá-lo, armar-lhe ciladas –, *ele é totalmente incapaz de ler os próprios.*

Assinalo que, imediatamente depois, Jones dá seu parecer sobre essas linhas. Ele, que começara expressando todas as reservas quanto à realidade dos personagens, que dissera que não era o caso de se pôr a falar de Hamlet como se fosse um personagem real, que era em outro lugar que se deveria buscar a articulação – o que é a posição tradicional em matéria de interpretação psicanalítica, que contém, creio, certo erro, certa falácia, para a qual quero, em primeiro lugar, chamar a atenção de vocês – Jones, portanto, também não deixa de deslizar para algo que se exprime mais ou menos nos seguintes termos: *Não conheço juízo mais autêntico do que este em toda a literatura sobre o problema.*

Em outro lugar, o mesmo Jones nos dirá que, em suma, *o poeta, o herói e o público ficam profundamente emocionados por sentimentos que os tocam sem que saibam por quê.* Essa afirmação torna palpável para nós a estrita equivalência entre cada um dos dois primeiros termos, ou seja, o poeta e o herói são rigorosamente equivalentes a seu discurso; na verdade só estão aí pelo seu discurso. Se quisermos falar da comunicação do que está no inconsciente deles, não podemos dizer, em todo caso, que esta esteja presentificada por outra coisa que não pela pela articulação do discurso dramático.

Não falemos do herói. Se estiverem me seguindo pelo caminho a que tento induzi-los, ele é, a bem da verdade, rigorosamente idêntico a palavras – sobretudo se começarmos a ter a sensação de que, em *Hamlet*, o que confere ao herói seu mais alto valor dramático é que ele é um modo do discurso. Esse é o segundo gancho ao qual peço que se agarrem. O fenômeno é da mesma ordem daquilo que escapa a tudo o que podemos dizer sobre a consistência do personagem. Em outras palavras, *Hamlet* torna-se, aqui, a obra exemplar.

O modo como uma obra nos toca, e nos toca precisamente da maneira mais profunda, ou seja, no plano do inconsciente, decorre de sua composição, de seu arranjo. Embora não haja dúvida de que é no nível do inconsciente que nos movemos, isto não se dá em razão da presença de algo que realmente suporta diante de nós um inconsciente. Quero dizer que, ao contrário do que se pensa, não é do inconsciente do poeta que se trata. Este inconsciente, sem dúvida, revela sua presença por alguns traços na obra que não são premeditados, elementos de lapsos, elementos simbólicos não percebidos pelo poeta, mas não é para isso que se volta nosso principal interesse.

Podemos encontrar em *Hamlet* alguns desses traços. Foi a isso que, em última instância, Ella Sharpe se dedicou, como lhes disse da última vez. Ela procurou catar, aqui e ali, o que pudesse revelar no caráter de Hamlet uma espécie de sutura, de fixação da metáfora em torno de temas femininos ou de temas orais. Garanto-lhes que, considerando o problema que Hamlet coloca, isso é realmente algo que parece secundário, quase pueril, sem, claro, ser totalmente destituído de interesse.

Portanto, quando, desse ângulo, vocês vão buscar numa obra o que quer que seja que possa informá-los sobre o autor, o que fazem é uma investigação biográfica sobre ele, não uma análise do alcance da obra como tal. Se *Hamlet* tem, para nós, um alcance de primeira ordem, é porque seu valor de estrutura é equivalente ao de Édipo. O que nos interessa, e que pode nos ajudar a estruturar certos problemas, decorre, evidentemente, do que há de mais profundo na trama da obra, do conjunto da tragédia, de sua articulação como tal. É evidentemente algo diferente de uma ou outra confissão fugaz.

É isso que estou enfatizando. A obra vale por sua organização, pelo que instaura de planos superpostos, em cujo interior pode encontrar lugar a dimensão própria da subjetividade humana. Se quiserem, para metaforizar minhas afirmações, eu diria que, para dar profundidade a uma peça como se dá a uma sala ou a um palco, é preciso haver um certo número de planos superpostos, suportes, vigas, toda uma maquinaria. E é no interior da profundidade assim obtida que pode ser formulado, da maneira mais ampla, o problema da articulação do desejo.

Portanto, espero ter sido claro: se *Hamlet* tem para nós um alcance privilegiado, se é de fato o maior drama ou um dos maiores dramas da tragédia moderna, ficando *Fausto* na outra ponta, não é simplesmente porque há Shakespeare, por mais genial que o suponhamos, e porque sua vida deu tal volta. Nem por isso deixa de ser verdade que *Hamlet* aparece num momento em que, evidentemente, algo aconteceu na vida de Shakespeare.

Tudo o que podemos dizer de certo é que se trata da morte de seu pai. Como contentar-se com isso seria contentar-se com pouca coisa, sem dúvida supomos que, em torno desse acontecimento, deve ter havido outras coisas em sua vida. De todo modo, *Hamlet* marca uma virada manifesta na produção de Shakespeare, na orientação desta.

Antes de *Hamlet*, não há nada além de uma sequência de comédias e dramas históricos. São dois gêneros que Shakespeare levou, ambos, ao último grau da beleza, da perfeição e da fluidez. Até ali, quase se pode dizer que há duas grandes especialidades que ele manipula com uma maestria, uma desenvoltura, uma felicidade que o põem na categoria dos autores de sucesso.

Depois de *Hamlet*, o céu é outro. Aparecem coisas que extrapolam todos os limites, que não têm mais nada a ver com nenhuma espécie de cânone, que não são mais da mesma ordem, o *King Lear* e uma série de outras peças, culminando em *The Tempest*. Sentimos algo muito distinto, um drama humano que se desenvolve e é de um registro totalmente diferente. Eis o Shakespeare joia da história humana e do drama humano, que inaugura uma nova dimensão no homem.

Portanto, algo realmente aconteceu naquele momento. Mas será que basta termos certeza disso para pensar que é a morte do pai? De certo modo, sim, claro. Mas, de todo modo, observemos que, embora *Hamlet* seja a peça que mais se apresenta como um enigma, é evidente que nem toda peça que suscita um problema é, por isso, uma boa peça. O mesmo pode acontecer com uma peça muito ruim. E, conforme for, é provável que numa peça ruim haja um inconsciente bastante presente, e ainda mais presente do que pode haver numa boa.

Se uma peça de teatro nos emociona, não é em razão do que ela representa de esforços penosos, nem do que, sem saber, um autor deixa passar, mas, repito, em razão do espaço que ela nos oferece, pelas dimensões de seu desenvolvimento, para colocar o que, em nós, está escondido, a saber, nossa própria relação com nosso próprio desejo. Se essa possibilidade nos é aberta de forma eminente por *Hamlet*, não é porque Shakespeare está, naquele momento, metido num drama pessoal, é porque essa peça realiza – e, de certos pontos de vista, ao máximo – a superposição de dimensões, de planos ordenados, necessária para dar ao que está em nós o seu lugar, a fim de que esse drama venha reverberar aí.

Se levamos as coisas ao seu limite máximo, julgamos apreender esse drama pessoal – e ele se furta. Chegaram a dizer que era o drama que constitui a matéria dos *Sonnets*. Vocês sabem que o poeta foi duplamente enganado, por um lado pelo seu amigo, protetor, e por sua amante. Acontece que esse drama provavelmente ocorreu em outro período, mais ameno, da vida de Shakespeare. Além disso, não se tem nenhuma certeza dessa história, tem-se apenas o testemunho dos *Sonnets*, ele mesmo singularmente elaborado.

Acho que a sedução de *Hamlet* tem outra causa, não essa. Podemos, se for o caso, pensar em tudo o que pode estar por trás de *Hamlet*. Mas não é isso que está em questão, é a composição. O que deve ser objeto de nossa reflexão é o alto grau de perfeição a que o autor conseguiu levá-la, é essa articulação tão singular, tão excepcional, que distingue seu *Hamlet* de todos os pré-*Hamlet* que pudemos, com nossa filologia, descobrir.

Se Shakespeare foi capaz de tamanha obra, provavelmente tenha sido em razão de um aprofundamento, tanto do ofício de autor quanto da experiência vivida de um homem que seguramente viveu e cuja vida inteira foi feliz. Tudo nos indica, com efeito, que sua vida foi atravessada por todas as solicitações e todas as paixões. Mas o fato de haver o drama de Shakespeare por trás de *Hamlet* é secundário, tendo em vista o que compõe sua estrutura. É essa estrutura que responde pelo efeito de *Hamlet*.

Tanto é assim que o próprio Hamlet, como se expressam metaforicamente os autores, é um personagem cujas profundezas desconhecemos, mas não só devido a nossa ignorância. É, com efeito, um personagem composto de algo que é o lugar vazio onde podemos situar nossa ignorância. O importante é isso, pois uma ignorância situada não é algo puramente negativo: nada mais é que a presentificação do inconsciente. Ela dá a *Hamlet* sua força e seu alcance.

Acredito ter conseguido transmitir a vocês, sem negá-la, sem deixar nada de lado, com o máximo de filigranas possível, a dimensão propriamente psicológica envolvida numa peça como essa. Dizem ser isto um exercício do que se chama psicanálise aplicada, quando, na verdade, é o contrário. No nível em que estamos, trata-se efetivamente de psicanálise teórica. Em relação à questão teórica que a adequação da psicanálise a uma obra de arte coloca, qualquer espécie de questão clínica é uma questão de psicanálise aplicada.

Algumas pessoas que estão me escutando sem dúvida terão necessidade de que eu diga um pouquinho mais. Façam-me perguntas. [*Silêncio.*]

Se *Hamlet* é realmente o que estou dizendo, a saber, uma composição, uma estrutura tal que, nela, o desejo pode encontrar seu lugar, situado de maneira suficientemente correta, rigorosa, para que ali possam se projetar todos os desejos ou, mais exatamente, todos os problemas suscitados pela relação do sujeito com o desejo, bastaria, em certo sentido, lê-lo. Referia-me, portanto, aos que poderiam me perguntar sobre a função do ator. Onde está a função do teatro, da representação?

É claro que não é absolutamente a mesma coisa ler *Hamlet* e vê-lo representado. Tampouco acho que isso possa lhes causar problemas por muito tempo. Na perspectiva que estou tentando desenvolver aqui, concernente, em suma, à função do inconsciente, o inconsciente se define como o discurso do Outro. Nada pode ilustrá-lo melhor do que a perspectiva que nos é dada por uma experiência como a da relação da plateia com *Hamlet*. Fica claro que, ali, o inconsciente se presentifica sob a forma do discurso do Outro, que é um discurso perfeitamente composto. Ali, o herói só está presente por meio desse discurso, assim como o poeta. Morto há muito tempo, é, no fim das contas, seu discurso que o poeta nos lega.

A dimensão que a representação acrescenta, a saber, os atores que vão interpretar esse *Hamlet*, é rigorosamente análoga àquilo pelo qual nós mesmos estamos implicados em nosso próprio inconsciente. Isso que constitui nossa relação com o inconsciente, ou seja, o significante (para ser claro), somos nós que fornecemos seu material – é precisamente isso que ensino e que passo meu tempo a lhes dizer – com nosso imaginário, isto é, com nossa relação com nosso próprio corpo, já que o imaginário é isso.

Diz-se que ignoro a existência do corpo. Tenho uma teoria incorpórea da análise. Pelo menos, é isso que descobrem quando ouvem o que articulo aqui de uma certa distância – pois se irradia.

É com nossos próprios membros que fazemos o alfabeto desse discurso que é inconsciente – e, é claro, cada um de nós o faz segundo relações diversas, pois não nos servimos todos dos mesmos elementos para sermos fisgados no inconsciente. De modo análogo, o ator empresta seus membros, sua presença, não simplesmente como uma marionete, mas com seu inconsciente bem real, a saber, a relação de seus membros com certa história que lhe é própria.

Se há bons e maus atores é na medida, creio eu, em que o inconsciente de um ator é mais ou menos compatível com esse empréstimo de sua marionete. Ou ele se presta ou não se presta a isso, é o que faz com que um ator tenha mais ou menos talento, gênio – ou até que seja mais ou menos compatível com certos papéis, por que não? Mesmo aqueles que detêm a gama mais ampla conseguem, no fim das contas, interpretar certos papéis melhor que outros.

Em outras palavras, claro que o ator está presente. É na medida em que há afinidade entre o que ele tem para representar para nós e algo que pode, com efeito, ter a mais estreita relação com seu inconsciente, que ele dá à sua interpretação do papel um tempero que incontestavelmente acrescenta algo, mas que está longe de constituir o essencial do que é comunicado e que é a representação do drama tal como foi composto.

Essa concepção poderia abrir uma porta para avançar bastante, creio eu, na psicologia do ator. Existem, é claro, leis de compatibilidade geral. A relação do ator com a possibilidade da exibição coloca um problema de psicologia particular do ator. A questão de saber se determinadas texturas psicológicas são mais particularmente propícias ao teatro foi abordada, em especial, por alguém que revi faz pouco tempo e que escreveu um artigo, publicado alguns anos atrás, sobre o que ele chamava *Histeria e teatro*, que prometia. Talvez tenhamos a oportunidade de falar a respeito com interesse, ou, decerto, total aquiescência.

Fechado este parêntese, retomemos o fio de nossas considerações.

2

O que procuro fazê-los entender acerca do efeito de *Hamlet* é essencialmente o modo como o desejo pode e deve ocupar seu lugar no interior dessa peça, tal como está composta. Qual é, então, a estrutura em torno da qual se articula essa ocupação?

À primeira vista, a maneira como comumente, no registro analítico, se entende o que é *Hamlet* parece ir nesse sentido. Terá sido para ir ao encontro de temáticas tão clássicas, banais até, que lhes fiz todos esses comentários introdutórios? Verão que não.

No entanto, comecemos a abordar as coisas pelo que de costume nos é apresentado. E não creiam que seja tão simples ou unívoco. Manter-se retilineamente no desenvolvimento de seu pensamento sobre *Hamlet* é dificílimo para os próprios autores, pois, o tempo todo, há uma espécie de fuga, de oscilação, das quais verão alguns exemplos no que irei enunciar.

Numa primeira aproximação, com a qual todo o mundo concorda, Hamlet é aquele que não sabe o que quer. Quando vê partirem as tropas do jovem Fortinbrás, que passam no horizonte da cena, detém-se amargurado, subitamente surpreendido pelo fato de que ali estão pessoas que vão realizar uma grande ação em troca de nada, por um pedacinho da Polônia, que vão sacrificar tudo, a vida, enquanto ele está lá sem fazer nada, embora tenha tudo para fazê-lo, *a causa, a vontade, a força e os meios*. Como ele mesmo diz: *Continuo a dizer: é o que resta fazer*.

Eis o problema que se coloca para todos: por que Hamlet não age? Por que esse *will*, esse desejo, essa vontade, parece suspenso nele? Isso vai ao encontro, por assim dizer, do que sir James Paget, citado por Jones, escreveu sobre a paralisia histérica: *Uns dizem que ele não quer; ele diz que não consegue; a questão é que ele não* pode *querer*.

O que nos diz sobre isso a tradição analítica? A tradição analítica diz que, nesse caso, tudo repousa no desejo pela mãe. Estando recalcado, esse desejo é a causa que faz com que o herói não consiga avançar para executar a ação que lhe foi ordenada, a saber, vingar-se de um homem que é o atual possuidor, ilegítimo, e como!, já que criminoso, do objeto materno. E se ele não pode atingir aquele designado para sua vindita, é porque ele mesmo já teria, em suma, cometido o crime que tem de vingar.

Então, nos dizem, já que temos como pano de fundo a lembrança do desejo infantil pela mãe, do desejo edipiano de assassinato do pai, Hamlet é de certo modo cúmplice do atual possuidor, que, a seus olhos, é um *beatus possidens*. Por ser cúmplice, não pode, portanto, atacá-lo sem atacar a si mesmo. Mas isso também poderia querer dizer –

e esse mecanismo, em todo caso, é mais perceptível na peça – que ele não pode atacar esse possuidor sem despertar em si o antigo desejo, experimentado como culpado.

Contudo, será que afinal devemos quedar fascinados diante de um esquema envolto, para nós, numa aura que lhe dá um caráter intocável, não dialético, insondável? Será que não podemos dizer igualmente que tudo isso se inverte? Se Hamlet se atirasse de primeira sobre seu padrasto, diriam que encontra nisso a oportunidade de aplacar sua própria culpa, situando o verdadeiro culpado fora dele.

Para chamar as coisas pelo seu devido nome, Hamlet não age, embora tudo o leve a agir.

Primeiro, há o mandamento do supereu, de certo modo materializado por esse pai que retorna do além na forma de um fantasma, para lhe ordenar esse ato vingativo. E esse pai é provido de todo o caráter sagrado daquele mesmo que retorna do além-túmulo, com o que lhe acrescentam de autoridade a sua grandeza, sua sedução, o fato de ser a vítima, de ter sido atrozmente despossuído não só do objeto de seu amor, mas de sua potência, de seu trono, da própria vida, de sua salvação, de sua felicidade eterna. Portanto, não há dúvida nenhuma de que o pai o incita a agir.

Além disso, viria trabalhar no mesmo sentido algo que poderíamos chamar, no caso, o desejo natural de Hamlet. Embora, por estar recalcado, ele não possa sentir esse desejo, embora esteja efetivamente separado dessa mãe, é no entanto incontestável que para ele conta o fato de estar fixado a ela; essa é a coisa mais certa e mais aparente do papel de Hamlet. Não foi sem intenção que, nesta oportunidade, chamei esse desejo recalcado de *natural*, pois no momento em que Jones escrevia seu artigo sobre *Hamlet*, ainda tinha de defender perante o público a dimensão do recalque e da censura, e todas as páginas que escreveu naquela ocasião tendiam a dar a essa censura uma origem social. *Não deixa de ser curioso – curiously enough,* diz ele – *que as coisas evidentemente mais censuradas pela organização social sejam os desejos mais naturais.*

Na verdade, isso coloca uma questão. Afinal, se a dimensão do recalque e da censura realmente surge da sociedade, por que esta não se organizou para a satisfação desses desejos tão naturais? Esta questão talvez possa nos levar um pouco mais longe.

Com efeito, é mais do que perceptível que as necessidades da vida do grupo, as necessidades sociológicas – essas coisas que nunca parecemos perceber – não são de forma alguma exaustivas para explicar esse tipo de interdito do qual surge a dimensão do inconsciente nos seres humanos. Isso é tão pouco suficiente que, para explicar os próprios princípios do recalque, Freud teve de inventar um mito original – pré-social, não esqueçamos, pois é ele que funda a sociedade –, o de *Totem e tabu*. No seu comentário, na data em que o fez, Jones infelizmente conserva a ideia de uma gênese sociológica das proibições, da censura e, muito especificamente, do Édipo, no nível do inconsciente – e isso é um erro de Jones. Talvez seja um erro bastante deliberado, apologético, o erro de alguém que quer convencer, que quer conquistar certo público de psicossociólogos. No entanto, essa concepção não deixa de criar um problema.

Mas voltemos a nosso Hamlet.

No fim das contas, nós o vemos movido por duas tendências, a tendência imperativa, duplamente comandada pela autoridade do pai e pelo amor que lhe devota, e a tendência a querer defender a mãe e guardá-la para si, que devem fazê-lo ir na mesma direção: matar Cláudio. Como é que duas coisas positivas dariam como resultado: zero? É uma coisa curiosa.

Bem sei que isso acontece. Encontrei um belo exemplo quando quebrei a perna: um encurtamento, mais outro encurtamento, o da outra perna, e não há mais encurtamento. É um bom exercício para nós, pois lidamos com coisas dessa ordem. Contudo, será que é disso que se trata?

Não, creio que não. Creio, antes, que entramos numa dialética ilusória, que nos satisfazemos com um esquema que, afinal, sem dúvida só se justifica pelo fato de que Hamlet está aí e que é preciso explicá-lo. Ainda assim, de todo modo, tocamos aí em algo essencial.

Ou seja, há algo que torna o ato difícil para Hamlet, que torna sua tarefa repugnante para ele, que o põe efetivamente numa posição problemática com relação a sua própria ação, e esse *x* é seu desejo. O caráter impuro desse desejo cumpre o papel essencial, mas sem que Hamlet o saiba. De certa maneira, é na medida em que sua ação não é desinteressada, não está kantianamente motivada, que Hamlet não pode executar seu ato.

Em termos gerais, creio que isso seja de fato algo que possamos afirmar. Só que, na verdade, era algo quase acessível antes da investigação psicanalítica. Temos indicadores disso – e o interesse da bibliografia de Jones está em mostrá-lo – em certos autores que o observaram em escritos dos anos 1880 ou 1890, bem antes de Freud ter começado a articular o *Ödipuskomplex*. Em todo caso, acho que podemos formular analiticamente algo mais preciso do que esses autores e ir mais longe do que aquilo a que se reduz o que, a esse respeito, os analistas disseram. Para tanto, temos apenas de seguir realmente o texto da peça.

Se o fizermos, não teremos como deixar de perceber que aquilo com que Hamlet tem de lidar, e o tempo todo, aquilo com que se debate, é um desejo, mas que está muito longe de ser o seu. Considerando-o ali onde está na peça, é o desejo não *por* sua mãe, mas *de* sua mãe. Na verdade, é somente disso que se trata.

O ponto-chave é o encontro com sua mãe depois da *play scene*. Deveria ler toda a cena junto com vocês.

Portanto, ele mandou encenar a peça com a qual surpreendeu a consciência do rei. Com todo o mundo cada vez mais angustiado quanto às intenções dele, Hamlet, decidem mandar chamá-lo para que converse com a mãe. É tudo o que Hamlet deseja. Nessa ocasião, diz ele, pretende revolver o ferro na chaga – ele fala de *punhal* –, no coração da mãe. E é quando se desenrola a longa cena, que é um ponto alto do teatro, a cena da alcova, cuja leitura, eu lhes dizia da última vez, está no limite do suportável, na qual ele vai intimar pateticamente a mãe a tomar consciência do ponto em que ela está.

Lamento não poder ler toda a cena, mas façam-no, e como se faz na escola, de caneta na mão. Ele lhe explica: Que vida é essa que você está levando! Além disso, você, afinal, já não é jovenzinha, isso tem de se acalmar um pouco em você! São coisas dessa ordem que ele lhe diz nessa língua admirável. São coisas que você não acredita que se possa escutar, que não se poderia dizer de forma mais penetrante, que não poderiam corresponder melhor ao fato de que, com efeito, Hamlet disparou feito uma flecha para dizer à mãe coisas destinadas a partir seu coração e que ela sente como tais, ela mesma lhe diz: *Você partiu meu coração em dois*. E ela, literalmente, geme sob a pressão.

A mãe tem pelo menos 45 anos. Temos praticamente certeza de que Hamlet tem trinta. Isso é discutível, mas há, na cena do cemitério, uma indicação a partir da qual se pode deduzi-lo, pois ele se recorda do pobre Yorick que morreu faz uns vinte e poucos anos e cujos lábios beijou. É importante saber que Hamlet não é um rapazola.

Retorno à alcova. Hamlet compara seu pai a Hipérion, em quem *cada deus fez questão de colocar sua marca*, e ao lado temos essa espécie de escória, rei de farrapos e andrajos, um lixo, um embusteiro, um proxeneta, e é com isso que você rola na imundície. É apenas disso que se trata, e é oportuno articulá-lo; vocês verão mais adiante aquilo de que se trata, mas seja como for, trata-se do desejo da mãe, de uma adjuração de Hamlet, que é um pedido do tipo: Recomponha-se, domine-se, tome – como eu lhe dizia a última vez – a via dos bons costumes, comece por parar de ir para a cama com meu tio. As coisas são ditas assim. Além do mais, todos sabem – diz ele – que comer e coçar é só começar, que esse demônio, o hábito, que nos liga às piores coisas, se exerce também no sentido contrário, assim que a senhora se comportar melhor, será cada vez mais fácil.

O que vemos, senão a articulação de um pedido, manifestamente feito por Hamlet em nome de algo que é da ordem não simplesmente da lei, mas da dignidade, e que é expresso com tamanha força, vigor e crueldade que o mínimo que se pode dizer é que provoca certo desconforto?

As coisas chegam a um ponto em que a mãe fica literalmente sem ar, tanto que houve quem se perguntasse se o espectro que reaparece nos aposentos não teria por função dizer a Hamlet: Pega, pega! Vai, continua! Mas também, até certo ponto, é um chamado à ordem, ele protege a mãe contra um transbordamento agressivo qualquer do filho, diante do qual ela mesma, num determinado momento, tremeu: *Vais me matar?* Até onde chegarás? O pai o lembra do seguinte: *Coloca-te entre ela e sua alma em conflito*.

Chegando ao clímax do que está em questão, Hamlet tem uma brusca recaída, que o faz dizer: E, então, depois disso, agora que eu disse tudo isso, faz o que te vier à cabeça e vai contar tudo pro titio Cláudio. Ou seja, você vai deixar ele te dar um beijinho no rosto, fazer um cafuné na nuca, uma cariciazinha na barriga e tudo isso vai acabar, como de costume, na zona. É exatamente isso que Hamlet diz.

Acompanhamos aqui o movimento de oscilação próprio de Hamlet. Ele vocifera, xinga, esconjura e, depois, vem a recaída de seu discurso, um abandono que reside nas próprias palavras, o desaparecimento, desmaio de seu apelo no consentimento ao desejo da mãe, armas rendidas perante algo que parece inelutável.

O desejo da mãe recupera, então, para ele, o valor de algo que não poderia de jeito nenhum ser dominado, cerrado, encerrado.

3

Fui ainda mais devagar do que imaginava. Serei, portanto, forçado a interromper as coisas num ponto que, como veem, vai nos deixar com o programa de deciframento de *Hamlet* por, talvez, ainda mais dois de nossos encontros.

Hoje, para concluir, vou tentar lhes mostrar a relação do que estou articulando, com o grafo.

Com *Hamlet*, aonde quero levá-los? Vou lhes dizer muito precisamente, recapitulando primeiro o que o grafo nos indica sobre a situação do desejo.

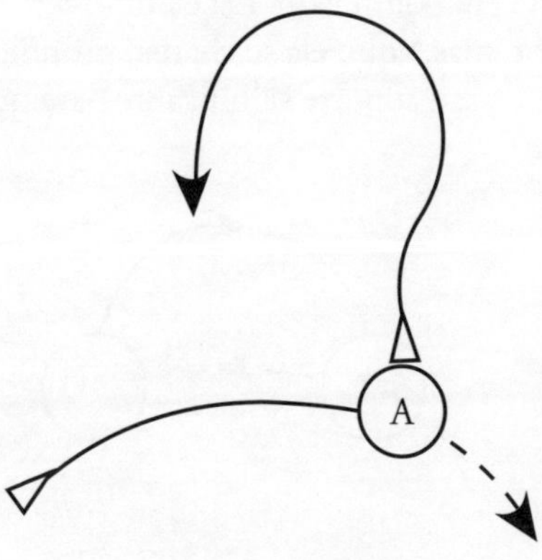

O gancho de interrogação

Isto é o andar superior do grafo. Na linha de baixo, s(A)→A, vocês têm o discurso elementar da demanda, aquele que submete a necessidade do sujeito ao consentimento, ao capricho, ao arbítrio do Outro como tal. O discurso desse Outro tem, portanto, o poder de estruturar a tensão e a intenção humanas na fragmentação significante. É a primeira etapa, a primeira relação com o Outro.

No interior desse discurso do Outro que o modela, nesse mundo já estruturado, o que o sujeito tem de fazer? Orientar-se, situar-se. Tendo a demanda do Outro necessariamente despedaçado e fraturado o sujeito, toda localização do sujeito por ele mesmo deve passar por essa etapa fundamental na qual o que se torna seu discurso prossegue para além do Outro. É aí que o sujeito se interroga sobre o que se chama seu *will*, seu querer, sua vontade própria, ou seja, sobre o que é para ele mais problemático – como nós, analistas, sabemos –, a saber, o que ele realmente deseja. É para além das necessidades da demanda que o sujeito deve passar na medida em que busca reencontrar seu desejo no seu caráter ingênuo.

Como esse reencontro do desejo pode se dar? É o problema com que lidamos constantemente. Em outras palavras, para além do Outro, no segundo andar do grafo, o que acontece?

Nele, não encontramos apenas o gancho de interrogação aqui desenhado, cujo traçado contínuo representa a interrogação do sujeito sobre o que ele quer. A análise nos diz que há também o que permite que o sujeito nele se reencontre, a saber, uma cadeia significante, que desenho em pontilhado. Ela é homóloga à cadeia significante do nível inferior, mas, aqui, ela se chama, propriamente falando, o inconsciente, e já dá seu suporte significante para que o sujeito possa aí se reencontrar.

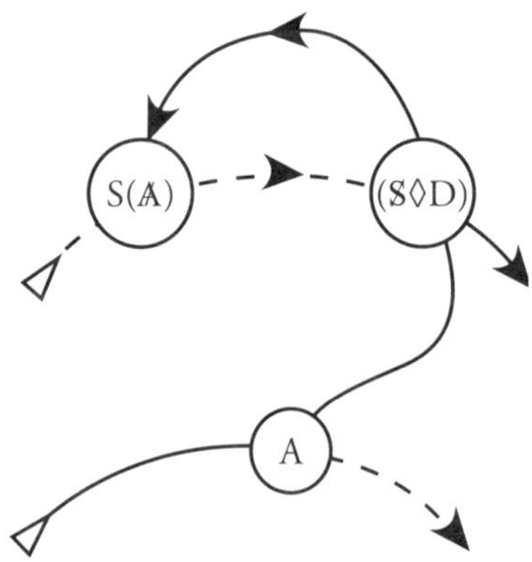

A cadeia significante inconsciente

Ali, à direita, vocês veem inscrito ($◊D), que é a relação do sujeito com sua própria demanda. Com efeito, instaura-se aqui um registro graças ao qual o sujeito pode perceber o quê? Não, como se diz, que sua demanda é oral, ou anal, ou isto ou aquilo, mas que, como sujeito, ele está numa certa relação privilegiada com o D maiúsculo, ou seja, com certa forma da demanda. E foi por isso que inscrevi essa sigla em vez do código do andar superior.

A linha do gancho situada para além do Outro, aquela que para nós representa a interrogação do sujeito, nós a traçamos com um traço cheio. Por quê? Porque é consciente. Com efeito, antes de haver uma análise e analistas, os seres humanos se perguntaram e, acreditem, como no nosso tempo, como depois de Freud, perguntavam-se sem parar, onde estava sua verdadeira vontade. Portanto, essa linha pertence ao sistema, como tal, da personalidade. Chamem-na consciente ou pré-consciente, por ora não entrarei em mais detalhes.

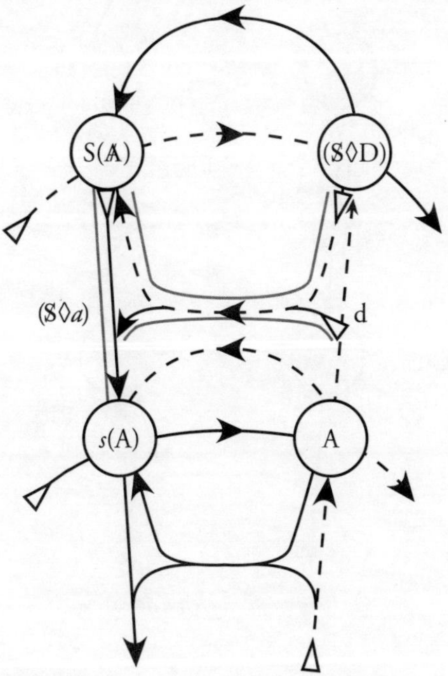

A linha do desejo

Mas o que é que o grafo nos indica sobre o desejo? O *x* que o desejo é situa-se em algum lugar sobre a linha que retorna do código inconsciente, em sentido contrário à linha intencional oposta, ou seja, o segmento de retorno ($◊D) → d. O desejo está ali, flutuando em algum lugar para além do Outro.

Contudo, sabemos também que o desejo está submetido a uma certa regulação. Esta acha-se representada aqui pela sua altura de fixação, pode-se dizer, no nível de um determinado ponto da linha que, retornando da mensagem do inconsciente, S(Ⱥ), vai na direção de *s*(A), a mensagem do Outro no plano imaginário. Essa linha se detém no meio do caminho em ($\mathbb{S}$◊*a*), pois será a fantasia que irá regular a altura de fixação do desejo, que determinará sua situação.

Notem, de passagem, que a relação do desejo com a fantasia é homóloga à relação do eu com a imagem do outro.

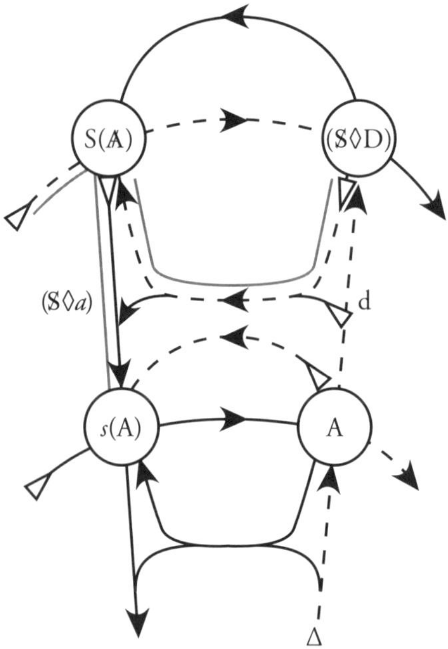

O circuito inconsciente do desejo

Acompanhemos, agora, no seu conjunto, o circuito pontilhado, isto é, inconsciente.

Ele começa à direita, na extremidade do vetor inconsciente, provisoriamente notado como Δ. Passa para o nível da mensagem S(A̸), vai para o nível do código ($\mathbb{S}$◊D), volta para o nível do desejo, d, e, dali, para a fantasia, ($\mathbb{S}$◊*a*). Assim é, no nível do inconsciente, o circuito da formação do desejo, as etapas que transpõe e em que sentido o faz. Se prestarem atenção na maneira como é construído o grafo, verão que a linha d→($\mathbb{S}$◊*a*) é uma via de retorno em relação ao inconsciente, mas que ela mesma não tem retorno para esse inconsciente.

Ora, esse traçado vai nos ajudar a acompanhar o movimento próprio do desejo de Hamlet, atendo-nos à cena da alcova, onde o filho está cara a cara com a mãe.

O que podemos articular a esse respeito? Em primeiro lugar, que não há outro momento em que a fórmula *o desejo do homem é o desejo do Outro* seja mais tangível, mais manifesta, ou seja, se realize de modo mais completo, de uma maneira que, justamente, anule mais ainda o sujeito.

Em outros termos, o sujeito não se dirige ao Outro com sua própria vontade, mas com aquela de que ele é, naquele momento, o suporte e o representante, ou seja, a do pai, e também a da ordem, e também a do pudor, da decência. Esses termos não estão aí para causar efeito, pois já fiz intervir o demônio do pudor e vocês verão o lugar que ele irá ocupar em seguida. Num primeiro momento, o sujeito proferirá perante a mãe um discurso que vai para além dela mesma como Outro, mas é para em seguida recair e voltar ao estrito nível desse Outro perante o qual ele apenas pode se curvar.

O movimento da cena segue aproximadamente esse traçado.

A adjuração do sujeito dirige-se para além do Outro, para tentar alcançar o nível do código, da lei, ($\$\lozenge D$), e depois recai. Só que a recaída do sujeito não para no nível da linha $d \rightarrow (\$\lozenge a)$, onde ele se reencontraria com seu próprio desejo, pois já não tem desejo: Ofélia foi rejeitada, e veremos, da próxima vez, qual é a sua função nisso. Esquematizando, digamos que tudo se passa como se o sujeito, na sua recaída sobre a via de retorno, voltasse pura e simplesmente para a mensagem do Outro – como se, da articulação do Outro, ele não pudesse receber outra mensagem senão o significado do Outro, *s*(A), a saber, a resposta da mãe.

E essa mensagem, qual é? *Sou o que sou, não tenho jeito, sou uma verdadeira genital* – no sentido de *La psychanalyse d'aujourd'hui*, primeiro volume* –, *luto não é comigo*. Os assados do velório são servidos, no dia seguinte, nas núpcias. *Economia!* – a reflexão é de Hamlet. Ela é simplesmente uma boceta arreganhada. Sai um, chega outro. É disso que se trata.

Se *Hamlet* é o drama do desejo, o que é o drama do desejo? Vimos ao longo de toda essa cena: é o drama de que haja um objeto digno

* Lacan está se referindo a Maurice Bouvet, em artigo intitulado "La clinique psychanalytique". Este texto foi reeditado na *Revue Française de Psychanalyse*, t.XXIV, nov-dez 1960, n.6, que pode ser acessado em http://gallica.bnf.fr/ark:/12148/bpt6k5446774n/f53.textePage.r=revue%20fran%C3%A7aise%20de%20psychanalyse.langFR (N.T.)

e um objeto indigno. *Senhora, um pouco de asseio, por favor, afinal, alguma diferença há entre esse deus e esse lixo!* É disso que se trata.

Não deixa de ser curioso que se sirvam o tempo todo de uma palavra como *objeto*, mas que, da primeira vez que a encontramos, não a reconheçamos, embora só se fale disso do começo ao fim. Ninguém nunca falou de *relação de objeto* em se tratando de Hamlet. Isso nos confunde, mas trata-se apenas disso. O discurso a que aludi agora há pouco, relativo à verdadeira ou ao verdadeiro genital, é um discurso coerente, pois nele poderão ler que sua característica é que seu luto é leve. Está descrito no primeiro volume de *La psychanalyse d'aujourd'hui*. É um maravilhoso comentário sobre a dialética de *Hamlet*.

Ora, não podemos deixar de constatar que é pelo viés do luto que vemos o objeto entrar em jogo. Vou apressar um pouco, pois tenho de lhes passar uma ideia dos horizontes para os quais estou tendendo, mas já podemos dizer que *Hamlet* talvez nos possibilite dar uma articulação adicional para o que nos é fornecido em *Trauer und Melancholie*. Dizem-nos que, se há luto é devido a uma introjeção do objeto perdido. Mas, para que ele seja introjetado, talvez haja uma condição prévia, qual seja, que ele esteja constituído enquanto objeto. E sua constituição enquanto objeto não pode estar pura e simplesmente ligada às etapas coinstintuais que nos são descritas.

Alguma outra coisa já é indicativa de que, com a questão do luto e do objeto, chegamos ao cerne do problema. Foi com isso que terminei a última sessão e é com isso que toda a sequência de nossos encontros vai se desenrolar. É o ponto-chave, o ponto decisivo a partir do qual Hamlet, pode-se dizer, perde as estribeiras.

Com efeito, Hamlet, como bem notaram, depois de ter enrolado por um bom tempo, de repente transforma-se num tigre. Lança-se num negócio que se apresenta em condições inverossímeis.

Ele tem de matar o padrasto. Alguém vem lhe propor que ele banque, para esse padrasto, uma espécie de aposta. Esta consiste em lutar com florete, e contra um cavalheiro a cujo respeito ele sabe que o mínimo que se pode dizer é que, no momento dos fatos, esse cavalheiro não o quer muito bem. Pois não é nem mais nem menos que o irmão da infeliz Ofélia, que acaba de pôr fim aos seus dias e, isso, num surto pelo qual ele, Hamlet, certamente é responsável. Em todo caso, sabe que é disso que esse cavalheiro o acusa. Hamlet gosta muito desse cavalheiro, diz-lhe isso e, no entanto, é com ele que vai digladiar em prol da pessoa que, em princípio, ele deve massacrar.

Nesse momento, ele se revela um verdadeiro matador, absolutamente sem precedentes, e sequer deixa o outro, Laertes, acertar um único golpe. É visível que se trata de uma verdadeira atitude impulsiva. Qual é, então, o ponto decisivo que faz Hamlet perder as estribeiras?

É o ponto com o qual terminei a última vez, com meu esqueminha do cemitério e daqueles dois se engalfinhando no fundo de uma cova, o que não deixa de ser uma cena estranha, totalmente da lavra de Shakespeare, pois nos pré-*Hamlet* não há qualquer sinal disso.

O que acontece? Por que Hamlet foi se meter ali? Porque não suportou ver um outro que não ele estampar, exibir, o quê? Justamente um luto transbordante.

O ideal seria fundamentar cada uma das palavras que estou dizendo numa leitura de *Hamlet*, mas isso seria longo demais para fazer aqui. Não há uma única palavra das que utilizo que não esteja apoiada em algo que, em substância, está no texto. Hamlet diz: Não suportei que esse Laertes faça tanto estardalhaço, *emphasis*, em torno de seu luto. Explica-o depois para se desculpar por ter sido tão violento – foi a ostentação da dor do outro, *the bravery of his sorrow*, que despertou sua fúria.

Hamlet vê Laertes pular dentro da cova para abraçar a irmã, ele pula em seguida para também abraçá-la. Digamos que é curiosa a ideia que fazemos do que deve se passar lá dentro, e eu o sugeri da última vez com meu quadrinho imaginário. Em outras palavras, é pela via do luto que Hamlet passa, mas de um luto assumido na relação narcísica existente entre *m*, o eu, e a imagem do outro, *i*(*a*).

Há, no fundo do quadro, essa cena que de repente representa para ele, num outro, a relação passional de um sujeito com um objeto. É essa cena que o engancha e lhe oferece o suporte que faz com que, subitamente, se restabeleça sua própria relação de sujeito, $\$$, com Ofélia, o objeto pequeno a que fora rejeitado devido à confusão, à imisção dos objetos. E é esse nível subitamente restabelecido que, por um curto instante, fará dele um homem, ou seja, fará dele alguém capaz – por um curto instante, sem dúvida nenhuma, mas um instante que basta para que a peça termine –, capaz de lutar e capaz de matar.

Não estou dizendo, é claro, que Shakespeare pensou todas essas lindas coisas. Mesmo assim, ele pôs na articulação de sua peça um personagem tão singular quanto Laertes para fazê-lo interpretar, no momento crucial da peça, no seu apogeu, esse papel de exemplo e de suporte. Hamlet se atira sobre ele num abraço apaixonado, do qual emerge literalmente outro, com o grito que já mencionei: *This is I, Hamlet the Dane*.

Convido-os a ler os comentários feitos sobre esse grito, que em grande medida apontam no sentido que lhes digo: que este é o momento em que se produz em Hamlet o que lhe permite recuperar seu desejo. Isso prova que estamos de fato no âmago da economia do que está em questão.

Claro que isso tem, quase, apenas um interesse limitado, qual seja, o de nos mostrar para que ponto estão voltadas todas as avenidas da articulação da peça, e é a essas avenidas que, a todo instante, nosso interesse fica subordinado, é pelos meandros da ação que participamos do drama. O interesse de chegar à cena do cemitério decorre de que, antes, houve quatro atos, nos quais aconteceram outras coisas, que vamos rever agora, retrocedendo.

Em primeiro plano, há o papel da *play scene*. O que é essa representação? O que ela quer dizer? Por que Shakespeare a concebeu como indispensável? Ela tem mais de um motivo, mais de um pretexto, mas o que tentaremos ver é seu pretexto mais profundo.

Em suma, acho que lhes indiquei suficientemente hoje o fim com que procedemos ao estudo de *Hamlet*, o sentido que ele tem para nós. Trata-se, para nós, da experiência analítica e da articulação de sua estrutura. Quando tivermos terminado esse estudo, o que poderemos guardar de proveitoso, manejável, esquemático, para nos balizar com relação ao desejo?

Vou lhes dizer. Vou lhes mostrar o que é o desejo de Hamlet. É o desejo do neurótico em cada instante de sua incidência.

Houve quem dissesse que o desejo de Hamlet é o desejo de um histérico. Talvez seja verdade. Disseram que é o desejo de um obsessivo. Pode ser, pois é fato que ele está repleto de sintomas psicastênicos, graves até. Mas a questão não é essa. Na verdade, Hamlet é os dois. Ele é pura e simplesmente o lugar do desejo. Hamlet não é um caso clínico. Hamlet, claro, é mais que evidente, desnecessário lembrar, não é um ser real. Hamlet é, se quiserem, como uma placa giratória onde se situa um desejo, e nela podemos encontrar todos os traços do desejo.

Podemos interpretá-lo, orientá-lo no sentido do que ocorre no sonho quanto ao desejo do histérico, a saber, seu desejo está ali sem que o sujeito saiba e, portanto, ele é forçado a construí-lo. Por isso, digo que o problema de Hamlet está mais perto do desejo do histérico, pois esse problema consiste em reencontrar o lugar de seu desejo. Além disso, o que Hamlet faz se parece bastante com o que um histérico é capaz de fazer, ou seja, criar para si um desejo insatisfeito.

Mas também é verdade que é o desejo do obsessivo, na medida em que o problema desse sujeito é se apoiar sobre um desejo impossível. Não é exatamente a mesma coisa.

Ambas as coisas são verdadeiras. Verão que faremos a interpretação das falas e dos atos de Hamlet girarem tanto para um lado quanto para o outro. O que vocês precisam chegar a entender é algo mais radical que o desejo de fulano ou sicrano, que o desejo com que vocês tacham um histérico ou um obsessivo.

Quando nosso colega N evoca o personagem do histérico, é para dizer que qualquer um sabe que um histérico é incapaz de amar. Quando leio coisas assim, sempre tenho vontade de dizer ao autor: *E você, é capaz de amar?* Ele diz que um histérico vive na irrealidade – e ele?

O médico sempre fala como se ele, sim, estivesse bem à vontade na própria pele, na pele do amor, do desejo, da vontade e todo o resto. Não deixa de ser uma posição bem curiosa, e já faz algum tempo que devemos saber que é uma posição perigosa. É ela quem faz vocês assumirem posições contratransferenciais, graças às quais não se entende nada do doente com quem se lida.

É exatamente dessa ordem que as coisas são e é por isso que é essencial articular onde se situa o desejo.

18 de março de 1959

XVI
Não Há Outro do Outro

Um pai que sabia a verdade
O sentido do símbolo $S(\mathbb{A})$
O grande segredo da psicanálise
O objeto, cursor do nível do desejo
O fading *do sujeito*

Que me deem meu desejo! É esse o sentido que lhes disse ter Hamlet para todos aqueles, críticos, atores ou espectadores, que dele se apossam.

Disse-lhes também que assim é por causa do excepcional, do genial rigor estrutural que o tema de *Hamlet* alcança nessa peça – após uma elaboração tenebrosa que começa nos séculos XII e XIII com Saxo Grammaticus, prossegue na versão romanceada de Belleforest e, depois, sem dúvida, num esboço de Kyd e num primeiro esboço também, ao que parece, de Shakespeare, antes de culminar na forma que dele dispomos.

Do nosso ponto de vista, com o método que empregamos aqui, essa forma se caracteriza por algo que chamo de estrutura.

A estrutura é precisamente aquilo de que estou tentando lhes dar uma chave que lhes permita nela se orientar com segurança, a saber, essa forma topológica que chamei de "grafo" e que talvez se pudesse chamar de "grama".

1

Sigamos com o nosso *Hamlet*.

Suponho que, depois de lhes ter falado dele três vezes, todos vocês o leram pelo menos uma vez. Tentemos apreender de novo seu movimento, ao mesmo tempo simples e profundamente marcado por todos os meandros que permitiram a tantos pensamentos humanos ali se instalarem.

Se ele pode, ao mesmo tempo, ser tão simples e, no entanto, tão inesgotável, não é muito difícil saber por quê: o drama de *Hamlet* é o encontro com a morte.

Outros, a que fiz alusão em nossas abordagens precedentes, insistiram no caráter prodigiosamente cativante, pertinente, da primeira cena. Ela se desenrola no terraço de Elsinor. Ali ressurgirá aquele que as sentinelas já viram uma vez, o espectro, com sua forma de inframundo, que, naquele momento, ainda não se sabe o que é, o que traz, o que quer dizer.

A seu respeito, registrei uma tirada de Coleridge. Se volto a mencioná-lo, é porque talvez tenha dado a impressão de falar mal dele. Ao afirmar que ele não faz mais do que se reencontrar no personagem de Hamlet, eu parecia minimizar suas colocações, quando, na verdade, ele foi o primeiro, como em muitas outras áreas, a sondar a profundidade do que há em *Hamlet*. Nas suas notas sobre a peça, tão bonitas – e de fácil acesso, por estarem incluídas nas suas *Lectures on Shakespeare* –, ele aponta que, devido à arte de Shakespeare, nem sequer Hume, malgrado sua feroz hostilidade aos fantasmas, podia deixar de crer naquele da primeira cena, *embora a força que ele empregava contra fantasmas que se erguiam menos poderosamente do túmulo*, diz Coleridge, *fosse semelhante à de um Sansão*.

Ali, Sansão é derrubado, e é sem dúvida nenhuma porque Shakespeare chegou muito perto de algo que não era o *ghost*, e sim, na verdade, um encontro não com *o morto*, mas com *a morte*. O encontro com a morte é, em suma, o ponto crucial da peça. O *comparecimento de Hamlet perante a morte*, é disso que devemos partir para entender o que nos é prometido desde a primeira vez em que o espectro aparece, no momento preciso em que o sino dá uma hora, *the bell then beating one*.

Voltaremos a encontrar esse *one* no final da peça. É o momento em que, depois de seu caminho tortuoso, Hamlet está bem perto de realizar o ato que deve, ao mesmo tempo, selar seu destino. Avançando quase de olhos fechados para aquele que deve matar, acaba, então, dizendo a Horácio, e não é em um momento qualquer, que *a vida de um homem é só o tempo de dizer* one.

É evidente que, para caminhar até esse momento, ele pega atalhos, fica cabulando, como se diz. É uma palavra que está no texto. Tomo-a emprestada de Horácio, no momento em que, todo modesto e gentil, ele vem oferecer ajuda a Hamlet. Diz, então, ter *a truant disposition* – o que significa que fica vadiando. Ninguém diz isso de Hamlet, mas é, contudo, o que sempre chamou a atenção dos críticos: por que esse Hamlet não vai direto ao assunto? Ele fica vadiando. Em suma, o que estamos tentando aprofundar aqui é por que isso se dá.

Não pensem que nós, aqui, pegamos o caminho mais longo para dar uma volta, uma estrada lateral. A estrada que pegamos é, sem dúvida, diferente daquela seguida por aqueles que falaram antes de nós, mas ela só difere pelo fato de talvez levar a questão um pouco mais longe. Nem por isso o que eles disseram perde seu alcance. Prova é que Freud logo pôs em primeiro plano o que eles perceberam.

O que nos dizem primeiro? Que a ação em questão, a ação de causar a morte, uma ação tão premente e, no fim das contas, tão rápida de executar, sobre a qual não se sabe por que ela exige tanto tempo do herói, que essa ação encontra em Hamlet o obstáculo do desejo.

Essa descoberta é concomitantemente o motivo e o paradoxo. Como mostrei, resta o enigma não resolvido de Hamlet, o enigma que tentamos resolver. Parece, com efeito, que a mente deva deter-se nesse ponto: o desejo em questão, já que é o desejo descoberto por Freud, o desejo pela mãe, o desejo na medida em que suscita a rivalidade com aquele que a possui, esse desejo, meu Deus, deveria ir na mesma direção da ação. O que pode querer dizer o fato de que, aqui, o desejo tenha, em relação à ação, a função de obstáculo?

Comecemos a decifrá-lo, o que acabará por nos conduzir à função mítica de Hamlet, que faz dele um tema equivalente ao de Édipo.

É preciso matar Cláudio. O assassinato a ser consumado, o assassinato que Hamlet quer consumar, é um assassinato justo. Como lhes disse, ao contrário do que certos autores sugeriram, não há nele conflito de direito ou de ordens relativo ao fundamento da execução da justiça. Não há nele qualquer ambiguidade entre a ordem pública, o braço da lei e as tarefas privadas. Ele não tem qualquer dúvida de que esse assassinato é, no caso, toda a lei. Mas o que de cara aparece ao ler o texto é a íntima relação entre esse assassinato, que é inquestionável para Hamlet, e sua própria morte.

Esse assassinato só é executado quando Hamlet já foi mortalmente atingido, no curto intervalo que lhe resta entre a morte recebida e o momento em que nela se perde. É daí que devemos partir, desse encontro com a morte ao qual podemos dar seu devido sentido.

Esse encontro, o derradeiro de todos os encontros, no qual se projeta o ato de Hamlet e no qual ele se situa no seu final, só tem sentido em relação ao sujeito tal como o estamos tentando definir e articular aqui – esse sujeito que ainda não viu a luz do dia porque seu advento fica retardado na articulação propriamente filosófica – o sujeito tal como Freud nos ensinou que ele é construído – um sujeito que se distingue do sujeito de que a filosofia ocidental fala desde que há teoria do conhecimento – um sujeito que não é o suporte universal dos objetos, mas, de certo modo, o negativo deste e de seu onipresente suporte – um sujeito enquanto falante e enquanto estruturado numa relação complexa com o significante, relação que é muito precisamente aquela que estamos tentando articular aqui, no grafo.

Para representá-lo uma vez mais, o cruzamento entre a intenção da demanda e a cadeia significante se dá pela primeira vez no ponto A, que definimos como o grande Outro, como lugar da verdade.

É o lugar onde se situa a fala. Ao se instalar aí, ela instaura a ordem da verdade, essa ordem evocada, invocada cada vez que o sujeito articula algo, cada vez que ele fala. Com efeito, a fala faz algo que se distingue de todas as formas imanentes de captura de um em relação ao outro, pois instaura um elemento terceiro, a saber, esse lugar do Outro no qual, mesmo mentirosa, ela se inscreve como verdade. Nada no registro imaginário equivale a isso.

Esse discurso para o Outro, essa referência ao Outro, se prolonga para além do Outro, na medida em que é retomada pelo sujeito, a partir do Outro, para constituir a pergunta: *O que eu quero?* Mais exatamente, a pergunta dirige-se aqui ao sujeito, e sob uma forma já invertida: *O que você quer?*

Para além da demanda alienada nesse sistema do discurso que está em A, repousando no lugar do Outro, o sujeito, prolongando seu *élan*, se pergunta o que ele é como sujeito. O que ele pode encontrar para além do lugar da verdade, o quê? Para além do *lugar* da verdade, ele pode encontrar o que o próprio gênio, não da língua, mas da metáfora extrema que tende a ser formulada diante de certos espetáculos significativos, chama, com um nome que, a propósito, reconheceremos aqui, a *hora* da verdade.

Numa época em que toda filosofia se pôs a articular o que liga o tempo ao ser, não esqueçamos que passado, presente e futuro, esses tempos constitutivos da relação temporal, são os tempos da gramática. É muito simples perceber que o tempo não se situa em referência a nada que não seja o ato da fala. O presente é esse momento em que falo, e nada mais. É-nos estritamente impossível conceber uma temporalidade na dimensão animal, ou seja, na dimensão do apetite. Até o beabá da temporalidade exige a estrutura em linguagem.

Nesse para-além do Outro – nesse discurso que já não é discurso para o Outro, mas discurso do Outro propriamente dito, onde vai se constituir a linha quebrada dos significantes do inconsciente – nesse Outro no qual o sujeito avança com sua pergunta –, o que ele visa em última instância é a hora do encontro consigo mesmo, com seu querer, com algo que, em última instância, tentaremos formular e cujos elementos nem sequer podemos fornecer de imediato – ainda que, é fato, alguns signos, aqui, os representem, signos que são para vocês como que a referência, a *pré-figura*, do escalonamento do que nos espera no que podemos chamar de etapas, de passos necessários da pergunta.

Mas observemos o que Hamlet nos demonstra a esse respeito.

Hamlet, como lhes disse, não é isto ou aquilo, não é um obsessivo ou um histérico, em primeiro lugar pelo bom motivo de que é uma criação poética. Hamlet não tem neurose, ele nos demonstra algo da neurose, e isso é bem diferente de ser neurótico. Contudo, quando olhamos Hamlet de certo ângulo do espelho, ele aparece, por certas frases, mais próximo da estrutura do obsessivo. Isso se deve àquilo que, no obsessivo, é o elemento revelador da estrutura, aquele que é valorizado ao máximo pela neurose obsessiva, a saber, que a principal função do desejo consiste, nesse caso, em manter à distância, em esperar essa hora do encontro desejado.

Estou empregando aqui o termo que Freud oferece em "Inibição, sintoma e angústia", ou seja, *Erwartung*, que ele distingue expressamente de *abwarten*, *ficar esperando com apreensão*. *Erwartung*, *esperá-la* no sentido ativo, e também *mantê-la em espera*. Esse jogo com a hora do encontro domina essencialmente a relação do obsessivo com seu desejo. Sem dúvida, Hamlet nos demonstra toda uma dialética, todo um desdobramento que também joga com o objeto sob muitas outras faces, mas esta é a mais evidente, é a que aparece na superfície, que chama a atenção, que dá o estilo dessa peça e que sempre constituiu seu enigma.

Tentemos ver agora nos outros elementos as coordenadas que a peça nos dá.

O que distingue, em suma, a posição de Hamlet da trama fundamental do Édipo? O que faz dele essa variante tão chamativa em seu caráter de variação? Pois, enfim, Édipo não fazia tanta cerimônia, como bem notou Freud na sua notinha explicativa.

Recorremos a ela quando entregamos os pontos, e é sempre para dizer: *Meu Deus, tudo está se degradando, nós, os modernos, estamos no período de decadência, damos seiscentas voltas antes de fazer o que os outros, os bons, os bravos, os antigos, faziam de uma vez só.* Isso não é uma explicação. Devemos suspeitar da referência à ideia de decadência. Embora seja verdade que os modernos estejam nesse ponto, temos de pensar, ao menos se somos psicanalistas, que isso deve ter um motivo que não é o de eles não terem os nervos tão sólidos quanto os de seus pais.

Não. Podemos apreender o que está em jogo por outros lados. Creio que convém levar a questão mais longe. Já chamei a atenção de vocês para um elemento essencial, constitutivo da estrutura do mito de Édipo: Édipo não tinha de titubear vinte vezes diante do ato, ele o cometera antes mesmo de pensar, e sem saber.

Pois bem, lembrem com que introduzi o seminário deste ano. Qual foi o viés pelo qual os iniciei no grama como chave do problema do desejo? Não foi por acaso que escolhi aquele sonho bem simples das "Formulações sobre os dois princípios", o do prazer e o da realidade, aquele em que o pai morto aparece. Recordem que marquei na linha superior, a linha de enunciação no sonho, *Ele não sabia*. Ali se situa a bem-aventurada ignorância daqueles que estão mergulhados no drama necessário decorrente do fato de o sujeito que fala estar submetido ao significante. Notem, de passagem, que ninguém lhes explica o porquê.

Pois, afinal, se o pai adormecido no jardim foi assassinado porque derramaram na sua *onelha* [*oneille*], como diz Jarry, esse delicado suco, *Hebenon*, a coisa toda deveria, parece, ter lhe escapado. Nada nos diz que ele saiu de seu sono para constatar o estrago e que as pústulas que cobriram seu corpo tenham sido vistas por alguém exceto por aqueles que descobriram seu cadáver. Deve-se, portanto, supor que no Além há informações muito precisas sobre a maneira como chegamos lá. Embora esta possa, com efeito, ser uma primeira hipótese, nem por isso é algo que devamos considerar como certo logo de saída. Tudo isso para apontar o caráter arbitrário da revelação inicial do pai, aquela da qual parte todo o grande movimento de *Hamlet*.

O fato de o pai revelar a verdade sobre sua morte é uma coordenada essencial de *Hamlet*, que distingue essa peça do que ocorre no mito de Édipo. Levanta-se um véu, aquele que pesa, justamente, sobre a articulação da linha inconsciente. É esse mesmo véu que nós, analistas, tentamos levantar na nossa prática, não sem que isso nos dê, vocês sabem, certa mão de obra.

As intervenções do analista visam restabelecer a coerência da cadeia significante no nível do inconsciente. Para que gerem tantas dificuldades, para que recebam por parte do sujeito toda essa oposição, todas essas recusas, tudo o que chamamos de *resistência* e que é o pivô de toda a história da análise, temos de supor que esse véu deve ter alguma função essencial para a segurança, eu diria, do sujeito enquanto fala.

Em *Hamlet*, a questão está resolvida: o pai sabia. E, porque ele sabia, Hamlet também sabe. Em outras palavras, ele tem a resposta. Ele tem a resposta, e só pode haver uma resposta.

Esta não é obrigatoriamente enunciável em termos psicológicos. Quero dizer que não é uma resposta necessariamente compreensível, e muito menos um soco no estômago. Mas nem por isso deixa de ser uma resposta do tipo fatal.

Tentemos ver qual é essa resposta.

2

Essa resposta, que, em suma, é a mensagem no ponto em que ela se constitui na linha superior, a do inconsciente, já a simbolizei para vocês de antemão e não sem me ver forçado, por esse motivo, a lhes pedir para me darem crédito.

É mais fácil, contudo, mais honesto pedir a alguém que lhe dê crédito para algo que, de início, não tem o menor sentido, pois isso não o compromete a nada, exceto, talvez, a buscar esse sentido, o que o deixa assim mesmo com a liberdade de criá-lo por conta própria.

Comecei a articular essa resposta da seguinte forma.

Primeiro, o S maiúsculo, para *significante*. Isso já distingue a resposta no nível da linha superior da resposta no nível da linha inferior, que se inscreve com um *s* minúsculo, para *significado*.

No nível do discurso simples, com efeito, o sentido do que quisemos dizer é modelado pela fala que se desenrola no nível do Outro. Portanto, em relação a essa fala, a resposta é sempre o significado do Outro, *s*(A). Mas há um para-além desse discurso simples, ali onde o sujeito se pergunta a si mesmo *quem fala? Quem quis dizer isto ou aquilo no nível do Outro? No fim das contas, no meio disso tudo, eu virei o quê?* Nesse nível, a resposta, como lhes disse, é o significante do Outro com a barra: S(Ⱥ).

Existem mil maneiras de começar a desenvolver o que esse símbolo inclui, mas, já que estamos em *Hamlet*, escolheremos hoje a via clara, evidente, patética, dramática. *Hamlet* nos permite, e é isso que da à peça seu valor, ter acesso ao sentido de S(Ⱥ).

Com efeito, o sentido do que Hamlet fica sabendo por esse pai está aqui, na nossa frente, muito claro. É a irremediável, absoluta, insondável traição do amor, do amor mais puro, o amor desse rei que talvez possa, entenda-se bem, como todos os homens, ter sido um grande cafajeste, mas que, com esse ser que era sua mulher, era aquele que chegava até o ponto de afastar do rosto dela as lufadas de vento, *the winds of heaven*, os ventos do céu – pelo menos de acordo com o que Hamlet diz. É a máxima falsidade do que Hamlet via como o próprio testemunho da beleza, da verdade, do essencial.

A resposta está aí. A verdade de Hamlet é uma verdade sem esperanças. Não há vestígio, em todo *Hamlet*, de uma elevação para algo que estaria mais além, salvação, redenção. Foi-nos dito que o primeiro encontro vinha do inframundo. A relação infernal com esse Aqueronte que Freud escolheu comover por não poder dobrar as potências superiores – é, com efeito, aí que *Hamlet* se situa.

Não há nada mais claro, simples, evidente e, assim mesmo, é bastante curioso ver que os autores não destacam isso a respeito de *Hamlet*, devido a um pudor qualquer – melhor não alertar as almas sensíveis, sem dúvida.

Contudo, por mais penosa que ela possa ser, dou essa resposta simplesmente como um passo na ordem do sensível, do patético, pois qualquer conclusão, qualquer veredito, por mais radicalmente que adote uma forma acentuada na ordem do chamado pessimismo, ainda é feito para velar aquilo de que se trata.

Cabe-nos fornecer, dessa resposta, uma fórmula que apreenda melhor o que motivou a escolha dessa sigla, a razão de S(Ⱥ). Essa sigla não quer dizer que tudo o que se passa no nível de A não vale nada – ou seja, que toda verdade é falaciosa. Esta é uma afirmação que é motivo de riso nos períodos de diversão que se seguem aos pós-guerras, nos quais se faz, por exemplo, uma filosofia do absurdo que serve sobretudo nos cabarés. Tentemos articular algo mais sério, ou mais leve.

Creio ter chegado o momento de enunciar o que essa sigla quer dizer essencialmente, ainda que ela vá aparecer sob um ângulo bem particular, mas que não creio ser contingente.

O A maiúsculo barrado quer dizer o seguinte. Em A – que é não um ser, mas o lugar da fala, o lugar onde repousa, sob uma forma desenvolvida, ou sob uma forma envolvida, o conjunto do sistema dos significantes, ou seja, de uma linguagem – falta alguma coisa. Essa alguma coisa que falta só pode ser um significante; daí o S. O significante que falta [*fait défaut*] no nível do Outro, é esta a formulação que dá seu valor mais radical ao S(A̸).

É, por assim dizer, o grande segredo da psicanálise. O grande segredo é: não há Outro do Outro.

Com efeito, a experiência analítica nos revela que o sujeito que fala está necessariamente estruturado de uma maneira que o distingue do sujeito de sempre, mesmo que este tenha sido renovado, ao longo de uma evolução filosófica, num sentido que até pode parecer, no fim das contas – numa certa perspectiva, retrospectivamente –, delirante, delírio fecundo, mas delírio. O sujeito, na filosofia tradicional, subjetiviza a si mesmo indefinidamente. Se sou porque penso, sou porque penso que sou, e assim por diante – não existe motivo para que isso pare. Já tinham percebido que não é tão certo que eu seja porque penso, e que só se pode estar certo de uma coisa, de que sou porque penso que sou. Isso, com certeza. Só que o que a análise nos ensina é completamente diferente. É que, justamente, eu não sou este que está pensando que sou, pela simples razão de que, pelo fato de eu pensar que sou, penso no lugar do Outro. Disso resulta que sou diferente daquele que pensa *Eu sou*.

Ora, a questão é que não tenho absolutamente nenhuma garantia de que esse Outro, pelo que há em seu sistema, possa me devolver, se assim posso dizer, o que eu lhe dei, a saber, seu ser e sua essência de verdade. Não há, repito, Outro do Outro. Não há no Outro nenhum significante que possa, conforme o caso, responder pelo que sou. E, para dizer as coisas de uma maneira transformada, a verdade sem esperanças de que lhes falava agora há pouco, essa verdade que é aquela que encontramos no nível do inconsciente, é uma verdade sem rosto, uma verdade fechada, uma verdade que pode se dobrar em todos os sentidos. Sabemos disso muito bem, é uma verdade sem verdade.

E é exatamente isso que constitui o maior obstáculo para aqueles que se aproximam de nosso trabalho vindos de fora. Como não estão junto conosco na via em que nossas interpretações estão destinadas a surtir seu efeito, que só é concebível como metafórico, e na medida em que elas operam e repercutem sempre entre as duas linhas do grafo, eles não conseguem compreender de que se trata na interpretação analítica.

Se podemos falar desse significante de que o Outro não dispõe, é porque ele deve estar em algum lugar. Onde ele está, é o que estou indicando, a fim de que vocês não percam o norte, por meio desse pequeno grama. Se o fiz com o máximo de cuidado, certamente não foi para aumentar a confusão de vocês.

O significante do Outro barrado, é possível reconhecê-lo em todo lugar onde haja a barra sobre o Outro. O significante oculto, aquele de que o Outro não dispõe, é justamente aquele que lhes concerne. É esse mesmo que vocês colocam em jogo na medida em que, pobres bobinhos, acham-se, desde que nasceram, capturados nessa bendita questão do *logos*. Ou seja, a parte de vocês que, envolvida nisso, é sacrificada.

Ela não é pura e simplesmente sacrificada, sacrificada fisicamente, como se diz, ou realmente, mas simbolicamente. E não é qualquer coisa essa parte de vocês que ganhou função significante. Por isso é que só há uma e não vinte. Trata-se, muito precisamente, dessa função enigmática que chamamos de falo.

O falo, no caso, é esse algo sacrificado do organismo, da vida, do impulso vital, que está simbolizado. *Impulso vital*, vocês sabem que esta é uma expressão que, a meu ver, não deve ser usada a torto e a direito, porém, uma vez bem delimitada, simbolizada, posta ali onde está e, sobretudo, ali onde serve, ali onde efetivamente ela é tomada, qual seja, no inconsciente, ela ganha sentido. A turgescência vital, esse algo enigmático, universal, mais macho que fêmea, e do qual, no entanto, a própria fêmea pode se tornar o símbolo, eis do que se trata no falo. Embora ele seja o próprio símbolo dessa vida que o sujeito torna significante, o falo está indisponível no Outro e em lugar algum vem garantir a significação do discurso do Outro. Em outras palavras, por mais sacrificada que ela seja, o Outro não devolve a sua vida ao sujeito. O Outro lhe responde: $S(\not{A})$.

É da resposta dada pelo Outro que Hamlet parte, e é por ter recebido essa revelação radical que ele será arrastado por todo o percurso que a peça retraça, e que o levará ao derradeiro encontro.

Para chegar lá junto com ele, vamos agora retomar o que se passa na peça *Hamlet*.

3

Sem voltar, por ora, para as questões que a *play scene*, a cena dos atores, coloca e que lhes indiquei da última vez, gostaria hoje de introduzir um elemento essencial.

Ele concerne àquilo de que nos aproximamos depois de ter estabelecido a função das duas linhas do grafo, ou seja, o que jaz no intervalo. A distância que o sujeito pode manter entre as duas linhas, é ali que ele respira, por assim dizer, durante o tempo que lhe cabe viver, e é isso que chamamos de desejo.

Ora, eu lhes falei da pressão, da abolição, da destruição que esse desejo sofre por se encontrar com esse algo do Outro real – a mãe tal como ela é, essa mãe como tantas outras – que é menos desejo que glutonaria, engolimento até, embora estruturado.

Pois bem, esse algo evidentemente foi, para Shakespeare, nesse nível de sua vida, não se sabe por quê – mas, afinal, pouco importa –, a revelação. O problema da mulher certamente nunca deixou de estar presente em toda a obra de Shakespeare, e havia desavergonhadas antes de *Hamlet* – mas tão abissais, ferozes e tristes, só a partir de *Hamlet*.

Vejam, por exemplo, *Troylus and Cressida*. A peça foi publicada um ano depois de *Hamlet* e talvez até nos ajude a ir mais longe no que Shakespeare pensava naquele momento sobre a mulher. É uma pura maravilha, uma das mais sublimes criações, creio eu, que podemos encontrar na obra dramática, ela certamente não recebeu seu devido valor.

Em *Hamlet*, qual é o paroxismo da peça, senão, sem dúvida, o diálogo entre Hamlet e sua mãe, cujo movimento lhes mostrei da última vez? Ele adjura a mãe em termos que são mais ou menos *Não destrói a beleza, a ordem do mundo, não confunde o próprio Hipérion* – é o pai dele que ele assim designa – *com o ser mais abjeto* – e, em seguida, assistimos ao esmorecimento dessa adjuração diante do que ele sabe ser a necessidade fatal desse tipo de desejo que não sustenta nada, que não retém nada.

As citações que eu poderia fazer para lhes mostrar qual é o pensamento de Shakespeare em relação à mulher são incontáveis. Exponho apenas isto, que colhi durante as férias, num contexto completamente diferente. Está em *Twelfth Night*.

Trata-se de alguém bastante apaixonado, mas também, cumpre dizer, bastante estapafúrdio; um bom homem, por outro lado. Uma moça, para conquistar o coração do herói, pois ela o ama, o aborda disfarçada de rapaz – ainda que nada nesse *The Duke*, como é chamado, ponha em dúvida o fato de que seu gosto pende para o lado das mulheres, pois está apaixonado por uma –, o que não deixa de ser um traço singular para se fazer valer como moça. Não é à toa que lhes dou esses detalhes, e sim pela contribuição deles para a criação do personagem que vou lhes apresentar: Ofélia.

A moça disfarçada, Viola, é justamente uma criação anterior à de Ofélia. *Twelfth Night* precede em mais ou menos dois anos a fomentação de *Hamlet*. Temos aí, precisamente, um exemplo do modo como se sucedem, transformando-se, as criações femininas de Shakespeare, cujo caráter de fato imortalmente poético manifesta toda uma face de seu gênio. Elas se incluem, como sabem, entre as mais fascinantes que existem, são mais atraentes, mais cativantes, mais nebulosas ao mesmo tempo. A moça-rapaz ou o rapaz-moça, é esse o tipo mesmo de criação da qual aflora, onde se revela um traço que irá nos introduzir ao que hoje será nosso tema, ao próximo passo que vamos dar, qual seja, o papel do objeto no desejo.

Tendo aproveitado a oportunidade para lhes indicar a perspectiva em que se inscreve nossa questão sobre Ofélia, retomo *Twelfth Night*.

Eis o que o Duque, sem saber que a pessoa que está diante dele é uma moça, e uma moça que o ama, responde às perguntas capciosas dela. Estando ele desesperado, a moça lhe diz: *Como podeis queixar-vos? Se houvesse perto de vós alguém que suspirasse por vosso amor, e que não tivésseis nenhuma vontade de amar* – o que é o caso, é disso que ele sofre –, *como poderíeis acolhê-lo? Portanto, não se deve condenar os outros pelo que certamente vós mesmos faríeis*. Ele, que ali está como cego e dentro do enigma, dirige-lhe um grande discurso sobre a diferença entre o desejo feminino e o desejo masculino: *Não há mulher que possa suportar o batimento de uma paixão tão violenta como a que arrebata meu coração. Nenhum coração de mulher pode suportar tanto. Falta-lhes essa suspensão*... E toda essa digressão faz, do desejo, essencialmente a distância existente nessa relação particular que o sujeito como barrado mantém com o objeto expresso no símbolo *a* minúsculo. Ou seja, a relação ($\$ \lozenge a$), que situo no grafo na linha de retorno do *x* do querer inconsciente, e que é, por assim dizer, o cursor do nível em que se situa o que é, no sujeito, o desejo propriamente dito.

Gostaria de introduzir o personagem de Ofélia beneficiando-me do que a crítica filológica e textual nos diz com relação a, por assim dizer, seus antecedentes. Precisamente pelo fato de a peça *Hamlet* que estamos estudando ser obra de Shakespeare, devemos atentar para a transformação que ele operou sobre a trama que recebeu de seus predecessores. Essa trama já tinha feito um belo percurso, mas convém crer que, para além dele, ainda oferecia um caminho bastante longo a ser percorrido e, sem dúvida, bastou ela se oferecer para ser tomada. De todo modo, esse caminho nos aponta um território que Shakespeare efetivamente percorreu.

Vi, sob a pena de um cretino qualquer, a menção do intenso movimento de bom humor que tomou conta dele no dia – não especialmente súbito, pois ele já devia saber disso fazia certo tempo – em que percebeu que há, em Belleforest alguém que desempenha o papel de Ofélia. Em Belleforest também ficam chateados com o que acontece com Hamlet, a saber, que ele realmente parece estar louco. Isso não tranquiliza muito, pois é claro que, ainda assim, esse louco sabe muito bem o que quer, e o que ele quer é o que não se sabe, são muitas coisas. O que ele quer é justamente a questão para todos os outros.

Enviam-lhe uma mulher da vida com a missão de extrair suas confidências, atraindo-o para um canto da floresta, enquanto alguém na escuta poderá saber um pouco mais. O estratagema fracassa, evidentemente, graças, creio eu, ao amor da moça. O certo é que o crítico em questão estava todo contente de ter dado com essa espécie de proto-Ofélia, acreditando encontrar nela o motivo das ambiguidades do caráter de Ofélia.

Não vou, naturalmente, reler o papel de Ofélia, mas vocês sabem que esse personagem tão eminentemente patético, perturbador, a cujo respeito podemos dizer que é uma das grandes figuras da humanidade, apresenta-se sob traços extremamente ambíguos. Ninguém até hoje conseguiu declarar se Ofélia é a própria inocência que fala e que alude a seus ímpetos mais carnais com a simplicidade de uma pureza que não conhece o pudor, ou se, ao contrário, é uma safada disposta a tudo. Os textos a esse respeito são um verdadeiro espelho de mil faces, é possível encontrar de tudo neles. Encontra-se, sobretudo, um grande encanto, e a cena da loucura não é o momento menos importante em que ele se faz sentir.

Na verdade, surpreende que os preconceitos relativos ao tipo, à natureza, à significação – aos costumes, em suma – da mulher, estejam ainda tão arraigados que permitam, a propósito de Ofélia, fazer semelhante pergunta. Com efeito, a coisa é absolutamente clara. Se, por um lado, Hamlet se comporta com Ofélia com uma crueldade tão excepcional que incomoda, que, como se diz, machuca, e que faz da jovem mulher uma vítima, percebe-se bem, por outro lado, que ela de forma alguma é, longe disso, a criatura desencarnada, ou *descarnalizada*, que dela fez a pintura pré-rafaelita que evoquei. É outra coisa.

Ofélia parece ser simplesmente o que toda moça é, tenha ela dado o passo, o tabu da ruptura de sua virgindade – afinal, nada sabemos a respeito, e acho que a questão não é em absoluto colocada a propósito de Ofélia. No caso, trata-se de saber por que Shakespeare levou esse personagem, que parece representar uma espécie de ponto extremo numa linha curva, que vai de suas primeiras heroínas, moças-rapazes, até algo que, em seguida, voltará a encontrar essa fórmula, mas transformada, sob outra natureza.

Ofélia parece ser o auge de sua criação do tipo da mulher, no ponto preciso em que ela mesma é um broto prestes a despontar, ameaçado pelo inseto roedor no coração do broto, oferecendo uma imagem de vida prestes a eclodir, e de vida prenhe de todas as vidas. É, aliás, assim que Hamlet a qualifica para rejeitá-la: *Serás uma mãe de pecadores, a breeder of sinners*. Ofélia, em suma, nos apresenta uma imagem da fecundidade vital que ilustra mais que qualquer outra criação, creio eu, a equação que expus nos meus cursos, a equação *girl = phallus*. Trata-se, evidentemente, de algo que podemos reconhecer com muita facilidade.

Não levarei em consideração coisas que, na verdade, parecem-me simplesmente um achado fortuito. Tive a curiosidade de ir ver de onde vinha o nome Ofélia e encontrei referências num artigo de Boisacq, o *Dictionnaire étymologique* do grego. Shakespeare sem dúvida não dispunha dos dicionários que utilizamos, mas acontece de encontrarmos em autores de sua época, ao lado de suntuosas ignorâncias, coisas tão estupendas, tão penetrantes e que coincidem com as construções da crítica mais moderna, que posso, nesta ocasião, dizer-lhes o seguinte, que está nas anotações que esqueci de trazer.

Em Homero, se a memória não me falha, há *ophello*, no sentido de *fazer engordar*, *inflar*. O termo é empregado para a muda, a fermentação vital, no sentido, mais ou menos, de *deixar algo mudar* ou *engrossar*. O mais engraçado, não podemos deixar de levar em conta, é que no mesmo artigo Boisacq, que é um autor que seleciona de modo bastante sério o ordenamento de suas cadeias significantes, considera necessário fazer expressamente referência à forma verbal *ophallos*.

A confusão entre *Ofélia* e *phallos* não precisou de Boisacq para aparecer. Para nós, ela aparece na estrutura. Portanto, não se trata de introduzir agora como Ofélia pode ser o falo – caso seja verdadeiramente o falo, como estamos dizendo, convém examinar como Shakespeare a faz ocupar essa função.

Ora, o importante aqui é que Shakespeare leva para um plano novo o que lhe é dado em Belleforest. Na lenda, tal como é relatada por este último, a cortesã é a isca que tem a missão de arrancar de Hamlet seu segredo, no sentido dos sombrios propósitos que ele nutre e que era preciso fazê-lo confessar pelo bem daqueles que o cercam e que não sabem muito bem do que ele é capaz. Pois bem, Shakespeare transpõe isso para o nível superior em que se encontra a verdadeira questão: Ofélia também está ali para interrogar um segredo, mas, vou lhes mostrar da próxima vez, é o segredo do desejo.

As relações de Hamlet com Ofélia são escandidas no decorrer da peça por uma série de tempos nos quais nos deteremos, pois o que ali se articula nos permite apreender de maneira particularmente viva as relações do sujeito enquanto falante, ou seja, como submetido ao encontro marcado com seu destino, com o objeto. Mas esse termo deve adquirir outro sentido, o sentido que tem na análise e pela análise. Não é por acaso que o termo "objeto" se tornou tão predominante, que hoje ele seja bem mais insistente e presente do que alguma vez o foi em Freud, a ponto de alguns chegarem a falar de uma virada que o fez mudar de sentido, na medida em que a libido, definida como buscadora de prazer, tornou-se buscadora de objeto.

Como lhes disse, a análise entrou numa falsa via ao articular e definir esse objeto de uma maneira que erra o alvo, que não sustenta aquilo de que de fato se trata na relação com o objeto como tal, tal como se inscreve na fórmula ($◊*a*). Nesta, o sujeito castrado, $, vê-se submetido a algo que lhes ensinarei a decifrar a próxima vez sob o nome que lhe dou, *fading* do sujeito, que se opõe à noção de *splitting* do objeto.

Qual é o objeto do desejo? Certo dia, que, creio, foi o da segunda sessão deste ano, fiz-lhes uma citação, cujo autor, espero, alguém identificou de lá para cá. Ela dizia que o que o avarento lamenta na perda de seu cofrinho poderia nos ensinar muito, se o soubéssemos, sobre o desejo humano. Foi Simone Weil quem disse isso.

É o que tentaremos amarrar em torno desse fio que corre ao longo da tragédia entre Ofélia e Hamlet.

8 de abril de 1959

XVII
O Objeto Ofélia

Os paradoxos da fantasia
Quando a ênfase da fantasia está sobre o objeto (a)
...e quando está sobre o sujeito barrado
Hamlet sempre na hora dos outros
Patologia da vacilação fantasística

Foi, na verdade, a título de isca que anunciei que falaria hoje da isca que Ofélia é, mas acho que vou efetivamente manter minha palavra, pois esse objeto, esse tema, esse personagem, vem agora como elemento na sequência do que é nosso propósito já faz quatro encontros, e que consiste em mostrar em *Hamlet* a tragédia do desejo.

Se essa obra pode ser assim qualificada é na medida em que o desejo como tal – o desejo humano, o desejo com que lidamos na análise, aquele que estamos em condições de infletir conforme o modo como o enfocarmos, mas que às vezes confundimos com outros termos –, esse desejo só pode ser concebido e situado em relação às coordenadas fixas da subjetividade cuja função Freud demonstrou.

Essas coordenadas fixam o sujeito e o significante a certa distância um do outro. Põem o sujeito numa certa dependência do significante. Isso quer dizer, por exemplo, que não podemos expor a experiência analítica partindo da ideia de que o significante seria um puro e simples reflexo, ou produto, ou ainda instrumento do que, eventualmente, chamam de relações inter-humanas. O significante é, ao contrário, um dos componentes iniciais essenciais de uma topologia sem a qual vemos reduzir-se, voltar a se achatar o conjunto dos fenômenos analíticos, o que não permite que nós, analistas, exponhamos os chamados pressupostos de nossa experiência.

Nessa linha, se tomei *Hamlet* como exemplo, foi porque ele nos revela um sentido dramático muito vivo das coordenadas dessa topologia. É a isso que atribuímos o excepcional poder cativante que essa tragédia tem. É também o que nos faz dizer que, se ela tem esse papel prevalecente nas preferências do público crítico, se continua sedutora para aqueles que se aproximam, é porque, por algum viés, o poeta nela inseriu percepções de sua própria experiência. É o que tudo indica, com efeito, nessa espécie de virada que *Hamlet* representa na obra shakespeariana. Também se pode dizer que sua experiência de poeta, no sentido técnico do termo, foi pouco a pouco lhe apontando o caminho.

É decerto essencial entender o alcance, na sua criação, de certos meandros que acreditamos poder interpretar em função dos pontos de referência articulados em nosso grama. Assim é que uma peripécia está engastada em *Hamlet* de uma maneira que difere das peças anteriores de Shakespeare, ou então dos relatos de Saxo Grammaticus e de Belleforest, bem como das peças de que conhecemos fragmentos. Trata-se, nesse meandro, do personagem de Ofélia, presente na história desde o começo.

Ofélia, como lhes disse, é a armadilha.

Desde a origem da lenda de *Hamlet*, a Ofélia de Saxo Grammaticus é a armadilha em que Hamlet não cai, primeiro porque o avisaram, depois porque a própria isca, a saber, esse personagem, não se presta a isso – apaixonada que está, faz tempo, nos diz o texto de Belleforest, pelo príncipe Hamlet.

Dessa Ofélia, Shakespeare fez uma coisa totalmente diferente. Talvez apenas tenha aprofundado o papel que a trama, na lenda, dá a Ofélia, destinada que está a apanhar, conquistar, surpreender o segredo de Hamlet. Contudo, no drama de *Hamlet* que Shakespeare fez, ela se torna um dos elementos mais íntimos do Hamlet que perdeu a rota, a via de seu desejo.

Ofélia é um elemento de articulação essencial no percurso que faz Hamlet ir para o que chamei da última vez de a hora de seu encontro mortal, seu encontro marcado com o ato que, de certa forma, ele executa a despeito de si mesmo.

Vamos ver de maneira ainda mais precisa até que ponto Hamlet é a imagem desse nível do sujeito cujo destino se articula em termos de significantes puros, cabe dizer – nisso o sujeito é apenas, de certa forma, o avesso de uma mensagem que nem sequer é a sua.

1

O primeiro passo que demos nessa direção foi, portanto, articular em que medida a peça é o drama do desejo em sua relação com o desejo do Outro.

Mostrei-lhes até que ponto essa peça é dominada por esse Outro cujo desejo está aqui e que é, da maneira menos ambígua, a mãe, isto é, o sujeito primordial da demanda. Esse sujeito, como mostrei, é o verdadeiro sujeito todo-poderoso de que sempre falamos na análise. A dimensão de onipotência, dita onipotência do pensamento, a mulher não a tem em si; trata-se da onipotência do sujeito como sujeito da primeira demanda, à qual, eu lhes disse por ocasião de nossas primeiras intervenções, a onipotência deve sempre ser referida.

Para o príncipe Hamlet, ou seja, para o sujeito principal da peça, o que há ali no nível do desejo do Outro se apresenta no mais alto grau como tragédia, como o drama de uma subjetividade, a de Hamlet, subjetividade que está sempre presente e, pode-se dizer, mais eminentemente que em qualquer outro drama. O drama se apresenta de uma maneira sempre dupla, sendo seus elementos ao mesmo tempo inter e intrassubjetivos.

Portanto, na perspectiva do sujeito, do príncipe Hamlet, o desejo do Outro, o desejo da mãe, se apresenta essencialmente como um desejo que não escolhe entre o objeto eminente, idealizado, exaltado, que é o pai de Hamlet, e esse objeto depreciado, desprezível, que é Cláudio, o irmão criminoso e adúltero. Se a mãe não escolhe é devido a algo que, nela, é da ordem de uma voracidade instintiva. Digamos que o sacrossanto objeto genital de nossa recente terminologia se apresenta nela como não sendo nada mais que o objeto de um gozo que é realmente satisfação direta de uma necessidade.

Essa dimensão é essencial e constitui um dos polos entre os quais vacila a adjuração de Hamlet à sua mãe. Mostrei-lhes isso na cena em que, confrontado com ela, Hamlet lhe lança um apelo à abstinência, nos termos, aliás, mais crus e cruéis, no momento em que ele lhe comunica a mensagem essencial que o fantasma, seu pai, o encarregou de transmitir. Subitamente, esse apelo fracassa, e se inverte: Hamlet manda a mãe de volta para o leito de Cláudio, para as carícias do homem que, mais uma vez, não deixarão de fazê-la ceder.

Nessa espécie de queda, de abandono, que se manifesta no final da adjuração de Hamlet, encontramos o próprio modelo que nos permite entender como há recaída do desejo dele, de seu ímpeto para a ação que ele quer ardentemente executar, enquanto o mundo inteiro se torna para ele uma viva recriminação de nunca estar à altura de sua própria vontade. Se essa ação esmorece da mesma maneira que a adjuração que ele dirige à mãe, é essencialmente por causa da dependência do desejo do sujeito com relação ao sujeito Outro. É essa a tônica mais marcante, a própria tônica do drama de *Hamlet*, o que podemos chamar de sua dimensão permanente.

Trata-se, agora, de ver de forma mais articulada, entrando num detalhe psicológico que, devo dizer, ficaria profundamente enigmático se esse detalhe não estivesse submetido à visão de conjunto que dá o sentido da tragédia de *Hamlet*, como isso repercute na própria medula do querer Hamlet, que no meu grafo é o gancho, o ponto de interrogação do *Che vuoi?*, da subjetividade constituída no Outro e que se articula no Outro.

É esse o sentido do que tenho para dizer hoje. Trata-se do que podemos chamar de regulação imaginária efetuada pelo que constitui o suporte do desejo.

Aqui, na origem da curva que representa a assunção pelo sujeito de seu querer essencial, vocês têm um ponto indeterminado, um ponto variável. Ele se regula por algo que está em algum lugar em frente e, já podemos ir adiantando, no nível do sujeito inconsciente. Simbolizamos o ponto de chegada, de amarração, o término do que constitui a pergunta do sujeito pelo S barrado em presença do *a* minúsculo, ($\$\Diamond a$), e o chamamos de fantasia. Na economia psíquica, representa algo que vocês conhecem e que é ambíguo na medida em que, quando o abordamos sob certo aspecto, ele é efetivamente, no consciente, um derradeiro termo, o termo de toda paixão humana enquanto marcada por alguns desses traços que chamamos de traços de perversão.

O mistério da fantasia, na medida em que ela é, de certo modo, o derradeiro termo de um desejo, decorre do fato de que ela sempre se apresenta sob uma forma mais ou menos paradoxal. Foi o que motivou a antiga rejeição de sua dimensão, como sendo da ordem do absurdo. O passo essencial de interpretá-la só foi dado na época moderna, e pela psicanálise. Com efeito, ela só pode ser concebida após ter sido ordenada segundo uma economia inconsciente, que subjaz a ela como perversa. Embora apareça como a amarração do desejo, seu derradeiro termo, seu enigma, ela só pode ser compreendida em função de um circuito inconsciente que, por sua vez, se articula através de uma cadeia significante profundamente diferente daquela que o sujeito comanda, *s*(A) → A, e que está, primeiramente, no nível da demanda.

Na cadeia inferior, a fantasia intervém e também não intervém. Normalmente, algo da fantasia não chega pela via ($◊*a*) → *s*(A), não passa. Mas, se passar, estaremos numa situação atípica. Normalmente, a fantasia permanece inconsciente, fica separada, não chega à mensagem, ao significado do Outro, que é o módulo, a soma de todas as significações adquiridas pelo sujeito na troca inter-humana e no discurso completo. Contudo, em certas fases, que se inscrevem em maior ou menor medida na ordem do patológico, ela transpõe essa passagem.

Daremos mais adiante o nome desses momentos de transposição, de comunicação, que só podem se dar num único sentido, como o esquema indica. Se aponto essa articulação essencial, é porque, afinal, estamos aqui para avançar no manejo desse aparelho que chamamos de grama; por ora, contudo, vamos simplesmente ver como funciona na tragédia shakespeariana o que chamei de momento de enlouquecimento do desejo de Hamlet, na medida em que é a essa regulação imaginária que convém referi-lo.

Nessas coordenadas, Ofélia se situa no nível da letra *a*. Essa letra inscreve-se em nossa simbolização de uma fantasia, a fantasia sendo o suporte, o substrato imaginário do desejo, na medida em que este se distingue da demanda e também da necessidade. Esse *a* corresponde a esse algo para o qual se dirige toda a articulação moderna da análise quando ela busca articular o objeto e a relação de objeto.

Há algo correto nessa busca. Tal como o articula a noção comum de relação de objeto, o objeto tem sem dúvida um papel decisivo, ele estrutura fundamentalmente o modo de apreensão do mundo pelo sujeito. Só que, na maioria dos tratados atuais que dão a essa relação de objeto um lugar mais ou menos extenso – seja num volume publicado bem perto de nós, a que aludi como sendo o exemplo mais caricato, seja em vários outros mais elaborados, como o de Federn ou de fulano ou sicrano –, as explicações que vocês encontram comumente vêm marcadas por um erro e uma confusão decorrentes da teorização do objeto como objeto dito pré-genital. Além disso, o objeto genital está nomeadamente situado no interior das diversas formas do objeto pré-genital, objeto oral, objeto anal etc.

A confusão em questão está precisamente materializada para vocês neste esquema. Consiste em tomar a dialética do objeto pela dialética da demanda. Essa confusão é explicável, porque, em ambos os casos, o sujeito, na sua relação com o significante, acha-se numa mesma postura: o sujeito está em posição de eclipse.

Vejam estes dois pontos de nosso grama. Aqui, o código no nível do inconsciente, (\$◊D), isto é, a série de relações que o sujeito tem com certo aparelho da demanda. Ali, a relação imaginária (\$◊*a*) que o constitui de modo privilegiado numa certa postura, também ela definida por sua relação com o significante, diante de um objeto *a*. Nestes dois pontos, o sujeito está em posição de eclipse.

Comecei a articular essa posição em nosso último encontro sob o termo *fading*. Escolhi esse termo por todo tipo de razão filológica e também porque ele se tornou totalmente familiar a respeito da utilização dos aparelhos de comunicação de que dispomos. O *fading* é exatamente o que se produz num aparelho de comunicação, de reprodução da voz, quando a voz desaparece, desfalece, desvanece, para reaparecer graças a alguma variação no suporte, na transmissão. Claro que daremos as coordenadas reais para o que, aqui, é só uma metáfora.

Portanto, é na medida em que o sujeito está num mesmo momento de oscilação, que é aquele que caracteriza o *fading* diante da demanda e diante do objeto, que a confusão pode se produzir.

Com efeito, o que se chama relação de objeto é sempre relação do sujeito não com objetos, como se diz, mas com significantes da demanda, e isto no momento privilegiado do chamado *fading* do sujeito. Na medida em que a demanda permanece fixa, é possível articular os modos do aparelho significante que correspondem aos diferentes tipos – oral, anal e outros – da demanda de uma maneira que, com efeito, apresenta uma espécie de correspondência clínica com a relação com o objeto. Ainda assim, há um grande inconveniente em confundir o que é relação com o significante e o que é relação com o objeto.

Com efeito, o objeto, como objeto do desejo, tem outro sentido. Todo tipo de coisas torna necessário não ignorá-lo, mesmo que reconheçamos, como de fato fazemos, todo o valor primitivo determinante dos significantes da demanda, enquanto significantes orais, anais, para colocá-los em correspondência com todas as subdivisões, todas as diferentes orientações ou polarizações que o objeto como tal pode assumir em relação ao sujeito. Essa correlação entre o objeto e o sujeito enquanto marcado pela barra é justamente, ressaltemos, o que a teoria de relação de objeto tal como está articulada até o presente ignora.

Mesmo quando consideramos o sujeito nos estágios mais primitivos do período oral, como articulou, por exemplo, de forma incomparavelmente bem ajustada, incomparavelmente rigorosa, exata, uma Melanie Klein, nos vemos diante de certos paradoxos – vocês podem percebê-los no próprio texto dessa autora – que não conseguem se inscrever na pura e simples articulação que se pode fazer do sujeito como posto cara a cara com o objeto correspondente a uma necessidade, o seio no caso, nem que seja porque o sujeito está lidando, manifestamente, com o mamilo.

O paradoxo reside no fato de que, desde a origem, outro significante enigmático se apresenta no horizonte dessa relação. Esse dado é perfeitamente destacado por Melanie Klein. Ela tem um único mérito nessa ocasião, que é o de não vacilar e ir diretamente ao ponto, ou seja, ratificar o que ela encontra na experiência clínica. Por falta de uma teorização adequada, ela sem dúvida se contenta com explicações muito pobres, mas certamente mostra que o falo já está lá, enquanto tal e, em sentido estrito, enquanto destruidor com relação ao sujeito. Faz dele, desde o começo, esse objeto primordial que é ao mesmo tempo o melhor e o pior, e aquilo em torno de que girarão todos os avatares tanto do período paranoico quanto do período depressivo.

Entenda-se bem: nada mais faço aqui senão apontar, lembrar. Com efeito, se o S barrado nos interessa hoje, é por estar relacionado não com a demanda, mas com esse elemento que este ano tentaremos circunscrever melhor e que está representado pelo *a* minúsculo.

O a é o objeto essencial em torno do qual gira a dialética do desejo. O sujeito se experimenta diante de um elemento que é alteridade no nível imaginário, tal como já o articulamos e definimos várias vezes. Ele é imagem, e ele é *pathos*.

Esse outro que o objeto do desejo é cumpre uma função que define o desejo nessa dupla coordenada que faz com que ele não vise – não, não vise mesmo – ao objeto de uma satisfação de necessidade, mas a um objeto já relativizado, quer dizer, posto em relação com o sujeito, e nomeadamente o sujeito presente na fantasia. Isto é uma evidência fenomenológica, que retomarei mais adiante.

O sujeito está presente na fantasia, e o objeto – que é objeto do desejo apenas pelo fato de ser termo da fantasia – toma o lugar, diria eu, daquilo de que o sujeito está privado simbolicamente. Isso pode parecer um pouco abstrato para aqueles que não percorreram conosco todo o caminho anterior. Digamos, para estes, que, na articulação da fantasia, o objeto toma o lugar daquilo de que o sujeito está privado, qual seja, do falo. É disso que o objeto tira a função que tem na fantasia, e que o desejo, com a fantasia como suporte, se constitui. É difícil, acho, ir mais longe nos limites do que quero dizer quanto ao desejo e sua relação com a fantasia.

O objeto da fantasia é essa alteridade, imagem e *pathos*, por meio da qual um outro toma o lugar daquilo de que o sujeito está simbolicamente privado. Essa fórmula nos indica a direção que permite entender por que esse objeto imaginário tem condições de condensar em si o que podemos chamar de virtudes ou de dimensão do ser, até se tornar esse verdadeiro chamariz do ser que é o objeto do desejo humano. É diante disso que Simone Weil se detém quando aponta a mais espessa, mais opaca relação do homem com o objeto de seu desejo que nos possa ser apresentada, a saber, a relação do avarento com seu cofrinho. Ali culmina da maneira mais evidente o caráter de fetiche próprio do objeto como tal do desejo humano. É também uma das faces de todos os seus objetos.

É bem cômico ver um senhor, como me aconteceu recentemente, vir nos explicar a relação da teoria da significação com o marxismo, dizendo que não se poderia abordar a teoria da significação sem fazê-la partir das relações inter-humanas. A coisa ia longe, pois, passados três minutos, ficávamos sabendo que o significante era o instrumento graças ao qual o homem transmitia a seu semelhante seus pensamentos íntimos. Isso nos foi dito textualmente por uma boca que se autorizava em Marx. Se não remetêssemos as coisas à relação inter-humana como seu fundamento, correríamos, parece, o perigo de fetichizar o que está em jogo no terreno da linguagem.

Sim, admito que, com efeito, devíamos encontrar algo muito semelhante ao fetiche, mas me pergunto justamente se esse algo que se chama fetiche não seria uma das dimensões do mundo humano, e precisamente aquela que buscamos esclarecer. Se pusermos a relação inter-humana na raiz de tudo, o que acabamos fazendo é remeter o fato da fetichização dos objetos humanos a não sei que mal-entendido inter-humano, que, portanto, supõe ele mesmo uma remissão a significações. Assim também, os pensamentos íntimos em questão – numa concepção genética, suponho – apenas podem nos fazer sorrir, pois se já estão aí, para que ir buscar mais longe?

Em suma, é bastante surpreendente que uma tese que propõe como essencialmente primitiva não a práxis humana, mas uma subjetividade humana, se apoie numa doutrina que se qualifica de marxista. Parece-me, ao contrário, que basta abrir o primeiro volume do *Capital* para perceber que o primeiro passo da análise que Marx faz do caráter fetichista da mercadoria consiste muito exatamente em abordar o problema no nível próprio do significante como tal, embora o termo não seja mencionado. As relações de valor são dadas, inicialmente, como relações significantes, e toda a subjetividade, a da fetichização, se for o caso, vem se inscrever no interior dessa dialética significante. Não resta sombra de dúvida quanto a isso.

Isto é um simples parêntese, reflexo – que verto na orelha de vocês – de minhas indignações ocasionais e do aborrecimento que posso sentir por ter perdido meu tempo.

2

Tentemos, agora, fazer uso dessa relação, $\$$ em presença do *a* minúsculo, que é, para nós, o suporte fantasístico do desejo. Precisamos articulá-la claramente. O *a*, esse outro imaginário, o que isso quer dizer?

Quer dizer que algo mais amplo que uma pessoa pode se incluir aí: toda uma cadeia, todo um roteiro. Não tenho necessidade de voltar ao que expus o ano passado na análise de *O balcão* de Jean Genet. Para dar sentido ao que quero dizer neste caso, é suficiente remeter ao que podemos chamar de bordel difuso, na medida em que ele se torna a causa do que entre nós chamam do sacrossanto genital.

O que é importante nesse elemento estrutural da fantasia imaginária que se situa no nível de *a*?

Primeiro, seu caráter opaco, aquele que o especifica nas suas mais acentuadas formas como o polo do desejo perverso; em outras palavras, o que faz dele o elemento estrutural das perversões. A perversão se caracteriza pelo fato de que toda a ênfase da fantasia está posta do lado do correlato propriamente imaginário. Ou seja, o outro, *a* minúsculo, ou o parêntese ($a + b + c$ etc.), no qual os objetos mais elaborados podem estar reunidos e combinados ao sabor do acaso, das sequelas, dos resíduos em que veio se cristalizar a função de uma fantasia num desejo perverso.

No entanto, o que é essencial é o elemento de fenomenologia ao qual aludi agora há pouco. Por mais estranha, por mais bizarra que possa ser em seu aspecto a fantasia do desejo perverso, o desejo, de certo modo, sempre tem algo a ver com isso – algo a ver com uma relação que está sempre ligada ao patético, à dor de existir enquanto tal, de existir simplesmente ou de existir como termo sexual. Se a fantasia sádica subsiste é, evidentemente, na medida em que aquele que sofre a injúria nessa fantasia tem a ver com o sujeito, em que ele mesmo pode ser oferecido a essa injúria. Que alguém tenha podido pensar, por um instante sequer, em eludir essa dimensão remetendo a tendência sádica a uma pura e simples agressão primitiva só pode nos surpreender.

Estou me estendendo. Se o faço é apenas para marcar a direção na qual, agora, temos de articular a verdadeira oposição entre perversão e neurose. A perversão é exatamente do mesmo nível, vocês verão, que a neurose; é algo articulado, é claro, interpretável, analisável. Contudo, na perversão, algo da relação essencial do sujeito com seu ser está fixado nos elementos imaginários, como sempre se disse, sob uma forma essencialmente localizada, ao passo que a neurose se distingue pelo fato de que a ênfase está posta no outro termo da fantasia, ou seja, no sujeito barrado.

Eu lhes disse que essa fantasia enquanto tal se situa no extremo da interrogação subjetiva, na sua ponta, no seu nível de amarração ou de reflexo – na medida em que, para além da demanda, o próprio sujeito tenta recobrar-se na dimensão do discurso do Outro, onde tem de reencontrar o que foi perdido em virtude de sua entrada nesse discurso. Disse-lhes que, em última instância, não é do nível da verdade que se trata, mas da hora da verdade.

É isso o que nos permite designar o que distingue mais profundamente a fantasia da neurose da da perversão. A fantasia da perversão, repito, é convocável, está no espaço, suspende sei lá que relação essencial com o tempo – não é propriamente atemporal, está fora do tempo. Na neurose, em contrapartida, a relação do sujeito com o tempo, fala-se pouco dela, embora seja a própria base das relações do sujeito com seu objeto no nível da fantasia.

Na neurose, o objeto vê-se carregado dessa significação que deve ser buscada no que chamo de hora da verdade. O objeto está sempre antes da hora ou depois da hora. A histeria se caracteriza pela função de um desejo insatisfeito, a obsessão se caracteriza pela função de um desejo impossível, mas, para além desses dois termos, há um fenômeno que tem uma referência dupla e inversa em ambos os casos.

Esse fenômeno aflora, desponta, se manifesta de modo permanente na procrastinação do obsessivo, que, aliás, se funda no fato de que ele sempre antecipa tarde demais. Nesse mesmo sentido, o histérico sempre repete o que há de inicial no seu trauma, a saber, um certo "cedo demais", uma imaturação fundamental.

No seu objeto, o sujeito sempre busca ler sua hora. Pode-se até dizer que aprende a ler a hora nele. Eis o fundamento de um comportamento neurótico, na sua forma mais geral. É nesse ponto que voltamos a encontrar nosso Hamlet.

Se, conforme o gosto de cada um, Hamlet se vê dotado de todas as formas do comportamento neurótico, por mais longe que vocês as levem, até a neurose de caráter, é por uma razão legítima, que se estende ao longo de toda a trama e que realmente constitui um dos fatores comuns da estrutura de Hamlet. O primeiro fator era sua dependência em relação ao desejo do Outro, ao desejo da mãe. Eis o segundo caráter comum, que lhes peço para reconhecer quando lerem ou relerem a peça: Hamlet está sempre dependente da hora do outro, e isto até o final.

Lembram-se de uma das primeiras reviravoltas em que os detive para começar a decifrar o texto de *Hamlet*, aquela situada em seguida à *play scene*, à cena dos atores? O rei ficou perturbado com o que se produzia na cena, revelou visivelmente aos olhos de todos seu próprio crime, mostrou que não conseguia suportar esse espetáculo. Hamlet triunfa, exulta e zomba daquele que assim se denunciou. Em seguida, dirige-se ao encontro com a mãe, já marcado antes da *play scene*, o qual todos a pressionavam para que ocorresse logo. Ali irá se desenrolar a grande cena que já destaquei tantas vezes.

Então, a caminho de seu encontro, eis que ele depara com o rei em oração. Com as bases profundamente abaladas pela cena que acaba de lhe mostrar a verdadeira face de sua ação, seu roteiro, Cláudio reza. Hamlet está ali, diante do rei, que, ao que tudo indica, não só está pouco disposto a se defender, como sequer vê a ameaça que pesa sobre sua cabeça. E, nesse ponto, Hamlet se detém, pois não é a hora.

Não é a hora do outro. Não é a hora em que o outro tem de prestar suas contas perante o Eterno. Seria bom demais por um lado, ruim demais por outro. Não vingaria suficientemente seu pai, porque, talvez, com esse gesto de arrependimento que é a prece, o caminho da salvação poderia se abrir para ele. Como quer que seja, uma coisa é certa: que Hamlet, que acaba de realizar a captura que pretendia da consciência do rei – *The play's the thing*, disse ele, *Wherein I'll catch the conscience of the king*, Hamlet para. Nem por um instante pensa que chegou sua hora. Aconteça o que acontecer em seguida, essa não é a hora do outro, e ele suspende seu gesto. Assim, tudo o que Hamlet fizer, será sempre e somente na hora do outro que o fará. Ele aceita tudo.

Não esqueçamos, afinal, que no começo da peça, e enojado como já estava, antes mesmo do encontro com o *ghost* e do desvelamento do fundo do crime, simplesmente em razão dos reesponsais da mãe, ele só pensava numa coisa: ir para Wittenberg. Foi o que alguém ilustrou recentemente ao comentar certo estilo prático que tende a se estabelecer nos costumes contemporâneos: observava que Hamlet era o mais belo exemplo de que muitos dramas poderiam ser evitados concedendo-se passaportes a tempo. Se lhe houvessem concedido seu passaporte para Wittenberg, não teria havido drama.

Na circunstância, é na hora dos seus pais que ele fica. É da hora dos outros que ele faz depender seu crime. É na hora de seu padrasto que ele embarca para a Inglaterra. É na hora de Rosencrantz e de Guildenstern que ele é levado a enviá-los ao encontro da morte graças a um truque muito bem executado, cuja desenvoltura maravilhava Freud. E não deixa de ser na hora de Ofélia, na hora de seu suicídio, que essa tragédia irá encontrar seu termo, num momento em que Hamlet – que, parece, acaba de perceber que não é difícil matar alguém, *o tempo de dizer* one – não terá tempo sequer de dar um suspiro.

Propõem-lhe algo que não se parece em nada com uma oportunidade de matar Cláudio, a saber, um bonito torneio. Todos os detalhes foram minuciosamente calculados, preparados. O que está em jogo é o que chamaremos de uma série de objetos no sentido *colecionista* do termo, pois todos têm o caráter de objetos valiosos, de objetos de coleção. Seria preciso retomar o texto, pois até mesmo aí há sutilezas, entramos no terreno da coleção – trata-se de espadas, de dragonas, de coisas que só têm valor como objetos de luxo. Com efeito, Hamlet é provocado a entrar nessa espécie de justa, a pretexto de certa inferioridade de sua parte, que faz com que lhe concedam o benefício do *challenge*. Em suma, é uma cerimônia complicada.

Nós, é claro, sabemos tratar-se da armadilha fomentada por seu padrasto e por seu amigo Laertes. Mas, para ele, não esqueçamos, trata-se tão somente de aceitar mais uma vez cabular. Vão se divertir muito.

Assim mesmo, ele sente na altura do coração um pequeno aviso, há ali algo que o perturba. A dialética do pressentimento no herói vem aqui, por um instante, conferir seu tom ao drama. Mas, essencialmente, é outra vez na hora do outro e, mais incrível ainda, para defender a aposta do outro – pois não são seus bens os que estão comprometidos –, é em benefício de seu padrasto, e como seu representante, que ele vai se ver entrando nessa luta, cortês em princípio, com aquele que presumidamente é melhor que ele na esgrima e que, como tal, vai lhe suscitar sentimentos de rivalidade e de honra, em cuja armadilha calcularam que ele certamente cairia.

Portanto, ele se lança na armadilha. O que há de novo nesse momento, a meu ver, é só a energia, a audácia com que se lança. Até o último segundo, até a hora derradeira, até a hora tão determinante que será sua própria hora, a saber, que ele será mortalmente atingido antes de conseguir atingir seu inimigo, é na hora do outro que o encadeamento da tragédia prossegue o tempo todo e se cumpre. Este é um quadro absolutamente essencial para entender do que se trata.

Se o personagem e o drama de *Hamlet* entram em ressonância metafísica com a questão do herói moderno é porque, com efeito, algo mudou para o herói na sua relação com seu destino. Como vimos, o que distingue Hamlet de Édipo é que Hamlet sabe. Conduzidos a esse ponto central, estamos em condições de explicar o que tínhamos designado como traços de superfície. Por exemplo, a loucura de Hamlet.

Na tragédia antiga, há heróis loucos, mas, até onde sei, não há nenhum – digo, na tragédia, não me refiro aos textos lendários – que se faça de louco. Será que tudo na loucura de Hamlet se resume a se fazer de louco? Vamos agora nos colocar esta pergunta.

Por que ele se faz de louco? Sem dúvida porque sabe que é o mais fraco. Por mais superficial que esse traço seja, eu o aponto, não porque isso nos faça avançar muito na nossa direção. Contudo, pensando bem, não é secundário se quisermos compreender o que Shakespeare pretendeu com *Hamlet*. Fazer-se de louco é, com efeito, o traço essencial da lenda original, do que há em Saxo Grammaticus e em Belleforest. Shakespeare escolheu o tema de um herói coagido a se fazer de louco para prosseguir nos caminhos que o levam ao seu gesto final. Esta é uma dimensão propriamente moderna. Aquele que sabe encontra-se, como tal, numa posição tão perigosa, está tão fadado ao fracasso e ao sacrifício, que seu caminho tem de ser, como diz em algum lugar Pascal, o de *ser louco junto com os outros*.

Fazer-se de louco é uma das dimensões do que eu poderia chamar de a política do herói moderno. Merece não ser desconsiderada, pois foi disso que Shakespeare se apropriou no momento em que quis fazer a tragédia de *Hamlet*. O que os autores lhe oferecem é essencialmente isso. E trata-se apenas disto: saber o que esse louco tem na cabeça.

Que Shakespeare tenha escolhido seu tema no âmbito dessa problemática é absolutamente essencial.

Chegamos agora ao ponto em que Ofélia tem de cumprir a sua função.

3

Se a peça realmente tem na sua estrutura tudo o que já desenvolvi aqui, para que serve, afinal, o personagem de Ofélia?

Há quem me critique por só ter avançado com certa timidez. Não creio ter dado provas de uma excepcional timidez. Não gostaria de estimulá-los a esse tipo de patacoada que literalmente formiga nos textos psicanalíticos, apenas me espantou que ninguém tivesse mencionado que Ofélia é *omphalos*, já que, só de abrir os *Unfinished Papers on Hamlet*, que Ella Sharpe talvez tenha deixado lamentavelmente inacabados antes de morrer e que talvez tenha sido um equívoco publicar, encontramos algumas bem grossas e enormes, que não são de jogar fora.

Ofélia é evidentemente essencial. Está ligada para sempre, através dos séculos, à figura de Hamlet. Como já é tarde para que eu possa concluir hoje com Ofélia, quero simplesmente pontuar o que acontece ao longo da peça.

Ouvimos falar de Ofélia primeiramente como sendo a causa do triste estado de Hamlet. Esta é a sabedoria psicanalítica de Polônio: Hamlet está triste porque não está feliz, e se não está feliz é por causa da minha filha. Vocês não a conhecem? É a fina flor – e, como é evidente, eu, o pai, não vou tolerar isso.

Nós a vemos aparecer em conexão com algo que já faz dela uma pessoa muito notável, a saber, ela faz uma observação clínica. É ela, com efeito, que teve a sorte de ser a primeira pessoa que Hamlet encontrou depois de seu encontro com o *ghost*. Tão logo saiu desse encontro que, convenhamos, tinha algo de bem perturbador, ele encontrou Ofélia e a maneira como se comporta com ela vale a pena, creio, ser contada.

My lord, as I was sewing in my closet, Meu senhor, quando estava costurando no meu quarto, o senhor Hamlet, com o gibão todo aberto, sem chapéu na cabeça, as meias sujas sem ligas e caindo nos tornozelos, Pale as his shirt, his knees knocking each other, branco como sua camisa, os joelhos batendo uns nos outros, e com um aspecto tão infeliz como se tivesse saído do inferno para falar de seus horrores, ei-lo que vem a mim... He took me by the wrist and held me the hard, Pegou-me pelo pulso e o apertou bem forte, Then goes he to the length of all his arms, se afastou à distância de um braço, And with his other hand thus o'er his brow, e com sua outra mão na fronte, He falls to such perusal of my face, caiu num tal exame do meu rosto, como se quisesse desenhá-lo. Assim ficou longamente e, no fim, sacudindo levemente meu braço, e movendo três vezes a cabeça de cima para baixo, And thrice his head thus waving up and down, soltou um suspiro tão triste e tão profundo que esse suspiro pareceu estremecer todo seu ser e terminar sua vida. Depois disso me largou, e sempre olhando por sobre o ombro, He seem'd to find his way without his eyes, pareceu encontrar o caminho sem a ajuda dos olhos, atravessou a porta e até o fim os manteve fixos em mim.

Imediatamente Polônio grita: É o amor! Na verdade, essa observação manifesta em Hamlet, acho eu, uma interrogação sobre o objeto, uma tomada de distância em relação ao objeto como que para proceder a uma identificação qualquer agora difícil, uma vacilação em presença do que até então era para ele objeto de exaltação suprema. Isso nos dá o primeiro tempo da relação com o objeto, que é, por assim dizer, de *estrangement*.

Não há muito mais a dizer sobre isso. No entanto, até certo ponto, não julgo nada forçado designar esse momento, em que Hamlet demonstra grande desalinho em seu trajar, como propriamente patológico. Podemos considerá-lo aparentado desses períodos em que irrompe uma desorganização subjetiva, seja ela qual for. Tal fenômeno ocorre quando algo vacila na fantasia, fazendo surgir seus componentes, recebidos no que denominamos uma experiência de despersonalização. É isso o que se manifesta nesses sintomas. Os limites imaginários entre o sujeito e o objeto conseguem se transformar e passam à ordem do chamado fantástico, no sentido próprio do termo.

É isso, propriamente, o que ocorre quando algo da estrutura imaginária da fantasia, ($\$\lozenge a$), consegue se comunicar com o que chega bem mais facilmente ao nível da mensagem, *s*(A), a saber, a imagem do outro, *i*(*a*), na medida em que é meu próprio eu o que se situa por baixo da mensagem. Autores como Federn apontam com bastante elegância as correlações necessárias entre o sentimento do corpo próprio e a estranheza do que advém ao sujeito numa certa crise, numa certa ruptura, num certo ataque ao objeto no nível especificado como ($◊*a*).

Talvez eu tenha forçado aqui um pouco as coisas no intento de interessá-los, quer dizer, no intento de lhes mostrar como esse drama remete a experiências eletivas de nossa clínica. Voltaremos a isso sem dúvida, mas convenhamos, em todo caso, que, sem se referir a esse esquema patológico, é impossível situar apropriadamente o que foi promovido, primeiramente por Freud, no nível analítico sob o nome do *Unheimliche*. Esse fenômeno não está ligado, como alguns acreditaram, a irrupções do inconsciente, mas sim a esse tipo de desequilíbrio que se produz na fantasia quando, ultrapassando os limites a ela atribuídos de início, ela se decompõe e vem se juntar à imagem do outro. Isso, na verdade, é apenas uma pincelada.

No caso de Hamlet, constata-se que, depois desse episódio, Ofélia se dissolve completamente para ele como objeto de amor. *I did love you once*, diz Hamlet, *Eu te amei, um dia*. Esse estilo de agressão cruel, de sarcasmos levados muito longe, não faz das cenas com Ofélia as menos estranhas de toda a literatura clássica. Claro que vimos autores tocarem nessa corda em peças extremas, mas dar a uma cena como essa que ocorre entre Hamlet e Ofélia um lugar realmente central, colocá-la no meio da peça trágica, não é qualquer coisa.

Nessa atitude de Hamlet para com Ofélia, encontramos sinais desse desequilíbrio da relação fantasística que apontei há pouco: a fantasia bascula para o objeto, do lado perverso. Esta é uma das características dessa relação. Outra dessas características é que o objeto em questão já não é, em absoluto, tratado como podia sê-lo antes, como uma mulher.

Ofélia se torna, para Hamlet, prenhe de filhos e de todos os pecados. É aquela designada para gerar os pecadores e aquela que, em seguida, é designada como tendo de sucumbir sob todas as calúnias. Torna-se o puro e simples suporte de uma vida que, na sua essência, está agora condenada. Em suma, o que ocorre nesse momento é a destruição ou a perda do objeto, que é reintegrado ao seu quadro narcísico.

Para o sujeito, o objeto aparece, se me permitem, fora. Esse objeto, a fórmula que empreguei agora há pouco indica aquilo de que ele é o equivalente, aquilo cujo lugar ele toma, e o que só pode ser dado ao sujeito quando este, literalmente, se sacrifica, quando ele mesmo deixa de sê-lo, em que ele o rejeita com todo seu ser. Esse objeto é de fato, e unicamente, o falo.

Sim, naquele momento Ofélia é o falo, o falo como símbolo significante da vida, o falo que o sujeito exterioriza e rechaça como tal. Este é o segundo tempo da relação com o objeto.

A hora um pouco avançada me faz ter escrúpulos em lhes dar todas as coordenadas. Voltarei a isso. Mas que se trata efetivamente disso, ou seja, de uma transformação da fórmula ($\$\lozenge\varphi$) e sob a forma do rechaço, está demonstrado, uma vez que vocês tiverem se dado conta, por algo totalmente diferente da etimologia do nome *Ofélia*.

Primeiro, trata-se exclusivamente disto, a saber, da fecundidade. *A concepção é uma bênção,* diz Hamlet a Polônio, *mas cuide da sua filha*. Todo o diálogo com Ofélia mostra claramente que a mulher é concebida aqui apenas como prenhe dessa turgescência vital que se trata de maldizer e de aniquilar. Como o uso semântico mostra, uma *nunnery* pode igualmente, na época, designar um prostíbulo.

Por outro lado, a relação entre o falo e o objeto também se designa na atitude de Hamlet com Ofélia por ocasião da *play scene*. Nela, ele está diante da mãe, como ele mesmo ressalta dizendo-lhe *Há aqui um metal mais atraente do que você*, e é por isso que vai descansar a cabeça entre as pernas de Ofélia, perguntando-lhe expressamente: *Lady, shall I lie in your lap*? A relação fálica do objeto do desejo está claramente indicada nesse nível.

Não considero supérfluo indicar também, já que a iconografia fez tanto caso disso, que, entre as flores com as quais Ofélia vai se afogar, está expressamente mencionado que as *dead men's fingers* [dedos-de-defunto] em questão são chamadas de maneira mais grosseira pelas pessoas comuns. Essa planta é a *Orchis mascula*, e ela tem alguma relação com a mandrágora e, portanto, com o elemento fálico. Procurei essas *dead men's fingers* no *New English Dictionary*, mas fiquei muito decepcionado, pois, embora o nome esteja citado em referência ao termo *finger*, não há nenhuma menção ao que Shakespeare faz alusão com essa denominação.

Ao terceiro tempo da relação com o objeto eu já os levei várias vezes, e mais uma vez vou deixá-los com isso. É o tempo da cena do cemitério. Há que se destacar aqui a ligação entre o que se apresenta como uma reintegração de *a* e a possibilidade que Hamlet tem de fechar o círculo, isto é, de se precipitar finalmente para seu destino.

A cena do cemitério, que pode parecer totalmente gratuita, é absolutamente capital. É inteiramente elaborada para que se produza essa coisa que Shakespeare não encontrou em parte alguma, essa espécie de batalha furiosa no fundo de uma cova. Já insisti nisso.

Nela, designa-se como que uma ponta da função do objeto. O objeto só é reconquistado aqui ao preço do luto e da morte. É em torno disso que acredito poder concluir na próxima vez.

15 de abril de 1959

XVIII
Luto e Desejo

Procrastinação e precipitação
Uma metáfora matemática do falo
Hamlet e seu duplo
Por que e como Hamlet se faz de louco
Do foracluído no real

Hamlet, já dissemos, não suporta encontros marcados. Para ele, o encontro é sempre cedo demais, e ele o adia.

Uma literatura em que me aprofundei cada vez mais durante este estudo gostaria de deixar esse elemento de procrastinação de lado. Não podemos consentir com isso de jeito nenhum. A procrastinação é para nós uma das dimensões essenciais da tragédia de *Hamlet*.

Em contrapartida, quando Hamlet age, é sempre com precipitação. Age quando, de repente, parece-lhe que surge uma oportunidade, quando um apelo qualquer do acontecimento para além dele mesmo, de sua resolução, de sua decisão, parece lhe oferecer uma abertura ambígua qualquer, que, para nós, analistas, é propriamente o que introduziu na dimensão da realização essa perspectiva que chamamos de "fuga".

Nada é mais claro do que esse momento em que ele se precipita contra essa coisa que se mexe atrás do reposteiro, e mata Polônio. Há outros momentos. Por exemplo, quando, de noite, ele acorda no navio durante a tempestade, vejam a maneira quase misteriosa com que ele vai, eu diria que quase em transe, romper os selos da mensagem de que Guildenstern e Rosencrantz são portadores. Vejam também o modo quase automático como substitui uma mensagem por outra e refaz, graças a seu anel, o selo real, antes de encontrar a prodigiosa oportunidade, o rapto pelos piratas, de que tira proveito para escapar furtivamente de seus guardiões, que, sem perceber, rumarão para a própria execução.

Temos aí algo de uma verdadeira fenomenologia da vida do neurótico, pois temos de chamar as coisas pelo nome. É uma tonalidade fácil de reconhecer para nós, quase familiar, tanto na nossa experiência como nas nossas concepções. Porém, além dessas características bastante tangíveis, há a referência estrutural que percorre toda a peça e que apontei da última vez: Hamlet está sempre na hora do Outro.

Claro que isso é só uma miragem. Como expliquei, fornecendo-lhes, no significante do Outro barrado, o que chamei de derradeira resposta, não há Outro do Outro. Não há no significante nenhuma garantia da dimensão de verdade instaurada pelo significante. Para Hamlet, há apenas a sua hora, e há também uma só hora, é a hora de sua perdição. Toda a tragédia consiste em nos mostrar o caminhar implacável de Hamlet rumo a essa hora.

Contudo, esse encontro marcado com a hora de sua perdição não depende apenas da sorte comum, significativa para qualquer destino humano. Se a fatalidade de Hamlet não tivesse um signo particular, não teria para nós esse valor eminente. O que especifica seu destino, o que constitui seu valor altamente problemático, o que é, então?

Portanto, é nisso que estamos. Era aí que estávamos da última vez no fim de nosso discurso.

1

O que falta a Hamlet?

Até que ponto o desígnio da tragédia de *Hamlet,* tal como Shakespeare a compôs, nos permite uma localização dessa falta que vá além das aproximações com que sempre nos contentamos? – aquelas que tornam vagas não só nossa linguagem, mas nossa conduta, ou até nossas sugestões, cumpre dizer, feitas ao paciente.

Comecemos, apesar disso, pela aproximação do que está em jogo. O que falta a todo instante em Hamlet, poderíamos dizer, na linguagem de todos os dias, é que ele não fixa para si uma meta, que ele não dá um objeto para sua ação, com a cota de arbitrariedade – o que assim é chamado – que isso sempre implica. Chegamos inclusive a começar a explorar por que Hamlet é alguém que, como dizem as comadres, não sabe o que quer.

Essa primeira dimensão está, de certa forma, presentificada no discurso que Shakespeare o faz proferir num certo momento de virada que é muito significativo, que é seu eclipse na sua tragédia, ou seja, o curto momento em que ele não está presente. Trata-se da excursão marítima que ele faz, embarcando para voltar excessivamente rápido, mal tendo saído do porto.

Sempre obediente, Hamlet parte, portanto, para a Inglaterra por ordem do rei. Cruza, na fronteira da Dinamarca, com as tropas de Fortinbrás, que está ali no segundo plano da tragédia, evocado desde o começo, e que virá no fim fazer a faxina do palco, recolher os mortos, pôr ordem nos destroços. Eis como nosso Hamlet fala desse Fortinbrás. Fica impressionado de ver essas valentes tropas indo conquistar alguns arpentes da Polônia em nome de um pretexto bélico mais ou menos fútil, e esta é para ele uma ocasião de refletir sobre si mesmo.

A menor ocasião me acusa, ela esporeia minha vingança que adormecia! O que é um homem se sua felicidade suprema, se o emprego de seu tempo é só comer e dormir? Um animal, nada mais. Aquele que pôs em nós esse olho da razão que nos faz ver para a frente e para trás e nos deu essa capacidade certamente não nos concedeu esse dom divino para que, por falta de uso, ele mofe em nós. Em inglês, é: *Sure, He that made us with such large discourse, Looking before and after, gave us not That capability and god-like reason To fust in us unused.* A razão é o grande discurso, o discurso fundamental, o que chamarei aqui de discurso concreto.

Ora, diz Hamlet, *seja por olvido animal, bestial oblivion* – é uma das palavras-chave da dimensão de seu ser na tragédia – *ou por covarde escrúpulo, craven scruple, que com excessiva minúcia pensa a saída – pensamento que, dividido em quatro tem um quarto de sabedoria contra três de covardia – vivo dizendo, não sei bem por quê, "isso deve ser feito", "This thing's to do", quando tenho tudo para fazê-lo e posso, Sith I have cause, and will, and strength, and means, To do't, quando tenho a razão, a causa, a vontade, a força e os meios para fazê-lo.*

Exemplos grandes como o mundo me exortam, como esses grandes e onerosos exércitos conduzidos por um príncipe meigo e delicado, cujo espírito, inflado por uma ambição divina, desdenha o desenlace invisível, expondo sua fraqueza débil e mortal às audácias da fortuna, do perigo e da morte só por uma casca vazia, even for an egg-shell. Ser grande, incontestavelmente, não é comover-se sem grande motivo, é encontrar esse grande motivo numa palha quando a honra está em jogo. Rightly to be great Is not to stir without great argument, But greatly to find quarrel in a straw When honour's at the stake.

Que sou eu se meu pai morto e minha mãe maculada, dois motivos, minha razão e meu sangue deixam tudo cochilar, quando vejo com vergonha a passagem iminente de mais de vinte mil homens que por uma fantasia de glória vão para a cova como se fossem para a cama, combatendo por um naco de chão sobre o qual não pode lutar seu número, cuja capacidade como tumba não pode conter os mortos, Which is not tomb enough and continent To hide the slain? E que doravante meus pensamentos sejam sangrentos ou não sejam dignos de nada. O from this time forth, My thoughts be bloody, or be nothing worth!

Tal é a meditação de Hamlet sobre o que chamarei de objeto da ação humana. Esse objeto deixa a porta aberta para todas as particularizações ante as quais nos detemos ordinariamente. Por exemplo, derramar o sangue por uma causa nobre, pela honra, estando a honra também designada pelo fato de ter empenhado a palavra, chamaremos isso de dádiva, de oblatividade.

É certo que, como analistas, não podemos não encontrar essas determinações concretas e não ficar impressionados por seu peso, seja ele de carne ou de compromisso. Contudo, quando escrevo a fórmula ($\$\lozenge a$), não é para tentar lhes dar a forma comum, o mínimo denominador comum, dessas determinações. Não é uma articulação que poderia ser caracterizada como um mero formalismo.

Essa fórmula inscreve-se, com efeito, no final da pergunta que o sujeito, em busca de sua última palavra, faz para o Outro dirigindo-se ao Outro: *O que queres? Che vuoi?* Mas o sujeito não tem a menor chance de encontrar a resposta, não há nada ali que esteja efetivamente aberto à investigação, exceto em condições especiais que chamamos de analíticas, isto é, exceto na ajuda que traz para o sujeito a exploração da cadeia significante inconsciente descoberta pela experiência freudiana. No grafo, essa cadeia está representada pelo circuito superior.

Aquilo com que lidamos aqui é com esse curto-circuito imaginário, a meio caminho entre o circuito superior e o circuito inferior, onde o desejo se relaciona e se combina com o que está em frente, a saber, a fantasia. O que expressei na fórmula que expus é a estrutura geral da fantasia. O sujeito designado pelo S barrado é o sujeito como irredutivelmente afetado pelo significante, com todas as consequências que isso comporta e, sobretudo, de pô-lo numa relação específica com uma conjuntura imaginária na sua essência, *a:* não o objeto *do* desejo, mas o objeto *no* desejo.

É da função do objeto no desejo que devemos nos aproximar, e é porque a tragédia de *Hamlet* nos permite abordá-la e articulá-la de modo exemplar que nos debruçamos com esse insistente interesse sobre a estrutura dessa obra.

Aproximemo-nos mais. Como tal, ($\$\lozenge a$) significa o seguinte: é na medida em que o sujeito está privado de algo dele mesmo que adquiriu o valor do próprio significante de sua alienação – esse algo é o falo –, é na medida em que o sujeito está privado de algo que diz respeito à sua própria vida por ter adquirido o valor do que o vincula ao significante, que um objeto particular se torna objeto de desejo.

Ser objeto de desejo é essencialmente diferente de ser objeto de alguma necessidade. A subsistência temporal do objeto no desejo decorre do fato de que ele vem assumir o lugar do que, por sua natureza, permanece velado para o sujeito, o que ele sacrifica dele mesmo, a libra de carne comprometida na sua relação com o significante. É porque algo vem assumir o lugar disso que esse algo se torna objeto no desejo.

O que está em jogo aí é profundamente enigmático, por ser, no fundo, uma relação com o escondido, com o ocultado. Permitam-me usar uma fórmula dessas que surgem sob minha pena nas minhas anotações e que agora me ocorre, mas não façam dela uma fórmula doutrinal, tomem-na no máximo como uma imagem: se assim é, é na medida em que a vida humana poderia ser definida como um cálculo cujo zero fosse irracional.

Essa fórmula é somente uma metáfora matemática. Ao falar do irracional, não estou fazendo alusão a algum afetivo insondável qualquer, mas a algo que se manifesta no interior mesmo da matemática sob a forma equivalente ao que se chama número imaginário, que é $\sqrt{-1}$. Com efeito, se há algo que não corresponde ao que quer que seja de intuível e que, no entanto, pede para ser conservado com sua plena função, é efetivamente a relação do objeto com o elemento escondido – que é o suporte vivo do sujeito –, uma vez que, adquirindo função de significante, ele não pode ser subjetivado como tal.

A raiz de menos um não corresponde, em si, a nada real, no sentido matemático do termo. O mesmo se aplica ao objeto. Por isso é que só podemos apreender sua verdadeira função passando por toda a série de suas relações possíveis com o S barrado, isto é, o S que, no ponto preciso em que o *a* adquire seu máximo valor, não pode ser senão ocultado.

Será que a tragédia de *Hamlet* nos permite dar a volta completa pelas funções do objeto? Isso talvez seja muito, mas, em todo caso, nos ajuda a ir muito mais longe nesse sentido do que já se foi por qualquer outra via.

Partamos do final, do ponto de encontro, da hora do encontro marcado, do ato terminal em que, por fim, Hamlet joga, como prêmio [*prix*] por sua ação cumprida, todo o peso de sua vida.

2

O ato terminal merece efetivamente ser denominado um ato que Hamlet ativa e sofre, pois em torno desse ato reina um clima de trombeta de caça.

No momento em que seu gesto é executado, Hamlet é também o cervo indefectível de Diana. Em torno dele se fecha o complô urdido, com um cinismo e uma maldade incríveis – não sei se vocês se dão conta disso – entre Cláudio e Laertes, sejam quais forem as razões de cada um deles. É provável que também esteja implicada essa espécie de tarântula, o ridículo cortesão que veio lhe propor o torneio no qual se esconde o complô.

A estrutura é essa. É das mais claras. Já insisti em vários de seus traços.

O torneio que lhe é proposto o coloca na posição de paladino de um outro, já que ele é o defensor da aposta, do desafio, de seu tio e padrasto Cláudio. O que está em jogo são objetos *a*, com todo o seu fulgor. Como todos os objetos e tudo o que se aposta no mundo do desejo humano, eles se caracterizam essencialmente pelo que a tradição religiosa, em representações exemplares, nos ensina a chamar de *vanitas*, que é uma espécie de tapeçaria de ponto miúdo. Nela, objetos valiosos são reunidos e postos numa balança em face da morte.

O rei apostou seis cavalos da Barbária, contra os quais Laertes pôs na balança seis floretes e punhais franceses, ou seja, todos os apetrechos de um duelista, com seus acessórios, como aquilo que serve para pendurá-los – suas bainhas, suponho. Três delas têm o que o texto chama de *carriages*. Esse termo é uma expressão particularmente preciosista que designa uma espécie de fivela da qual deve pender a espada. Como esse termo de colecionador cria uma ambiguidade com a *carreta do canhão*, estabelece-se, a esse respeito, todo um intercâmbio entre Hamlet e aquele que vem lhe comunicar as condições do torneio. Durante um diálogo bastante longo, tudo é feito para nos exibir sedutoramente a qualidade, a quantidade, a panóplia desses objetos, pondo toda a ênfase nessa prova, cujo caráter paradoxal, absurdo até, lhes mostrei.

No entanto, mais uma vez Hamlet parece pôr o pescoço a prêmio, como se, em suma, nada nele pudesse se opor a uma espécie de disponibilidade fundamental. Sua resposta é muito significativa: *Senhor, permanecerei nesta sala. Se assim agradar a Sua Majestade, esta é minha hora de descanso. Que tragam os floretes, se o cavalheiro consente, e se o rei persiste na sua decisão, eu o farei vencer, se puder. Se não puder, nada ganharei além de minha breve vergonha e as estocadas recebidas.*

É nisso que o ato terminal nos mostra a própria estrutura da fantasia. O herói está, por fim, no despontar de sua resolução. Só que, como sempre ocorre na véspera de sua resolução, nós o vemos pôr-se literalmente a serviço de um outro, ainda por cima à toa, da maneira mais gratuita, este outro sendo justamente seu inimigo e aquele que ele tem de abater. E o que tem de executar, ele põe na balança com as coisas do mundo que menos o interessam, pois esses objetos de coleção não são, nesse momento, sua principal preocupação e, ademais, ele vai se empenhar em ganhá-los para um outro.

Há, sem dúvida, no andar inferior do grafo, esse $i(a)$ com que os outros imaginam poder cativá-lo. Claro que ele não é totalmente alheio a isso, embora não seja como os outros imaginam. Mas é de fato no plano em que os outros o situam que ele está interessado. Ou seja, no que vai opô-lo a um rival por outro lado admirado, ele está interessado por honra – em outras palavras, nesse nível que Hegel chama de luta por puro prestígio.

Não podemos não nos deter por um instante na precisão da conexão aqui apresentada por Shakespeare, pois vocês reconhecerão nela um elemento já antigo em nosso discurso, em nosso diálogo, o estádio do espelho. Que, nesse nível, Laertes seja para Hamlet seu semelhante está expressamente articulado no texto. Está de maneira indireta, quer dizer, no interior de uma paródia.

Trata-se da resposta que ele dá àquele cortesão tapado demais chamado Osric. Ao vir lhe propor o duelo, começa por passar diante de seus olhos a eminente qualidade de seu adversário, ao qual terá de mostrar seu mérito. Hamlet corta-lhe a palavra fazendo melhor ainda. *Sir, his definement suffers no perdition in you. Senhor, a definição dele não sofreu, em vós, qualquer perda, embora saiba que dividir seus méritos para inventariá-los deva exceder a aritmética da memória, mas não o faria perder o rumo, tão maravilhosamente grande é a velocidade de suas velas.* E prossegue com um discurso extremamente rebuscado, alambicado, que parodia de certa forma o estilo de seu interlocutor, antes de concluir: *I take him to be a soul of great article, Considero-o uma alma de grande valor e que nele está infundida tal raridade e tal valor que, para fazer dele pronunciação verdadeira, seu semelhante não pode senão ser seu espelho, e quem mais poderia seguir seu retrato senão sua própria sombra e nada mais.*

Em suma, a propósito dos méritos de Laertes, Hamlet se refere à imagem do outro como aquilo que tem necessariamente de absorver por completo aquele que a contempla. Tudo é exacerbado de maneira bastante gongórica, com o devido valor dado ao *concetto*, e é também com essa mesma atitude, nessa mesma base, que Hamlet aborda Laertes antes do duelo. Torna-se ainda mais significativo que seja no paroxismo da absorção imaginária, formalmente articulada como uma relação especular, em espelho, que o dramaturgo situa o ponto manifesto da agressividade.

Aquele que mais admiramos é aquele que combatemos. Aquele que é o eu ideal é também aquele que, segundo a fórmula hegeliana da impossibilidade das coexistências, devemos matar. Isto, Hamlet só faz num plano que podemos dizer desinteressado, no plano do torneio. Só entra nele de uma maneira que podemos qualificar de formal, fictícia até. Afinal, é sem saber que ele entra no mais sério dos jogos.

O que isso quer dizer? Quer dizer que ele não entrou com, digamos, seu falo. Quer dizer que o que se apresenta a ele nessa relação agressiva é um chamariz, uma miragem, que é a despeito de si próprio que ele vai perder a vida, que é sem saber que vai, nesse preciso momento, encontrar ao mesmo tempo a realização de seu ato e sua própria morte. Com uma diferença de segundos, ambas coincidem.

Dizer que ele não entrou com seu falo é uma forma de expressar o que estamos procurando, ou seja, onde está a falta, onde está a particularidade da posição do sujeito Hamlet no drama. Mesmo assim, ele entrou, pois é só na sua esparrela que os floretes estão com a ponta protegida pelo botão. Na verdade, há pelo menos um que está sem botão e que, no momento da distribuição das espadas, já está cuidadosamente marcado de antemão para ser entregue a Laertes. Tem uma ponta verdadeira e, além disso, *envenomed*, envenenada.

É incrível como a cara de pau do roteirista vai ao encontro, aqui, do que podemos chamar de fantástica intuição do dramaturgo. No meio da confusão, a arma envenenada vai passar da mão de um dos adversários para a mão do outro, Deus sabe como. Essa deve ser uma das dificuldades do jogo de cena, e o roteirista não se dá muito ao trabalho de nos explicar como isso ocorre. Depois de Laertes ter dado a estocada da qual Hamlet não poderá se curar, pela qual deverá morrer, há somente uma espécie de corpo a corpo em que eles se misturam e, instantes depois, essa mesma ponta está na mão de Hamlet. Ninguém se preocupa em explicar tão espantoso acidente de percurso.

Aliás, ninguém tem de se preocupar, pois a questão é mostrar que o instrumento da morte, o instrumento que faz morrer – que, neste caso, é o instrumento mais velado do drama, e que Hamlet só pode receber do outro – está num lugar diferente daquele ali materialmente representável. O que estou dizendo é que a realização do desejo de Hamlet não se dá no nível da exibição do torneio, no nível da rivalidade com aquele que é seu semelhante em versão melhorada, como o *eu-mesmo* que ele pode amar. O drama se dá mais além. E, além, está o falo.

No fim das contas, é durante seu encontro com o outro que Hamlet vai, finalmente, se identificar com o significante fatal. E, vejam bem, coisa muito curiosa, isso está no texto. Trata-se precisamente da palavra *foil*, que quer dizer *florete*.

O rei fala dos floretes no momento de distribuí-los: *Give them the foils, young Osric*. Antes, Hamlet tinha dito: *Give us the foils*. No entanto, entre essas duas ocorrências, Hamlet faz um jogo de palavras: *I will be your foil, Laertes. In mine ignorance Your skill shall, like a star i'th' darkest night Stick fiery off indeed.*

Traduziram como puderam: *Laertes, meu florete será apenas florzinha perto do seu*. Só que *foil* não pode, aqui, querer dizer *florete*. Tem outro sentido, perfeitamente determinável, comprovado na época e até mesmo empregado com bastante frequência: *foil*, que é a mesma palavra que a palavra *feuille* em francês antigo, é utilizado de uma forma rebuscada para designar a lâmina na qual uma coisa preciosa é levada, ou seja, um *escrínio* [*écrin*].

Ao lutar com você, Laertes, diz Hamlet em suma, serei seu escrínio, o que farei será apenas ressaltar *seu brilho de estrela no negrume do céu*. Estas, aliás, são as próprias condições em que o duelo foi acertado. Como

Hamlet não tem a menor chance de ganhar, combinou-se que será vitória suficiente se o outro não o superar por três estocadas em doze lances. Da forma como a aposta foi acertada, com sete contra cinco a seu favor, Laertes terá perdido. Deram, portanto, uma vantagem a Hamlet.

Uma das funções de Hamlet é fazer o tempo todo jogos de palavras, trocadilhos, duplos sentidos, jogar com o equívoco. O jogo de palavras com *foil* não está ali por acaso, e é legítimo explorar o que lhe subjaz. Quando ele diz a Laertes *Serei seu escrínio*, Hamlet emprega a mesma palavra que também quer dizer *florete*. Há, portanto, ali, muito precisamente, uma identificação do sujeito com o falo mortal. *Serei seu escrínio,* lhe diz ele, *para realçar seu mérito*, mas o que virá no instante seguinte é, na verdade, a espada de Laertes, aquela que irá feri-lo mortalmente, a ele, Hamlet, antes que ele mesmo se veja com ela na mão para consumar seu percurso e matar ao mesmo tempo seu adversário e aquele que é o objeto último de sua missão, a saber, o rei.

Repito: essa referência verbal não é acidental no texto. É legítimo fazê-la entrar em jogo. O jogo de significantes faz parte da própria textura de *Hamlet*. Essa dimensão por si só mereceria um desenvolvimento.

Vocês conhecem o papel essencial desempenhado pelos personagens de palhaços chamados bobos da corte, e que, com seu falar franco, podem permitir-se desvendar os motivos mais ocultos das pessoas, seus traços de caráter que a cortesia proíbe abordar com franqueza. Não é simples cinismo, nem um jogo mais ou menos injurioso do discurso. Esses personagens procedem essencialmente pela via da ambiguidade, da metáfora, do jogo de palavras, de um certo uso do *concetto*, de um falar rebuscado, da substituição de significantes, coisas sobre cuja função essencial venho insistindo aqui.

Esses procedimentos dão ao conjunto do teatro de Shakespeare uma coloração que é absolutamente característica de seu estilo, e que cria sua dimensão psicológica. O fato de Hamlet ser um personagem mais angustiante do que qualquer outro não deve nos ocultar que, de certo ponto de vista, essa tragédia eleva à categoria de herói alguém que é, ao pé da letra, um louco, um palhaço, um fazedor de palavras. Como alguém notou, tirar de *Hamlet* essa dimensão faria desaparecer mais de quatro quintos da peça.

Com efeito, uma das dimensões em que se realiza a tensão dramática da peça é uma perpétua equivocidade. Esta fica de certa forma dissimulada, por assim dizer, pelo lado mascarado do negócio: o que está em jogo entre Cláudio, o tirano, o usurpador, e seu assassino, Hamlet, é o desmascaramento das intenções deste último. Ou seja, por que ele se faz de louco? Mas não devemos esquecer o modo como ele se faz de louco e que confere a seu discurso um aspecto quase maníaco.

Hamlet não para de apanhar no ar as ideias, deixas para duplos sentidos, os quais lhe permitem fazer reluzir, por um instante, uma espécie de lampejo de sentido perante seus adversários. Estes não veem neles frases desconexas, julgam-nos estranhos por seu aspecto de especial pertinência, e ficam impressionados a ponto de às vezes eles mesmos se porem a construir, inclusive a fabular. Portanto, não se trata apenas de um jogo de dissimulação, mas de um *jeu d'esprit*, um jogo espirituoso que se estabelece no nível dos significantes e na dimensão do sentido. Nisso reside o que podemos denominar o espírito mesmo da peça.

Essa disposição ambígua faz de todas as frases de Hamlet e, ao mesmo tempo, da reação dos que o cercam um problema no qual o próprio espectador se perde num se interrogar sem fim. É nesse plano que a peça ganha todo seu alcance. Só estou lembrando isso para assinalar que não há nenhum excesso ou arbitrariedade em dar todo o seu peso ao último pequeno jogo de palavras em torno do *foil*.

Eis, portanto, qual é a característica da constelação na qual se executa o derradeiro ato de Hamlet no seu duelo com Laertes.

Para Hamlet, este é uma espécie de semelhante ou de duplo melhorado dele mesmo. Insistimos em que esse elemento está no nível inferior de nosso esquema, em $i(a)$. Hamlet, para quem nenhum homem ou mulher é mais que sombra inconsistente e pútrida, encontra um rival à sua altura nesse semelhante remodelado, cuja presença vai lhe permitir, ao menos por um instante, sustentar o desafio humano de ser, ele também, um homem.

Essa remodelação é, aqui, apenas uma consequência, não é um ponto de partida. Quero dizer que é a consequência do que se manifesta na situação, a saber, a posição do sujeito em presença do outro como objeto do desejo. A presença do falo é imanente a esse objeto. O falo só poderá aparecer na sua função formal com o desaparecimento do próprio sujeito.

O que torna possível que o sujeito sucumba antes mesmo de pegar na mão o *foil* para ele mesmo se tornar o assassino?

Voltamos outra vez a essa encruzilhada tão singular cujo caráter essencial já marquei, a saber, a cena do cemitério, o que se passa no jazigo.

3

Vamos abordar agora um tema que deveria interessar bastante um de nossos colegas que, em sua obra, tratou de forma eminente tanto do ciúme quanto do luto. O ciúme do luto é, com efeito, um dos pontos mais destacados dessa tragédia.

Peço que se remetam à cena que encerra o ato do cemitério e para a qual eu os levei três vezes durante minha exposição. Ali, Hamlet articula propriamente quão insuportável é, para ele, a atitude, a exibição, a ostentação de Laertes no momento do enterro da irmã. A ostentação do luto no seu parceiro tem como efeito arrancá-lo de si mesmo, ele fica transtornado, com as bases abaladas, a ponto de não conseguir tolerá-lo.

Essa primeira manifestação de rivalidade com Laertes é bem mais autêntica que a segunda. É com todo o aparato da cortesia e com um florete protegido com botão que Hamlet aborda o duelo final, ao passo que no cemitério ele se atira no pescoço de Laertes pulando no buraco para onde acabam de descer o corpo de Ofélia. E interpela-o: *Mostra-me o que saberás fazer. Chorarás, lutarás, jejuarás?… Eu farei isso. Vieste aqui choramingar, me desafiar saltando em sua tumba? Manda te enterrarem vivo com ela, eu também o farei. E se tagarelas sobre as montanhas, que joguem sobre nós milhões de arpentes, tanto que perto do cume deste montículo que arderá na zona de fogo, Ossa parecerá uma verruga! E se berrares, vociferarei*. Depois disso, todos se escandalizam e se espalham para separar esses irmãos inimigos que estão se esganando.

Hamlet ainda profere as seguintes palavras: *Ei, Senhor, quem vos faz agir assim comigo? Eu sempre vos amei. Não importa. Faça Hércules o que fizer, o gato miará e o cão terá sempre seu dia*. Deixo para alguns de vocês o trabalho de fazer as aproximações que conferem o devido valor a esse elemento proverbial, pois não posso me deter nisso. O essencial, ele explicará mais tarde a Horácio: Não consegui suportar ver *the bravery of his grief, a exibição de sua dor*.

Eis-nos aqui conduzidos ao cerne da dimensão do luto, que vai inaugurar para nós uma extensa problemática. Que relação existe entre o que trouxemos sob a forma ($\$\lozenge a$), referente à constituição do objeto no desejo, e o luto? Abordemos o que se apresenta pelas suas características mais manifestas, que também podem parecer as mais afastadas do centro do que estamos buscando.

Vimos Hamlet se comportar com Ofélia de uma maneira mais que desprezível e cruel. Ressaltei o caráter de agressão depreciativa, de humilhação, do que ele não parou de impor a essa pessoa, que bruscamente se tornou o próprio símbolo do rechaço de seu desejo. Portanto, não pode deixar de nos impressionar quando, de repente, esse objeto readquire todo o seu valor para ele. Vejam em que termos começa o desafio que ele endereça a Laertes: *Eu amava Ofélia. A ternura de quarenta mil irmãos juntos não iguala o meu amor. O que farás por ela?*

Em suma, é na medida em que Ofélia se tornou um objeto impossível que ela volta a ser o objeto de seu desejo. Esse traço completa de outra forma o que dissemos sobre a estrutura do desejo em Hamlet. Acreditamos ver aí um meandro familiar, em que é possível reconhecer uma das características do desejo do obsessivo, mas não nos detenhamos rápido demais nessas aparências muito evidentes.

O que caracteriza o obsessivo não é tanto que o objeto de seu desejo seja impossível, pois há sempre um quê de impossibilidade no objeto do desejo, isso é algo que depende da própria estrutura do desejo, de seus fundamentos. Que o objeto do desejo seja impossível é apenas uma das formas especialmente manifestas de um aspecto do desejo humano. O que caracteriza propriamente o obsessivo é que ele põe a ênfase no encontro com essa impossibilidade. Em outras palavras, ele dá um jeito para que o objeto de seu desejo adquira valor essencial de significante dessa impossibilidade.

Contudo, há algo mais profundo que nos solicita e que concerne ao luto.

Nossa teoria, nossa tradição, as fórmulas freudianas já nos ensinaram a formular o luto em termos de relação de objeto. Desde que há psicólogos e psicólogos que pensam, Freud foi o primeiro – não é incrível? – a ter dado relevância ao objeto do luto. É numa certa relação de identificação que esse objeto adquire seu alcance, que suas manifestações se agrupam e se organizam.

Essa identificação no luto, que Freud tentou definir mais precisamente designando-a como uma incorporação, não poderíamos tentar rearticulá-la mais precisamente, com o vocabulário que aprendemos a manejar aqui? Se avançarmos nessa exploração utilizando nossos aparelhos simbólicos, veremos que são os únicos que trazem à luz, no tocante à função do luto, consequências que julgo serem novas e eminentemente sugestivas para vocês. Quero dizer que ensejam entendimentos eficazes e fecundos aos quais vocês não poderiam ter acesso por outra via.

A questão do que é a identificação deve ficar esclarecida pelas categorias que há anos venho promovendo aqui, diante de vocês, ou seja, as do simbólico, do imaginário e do real.

O que é a incorporação do objeto perdido? Em que consiste o trabalho do luto? Por não estar articulada adequadamente, a questão permanece num estado vago, o que explica a interrupção de toda especulação numa via não obstante aberta por Freud no tocante ao luto e à melancolia.

Atenhamo-nos aos primeiros aspectos, os mais evidentes, da experiência do luto. O sujeito mergulha na vertigem da dor e se encontra numa certa relação com o objeto desaparecido que, de certa forma, nos é ilustrada pelo que acontece na cena do cemitério. Laertes pula na cova e, fora de si, beija o objeto cujo desaparecimento é a causa dessa dor. É evidente que o objeto tem, então, uma existência ainda mais absoluta pelo fato de não corresponder a mais nada que exista.

Em outras palavras, o luto, que é uma perda verdadeira, intolerável para o ser humano, lhe provoca um buraco no real. A relação em questão é o inverso daquela que lhes apresento como *Verwerfung*, quando lhes digo que o que foi rechaçado no simbólico reaparece no real. Tanto esta fórmula quanto seu oposto devem ser tomados em sentido literal.

A dimensão propriamente intolerável que se oferece à experiência humana não é a experiência de nossa própria morte, que ninguém tem, mas a da morte de um outro, quando ele é para nós um ser essencial. Tal perda constitui uma *Verwerfung*, um buraco, mas no real. Em razão de uma correspondência igual à que articulo na *Verwerfung*, esse buraco oferece o lugar onde se projeta precisamente o significante faltante.

Trata-se, no caso, do significante essencial à estrutura do Outro, aquele cuja ausência torna o Outro impotente para nos dar nossa resposta. Esse significante, só podemos pagá-lo com nossa carne e nosso sangue. Ele é essencialmente o falo sob o véu.

Esse significante encontra aqui seu lugar. E, ao mesmo tempo, não pode encontrá-lo, pois esse significante não pode se articular no nível do Outro. Por isso, e como na psicose, vêm pulular no seu lugar todas as imagens ligadas aos fenômenos do luto. É nisso que o luto se parece com a psicose.

Na lista desses fenômenos, convém incluir aqueles pelos quais se manifesta, não esta ou aquela loucura particular, mas uma das loucuras coletivas mais essenciais da comunidade humana. Se, do lado do morto, daquele que acaba de desaparecer, não se cumpriu algo designado como ritos, surgem então aparições singulares. É o que explica, por exemplo, a aparição, no primeiro plano da tragédia de *Hamlet*, dessa imagem que surpreende a alma de todos sem exceção, a saber, o *ghost*, o fantasma.

No fim das contas, a que se destinam os ritos funerários? A satisfazer a chamada memória do morto. E o que são esses ritos senão a intervenção total, maciça, do inferno até os céus, de todo o jogo simbólico?

Gostaria de ter tempo para dar alguns seminários sobre o tema do rito funerário através de uma pesquisa etnológica. Lembro-me de ter passado algum tempo, muitos anos atrás, debruçado num livro que é uma ilustração realmente admirável do assunto, cujo valor exemplar provém do fato de ser sobre uma civilização distante o suficiente da nossa para que os contornos dessa função apareçam realmente de maneira ululante. É o *Lǐjì*, um dos livros chineses consagrados.

Esses ritos funerários têm um caráter macrocósmico, pois não há nada que possa preencher com significantes o buraco no real, a não ser a totalidade do significante. O trabalho do luto se realiza no nível do *logos* – digo isto para não dizer no nível do grupo, nem no da comunidade, embora o grupo e a comunidade, como culturalmente organizados, sejam, é claro, seus suportes. O trabalho do luto apresenta-se, primeiro, como uma satisfação dada à desordem que se produz em razão da insuficiência de todos os elementos significantes em fazer frente ao buraco criado na existência. É todo o sistema significante que é posto em jogo em torno do menor luto que seja.

É o que nos explica que toda a crença folclórica estabeleça uma estreita relação entre estes dois fatos: se algo da satisfação devida ao morto fica faltando, é elidido ou recusado, então se produzem todos os fenômenos decorrentes da entrada em jogo, do acionamento da influência, dos fantasmas e das larvas no lugar deixado livre pela ausência do rito significante.

Surge aqui uma nova dimensão da tragédia de *Hamlet*.

Eu lhes disse no começo, *Hamlet* é uma tragédia do mundo subterrâneo. O *ghost* surge de uma ofensa inexpiável. Nessa perspectiva, Ofélia afigura-se neutra, como simples vítima oferecida à ofensa primordial. O assassinato de Polônio, essa extraordinária cena do cadáver ridiculamente arrastado pelo pé e escondido, desafiando a sensibilidade e a inquietação de todo o séquito, Hamlet de repente literalmente desenfreado, escarnecendo de todos os que lhe perguntam onde está o cadáver e se divertindo ao propor uma série de enigmas de muito mau gosto, que culmina na fórmula *Hide fox, and all after*, ou seja, *A raposa está escondida, corramos atrás dela*, que faz referência a uma espécie de jogo de esconde-esconde – tudo isso ainda não passa de um menosprezo por aquilo de que se trata, a saber, um luto não satisfeito.

Ainda não consegui lhes dar hoje a última palavra, mas já podem ver esboçar-se aqui a relação paradoxal existente entre a fantasia, ($\$\lozenge a$), e a relação de objeto, que parece bem distante, mas que o luto nos ajuda a esclarecer.

Entraremos da próxima vez nos detalhes, percorrendo os meandros de *Hamlet*, na medida em que essa peça nos permite apreender melhor a economia, aqui estreitamente interligada, do real, do imaginário e do simbólico.

Talvez, durante essa exploração, muitas de suas ideias preconcebidas entrarão em pane, ou, assim espero, ficarão inutilizáveis. Contudo, acho que estarão preparados para isso por este comentário de uma tragédia em que nem os cadáveres são poupados. Esses estragos puramente idêicos sem dúvida lhes parecerão pouca coisa perto dos estragos que Hamlet deixou atrás de si.

Em resumo, consolem-se, pelo caminho talvez difícil que os faço percorrer, com esta fórmula hamlética: não se fazem *Hamlets* sem quebrar ovos.

22 de abril de 1959

XIX
Falofanias

Hamlet e Édipo
O luto do falo
...e sua significantização
Formas de desaparecimento do sujeito
Um falo real e podre

Se a tragédia de *Hamlet* é a tragédia do desejo, é hora de observarmos o que sempre se observa por último, ou seja, o que é mais evidente.

De fato, não sei de nenhum autor que tenha ao menos se detido nessa observação, embora difícil de ignorar uma vez tendo sido formulada, ou seja, de que de uma ponta à outra de *Hamlet* só se fala de luto. Foi até aí que os levei no final da minha última fala.

A primeira observação que Hamlet faz na peça concerne ao escândalo que é o novo casamento da mãe, tão pouco tempo depois da morte de seu esposo. Esse casamento, a própria mãe, na sua ansiedade para saber o que atormenta o filho amado, chama de *nosso casamento precoce demais – I doubt it is no other but the main; his father's death and our o'erhasty marriage.*

Não há qualquer necessidade de lhes recordar as palavras de Hamlet sobre as sobras da refeição do funeral que serviram à mesa nupcial: *Economia, economia! Thrift, thrift, Horatio!* É um termo apropriado para nos lembrar o que é eludido por nossa exploração do mundo do objeto a partir da articulação que é a da sociedade moderna, entre os chamados valores de uso e valores de troca, com todas as noções geradas em torno disso. Talvez a análise marxista, econômica, na medida em que domina o pensamento de nossa época, ignore algo cuja força e magnitude sentimos, contudo, a todo instante, ou seja, os valores rituais.

Ainda que os pontuemos sem cessar em nossa experiência, talvez não seja inútil destacá-los e articulá-los como essenciais.

Já fiz alusão, na penúltima vez, à função do rito no luto. O rito introduz uma mediação com relação ao que o luto abre como hiância. Mais exatamente, o luto vem coincidir com uma hiância essencial, a principal hiância simbólica, a falta simbólica, o ponto *x*, em suma, do qual o umbigo do sonho, que Freud evoca em algum lugar, talvez seja apenas o correspondente psicológico.

Tampouco podemos deixar de ficar impressionados com o fato de que, a respeito de todos os principais lutos postos em questão em *Hamlet*, sempre retorna o fato de que os ritos foram abreviados, clandestinos. Polônio, por exemplo, é enterrado sem cerimônia, secretamente, às pressas, por motivos políticos. E vocês se lembram do que acontece em relação a isso quando do enterro de Ofélia.

Embora ela muito provavelmente esteja morta porque quis, embora tenha se afogado deliberadamente – essa é ao menos a opinião pública –, ela foi contudo enterrada em terra cristã, e parte do rito cristão lhe foi concedido. Os coveiros não têm dúvida: se ela não fosse uma pessoa de classe tão alta, tê-la-iam tratado de outra forma, da maneira como o padre diz que deveria ter sido, pois ele não era de opinião de que lhe fossem prestadas tais honras funerárias: ela teria sido abandonada em terra não consagrada, teriam acumulado sobre ela os cacos e detritos da maldição e das trevas. O padre só consentiu com ritos, também neste caso, abreviados.

Tudo isso ganha forte relevo no final da cena do cemitério. Impossível não levar em conta todos esses elementos, sobretudo se a eles somarmos vários outros. A sombra do pai tem uma queixa inexpiável, pois foi, nos diz ele, ofendido de uma maneira eterna, foi surpreendido *na flor de seus pecados* – e este não é um dos menores mistérios do sentido dessa tragédia –, ele não teve tempo de reunir, antes da morte, o que quer que fosse que o teria deixado em condições de comparecer ao Juízo Final.

Temos aí pistas, *clues* como se diz em inglês, indícios eminentemente significativos e convergentes demais para não nos determos neles a fim de nos indagar, como começamos a fazer da última vez, sobre a relação entre o drama do desejo e aquilo de que se trata no tocante ao luto e a suas exigências.

É este o ponto sobre o qual gostaria de me deter hoje, para tentar aprofundar com vocês a questão do objeto.

1

Em análise, abordamos o objeto de diversas formas. Aqui, nós o abordamos no sentido do objeto do desejo. Aparentemente há, do objeto ao desejo, uma relação simples. Mas será que o encontro do desejo com seu objeto pode ser articulado como se se tratasse de um simples *appointment*? Talvez seja outra coisa.

É sob um ângulo totalmente diferente que abordamos a questão quando falamos do objeto com o qual o sujeito se identifica no luto e que, digamos, ele pode reintegrar no seu *ego*. O que é isso? Não há aí duas fases? E que na análise não estão articuladas, não concordam? Isso não é um problema? E que exige de nós tentarmos penetrar mais fundo?

O que acabo de dizer sobre o luto em *Hamlet* não deve ocultar o fato de que o fundo desse luto é, em *Hamlet* assim como em *Édipo*, um crime. Até certo ponto, todos os lutos que se sucedem em cascata são como os resultados, as sequelas, as consequências do crime de que parte o drama. Nisso *Hamlet* é, digamos, um drama edipiano, um drama que equiparamos ao *Édipo*, que colocamos no mesmo nível funcional da genealogia trágica.

Foi o lugar do crime na tragédia de *Hamlet* que colocou Freud e, na esteira dele, seus discípulos, na pista da importância de que essa peça se reveste para nós, analistas. Na tradição analítica, *Hamlet* se situa no centro de uma meditação sobre as origens, já que temos o hábito de reconhecer no crime de Édipo a trama mais essencial da relação do sujeito com o que chamamos aqui o Outro, a saber, o lugar onde se inscreve a lei. Essa aproximação deve ser uma oportunidade para retomarmos a maneira como, até agora, estão articuladas as relações do sujeito com o que se pode chamar de crime original, isso para recordarmos alguns termos essenciais.

Em vez de fazer como sempre fazemos – deixar as coisas que têm de ser ditas numa imprecisão que não facilita a especulação –, vamos introduzir uma distinção clara. Estamos em presença de dois andares.

Há, primeiramente, o mito freudiano, que merece essa denominação. *Totem e tabu* ordena o que podemos, propriamente, chamar de um mito. Já abordei, na ocasião, esse problema, dizendo-lhes que a construção freudiana talvez seja o único exemplo de um mito constituído surgido em nossa época histórica.

Esse mito nos indica a ligação primitiva, essencial, absolutamente necessária, que faz com que não possamos conceber a ordem da lei senão sobre a base de um dado mais primordial, que se apresenta como um crime. É esse o sentido do mito de Freud. Esse crime é o assassinato primitivo do pai. Notemos que ele forma, aos olhos de Freud, o horizonte, a barra terminal, do problema das origens em qualquer matéria analítica, pois ele sempre o encontra e nada lhe parece esgotado se não o encontrar em última instância. É muito evidente que esse assassinato primitivo do pai, quer Freud o situe na origem da horda ou na da tradição judaica, tem um caráter de exigência mítica.

Uma coisa é a relação da lei primitiva com o crime primitivo, outra, o drama formador do Édipo. Entendo isto como o que se passa quando o herói trágico – que é Édipo, mas que também é, virtualmente, cada um de nós, em algum ponto de nosso ser, quando reproduz o drama edipiano – mata o pai e deita-se com a mãe, realizando no plano trágico, numa espécie de banho lustral, o renascimento da lei.

Édipo corresponde rigorosamente à definição que acabo de fornecer de reprodução ritual do mito. Édipo é, em suma, completamente inocente, inconsciente. Realiza sem saber, nessa espécie de sonho que sua vida é – *A vida é sonho* – a renovação dos momentos de passagem, que vão do crime à restauração da ordem e à punição que ele administra a si mesmo e que o faz aparecer no fim como castrado.

Essa castração é o elemento essencial a ser levado em consideração e que fica oculto quando nos atemos ao nível genético do assassinato primitivo. No final das contas, o sentido que desponta é que essa punição, sanção, castração, mantém trancada à chave o seu resultado, a saber, a humanização da sexualidade no homem. É também a chave que, por meio de nossa experiência, costumamos usar para dar conta de todos os acidentes que se apresentam na evolução do desejo.

Não é indiferente explicitar aqui as dissimetrias entre a tragédia de *Édipo* e a de *Hamlet*, ainda que ir atrás de seus mínimos detalhes seria uma operação quase brilhante demais.

Em *Édipo*, o crime se produz no nível da geração do herói. Em *Hamlet*, ele já se produziu no nível da geração anterior. Em *Édipo*, o crime se produz sem que o herói saiba o que está fazendo, guiado, de certo modo, pelo *fatum*. Em *Hamlet*, o crime é executado de forma deliberada, já que o é, inclusive, por traição.

Em *Hamlet*, o crime surpreende aquele que é sua vítima, o pai, no seu sono. Há, nesse sono, algo absolutamente não integrado. Se, em *Édipo*, o herói encena o drama tal como cada um de nós o repete em seus sonhos, em *Hamlet* o pai foi realmente surpreendido de modo completamente alheio ao *phylum* dos pensamentos que seguia então. Como ele indica: Fui surpreendido *na flor de meus pecados*. Um golpe o atinge, vindo de um ponto de onde ele não o espera, verdadeira intrusão do real, verdadeira ruptura do fio do destino. Morre sobre um leito de flores, nos diz o texto shakespeariano e, por ocasião da *play scene*, os atores chegam até a reproduzir para nós esse leito de flores em sua espécie de pantomima preliminar. Não resta dúvida, estamos diante de um mistério.

Além do mais, esse fato tão singular, a saber, a irrupção criminosa mais alheia ao sujeito, parece de certo modo compensado pelo fato de que, aqui, o sujeito sabe. Quero dizer que Hamlet é informado pelo pai, o qual sabe o que aconteceu. Tampouco isso, este contraste paradoxal que lhes assinalei desde o começo, é o menor dos enigmas da peça.

O drama de *Hamlet*, ao contrário do de *Édipo*, não parte da questão: o que está acontecendo? Onde está o crime? Onde está o culpado? Parte da denúncia do crime, revelado ao ouvido do sujeito, e é a partir dessa revelação que ele se desenrola. Essa revelação, da qual vemos toda a ambiguidade e seu contraste com *Édipo*, também pode ser inscrita sob a forma como inscrevemos a mensagem do inconsciente, a saber, o significante de A barrado, S(Ⱥ).

Na forma, pode-se dizer, normal do Édipo, esse significante vê-se encarnado na figura do pai. Dele se espera e se exige a sanção do lugar do Outro, a verdade da verdade, na medida em que ele deve ser o autor da lei. Contudo, ele é sempre apenas aquele que está submetido a ela e que, não mais que qualquer outro, não pode garanti-la, pois também ele tem de estar submetido à barra, o que faz dele, na medida em que é o pai real, um pai castrado.

Completamente diferente, embora possa ser simbolizada da mesma maneira, é a posição, não no fim de *Hamlet*, mas no começo. Na mensagem do pai que abre o drama, vemos o Outro se revelar sob a forma mais significante como um A barrado. Não é apenas da superfície dos vivos que ele foi riscado, é de sua justa recompensa. Com o crime, ele entrou no terreno do inferno, ou seja, ele tem uma dívida que não pôde pagar, uma dívida inexpiável, diz ele, e é esse, justamente, o sentido mais terrível, mais angustiante que sua revelação tem para o filho.

Édipo, por sua vez, pagou. Ele se apresenta como aquele que porta no destino do herói a carga da dívida saldada, paga. Aquilo de que se queixa por toda a eternidade o pai de Hamlet é ter sido surpreendido, interrompido, quebrado nesse fio, é nunca mais poder responder por isso. Como veem, nossa investigação, à medida que progride, nos leva àquilo de que se trata no pagamento, na punição, na castração, e se dirige para a relação com o significante falo, pois foi nesse sentido que começamos a articular a castração.

Estabelece-se aqui uma ambiguidade com o que Freud indicou de maneira talvez um pouco *fin de siècle*, a saber, que estamos fadados a só viver o Édipo de uma forma de certo modo falseada. Essa asserção certamente encontra eco em *Hamlet*. Tomem um dos primeiros gritos no fim do primeiro ato: *The time is out of joint. O cursed spite, That ever I was born to set it right! O tempo está fora dos seus gonzos. Ó maldito despeito [dépit]!*

Não posso traduzir [para o francês] de outra forma senão por *dépit* a palavra *spite*, que está em toda parte nos *Sonnets* de Shakespeare. *Dépit* adquiriu para nós um sentido subjetivo. O primeiro passo numa introdução à compreensão dos elisabetanos seria devolver também a determinadas palavras a capacidade de girarem sobre seus gonzos. O despeito deve ser situado em algum lugar entre o despeito objetivo e o despeito subjetivo.

É bem disso que parecemos ter perdido a referência. Já não sabemos articular essas palavras que podem estar entre o objetivo e o subjetivo, estar em jogo ao mesmo tempo no centro do vivido do sujeito e no nível da ordem do mundo. O que Hamlet designa ao dizer *O cursed spite* é aquilo pelo qual sente despeito, é aquilo em que o tempo é injusto com ele, ou então o que ele pode designar como a injustiça no mundo. Talvez vocês reconheçam nisso, a propósito, o extravio da bela alma de que não saímos, longe disso, apesar de todos os nossos esforços, mas que o vocabulário shakespeariano transcende, e não foi à toa que fiz tão alegremente alusão aos *Sonnets*.

Portanto: *O tempo está fora dos seus gonzos. Ó maldição, que eu tenha nascido um dia para endireitá-lo*. Eis ao mesmo tempo justificado, porém aprofundado, o que em *Hamlet* pode parecer ilustrativo de uma forma decadente, uma espécie de *Untergang* incompleto, do Édipo.

Isso cria uma ambiguidade em relação ao que Freud descreve em 1924 em cada vida individual, sob o título de "Das Untergang des Ödipuskomplex" ["O declínio do complexo de Édipo"].

Quero agora dirigir a atenção de vocês para esse texto que não é longo e que encontrarão no volume XIII das *Gesammelte Werke*.

2

Qual é, afinal, o enigma do Édipo? Freud ressalta que não se trata simplesmente de o sujeito ter desejado o assassinato do pai e a violação da mãe, mas que isso esteja no inconsciente.

E tanto está no inconsciente que, durante o chamado período de latência, que, no ser humano, é a fonte dos pontos de construção de todo seu mundo objetivo, o sujeito não se ocupa mais disso. A tal ponto que, como vocês sabem, Freud admite, ao menos na origem de sua articulação doutrinal, que o ideal seria que não mais se ocupar disso se tornasse algo felizmente definitivo.

Partamos do que Freud nos diz. Mais tarde, veremos em que medida isso pode trazer água para o nosso moinho. Depois do que o complexo de Édipo entra no seu *Untergang*, seu descenso, seu declínio, peripécia decisiva para todo desenvolvimento posterior do sujeito?

É preciso, nos diz Freud, que o complexo de Édipo tenha sido vivido, experimentado, sob as duas faces de sua posição triangular. Na medida em que o sujeito, rival do pai, quer tomar o lugar deste, ele é objeto de uma ameaça concreta, que nada mais é que a castração: será castrado. Na medida em que toma o lugar da mãe, é isso literalmente o que Freud diz, ele também perderá o falo, pois, no ponto de conclusão, de maturidade, do Édipo, também foi feita a descoberta plena de que a mulher é castrada.

É assim que, no plano da relação com essa coisa chamada falo, o sujeito se vê prisioneiro de uma alternativa fechada que não lhe deixa nenhuma saída. Essa situação, cuja chave é o falo, constitui o drama essencial do Édipo, na medida em que ele marca, diria eu, a articulação e a virada que faz o sujeito passar do plano da demanda para o do desejo.

Digo *coisa*, não disse *objeto*, já que se trata de uma coisa real, ainda não simbolizada, mas que está, de certo modo, em potência de sê-lo. Em resumo, é o que podemos chamar, em sentido difuso, um significante.

Portanto, o falo nos é apresentado por Freud como a chave do *Untergang* do Édipo. O Édipo começa a declinar quando o sujeito entra, com respeito ao falo, numa relação, podemos dizer, de lassidão – isto está no texto freudiano. Nesse momento, o sujeito admite que não há gratificação a esperar nesse plano, sabe que o surgimento articulado da *coisa* não irá se produzir, renuncia a estar à altura. Freud articula isso a propósito do menino e mais ainda a propósito da menina, pois a coloca numa posição que não digo que não seja dessimétrica, mas que não é *tão* dessimétrica.

Em suma, o sujeito tem de fazer seu luto pelo falo. A coisa se manifesta de forma evidente: é em torno de um luto que se joga o *Untergang* do Édipo. Como não relacionar isso com a problemática geral do luto?

O momento do declínio, aliás, tem um papel decisivo para o que vem a seguir, não só porque os fragmentos, os detritos, mais ou menos incompletamente recalcados no Édipo, reaparecerão no nível da puberdade sob a forma de sintomas neuróticos, mas sobretudo na medida em que, como atesta a experiência comum dos analistas, desse momento depende – não mais apenas na economia do inconsciente, mas na economia imaginária do sujeito – sua normalização no plano genital. Ou seja, não existe feliz triunfo da maturação genital senão pela consumação, tão plena quanto possível, do Édipo, já que sua consequência é, tanto no homem como na mulher, o estigma do complexo de castração. Fazer a síntese com o mecanismo do luto, tal como exposto na obra freudiana, talvez nos ajude a esclarecer o mecanismo do luto do falo, que sem dúvida é particular, pois o falo não é um objeto igual aos outros.

Contudo, pergunto-lhes, o que define o alcance e os limites do conjunto de objetos cujo luto podemos vir a ter de fazer? Isso tampouco foi articulado até agora. Temos certeza de que o falo, entre os objetos dos quais podemos ter de fazer o luto, não é igual aos outros. Aqui, como em toda parte, ele deve ter seu lugar bem à parte, mas é justamente isso que se trata de especificar. E, como em muitos casos, especificar algo é especificar seu lugar contra um fundo. É especificando-o contra esse fundo que o lugar do fundo também é, por retroação, especificado.

O que chamo de lugar do objeto no desejo é um terreno completamente novo. Nossa análise de *Hamlet* destina-se, em última instância, a nos fazer avançar nessa questão. Laboro-a aqui por meio de uma série de pinceladas concêntricas, fazendo com que a escutem e entendam com diversos acentos e ressonâncias e espero torná-la cada vez mais precisa.

O que nos diz Freud no tocante ao luto do falo? Indica, como sendo uma de suas motivações fundamentais, a exigência narcísica do sujeito, na medida em que é ela que dá ao falo seu valor, que é precisamente o que estamos buscando. Ele faz esse fator intervir aqui sem a menor precaução, como sempre. Quero dizer que ele nos apressa como de hábito e, graças a Deus, ele fez isso a vida toda, senão nunca teria chegado ao fim do que lhe restava para traçar do seu campo.

Portanto, o sujeito se encontra em presença do desfecho definitivo de suas exigências edipianas, está nesse momento crítico em que se vê, de todo modo, castrado, privado do falo. Pois bem, nos diz Freud, em vez de abandonar esse falo, ele prefere abandonar, pode-se dizer, toda uma parte de si mesmo, que a partir de então lhe estará para sempre proibida. Essa parte é o que é veiculado pela cadeia significante pontilhada que constitui a parte superior de nosso grafo.

Em outras palavras, o negócio fundamental, qual seja, a relação amorosa tal como ela se apresentou a ele na dialética parental em que ele tinha de se introduzir de um modo ou de outro, o sujeito deixa soçobrar, em razão, nos diz Freud, de sua relação narcísica com esse termo que foi introduzido desde a origem e que, de maneira tão enigmática e, no entanto, tão clara, perpassa toda a experiência, qual seja, o falo.

O que será que isso quer dizer para nós, no nosso vocabulário? Esse vocabulário pode esclarecer precisamente o que está em questão no que Freud designa como uma exigência narcísica, e que ele tem de deixar de lado, dizia eu instantes atrás, porque não tem tempo de se deter demoradamente nas premissas, e porque precisa ir ao cerne do assunto, ao que é imperioso. Aliás, é assim que toda ação se funda, e mais ainda toda ação verdadeira, tal como é, ou deveria ser, a ação de que estamos tratando aqui, a ação analítica.

Pois bem, traduzindo para o nosso discurso, para as nossas referências, dizer que a exigência em questão é narcísica implica que ela se situa no plano imaginário. Em contrapartida, a exigência de amor no sujeito começou a se expressar no campo organizado da relação simbólica, o que chamamos de lugar do Outro. O momento crítico se apresenta quando o sujeito percorreu todas as suas relações com o que nelas se passa e chegou ao fim. O desfecho desse negócio é a perda do falo, vivida como tal, perda radical, que nenhuma satisfação poderia vir preencher.

Já indiquei o parentesco entre o que se produz nesse momento e um mecanismo psicótico: o sujeito só pode responder a esse luto com sua textura imaginária. O que, de forma velada, Freud nos apresenta como sendo o laço narcísico do sujeito com o falo nos permite identificar este último com algo que, no sujeito, representa no plano imaginário a falta enquanto tal. Essa falta põe de reserva de forma nadificada, por assim dizer, o que será o molde em que mais tarde virá se remodelar a assunção, pelo sujeito, de sua posição na função genital.

Contudo, isso não seria transpor rápido demais o que está em questão? E fazer crer, como se crê comumente, que a relação com o objeto genital é uma relação que vai do positivo ao negativo? Verão que não é nada disso. Nossas notações são melhores porque permitem articular como o problema realmente se apresenta. Lembro-os, em particular, o que já abordamos quando distinguimos as funções da castração, da frustração e da privação.

Se vocês se lembram, escrevi: *castração* ação simbólica, *frustração* termo imaginário, *privação* termo real. Dei-lhes também as conotações de suas relações com os objetos. Disse que a castração se referia ao objeto fálico imaginário, que a frustração, imaginária por natureza, se referia sempre a um bem, a um termo, real, e que a privação, real, se referia a um termo simbólico. No real, acrescentei naquele momento, não há qualquer tipo de falha ou de fissura. Toda falta é falta no lugar de, mas a falta no lugar de é falta simbólica.

AGENTE	FALTA	OBJETO
	Castração S	i
Mãe simbólica	Frustração I	r
	Privação R	s

Quadro da falta de objeto

Há aí uma coluna que é a do agente dessas ações. Só a toquei num único ponto, no nível do agente da frustração, a saber, a mãe. Mostrei-lhes que, como lugar da demanda de amor, ela era simbolizada primeiro no duplo registro da presença e da ausência, e que, por isso, achava-se em posição de dar à dialética seu ponto de partida genético, na medida em que, mãe real, ela faz aquilo de que o sujeito está privado realmente, o seio, por exemplo, virar símbolo de seu amor.

Fiquei nisso, deixando vazias as casas correspondentes ao termo *agente* nas duas outras relações. Quanto ao seu lugar, o termo *agente* se refere ao sujeito. Naquele momento, não podíamos, desse sujeito, articular nitidamente seus diferentes andares. Só agora podemos inscrever aquilo de que se trata.

No nível da frustração, onde tínhamos colocado o lugar efetivo da mãe, inscrevemos o termo onde tudo o que ocorre por ação dela adquire valor, ou seja, o A do Outro, na medida em que é ali que a demanda se articula.

No nível da castração, temos um sujeito como real, mas sob a forma em que, desde então, aprendemos a articulá-lo e a descobri-lo, ou seja, como o sujeito falante, o sujeito concreto. Ele é marcado pelo signo da fala. Inscrevemos S barrado, claro.

Parece-me que é isso que certos filósofos vêm tentando articular faz algum tempo no tocante à natureza singular da ação humana. Não é possível abordar esse tema sem perceber que há algo claudicante na ideia ilusória de fazer, de não sei que começo absoluto, o termo derradeiro onde assinalar a noção de agente. Tentou-se, através dos tempos, apresentar esse algo claudicante sob a forma de diversas especulações sobre a liberdade, que seria ao mesmo tempo necessidade. Eis aqui o derradeiro termo em que os filósofos chegaram a articular alguma coisa: não existe outra ação verdadeira senão pôr-se, em certo sentido, em linha direta com as vontades divinas.

Nossa contribuição aqui pode ao menos pretender ser de um registro totalmente diferente pela qualidade particular de sua articulação. Dizemos que o sujeito, como real, tem a propriedade de estar numa relação particular com a fala, e que essa relação condiciona nele esse eclipse, essa falta fundamental que o estrutura no nível simbólico na relação com a castração. Não se trata aí de uma barra de ouro, de um abre-te sésamo que tudo descerra; é apenas o começo de uma articulação, mas é algo que nunca foi dito – talvez valha a pena destacar isso.

Então, o que é que vai aparecer no nível da privação? O que se torna, nesse nível, o sujeito que foi simbolicamente castrado? Notem bem que ele foi simbolicamente castrado no nível de sua posição como sujeito falante e não no nível de seu ser. Aquilo de que se trata fica bem mais claro e bem mais fácil de conotar a partir do momento em que formulamos o problema em termos de luto. O ser em questão tem de fazer o luto por essa coisa que ele tem de oferecer em sacrifício, em holocausto, para elevá-la à sua função de significante faltante.

No plano imaginário, o sujeito é idêntico às imagens biológicas que o guiam e que traçam o sulco preparado de seu *behaviour*, do que irá atraí-lo, por todas as vias da voracidade e do acoplamento. É aí, no plano imaginário, que algo é capturado, marcado, subtraído. Disso resulta um sujeito realmente privado. Nossa contemplação, nosso conhecimento, não nos permite localizar, situar, essa privação em parte alguma do real, porque o real como tal se define como sempre pleno.

Voltamos a encontrar aqui, mas sob outra forma e enfatizado de maneira diferente, o que foi destacado pelo pensamento chamado, com ou sem razão, de existencialista, a saber, que é o sujeito humano, vivo, que introduz uma nadificação no real. É o nome que eles dão, nós damos outro. Para nós não basta, não nos satisfaz essa nadificação que faz a glória, o domingo dos filósofos, e até seu domingo da vida – ver Raymond Queneau –, haja vista os usos mais que artificiosos que dela faz a prestidigitação dialética moderna.

O nome que damos a isso é *menos phi* (–φ). É o que Freud apontou como sendo o essencial da marca no homem de sua relação com o *logos*, isto é, a castração, aqui efetivamente assumida no plano imaginário. Essa notação nos servirá para definir o objeto *a* do desejo tal como aparece em nossa formulação da fantasia, e teremos de situá-lo com relação às categorias, títulos de capítulo, registros, habituais para nós na psicanálise.

O objeto *a* do desejo é esse objeto que sustenta a relação do sujeito com o que ele não é. Até aí, vamos mais ou menos tão longe, embora um pouquinho mais, quanto o que a filosofia tradicional e existencialista formulou sob a forma da negatividade ou da nadificação do sujeito existente. Mas acrescentamos: com o que ele não é *na medida em que não é o falo*. O objeto *a* sustenta o sujeito na posição privilegiada que ele é levado a ocupar em certas situações, e que é propriamente esta: que ele não é o falo.

Passa agora a ser obrigatório elaborarmos uma definição correta do objeto *a*. Pelo menos, chegou a hora de tentarmos ver como se ordena e, simultaneamente, se diferencia, o que, até o presente, na nossa experiência, começamos a articular, com ou sem razão, como sendo o objeto.

Teremos de nos fazer a pergunta: esse objeto, na medida em que é *a*, será que com isso definimos o objeto genital? E será que isso quer dizer que os objetos pré-genitais não são objetos? Não vou responder a essa pergunta, apenas direi que ela se coloca a partir do momento em que articulamos o problema da maneira como o fazemos.

É claro que a resposta não poderia ser muito simples. Contudo, nosso modo de formular o problema tem, desde já, pelo menos uma vantagem, que é a de ajudar a ver a distinção, o viés, o plano de clivagem que se estabelece entre a fase fálica – o que assim foi chamado até agora, estou aqui estritamente na via de nossa experiência tradicionalmente aceita – e a fase genital, aquela em que terminam a formação e a maturação do objeto. Faz alguns anos, com efeito, era totalmente impossível encontrar a relação entre ambas.

No nível da privação, em que o sujeito é sujeito do desejo, sua posição é sempre velada. Só se deixa perceber em fanias, aparições relâmpago de seu reflexo no nível do objeto, sob a forma do tê-lo ou não tê-lo. Como tal, porém, essa posição radical do sujeito é a de não ser o falo. É a de ele mesmo ser, se me permitem, um objeto negativo. Estão vendo até onde vou.

As três formas nas quais o sujeito aparece no nível dos três termos – castração, frustração e privação – podemos dizer que são todas alienadas, mas com a condição de, em cada caso, dar a essa alienação uma articulação sensivelmente diferente, diversificada. No nível da castração, o sujeito aparece numa síncope do significante. É outra coisa quando ele aparece no nível da frustração, como submetido à lei de todos, a do Outro. E é também outra coisa quando, no nível da privação, ele mesmo tem de se situar no desejo.

A forma de desaparecimento do sujeito parece, então, ter, com relação às duas outras, uma originalidade singular, feita para nos incitar a articulá-la mais adiante.

É, com efeito, precisamente o que se produz na nossa experiência e para o que nos conduz o desenrolar da tragédia de *Hamlet*.

3

O *algo de podre* que o pobre Hamlet deve endireitar tem a mais estreita relação com sua posição de sujeito perante o falo.

Ao longo de toda a peça, sentimos esse termo sempre presente na desordem manifesta que é a de Hamlet cada vez que ele se aproxima, por assim dizer, dos pontos candentes de sua ação. Hoje só posso lhes indicar rapidamente os pontos que nos ajudam a seguir suas pistas.

Há algo muito estranho no modo como Hamlet fala de seu pai morto, com uma exaltação idealizante que se resume mais ou menos a isto: que sua voz falha ao dizer o que tem a dizer sobre ele. Ele verdadeiramente sufoca, engasga, para concluir com uma dessas formas particulares do significante que em inglês chamam de *pregnant*, isto é, uma expressão que tem um sentido para além de seu sentido: ele não encontra outra coisa para dizer de seu pai senão que ele era *a man* como qualquer outro. O que ele quer dizer é, evidentemente, o contrário. Primeira pista do que está em jogo.

Há ainda vários outros termos. A rejeição, a depreciação, o desprezo jogados sobre Cláudio têm todo o aspecto de uma denegação. A explosão de impropérios com que ele o cobre, sobretudo diante da mãe, culmina neste termo que não pode deixar de nos indicar que aí também há algo problemático: *A king of shreds and patches*, ou seja, um rei de remendos e retalhos, um rei feito de restos cerzidos.

Não podemos deixar de fazer a ligação com esse fato manifesto na tragédia de *Hamlet*, e que a distingue da tragédia edipiana, que é que depois do assassinato do pai, o falo continua lá. Está todo lá, e é justamente Cláudio que é encarregado de encarná-lo. Do falo real de Cláudio, é disso que se trata o tempo todo.

Hamlet, em suma, não tem outra coisa a recriminar à sua mãe, senão ter se preenchido com ele mal seu pai desapareceu. E termina por despachá-la de volta, com braços e discurso desacorçoados, para esse fatal e fatídico objeto, que aqui é bem real. Todo o drama parece girar em torno disso.

Essa mulher, que não nos parece uma mulher, de natureza tão diferente das outras, faz-nos pensar, dados os sentimentos humanos que por outro lado ela demonstra, que algo bem forte deve, assim mesmo, prendê-la a seu parceiro. Parece, de fato, que este seja o ponto em torno do qual gravita e vacila a ação de Hamlet. Aí, poderíamos dizer, seu gênio surpreso treme perante algo completamente inesperado.

É que o falo está em posição totalmente ectópica com relação à posição edipiana tal como a articula nossa análise. O falo aqui é efetivamente real, é a esse título que se trata de golpeá-lo, e Hamlet sempre se detém antes de fazê-lo. Esse lado incerto, esse titubeio diante do objeto a atacar, fica manifesto no momento em que ele encontra o nosso Cláudio rezando e pensa que bem que poderia matá-lo: *Now might I do it pat*. O motor mesmo do que faz desviar a todo instante o braço de Hamlet é justamente esse laço narcísico de que nos fala Freud no seu texto sobre o declínio do Édipo. Não se pode golpear o falo, porque, por mais que ele ali seja efetivamente real, é uma sombra.

Peço que meditem a propósito de todo tipo de coisas bem estranhas, bem paradoxais e, sobretudo, a seguinte. O quanto nos transtornávamos, na época, ao nos perguntarmos por que, afinal, como era muito claro, não assassinavam Hitler. Este representa perfeitamente o objeto cuja função Freud nos mostra na sua "Massenpsychologie", onde detalha essa espécie de homogeneização da massa que se obtém por identificação com um objeto no horizonte, um objeto *x*, que não é como os outros. Não é isso algo que vai ao encontro do que estamos falando?

Trata-se da manifestação totalmente enigmática do significante da potência como tal. Quando este se apresenta sob uma forma particularmente impressionante no real, como é o caso em *Hamlet*, a do criminoso instalado como usurpador, o Édipo desvia o braço de Hamlet, não por ter medo desse personagem que despreza, mas porque sabe que o que tem de golpear é outra coisa que não o que está ali. Tanto é verdade que, dois minutos depois, quando chegar aos aposentos da mãe e começar a lhe emocionar violentamente, escuta um barulho atrás da tapeçaria e se lança sem olhar.

Não lembro mais que autor astuto observou que é impossível Hamlet achar que seja Cláudio, pois acabou de deixá-lo na sala ao lado. No entanto, depois de ter arrebentado, estripado o infeliz Polônio, fará esta reflexão: *Pobre velho louco, achei que era algo melhor*. Todos pensam que ele quis matar Cláudio, mas, perante este, ele, no fim das contas, se deteve, porque queria um melhor, ou seja, também pegá-lo na flor de seu pecado. Do jeito que estava ali, não era isso, não era o adequado.

Aquilo de que se trata é justamente o falo. E é por isso que ele nunca conseguirá atacá-lo até o momento em que tiver feito o sacrifício completo, e igualmente à sua revelia, de todo seu apego narcísico. Somente quando estiver mortalmente ferido, e ciente disso, é que poderá executar o ato que atinge Cláudio.

É uma coisa singular, evidente, ela também está inscrita, diria eu, em todo tipo de pequenos enigmas do estilo de Hamlet.

Vejam o momento em que ele enfia num canto debaixo da escada esse Polônio que para ele é só um *calf*, um *bezerro capital* que ele de certa forma imolou aos manes de seu pai e cujo assassinato não o afeta em nada. Perguntam-lhe por toda parte o que significa aquilo e o vemos soltar alguns de seus pequenos gracejos, sempre tão desconcertantes para seus adversários.

Todo mundo se pergunta se a pergunta é mesmo aquela, se o que ele diz é mesmo o que ele quer dizer, pois o que ele diz cutuca todo mundo no lugar certo, mas, para dizê-lo, ele teria de saber tanto que não dá para acreditar, e assim por diante. Essa posição deve ser bastante familiar para nós do ponto de vista do fenômeno da confissão do sujeito.

Hamlet pronuncia, então, as seguintes palavras, que continuam até hoje bastante impenetráveis para os autores. *The body is with the king* – ele não emprega a palavra *corpse*, ele diz *body*, notem bem – *but the king is not with the body.* Peço-lhes simplesmente para substituir a palavra *rei* pela palavra *falo,* para perceberem que é precisamente disso que se trata. Ou seja, que o corpo está comprometido nesse negócio do falo, e quanto!, mas que o falo, em contrapartida, não está comprometido com nada e sempre escorrega por entre os nossos dedos.

Imediatamente depois, ele ainda diz: *The king is a thing*. Uma coisa? – dizem-lhe as pessoas completamente pasmas, aturdidas, como sempre acontece quando ele se entrega a seus aforismos costumeiros; *A thing, my lord?* Hamlet: *Of nothing*, uma coisa de nada. A partir disso, todos tentam se confortar com uma citação qualquer do Salmista, em que, com efeito, se diz que o homem é *a thing of not*, uma coisa de nada, mas acho que para esclarecer isso é melhor se reportar aos textos shakespearianos.

Após leitura atenta dos *Sonnets*, parece-me que Shakespeare ilustrou em sua pessoa um ponto absolutamente extremo e singular do desejo. Em alguma parte de um de seus sonetos, cuja audácia é inimaginável – espanta-me que falem de ambiguidade a respeito deles –, ele fala com o objeto de seu amor, que, como todos sabem, era de seu próprio sexo, um jovem muito encantador, parece, que tudo indica ter sido o conde de Essex. Tens todas as aparências que satisfazem ao amor, diz ele a esse jovem, te assemelhas em tudo a uma mulher, há apenas uma coisinha, *one thing*, com que a natureza quis te prover, sabe Deus por quê, e com essa coisinha, eu, infelizmente, não tenho o que fazer, *to my purpose nothing*. Lamento muito que isso faça a delícia das mulheres. E Shakespeare agrega: Azar, contanto que teu amor permaneça, que seja esse o prazer delas.

Os termos *thing* e *nothing* são empregados aí de forma rigorosa, e não há dúvida de espécie alguma sobre o fato de que eles fazem parte do vocabulário familiar de Shakespeare. Mas esse vocabulário, afinal, é aqui apenas um dado secundário. O importante é saber se podemos penetrar no que constitui a posição criativa de Shakespeare.

No plano sexual, sua posição pode sem nenhuma dúvida ser dita invertida, mas talvez não seja, no plano do amor, tão pervertida.

Entrar pelo caminho dos *Sonnets* nos permitirá esclarecer um pouco mais de perto a dialética do sujeito com o objeto de seu desejo, quando o objeto, desaparecendo, esvanecendo lentamente, por alguma via – a principal sendo a do luto – faz manifestar-se por um tempo – um tempo que só subsiste no clarão de um instante – a verdadeira natureza do que lhe corresponde no sujeito, a saber, o que chamarei de aparições do falo, as *falofanias*.

Com isso, me despeço por hoje.

29 de abril de 1959

A Dialética do Desejo

XX
A Fantasia Fundamental

Não há acordo pré-formado entre o desejo e o mundo
Privilégio da sincronia
Desejo e realidade em Glover e Hartmann
Nossa experiência da homossexualidade
A dialética captada na sua sincronia

Falamos, portanto, do desejo. Nosso caminho este ano às vezes nos obriga, como todo caminho, a longos desvios. Foi por isso que, nessa interrupção de quinze dias, tentei voltar a concentrar esforços, a fim de captar a origem e, ao mesmo tempo, o propósito de nosso discurso.

Isso me levou a fazer um ajuste da questão, também destinado a vocês, creio, e que será igualmente outro modo que teremos de concentrar nossa atenção a fim de progredir em nossa investigação.

No ponto em que estamos, tentemos articular com o que é que marcamos encontro. Não é só o encontro deste seminário, nem tampouco o encontro de nosso trabalho diário de analista. É sobretudo o encontro que temos com nossa função de analista e com o sentido da análise.

Se a psicanálise fosse apenas, entre outros na história, um empreendimento terapêutico mais ou menos fundamentado, mais ou menos bem-sucedido, não poderíamos senão nos admirar com a persistência desse movimento. Não existe exemplo de nenhuma teorização, de uma ortopedia psíquica qualquer que tenha tido uma carreira mais longa do que meio século.

Do que depende a persistência da análise, seu lugar para além de sua utilização médica, que, no fim das contas, ninguém pensa em contestar? É que nela, impossível não perceber, há algo que concerne ao homem de uma maneira a um só tempo nova, séria e autêntica. Nova em sua contribuição, séria em seu alcance, autenticada pelo quê? Certamente por algo que não são seus resultados, amiúde discutíveis, por vezes precários.

O mais característico no fenômeno é, creio, a sensação que se tem de que essa coisa que uma vez chamei de *coisa freudiana* é uma coisa de que se fala pela primeira vez. Vou mais longe e digo que a autenticidade da coisa, que sua manifestação mais certa, que o testemunho que dela se dá todos os dias é o fantástico palavrório existente ao seu redor.

O que impressiona, com efeito, se vocês tomarem a massa da produção analítica, é que os autores sempre se esforçam em articular o princípio de sua própria atividade na análise, sem nunca chegar, no fim das contas, a nada de encerrado, fechado, concluído, satisfatório. Esse perpétuo deslizamento dialético, que constitui o próprio movimento e a vida da investigação analítica, atesta a especificidade do problema a que nossa investigação se prende.

Tudo o que ela comporta de estouvamento, confusão e instabilidade, mesmo em seus princípios, tudo o que nossa prática contém de equívoco, na qual sempre encontramos tudo o que gostaríamos de evitar, a saber, a sugestão, a persuasão, a construção, até a mistagogia, todas essas contradições no movimento analítico não fazem senão acusar melhor a especificidade da coisa freudiana.

1

A coisa freudiana é o desejo. Pelo menos, é assim que a consideramos este ano, por hipótese, mas sustentados pelo curso concêntrico de nossa investigação precedente.

Contudo, ao articular essa fórmula, damo-nos conta de uma espécie de contradição, na medida em que todo o esforço de teorização dos analistas parece se exercer no sentido de fazer o desejo perder a ênfase original que ele, não obstante, detém – é algo palpável – quando lidamos com ele na experiência analítica.

Não podemos de forma alguma considerar que o desejo funcione de maneira reduzida, normalizada, conforme às exigências de uma espécie de pré-formação orgânica que o arrastaria por vias previamente traçadas e para as quais teríamos de reconduzi-lo quando delas se afasta. Muito pelo contrário, desde a origem da articulação analítica feita por Freud, o desejo se apresenta com o caráter que o termo *lust* em inglês designa, termo que quer dizer tanto *cobiça* quanto *luxúria*. Encontrarão a mesma palavra em alemão na expressão *Lustprinzip*, e vocês sabem que ela conserva toda a ambiguidade que oscila entre o prazer e o desejo.

Na experiência, o desejo se apresenta primeiro como perturbação. Ele perturba a percepção do objeto. Como nos mostram as maldições dos poetas e dos moralistas, esse objeto, ele o degrada, desorganiza, avilta, em todo caso abala, chegando às vezes a dissolver aquele que o percebe, ou seja, o sujeito.

Encontramos certamente essa ênfase no princípio da posição freudiana. Contudo, tal como posto em primeiro plano por Freud, o *Lust* é articulado de modo radicalmente diferente de tudo o que anteriormente havia sido articulado no tocante ao desejo. O *Lustprinzip* nos é apresentado como sendo, na sua fonte, oposto ao princípio de realidade. A experiência original do desejo aparece como contrária à construção da realidade. A busca que lhe é própria tem um caráter cego. Em suma, o desejo se apresenta como o tormento do homem.

Ora, todos os que haviam até então tentado articular o sentido dos caminhos do homem na sua exploração haviam sempre privilegiado a busca do homem pelo seu bem. Todo o pensamento filosófico através dos séculos jamais formulou teoria moral do homem em que o princípio do prazer, seja ele qual for, não tenha sido, de início, definido e afirmado como hedonista. Isso quer dizer que o homem, saiba ele ou não, busca fundamentalmente seu bem, de tal modo que é tão somente a título de acidentes que os erros e aberrações de seu desejo podem ser promovidos na experiência.

Com Freud aparece pela primeira vez uma teoria do homem cujo princípio está em contradição fundamental com o princípio hedonista. Uma ênfase completamente diferente é atribuída ao prazer, na medida em que, para ele, esse próprio significante está contaminado pela ênfase especial com a qual se apresenta *the lust*, o *Lust*, a cobiça, o desejo.

Contrariamente ao que uma ideia harmônica, otimista, do desenvolvimento humano poderia nos levar a supor, não há acordo pré-formado entre o desejo e o campo do mundo. Não é assim que se organiza, que se compõe o desejo. A experiência analítica nos ensina que as coisas vão num sentido totalmente diferente. Como enunciamos aqui, a análise nos instala numa via de experiência cujo próprio desenvolvimento nos faz perder a ênfase do instinto primordial, invalidando para nós a sua afirmação.

Ou seja, a história do desejo se organiza num discurso que se desenvolve no insensato. Isso é o inconsciente. Os deslocamentos e condensações no discurso do inconsciente são, sem dúvida nenhuma, o que deslocamentos e condensações são no discurso em geral, isto é, metonímias e metáforas. Mas aqui são metáforas que não geram nenhum sentido, e deslocamentos que não transportam nenhum ser e nos quais o sujeito não reconhece algo que se desloca.

A experiência da análise se desenvolveu dedicando-se à exploração desse discurso do inconsciente. A dimensão radical em questão aqui é a diacronia. Em contrapartida, é a sincronia que constitui a essência da investigação que estamos realizando este ano. Nosso esforço consiste em redescobrir como pensar o desejo para situá-lo na sincronia.

Toda vez que abordamos nossa experiência – seja lendo a exposição, o *textbook* da experiência mais original da análise, a saber, *A interpretação dos sonhos*, seja remetendo-nos a uma série de interpretações numa sessão analítica qualquer – percebemos que todo exercício de interpretação tem um caráter de remissão de anseio em anseio [*de vœu en vœu*], em que se inscrevem o movimento do sujeito e também a distância em que ele se encontra em relação a seus próprios anseios [*vœux*]. Esse mecanismo de remissão indefinida, embora nunca nos apresente o desejo senão sob uma forma articulada, supõe, contudo, no seu princípio, algo que o exige.

É aqui que entra em jogo nossa referência propriamente linguística à estrutura. Ela nos lembra que não poderia haver formação simbólica sem que haja, primordialmente – previamente a todo exercício da fala que se chame discurso – um sincronismo, uma estrutura da linguagem como sistema sincrônico. É, portanto, legítima a esperança, assim nos parece, de chegar a situar da mesma maneira, na sincronia, a função do desejo.

O que chamamos de homem é doravante um *x*, um sujeito barrado, na medida em que é o sujeito do *logos* e em que se constitui no significante como sujeito.

Na relação sincrônica entre o sujeito e o significante, onde se situa o desejo?

Basta ver em que pé anda hoje a pesquisa analítica, por desconhecimento da organização estrutural, para perceber o quanto é necessária nossa reelaboração ou retomada da questão do desejo sobre essa base.

2

Enquanto eu articulava agorinha a oposição de princípio instaurada pela experiência freudiana entre princípio de prazer e princípio de realidade, vocês sabiam que estamos justamente no ponto em que os autores tentam articular a teoria justamente nos termos que eu dizia terem de ser proscritos, e que não é com eles que o desejo se compõe?

Só se compõe com eles na sede que esses autores têm de pensá-lo ou percebê-lo como consonante com o canto do mundo. Fazem de tudo para tentar deduzir a ideia que têm de um desenvolvimento acabado, ou pelo menos desejável, a partir de uma suposta convergência da experiência na direção de uma maturação.

Ao mesmo tempo, se os autores pudessem efetivamente articular a teoria analítica nesses termos e satisfazer-se com a adaptação ontológica do sujeito à sua experiência do mundo, isso significaria que abandonaram qualquer contato com sua prática de analista. Quanto mais se vai no sentido dessa exigência, mais se cometem erros reveladores – reveladores de que se deveria articular as coisas de outro jeito – e mais se chega a paradoxos.

Tomo um exemplo, e de um dos melhores autores que existem, um dos mais preocupados com uma articulação correta não só de nossa experiência, mas também da soma de seus dados de partida, e que também tem o mérito de ter se esforçado para arrolar as noções e os conceitos que utilizamos. Refiro-me a Edward Glover.

É certamente preciso conhecer sua obra pela soma de experiências que inclui, e porque é uma das mais úteis para todo aquele que quiser tentar saber o que faz, o que, na análise, é mais indispensável do que em outros lugares. Tomo um de seus muitos artigos, que vocês têm de ler, publicado no *International Journal of Psychoanalysis* de outubro de 1933, n.4. Intitula-se "A relação da formação da perversão com o desenvolvimento do senso de realidade" ["The relation of perversion-formation to the development of reality-sense"].

Há muitas coisas nesse artigo que é importante discutir, nem que sejam apenas os termos de partida que ele nos fornece no intuito de manejar corretamente o que pretende nos mostrar. A saber:

1. Ele define *o senso de realidade* como *essa faculdade cuja existência inferimos no exame da prova da realidade*. Às vezes é de grande interesse que as coisas sejam claramente formuladas.

2. O que ele chama de *prova eficiente da realidade* define-se assim: *é, para todo sujeito que ultrapassou a idade da puberdade, a capacidade de conservar o contato psíquico com os objetos que promovem a gratificação do instinto, incluindo-se aqui as residuais pulsões infantis modificadas.*

3. Por fim, *a objetividade* se define como *a capacidade de avaliar corretamente a relação da pulsão instintiva com o objeto instintivo, sejam quais forem os fins desse impulso, ou seja, possam eles ser gratificados ou não.*

Eis os dados de princípio, que são muito importantes. Não pode deixar de surpreendê-los o fato de o autor atribuir aqui ao termo "objetividade" um caráter diferente do que lhe é habitualmente atribuído. Pode-se pensar que nem tudo se perdeu da dimensão original da investigação freudiana, pois essa definição da objetividade desorganiza o que, até então, parecia ser uma categoria exigida por nossa visão de mundo.

Sobre essa base, o autor inicia uma investigação sobre o que significa o laço perverso, entendido no seu mais amplo sentido, na sua relação com o senso de realidade. No fim das contas, qual é o espírito do artigo? É conceber a formação perversa como um meio que o sujeito tem de se proteger das rachaduras, das coisas que são um fiasco, de tudo o que não se inscreve para ele numa realidade coerente. A perversão é muito precisamente articulada pelo autor como *o meio de salvação do sujeito para garantir que essa realidade tenha uma existência contínua*.

Eis aí mais uma visão original, pois dela resulta uma espécie de onipresença da função perversa. Glover empenha-se, então, em retraçar as inserções cronológicas da mesma, quero dizer que insere suas ocorrências num sistema de anterioridade e posteridade, em que se escalonam como mais primitivos os distúrbios psicóticos, os neuróticos vindo em seguida. Entre ambos inscreve-se a toxicomania, que corresponderia a uma etapa intermediária. Trata-se, em suma, de determinar, cronologicamente falando, os pontos de amarra, os pontos historicamente fecundos, os pontos do desenvolvimento a que remonta a origem das diversas afecções.

Essa visão não deixa de ser passível de crítica, como acontece sempre que se tenta fazer uma pura e simples localização genética das afecções analisáveis. Como não podemos entrar nos detalhes agora, vou destacar apenas um parágrafo, que lhes mostra até que ponto paradoxal conduz toda tentativa cuja motivação seja reduzir a função de que estamos tratando no nível do desejo, ou do princípio do desejo, a uma etapa preliminar, preparatória, ainda não informada, da adaptação à realidade, a uma primeira forma da relação com a realidade. O princípio de que Glover parte, tanto aqui como em outros lugares, para desenvolver seu pensamento é, com efeito, o de classificar a formação perversa com relação ao senso de realidade.

Indicarei as consequências disso simplesmente citando uma pequena passagem do artigo de Glover, que só difere de mil outras encontradas em seus escritos pela forma figurada, literária, paradoxal e verdadeiramente expressiva com que se apresenta. Esclareço que esse artigo é publicado durante a fase que podemos denominar "kleiniana" do pensamento de Glover, que tem muitos pontos em comum com o sistema kleiniano – a despeito da luta que ele julgou por bem travar, no plano teórico, com Melanie Klein.

Estamos, portanto, no momento, diz ele, em que a chamada fase paranoide do sujeito culminou no *sistema de realidade* que ele denomina de *oral-anal*. Esse mundo, no qual a criança supostamente vive, Glover caracteriza nos seguintes termos: *um mundo externo que representaria a combinação de um açougue, um public lavatory* – ou seja, um mictório ou mesmo algo mais elaborado – *sob um bombardeio, e um necrotério*. E Glover nos explica, então, que o ponto central de sua intervenção nesse momento tem por efeito transformar esse mundo, um tanto conturbado, catastrófico, *numa tranquilizadora e fascinante farmácia na qual, contudo, há um porém, é que o armário onde estão os venenos está com a chave na fechadura*.

Isso é muito bonito e pitoresco. No entanto, por mais implícito, por mais profundo, imerso, que seja o vivido do pequeno homem, ou que possamos supor que seja, ainda assim há certa dificuldade em conceber que ele efetivamente aborde a realidade na forma de um açougue, de um banheiro público sob bombardeio e de uma câmara fria.

O fato de isso ser apresentado sob um aspecto à primeira vista chocante não é razão para repudiarmos seu princípio, mas, ao mesmo tempo, é legítimo desconfiar um pouco da exatidão dessa formulação. Ela manifestamente não pode coincidir com uma forma regular do desenvolvimento do pequeno homem, sobretudo quando se considera o tal desenvolvimento caracterizado pelos modos de adaptação do sujeito à realidade.

No mínimo, tal formulação implica necessariamente a articulação de uma dupla realidade. Numa delas, poderíamos incluir a experiência behaviorista, mas haveria a outra, cujas irrupções no comportamento do sujeito ficaríamos relegados a vigiar. Em outras palavras, somos obrigados a restaurar, desde a origem, a autonomia, a originalidade de outra dimensão, que não é a realidade primitiva, mas que é desde o início um para-além do vivido do sujeito.

Uma vez articulada, essa contradição torna-se tão evidente que eu talvez tenha de me desculpar por ter insistido por tanto tempo nisso. Contudo, em algumas formulações ela está tão bem dissimulada que introduz um grave equívoco no uso do termo "realidade". Quando se considera que a realidade conhece um desenvolvimento paralelo ao dos instintos – e esta é, de fato, a posição mais comumente aceita – chega-se a estranhos paradoxos, que não deixam de ter suas repercussões na prática.

Se supomos que o desejo já está ali, que está na realidade, torna-se necessário falar dele, não sob a sua forma dissimulada, mas sob a sua forma original, qual seja, a do instinto, que estaria em jogo tanto na evolução quanto na experiência analítica. Dizer que o desejo se inscreve numa ordem homogênea à realidade, que ele é da mesma ordem que a realidade, que é inteiramente articulável e assumível em termos de realidade, formulações estas encontradas atualmente na teorização analítica mais cotidiana, implica o seguinte paradoxo, qual seja, de que é a maturação do desejo que permite que o mundo se consuma em sua objetividade. Essa proposição, em maior ou menor medida, faz parte do credo de uma certa análise.

Neste ponto, quero simplesmente levantar a questão de saber o que isso quer dizer concretamente. O que é um mundo para nós, seres vivos? O que é a realidade no sentido, por exemplo, da psicanálise hartmanniana?

Hartmann dá todo o espaço merecido aos elementos estruturantes que a organização do eu comporta. Esse eu, diz ele, está adaptado para se deslocar de maneira eficaz na realidade constituída. Pois bem, peço licença para também propor algumas imagens que os façam sentir do que estamos falando. Para consolidar as ideias, vamos identificar a forma mais típica e acabada do mundo de que nos falam, a realidade adulta, com um mundo de advogados norte-americanos.

Com efeito, o mundo de advogados norte-americanos não só é um campo importante de nosso universo, como me parece ser atualmente o mundo mais elaborado que se possa definir no que diz respeito à relação com a realidade – ou, pelo menos, com o que assim se chama. Ou seja, nada falta num leque que começa numa certa relação de violência, cuja presença é essencial, fundamental, sempre obrigatória para que se possa dizer que, ali, a realidade não está em nada elidida, e que se estende até esses requintes de procedimento que permitem inserir nesse mundo todo tipo de novidades paradoxais definidas por uma relação com a lei essencialmente constituída pelos rodeios necessários para obter sua mais perfeita violação.

É esse o mundo da realidade. Agora, que relação existe entre esse mundo e o que podemos chamar de um desejo maduro, no sentido da maturação genital?

A questão pode certamente ser resolvida de várias maneiras, uma das quais é a da experiência, a saber, o comportamento sexual do advogado americano. Ora, nada até hoje parece confirmar que haja uma correlação exata entre o perfeito acabamento de um mundo cujas atividades estão em tão boas mãos e uma perfeita harmonia nas relações com o outro, considerando que estas comportem algum sucesso ou acordo no plano do amor. Não há prova disso e, inclusive, quase ninguém pensará em sustentá-lo.

Essa é apenas uma maneira global de ilustrar para vocês onde a questão se coloca. A questão consiste no seguinte: aqui se mantém uma confusão a propósito do termo *objeto*.

Há, por um lado, o objeto que se situaria na realidade, no sentido que acabamos de articular. Há, por outro, o objeto que se inscreve na relação do sujeito com o objeto, relação que implica, de forma pelo menos latente, conhecimento. Quando afirmamos que a maturação do desejo comporta ao mesmo tempo uma maturação do objeto, de que objeto se trata?

É um objeto bem diferente daquele que podemos efetivamente situar ali onde uma localização objetiva nos permite caracterizar as relações de realidade. O objeto em questão nos é familiar de longa data, sob o nome de objeto do conhecimento – embora ele aí esteja totalmente velado.

Esse objeto foi o objetivo, o alvo, o termo de uma longa investigação realizada ao longo dos tempos. Essa investigação ainda prossegue, por trás dos frutos que colheu quando se tornou o que chamamos de ciência, depois de ter tido que atravessar, por muito tempo, as vias de um enraizamento do sujeito no mundo. Não podemos negar que seja desse enraizamento – entendo isso no plano filosófico – que a ciência tenha podido, num momento, partir, por mais que agora ela se distinga dessa relação de meditação, como uma criança que ganha independência, mas que por muito tempo se nutriu disso. Desse enraizamento original restam-nos vestígios, sob o nome de teoria do conhecimento.

Nessa ordem, aproximaram-se o máximo possível de uma profunda identificação entre os dois termos da relação sujeito-objeto. Conhecer remete a uma conaturalidade. Toda apreensão do objeto manifesta algo de uma harmonia de princípio.

Certo, não esqueçamos que isso é apenas fato de uma experiência especializada, que se destaca dentro de uma história distribuída em vários ramos, mas aqui nos limitaremos a voltar nossa atenção para o ramo que nos é próprio, o da filosofia grega.

O esforço para delimitar e afirmar essa coisa designada como "objeto" comporta uma atitude de princípio a cujo respeito estaríamos totalmente enganados se considerássemos que, agora, uma vez obtidos os resultados, podemos elidi-la, como se essa posição de princípio fosse sem importância no tocante a seu efeito.

O que, de uma posição de desejo, estava implicado nesse esforço de conhecimento? Embora nós, analistas, sejamos certamente capazes de introduzir essa questão, ela não tinha passado despercebida para a experiência religiosa e, aqui como em outras paragens, esbarraremos com ela o tempo todo. Na medida em que pode indicar para si mesma outros fins, a experiência religiosa com efeito individualizou esse desejo como desejo de saber, *cupido sciendi*. O fato de encontrarmos para ela bases mais radicais sob a forma de alguma pulsão ambivalente do tipo da escoptofilia, ou mesmo da incorporação oral, é um simples tempero em nossa argumentação.

Ainda assim, uma coisa é certa, e é que o desenvolvimento do conhecimento, com o que ele comporta de noções implícitas sobre o objeto, resulta de uma escolha. Nenhuma instauração da posição filosófica jamais deixou, ao longo dos tempos, de se fazer reconhecer como sendo uma posição de sacrifício de alguma coisa. A entrada do sujeito na ordem do que se denomina investigação desinteressada, cujo fruto é a objetividade – afinal, atingir a objetividade nunca se definiu de outra maneira senão como atingir uma certa realidade numa perspectiva desinteressada –, é compensada, ao menos em princípio, pela exclusão de certa forma de desejo.

Eis a perspectiva em que se constituiu a noção de objeto. Se a reintroduzimos aqui, não é à toa. É porque sabemos o que estamos fazendo. É porque essa perspectiva está implícita na suposição de uma correspondência virtual, latente, a ser encontrada ou obtida, entre a investigação do desejo e o objeto que ela explora.

Cabe, ao contrário, distinguir entre o objeto que satisfaz o desejo de conhecimento, cuja noção filosófica foi o fruto da elaboração dos séculos, e o objeto de todo desejo.

É a uma confusão entre essas duas noções que se deve o fato de os analistas terem sido tão facilmente levados a formular a correspondência entre certa constituição do objeto e certa maturação da pulsão.

Opondo-me a isso, tento propor-lhes, da relação entre o desejo e seu objeto, uma articulação diferente, que considero mais em conformidade com a nossa experiência.

Agora, portanto, passaremos à verdadeira articulação, que chamo de sincrônica.

3

A fórmula simbólica ($\$\lozenge a$) dá sua forma ao que chamo de fantasia fundamental.

Isso é a forma verdadeira da pretensa relação de objeto, e não o modo como ela foi até agora articulada.

Dizer que se trata aqui da fantasia fundamental nada mais significa do que o seguinte, a saber, que, na perspectiva sincrônica, ela garante sua estrutura mínima ao suporte do desejo.

Nela vocês encontram dois termos, cuja dupla relação entre um e outro constitui a fantasia. Essa relação se complexifica na medida em que é numa relação terceira com a fantasia que o sujeito se constitui como desejo.

Tomaremos hoje a perspectiva terceira. Além disso, faremos passar a assunção do sujeito por *a*. Isso é tão legítimo quanto fazê-la passar pelo sujeito barrado, dado que o desejo se mantém numa relação de confrontação com ($\$\lozenge a$).

Vocês já me ouviram articular as coisas suficientemente longe para não ficarem, penso, espantados, desnorteados nem surpresos se eu afirmar que o objeto *a* se define, em primeiro lugar, como o suporte que o sujeito se dá quando fraqueja… Paremos aqui por um instante e comecemos por dizer algo aproximativo para que isso lhes diga alguma coisa: … *quando ele fraqueja na sua certeza de sujeito*. Retomo em seguida dando-lhes o termo exato, mas que fala tão pouco à intuição que tive medo de sugeri-lo primeiro: … *quando ele fraqueja na sua designação de sujeito.*

Aquilo de que se trata repousa por inteiro no que se passa no Outro, na medida em que ele é para o sujeito o lugar de seu desejo. Ora, no Outro, nesse discurso do Outro que o inconsciente é, algo falta para o sujeito. Voltaremos a isso mais tarde, voltaremos tantas vezes quanto for necessário, voltaremos a isso até o fim.

Pela própria estrutura instaurada pela relação do sujeito com o Outro enquanto lugar da fala, algo falta no nível do Outro. O que ali falta é precisamente o que permitiria ao sujeito se identificar como o sujeito do discurso que ele profere. Ao contrário, na medida em que esse discurso é o discurso do inconsciente, o sujeito nele desaparece.

Resulta daí que o sujeito tem de empregar, para se designar, algo tomado às suas expensas. Não às suas expensas como sujeito constituído na fala, mas às suas expensas como sujeito real, bem vivo, às expensas de algo que, por si só, não é em absoluto um sujeito. O sujeito, ao pagar o preço necessário para essa localização de si mesmo enquanto fraquejante, é introduzido, assim, na dimensão sempre presente cada vez que se trata do desejo: ter de pagar a castração.

Em outras palavras, algo real, que ele domina numa relação imaginária, é elevado à pura e simples função de significante. Esse é o sentido último, o sentido mais profundo da castração enquanto tal.

A descoberta essencial do freudismo é o fato, até então desconhecido, de que a castração está envolvida sempre que o desejo enquanto tal se manifesta de maneira clara. Esse fato abriu para nós todo tipo de entendimentos históricos, aos quais deram traduções diversamente míticas, que em seguida tentaram reduzir em termos desenvolvimentalistas. Não há dúvida de que a investigação realizada nessa dimensão diacrônica foi fecunda, mas nem por isso esse fato deve nos dispensar de investigar, na outra dimensão, a dimensão sincrônica, qual é a relação essencial aqui envolvida.

Essa relação é a relação do sujeito com o significante, na medida em que aí o sujeito não pode se designar, se nomear como sujeito. Essa falta ele tem de compensar pagando, se me permitem, com sua pessoa. Estou tentando ser o mais imagético possível, e o que proponho nem sempre são os termos mais rigorosos.

Podemos encontrar o análogo do que então intervém na função de certos símbolos da linguagem, aqueles que os linguistas distinguem no sistema lexical sob o nome de *shifter symbols*. Já fiz alusão ao pronome pessoal [eu], que designa aquele que fala. No plano do inconsciente, o mesmo ocorre com o *a* minúsculo. Esse *a*, que não é um símbolo, mas um elemento real do sujeito, é o que intervém para suportar o momento, no sentido sincrônico, em que o sujeito fraqueja para se designar no nível da instância do desejo.

Sei o quanto pode ser cansativa para vocês a ginástica mental de uma articulação levada a esse nível. Por isso vou ilustrá-la, para lhes dar algum descanso, com termos de nossa experiência concreta. O *a*, eu disse que era efeito da castração. Não disse que era o objeto da castração. Chamamos o objeto da castração de falo. O falo, o que é?

Nós o vemos aparecer no que eu chamava a última vez de falofanias artificiais da análise. Nesse caso também, a análise se revela ter sido uma experiência original, absolutamente única, pois não existiu no passado nenhuma espécie de alquimia, terapêutica ou não, em que tenhamos visto aparecer o falo. Em Hieronymus Bosch, vemos todo tipo de membros desarticulados. Ou, então, há o *flatus* nada menos que olente em que Ernest Jones acreditou dever encontrar o protótipo do Espírito Santo. Tudo isso está exibido em imagens ululantes – mas o falo, vocês podem notar que não é visto com frequência. Nós, sim, o vemos – e também percebemos que não é muito fácil designá-lo como estando aqui ou acolá. Sobre isso, quero fazer apenas uma referência.

Nossa experiência da homossexualidade só se definiu a partir do momento em que se começou a analisar os homossexuais. Numa primeira abordagem, eles não eram analisados. Foi por não poder, naquele momento, 1905, avançar mais que o professor Freud nos disse, nos "Três ensaios sobre a teoria da sexualidade", que a homossexualidade masculina repousa sobre a exigência narcísica de que o objeto não esteja desprovido de atributo fálico, na medida em que ele é considerado pelo sujeito como essencial.

Depois, começamos a analisar os homossexuais. Peço que se remetam, a esse respeito, aos trabalhos bastante exemplares de Felix Boehm, um dos primeiros que se interessaram pelo tema. Eles começam nos anos 1920 e prosseguem até 1933 e mais adiante. Aliás, eu lhes dei indicações bibliográficas sobre a homossexualidade quando lhes falei da importância dos artigos de … .

O desenvolvimento da análise mostra, pois, que a homossexualidade está bem longe de ser uma exigência instintiva primordial e que não se pode identificá-la a uma pura e simples fixação ou desvio do instinto. Percebe-se também que o falo que intervém, da maneira que for, no mecanismo da homossexualidade está bem longe de ter o estatuto comum do objeto, e é identificado, talvez apressadamente, com o falo paterno, que teria residência fixa na vagina da mulher, seria temido por isso, o que explicaria por que o sujeito é levado aos extremos, e até à homossexualidade. Eis, em todo caso, um falo de um alcance totalmente diferente, com uma função totalmente diferente e com um lugar totalmente diferente do que nos dizem inicialmente.

Isso não é tudo. Depois de nos termos alegrado, se me permitem, por ter pego esse coelho pelas orelhas, continuamos analisando os homossexuais e eis que percebemos que a imagem do falo como um apêndice que o sujeito atribui, numa primeira crença, à mulher na medida em que ainda não teria sido castrada, não encerra o assunto.

Com efeito, se a observarmos com mais detalhes, essa imagem – que numa data posterior encontraremos em funcionamento em estruturações analíticas da homossexualidade – revela ser o que podemos chamar de uma evaginação, a extraposição do interior do órgão vaginal. Nessa fantasia – que já encontramos no sonho do capuz pelo avesso cuja análise retomei tão longamente diante de vocês – o apêndice fálico aparece como feito da exteriorização do interior. Assim, quando, numa certa perspectiva de investigação, mostram ao homossexual em análise a dialética cotidiana de seu desejo, é isso que se mostra ser o termo imaginário derradeiro com que ele se vê confrontado.

O homossexual em questão é um dos que foram analisados por Boehm, e, nesse ponto, remeto-me mais especificamente aos seus trabalhos, particularmente ilustrativos e confirmados por uma experiência muito abundante.

O que dizer dessa fantasia, senão que o falo se apresenta aqui sob uma forma radical, na medida em que sua função, em última instância, é mostrar no exterior o que está no interior imaginário do sujeito.

Quase não deveria surpreender que se estabeleça aqui uma certa convergência entre o imaginário e o simbólico.

Nota-se que o que está no imaginário em situação de extraposição, de extirpação, quase destacado, mas ainda não destacado, do interior do corpo, pode ser elevado muito naturalmente à função de símbolo, sem por isso ser destacado de sua inserção radical, o que o faz ser percebido como uma ameaça à integridade da imagem de si.

4

Não quero deixá-los depois de feitas essas considerações.

Com efeito, não é isso que vai lhes fornecer o sentido e a função do *a* minúsculo como objeto em toda a sua generalidade.

Na medida em que o sujeito é desejo, ele se vê ante a iminência da relação castradora. O que dá à posição desse sujeito seu suporte é, como lhes disse, o objeto na fantasia, que é a forma mais acabada do objeto. Gostaria de lhes mostrar agora em que sincronia essa relação pode ser articulada.

Enfatizo a palavra *sincronia*, pois a necessidade do discurso vai me forçar a lhe dar uma fórmula que, por sua vez, será diacrônica. Disso se segue que vocês poderão confundi-la com uma gênese. Contudo, não se trata de nada disso.

As relações de letras que vou inscrever agora no quadro servem para nos ajudar a situar no seu lugar o *a* minúsculo. É na medida em que o sujeito está em presença da castração iminente que ele está em relação com esse objeto. Vou designar provisoriamente essa relação com o objeto como a contrapartida dessa posição do sujeito, pois convém igualmente ressaltar o que quero dizer ao falar dessa relação como sendo o suporte do desejo.

A	D
Sr	D̸
Ⱥ	S
a	S̸
A’	
A”	
A’”	

Esquema sincrônico da dialética do desejo

Como se engendra essa relação sincrônica? Partimos da posição subjetiva mais original, a da demanda. Vocês a encontram indicada na primeira linha, à direita, por esse D maiúsculo. É, no comportamento do indivíduo, a manifestação, a ilustração, o exemplo que nos permite captar, em sua essência, como o sujeito se constitui uma vez que entra no significante.

A relação sincrônica em questão vai se estabelecer segundo um algoritmo muito simples, que é o da divisão. Isso está indicado pela barra vertical. Acrescentamos uma barra horizontal separando níveis, mas ela não tem nada de essencial, pois pode ser repetida a cada nível.

A relação mais primordial do sujeito é a relação entre o Outro, como lugar da fala, e a demanda. O Outro figura aqui sob a forma da letra A maiúscula. A dividido por D – é a partir dessa relação que se institui a dialética cujo resíduo vai nos dar a posição de *a*, o objeto.

No começo desse processo, é em termos de alternância significante que se articula primordialmente a necessidade do sujeito e que se instaura tudo o que, a seguir, estruturará essa relação do sujeito consigo mesmo denominada desejo. O Outro, que aqui é alguém real, sujeito real, Sr, encontra-se, pelo fato de ser interpelado na demanda, em posição propícia para fazer esta passar, seja ela qual for, para um outro valor, que é o da demanda de amor, na medida em que se refere pura e simplesmente à alternância presença-ausência. Por isso é que, no segundo nível, dotamos de uma barra o D maiúsculo da demanda.

Assinalo de passagem que não pude deixar de ficar surpreso, tocado, emocionado até, ao encontrar nos *Sonnets* de Shakespeare, literalmente, o termo "presença-ausência", no momento em que ele precisa expressar o *relacionamento-amoroso*, com hífen.

Temos aqui, portanto, o sujeito constituído na medida em que o Outro é um personagem real, aquele mediante o qual a própria demanda fica carregada de significação, aquele mediante o qual a demanda do sujeito se torna algo diferente do que o que ela demanda em particular, a saber, a satisfação de uma necessidade.

Não há sujeito senão para um sujeito – é um princípio que sempre devemos manter como princípio. Pelo simples fato de o Outro ter sido estabelecido primordialmente como aquele que, em presença da demanda, pode jogar ou não um certo jogo, ele já foi instaurado como sujeito e como termo da tragédia que transcorrerá. Em outras palavras, a introdução do sujeito, do indivíduo, no significante adquire a função de subjetivar o Outro, o que nos leva a escrever S com r sob A.

É na medida em que o Outro é um sujeito enquanto tal que o sujeito se instaura e pode instituir a si mesmo como sujeito numa nova relação com o Outro, a saber, que, nesse Outro, tem de se fazer reconhecer como sujeito – já não como demanda, já não como amor, mas como sujeito.

Estarei eu atribuindo aqui a uma larva qualquer todas as dimensões da meditação filosófica da consciência-de-si? Não se trata disso. Ou melhor, trata-se disso, mas sob uma forma que não está, como no filósofo, velada, escondida, mas que é bem concreta e bem real.

Que garantia a toda e qualquer espécie de funcionamento do Outro no real, como respondendo à demanda, ele pode encontrar? O comportamento do Outro, seja ele qual for, o que pode atestar sua verdade? O que, no fundo, é concreto na noção de verdade assim como na de intersubjetividade? O que dá seu sentido pleno ao termo *truth*, em inglês, que exprime simplesmente a Verdade com um V maiúsculo? Tudo se sustenta no que em francês chamamos, numa decomposição de linguagem que resulta ser decorrente de um sistema linguageiro, a *fé na palavra* [*foi en la parole*]. Em outros termos, em que podemos contar com o Outro?

É disso que se trata quando lhes digo que não há Outro do Outro. O que isso quer dizer, senão, justamente, que não existe nenhum significante que garanta a série concreta de nenhuma manifestação de significantes? É aí onde se introduz este termo: o A maiúsculo barrado.

Ante a pressão da demanda do sujeito exigindo uma garantia, o que se realiza no nível do Outro é primordialmente algo dessa falta em relação à qual o sujeito terá de se situar. Essa falta, observem, se produz no nível do Outro enquanto lugar da fala e não no nível do Outro como real. Nada de real do lado do Outro pode compensar isso, a não ser por uma série de adições, A', A", A"', que nunca se esgotarão.

O Outro se manifestará para o sujeito, ao longo de toda a sua existência, por meio de dons ou recusas. Mas isso sempre estará situado apenas à margem da falta fundamental que se encontra como tal no nível do significante. O sujeito estará historicamente envolvido por todas as suas experiências com o Outro, o Outro materno nesse caso, mas nada disso tudo poderá esgotar a falta que existe no nível do significante enquanto tal, que é o nível em que o sujeito tem de se situar para se constituir como sujeito e se fazer reconhecer pelo Outro.

O próprio sujeito está marcado por essa falha, por essa não garantia no nível da verdade do Outro. E é por isso que terá de instituir o que já tentamos abordar agora há pouco, sob a forma de sua gênese, a saber, *a* minúsculo. Esses dois termos, o S barrado e o *a* minúsculo, se deparam no quarto nível do esquema.

O *a* é esse algo que está submetido à condição de expressar a tensão última do sujeito, aquela que é o resto, aquela que é o resíduo, aquela que está à margem de todas essas demandas e que nenhuma dessas demandas pode esgotar. Esse algo está destinado, enquanto tal, a representar uma falta e representá-la com uma tensão real do sujeito.

Isso é, se me permitem, o âmago da função do objeto no desejo. É o que aparece como contrapartida do fato de o sujeito não poder se situar no desejo sem se castrar, em outras palavras, sem perder o mais essencial de sua vida. E é também em torno disso que se situa essa forma, uma das mais exemplares do desejo, que a frase de Simone Weil já apontava: *Se soubéssemos o que o avarento guarda em seu cofrinho, saberíamos muito sobre o desejo.*

Claro, é justamente para proteger sua vida que o avarento encerra num recipiente – dimensão essencial, observem – *a* minúsculo, o objeto de seu desejo. Mas, por isso mesmo, verifica-se que esse objeto é um objeto mortificado. O que está no cofrinho está posto fora do circuito da vida, dela é subtraído, para ser conservado como a sombra de nada, e é a esse título que é o objeto do avarento.

Também a fórmula *Quem quer conservar sua vida, a perde* vê-se, aqui, ratificada. Acaso isso quer dizer que quem consente em perdê-la a recupera, assim, diretamente? Não tão rápido. Onde ele a recupera, é o que tentaremos ver da próxima vez.

Nosso percurso de hoje nos faz ver – e isso é só um pouco do que ele nos aporta – que o caminho que o sujeito trilha para recuperar sua vida vai, em todo caso, lhe apresentar o que ele consente em perder, a saber, o falo.

Se o sujeito fez seu luto do falo – momento que é uma etapa necessária, como indicamos – já não pode visá-lo senão como a um objeto oculto.

O *a* minúsculo é um termo obscuro, um termo opaco, que participa de um nada, ao qual se reduz. É para além desse nada que o sujeito vai buscar a sombra de sua vida, inicialmente perdida.

O esquema no quadro realça o funcionamento do desejo. Ele nos mostra que o objeto perdido, o objeto a ser reencontrado não é aquele que uma perspectiva genética promove a objeto primitivo de uma impressão primordial. Faz parte da própria natureza do desejo constituir o objeto segundo essa dialética.

É daí que retomaremos da próxima vez.

13 de maio de 1959

XXI
A Forma do Corte

O É? *do sujeito*
Real versus *Conhecimento*
Do real do sujeito
Três exemplos do objeto a
A respiração e a voz

Retomaremos hoje nossa exposição no ponto em que a deixamos da última vez. Eu tinha formalizado uma espécie de operação, no modo de uma divisão subjetiva na demanda. Voltaremos a isso, e essa retomada nos conduzirá em seguida ao exame da fórmula da fantasia, na medida em que ela é o suporte da relação-pivô que busco promover este ano no funcionamento da análise.

1

Se vocês se lembram, inseri as letras A/D para designar a imposição ou a proposição da demanda no lugar do Outro, que lhes apresentei como a etapa ideal primária.

Claro que isso é apenas uma reconstrução. No entanto, não há nada mais concreto, nada mais real. É na medida em que a demanda da criança começa a se articular que se engendra o processo – ou, pelo menos, que pretendemos mostrar que se engendra o processo –, a partir do qual vai se formar essa *Spaltung* do discurso expressa nos efeitos do inconsciente.

Inscrevo agora Ar/S. Temos, à direita, a primeira posição do sujeito, apreendida no ato da primeira articulação da demanda. Sua contraparte necessária é a posição do Outro real, Ar, enquanto todo-poderoso para responder a essa demanda. Essa fase é essencial para entender a fundação da primeira relação com o Outro, que aqui é a mãe, e onde encontramos a primeira forma de onipotência.

Contudo, como lhes disse, não é do lado do Outro, é considerando o que se passa no nível da demanda que vamos prosseguir com o processo da geração lógica. Expressei-lhes isso outro dia com as letras Sr/D̸. Fiz intervir à esquerda o Outro como sujeito real, enquanto a demanda, que é inicialmente demanda de satisfação de uma necessidade, acaba adquirindo outro alcance ao se tornar demanda de amor, o que é designado pelo D maiúsculo revestido, nesse nível, de uma barra.

Já não sei se foi dessa forma que tinha escrito isso no quadro. [*A sala faz sinal de que sim.*] Foi, sim. Pouco importa, aliás, pois isso se destina a gerar toda a gama de experiências reais do sujeito, que vão se inscrever num certo número de respostas, gratificantes ou frustrantes. Embora sejam evidentemente bastante essenciais na medida em que nelas se inscreve certa modulação da história do sujeito, não interessam à análise formal, sincrônica, a que damos prosseguimento agora.

Voltemos ao estágio inicial, onde o Outro é o Outro real que responde à demanda. No estágio seguinte, o sujeito interroga o Outro como sujeito e ele mesmo aparece para si como sujeito na medida em que é sujeito para esse Outro. A relação marcada como A̸/S é a primeira etapa da constituição do sujeito enquanto tal.

Isso quer dizer que o sujeito se constitui com relação ao sujeito que fala. Cabe-lhe situar-se na estratégia fundamental que se instaura assim que aparece a dimensão da linguagem, e que só começa com essa dimensão. Pelo fato de o Outro ter se estruturado na linguagem, ele se torna sujeito possível de uma tragédia, em relação à qual o sujeito pode, por sua vez, se constituir como sujeito reconhecido no Outro, como sujeito para um sujeito.

Por um lado, não pode haver aí outro sujeito senão um sujeito para um sujeito e, por outro lado, o primeiro sujeito só pode se instituir como tal enquanto sujeito que fala, enquanto sujeito da fala. Na medida em que o Outro é ele próprio marcado pelas necessidades da linguagem, já não é o Outro real, instaura-se como lugar da articulação da fala. Aí é que se constitui a primeira posição possível de um sujeito como tal, de um sujeito que pode ser apreendido como sujeito, como sujeito no Outro, na medida em que esse Outro o pense como um sujeito.

Como fiz vocês notarem a última vez, não há nada mais concreto que isso. Não é nenhuma etapa da meditação filosófica, é esse algo primitivo que se estabelece na relação de confiança. Em que medida e até que ponto posso contar com o Outro? O que há de confiável nos comportamentos do Outro? Que consequências posso esperar do que ele já prometeu?

É justamente esta a interrogação em torno da qual gira um dos conflitos mais primitivos da relação da criança com o Outro e até mesmo o mais primitivo, sem dúvida, do ponto de vista que nos interessa. Aí está a base, e não numa pura e simples frustração ou gratificação, em que se instauram os princípios de sua história; aí está o motor do que se repete no nível mais profundo de seu destino; aí está o que rege a modulação inconsciente de seus comportamentos. A análise, ou mesmo a experiência mais cotidiana da análise, nos ensina isto: a questão de saber se o sujeito pode ou não contar com algum Outro é o que determina o que encontramos de mais radical na modulação inconsciente do paciente, neurótico ou não.

Nesse estágio, o Outro é sujeito da fala, na medida em que esta se articula primordialmente. É em relação ao Outro assim definido que o próprio sujeito se constitui como o sujeito que fala – e não como o sujeito primitivo do conhecimento, não como o sujeito dos filósofos. O sujeito em questão se propõe como olhado pelo Outro e como podendo lhe responder em nome de uma tragédia comum. Ele é aquele que pode interpretar tudo o que o Outro articula de sua intenção mais profunda, de sua boa ou de sua má-fé.

Nesse nível em que o sujeito se suspende, o S na verdade se postula, se me permitirem um jogo de palavras, não só como o S que se inscreve por meio de uma letra, mas também como o *Es* da fórmula tópica do sujeito proposta por Freud. O S é o *Isso*, e sob uma forma interrogativa. Se puserem um ponto de interrogação, o S se articula, com efeito, assim: *É?* [*Est-ce?**]. Isso é tudo o que, nesse nível, o sujeito ainda formula sobre si mesmo. Está aqui em estado nascente, em presença da articulação do Outro, na medida em que esta lhe responde.

Ora, nessa articulação, o Outro responde ao sujeito para além do que ele mesmo formulou na sua demanda. Se quiser apreender a si

* Há homofonia entre *Est-ce?* (em francês, "É", "É isso?"), *Es* (em alemão, "isso") e o nome da letra S em francês. (N.T.)

próprio nesse para-além da fala, terá, portanto, de dar o passo que o introduz na etapa seguinte, a/$.

Esse sujeito está marcado pela barra que o divide primordialmente de si mesmo como sujeito da fala. Portanto, é como sujeito barrado que ele pode, que ele deve, que ele pretende encontrar a resposta. Nem por isso a encontra, pois, nesse nível, ele encontra no Outro esse buraco, esse vazio, que articulei dizendo-lhes que não há Outro do Outro, que nenhum significante possível garante a autenticidade da série dos significantes, que não há nada que, no nível do significante, garanta, autentique, como quer que seja, a cadeia significante e a fala. Por isso o sujeito depende essencialmente da boa vontade do Outro.

É então que o sujeito convoca de outro lugar, a saber, do registro imaginário, algo de uma parte dele mesmo na medida em que ele está engajado na relação imaginária com o outro. Esse algo é o *a* minúsculo. Ele surge muito exatamente no lugar em que se coloca a interrogação do S sobre o que ele realmente é, sobre o que ele realmente quer.

O que chamamos de *a* minúsculo é o objeto do desejo, sem dúvida, mas com a condição de deixarmos bem claro que, nem por isso, ele se coapta com o desejo. Entra em jogo num complexo que chamamos de fantasia. É nesse objeto que o sujeito encontra seu suporte no momento em que se evanesce ante a carência do significante que responda por seu lugar de sujeito no nível do Outro.

Nesse nível em que o sujeito tenta se reconstituir, se situar na demanda endereçada ao Outro, e se autenticar como sujeito da fala, a operação de divisão se detém, na medida em que o quociente que o sujeito procura atingir fica suspenso em presença da aparição, no nível do Outro, desse resto por meio do qual o próprio sujeito fornece o resgate e vem suprir a carência, no nível do Outro, do significante que lhe corresponde. Esse quociente e esse resto ficam aqui um em presença do outro e, se podemos dizer, sustentando-se um pelo outro. A fantasia nada mais é que esse enfrentamento perpétuo entre o S barrado e o *a* minúsculo.

O sujeito barrado marca esse momento de *fading* do sujeito em que este não encontra nada no Outro que o garanta de maneira segura e certa, que o autentique, que lhe permita situar-se e nomear-se no nível do discurso do Outro, ou seja, como sujeito do inconsciente. É em resposta a esse momento que surge, como suplência do significante faltante, o elemento imaginário, termo correlato à estrutura da fantasia. Designamos esse elemento, na sua forma mais geral, como o suporte de S no momento em que este tenta se indicar como sujeito do discurso inconsciente.

Sobre esse ponto, não tenho mais a dizer, acho. Mesmo assim direi, mostrando-lhes o que isso quer dizer no discurso freudiano. Retomemos, por exemplo, o *Wo Es war, soll Ich werden*, traduzido *Lá onde Isso era, [eu]* devo *devir*.

Isso é muito preciso. Trata-se do *Ich*, que não é *das Ich*, o eu [*moi*]. *Ich* é utilizado aqui como o sujeito da frase. *Lá onde Isso era*, é lá onde *Isso* fala, ou seja, onde, no instante anterior, havia algo que é o desejo inconsciente.

É lá onde [eu] devo me designar, onde [eu] devo ser/estar. Esse [eu] é o objetivo, o fim, o termo da análise antes que ele se nomeie, se forme, se articule – desde que algum dia o faça, pois também o *soll Ich werden* da fórmula freudiana deve ser entendido como um *devo [eu] devir*. O [eu] é o sujeito de um devir, de um dever que nos é proposto.

Devemos reconquistar o terreno perdido do ser do sujeito, nos diz Freud na mesma frase. E ele ilustra isso por meio de uma bela comparação com a Holanda e sua pacífica reconquista, sobre o Zuyderzee, de terras submersas. Trata-se do campo do inconsciente sobre o qual devemos ganhar terreno na realização da Grande Obra analítica.

Mas coloca-se a questão: antes que isso se faça, o que é que designa, *lá onde Isso era*, o lugar do [eu] que deve vir à tona? É, muito exatamente, o índice do desejo. Ou seja, do desejo enquanto função e termo daquilo de que se trata no inconsciente, o desejo sustentado pela coexistência e oposição dos dois termos: o S barrado e o *a* minúsculo.

Nesse limite onde o inconsciente começa, o sujeito se perde. Não há aí, pura e simplesmente, privação de algo que se chamaria "consciência". É outra dimensão que começa, na qual já não é possível para o sujeito saber nem quem ele é, nem onde ele está. Finda aqui para ele qualquer possibilidade de se nomear.

Mas nesse ponto de término está também o índice. O objeto que está diante dele fascina o sujeito? Sim, sem dúvida. Mas não é esta sua principal função. Seja qual for sua aparência, esse objeto é também o que retém o sujeito diante de sua própria síncope, a pura e simples anulação de sua existência.

Eis o que constitui a estrutura do que chamamos "fantasia". Veremos agora a generalidade de aplicação que sua fórmula comporta. Tomaremos também a fantasia na sua função sincrônica.

O que se deve entender por isso?

Trata-se do lugar que a fantasia ocupa na referência do sujeito a si mesmo, ao que ele é no nível do inconsciente, não digo quando ele se interroga sobre o que é, mas quando é, em suma, levado pela pergunta sobre o que ele é – o que é a definição da neurose.

2

O que é visado no momento do desejo é, dizemos nós, uma nomeação do sujeito, que se revela falha.

O sujeito na fantasia está na beira dessa nomeação, e é o que define seu papel estrutural.

Esse ponto é um ponto de apogeu, onde o sujeito sofre ao máximo, se me permitem, o que podemos chamar de virulência do *logos*, onde ele se encontra com o efeito alienante supremo de sua implicação no *logos*.

Sem dúvida que a captura do homem no *logos*, na combinatória fundamental que é sua característica essencial, inaugura a pergunta sobre o que significa que o homem seja necessário à ação do *logos* no mundo, mas resolvê-la compete a outros e não a mim. O que temos de examinar aqui é o que disso resulta para o homem e como o homem o enfrenta. A primeira formulação que nos ocorre é que é preciso que ele sustente isso realmente, que ele o sustente com seu real, consigo mesmo como real – que é também o que permanece mais misterioso para ele.

Um desvio até que seria bem-vindo aqui, para tentar apreender o que é que pode querer dizer, no fim das contas, o termo "real", coisa sobre o que, aliás, alguns de vocês se perguntam faz muito tempo e que empregamos aqui opondo-o ao simbólico e ao imaginário.

A respeito disso, certamente não é indiferente constatar que a época, a nossa, que viu a experiência freudiana vir ao mundo, é também aquela do que se impõe a nós, apesar da nossa enorme resistência, sob a forma de uma crise da teoria do conhecimento, ou até de uma crise do próprio conhecimento.

Já tentei, da última vez, chamar a atenção de vocês para o que significa a aventura da ciência. Esta foi criada, enxertada, conectada numa longa cultura que foi uma tomada de posição com suficiente parcialidade para que possamos chamá-la de parcial. Com efeito, ela comportava certo recuo do homem em presença do mundo, para posições que foram, inicialmente, contemplativas.

Como assinalei, podemos seguramente especificá-las como constituindo uma disciplina, uma ascese, uma escolha. Não implicavam a proposição do desejo como tal, mas a eleição de certa forma desse desejo, explicitamente, eu disse, o desejo de saber, o desejo de conhecer. O que saiu disso, como sabemos, é a ciência, nossa ciência moderna, que se distingue por essa excepcional apreensão do mundo, que, podemos dizer, de certo modo nos tranquiliza quando falamos de realidade.

Sabemos que não estamos destituídos de apreensão do real. Mas, afinal, que apreensão? É uma apreensão de conhecimento? Será que apreendemos o conhecimento do real? Posso apenas lhes indicar alguns elementos de resposta.

Considerando-se o que resulta do processo científico no ponto a que chegamos e, especialmente, no ponto a que chegou a elaboração da ciência física – que é a forma desse processo em que a apreensão mediante nossas cadeias simbólicas de algo que chamamos de experiência, e que é uma experiência construída, foi mais longe e alcançou maior sucesso – não lhes parece de cara, à primeira vista, que menos do que nunca temos a sensação de alcançar o ideal a que se propunha a filosofia *incipiens*, em seus primórdios?

Na perspectiva grega, aristotélica, o que era visado como objetivo do conhecer e como recompensa do esforço do filósofo, do sábio, era a identificação com o ser conhecido. No final, esperava-se que o sujeito, ou melhor, aquele que pensava, que buscava o conhecimento – pois naquele momento ele não se chamava "sujeito" – se identificasse com o objeto de sua contemplação. Com o que nos identificamos ao termo da ciência moderna? Não creio que haja um único ramo da ciência que se proponha tal fim, seja aquele em que chegamos aos resultados mais perfeitos ou mais avançados, ou mesmo aquele em que a ciência está dando seus primeiros passos, tentando se esboçar, ou seja, essa psicologia chamada behaviorismo.

Ela é apenas uma forma ainda balbuciante da ciência. Parece querer imitar o pequeno anjo da *Melancholia* de Dürer, aquele que, ao lado da grande Melancolia, começa a traçar seus primeiros círculos. Mas ela não é isenta de ensinamentos. Mostra-nos, de fato, que, quando se empreende uma psicologia que se pretende científica, começa-se por dizer que se fará simples behaviorismo; isto é, que vão se contentar em olhar aquilo que está diante deles, recusando, sobretudo, qualquer propósito de identificação. Para além do método de que se trate, há, no próprio princípio da ciência, uma recusa a crer que se possa, no final, chegar ao que o antigo ideal do conhecimento comporta.

A natureza do que há de verdadeiramente exemplar nisso pode nos fazer meditar sobre o que nos diz outra psicologia – que não articulamos como uma ciência, é claro, mas que de todo modo se apresenta como paradoxal com relação ao método até agora definido no enfoque científico –, a psicologia freudiana.

Com efeito, ela enuncia que o real do sujeito não deve ser concebido como correlato de um conhecimento. De início, o real, como real em que o sujeito está envolvido, não se situa com relação ao sujeito do conhecimento, pois há algo no sujeito que se articula para além de seu conhecimento possível. E, no entanto, já é o sujeito.

Além do mais, o sujeito se reconhece no fato de ser sujeito de uma cadeia articulada, que é da ordem de um discurso. Ora, um discurso não se sustenta sem algum suporte, e não é abusivo qualificar esse suporte por meio do termo "ser". Afinal, se o termo "ser" quer dizer alguma coisa, se lhe dermos sua definição mínima, essa coisa é o real, na medida em que se inscreve no simbólico.

Há um real envolvido nessa cadeia que Freud nos diz ser coerente e comandar, para além de todas as motivações acessíveis ao jogo do conhecimento, o comportamento do sujeito. É um real articulado no simbólico, que ocupou seu lugar no simbólico e que o ocupou para além do sujeito do conhecimento. Isso é, de fato, algo que merece ser nomeado como sendo, no sentido pleno, da ordem do ser.

Aqui se fecha o parêntese que abri agora há pouco.

É no momento em que esse ramo da árvore do conhecimento denominado ciência – e que nos deu resultados que, sem dúvida, vão bem mais longe do que qualquer espécie de efeito esperado do conhecimento – revela, ao mesmo tempo, ter frustrado a esperança do conhecimento de alcançar a identificação com o objeto; é precisamente nesse momento que, na experiência da subjetividade tal como ela se estabelece na confidência, na confiança analítica, Freud nos designa essa cadeia onde as coisas se articulam de uma maneira estruturada de modo homogêneo ao de qualquer outra cadeia simbólica, ao que conhecemos como discurso e que, no entanto, não é acessível ao sujeito, na medida em que, diferentemente do que se passava na contemplação, ele não pode repousar ali como se fosse no objeto em que se reconhece. Muito pelo contrário, fundamentalmente, ele se desconhece ali.

"Entre as flores com as quais Ofélia vai se afogar, está expressamente mencionado que as dead men's fingers *em questão são chamadas de maneira mais grosseira pelas pessoas comuns. Essa planta é a* Orchis mascula, *e ela tem alguma relação com a mandrágora e, portanto, com o elemento fálico." (p.345)*

Ophelia, Sir John Everett Millais (1851-52), óleo sobre tela, 76,2cm × 111,8cm, Londres, Tate Britain.

"Essa psicologia chamada behaviorismo é apenas uma forma ainda balbuciante da ciência. Parece querer imitar o pequeno anjo da Melancholia *de Dürer, aquele que, ao lado da grande Melancolia, começa a traçar seus primeiros círculos." (p.407)*

Melancholia, Albrecht Dürer (c.1514),
gravura sobre cobre, 31cm × 26cm,
Londres, The British Museum.

Na exata medida em que tenta abordar essa cadeia e nela se nomear, nela se localizar, precisamente ele não se acha.

Ele só está lá nos intervalos, nos cortes. Cada vez que quer se apreender, nunca está senão num intervalo.

É por isso que o objeto imaginário da fantasia, em que ele vai procurar se sustentar, é estruturado como tal.

Ainda há muitas outras coisas para demonstrar sobre a formalização ($\$\Diamond a$), mas agora quero lhes mostrar como é feito o *a* minúsculo.

3

Detenhamo-nos, primeiro, nas propriedades formais do objeto *a* minúsculo na estrutura da fantasia, tais como a experiência analítica nos permite reconhecê-las.

Acabei de lhes dizer, é como corte e como intervalo que o sujeito se encontra no ponto final de sua interrogação. Também é essencialmente como forma de corte que o *a*, em toda a sua generalidade, nos mostra sua forma. Vou simplesmente agrupar aqui certo número de traços comuns, que vocês já conhecem, relativos às diferentes formas desse objeto.

Para aqueles, aqui, que são analistas, posso ir rápido – depois, entrarei em maiores detalhes e voltarei a comentar. Por exemplo, mediante o que podemos reconhecer que o objeto na fantasia tem a forma do corte? Francamente, acho que, no nível do resultado, vocês passarão à minha frente; ao menos é o que ouso esperar.

O sujeito, no ponto em que se interroga como sujeito barrado, só consegue se sustentar numa série de termos que chamamos aqui de *a* enquanto objetos na fantasia. Numa primeira aproximação, podemos dar três exemplos. Isso não implica que sejam completamente exaustivos, mas quase.

Essa lista não é completamente exaustiva, repito, na medida em que tomar as coisas no nível do que chamo de resultado, ou seja, do *a* constituído, não é um procedimento tão legítimo. Se faço vocês começarem por aí, é simplesmente para fazê-los partir de um terreno já conhecido, a fim de tornar mais fácil o caminho a percorrer. Não é a via mais rigorosa, como verão quando passarmos pela via da estrutura – que parte do sujeito barrado, na medida em que é ele que provoca, que suscita, o termo "objeto". Se partimos do objeto, é porque é daí que vocês melhor se orientarão.

Do *a* minúsculo, há três espécies que, como tais, foram, até agora, situadas, identificadas, na experiência analítica: *a*, φ, d.

A primeira espécie é aquela que chamamos habitualmente, com ou sem razão, de objeto pré-genital.

A segunda espécie é esse tipo de objeto envolvido no que se chama complexo de castração, e vocês sabem que, sob sua forma mais geral, é o falo.

A terceira espécie introduz o único termo que talvez os surpreenda como novidade – mas, na verdade, acho que aqueles de vocês que puderam estudar com suficiente cuidado o que escrevi sobre as psicoses não ficarão, de todo modo, essencialmente desconcertados. A terceira espécie de objeto, que cumpre exatamente a mesma função em relação ao sujeito no seu ponto de desfalecimento, de *fading*, nada mais é, e nem mais nem menos, do que o que comumente se chama delírio. Foi muito precisamente por isso que Freud escreveu, quase no começo de sua experiência, por ocasião de seus primeiros vislumbres: *Eles amam seu delírio como a si mesmos, Sie lieben also den Wahn wie sich selbst.*

Vamos retomar essas três formas de objeto uma a uma, para entender o que, na sua forma, lhes permite cumprir a função de se tornarem os significantes que o sujeito extrai de sua própria substância para sustentar diante de si o buraco, a ausência do significante no nível da cadeia inconsciente.

Como objeto pré-genital, o que quer dizer o *a* minúsculo?

Aqui se evoca a fórmula que, para mais de uma reflexão materialista, resume o que é, afinal, o funcionamento de um organismo, por mais humano que seja, no nível das trocas materiais. Ou seja – não fui eu que inventei –, que o animal é apenas uma tripa com dois orifícios, aquele por onde algo entra e o outro por onde algo sai. Pois bem, é por meio disso que se constitui o chamado objeto pré-genital, na medida em que vem cumprir sua função significante na fantasia.

Aquilo de que o sujeito se alimenta separa-se em algum momento dele, ou até, conforme o caso, a posição se inverte – é a fase sádico-oral: ele mesmo o corta ou, pelo menos, faz esforço para cortá-lo, para morder. Há, portanto, por um lado, o objeto enquanto objeto de desmame, o que significa, a rigor, objeto de corte, e, por outro lado, na outra extremidade da tripa, o objeto que ele rejeita e que se separa dele. Por isso toda a aprendizagem dos ritos e das formas de limpeza consiste em ensinar o sujeito a separar de si o que ele rejeita.

Na experiência analítica comum, aquilo com que constituímos a forma fundamental do objeto das fases ditas oral e anal é essencialmente o corte. No nível oral, esse objeto é o mamilo, essa parte do seio que o sujeito pode segurar no seu orifício bucal e também aquilo de que é separado. É também o excremento, que também se torna para o sujeito, num outro momento, a forma mais significativa de sua relação com os objetos.

Esses objetos são escolhidos muito precisamente porque manifestam, na sua forma, de maneira exemplar, a estrutura do corte. É por isso que vêm desempenhar o papel de suporte nesse nível do significante em que o sujeito é situado como estruturado pelo corte. E é o que nos explica o fato de esses objetos serem escolhidos de preferência a outros.

Não foi possível não notar: caso se tratasse simplesmente de o sujeito erotizar esta ou aquela das suas funções vitais, por que não haveria uma fase mais primitiva e fundamental que o vinculasse a uma função tão vital quanto a da nutrição – que começa pela boca para terminar pela excreção do orifício intestinal –, qual seja, a respiração?

Sim, mas na respiração não há em parte alguma esse elemento de corte. A respiração não se corta, ou, se for cortada, é de um modo que não deixa de produzir algum tipo de drama. Nada se inscreve num corte da respiração, exceto de modo excepcional. A respiração é ritmo, a respiração é pulsação, a respiração é alternância vital, ela não é nada que permita, no plano imaginário, simbolizar precisamente aquilo de que se trata, a saber, o intervalo, o corte.

Isso não significa, contudo, que nada do que passa pelo orifício respiratório possa, enquanto tal, ser escandido, pois, precisamente, é por esse mesmo orifício que se produz a emissão da voz. Ora, a emissão da voz é, ela sim, algo que se corta, que se escande. Por isso é que voltaremos a encontrar, daqui a pouco, a voz no nível do delírio do sujeito.

Quando a essa emissão não se impõe a forma do corte, quando ela não é escandida, quando é simplesmente *pneuma*, *flatus*, pois bem, no nível mais profundo da experiência que disso temos no inconsciente, ela não é individualizada como sendo de ordem respiratória, mas referida ao *flatus* anal. Além disso, verifica-se que, paradoxalmente, este último simboliza, mais profundamente, aquilo de que se trata cada vez que o sujeito é simbolizado pelo falo no nível do inconsciente. Esta é, de fato, uma dessas desagradáveis surpresas que nos trouxeram as descobertas analíticas.

Foi mérito de Jones tê-lo notado, e peço-lhes que consultem os estudos que ele dedicou ao tema.

Passemos ao segundo nível.

Trata-se apenas, é claro, de um artifício de exposição, pois não há nem primeiro, nem segundo nível. Todos os *a* têm a mesma função. No ponto em que estamos de nosso caminho, trata-se apenas de saber por que adotam uma ou outra forma. Em contrapartida, quando descrevemos a forma na sincronia, o que tentamos descrever são as características comuns das diferentes formas.

Aqui, no nível do complexo de castração, encontramos outra forma para o *a* minúsculo, que é a da mutilação.

Com efeito, em se tratando de corte, é necessário e suficiente que o sujeito se separe de alguma parte dele mesmo, que seja capaz de se mutilar. À primeira vista, a coisa não introduz uma modalidade tão nova assim, como bem notaram os autores analistas ao evocarem, a propósito da mutilação, o que sabemos pela história, pela etnografia. Ou seja, que, dentre todos os procedimentos iniciáticos por meio dos quais o homem procura definir seu acesso à sua própria realidade, a um nível superior de autorrealização, à consagração de sua plenitude de homem, há um certo número de formas de estigmatização, cujo catálogo e leque não é aqui que irei recapitular para vocês. A mutilação é uma delas, e ela tem, de fato, um papel eminente em todas essas manifestações.

Apenas recordarei aqui, para torná-lo palpável nesta ocasião, que, sob outra forma, trata-se aqui também de algo que podemos efetivamente chamar de corte – e, aliás, com toda a pertinência, já que o corte instaura aqui a passagem para uma função significante. Com efeito, o que resta dessa mutilação é uma marca. Por isso, o sujeito que sofreu a mutilação como indivíduo particular no rebanho traz doravante em si a marca de um significante que o extrai de um estado primeiro para conduzi-lo, identificá-lo, a uma potência de ser diferente e superior. Eis o sentido que tem toda espécie de experiência de travessia iniciática.

Encontramos essa significação no nível do complexo de castração. Isso não significa, portanto, que esteja esgotada a questão do que está em jogo nesse nível. Nesse tempo todo em que tento me aproximar disso com vocês, vocês devem ter percebido as ambiguidades que reinam em torno da função desse falo.

De certo modo, no nível do complexo de castração, é o falo que é marcado, é ele que é alçado à função de significante. Contudo, a forma da castração não está inteiramente implicada nas cerimônias que culminam nesta ou naquela deformação ou circuncisão. Convém não confundir a marca assim produzida no falo com essa função particular de negativação dada ao falo no complexo de castração, e que constitui uma espécie de extirpação.

Não podemos entender isso no presente nível da exposição. Retornaremos a isso, acho, a próxima vez, quando teremos de explicar o problema que se coloca para nós, agora que voltamos a abordar essas coisas, que voltamos a fazer seu inventário. Hoje, contento-me simplesmente em indicá-lo.

Por que, no começo, Freud fez essa coisa extraordinária, que consistiu em ligar o complexo de castração a algo que, num exame atento, não se mostra tão solidário assim, a saber, uma função dominadora, cruel, tirânica, a de uma espécie de pai absoluto? É um mito, com certeza. E como todas as contribuições de Freud – fato deveras milagroso –, é um mito que se sustenta. Tentaremos explicar por quê.

Voltemos aos ritos de iniciação, com as formas de estigmatização e de mutilação que comportam. Destinam-se, e pelos próprios sujeitos que os experimentam, a operar uma mudança de natureza no sujeito. Por isso é que o ângulo sob o qual os abordamos hoje mostra claramente que, na sua função fundamental, desempenham o papel do *a* minúsculo.

Os ritos de iniciação das sociedades primitivas intervêm precisamente para mudar o sentido dos desejos naturais do sujeito, que, no estágio pré-iniciático, ficam livres, entregues a uma espécie de jogo indiferente. Trata-se de dar a esses desejos uma função em que se possa identificar, designar como tal, o ser do sujeito, que por meio disso se torna, por assim dizer, homem – mas também mulher – em pleno exercício. A mutilação serve, aqui, para orientar o desejo, para fazê-lo adquirir essa função de índice de que falamos.

É o índice de quê, senão de algo realizado, mas que só pode se expressar num para-além simbólico? Hoje, denominamos esse para-além de "ser". Digamos, pois, que a mutilação é, aqui, o índice de uma realização de ser no sujeito.

Poderíamos, nessa oportunidade, fazer alguns comentários laterais.

Não é por acaso, claro, que o que se oferece à marca significante do rito de iniciação seja tudo o que pode se oferecer como apêndice. O apêndice fálico não é o único, vocês sabem, a ser empregado para esse fim – mesmo não havendo dúvida de que a relação do sujeito consigo mesmo cuja apreensão vivida é a mais notável, a saber, a relação de tumescência, designa evidentemente o falo como objeto privilegiado para se oferecer à função do corte, e de uma maneira que certamente será, mais que para qualquer outro objeto, temível e escabrosa.

O mesmo se aplica à função do narcisismo como relação imaginária do sujeito consigo mesmo, que deve ser tomada como o ponto de suporte central em que se inscreve a formação do objeto significativo. Na experiência que temos do estádio do espelho, vê-se que o sujeito pode pôr sua própria tensão, sua própria ereção, nessa imagem de si mesmo que lhe chega do outro, ou seja, de para além de si mesmo.

É o que nos permite perceber o que podem ter de legítimo algumas das abordagens que a tradição dos psicólogos-filósofos já tinham feito da função do eu. Estou me referindo à contribuição de Maine de Biran em sua elegante análise do sentimento de esforço. O esforço é um impulso apreendido pelo sujeito dos dois lados ao mesmo tempo, como autor do impulso, mas também como aquele que o contém, já que experimenta esse impulso de si no seu interior. Contudo, embora o sujeito se experimente, é sem nunca poder se apreender, pois, aqui, não há, rigorosamente falando, corte ou marca possível.

Eis o que nos faz perceber o vínculo que deve ser assinalado entre a experiência da tumescência e a da fadiga – ou seja, o que se chama, no nível da experiência erótica, a fadiga do neurótico, cujo caráter de miragem e cuja natureza não objetivável vocês conhecem, uma vez que ela não tem nada a ver com nenhuma das fadigas musculares que possamos registrar no plano dos fatos. Embora o esforço não possa servir de jeito nenhum para o sujeito pelo motivo de que nada permite gravá-lo com o corte significante, essa fadiga sintomática e paradoxal parece, inversamente, ser, no sujeito, a sequela, o traço, de seu esforço, que chamarei de esforço de *significantizar*.

Aí é onde poderíamos encontrar, na sua forma mais geral, o que, no nível da tumescência, do impulso do sujeito, nos dá os limites em que vem se esvanecer a consagração possível na marca significante. Achei importante assinalar isso.

Chegamos à terceira forma desse *a* minúsculo, na medida em que pode servir de objeto sob tal forma.

Aqui, gostaria muito de não ser mal compreendido, embora eu não tenha pela frente tempo suficiente para entrar em todos os detalhes daquilo que enfatizarei. Além de uma releitura atenta, que lhes peço para fazer, do que escrevi sobre o assunto "De uma questão preliminar a todo tratamento possível da psicose" – onde expus o que o delírio do presidente Schreber nos permite articular de maneira tão avançada, tão elaborada –, o que considero mais favorável para lhes mostrar de que se trata e como o entendo é tentar isolar, aqui, a função da voz no delírio.

Só compreenderemos as características fenomenológicas dessa voz se tivermos, preliminarmente, entendido como ela responde muito especialmente às exigências formais do *a* minúsculo, na medida em que ele pode ser elevado à função significante do corte, do intervalo enquanto tal.

Comumente, o sujeito produz a voz. Digo mais, a função da voz sempre faz intervir no discurso o peso do sujeito, seu peso real. A voz grossa, por exemplo, a princípio entra em jogo na formação da instância do supereu, onde ela representa a instância de um Outro se manifestando como real.

Será que é da mesma voz que se trata na voz do delirante? Será a voz do delirante aquilo cuja função dramática o sr. Cocteau tentou isolar sob o título *A voz humana*? Basta nos remeter à experiência diária que, com efeito, podemos ter da voz sob uma forma isolada – ali mesmo onde Cocteau, com muita pertinência e faro, soube nos mostrar sua incidência pura –, a saber, ao telefone.

O que nos ensina a voz, enquanto tal, para além do discurso que mantém ao telefone? Certamente não cabe fazer aqui um pequeno caleidoscópio das experiências que podemos ter a esse respeito. Espero que lhes baste evocar o momento em que vocês tentam pedir um serviço, ou qualquer outra coisa, numa casa de comércio qualquer, e encontram do outro lado da linha uma dessas vozes cujo caráter de indiferença lhes informa imediatamente sobre a má vontade daquele com quem estão lidando, sua vontade bem clara de evitar o que o pedido de vocês possa ter de urgente, de pessoal. Esse tipo de voz já lhes ensina bastante sobre o fato de que não podem esperar nada daquele que estão interpelando. É uma voz que chamaremos, com um termo magnificamente forjado pelo engenho da língua, uma voz de *contramestre* – não é que esse personagem esteja contra o mestre, mas ele é verdadeiramente o contrário do mestre. É assim que algumas vozes podem, às vezes, presentificar a futilidade, a inexistência, o vazio burocrático.

Será isso que designamos quando falamos da voz na função em que temos de fazê-la intervir no nível de *a*? Não, em absoluto.

No delírio, a voz se apresenta efetivamente como articulação pura, e é isso que constitui o paradoxo do que o delirante nos comunica quando o interrogamos sobre a natureza das vozes. O que ele tem a comunicar parece sempre furtar-se da maneira mais singular, embora para ele não haja nada mais firme do que a consistência e a existência da voz como tal. Claro, é justamente porque a voz está para ele reduzida à sua forma mais incisiva e mais pura que o sujeito não pode tomá-la senão como se impondo a ele.

Também ressaltei, quando analisávamos o delírio do presidente Schreber, o caráter de corte *ali perfeitamente evidenciado*, pois as vozes ouvidas por Schreber só articulam começos de frases: *Sie sollen werden*... As frases se interrompem antes das palavras significativas, deixando surgir depois de seu corte um apelo à significação. O sujeito está implicado ali, de fato, mas na medida em que ele mesmo desaparece, sucumbe, é totalmente tragado por essa significação que o visa, mas somente de maneira global.

É nessas palavras, *ele está implicado*, que resumirei, no momento de deixá-los, o que tentei apreender hoje.

Reconheço que esta sessão talvez tenha sido uma das mais difíceis de todas as que lhes apresentei. Serão recompensados, espero, na próxima vez, quando procederemos por vias menos áridas.

Pedi-lhes, hoje, para se manterem em torno da noção de implicação. Aquele que está implicado é o sujeito, na medida em que está no intervalo do discurso do inconsciente. O sujeito, propriamente falando, a metonímia do ser que se exprime na cadeia inconsciente.

Se o sujeito se sente eminentemente implicado no delírio pelas vozes, pelas frases sem pé nem cabeça, é pela mesma razão que em todas as outras formas desse objeto que enumerei hoje. É no nível do corte, do intervalo, que ele se fascina, que ele se fixa, para se sustentar – nesse instante em que ele se visa e se interroga – como ser, como ser de seu inconsciente.

Mas não quero terminar sem fazer sentir, pelo menos para aqueles que estão vindo aqui pela primeira vez, qual é o alcance desse pequeno elo que o meu discurso de hoje representa com relação aos que vêm se sucedendo faz tempo.

Trata-se de ver o que devemos fazer quanto a essa fantasia, cujas formas mais radicais, mais simples, eu lhes mostrei aqui – aquelas nas quais, sabemos, ela constitui os objetos privilegiados do desejo inconsciente do sujeito. Mas essa fantasia é móvel. Se a provocamos, não creiam que ela possa, assim, sem mais nem menos, deixar cair um de seus membros. Não existe exemplo de uma fantasia convenientemente atacada que não reaja reiterando sua forma de fantasia.

Sabemos também a que formas de complicação essa fantasia pode chegar. Sob sua forma dita perversa, ela insiste, mantém e complica sua estrutura, tenta se aproximar cada vez mais de cumprir sua função.

"Interpretar a fantasia", é o que se diz.

Será que se trata pura e simplesmente de devolver o sujeito a um atual à nossa medida, ao atual da realidade que podemos definir como homens de ciência, ou como homens que imaginam que tudo, em última instância, é redutível em termos de conhecimento? Parece, de fato, que toda uma direção da técnica analítica pende para reduzir o sujeito às funções da realidade – a qual, para certos analistas, parece não ter de se articular de outro modo senão como o que chamei a última vez de um mundo de advogados norte-americanos. E, sem dúvida, a empresa não está fora do alcance dos meios de certa persuasão.

Porém, será que o lugar ocupado pela fantasia não exige que levemos em conta outra dimensão? Essa dimensão é aquela do que podemos chamar de as verdadeiras exigências do sujeito. Ela não se confunde com a realidade, não se deixa reduzir ao mundo comum, é uma dimensão de ser.

Nessa dimensão, o sujeito traz consigo algo que talvez seja, meu Deus!, tão incômodo de carregar quanto a mensagem de Hamlet, e que talvez lhe reserve um destino fatal.

Toda a questão consiste em saber qual é o valor que nós, analistas, atribuímos à experiência do desejo. Não será, para nós, um mero acidente? Uma coisa importuna, mas que, em suma, basta esperar que passe e que venha a velhice, para que o sujeito reencontre, muito naturalmente, as vias da paz e da sabedoria? Ou será que o desejo nos aponta outra coisa?

Com essa outra coisa, como devemos operar?
Qual é nossa missão, qual é, no fim das contas, nosso dever?
Eis a questão que coloco ao falar da interpretação do desejo.

20 de maio de 1959

XXII
Corte e Fantasia

Escolha, pulsão, repetição
O corte criador
Os detalhes na obra de arte
O ghost *é mentiroso?*
A fantasia de Hamlet

Prosseguiremos hoje com o estudo do lugar em que se situa a função da fantasia. A fantasia é formada pelo sujeito – como marcado pelo efeito da fala – na sua relação com um objeto *a*, que, como tal, tentamos definir a última vez.

1

A função da fantasia, vocês sabem onde ela se situa no que chamamos de grafo.

É, em suma, algo muito simples. Os cruzamentos das duas cadeias significantes, superior e inferior, por um arco, que é o da intenção subjetiva, determinam quatro pontos. Os da direita, aqui A e ($\$\lozenge D$), chamamos de pontos de código, ao passo que os dois outros são pontos de mensagem, S(Ⱥ) e *s*(A), e isso em função do caráter retroativo do efeito da cadeia significante quanto à significação.

São esses, portanto, os quatro pontos que aprendemos a guarnecer com as seguintes significações: os dois pontos da cadeia inferior são os lugares em que a intenção do sujeito se encontra com o fato concreto de que há linguagem. Vamos nos interessar hoje pelos dois outros signos, o sujeito barrado em presença de D maiúsculo e o significante do grande Outro barrado.

O que as duas cadeias significantes representam já foi elucidado faz tempo.

A cadeia inferior é a do discurso concreto do sujeito. Digamos, numa primeira abordagem, que ela é acessível à consciência. Isto posto é de fato porque parte de ilusões – foi o que a análise nos ensinou – que a declaramos totalmente transparente à consciência.

Caso contrário, por que teria eu, durante anos, insistido com vocês nas partes ilusórias existentes nesse efeito de transparência e utilizado todos os expedientes por meio dos quais isso lhes pudesse ser sugerido? Por meio de uma fábula de que vocês talvez ainda se lembrem, tentei lhes mostrar que, no limite, era possível conceber que uma imagem especular subsistisse independentemente de qualquer suporte subjetivo, que se conservasse para além de qualquer subsistência do sujeito e que, inclusive, se tornasse eficaz em consequência de um mecanismo que persistisse no nada subjetivo produzido pela destruição de toda e qualquer vida. Não foi pelo simples prazer de um jogo como esse, mas para ilustrar o fato de que é possível supor que uma montagem estruturada como a de uma cadeia significante perdure para além de toda subjetividade dos suportes.

Nossa prática, que torna o desconhecimento sistemático do sujeito palpável para nós o tempo todo, nos ensina que a consciência, na medida em que nos dá o sentimento de ser *eu* [*moi*] no discurso, não é um dado imediato, e sim antes experienciada inicialmente numa imagem, a do semelhante. Essa experiência recobre com uma aparência de consciência o que comportam as relações do sujeito com a cadeia significante primária, ingênua, com a demanda inocente, com o discurso concreto. Estou falando desse discurso que se perpetua de boca em boca, que pula de articulação em articulação, que organiza o que há de discurso na própria história, esse discurso concreto, comum, universal, que engloba tudo o que efetivamente se passa a maior ou menor distância dele, toda atividade real, social, do grupo humano.

A outra cadeia significante é aquela que nos é dada positivamente na experiência analítica como inacessível à consciência. Dito isso, uma vez que a referência à consciência, no caso da primeira cadeia, já é suspeita aos nossos olhos, caracterizar a segunda como inacessível à consciência coloca algumas questões sobre o sentido dessa inacessibilidade. Convém igualmente esclarecer o que entendemos por isso.

Devemos considerar que essa cadeia inacessível à consciência é feita como uma cadeia significante? Voltarei a isso daqui a pouco. Tomemos, por ora, como ela se apresenta para nós.

Vocês veem aqui a linha S(Ⱥ) → ($◊D), que se apresenta em pontilhado para significar que o sujeito não a articula como discurso. O que ele articula atualmente é outra coisa, que se situa no nível do arco intencional ($◊D) → S(Ⱥ). Com efeito, na medida em que o sujeito se situa como agente na alienação da significância mediante o jogo da fala, ele se articula muito precisamente como pergunta, como enigma.

Isso é tangível, na evolução do sujeito humano, num momento da articulação infantil, quando, para além da primeira demanda, com todas as consequências que ela já comporta, ele procura sancionar as coisas na ordem inaugurada pela significância – ele dirá *O quê?* e dirá *Por quê?*. Isso, que constitui uma referência expressa ao discurso, faz a primeira intenção do sujeito, a da demanda, passar à segunda intenção, a do discurso como tal. Aqui, o discurso se interroga, interroga as coisas em relação a si mesmo e à situação delas no discurso. Não é mais exclamação, interpelação, grito da necessidade, já é nomeação.

Faço essa intenção segunda do sujeito partir do lugar A maiúsculo. Com efeito, é na medida em que o sujeito está integralmente na alienação da articulação falada, da significância, que se coloca a questão que articulei a última vez sob a forma *É esse?* com um ponto de interrogação – não porque me deleite com tiradas ambíguas, mas porque essa forma é coerente com o momento de nossa articulação. Com efeito, uma vez instituído *na* fala, o sujeito tenta se situar como sujeito *da* fala, e por isso pergunta: *É isso? O quê? Por quê? Quem fala? Onde isso fala?* Trata-se aí de interrogações internas ao discurso, ao lugar instituído pela fala.

Essa pergunta constitui, de fato, o sujeito como sujeito da fala. Ainda assim, nesse nível, o que se articula no nível da cadeia significante não é articulável. E é nisso que consiste o que é fato do inconsciente.

Alguns poderiam ficar inquietos, como se fosse uma construção arbitrária, ao me verem apresentar aqui a relação entre a cadeia inconsciente e a interrogação do sujeito como idêntica à relação entre o discurso primeiro da demanda e a intenção que surge da necessidade.

Quero simplesmente lembrar-lhes que, se o inconsciente tem algum sentido, esse sentido tem todas as características da função da cadeia significante. E completo esse breve lembrete fazendo alusão a uma historinha que a maioria dos meus ouvintes já me ouviu contar quando falei da cadeia significante. Para aqueles que não se lembram, remetam-se ao que já foi publicado.

Trata-se da fábula dos discos brancos e dos discos pretos, na medida em que ilustra algo estrutural nas relações entre sujeito e sujeito, já que nela encontramos três termos. Nessa história, um par de signos distintivos, branco ou preto, permite discriminar a relação entre um sujeito e outros dois. Cada sujeito se situa tendo como referência a indagação que os outros dois fazem em função do que eles veem dele mesmo e de um deles. Os três passam por uma sucessão de oscilações sincrônicas que termina por incitá-los de forma conclusiva ao que chamarei aqui de um *Wahl*, uma escolha fundamental, mediante a qual cada um decide sobre o que ele efetivamente é, branco ou preto, e se mostra preparado para declará-lo – para isso a fábula foi construída.

Pois bem, isso não é algo que nos é familiar na estrutura da pulsão?

Encontramos aí a identificação relativa, a negação, a recusa de articular, a defesa, que são tão coerentes com a pulsão quanto o direito e o avesso de uma mesma coisa. O assunto se encerra com uma decisão que, para o sujeito, se torna a marca de que, na verdade, faz sempre a mesma escolha nas mesmas situações. Conforme os sujeitos, chamamos esse poder de repetição como podemos – uma tendência masoquista, uma propensão ao fracasso, o retorno do recalcado, a evocação fundamental da cena primitiva –, mas trata-se apenas de uma única e mesma coisa: a repetição, no sujeito, de um tipo de sanção cujas formas extrapolam em muito as características do conteúdo.

O inconsciente sempre se apresenta a nós, essencialmente, como uma articulação indefinidamente repetida. Só é legítimo situá-lo no esquema sob a forma dessa linha pontilhada, como dissemos, porque o sujeito não tem acesso a ele. Nesse nível, o sujeito é, enfim, aquele que carrega a marca, os estigmas, de uma repetição que permanece para ele não só ambígua, como, a rigor, inacessível, até que a experiência analítica, o termo que ela lhe dá, lhe permita nela se nomear, situar, designar como suporte dessa sanção.

Nenhum [eu] dele pode ser articulado nesse nível. A experiência apresenta-se, ao contrário, como *Isso acontece vindo de fora*. Dizer que isso acontece já é muito, ele só pode lê-lo como um *Isso fala*. Há aí tamanha distância, que não está dito que o sujeito possa de alguma maneira transpô-la e alcançar a meta que Freud nos impõe visar no seu mandamento do *Wo Es war, soll Ich werden*.

Passemos agora a ($\$\Diamond D$). O que significa esse ponto de código que simbolizamos pela confrontação entre o sujeito barrado e a demanda, D maiúsculo?

Observemos em primeiro lugar que esse ponto só adquire seu alcance na medida em que, com a análise, começa o deciframento da coerência da cadeia superior. É muito precisamente o ponto em que a cadeia da fala do sujeito, quando ele questiona sobre si mesmo para além do discurso concreto, reencontra a demanda.

O sujeito de que se trata é aquele que aqui supomos, digamos, retroativamente, como suporte da articulação do inconsciente, na medida em que ele a vê, escuta e lê. É o sujeito enquanto sujeito do inconsciente. Quanto à demanda, que papel ela desempenha aqui? Ela é afetada por sua forma propriamente simbólica, e é isso que quer dizer o signo do losango $\Diamond$ entre $\$$ e D.

A demanda figura nesse nível na medida em que, para além do que ela exige quanto à satisfação da necessidade, ela se propõe como essa demanda de amor que institui o Outro a quem ela se endereça como àquele que pode estar presente ou ausente. É assim que a demanda, seja oral ou anal, adquire aqui uma função metafórica e se torna símbolo da relação com o Outro. A relação subjetiva com a demanda desempenha aqui a função de código, na medida em que permite constituir o sujeito como estando situado, por exemplo, no nível do que chamamos, na nossa linguagem, fase oral ou anal.

Com esse código, o sujeito pode receber como mensagem a pergunta que, no para-além do Outro, conota a primeira captura do sujeito na cadeia significante. É a pergunta que vem do Outro, sobre essa linha também pontilhada, sob a forma do *Che vuoi? O que queres?*. É também a pergunta que o sujeito, sempre para além do Outro, se faz sob a forma do *É?*.

A resposta está simbolizada no esquema pela significância do Outro como S(Ⱥ).

Demos a essa significância, nesse nível, um sentido mais geral, no qual irá se moldar a aventura do sujeito concreto, sua história subjetiva. Na sua forma mais geral, esse sentido enuncia-se como segue: não há nada no Outro, nada na significância, que baste nesse nível da articulação significante – não há nada na significância que seja garantia da verdade –, não existe outra garantia da verdade senão a boa-fé do Outro, e esta sempre se apresenta para o sujeito sob uma forma problemática. Tudo o que o reino da fala fez surgir para o sujeito fica totalmente subordinado à fé no Outro.

Isso significa que o sujeito alcançou o final de sua pergunta? É justamente aqui que chegamos à fantasia.

Já lhes mostrei que a fantasia é o ponto de amarração concreto onde atracamos nas margens do inconsciente. No ponto preciso onde o sujeito não encontra nada que possa articulá-lo como sujeito de seu discurso inconsciente, a fantasia cumpre para ele o papel do suporte imaginário.

Retomaremos a partir daí, pois cumpre interrogar mais de perto o que concerne a esse fenômeno.

2

Vocês veem que, no grafo, pus a fantasia em frente à linha A → ($\$\Diamond D$), onde o sujeito se situa para ter acesso ao nível da cadeia inconsciente.

Lembro-lhes o que disse a última vez. Tudo se passa como se o objeto desempenhasse na fantasia o mesmo papel de miragem que, no andar inferior, a imagem do outro especular, *i*(*a*), desempenha com relação ao eu [*moi*], *m*. Na fantasia, contudo, o objeto é o suporte imaginário dessa relação de corte que, nesse nível, o sujeito tem para se suportar – o que nos induz a uma fenomenologia do corte.

Vimos esse objeto nos seus três níveis: o objeto pré-genital, a mutilação castrativa e, também, a voz alucinatória. Noto, de passagem, que, na medida em que é voz encarnada, ela é menos discurso interrompido do que voz cortada no texto do monólogo interior.

Vejamos hoje se já não há mais muito a dizer, se retomarmos o sentido do que já introduzi da última vez, a respeito da diferença entre o ponto de vista do real e o ponto de vista do conhecimento.

Trata-se, com efeito, de saber em que nível do sujeito estamos aqui quando o introduzimos como S barrado. Será esse *É?* algo além de uma ambiguidade, capaz de ser preenchido por qualquer sentido? Vamos parar em seu pertencimento verbal de conjugação, no *Esse*, o verbo *ser* em latim?

Já fiz alguns comentários sobre isso da última vez, ao lhes falar da realidade. Com efeito, o sujeito não se refere simplesmente ao discurso, mas também a alguma realidade. Se há algo que possamos, de modo coerente, intitular "realidade", ou seja, aquela que levamos em conta no nosso discurso analítico, eu a situaria, no esquema, no campo abaixo do discurso concreto.

Com efeito, o discurso concreto engloba e encerra o campo da realidade, é reserva de um saber que podemos estender a tudo o que pode, para o homem, falar. Entendo que este não seja obrigado a reconhecer, a todo instante, tudo o que, de sua realidade, de sua história, ele já incluiu em seu discurso. É aqui, por exemplo, que a alienação, tal como se apresenta na dialética marxista, pode se articular de forma coerente.

Digo mais: não esqueçamos do corte. Ele já está em ação no primeiro tipo de objeto da fantasia, o objeto pré-genital. O que são, aqui, os objetos da fantasia, senão objetos reais? Por mais separados que estejam do sujeito, estão numa relação estreita com sua pulsão vital.

Em suma, é muito evidente que o real não é um contínuo opaco e que é feito de cortes, tanto de cortes da linguagem como muito além.

Não é de agora que Platão comparou o filósofo ao bom cozinheiro, aquele que sabe fazer a faca passar no ponto certo, no ponto de corte das articulações, sabe penetrar sem danificá-las. A relação entre o corte do real e o corte da linguagem parece, portanto, satisfazer, até certo ponto, aquilo em que, em suma, a tradição filosófica sempre se instalou, a saber, que se trata simplesmente da sobreposição de um sistema de cortes por outro sistema de cortes. Contudo, se digo que a questão freudiana chega na hora certa, é na medida em que o agora consumado percurso da ciência nos permite formular que a aventura científica vai muito além da noção de que os cortes naturais são sobrepostos pelos cortes de um discurso qualquer.

O esforço que consistiu essencialmente em esvaziar toda a articulação científica de suas implantações mitológicas nos levou até o ponto em que estamos, e que me parece suficientemente caracterizado, sem muito drama, pela expressão "desintegração da matéria". Isso é apropriado para sugerir que, na aventura da ciência, não se trata apenas de puro e simples conhecimento.

Ao nos pôr no plano do real, ou, se preferirem, do que chamarei provisoriamente, com todo o tom irônico necessário – pois certamente não me inclino a chamá-lo assim –, do grande Todo, a ciência e sua aventura absolutamente não nos mostram o real remetendo seus próprios cortes a si mesmo, mas cortes que são os elementos criadores de algo novo e que toma o caminho da proliferaração.

Aqui, na condição de homens, certamente não podemos negar a nós mesmos que a questão que se coloca é saber se as consequências do que assim se manifesta não estão um pouco além de nossa função mediadora. Essa afirmação, que faço propositalmente de maneira sóbria e reduzida, tem assim mesmo um tom atual e dramático que, suponho, não lhes escapa. Em poucas palavras, é mais do que claro que o homem entra nesse jogo às próprias custas.

Sem dúvida, não precisamos ir mais longe. Com efeito, se me refiro aqui à aventura da ciência, não é para evocar todas as suas consequências extremas, cujo dramatismo humano está inscrito na história. É para delimitar a relação do sujeito com essa espécie de corte constituído pelo fato de que ele não é, de que ele não sabe o que é, em certo discurso inconsciente.

O real do sujeito como algo que entra no corte, o advento do sujeito no nível do corte, sua relação com algo que convém efetivamente chamar de "um real", mas que não é simbolizado por nada – é disso que se trata. O ponto eletivo da relação do sujeito com o que aqui podemos chamar de seu ser puro de sujeito, eu o designo – isso talvez lhes pareça excessivo – no nível do corte, que chamamos de uma manifestação pura desse ser.

Logo, a fantasia do desejo adquire a função de designar esse ponto. Por isso, em outro momento, defini a função preenchida pela fantasia como uma metonímia do ser, e identifiquei, nesse nível, o desejo como tal.

Entendamos bem que nesse nível permanece totalmente em aberto a questão de saber se podemos chamar de *homem* o que é indicado desse modo. Com efeito, o que podemos chamar de *homem* a não ser o que já se simbolizou como tal e que, cada vez que dele se fala, vê-se carregado de todos os reconhecimentos, digamos, históricos? Nesse nível, o termo "humanismo" comumente não designa nada, ainda que nele haja, é claro, algo real, que é necessário e que basta para garantir, na própria experiência, essa dimensão – que por força do hábito chamamos, de maneira bastante imprópria, creio eu, de uma profundidade, digamos, do além – que faz com que o ser não seja identificável com nenhum dos papéis – para empregar o termo em uso atualmente – que ele assume.

Para nós, a dignidade, se me permitem, desse ser não decorre de jeito nenhum de ele ser *cortado* [*coupé*] – se assim posso me exprimir, com todos os panos de fundo e, especialmente, as referências castrativas que possam pôr aí – nem tampouco de ele ser um *culpado* [*coupable**], permitam-me um jogo de palavras, ela decorre do *corte* como tal.

* *Coupable* também pode significar "passível de corte", "cortável". (N.T.)

O corte é, no fim das contas, a última característica estrutural do simbólico como tal. É nessa direção – indico de passagem – que lhes ensinei a buscar o sentido do que Freud chamou de instinto de morte, aquilo pelo qual esse instinto de morte pode se ver convergindo com o ser.

Como tudo isso pode gerar certas dificuldades para vocês, tomarei o exemplo de uma obra de arte, e da obra de arte em geral, a título de ilustração.

3

Vou partir de um artigo muito interessante, aliás, muito equilibrado, do sr. Kurt Eissler, que foi publicado no último número de *The Psychoanalytic Quarterly*, com o título "A função dos detalhes na interpretação das obras de arte".

Kurt Eissler começa seu discurso, e, aliás, o termina, com uma observação que pode ser qualificada de várias maneiras, segundo a consideremos confusa ou simplesmente inexplicada. O termo "detalhe" lhe parece particularmente significativo a propósito da obra de um autor, por outro lado totalmente desconhecido fora do círculo austríaco, um ator-autor, que seria um Shakespearezinho desconhecido. Se me refiro a esse texto é porque vou retornar daqui a pouco a Hamlet.

Logo, a propósito desse Shakespeare que vivia no século anterior em Viena, Eissler nos conta uma dessas historinhas tão bonitas e totalmente típicas do que se chama "psicanálise aplicada". Em outras palavras, mais uma vez ele encontrou, por meio da vida do personagem, certo número de elementos sinaléticos, paradoxais, que lhe permitem introduzir questões que ficarão para sempre não resolvidas. Tomamos conhecimento, assim, que o sr. Ferdinand Raimund teria ficado muito especialmente afetado, cinco anos antes de escrever uma de suas obras-primas, pela morte de alguém que para ele era uma espécie de modelo, mas um modelo tão assumido que todo tipo de questão surge a respeito de identificações: paterna, materna, sexual, o que vocês quiserem. A questão em si nos deixa bastante frios. É um exemplo desses trabalhos gratuitos que, nesse gênero, sempre se renovam com um valor de repetição que também conserva seu valor de convicção. Mas não é disso que se trata.

Eissler descreve a função do que, em inglês, ele chama de detalhe *relevant*, digamos, o detalhe pertinente, aquele que não se encaixa e chama a atenção. De fato, numa peça bastante bem-feita do tal sr. Ferdinand Raimund, foi a respeito de algo que aparece ali, digamos, um pouco como um cabelo na sopa, sem estar implicado por absolutamente nada, que o ouvido de Kurt Eissler acusou o golpe e, como uma coisa leva a outra, ele acabou encontrando um certo número de fatos biográficos cujo interesse é absolutamente patente. Portanto, a questão é o valor de guia que o detalhe *relevant* possui.

Nesse aspecto, Eissler opõe o que ocorre na clínica e o que ocorre comumente numa análise dita de psicanálise aplicada a respeito de uma obra de arte. Repete essa oposição duas vezes e, se eu tivesse tempo, deveria ler para vocês essa parte do texto para que pudessem sentir seu caráter bastante opaco.

Em suma, ele diz que o sintoma e o detalhe *relevant* desempenham mais ou menos o mesmo papel. Com a ressalva de que, na análise, partimos de um sintoma que está dado como elemento *relevant* para o sujeito e é interpretando-o que progredimos até sua solução. No outro caso, é o detalhe que nos introduz no problema. É na medida em que apreendemos num texto – ele nem mesmo chega a formular a noção de texto – algo que não estava especialmente implicado nele, um elemento discordante, que se abre uma via que pode nos levar até a personalidade do autor.

Examinando com mais atenção, vemos não tratar-se exatamente de uma relação de contraste. Aliás, se há contraste, há também paralelismo, claro. Sua observação deveria levar o autor a perceber que a discordância no simbólico – no simbólico como tal, numa obra escrita e, pelo menos nesta – desempenha um papel funcional plenamente equiparável ao sintoma real, em todo caso do ponto de vista do progresso da análise, se considerarmos esse progresso como um progresso de conhecimento em relação ao sujeito.

Seja como for, essa aproximação tem realmente certo interesse. Mas a questão que se coloca é saber se, na obra de arte, só o erro de datilografia vai ser significativo para nós. E por que não, afinal? É claro que, na análise da obra de arte, o erro de datilografia – vocês entendem o que quero dizer com isso: o que nos é apresentado como uma descontinuidade – pode servir de indício para reencontrar, no seu alcance inconsciente, este ou aquele incidente da vida passada do autor capaz de trazer importantes esclarecimentos, e é efetivamente isso que ocorre nesse artigo.

Em todo caso, não é da natureza da coisa esclarecer para nós a dimensão da obra de arte? Por este simples motivo – mas também, como veremos, muito além desse motivo –, já não podemos considerar a obra de arte como uma transposição, ou sublimação, chamem como quiserem, da realidade. Já não se pode dizer que ela opera na imitação, que é da ordem da *mimesis*, ao passo que ela sempre constitui um profundo remanejamento da tal realidade. Mas creio que, para nós, esse ponto já foi superado e não é para ele que pretendo chamar a atenção de vocês.

Digo, limitando-me à obra de arte escrita, que a obra de arte, longe de transfigurar a realidade da maneira que for, por mais ampla que ela seja, introduz na sua própria estrutura o advento do corte, na medida em que aí se manifesta o real do sujeito, já que, para além do que ele diz, ele é o sujeito inconsciente.

Ter acesso a sua relação com o advento do corte é certamente interditado para o sujeito, pois esse é seu inconsciente. Em contrapartida, esse acesso não lhe é interditado quando ele vive a experiência da fantasia, ou seja, quando é estimulado pela chamada relação do desejo. Ora, a experiência da fantasia está intimamente entrelaçada à obra. A partir daí, torna-se possível que esta exprima essa dimensão, o real do sujeito, que é o advento do ser para além de toda realização subjetiva possível, como indicamos agora há pouco.

A forma da obra de arte, tanto da bem-sucedida quanto da que fracassa, tem a virtude de implicar essa dimensão. Se, para isso, eu puder me servir da topologia de meu esquema para que me entendam, essa dimensão não é paralela ao campo da realidade criada no real pela simbolização humana, ela lhe é transversal, na medida em que a relação mais íntima do homem com o corte ultrapassa todos os cortes naturais. Pois existe esse corte essencial de sua existência, a saber, que ele é aí e tem de se situar no fato mesmo do advento do corte.

É disso que se trata na obra de arte e, em especial, naquela que abordamos mais recentemente, uma vez que, nesse aspecto, ela é a obra mais problemática, *Hamlet*.

4

Há também todo tipo de coisas *relevant* em *Hamlet*, no sentido de detalhes que não batem.

Diria até que foi por aí que progredimos, mas de maneira completamente enigmática, pois, a todo instante, não podíamos evitar de indagar sobre o que queria dizer essa *relevance*. Uma coisa está clara e é que nunca se exclui que Shakespeare a tivesse pretendido. Com ou sem razão, pouco importa.

Kurt Eissler pode achar estranho que, num determinado momento de sua peça, Ferdinand Raimund aluda a um período de cinco anos de que nenhum personagem tinha falado antes, e esse é, para ele, o detalhe *relevant* que vai colocá-lo na via de certa investigação. Não procedemos em absoluto da mesma maneira no tocante a *Hamlet*. Pois tínhamos certeza de que esse tecido de *relevances* não podia, de jeito nenhum, ser pura e simplesmente resolvido dizendo que Shakespeare estava se deixando levar pelo seu bom gênio. Tínhamos a impressão de que ele sabia o que fazia.

Mas, ainda que não fosse por outra coisa além da manifestação de seu inconsciente mais profundo, é, em todo caso, a arquitetura dessas *relevances* que nos mostra que ele consegue se situar na afirmação central que distinguimos agora há pouco. Ou seja, que traz à tona a relação mais profunda do sujeito como sujeito falante, isto é, sua relação com o corte como tal.

É o que a arquitetura de *Hamlet* nos mostra, na medida em que a tragédia baseia-se na relação do sujeito com a verdade.

No sonho de que partimos este ano na nossa exploração, o pai morto aparece diante do filho transido de dor. O pai sabe que está morto e o diz ao filho. Em contraposição, no *Hamlet* de Shakespeare, pai e filho sabem, e são os únicos a saber. Aliás, o roteiro shakespeariano se distingue nesse ponto da fábula tal como ela aparece na história literária, em que o assassinato ocorreu publicamente, todo mundo sabe que houve crime e Hamlet se faz de louco para dissimular suas intenções.

Portanto, são só os dois que sabem, um deles, *ghost*. A função do *ghost* se impõe desde o começo de *Hamlet*, e outros além de mim mostraram a função que exerce sua presença em primeiro plano. Ora, um *ghost* é o quê, senão a representação desse paradoxo que só a obra de arte pode fomentar e que Shakespeare torna absolutamente crível?

O que esse *ghost* diz? Diz umas coisas muito estranhas, e me espanta que ninguém, não digo que não tenha abordado a psicanálise do *ghost*, mas não tenha se indagado com um pouco de ênfase sobre o que ele diz. O que ele diz é: a traição é absoluta, não há nada maior, mais perfeito, que minha relação de fidelidade com essa mulher, não há nada mais total que a traição de que fui objeto. Portanto, tudo o que se afirma como boa-fé, fidelidade e promessa está, para Hamlet, não só posto como revogável, mas como literalmente revogado.

Essa anulação absoluta desenrola-se no nível da cadeia significante, mas é completamente diferente da carência do significante da garantia de que lhes falava, pois, aqui, algo está bem garantido e é a não verdade. Esse tipo de revelação, pode-se dizer, da mentira – tema que mereceria um desenvolvimento – tem como efeito esse tipo de estupor em que o espírito de Hamlet entra depois das revelações paternas. Ele se traduz no texto de Shakespeare de maneira notável, pois, quando perguntam a Hamlet o que lhe disse o *ghost*, ele não quer falar, e não sem motivo, mas o exprime de maneira muito particular: *There's never a villain dwelling in all Denmark But he's an arrant knave*. Poderíamos dizer em francês: *Il n'y a pas un bougre de salaud dans le royaume de Danemark qui ne soit un immonde individu* [Não há um só canalha no reino da Dinamarca que não seja um indivíduo imundo]. Ou seja, ele se exprime no regime da tautologia.

Mas deixemos isso de lado, são só detalhes e anedotas. A questão está em outro lugar. A questão é a seguinte: onde somos enganados?

Aceita-se geralmente que um morto não poderia ser um mentiroso. E por quê? Pela mesma razão, talvez, que faz com que toda a nossa ciência ainda conserve esse postulado interno que Einstein – que de tempos em tempos dizia coisas nem tão superficiais quanto esta na ordem filosófica – expressou em seus próprios termos: *O velho bom Deus é matreiro, mas certamente é honesto*. Será que podemos dizer o mesmo de um pai que exprime de forma categórica que está às voltas com todos os tormentos das chamas do inferno, e isto por causa de crimes absolutamente infames? Convenhamos que há aí certa discordância, e que não pode deixar de nos alertar.

Não poderíamos acompanhar em Hamlet os efeitos da afirmação que o pai faz de sua danação eterna? Não poderíamos pensar que Hamlet fica aprisionado nessa fala e que isso o condena a ver a verdade lhe escapar para sempre? E essa fala, não deveríamos nos interrogar sobre o que ela significa, pelo menos funcionalmente, em relação à gênese e ao desenrolar de todo o drama?

Muitas coisas ainda poderiam ser colocadas aqui, inclusive esta, dita pelo *ghost: Mas, assim como não se perturba a virtude quando o vício vem tentá-la sob a forma do céu, também a luxúria, o vício, no* *leito de um anjo radiante, logo sente repugnância por essa cama celeste e corre para a imundície*. É, aliás, uma má tradução de *So lust, though to a radiant angel link'd...* deve-se dizer: *também o vício, embora ligado a um anjo radiante...**

De que anjo radiante se trata? É o anjo que introduziu o vício nessa relação de amor aviltada. Toda a carga da culpa recai sobre ele. Mas será mesmo que aqui, assim como em qualquer outro lugar, aquele que vem testemunhar, e testemunhar para sempre, a injúria sofrida, não tem nada a ver com isso? Esta é, por certo, a chave que jamais poderá ser girada, o segredo que jamais será revelado.

Mas não há aqui um indício que nos põe na pista da palavra com a qual devemos compreender aquilo de que se trata? Pois bem, essa palavra, tanto aqui como em qualquer lugar, é a fantasia. E o indício? Por mais primitivos que suponhamos ser, e com razão, os miolos dos contemporâneos de Shakespeare, não deixa de ser curioso escolher, para simbolizar o enigma para sempre sem solução, esse frasquinho de veneno vertido no ouvido desse *ghost* que é o pai, Hamlet-pai, não esqueçam, pois ambos se chamam Hamlet.

Nisso, os analistas quase não se aventuraram. Houve até alguns que indicaram que, talvez, devêssemos vislumbrar aí um elemento simbólico. Há, em todo caso, algo que pode ser situado segundo o nosso método: é a revelação paterna, cujo paradoxo já apontei, que persiste em suas consequências.

Essa revelação se apresenta para nós sob a forma do bloco que ela forma, do buraco que abre, do enigma impenetrável que constitui. Temos aí uma estrutura que não só é fantasística, como encaixa perfeitamente com o que se passa, ou seja, que, se tem alguém que é envenenado pelo ouvido, este é Hamlet. E o que cumpre a função de veneno é a fala de seu pai.

A partir daí a intenção de Shakespeare fica um pouco mais clara. Primeiro, ele nos mostrou a relação do desejo com essa revelação. Durante dois meses, Hamlet permanece sob o impacto dessa revelação. E como ele vai reconquistar, pouco a pouco, o uso de seus membros? Pois bem, justamente, por meio de uma obra de arte. Os atores chegam na hora certa para que ele faça deles o banco de testes da *consciência do rei*, nos diz o texto.

---

* Lacan está contrapondo "*ainsi le vice... au lit d'un ange radieux*" a "*ainsi le vice, quoique lié à un ange radieux*". (N.T.)

É certo que é pela via desse teste que ele poderá entrar em ação, circuito necessário que se desdobra necessariamente a partir da primeira consequência da revelação. Esse personagem que, a partir da revelação paterna, só aspirava a sua própria dissolução – *Oh, carne tão sólida, que te evapores, que possas dissolver-te!* –, vemo-lo tomado, no fim da peça, de uma embriaguez que tem um nome bem preciso, é a do *artifex*. Está louco de alegria por ter obtido seu pior efeito, ninguém o segura mais, e Horácio mal consegue conter sua exuberância ficando na cola dele.

Quando Hamlet lhe pergunta: Será que agora eu não poderia *entrar em alguma trupe como ator, com direitos plenos*? Horácio lhe responde: com *meios direitos*. Sabe a que se ater, pois, com esse assunto, Hamlet está longe de ter reconquistado tudo; não é porque ele é *artifex* que já encontrou seu papel. Mas basta sabermos que ele é *artifex* para perceber que vai pegar o primeiro papel que encontrar. No fim das contas, executará o que lhe foi ordenado – em outra oportunidade, lerei para vocês o texto dessa passagem.

Esse veneno, uma vez ingerido pelo rato – e vocês sabem que o rato nunca está muito longe de todos esses assuntos, especialmente em *Hamlet* –, lhe provoca uma sede de que ele morrerá, pois dissolverá completamente nele esse veneno mortal. Pois bem, isso foi o que prontamente inspirou Hamlet.

Há algo que se acrescenta ao que acabo de lhes dizer e que permite dar-lhe toda a sua ênfase. Um autor chamado Walter Wilson Greg espantou-se com o fato – que todos os espectadores deveriam ter percebido há muito tempo – de que Cláudio se mostra totalmente insensível ao que precede a cena em que Hamlet faz representar perante Cláudio o próprio desenrolar de seu crime. Com efeito, à guisa de prólogo, há uma longa cena de pantomima em que se vê a rainha da peça protestar sua fidelidade e seu amor ao rei da peça, antes que este, adormecido, receba o veneno vertido no ouvido por um terceiro personagem, tudo isso no próprio contexto do jardim. E Cláudio, literalmente, não dá um pio. E o sr. Greg conclui que o *ghost* mentiu – Deus que me perdoe!

Vidas inteiras foram dedicadas a esse ponto. O sr. John Dover Wilson escreveu uma extensa obra para explicar como pode ser que Cláudio, tão manifestamente culpado, não tenha se reconhecido na cena representada, e construiu todo tipo de argumentos minuciosos e lógicos para demonstrar que, se ele não se reconheceu, foi porque estava olhando para outras bandas. Não é algo que esteja indicado no roteiro. Isso, afinal, talvez não valha o trabalho de uma vida inteira.

Será que não poderíamos sugerir que Cláudio tem certamente algo a ver com essa sombria história, já que ele mesmo confessa, bradando aos céus? Ele virou de pernas pro ar não só o equilíbrio conjugal de Hamlet-pai, como diversas outras coisas, e sua própria vida. É bem verdade que seu crime, como ele mesmo diz, *é fétido a ponto de feder até o céu. O, my offence is rank, it smells to heaven.*

Cláudio já sentia, fazia algum tempo, um cheiro de enxofre no ar. Perguntara, aliás, a Hamlet: *Não há ofensa nisso? – A menor ofensa*, respondera Hamlet. Mas no momento em que Luciano entra em cena e envenena o rei de quem é sobrinho, quando Hamlet lhe diz que agora o assassino vai ganhar o amor da esposa, Cláudio percebe que a coisa passou dos limites e, profundamente transtornado, dá um pulo.

Na verdade, seguimos numa ambiguidade total. Se a partir desse momento o escândalo é geral, se toda a Corte considera Hamlet intratável, se todo mundo fica do lado do rei, é porque os cortesãos não reconheceram o crime de Cláudio, pois ninguém sabe de nada e ninguém ficou sabendo de nada até o fim, afora Hamlet e seu confidente, sobre o modo como Cláudio exterminou Hamlet-pai.

A função da fantasia parece, portanto, diferir aqui da do *método*, como se diz nos romances policiais.

Isso fica bem mais claro se pensarmos, como acredito estar lhes mostrando, que Shakespeare certamente foi um dos seres que mais longe avançaram na exploração das oscilações subjetivas, a ponto de sua obra nos descrever uma espécie de cartografia de todas as relações humanas possíveis, mas com esse estigma chamado desejo como pedra de toque, o que designa irredutivelmente seu ser – e é por isso que sua obra, sempre recortada, exibe uma milagrosa unidade de correspondência.

Não é absolutamente maravilhoso que esse homem tenha, sem dúvida nenhuma, vivido ele mesmo a aventura descrita no seu *sonnet* que nos permite recortar exatamente as posições fundamentais do desejo? Voltarei a isso mais tarde.

Esse homem surpreendente atravessou a vida da Inglaterra elisabetana sem passar despercebido, claro, com suas quarenta e tantas peças, e temos, sem dúvida, algumas pistas dele, quero dizer, alguns testemunhos – mas basta lerem alguma obra razoavelmente abalizada, que resuma quase tudo o que se fez de pesquisa sobre Shakespeare, para ver que, afora o fato de que ele certamente existiu, não podemos, sobre ele, sobre seus afetos, sobre tudo o que o cercou, sobre seus amores, suas amizades, na verdade não podemos dizer nada. Tudo passou, tudo desapareceu sem deixar rastro.

Nosso autor se apresenta para nós, analistas, como o enigma mais radicalmente e para sempre evanescido, dissolvido, desaparecido que possamos assinalar em nossa história.

27 de maio de 1959

XXIII
A Função da Fenda Subjetiva na Fantasia Perversa

O não um
O Juízo Final
Uma perversão artificial
Voyeurismo e exibicionismo
Quando o a *minúsculo é o desejo do Outro*

Prossigo na minha tentativa de articular o que deve regular nossa ação na análise, considerando que, no sujeito, estamos lidando com o inconsciente.

Sei que isso não é coisa fácil. Além do mais, não me permito tudo na espécie de formulação a que gostaria de conduzi-los. Às vezes acontece de meus desvios estarem ligados à sensação que tenho da necessidade de tornar perceptíveis para vocês os passos que dou. No entanto, não está dito que eu sempre consiga fazer vocês não perderem o sentido do caminho. Peço, contudo, que me sigam, que confiem em mim.

E para retomar do ponto em que estávamos na última vez, vou articular mais simplesmente o que formulei, não sem precauções, não sem esforços para evitar as ambiguidades, quando coloquei em primeiro plano o termo "ser".

1

Vou proceder aqui a marteladas pedindo, por mais temerária que essa fórmula possa lhes parecer, a reintegração em nossos conceitos cotidianos de termos tão maciços que, faz séculos, ninguém mais ousa tocar neles senão com uma espécie de tremor reverencial. Quero falar do Ser e do Um.

Cabe, naturalmente, a seu uso fazer a demonstração de sua coerência. Digamos que o que chamo de "ser" – e que cheguei até a qualificar da última vez de *ser puro* num certo nível de sua irrupção – deve ser situado com relação aos termos mediante os quais nos orientamos, particularmente, o do real e o do simbólico.

Não somos idealistas, como se diz nos livros de filosofia; não somos daqueles que pensam que o ser é anterior ao pensamento, mas, para nos orientarmos em nosso trabalho de analistas, precisamos, nada menos, que fazer referência ao ser. Lamento ter de revolver para vocês o céu da filosofia; só o faço por obrigação, forçado, e, no fim das contas, porque não encontro nada melhor para operar.

Portanto, diremos que o ser é o real em sentido estrito na medida em que se manifesta no nível do simbólico. Entendamos bem que é no nível do simbólico – nós, em todo caso, não temos de considerar em outro lugar essa coisa que parece tão simples, a saber, que algo é acrescentado quando dizemos que uma coisa *é* isto ou aquilo, e que essa afirmação visa ao real, na medida em que é no simbólico que o real é afirmado ou rejeitado ou negado.

O ser não está em nenhum outro lugar – que isso fique bem entendido – senão nos intervalos, ali onde ele é o menos significante dos significantes, ou seja, no corte. O ser é a mesma coisa que o corte. O corte o presentifica no simbólico.

O que acontece com esse *ser puro* de que também falamos? Vou dizê-lo de forma mais brutal, pois parece – e admito de bom grado – que algumas fórmulas que expus da última vez soaram circunlocutórias, ou até confusas para alguns. O ser puro em questão é esse mesmo ser cuja definição geral acabei de dar e, isso, na medida em que, com o nome de inconsciente, uma cadeia significante subsiste segundo uma fórmula que vocês me permitirão expor: todo sujeito é *não um* [*pas un*].

Aqui, tenho de lhes pedir indulgência, ou seja, que me sigam. Isso simplesmente quer dizer que não imaginem que, o que estou propondo agora, proponho com menos precauções do que propus o ser. Peço-lhes que me deem crédito e creiam que, antes de lhes falar, eu já tinha percebido o que vou afirmar agora, ou seja, que o Um não é uma noção unívoca.

Os dicionários de filosofia lhes dirão que existe mais de um emprego desse termo. O Um que é o Todo não se confunde em todos os seus usos com o Um em número, 1, aquele que supõe a sucessão e a ordem dos números, aquele que delas se separa enquanto tal. Ao que tudo indica, para uma dedução correta, o primeiro Um é secundário à instituição do número como tal.

Em todo caso, as abordagens empíricas não deixam qualquer dúvida quanto a isso. Não é sem motivo que vou me referir aqui à tentativa de argumentação mais rasa, a da psicologia inglesa, quando tenta reconstituir as vias pelas quais o número entrou na nossa experiência. Por outro lado, já fiz vocês notarem que é impossível estruturar a experiência humana, quero dizer, a experiência efetiva mais comum, sem partir do fato de que o ser humano conta, e de que ele se conta.

Direi de forma abreviada – pois não posso ir mais longe sem supor que tenham assimilado, mediante certo tempo de reflexão, o que eu já disse – que o desejo está estreitamente ligado ao que acontece na medida em que o ser humano tem de se articular no significante, e que, enquanto ser, é nos intervalos da cadeia significante que ele aparece, como sujeito barrado. Mais adiante, tentaremos articular esse nível, em que o sujeito é sujeito barrado, com a ajuda de uma noção que começarei deliberadamente por tornar mais ambígua do que a do Um, tal como acabei de introduzi-la, porque não acho que já se tenha reparado nela em sua ambiguidade mesma. É a noção do *não um*. É na medida em que o sujeito barrado aparece aqui como *não um* que iremos tratar dele hoje.

Contudo, retomemos as coisas no nível da experiência, isto é, aqui, no nível do desejo.

Se o desejo serve de índice para o sujeito, a ponto de este não poder se designar sem se evanescer, diremos, para jogar com a língua e suas ambiguidades, que, no nível do desejo, o sujeito *se conta*. É sobre isso que quero chamar a atenção de vocês primeiro. Tendo em vista nossa tendência de sempre esquecermos aquilo com o que estamos lidando na experiência daqueles de quem temos a audácia de nos encarregar, nossos pacientes, eu os remeto a vocês mesmos – no desejo, nós nos contamos contando [*nous nous comptons comptant*].

É no desejo e não no cômputo que o sujeito aparece contando, ali onde se diz que ele tem de enfrentar o que, em última instância, o constitui como si próprio. Será preciso lembrar a analistas que não há nada que constitua mais a última instância da presença do sujeito do que o desejo? O fato de que, a partir daí, a conta comece a se modificar entregando-se a todo tipo de transações que a evaporam em equivalentes diversamente fiduciários é evidentemente todo um problema, mas ainda assim, há um momento em que é preciso dar conta de pagar à vista [*payer comptant*].

Se as pessoas nos procuram é, em geral, porque as coisas andam mal na hora de pagar a conta à vista, seja lá do que se trate, do desejo sexual ou da ação, no sentido mais simples do termo. É dentro disso que a questão do objeto se coloca. É claro que se o objeto fosse simples, não só não seria difícil para o sujeito enfrentar, *contante* [*comptant*], seus sentimentos, mas, se me permitirem esse jogo de palavras, com o objeto ele estaria mais frequentemente *contente* [*content*], quando o que é preciso é que *se contente com o objeto* [*s'en contente*], o que é completamente diferente.

Isso está evidentemente ligado ao fato de que, no nível do desejo, o objeto capaz de satisfazer não é, no mínimo, de fácil acesso. Podemos até dizer que não é fácil encontrá-lo, e isso, por motivos estruturais, nos quais trataremos de entrar mais adiante. Não parecemos estar andando rápido, mas é porque isso é duro, embora, repito, esta seja nossa experiência cotidiana.

Se o objeto do desejo fosse o mais maduro dos objetos, o mais *adulto*, como exprimem de tempos em tempos naquela espécie de embriaguez babona aqueles que exaltam o *desejo genital*, não teríamos de lidar constantemente com a divisão que se introduz regularmente no registro do objeto e que nos força a distinguir entre o plano em que o objeto é objeto de amor ou, como se diz, de ternura, onde doamos nossa unicidade ao outro, e o plano em que o mesmo outro é considerado instrumento do desejo.

Como a suposição de um sujeito muito conciliador que harmonizaria esses dois planos parece ser mais ou menos problemática, remetem-nos ao amor do outro para resolver tudo. Mas, desse modo, saímos justamente dos limites preestabelecidos, pois, no fim das contas, nos remetemos não a nossas próprias disposições, mas à do outro, à sua ternura. É do outro que se espera – e sem dúvida nenhuma ao preço de certo descentramento dele mesmo – que ele satisfaça da forma mais exata possível o que, no plano do desejo, é promovido como objeto.

Finalmente, tudo indica que estão meramente reintroduzidas aqui, mais ou menos camufladas, velhas distinções introduzidas na experiência religiosa. Ou seja, a distinção entre a ternura amorosa, no sentido concreto ou *passional*, *carnal* – como se diz – do termo, e o amor de caridade. Se for realmente assim, por que não encaminhar nossos pacientes para os pastores, que pregarão bem melhor que nós?

Tampouco deixamos de receber algumas advertências de nossos pacientes, craques em antecipar os escorregões de nossa linguagem. De tempos em tempos, eles nos dizem que se o que temos para pregar são esses belos princípios morais, eles poderiam muito bem ir buscá-los noutra freguesia. Curiosamente, já aconteceu de isso lhes dar tanto nos nervos que não têm vontade de ouvi-lo de novo. Estou usando de uma ironia fácil. Mas não é uma pura e simples ironia.

Vou mais longe: digo que, no fim das contas, a única teoria do desejo em que poderíamos reconhecer, se eu puser os pingos nos is, o esboço dos números que me servirão para articulá-la para vocês é aquele que os dogmas religiosos orientam. Não é por acaso que o desejo está efetivamente inscrito na articulação religiosa – claro que em recantos protegidos – de acesso reservado, não aberto para os comuns dos mortais, dos fiéis – em recantos chamados "mística". Enquanto tal, a satisfação do desejo está ligada a toda uma organização divina que, para o comum acima mencionado, se apresenta sob a forma dos mistérios – provavelmente também para os demais, não há necessidade de nomeá-los. E há que se ver o que podem representar, para o crente de alma sensível, termos suficientemente vibrantes como "encarnação" ou "redenção".

Vou ainda mais longe. Seria um grande erro não ver que o mais profundo de todos os dogmas, que se chama a Trindade, não deixa de ter relação com o número 3, com o qual sempre estamos às voltas, na medida em que percebemos que não há acesso justo, acesso equilibrado possível a um desejo que chamamos de normal, sem uma experiência que faça intervir certa tríade subjetiva. Por que não dizer essas coisas, já que aí estão numa extrema simplicidade?

Quanto a mim, digo que não só não tenho aversão a tais referências, como elas me satisfazem tanto quanto as apreensões mais ou menos confusas de cerimônias primitivas – totêmicas ou outras – nas quais o que encontramos de melhor não é muito diferente desses elementos de estrutura. Claro que é justamente porque tentamos abordá-lo de uma maneira que, embora não exaustiva, não é tomada sob o ângulo do mistério, que julgo haver interesse em enveredarmos por essa via.

Além disso, não é supérfluo recordar, nesta oportunidade, certas questões com um horizonte moral, diria eu, ou mesmo social. Na experiência contemporânea, aparece bem claramente a noção de que não poderia haver satisfação de cada um sem a satisfação de todos. Isso está no princípio de um movimento que, embora nele não estejamos, como outros, fortemente engajados, nos pressiona de todos os lados, e certamente o suficiente para estar muito perto de subverter muitas de nossas comodidades.

Cabe ainda lembrar que a satisfação em questão talvez mereça ser interrogada: será ela pura e simplesmente a satisfação das necessidades? Aqueles mesmos de quem estou falando – que sejam postos na rubrica do movimento que se inscreve na perspectiva marxista e cujo princípio nada mais é do que aquele que acabei de exprimir – não ousariam afirmar isso, pois, justamente, o objetivo desse movimento, com as revoluções que ele comporta, é, em última instância, fazer esses *todos* terem acesso a uma liberdade – sem dúvida nenhuma longínqua e formulada como devendo ser pós-revolucionária –, e essa liberdade, que outro conteúdo lhe podemos dar senão o de ser, justamente, para cada um de livremente dispor de seu desejo?

Resta que, nessa perspectiva, a satisfação do desejo é uma questão pós-revolucionária, algo de que nos damos conta todos os dias, e isso não resolve nada. Com efeito, não podemos remeter o desejo com que lidamos a uma etapa pós-revolucionária.

Qualquer um sabe, aliás, que, com isso, não estou falando mal deste ou daquele modo de vida, esteja ele aquém ou além de certo limite. A questão do desejo permanece no primeiro plano das preocupações dos poderes, ou seja, é preciso haver alguma maneira social e coletiva *to manage* com ele. Isso não é mais cômodo deste lado de cá de certa cortina do que do outro. Trata-se, sempre, de mitigar certo mal-estar – o *mal-estar na civilização*, como Freud chamou. Não existe outro mal-estar na civilização além do mal-estar do desejo.

Para bater o último prego no que quero dizer, pergunto a cada um, não como analistas, pois os analistas se inclinam demais, menos aqui que em outros lugares, a se julgar destinados a ser os regentes dos desejos dos outros: o que quer dizer para cada um de vocês, no coração da sua existência, a expressão *realizar seu desejo*? O que é realizar seu desejo?

Isso existe, afinal de contas! Há, sem dúvida, coisas que se consumam. Estão um pouco desviadas para a direita, um pouco desviadas para a esquerda, torcidas, bagunçadas e são mais ou menos infectas, mas, ainda assim, são coisas que, numa certa hora, num determinado momento, podemos reunir sob este feixe: *Isso estava se encaminhando no sentido de realizar meu desejo*. Contudo, se eu lhes pedir para articular o que significa realizar seu desejo, aposto que não o articularão facilmente.

Se me permitem fazer menção a essa fantástica criação de humor negro que a religião a que me referi agora há pouco, esta que aí está, bem viva, a religião cristã, promoveu sob o nome de Juízo Final, apenas lhes pergunto se uma das questões que devemos projetar como estando no seu lugar mais conveniente no lugar do Juízo Final não é a seguinte.

Nesse dia do Juízo Final, o que pudermos dizer sobre o que, na nossa existência única, fizemos no sentido de realizar nosso desejo, não terá o mesmo peso do que tivermos feito no sentido – que não o refuta em nenhum grau, que não o contrabalança de nenhuma maneira – de fazer o que se chama o bem?

Voltemos agora à estrutura do desejo.

2

Já não se trata apenas da função do objeto tal como tratei de articulá-la para vocês dois anos atrás, nem tampouco da do sujeito, sobre a qual tentei mostrar-lhes este ano que, no ponto-chave do desejo, ela se distingue por um evanescer do sujeito, na medida em que ele tem de se nomear. O que nos interessa é a correlação que liga um ao outro.

Ela faz com que o objeto tenha precisamente a função de significar o ponto onde o sujeito não pode se nomear. É onde o pudor, diria eu, é a forma régia do que, nos sintomas, se converte em vergonha e em asco.

Contudo, antes de entrar nessa articulação, peço-lhes ainda um tempo para fazer um comentário que sou forçado a deixar como uma marca, sem poder desenvolvê-lo como desejaria.

A comédia, ao contrário do que um povo presunçoso possa crer, é o que há de mais profundo no acesso ao mecanismo da cena, pois possibilita ao ser humano a decomposição espectral de sua situação no mundo. A comédia está para além do pudor, ao passo que a tragédia termina com o nome do herói e com a total identificação do herói. Hamlet é Hamlet, ele é esse nome. E inclusive porque seu pai já era

Hamlet. No fim das contas, tudo se resume a isto: Hamlet é definitivamente abolido no seu desejo. Creio, agora, já ter dito o suficiente sobre Hamlet.

Mas a comédia, por sua vez, é um apanha-desejos muito curioso. Cada vez que uma armadilha para desejos funciona, estamos na comédia. É o desejo que aparece ali onde não se esperava. O pai ridículo, o devoto hipócrita, o virtuoso às voltas com um caso adúltero, é com isso que se faz comédia. É preciso haver esse elemento que faz com que o desejo não se confesse. Ele é mascarado e desmascarado, escarnecido, punido conforme o caso, mas é só aparência, pois, nas verdadeiras comédias, a punição nem mesmo roça a asa de corvo do desejo, que escapa absolutamente intacta. Tartufo continua exatamente o mesmo depois de ter sido apanhado pelo comissário. Arnolfo faz uf!, ou seja, continua sendo Arnolfo, e não há nenhum motivo para ele não começar tudo de novo com uma nova Agnes. E Harpagon não fica curado pela conclusão mais ou menos postiça da comédia molièresca. O desejo, na comédia, é desmascarado, mas não refutado.

Isso é apenas uma pista. O que gostaria de situar agora para vocês é qual deve ser nosso comportamento na análise no tocante ao desejo. E vou introduzi-los ao que irá me servir para esse fim.

O desejo, como dizia um de nossos grandes poetas – embora ele seja maior ainda como pintor –, podemos agarrá-lo *pelo rabo*, ou seja, na fantasia. O sujeito, na medida em que deseja, não sabe onde se encontra com relação à articulação inconsciente, isto é, a esse signo, a essa escansão, que ele repete enquanto inconsciente. Onde está esse sujeito como tal? Está no ponto onde deseja? O objetivo de minha articulação de hoje é lhes mostrar que o sujeito não está no ponto onde deseja, e sim em algum lugar na fantasia e que disso depende toda a nossa conduta na interpretação.

Fiz menção, aqui, em outro momento, a um valioso relato de caso publicado na Bélgica, num pequeno boletim, e que concerne à ocorrência de uma perversão transitória no tratamento.

O fenômeno foi impropriamente rotulado como uma forma de fobia, quando na verdade se tratava nitidamente de outra coisa. O relato é muito consciencioso, e o texto muito proveitoso para as interrogações que a própria autora levanta, ou seja, a mulher que orientou esse tratamento. Se ela mesma tivesse sido mais bem orientada, sem dúvida nenhuma teria tido todas as qualidades necessárias para enxergar melhor e ir mais longe. Em nome de certos princípios, no caso o chamado princípio de realidade, a analista cometeu o erro de se permitir brincar com o desejo do sujeito, como se se tratasse do que, nele, devesse ser posto no devido lugar.

Portanto, o sujeito se põe a fantasiar que sua cura coincidirá com o fato de que ele irá para a cama com a analista. É claro que não é por acaso que uma coisa tão crua apareça no primeiro plano de uma experiência analítica. É, sem dúvida nenhuma, consequência da orientação geral dada ao tratamento.

O ponto crucial foi a interpretação de uma fantasia. Tratava-se, muito magnificamente, não digo de um homem de armadura, mas de uma armadura avançando por trás do sujeito e armada com uma bomba de Fly-tox,* ou seja, da representação mais cômica e característica do aparelho fálico como destruidor. A autora, para seu grande embaraço retrospectivo, pressente claramente que foi na sua interpretação que se engatou o desencadeamento subsequente da perversão artificial.

Tudo aconteceu porque essa fantasia foi interpretada em termos de realidade, como uma experiência real da mãe fálica. Ora, depreende-se claramente de um certo enfoque da observação – desde que se queira adotá-lo – que o sujeito faz surgir ali a imagem necessária e faltante do pai, na medida em que este último é exigido para a estabilização do desejo do sujeito. Nada poderia nos satisfazer mais do que ver esse personagem faltante aparecer sob a forma de uma montagem, que nos dá a imagem viva do sujeito como reconstituído com a ajuda dos cortes, das articulações da armadura, que, como tais, são puras junturas.

É nessa direção que poderíamos repensar de forma concreta o tipo de intervenção que teria sido necessária. O que, no caso, é chamado de cura talvez pudesse ter sido alcançado a um custo menor do que por intermédio de uma perversão transitória, sem dúvida vivida no real, que torna incontestavelmente palpável por que, numa certa prática, a referência à realidade representa uma regressão no tratamento.

Vou esclarecer agora o que pretendo que entendam no tocante às relações entre $\$$ e *a*, dando-lhes primeiro um modelo, que é só um modelo, o *Fort-da*.

Não tenho necessidade de fazer outros comentários além de lembrar que esse é o momento que podemos considerar teoricamente primeiro no que se refere à introdução do sujeito no simbólico. O

---

* Pulverizador de inseticida conhecido no Brasil como Flit, nos anos 1960. (N.T.)

Fort-da reside na alternância de um par significante em relação com um pequeno objeto, seja ele qual for. O elemento em questão pode ser uma bola, ou também um pedacinho de barbante, qualquer coisa desfiada na ponta da fralda, desde que aguente e possa ser rejeitado e trazido de volta. Esse momento situa-se justo antes do momento de aparecimento do $\$$, ou seja, antes do momento em que o sujeito se interroga sobre o Outro como presente ou ausente.

Esse é, portanto, o lugar, o nível por onde o sujeito entra no simbólico. Essa entrada faz surgir logo de cara isso que o sr. Winnicott designou pela expressão "objeto transicional", que ele introduziu. No pensamento dele, completamente centrado nas experiências primárias da frustração, a presença dessa expressão é necessária em qualquer gênese possível do desenvolvimento humano. O objeto transicional é a bolinha do *Fort-da*.

A partir de quando podemos considerar que esse jogo foi promovido à sua função no desejo? A partir do momento em que se torna fantasia. Para isso, é preciso que o sujeito não entre mais no jogo, mas que o curto-circuite para se antecipar e se incluir por inteiro na fantasia, na qual ele apreende a si mesmo em seu desaparecimento. Ele o faz não sem esforço, é claro, mas, para o que chamo de fantasia como suporte do desejo, exige-se que o sujeito esteja representado nela no momento de seu desaparecimento.

Não estou, com isso, dizendo nada de extraordinário. Estou simplesmente articulando esse viés, esse lampejo em que o sr. Jones parou quando procurou dar um sentido concreto ao termo "complexo de castração". Ele equiparou o complexo de castração ao medo do desaparecimento do desejo, e é exatamente o que lhes estou dizendo de outra forma.

Por que Jones chegou aí e não a outro lugar? Por motivos ligados às exigências de sua compreensão pessoal: era assim que as coisas eram fenomenologicamente perceptíveis para ele. Afinal, as pessoas são detidas por limites de compreensão quando querem compreender a qualquer preço. E são esses limites que tento fazê-los ultrapassar um pouquinho convidando-os a deixar de tentar compreender. É nisso que não sou fenomenólogo.

Já que o sujeito teme que seu desejo desapareça, isso deve significar que em algum lugar ele se deseja desejante. É essa a estrutura do desejo – prestem bem atenção – do neurótico.

Não vou direto para o neurótico, porque isso muito facilmente lhes pareceria uma mera duplicação, do tipo: eu me desejo desejante, e me desejo desejante desejado etc. Não é absolutamente disso que se trata

Para lhes mostrar é útil voltar a declinar a fantasia perversa.

3

Abordarei hoje uma das fantasias perversas mais acessíveis, e que, de resto, é bastante aparentada a uma que evoquei ainda há pouco, ao me referir a um caso clínico.

Trata-se da fantasia do exibicionista – também a do voyeur, pois talvez convenha não se contentar com a maneira como é comumente exposta a estrutura em questão.

Costumam nos dizer: *É muito simples, é muito linda essa fantasia perversa, a pulsão escoptofílica. Claro que a gente gosta de olhar, gosta de ser olhado.* São *encantadoras pulsões vitais*, como diz em algum lugar Paul Éluard. Em suma, há aí algo que se chama pulsão e que se compraz em *dar a ver*, para repetir a belíssima formulação do poema de Éluard. É a manifestação da forma oferecendo-se ela própria ao outro.

Notem que dizer isso não é pouco, pois, afinal, implica certa subjetividade.

Falávamos, justamente, ontem à noite, na sessão científica da Sociedade, que pode haver subjetividade implícita numa vida animal. Não é muito possível conceber esse próprio *dar a ver* sem escutar a palavra *dar* na plenitude das virtudes do dom, que não deixa de indicar uma referência, inocente sem dúvida, não ciente, dessa forma à sua própria riqueza. Também dispomos de indicações bem concretas disso no luxo que animais põem nas manifestações da ostentação cativante e, principalmente, da ostentação sexual.

Não vou voltar a fazer o carapau ficar se sacudindo na frente de vocês, acho que já lhes falei longamente a respeito para que o que lhes estou dizendo faça algum sentido.* Digo apenas que, por mais instintivo que o suponhamos, um certo comportamento pode comportar, em sua curva, algo desse pequeno movimento de retorno e, ao mesmo

* Vide *O Seminário, Livro 3, As psicoses*, Rio de Janeiro, Jorge Zahar, 1985, p.115-6.

tempo, de antecipação, que o grafo lhes indica na curva da fala. Na exuberância da pulsão de se mostrar – a pulsão tal como a podemos encontrar no nível natural – percebe-se uma projeção temporal.

Lateralmente, incitarei aquele que fez sua intervenção ontem à noite sobre esse assunto a perceber o seguinte. Há, sem dúvida nenhuma, no animal, em certas circunstâncias, uma antecipação temporal, uma expectativa. Mas o que os autoriza a formular a decepção dessa expectativa em termos de um logro? Convém modular isso e, da minha parte, até que me convençam do contrário, direi que o meio [*médium*] me parece estar constituído por uma promessa. Para poder falar de logro em vez de decepção da expectativa, há que se supor que o animal se prometa o sucesso de um ou outro de seus comportamentos, e toda a questão reside nisso.

Voltemos agora ao nosso exibicionista.

Será que ele se inscreve na dialética do *mostrar*? De forma alguma. Todavia, o mostrar está ligado aqui às vias do Outro. Com efeito, na relação exibicionista com o Outro – os termos capengas que vou empregar para me fazer entender certamente não são os melhores, os mais literários – é preciso que esse Outro seja, no seu desejo, cúmplice – e Deus sabe quanto, em certos casos, ele é mesmo – do que se passa diante dele e que tem valor de ruptura.

Observem que essa ruptura não é qualquer uma. É essencial que seja a armadilha de apanhar desejos. Ela é percebida pelo Outro, a quem se destina, embora passe despercebida para, digamos, a maioria. Mas qualquer um também sabe que não existe verdadeiro exibicionista em privado – exceto por algum requinte suplementar, é claro. Para que haja prazer, é preciso que isso se passe num local público.

Então, chegamos e, com sutileza de elefante, lhe dizemos: *Amigo, se você se mostra tão longe é porque tem medo de se aproximar do seu objeto. Aproxime-se, aproxime-se.* Pergunto o que significa essa brincadeira. Vocês acham que os exibicionistas não trepam? A clínica indica o contrário. São, às vezes, muito bons esposos para suas mulheres. Só que o desejo em questão está em outro lugar e sua satisfação exige outras condições. São condições sobre as quais convém nos determos agora.

A satisfação do desejo dito exibicionista exige que se dê uma comunicação eletiva com o Outro. É preciso que a exibição, como manifestação do ser e do real, se inscreva no quadro simbólico como tal. É precisamente isso que cria a necessidade do lugar público: para que se esteja bem certo de estar no quadro simbólico.

Em outras palavras, embora haja pessoas que criticam o exibicionista por não ousar se aproximar do objeto, por ceder a não sei que medo, enuncio que a satisfação do desejo deles tem justamente como condição o máximo perigo. Sobre esse ponto, as mesmas pessoas, sem se preocuparem com a contradição com sua afirmação precedente, dizem que o exibicionista busca o perigo.

Não é impossível, mas, antes de ir tão longe, notemos o que acontece, neste caso, do lado do que aqui exerce função de objeto, a saber, o, ou a, ou os envolvidos, a ou as menininhas – pelas quais derramamos, de passagem, a lágrima das pessoas de bem. Acontece de as menininhas, sobretudo se forem muitas, se divertirem bastante durante esse tempo. Isso faz inclusive parte do prazer do exibicionista, é uma variante. Um elemento essencial da situação é, portanto, o desejo do Outro, na medida em que é surpreendido, que está envolvido para além do pudor, que, eventualmente, seja cúmplice – todas as variantes são possíveis.

Do outro lado, o que há? Há o que ele mostra, dirão vocês. Com efeito, foi justamente disso que fiz vocês notarem a estrutura e voltei a indicá-lo um instante atrás. Contudo, eu lhes digo que, nessa ocasião, o que ele mostra – que, na verdade, é bem variável, que é mais ou menos glorioso – é, de fato, uma redundância que mais esconde do que desvela aquilo de que se trata.

Não se enganem: o que ele mostra, a ereção como testemunho de seu desejo, é distinta do aparelho desse desejo. Esse aparelho que instala o percebido numa certa relação com o despercebido, chamei-o muito cruamente de calças que se abrem e se fecham. Em resumo, ele é essencialmente constituído pelo que podemos chamar de fenda no desejo. Não existe ereção, por mais exitosa que a suponhamos, que supra aqui o que é, na estrutura da situação, o elemento essencial, qual seja, a fenda como tal. É aí que o sujeito se designa e, propriamente falando, designa-se como aquilo que se trata de preencher por meio do objeto.

Voltaremos a isso mais tarde, pois quero checar isso com a fenomenologia correlativa do voyeur. Acho que agora posso andar mais rápido. No entanto, como andar rápido demais sempre permite escamotear aquilo de que se trata, vou me aproximar aqui com a mesma circunspecção.

A propósito da pulsão escoptofílica, sempre se omite o que, no entanto, é o essencial, a fenda. Para o voyeur, verifica-se que a fenda é um elemento da estrutura absolutamente indispensável. E os termos da relação do percebido com o despercebido, embora se distribuam aqui diferentemente do que no exibicionista, nem por isso são menos distintos.

Quero entrar em detalhes. Ou seja, já que, na satisfação aqui explicitamente voyeurista, trata-se do suporte que o objeto oferece, quer dizer, que o outro oferece, o importante é que o visto esteja implicado no assunto: isso faz parte da fantasia.

Não resta dúvida de que, muitas vezes, o objeto visto é visto sem que saiba disso. O objeto, digamos, feminino – pois parece que não é por acaso que a busca vai nessa direção – sem dúvida não sabe que é visto. Mas a satisfação do voyeur, ou seja, o que sustenta seu desejo, comporta o seguinte elemento. Por mais inocentemente, por assim dizer, que o objeto se apresente, algo nele se presta à função de espetáculo. O objeto está aberto, participa em potência da dimensão da indiscrição. O gozo do voyeur atinge seu verdadeiro nível na medida em que algo nos gestos daquele que ele espia possa levar a supor que, por algum viés, ela é capaz de se oferecer a seu gozo.

A criatura surpreendida será tanto mais erotizável, diria eu, quanto mais algo em seus gestos puder revelá-la a nós como oferecendo-se ao que chamarei de invisíveis hóspedes do ar. Não é por acaso que evoco aqui os anjos da cristandade que o sr. Anatole France teve o atrevimento de envolver nesse assunto. Leiam *La Révolte des anges* e verão, pelo menos, a ligação muito precisa que une a dialética do desejo com a virtualidade de um olho intangível, mas sempre imaginável. No livro, de propósitos muito centrados, *La Rôtisserie de la reine Pédauque*, Anatole France sabe o que está fazendo quando se refere ao *Comte de Gabalis* no tocante ao casamento místico dos homens com os silfos e as ondinas.

Portanto, o prazer do voyeur chega ao auge quando capta a criatura numa atividade em que ela aparece numa relação secreta consigo mesma, em gestos em que se trai a permanência da testemunha perante a qual ninguém se confessa.

Não fica evidente para vocês que, em ambos os casos, o sujeito se reduz ao artifício da fenda? Esse artifício toma o lugar do sujeito e o mostra efetivamente reduzido à mísera função que lhe é própria. Na medida em que está na fantasia, o sujeito é a fenda.

A forma que lhe corresponde no lugar do sexo feminino é, segundo a nossa experiência, o que existe de simbolicamente mais insuportável. Que relação existe entre a fenda subjetiva e a fenda feminina? Esta é outra questão, que deixamos aqui em aberto para o futuro.

Retomemos agora o conjunto. Partamos do *Eu me via me vendo*, a célebre metáfora poética da *Jovem parca*. É claro que esse sonho de perfeita clausura, de completa suficiência, não se realiza em nenhum desejo, exceto no desejo sobre-humano da virgem poética.

A que título o voyeur e o exibicionista introduzem-se nessa situação? Fazem-no na medida em que se põem no lugar do *Eu me via*. Em contrapartida, o Outro não vê seu *Eu me via*, seu gozo é inconsciente, ele é de certa forma decapitado da parte terceira. Diante do voyeur, o Outro não sabe que está em potência de ser visto. Diante do exibicionista, não sabe o que representa o fato de ele ser sacudido pelo que vê, isto é, pelo objeto inabitual que lhe é apresentado. Esse objeto só tem efeito sobre o Outro por ser, efetivamente, o objeto do desejo do exibicionista, mas sem saber disso, sem reconhecê-lo naquele momento.

Estabelece-se, portanto, a distribuição de uma dupla ignorância. O Outro não percebe o que supostamente é percebido na cabeça daquele que se exibe ou daquele que se vê, ele se ignora como manifestação possível do desejo. Inversamente, o exibicionista ou o voyeur não percebem, no seu desejo, a função do corte, ignoram que este os abole num automatismo clandestino, que os esmaga num momento cuja espontaneidade eles absolutamente não reconhecem. Ignorado embora presente, mas suspenso, o que como tal se diz no ato atinge, então, seu apogeu, e é isso que o corte designa, ao passo que o sujeito, por sua vez, só conhece essa manobra oblíqua de animal abjeto que o expõe às bordoadas.

Qualquer que seja a forma sob a qual se apresente, persiana ou telescópio ou qualquer outro anteparo, a fenda é o que faz o sujeito perverso entrar no desejo do Outro. Essa fenda é a fenda simbólica de um mistério mais profundo que se trata de elucidar, qual seja: em que lugar do inconsciente convém situar o perverso? Qual é sua relação com a estrutura do desejo como tal, uma vez que o que ele visa é ao desejo do Outro, reproduzindo a estrutura do seu?

A solução perversa para o problema da situação do sujeito na fantasia é esta: visar ao desejo do Outro, julgando ver nele um objeto.

A hora já está bem adiantada e preciso parar por aqui.

É também um corte. Seu único defeito é ser arbitrário e impedir que lhes mostre a originalidade dessa solução em comparação com a solução neurótica. Saibam simplesmente do interesse que há em relacioná-las.

A partir da fantasia fundamental do perverso, mostrarei a função que o sujeito do neurótico desempenha na fantasia dele. Felizmente, já lhes indiquei essa função agora há pouco: ele se deseja desejante, eu disse. E por que, então, ele não pode desejar, por que é tão necessário que ele deseje? Todos sabem o que está implicado nisso: o falo, propriamente dito. Vocês puderam ver que, até aqui, deixei de reserva, nessa economia, a intervenção do falo, o bom e velho falo de sempre.

Em duas recapitulações, na do complexo de Édipo o ano passado e no meu artigo sobre as psicoses, mostrei-lhes o falo ligado à metáfora paterna, a saber, como vindo conferir um significado ao sujeito. Mas era impossível reintroduzi-lo na dialética em questão hoje sem introduzir primeiro, na constituição da fantasia, um elemento de estrutura cujo simbolismo vou pedir que aceitem – num último esforço antes de deixá-los hoje.

Podem ver assinaladas no quadro todas as formas de corte, inclusive as que refletem o corte do sujeito. [*Esse esquema se perdeu.*]

De agora em diante, será assim que notaremos o sujeito barrado na fantasia. Lembrem que lhes pedi para aceitar a noção do *não um*. Vocês veem que, aqui, até me permito o ridículo de me referir à notação $\sqrt{-1}$ concernente aos imaginários.

Ao articular a evanescência do sujeito, deixei-os na borda desse *não um*. Retomarei da próxima vez o *não um*, inclusive o *como não um*, que abre para a unicidade do sujeito. Se peço que o notem dessa forma, é justamente para que não vejam nisso a forma mais geral e, ao mesmo tempo, mais confusa da negação.

Se é tão difícil falar da negação, é porque ninguém sabe o que é. Contudo, indiquei-lhes no começo do ano a diferença existente entre foraclusão e discordância. Por ora, é sob essa forma simbólica fechada, mas por isso mesmo decisiva, que lhes indico outra forma da negação, que situa o sujeito em outra ordem de grandeza.

Quanto ao *a* minúsculo com o qual está confrontado o sujeito na fantasia, vocês entenderam que hoje lhes mostrei que ele era bem mais complicado que as três formas que apresentei inicialmente a título de aproximações, pois, nos casos que lhes expus, o *a* minúsculo é o desejo do Outro.

3 de junho de 1959

XXIV
A Dialética do Desejo no Neurótico

O Outro traumático
A histérica e seu duplo
O esconderijo do obsessivo
Ser o falo ou não ser ninguém
Quando o gozo esmaga o desejo

No nosso último encontro, desenvolvi a estrutura da fantasia na medida em que esta é, no sujeito, o que chamamos de sustentação de seu desejo.

Ali onde é possível apreendê-la numa estrutura suficientemente completa, a fantasia pode, de certo modo, servir de placa giratória para o que somos levados a lhe referir das diversas estruturas, digamos, nosológicas, as da experiência, ou seja, a relação do desejo do sujeito com o que há muito tempo designo como sendo, na perspectiva analítica, não só sua referência, mas sua essência, a saber, o desejo do Outro.

Como tinha anunciado, tratarei hoje de situar para vocês a posição do desejo nas diferentes estruturas e, em primeiro plano, a estrutura neurótica.

1

Foi a fantasia perversa que escolhi da última vez para permitir que vocês pontuassem nela o que corresponde à função do sujeito e o que corresponde à do objeto.

A fantasia é o suporte e o índice de certa posição do sujeito no desejo. No começo, é a imagem do outro que constitui o suporte do sujeito, pelo menos nesse ponto em que ele se qualifica como desejo. Vem, em seguida, essa estrutura mais complexa denominada "fantasia". Da última vez escolhi, não sem profundos motivos, tomar uma forma particular, especialmente exemplar, da fantasia perversa, aquela encontrada no exibicionista e no voyeur. Mostrei-lhes que, ao contrário do que se costuma dizer por uma espécie de precipitação do pensamento, estas não são duas posições recíprocas, *aquele que mostra / aquele que vê* completando-se um ao outro. Ao contrário, paradoxalmente, essas duas posições são rigorosamente paralelas.

Em ambos os casos, o sujeito é indicado na fantasia pelo que chamamos de "fenda", de hiância, algo que, no real, é ao mesmo tempo buraco e lampejo, na medida em que o voyeur espia por trás de sua persiana, que o exibicionista entreabre seu anteparo. Aqui, o sujeito é indicado pelo seu lugar no ato. Ele nada mais é que esse lampejo do objeto a que nos referimos e que é vivido, percebido, pelo sujeito como a abertura de uma hiância que, por sua vez, o situa como aberto. Aberto para quê? Para outro desejo que não o seu, estando este seu desejo profundamente afetado, atingido, abalado pelo que é percebido no lampejo.

No primeiro caso, a emoção do Outro para além de seu pudor – no segundo, a abertura do Outro, sua expectativa virtual, na medida em que essa Outra não se sente vista e, contudo, é percebida como oferecendo-se à vista: eis o que caracteriza a posição do objeto nessa estrutura. Esta é tão fundamental que foi detectada tão logo a experiência analítica procurou as causas e os estigmas geradores da posição neurótica. Refiro-me ao fato de haver, no ponto de partida da neurose, uma cena percebida, a chamada cena primária.

Se a cena primária participa dessa estrutura, é sem dúvida na medida em que a inverte. Essa inversão faz com que o sujeito veja algo se abrir, perceba subitamente uma hiância cujo valor traumático tem relação com o desejo – entrevisto, percebido como tal – do Outro. O desejo do Outro permanece aí como um núcleo enigmático, até que, depois, *a posteriori*, o sujeito possa reintegrar o momento vivido numa cadeia, que não será obrigatoriamente a cadeia correta, mas que será, em todo caso, a cadeia geradora de toda uma modulação inconsciente – cadeia geradora, a partir de então, do núcleo da neurose.

Peço que voltem sua atenção, agora, para a estrutura da fantasia.

Como apontei, o que lhe dá seu valor de índice é um tempo suspenso, uma pausa, que corresponde a um momento de ação em que o sujeito só pode se instituir de uma certa maneira x – que é justamente o que estamos tentando isolar na função de desejo – com a condição de perder o sentido de sua posição, o que se manifesta no fato de que a fantasia lhe é opaca. Seu lugar na fantasia, podemos designá-lo, talvez ele mesmo o possa entrever, mas o sentido da posição, o por que ele está lá, o que se revela de seu ser, isso, o sujeito não consegue dizer.

Esse é o ponto essencial: há *afânise*. O termo é sem dúvida feliz. Em todo caso, ele nos serve, ainda que, diferentemente da função que lhe dá Jones na interpretação do complexo de castração, sua forma seja, para nós, enigmática.

Com efeito, se a palavra *afânise – desaparecimento* ou *fading*, disse eu também – é utilizável para nós na fantasia, não é como *afânise* do desejo, mas na medida em que, no extremo do desejo, há *afânise* do sujeito. Ali, onde *Isso fala* na cadeia inconsciente, o sujeito não pode se situar no seu lugar, se articular como [eu]. Só pode se indicar como desaparecendo de sua posição de sujeito.

Tal como o definimos, esse é o ponto extremo, o ponto imaginário onde o ser do sujeito reside, por assim dizer, na sua densidade máxima – isso é só uma imagem, que lhes forneço para que a mente de vocês se agarre a uma metáfora. O ser do sujeito deve ser articulado, nomeado no inconsciente, mas, em última instância, não pode sê-lo. É apenas indicado no nível da fantasia pelo que se revela ser fenda, estrutura de corte.

Em qualquer área, é legítimo situar um ponto imaginário, se pudermos articular sua estrutura pelo que dele parte. Aqui, o ponto imaginário irá nos permitir situar o que se passa efetivamente nas diferentes formas do sujeito.

Nada obriga a que estas sejam homogêneas: uma forma compreensível para o sujeito que está de um lado não o é necessariamente para aquele que está do outro lado. Sabemos bem o que pode nos enganar na compreensão de uma psicose. Quando tentamos reconstruir, articular na estrutura, como é o caso aqui, devemos evitar compreender.

Repito: os traços da noção de desaparecimento do sujeito vocês podem encontrar em Freud, quando ele se refere ao umbigo do sonho como o ponto em que todas as associações convergem para desaparecer. Nesse ponto, elas só podem ser relacionadas com o que se chama de *Unerkannt*. É disso que se trata.

No seu momento de desaparecimento, o sujeito vê abrir-se diante dele o quê? Nada mais que outra hiância. No limite, isso geraria uma remissão ao infinito do desejo em direção a outro desejo. Mas o que a experiência nos mostra de concreto na fantasia do voyeur e do exibicionista – ainda que não seja muito fácil de apreender – é que o sujeito se encontra dependente do desejo do Outro, à sua mercê.

Não é de outra coisa que se trata na neurose do Pequeno Hans, que abordei longamente dois anos atrás.

Destaquei a crise com que o Pequeno Hans se vê confrontado num momento de sua evolução. Essa crise vai bem mais longe do que o momento, ainda que crítico, de sua rivalidade com a recém-chegada, sua irmãzinha, e é também bem mais grave do que a novidade que é para ele o esboço de maturação sexual que o torna capaz de ereções, ou até – é uma questão em aberto para os especialistas – de orgasmos. Como apontei, articulei e até martelei para vocês, a crise em questão não se abre no nível interpsicológico propriamente dito, nem no da integração de uma nova tendência. Há crise na medida em que, nesse momento da conjuntura, e em decorrência de certo fechamento, o sujeito se acha efetivamente confrontado com o desejo de sua mãe enquanto tal, e se encontra, em presença desse desejo, sem nenhum recurso.

Essa posição de estar sem recursos é o que Freud, em seu artigo de 1917 sobre "O inconsciente", chama de *Hilflosigkeit*. Ela é mais primitiva que tudo, mais primitiva que a angústia, que já é um esboço de organização, na medida em que é expectativa, *Erwartung*, ainda que não se saiba de quê, ainda que não se articule imediatamente. Antes, há a *Hilflosigkeit*, o *sem recursos*.

O *sem recursos* diante de quê? Isso não pode ser definido, centrado, senão como o desejo do Outro. A relação do desejo do sujeito com o desejo do Outro é dramática, na medida em que o desejo do sujeito tem de se situar perante o desejo do Outro, o qual, no entanto, o aspira literalmente e o deixa sem recursos. É nesse drama que se constitui uma estrutura essencial não só da neurose, como de qualquer outra estrutura analiticamente definida.

Começaremos aqui pela neurose. Contudo, como nosso ponto de partida se deu bem longe dela, na perversão, vocês podem perceber como esta está ligada ao mesmo drama. Observo, porém, que só fizemos a perversão entrar em jogo a respeito do momento instantâneo da fantasia – essa fantasia que, na perversão, só a passagem ao ato revela.

No caso do Pequeno Hans, o que tem relação com a estrutura que estou articulando diante de vocês é esse momento fecundo da neurose chamado fobia. É a forma mais simples da neurose. Aquilo que caracteriza a solução por ela constituída é palpável e já o articulei longamente: é a entrada em jogo desse objeto, o objeto fóbico, na medida em que ele é um significante para todos os fins.

Ele se instala entre o desejo do sujeito e o desejo do Outro e, ali, assegura uma função de proteção ou de defesa. Quanto a isso, não há qualquer ambiguidade sobre a formulação freudiana. O medo do objeto fóbico é feito para proteger o sujeito de quê? Está em Freud: da proximidade de seu desejo. Examinando mais detidamente, vemos que se trata de seu desejo na medida em que Hans está desarmado em relação ao que, no Outro, a mãe no caso, se abre para ele como signo de sua dependência absoluta.

Ela o levará até o fim do mundo, ela o levará mais longe ainda, ela o levará tantas vezes que ela mesma desaparece, se ofusca. Nesse momento, ela já não aparece para ele apenas como a pessoa que poderia responder a todas as suas demandas, ela lhe aparece com esse mistério suplementar de ser ela mesma aberta para uma falta, cujo sentido aparece para Hans como estando numa certa relação com o falo – esse falo que ele não tem.

É no nível da falta-a-ser [*manque-à-être*] da mãe que se abre, para Hans, o drama que ele não consegue resolver senão fazendo surgir esse significante da fobia, cuja função polivalente lhes mostrei. Esse significante é uma espécie de chave universal, uma chave para todos os fins, que lhe serve para se proteger do surgimento de uma angústia que é mais temível que o medo fixo da fobia.

Isso todos os analistas experientes perceberam, e de maneira unívoca. Mas o que merece ser articulado aqui por nós é o seguinte: nesse momento, enquanto relação de desejo, como o sujeito, que na estrutura da fantasia se opõe como $\$$ a *a*, vai encontrar uma coisa que alivie seu lado, uma coisa que sustente sua presença, uma coisa a que se aferrar? É aí, em suma, que vai se produzir o sintoma, na medida em que, no nível mais profundo da neurose, ele envolve da maneira mais geral a posição do sujeito.

Se concordarem, procedamos nesta ordem. Vamos primeiro articular isso, depois nos indagaremos se essa estrutura da fantasia é tão fatal. Na entrada do turbilhão da fantasia, na borda do ponto de perda, de desaparecimento, indicado na estrutura da fantasia, há algo que se mantém, que se sustenta – como é possível algo assim?

O neurótico tem acesso à fantasia. Tem-lhe acesso em certos momentos privilegiados da satisfação de seu desejo. Mas, como todos sabemos, essa é apenas uma utilização funcional da fantasia. Em contrapartida, sua relação com todo o seu mundo e com outros reais está profundamente marcada pelo quê? Como sempre dissemos: por uma pulsão recalcada.

É a relação dessa pulsão recalcada que estamos tratando de articular um pouco melhor, de maneira um pouco mais rigorosa, de uma maneira também clinicamente mais evidente.

Vamos começar indicando como isso se apresenta.

2

Tomemos o obsessivo, se quiserem, e a histérica. Vamos tomá-los juntos, na medida em que, num certo número de traços, veremos um iluminar o outro.

A questão é não se aproximar do objeto da fantasia, na medida em que ele desemboca no desejo do Outro. Para isso, existem, evidentemente, várias soluções.

Uma solução, como vimos, é a promoção do objeto fóbico, o objeto de interdição. Trata-se de interditar o quê? No fim das contas, um gozo que é perigoso porque abre, diante do sujeito, o abismo do desejo como tal.

As outras soluções, já as indiquei de duas formas esquemáticas na minha apresentação de Royaumont. O sujeito pode sustentar seu desejo perante o desejo do Outro de duas maneiras, como desejo insatisfeito – é o caso das histéricas – ou como desejo impossível, caso obsessivo.

Lembro-lhes o exemplo da bela açougueira, em que a estrutura do desejo insatisfeito aparece do modo mais claro. Encontramos nas associações de seu sonho a forma de certa maneira confessa da operação da histérica: a bela açougueira deseja comer caviar, mas ela não quer que o marido compre para ela, pois esse desejo tem de permanecer insatisfeito. Essa é uma daquelas pequenas manobras com que é tecida a trama, o texto, da vida cotidiana desses sujeitos. Mas a estrutura assim posta em imagem vai, na verdade, bem mais longe.

Essa historinha revela a função que a histérica atribuiu a si mesma: o obstáculo é ela, quem não quer é ela. Em outras palavras, ela vem ocupar na fantasia a posição terceira entre sujeito e objeto, que agora há pouco cabia ao significante fóbico. Aqui, o obstáculo é ela. Seu gozo é impedir o desejo. Essa é uma das funções fundamentais do sujeito histérico nas situações que ela trama: impedir que o desejo venha a termo, para ela mesma continuar sendo o que está em jogo.

O lugar que a histérica ocupa nessas situações é aquele do que poderíamos chamar, com um termo inglês, de *a puppet*, que é algo como um manequim, mas com o sentido mais extenso de falso semblante. Com efeito, a histérica introduz uma sombra que é seu duplo, sob a aparência de outra mulher, por intermédio da qual seu desejo consegue, precisamente, se inserir, mas de maneira oculta, já que é preciso que ela não o veja. Essa posição é tão frequente que a percebemos facilmente nas observações, com a condição de dispormos de sua chave.

Embora nesse caso a histérica se apresente como a mola da máquina à qual estão ligadas, uma com relação à outra, essas espécies de marionetes, numa relação desdobrada que é a do sujeito com relação ao objeto, ($\$\lozenge a$), ela mesmo assim está no jogo, sob a forma daquela que, no fim das contas, é o que nele se aposta. O obsessivo, em contrapartida, tem uma posição diferente. Ele permanece fora do jogo.

Confiem nessas fórmulas ao lidarem com sujeitos clinicamente qualificáveis de obsessivos. O obsessivo é alguém que nunca está realmente ali onde está em jogo algo que poderia ser chamado de seu desejo. Ali onde ele aparentemente corre um risco, não é lá que ele está. Do $\$$, do desaparecimento do sujeito no ponto de proximidade do desejo, ele faz, por assim dizer, sua arma e seu esconderijo. Aprendeu a servir-se disso para estar alhures.

Só pode fazê-lo estendendo no tempo, temporalizando essa relação, adiando sempre para o dia seguinte seu engajamento na verdadeira relação de desejo. Enquanto a relação com o desejo tem na histérica uma estrutura instantânea, é sempre para amanhã que o obsessivo deixa o engajamento de seu verdadeiro desejo. Isso não quer dizer que enquanto aguarda esse termo ele não engaja nada, longe disso: ele se põe à prova. Mais ainda, pode até chegar a considerar o que faz como um meio de granjear méritos. Méritos em quê? Na reverência do Outro para com seus desejos.

Vocês realmente constatarão essas coisas, pois esse mecanismo se mostra a todo instante, mesmo que o obsessivo não o reconheça como tal. Mas é importante que vocês sejam capazes de reconhecê-lo e apontá-lo. Com efeito, seria inoportuno se, na análise, vocês fossem levados a esmagar esse mecanismo sob o peso da forma de todas as relações intersubjetivas que ele arrasta atrás de si e que só podem ser concebidas se ordenadas com relação a essa ou a essas relações fundamentais que estou tentando articular para vocês.

O que vemos despontar nessa posição neurótica é um pedido de socorro do sujeito para sustentar seu desejo, para sustentá-lo em presença do desejo do Outro, para se constituir como desejante.

Como lhes indiquei da última vez, a única coisa que ele não sabe é que seus passos estão profundamente marcados pelo perigo que para ele constitui o pendor do desejo. Ao se constituir como desejante, na própria constituição de seu desejo, ele se defende de algo. Seu próprio desejo é uma defesa e não pode ser outra coisa. E é isso que o sujeito não percebe.

Para sustentar seu desejo, ainda é preciso que, a cada vez, ele peça ajuda de uma coisa que se apresenta numa posição terceira em sua relação com o desejo do Outro. É aí que ele se situa para que seja suportável a relação aspirante, evanescente, do $\$$ diante do *a*.

O papel dessa coisa é permitir que o sujeito simbolize sua situação na relação com o Outro real, ou seja, que mantenha em ato uma situação tal que possa nela se reconhecer e se satisfazer como sujeito. A partir do momento que, em análise, ele puder ter uma mínima visão refletida sobre sua situação, ficará finalmente muito espantado de perceber que o sujeito que se sustenta nessa situação é presa de todo tipo de atitudes contorcidas e paradoxais, que o designam a si próprio como um neurótico presa de sintomas.

Intervém aqui esse elemento que a experiência analítica nos ensinou a colocar num ponto-chave das funções significantes e que se chama "falo".

3

Se o falo tem a posição-chave que apontei agora é, muito evidentemente, como significante.

Esse significante está ligado a uma coisa que tem um nome em Freud, e cujo lugar na economia inconsciente Freud absolutamente não dissimulou, ou seja, a lei.

É inútil qualquer tentativa de reduzir o falo à condição de algo que se equilibra, se compõe com algum outro correspondente funcional no outro sexo. Ainda que essa concepção tenha um valor, digamos, genético, do ponto de vista da inter-relação do sujeito, ela desconhece o que é essencial na valorização do falo, a saber, que ele não é pura e simplesmente um órgão.

Ali onde é um órgão, ele é o instrumento de um gozo e não está integrado no mecanismo do desejo, pois este se situa em outro nível. Para compreender o que é esse mecanismo, convém defini-lo visto do outro lado, isto é, uma vez instituídas as relações da cultura – seja ou não seja a partir do mito do assassinato primordial.

O desejo se distingue de todas as demandas pelo fato de ser uma demanda submetida à lei. Essa formulação quase parece uma demonstração do óbvio ululante, mas, ainda assim, é preciso perceber que é disso mesmo que se trata quando Freud distingue as demandas que correspondem a necessidades ditas de conservação da espécie ou do indivíduo, e aquelas que estão num outro plano.

Por que nos dizer que as demandas que estão nesse outro plano se distinguem das primeiras pelo fato de poderem ser postergadas? Afinal, dizer que o desejo sexual no homem pode ser postergado nos seus efeitos, na sua passagem ao ato, não deixa de ser ambíguo. Por que ele pode ser mais postergado no homem que nos animais, em que não sofre tantas postergações? Sem dúvida nenhuma em razão de uma flexibilidade genética, mas essencialmente porque é sobre o desejo sexual que está edificada a ordem primordial de trocas que funda a lei pela qual o número como tal entra, em estado vivo, na interpsicologia humana, a saber, a chamada lei da aliança e do parentesco.

Nada fica articulado na análise se não for articulado nesse nível. E é nesse nível que vemos aparecer a significação fundamental do falo. O falo é, fundamentalmente, o sujeito enquanto objeto do desejo sexual, objeto este submetido ao que chamaremos de lei da fecundidade.

É também a título de símbolo da fecundidade que se faz intervir o falo na iniciação, quando, no final, ele é desvelado aos que dela participam. Quanto ao pai, que é para o sujeito *o autor de seus dias*, como se diz, ele é apenas o significante do que chamo aqui de lei da fecundidade, na medida em que ela regula o desejo atando-o a uma lei.

É aqui que vem se inscrever toda a dialética do desejo.

Na lei de trocas definida pelas relações fundamentais que regulam as inter-reações do desejo na cultura – os laços reais, as relações com os outros reais, a geração real da linhagem –, o sujeito se apresenta como falo. Só que, no trajeto da funcionalização do sujeito como falo, interpõe-se o desejo. No desejo, com efeito, exprime-se o ser do sujeito no ponto de sua perda, na medida em que, como vimos, a partir de certo momento o sujeito já não pode se apreender no desejo, ele já não é, ele falta-a-ser [*manque à être*]. É essa falta que encontra a função fálica. E desse encontro se produz o ponto de equilíbrio que é aquele no qual paramos no fim do sonho do paciente de Ella Sharpe.

Foi também com esse nível que conectei toda a grande digressão sobre *Hamlet*, uma vez que aquele sujeito nos apresentava no seu sonho, sob a forma mais pura, essa alternância do *To be or not...* que tanto destaquei.

Estamos no momento em que esse sujeito se aproxima de seu desejo, em que apenas põe o dedo ali, em que tem de escolher entre ser inteiramente absorvido no desejo devorador da mulher ou não ser ninguém. É imediatamente depois que ele é instado a ser ou não ser. Vejam bem que o *to be* da segunda parte da fórmula não tem o mesmo sentido que na primeira. Na segunda parte, o que emerge é o *não ser* da estrutura primordial do desejo. Na primeira, trata-se, para Hamlet, de ser o que ele pode ser como sujeito, ou seja, *ser o falo*. Mas ser o falo marcado para o Outro o expõe à ameaça do *não tê-lo*.

Se me permitirem fazer uso de um assim denominado signo lógico, o til, ~, usado para designar o *ou... ou...* da disjunção, direi que o sujeito vê abrir-se essa escolha a ser feita. Ou *não sê-lo*, não ser o falo, e desaparecer, faltar-a-ser. Ou, se o for, isto é, o falo para o Outro na dialética intersubjetiva, *não tê-lo*. É desse jogo que se trata. E é nesse jogo que o neurótico sente a proximidade, a integração, de seu desejo como uma ameaça de perda.

O *não um*, por meio do qual se designa o sujeito barrado na estrutura fundamental do desejo, se transforma em um *um a mais*, um *algo a mais*, ou um *algo a menos*; para o homem, na ameaça de castração, para a mulher, no falo sentido como ausência.

Por isso é que, depois da desmistificação analítica da posição do neurótico, nem tudo fica resolvido. Pelo menos, é isso que Freud demonstra a partir de sua própria experiência – há algo que se apresenta como um resto e que, em todo caso, faz com que o sujeito permaneça numa posição inadequada, a do perigo para o falo no homem, a da ausência do falo na mulher.

Isso talvez se deva ao viés inicialmente adotado para a solução do problema neurótico. Esse viés leva a negligenciar a dimensão transversal, qual seja, o modo como o sujeito, em seu desejo, lida com a manifestação de seu ser enquanto tal, com ele mesmo como autor possível do corte.

Em outras palavras, o analista comumente visa à redução da posição neurótica do desejo, quando deveria visar à liberação da posição do desejo como tal, fora de seu atolamento na dialética particular própria do neurótico.

4

Como voltar a esses pontos para que vocês possam perceber melhor sua articulação, sendo que eu certamente a conduzi pelo seu gume mais puro?

É certo que isso arrasta consigo não só toda a anedota da história do sujeito, mas também outros elementos de seu passado, que, por sua vez, são estruturais e que destacamos no momento apropriado. Trata-se, expressamente, do drama narcísico, da relação do sujeito com sua própria imagem, da relação narcísica com a imagem do outro.

Como Freud tantas vezes apontou em seu tempo e nos seus próprios termos, é com certeza aí que, no fim das contas, se insere, para o sujeito, o medo da perda do falo e também o sentimento da falta de falo.

Em outros termos, o eu [*moi*] está envolvido. Ele pode intervir no nível da dialética complexa na qual o sujeito teme perder o que constitui seu privilégio na relação com o outro. Notemos, porém, que, se ele intervém, certamente não é devido a algo que poderíamos chamar de sua fragilidade, pois, em todos os casos em que constatamos uma fragilidade do eu, assistimos, ao contrário, a uma dispersão da situação ou, até, a seu bloqueio.

Afinal, para isso basta-me aludir a um caso familiar para todos vocês. É um caso notório de Melanie Klein e que foi, creio, traduzido na revista da Sociedade, o caso Richard. Ela nos descreve uma criança que, embora bem introduzida na relação do desejo com o significante, achava-se, no plano imaginário, completamente suspensa na sua relação com o outro, na relação possível com o outro no plano gestual, comunicativo, vivo.

Como não sabemos tudo sobre esse caso, não podemos dizer outra coisa senão que é um caso notável, na medida em que essa criança que não fala já é tão acessível, tão sensível às intervenções faladas de Melanie Klein que, para nós, no nosso registro, seu comportamento é realmente deslumbrante. Com efeito, desde os seus primeiros momentos com Melanie Klein, fica evidente que as únicas estruturas do mundo que lhe são acessíveis, perceptíveis, são estruturas que trazem em si mesmas todas as características da relação com a cadeia significante.

É o pequeno encadeamento do trem, série constituída de elementos engatados uns nos outros. É uma porta que se abre ou se fecha, ou seja, a forma mais simples da alternância *sim ou não* que condiciona o significante como tal. *Uma porta tem de estar aberta ou fechada*, como lembrei para vocês quando tratava de lhes mostrar aqui as possíveis utilizações de certo esquema cibernético para nosso manejo do símbolo.

O comportamento da criança se limita a isso e, no entanto, só de tocar nele com palavras, que não deixam de ser frases, algo essencialmente verbal, o que a intervenção de Melanie Klein consegue logo de cara? A primeira reação da criança é, a meu ver, quase extraordinária por seu caráter exemplar: ela vai se pôr entre duas portas, a porta interna dos consultórios e a porta externa, num espaço escuro. Espanta que Melanie Klein – que, sob certos aspectos, viu tão bem os elementos estruturais da introjeção ou da expulsão, a saber, o limite entre o mundo externo e o que podemos chamar de trevas interiores com relação a um sujeito – não tenha enxergado o alcance dessa zona intermediária, que é nada menos que aquela onde, para nós, se situa o desejo.

Essa zona não é nem o exterior nem o interior, e, por mais reduzida que seja nesse sujeito, está articulada e construída. Encontramos em certas estruturas da aldeia primitiva esse tipo de zonas baldias entre a aldeia e a natureza virgem. Digamos que é nessa zona de *no man's land* que o desejo do pequeno sujeito entrou em pane.

É aqui que vemos intervir possivelmente o eu. Claro, como já repeti mil vezes, é estritamente na medida em que esse eu é, não frágil, mas forte, que virão se organizar as resistências do sujeito, que são as próprias formas de coerência da construção neurótica. É como o sujeito se organiza para subsistir como desejo, para não ser o lugar desse desejo, para ficar ao abrigo do desejo do Outro como tal. É a distância que se interpõe entre sua manifestação mais profunda como desejo e o desejo do Outro, é o álibi onde ele se constitui, respectivamente, como fóbico, histérico ou obsessivo.

Tenho de voltar aqui ao exemplo desenvolvido que Freud nos dá de uma fantasia, "Bate-se numa criança". Não será inútil voltar a ela depois de ter feito esse desvio. Podemos apreender seus tempos, nos quais reencontramos a relação estrutural que estamos tentando articular hoje.

O que temos? A fantasia dos obsessivos. Meninas e meninos fazem uso dessa fantasia para chegar a quê? Ao gozo masturbatório. A relação com o desejo está clara. Qual é a função desse gozo? Sua função, aqui, é a de toda satisfação de necessidade numa relação com o para-além determinado pela articulação de uma linguagem para o homem. Ou seja, o gozo masturbatório não é, aqui, a solução do desejo, é seu esmagamento – exatamente como a criança ao peito esmaga na satisfação alimentar sua demanda de amor dirigida à mãe.

E, igualmente, isso é quase autenticado por testemunhos históricos.

Fizemos alusão, num momento, à perspectiva hedonista e à sua insuficiência para qualificar o desejo humano como tal. Não esqueçamos um de seus pontos paradoxais, que para nós tem um caráter exemplar – embora ele evidentemente tenha sido deixado na sombra da vida daqueles que se apresentaram na história como os sábios. A disciplina em que eram sábios tinha por finalidade – qualificada de filosófica, e por motivos que não deixavam de ser válidos, já que são metodológicos – a escolha de uma postura relativa ao desejo, que, originalmente, consistia em excluí-lo, em torná-lo obsoleto.

Toda perspectiva propriamente hedonista participa dessa posição de exclusão, como demonstra o exemplo paradoxal, que vou recordar-lhes aqui, da posição dos cínicos. A tradição, na boca de Crisipo se bem me lembro, nos transmite o testemunho a esse respeito. Diógenes, o Cínico alardeava que a solução do problema do desejo sexual estava, por assim dizer, ao alcance da mão de cada um e, mediante um ato relativo não à exibição, mas à demonstração, provava-o brilhantemente masturbando-se em público.

A fantasia do obsessivo tem uma relação com o gozo, e essa relação pode até se tornar uma das condições deste. Mas tem também uma estrutura da qual Freud nos demonstrou o que designo como seu valor de índice, na medida em que essa fantasia aponta nada mais que para um traço da história do sujeito, um traço que se inscreve na sua diacronia. Qual seja, que o sujeito, num passado esquecido, viu, nos diz o texto de Freud, um rival – seja ele do mesmo sexo ou de outro, pouco importa – sofrer sevícias por parte do ser amado, no caso o pai, e encontrou sua felicidade nessa situação original.

Como o instante fantasístico perpetua, por assim dizer, esse instante privilegiado de felicidade? Aqui, a fase intermediária que Freud indica adquire seu valor demonstrativo. Essa fase, nos diz ele, só pode ser reconstruída.

Às vezes Freud assinala que certos momentos inconscientes são inacessíveis como tais. Se ele está certo ou errado neste caso preciso não é a questão. Na verdade, ele não está errado, mas o importante não é isso e, sim, que ele designe essa etapa intermediária como só podendo ser reconstruída.

No primeiro tempo da constituição da fantasia, instala-se a lembrança histórica de um momento de triunfo do sujeito, lembrança histórica que, no pior dos casos, só está recalcada e pode ser trazida novamente à luz: o outro, o irmão rival, é presa da cólera do objeto amado e da punição que este lhe inflige. No terceiro tempo, o instante fantasístico cumpre o papel de índice, na medida em que, por assim dizer, eterniza esse momento fazendo dele o ponto de engate de algo completamente diferente, qual seja, o desejo do sujeito. Mas o processo passa por um momento intermediário, sobre o qual direi que é, propriamente falando, metafórico.

De que se trata, com efeito, nesse segundo tempo sobre o qual Freud nos diz que ele é essencial para a compreensão do funcionamento dessa fantasia? O sujeito substitui o outro, é ele que é castigado. O que o sujeito busca nessa metáfora, nessa transferência? Estamos aí diante de um enigma em estado puro.

Que estranho esse caminho de fazer o momento de seu triunfo ser seguido de uma cena em que ele passa, por sua vez, pela humilhação da provação infligida ao outro.* Freud não dissimula que nos encontramos aí perante o derradeiro enigma do que vem se inscrever na dialética analítica como masoquismo. Vemos apresentar-se aqui, sob uma forma pura, uma conjunção pela qual algo no sujeito perpetua a felicidade da situação inicial numa situação oculta, latente, inconsciente, de infelicidade.

Nesse segundo tempo hipotético, trata-se, em suma, da oscilação, da ambivalência ou, mais precisamente, da ambiguidade inerente ao ato da pessoa autoritária, o pai no caso, na medida em que o castigo é também reconhecimento. O sujeito desliza aí de um acidente de sua história para uma estrutura em que ele vai aparecer como ser enquanto tal. É no fato de se alienar, isto é, de substituir o outro como

* A expressão utilizada por Lacan nesta passagem é *passer sous les fourches caudines*, que se refere à derrota humilhante dos romanos para os samnitas em 321 a.C. (N.E.)

vítima, que consiste o passo decisivo de seu gozo, na medida em que este desemboca no instante fantasístico "Bate-se numa criança", onde ele mesmo já é apenas *se*.

Por um lado, o sujeito é *Bate-se*, instrumento da alienação na medida em que ela é desvalorização. Por isso é que pude lhes dizer que, até certo ponto, ele se torna pura e simplesmente o instrumento fálico, uma vez que este é instrumento de sua anulação.

Por outro lado, ele está confrontado com quê? Com *uma criança*, uma criança sem rosto, sem nenhuma determinação de sexo, uma criança que já não é a criança original do primeiro tempo, nem tampouco a criança que ela mesma foi no segundo tempo. O exame da sucessão das fantasias contempladas por Freud revela que o sujeito está confrontado aqui com o que podemos chamar de um extrato do objeto.

Vemos, contudo, despontar na relação fantasística o que, para o sujeito, constitui o instante privilegiado de seu gozo. A esse gozo do neurótico oporemos, na próxima vez, algo muito especial e cujo denominador comum parece não ter sido encontrado até agora. Não se trata da perversão em geral, que desempenha um papel de pivô na estrutura que estamos explorando, mas da homossexualidade.

Para nos atermos hoje aqui ao neurótico, diremos qual é, no fim das contas, sua estrutura mais comum e fundamental.

Se ele se deseja desejante, ele deseja o quê? Aquilo que lhe permita sustentar em sua precariedade seu desejo como tal, sem saber que toda a sua fantasmagoria está feita para isso e que seus sintomas, embora tão pouco satisfatórios em si mesmos, são o próprio lugar onde ele encontra seu gozo.

Portanto, o sujeito não se apresenta aqui como um *ser puro* [*être pur*], aquilo de que parti para lhes indicar o que queria dizer a relação do sujeito com o real, mas um *ser para* [*être pour*].

A ambiguidade da posição do neurótico está toda nessa metonímia que faz com que seja nesse *ser para* que resida todo o seu *para ser*.

10 de junho de 1959

XXV

O Ou... Ou... do Objeto

Fantasia perversa e perversão
Fantasia e construção da realidade
O paradoxo do objeto interno mau
Radicalidade do ciúme feminino
A função dos substitutos na neurose

Há algo de instrutivo, não digo até nos, mas sobretudo nos erros – ou errâncias, se preferirem.

Por isso é que vocês me veem constantemente fazer referência às hesitações ou até aos impasses que se manifestam na teoria analítica, e utilizá-los como sendo em si mesmos reveladores da estrutura da realidade de que estamos tratando.

Nesse aspecto, há para nós algo de interessante, notável, significativo, num trabalho nem tão antigo assim, já que publicado em 1956 no número de julho-outubro do *International Journal of Psychoanalysis*. É de autoria de alguns de nossos colegas parisienses, cujos nomes não mencionarei, pois não viso à posição deles enquanto posição pessoal.

É um esforço para esclarecer o sentido da perversão. Curiosamente, o artigo não poderia ser mais reservado em suas conclusões. Dele só emerge, formalmente articulada, esta conclusão bastante surpreendente: *Não há, por conseguinte, nenhum conteúdo inconsciente específico nas perversões sexuais, pois os mesmos achados podem ser reconhecidos nos casos de neuroses e de psicoses.*

Todo o artigo ilustra isso, mas de uma maneira que não podemos considerar plenamente convincente. Percebe-se, com efeito, sem ter necessidade de tomar um recuo muito grande, que ele parte de uma confusão constantemente mantida entre fantasia perversa e perversão.

Constata-se que há, nas neuroses e nas perversões, fantasias – conscientes e inconscientes – que aparentam coincidir, e disso se conclui, com incrível facilidade, que não há diferença fundamental, do ponto de vista do inconsciente, entre neurose e perversão.

Vocês encontrarão ali reflexões apresentadas sem precaução, sem levar em conta a tradição analítica, e que procedem a uma espécie de revisão dos valores e dos princípios dessa tradição. A única conclusão a que se chega consiste em dizer que a perversão, em suma, é uma relação anormal erotizada. Portanto, não se trata de uma relação com o objeto, mas, antes, da erotização de uma relação, por motivos econômicos. Num exame minimamente sério, essa relação erotizada com o objeto não pode aparecer senão como uma espécie de *virtude dormitiva*.

Quanto a nós, depois de termos, da última vez, começado a abordar a relação entre a fantasia e a neurose para indicar seus termos mais gerais, somos levados a nos ocupar hoje da relação entre a fantasia e a perversão.

1

Uma palavrinha de história sobre o que aconteceu na análise e que pode ser circunscrito de forma mais rigorosa à luz de nossos progressos.

Muito pouco tempo, em suma, depois de ter articulado as funções do inconsciente, e, isto, muito especialmente a propósito da histeria, das neuroses e do sonho, Freud viu-se levado a sugerir a presença no inconsciente do que chamou de tendências perversas polimorfas, *polymorph-perverse Anlagen*.

Durante certo tempo – que ficou bem para trás, naturalmente – não se saiu disso. Contudo, o que faltou articular, parece, é que, ao formular a noção de tendência perversa polimorfa no inconsciente, Freud descobriu nada menos que a estrutura das fantasias inconscientes. Ele reparou que esta se assemelha ao modo relacional que se abre, desabrocha, demonstra, nas perversões.

Com efeito, a forma das fantasias inconscientes recobre o que, no perverso, se apresenta para nós como ocupando o campo imaginativo de seu desejo.

O que o perverso põe em cena na sua fantasia se apresenta sob um aspecto patente na clínica, isto é, como uma sequência de *movie*, de filme cinematográfico. Quero dizer, uma sequência separada do desenvolvimento do drama – será que se diz um *rush,* não estou certo do termo? – como esses traillers feitos para despertar nosso apetite de voltar na semana seguinte para ver o filme do qual foram extraídas as poucas imagens que nos são projetadas. O que elas têm de sedutor decorre, com efeito, de estarem desinseridas da cadeia, em ruptura com relação ao tema.

É efetivamente de algo dessa ordem que se trata na fantasia do perverso. Decerto a análise nos ensinou a recolocá-la em seu contexto, a reatá-la a sua sequência dramática, a vinculá-la à história passada do sujeito. Em diferentes graus, ou até à custa de algumas modificações, retoques, transformações ao avesso, ela recupera seu lugar e seu sentido. Contudo, a desinserção sob a qual ela se apresenta confirma o que formulamos sobre a posição do desejo, a saber, que o desejo se situa num para-além do nomeável, num para-além do sujeito.

Eu acrescentaria, de passagem, e à guisa de lembrete, que é isso que de fato nos explica retrospectivamente a qualidade própria de que se reveste a fantasia, seja ela a do perverso ou não, quando ela se revela. Trata-se dessa espécie de constrangimento que assim deve ser nomeado quando desponta e que muitas vezes impede por muito tempo os sujeitos de a relatarem. Essa face ridícula só se explica pelas relações que já pudemos perceber entre a posição do desejo e o terreno da comédia.

Portanto, logo se colocou a questão de saber qual era a real natureza da fantasia perversa. Seria essa fantasia de uma natureza de certa forma radical, era um dado natural, um termo cabal? Ou cumpria ver nela algo tão complexo, elaborado, e, para dizer tudo, tão significativo quanto o sintoma neurótico?

Essa pergunta gerou toda uma reflexão que se integrou ao problema da perversão, e que ocupou um espaço essencial na elaboração da chamada relação de objeto, ou relação com o objeto.

Foi quando se deu uma definição evolutiva, genética, dessa relação de objeto. Dos estádios que regulam o desenvolvimento do sujeito, não se fez simplesmente *momentalidades* do eros do sujeito, fases erógenas do sujeito, mas modos da relação do sujeito com o mundo. Não preciso lembrá-los aqui quem foram os iniciadores – Abraham, Ferenczi e outros – dos chamados quadros de *fases correlatas*, que punham em correspondência os tais reservatórios de tendências e as formas libidinais do *ego*. A determinada forma da libido supunha-se corresponder determinada estrutura do *ego*, especificando determinado tipo de relação com a realidade.

Vocês sabem quanta clareza e até enriquecimentos essa elaboração trouxe, e também os problemas que colocou. Autores tentaram encontrar num caso concreto preciso as tais correspondências, mas basta remeter-se a qualquer de seus trabalhos para perceber que estas são sempre estabelecidas de maneira um pouco teórica, e às vezes ocorre de, por si mesmo, o texto sugerir que falta uma justa avaliação das coisas. Desde as primeiras elaborações, aparece, por exemplo, a oposição entre *objeto parcial* e *objeto total*, mas sob uma forma que, a nosso ver, é inapropriada.

Nas elaborações mais recentes, encontramos, por exemplo, a famosa noção, à qual fiz inúmeras vezes alusão, de *distância com relação ao objeto*, tão dominante em trabalhos que tratam das regras técnicas. Essa noção de distância, um certo autor francês acredita ser decisiva na neurose obsessiva, quando, na verdade, é em certas posições perversas que ela desempenha um papel decisivo – por exemplo, a distância de um objeto manifesta-se bem mais evidentemente na fenomenologia do fetichismo. Muitas outras formas podem ser articuladas no mesmo sentido.

A primeira das verdades que teríamos de trazer sobre isso é que a noção de distância é tão essencial que talvez seja realmente, no fim das contas, impossível eliminá-la como tal do próprio desejo, isto é, necessária à manutenção, à sustentação, à própria salvaguarda da dimensão do desejo. É, com efeito, difícil ver como o desejo se sustentaria ali onde se realizasse, por fim, o mito de uma relação com o objeto sem distância.

Há nisso – sob uma forma propriamente mitológica, digo eu – a ideia de uma espécie de concordância do sujeito com o objeto. Essa concordância tem duas faces, duas aparências, duas miragens: animal de um lado, mística de outro. Desnecessário dizer que a ideia não coincide em nada com os dados da experiência, nem com a elaboração analítica, para a qual o objeto é um resto.

Da mesma forma, por sinal, a pretensa *distância equivocada mantida com relação ao objeto* do obsessivo deve supostamente ser corrigida, retificada, superada *hic et nunc* na relação analítica, e isso, por meio de uma identificação ideal, idealizada até, com o analista – ele mesmo considerado, nesse caso, não como o objeto, mas como o protótipo de uma relação satisfatória com o objeto. A que pode corresponder exatamente um ideal como esse quando se tenta realizá-lo na análise?

Já abordei essa questão, mas teremos de voltar a ela daqui a pouco para articulá-la de outra forma.

Os problemas da relação de objeto foram abordados de maneira bem mais rigorosa e bem mais séria em outros contextos e em outros grupos. Como já indiquei, poria aqui em primeiro lugar as articulações de Edward Glover, de quem já citei o artigo publicado no *IJP* em 1933, "A relação da formação da perversão com o desenvolvimento do senso de realidade".

Na sua preocupação com uma elaboração genética das relações do sujeito com o mundo, com a realidade que o cerca, ele exige que a evolução seja captada o melhor possível: nas análises de adultos, por meio da reconstrução, na criança, pela apreensão direta do comportamento. Ele pretende situar as perversões numa cadeia cronológica por ele estabelecida e que comporta, por assim dizer, as datas de inserção das diversas anomalias psíquicas com que a análise lida. Ele as põe em série numa ordem que, como de hábito, não deixa de se prestar à crítica. Sem insistir mais sobre isso, notemos que ele enfatiza o caráter primitivo, primordial, das perturbações psicóticas, mais especificamente das perturbações paranoides, colocando em seguida as diferentes formas de neurose que se sucedem numa ordem progressiva, ou seja, de frente para trás, das origens para o mais tarde.

A primeira é a neurose obsessiva, que está, portanto, exatamente no limiar das formas paranoides da psicose. Foi num artigo do ano anterior sobre as *drug addictions*, o que chamamos de toxicomanias, que ele acreditou poder situar com bastante precisão as relações entre as formas paranoides e as neuroses, e é aí que procura situar as perversões, em que etapa se inscrevem, em que data começam, a que modo de relação do sujeito com o real elas correspondem.

Em sua concepção, a etapa paranoide típica, considerada primitiva, caracteriza-se por um modo muito específico de relação com o objeto, ligado a mecanismos primitivos de projeção e introjeção. É nesse nível que ele situa a função da *drug addiction*. Exprime claramente que, nesse plano, ele adere à elaboração kleiniana, embora, como sabem, ele tenha se apresentado com estardalhaço como o antagonista de Melanie Klein.

Eis o contexto da instrutiva passagem que li para vocês algumas sessões atrás, em que, de uma maneira metafórica brilhante, ele não hesita em comparar o mundo primitivo da criança com algo que participa de um açougue, de um *lavatory* público sob bombardeio e de um necrotério, combinados. A etapa que sucede a esse espetáculo inaugural da vida traz uma organização seguramente mais benigna, a de uma farmácia, com suas reservas de objetos, uns benéficos, outros maléficos. Essa passagem nos indica em que direção Glover e a sra. Melanie Klein – quanto a isso não há diferença entre eles – procuram definir a função da fantasia como organizadora da construção da realidade pelo sujeito.

No seu artigo sobre a *symbol-formation* e o *ego*, Melanie Klein articula, propriamente, de que modo os objetos são sucessivamente conquistados pela criança. No começo, em razão das frustrações que a criança sofre, os objetos são para ela fonte de ansiedade, em consequência do que suas relações fundamentais com o meio são marcadas de agressividade, são sádicas. Em seguida, o sujeito desloca seu interesse para objetos mais benignos, menos próximos de suas necessidades, objetos estes que, por sua vez, irão se carregar da mesma ansiedade. Eis em que termos é concebida a extensão do mundo da criança.

Observem bem que se trata de um mecanismo que poderíamos chamar de contrafóbico – os objetos contrafóbicos substituem os objetos fóbicos, com o risco de eles mesmos se tornarem, por sua vez, fóbicos. Portanto, é numa dialética contrafóbica que se dá a extensão progressiva do mundo dos objetos, ou seja, a conquista da realidade.

Saber se essa concepção corresponde ou não à clínica não entra, aqui, diretamente no campo de nossos propósitos. Há, na clínica, muitas coisas que contradizem isso. Acho que essa teorização revela uma visão unilateral, na medida em que um mecanismo como esse, ainda que não deixe de interferir na conquista da realidade, não constitui propriamente a realidade.

Contudo, nosso objetivo aqui não é criticar a teoria de Melanie Klein. Estamos atrás de algo bem diferente, a saber, esclarecer o que possa ser uma função que é o desejo. Ora, essa concepção rapidamente mostra suas consequências, pelo fato de que Glover desemboca num paradoxo, que certamente deveria ser mais instrutivo para ele do que para nós, que não temos por que ficar surpresos.

O que ele tenta fazer concretamente é situar as diversas perversões com relação a uma dialética ou um mecanismo que ele pretende integrar à noção de um desenvolvimento regular do ego, desenvolvimento este que seria paralelo às modificações da libido. Resulta daí que todo o destino do sujeito, sua estruturação, acha-se inscrito em termos de pura experiência individual de conquista da realidade. Tudo, com efeito, está aí.

Nisso consiste, por exemplo, a diferença entre a teoria que lhes dou das fobias e aquela proposta pelos tais autores franceses recentes. Estes procuram reconstituir a gênese da fobia a partir das formas estruturais da experiência infantil – a maneira, por exemplo, como a criança se adapta às suas relações com aqueles que a cercam, ou à passagem da claridade para a escuridão. Trata-se de uma gênese puramente experimental. É a partir de uma experiência de medo que a possibilidade da fobia é deduzida e gerada.

Na posição que estou em vias de expor, só há correta dedução da fobia com a condição de admitirmos a função como tal do significante. Essa função supõe uma dimensão que não é a da relação do sujeito com seu meio, nem com nenhuma realidade, exceto a realidade e a dimensão da linguagem. Tudo parte do fato de que o sujeito tem de se situar como tal no discurso, tem de se manifestar nele como ser.

No tocante à avaliação dessas fobias, é impressionante ver em que considerações pode cair alguém tão perspicaz quanto Glover. Na sua tentativa de explicar a gênese e a estabilização de uma fobia, ele declara o seguinte: *É certamente mais vantajoso ter uma fobia de tigre quando se é uma criança vivendo nas ruas de Londres do que ver-se com a mesma fobia vivendo no meio da selva indiana.* Poderíamos lhe retorquir que não é nesse registro que o problema se coloca. Poderíamos até inverter sua proposição e dizer que uma fobia de tigre é muito vantajosa para adaptar a criança indiana à sua situação real, ao passo que é muito incômodo sofrer de uma fobia de tigre quando se vive em Londres, quer você seja uma criança ou um sujeito mais avançado no seu desenvolvimento. Ali, um sujeito às voltas com tal fobia teria certamente um comportamento dos mais travados, e sem qualquer relação com o real.

Com efeito, Glover acha-se diante do seguinte problema: como situar a perversão numa perspectiva genética, quando ela inclui uma enorme diversidade de distorções da realidade? Ele só consegue fazê-lo com a condição de fragmentar a perversão e interpolá-la em todas as supostas ou pressupostas etapas do desenvolvimento. Vê-se obrigado a admitir, portanto, a existência de perversões muito arcaicas, mais ou menos contemporâneas da época paranoide, ou mesmo da época depressiva, bem como a de outras perversões situadas em fases bastante avançadas do desenvolvimento, não só fálicas, mas propriamente edipianas, genitais até.

Se essa dispersão não lhe parece ser uma objeção é pelo seguinte motivo. A perspectiva da qual ele partiu acaba forçando-o a definir a perversão como uma das formas do *reality testing*, da prova da realidade. Quando, em algum lugar, algo fracassa na prova da realidade, então a perversão vem cobrir esse *hole*, esse buraco, por meio de um modo particular de apreensão do real – que, no caso, é um real psíquico, um real projetado e, por outro lado, introjetado.

A perversão, por exemplo propicia ao sujeito uma função de preservação da realidade, cujo equilíbrio de conjunto estaria ameaçado por alguma descarga ou momento claudicante. Ela serve tanto de cerzimento – no sentido que se diz que um tecido está cerzido – quanto de pedra angular da realidade. Em suma, sem ambiguidade, a perversão é concebida por Edward Glover como uma forma de salvação em relação a uma suposta ameaça de psicose.

Há nisso uma perspectiva. Talvez algumas observações possam efetivamente fornecer elementos que pareçam ilustrá-la, mas muitas outras exigem que nos distanciemos dela.

Contudo, parece totalmente paradoxal atribuir à perversão um papel econômico desmentido por muitos elementos – sem falar que, nem clinicamente nem tampouco na experiência analítica, não é decerto a precariedade do edifício do perverso que, pelo menos à primeira vista, chama nossa atenção.

Não vou abandonar a dialética kleiniana sem indicar em que aspecto ela vai ao encontro do problema que estamos levantando e o esboça.

2

A dialética kleiniana distingue duas etapas, a fase paranoide, seguida da fase depressiva.

Nessa segunda fase, o sujeito se relaciona com seu objeto principal e prevalente, a mãe, como se fosse um todo. Antes, só lida com elementos disjuntos, que uma esquize reparte em objetos bons e maus, instaurando nele, assim, a projeção e a introjeção. Tudo isso caracteriza a barreira paranoide.

De que se trata nesse processo inaugural, posto no começo da vida do sujeito, se o rearticularmos na nossa perspectiva?

O que a sra. Klein nos mostra, em suma, é que a realidade das primeiras apreensões do objeto decorre de que o objeto, independentemente de ser bom ou mau, gratificante ou frustrante, é, em primeiro lugar, significativo. A estrita oposição, sem matizes nem transições, entre o bom e o mau – sem levar minimamente em conta o fato de que é o mesmo objeto, a saber, a mãe, que pode ser bom ou mau conforme o momento –, não deixa dúvidas de que aqui não se trata das experiências do jovem sujeito, com tudo o que estas, de hábito, comportam de transicional, mas da passagem do objeto como tal para uma função de oposição significante.

Eis a base de toda a dialética kleiniana.

Percebe-se muito pouco, parece-me, que, por mais fundamentada que esteja, ela está nos antípodas do que pusemos em destaque por meio de nossa experiência, a saber, que a comunicação viva que se manifesta na dimensão dos cuidados maternos tem uma importância essencial para o desenvolvimento. Esse elemento pertence a outro registro, que lhe é contemporâneo sem poder ser confundido com ele.

O que Melanie Klein nos propõe é uma espécie de álgebra primitiva, que vai plenamente ao encontro, pode-se dizer, do que estamos tentando destacar sob o nome de *função do significante*. O que Melanie Klein, com ou sem razão, descreve, e que só nos cabe registrar, são as formas primárias, primitivas, da função do significante, esteja este efetivamente presente nessa data ou seja simplesmente uma *Rück-Phantasie*, fantasia, mas para trás.

A partir daí, que valor irá ganhar a fase-limite entre os dois períodos, qual seja, o período paranoide, com seu ordenamento dos objetos bons, que são interiorizados, *internalised*, pelo sujeito, e dos maus, que são rejeitados, e o período depressivo, em que intervém a noção do sujeito como um todo? Notem, com efeito, que é só a partir do momento em que o sujeito considera a si próprio como um todo que ele pode ter um dentro e um fora. Somente então é concebível manifestar-se o processo de *internalisation* e de *externalisation,* de introjeção e de projeção, que, do ponto de vista de Melanie Klein, é decisivo para a estruturação do animal primitivo.

Nossos referenciais nos permitem entender o que está em questão na passagem de uma fase para a outra. O que ela chama de esquize primitiva dos objetos em bons e maus é ressituado, diz ela, em outro registro, o do dentro e do fora do sujeito. Ora, podemos relacionar esse registro, sem forçar muito as coisas, creio, com o chamado momento do estádio do espelho. É a imagem do outro que dá ao sujeito a forma da unidade do outro como tal e, a partir disso, pode se estabelecer a divisão entre o dentro e o fora, com relação à qual os objetos bons e maus vão se reclassificar.

Os bons têm de vir para dentro, os maus têm de permanecer fora. Pois bem, aquilo que se define muito claramente aqui, porque se impõe pela experiência, podemos formulá-lo nos nossos próprios termos. Ou seja, o discurso que organiza realmente o mundo dos objetos segundo o ser do sujeito, eu diria, extrapola o discurso em que o sujeito se reconhece a si próprio na chamada experiência do estádio do espelho. Com efeito, é na relação de identificação narcísica de uma imagem com a outra que ele se reconhece como domínio e como eu único – como domínio de um eu [*moi*].

Para entender o que está em pauta no que Melanie Klein descreve, temos de admitir a não-superposição dessas duas experiências – não estou dizendo que toda a experiência do desenvolvimento se ordene necessariamente assim.

Há, por um lado, a experiência que define o sujeito como objeto da primeira identificação com a mãe e, precisamente, com as suas insígnias, e que conserva, para o sujeito, um valor assimilador, que transborda o que ele irá poder pôr para dentro de si. Há, por outro lado, o registro de experiência que define esse dentro, e em que o sujeito é $i(a)$, isto é, típica e idealmente, a imagem desse jovem semelhante, com o qual o vemos, de maneira claríssima, fazer suas primeiras experiências de mestria/dominação, de preeminência.

Entre ambos, há esse campo x, em que $i(a)$ ao mesmo tempo faz e não faz parte do sujeito. Isso é o quê? É o que Melanie Klein chama de objeto interno mau.

Parece não causar espanto o paradoxo que ele constitui com relação às premissas de que se parte, embora ele se apresente de saída

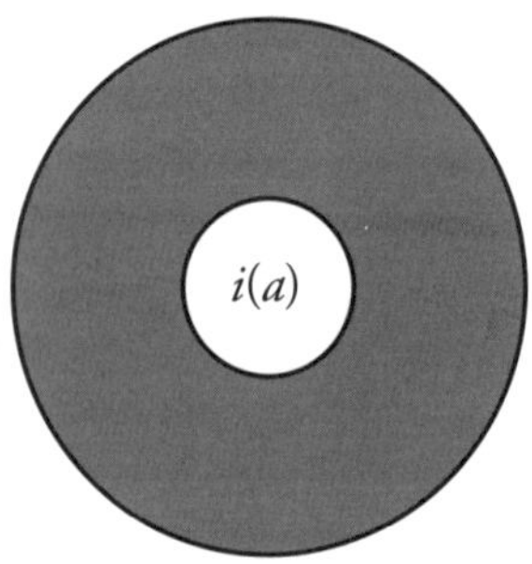

O objeto interno mau

na dialética kleiniana, e da maneira mais manifesta, como o objeto problemático.

Com efeito, olhando para ele de fora, por assim dizer, ali onde o sujeito não é sujeito, mas onde devemos tomá-lo como um ser real, podemos nos perguntar: no fim das contas, o sujeito é ou não é esse objeto mau com o qual supostamente se identifica? Inversamente, olhando para ele de dentro, do ponto de vista da *krasia*, da mestria/dominação, do primeiro exercício que o sujeito faz para se sustentar, para se afirmar, se conter, coloca-se a questão: o sujeito tem ou não tem esse objeto mau, cujo papel, a partir daí, sabemos que será absolutamente decisivo?

Segundo Melanie Klein, como vimos, a repartição dos objetos em bons e maus determina o processo de estruturação do sujeito. Este interioriza os objetos bons e faz com que façam primitivamente parte dele, ao passo que rejeita os maus como aquilo que não é ele. Assim, o paradoxo do objeto mau interiorizado surge em primeiro plano – o sujeito o interioriza, o faz seu e, ao mesmo tempo, enquanto virtualmente mau, ele o nega de certo modo.

Esse objeto mau não cessa de se propor, em relação ao ser do sujeito, sob a forma de um enigma permanente e ansiogênico. É claro que o que irá pôr fim a isso será a função posterior do interdito, introduzindo no objeto mau uma delimitação essencial. Qual seja, que esse objeto mau, quando o sujeito o é, ele não o tem. Quando *é* [*il est*] identificado com ele, é proibido que o *tenha* [*il l'ait*] – a eufonia francesa entre o subjuntivo do verbo *ter* e o indicativo do verbo *ser* deve ser utilizada aqui. Em outras palavras, na medida em que o é, não o tem – na medida em que o tem, não o é.

Em outros termos ainda, é no nível do objeto mau que o sujeito experimenta, se assim posso me expressar, a servidão de sua dominação. O verdadeiro mestre/senhor – todos sabem que ele está para além de qualquer rosto, que está em algum lugar na linguagem, embora possa até não estar em lugar nenhum – o verdadeiro mestre/senhor delega ao sujeito o uso limitado do objeto mau como tal, na medida em que é um objeto que não está situado com relação à demanda, um objeto que não se pode demandar, pedir. É disso que os dados que encontramos na experiência extraem seu alcance.

Isso pode ser lido de maneira arrebatadora nos casos precisos que nos são apresentados por Melanie Klein.

A criança tão singularmente inibida que ela nos apresenta em seu artigo "A importância da formação de símbolos no desenvolvimento do ego" acha-se manifestamente no impasse constituído pelo campo do não demandável como tal. Assim que ela começa a falar com essa criança, o que obtém imediatamente se cristaliza numa demanda em pânico: *Nurse coming? A babá vai vir?* Imediatamente depois, Melanie Klein nos indica como sendo muito espantoso, decisivo, o fato de que a criança vai se permitir retomar contato com seus objetos, dos quais aparece no começo singularmente apartada.

O menino faz isso, como vocês se lembram, no exercício de uma espécie de pequeno corte, de arrancamento, com a ajuda de uma tesoura. Essa criança está longe de ser desajeitada, já que se serve de todo tipo de elementos, tais como maçanetas de porta, mas uma tesoura ela nunca conseguiu segurar. Nesse caso, ela a segura, maneja, e consegue destacar um pedacinho de carvão de algo que tampouco é sem significação, pois é um dos elementos da interligação dos vagões do trem com o qual se consegue fazê-lo brincar.

Trata-se, manifestamente, de um *tender*. Não vou entrar em todos os curiosos jogos de palavra que se poderia fazer em torno dessa palavra inglesa. O que nos é oferecido não é o Mapa do Tendre,* mas o Mapa do Tender.

Na verdade, é nesse pedacinho destacado da cadeia significante que a criança se isola, se define, se situa – nesse resto, nesse montinho minúsculo, nesse esboço de objeto, que aqui só aparece sob a forma de um pedacinho, de um pedacinho mínimo, o mesmo que de repente provocará tanto seu pânico quanto sua simpatia quando o vir sob a forma de aparas de lápis no peito de Melanie Klein.

E então, emocionando-se pela primeira vez em presença desse outro, ele grita: *Coitada da sra. Klein!*

3

Portanto, o desejo não é a demanda. Essa primeira intuição, experimentada a todo instante e que nos remete às condições originais, não deve desviar a atenção.

Um sujeito nos procura. Por quê? O que ele demanda? Em princípio, satisfação e bem-estar – com a ressalva de que nem toda satisfa-

* O Mapa de Tendre é uma criação coletiva, feita, em 1656, para ilustrar o romance *Clélie*, de Madeleine de Scudéry. Sob forma de aldeias e caminhos, nele estão representadas as várias etapas da vida amorosa. (N.T.)

ção implica para ele bem-estar, longe disso. Como lhe respondemos comumente? Passamos a organizar sua história de sujeito, tal como se organiza a história da análise ou a história da técnica, a fim de responder à sua demanda de satisfação – por qual via? Tentando obter uma redução de seus desejos a suas necessidades.

Não há nisso um paradoxo, quando, por outro lado, toda a nossa experiência, podemos dizer, sustenta-se na dimensão do desejo, por sinal tão evidente para o sujeito quanto para nós? Para nós, porque tudo o que articulamos vai se resumir ao que vou dizer; e, para o sujeito, porque, no fim das contas, ele sabe disso muito bem no momento em que vem nos procurar.

Acabaram de me dizer que alguém está fazendo uma tese importante sobre a significação social da análise, e isso me sugere que nela haverá elementos extremamente ricos em experiências, e extremamente bem desenvolvidos. Creio que, efetivamente, a representação social da análise está bem menos distorcida do que se imagina no conjunto da comunidade. Por isso, atrevo-me a esperar que, desse trabalho, depreenda-se de maneira muito evidente o que está claramente na base, no próprio princípio do que um sujeito implica por sua própria presença diante de nós, ou seja, o quê? Que, nos dados de sua demanda, há isto: que ele não confia em seu desejo. O fator comum a todos os sujeitos que nos abordam é que, no seu desejo, eles não confiam.

Que, sob o efeito de nossos artifícios, esse desejo possa, seguindo-nos, embrenhar-se na referência à necessidade, ou até na sua sublimação pelos elevados caminhos do amor, não impede que o que o caracteriza no começo seja que há algo que, como tal, não pode ser demandado e a cujo propósito a questão se coloca. Essa é, propriamente, a dimensão do desejo.

Para introduzir a dialética do desejo, sabem o que fiz, numa data muito precisa, ou seja, dois anos e meio atrás? De que parti? Do que Freud disse a propósito do complexo de Édipo na mulher. O que acabei de articular não seria legível nisso, que se pode destacar no nível da experiência analítica, no nível da experiência inconsciente, ou seja, o que a mulher demanda no começo, e que é aquilo mediante o que, nos diz Freud, ela entra no Édipo? Não é ter uma satisfação, é ter o que ela não tem. Trata-se, vocês sabem, do falo.

Isso nada mais é que a fonte de onde brotam todos os problemas que surgem quando se tenta reduzir a dialética da maturação do desejo nas mulheres a um processo natural.

Quer cheguemos ou não a essa redução, temos de superar um fato que se apresenta num momento crítico, destacado por Freud, do desenvolvimento da menina. Pouco nos importa, afinal, que seja um processo primário ou secundário, é, em todo caso, um processo notório e irredutível. Esse fato é o seguinte: o que a menina demanda ter, a saber, o falo, ela demanda tê-lo no lugar onde deveria tê-lo se fosse um homem. Trata-se disso mesmo, não há a esse respeito qualquer ambiguidade.

Ela sem dúvida conseguirá ter esse falo que é um significante – é o que digo, um significante – tê-lo, real, no homem. É inclusive o que faz com que ela esteja numa posição muito privilegiada, a mulher, e com que seus problemas afetivos tenham uma relativa simplicidade em comparação com os do homem, mas essa relativa simplicidade não deve nos cegar. Ainda assim, no começo, esse falo que ela pode ter, real, introduziu-se na sua dialética, na sua evolução, como um significante. Por esse motivo, num certo nível de sua experiência, ela sempre o terá a menos.

É certo que sempre reservo para a mulher a possibilidade-limite da união perfeita com um ser, ou seja, que, no coito, haja para ela fusão completa do ser amado com seu órgão. Isso não exclui que, na experiência comum, as dificuldades que se apresentam na ordem sexual girem precisamente em torno do seguinte ponto: de que o momento ideal e, de certa forma, poético, apocalíptico até, da união sexual perfeita, não se situa senão no limite, ao passo que, de fato, na prova comum da experiência, a mulher sempre tem de lidar, mesmo quando alcança a realização de sua feminilidade, com o objeto fálico como separado. E até porque lida com o falo como tal e nesse registro, sua ação, sua incidência, pode ser percebida pelo homem como castradora.

De resto, é claro, isso permanece inconsciente para ela até a análise, assim como permanece inconsciente que esse falo que ela não tem, ela o é simbolicamente, na medida em que é o objeto do desejo do Outro. Ela não sabe nem um nem outro.

Essa posição específica da mulher vale enquanto for inconsciente para ela. Isso quer dizer: enquanto só vale para o Outro, o parceiro. No entanto, a fórmula muito singular, paradoxal, em que se resolve sua relação com o falo é que, no inconsciente, ela o é e, concomitantemente, o tem.

A posição particular do falo do lado da mulher ideal, da mulher no seu mundo fantasístico, é um dos efeitos mais singulares da relação com o discurso. No inconsciente, ela o é e ela o tem, no melhor dos casos – com a ressalva de que não o sabe senão por seu desejo. Daí resulta que há uma singular similaridade entre sua fórmula transubjetiva, se assim podemos nos exprimir, sua fórmula inconsciente, e a do perverso.

O que descobrimos sobre a economia inconsciente da mulher senão que ela dá um jeito de instaurar em equivalências fálicas todos os objetos que podem se separar dela, inclusive, e em primeiro lugar, o objeto que mais naturalmente se separa dela, qual seja, seu produto infantil? Não estou fazendo mais do que reproduzir o próprio texto da doutrina analítica. Por isso, os objetos de que nos separamos acabam adquirindo para ela, da forma mais natural do mundo, se assim posso me exprimir, a função de objeto do desejo. E é isso que nos explica, acho, a menor frequência da perversão na mulher. Na medida em que inscritas no contexto cultural – pois não é o caso de que o sejam em outro lugar –, suas satisfações hão por bem situar-se na dialética da separação, que é a dos objetos significantes do desejo.

O que acabei de dizer, mais de um autor analista expressou muito claramente, e de um modo que lhes parecerá sem dúvida bem mais concreto, dizendo que, se há menos perversões entre as mulheres do que entre os homens, é porque elas em geral satisfazem suas relações perversas em seus relacionamentos com os filhos. Não é por isso que *sua filha está muda*, mas é por isso que há algumas crianças de que nós, como analistas, temos de nos ocupar. Como veem, voltamos a cair em verdades primordiais, mas não é inútil voltar a elas por uma via correta e clara.

Aproveito o ponto em que estou para lhes dar também uma indicação destinada a atenuar o que a parte masculina de minha audiência poderia sentir de espanto, de impaciência até, diante de um dos traços singulares de suas relações com suas parceiras do outro sexo. Refiro-me ao que se chama comumente de ciúme.

O analista, que tanta clareza trouxe, trouxe, entenda-se bem, o mesmo tanto de obscuridade. *Todo progresso*, dizia Nestroy, tão apreciado por Freud, *só tem a metade do tamanho que se imaginava*. Assim é que o problema do ciúme feminino foi diluído na análise na forma bem diferente do ciúme masculino. Se o estilo do amor é profundamente distinto num e noutro sexo, o ciúme feminino, em especial, é, creio, algo que, realmente, só pode ser bem situado no ponto mais radical.

Remetam-se, caso se lembrem dele, ao meu pequeno gráfico da demanda. O sujeito interroga sua relação com o Outro, depois o marca com a degradação significante, por assim dizer, em Ⱥ, para aparecer ele mesmo como degradado, S̸, em presença desse *a* minúsculo que, no fim das contas, é o resto da divisão, esse algo irredutível, não demandável, que é precisamente o objeto do desejo. Pois bem, na medida em que se faz objeto de amor, o sujeito, a mulher no caso, vê nesse resto o que nela é o mais essencial. E por isso dá tanta importância à manifestação do desejo de seu parceiro.

Pois, enfim, é evidente que, na prática, amor e desejo são duas coisas diferentes. Seja como for, convém ser claro e dizer que se pode amar muito um ser e desejar outro.

Na medida em que a mulher ocupa a posição particular que assinalamos, ela conhece muito bem o valor do desejo, isto é, que, para além de todas as sublimações do amor, o desejo tem uma relação com o ser – mesmo na sua forma mais limitada, mais medíocre, mais fetichista e, resumindo, mais estúpida –, mesmo na forma-limite em que, na fantasia, o sujeito, tendo ficado cego, não é literalmente mais nada além de um suporte e de um signo, o signo do *a* minúsculo como resto significante das relações com o Outro. No entanto, no fim das contas, será a esse *a* minúsculo que a mulher atribuirá o valor de prova última de que é realmente a ela que o Outro se dirige.

Um homem pode até amá-la com toda a ternura e devoção que se possa imaginar e, ainda assim, se desejar outra mulher – e mesmo que ela saiba que o que o homem deseja nessa mulher é seu sapato, ou a barra de seu vestido, ou sua maquiagem –, é desse lado que se produz a homenagem ao ser.

De tempos em tempos é necessário recordar verdades primárias, e é por isso que acho que vocês me desculparão o tom, talvez um pouco exagerado, que dei a essa digressão.

Vejamos agora o que acontece, precisamente, com essa zona do objeto em que se instaura essa ambiguidade. Qual é a função como tal do falo? Agora ela só pode se afigurar para vocês como algo singularmente esboçado pelo que acabei de lhes dizer sobre o objeto interno mau.

Pode-se dizer que, sob a forma do falo, a metáfora paterna, como a denominei, instaura no objeto uma dissociação que coincide exatamente, como era de se esperar, com a forma geral que lhes forneci do interdito, a saber: ou o sujeito não o é, ou o sujeito não o tem.

Se o sujeito é o falo – o que se ilustra imediatamente sob esta forma, a saber, como objeto do desejo da mãe –, pois bem, ele não o tem, ou seja, ele não tem o direito de fazer uso dele, o que é o valor fundamental da chamada lei da proibição do incesto. Por outro lado, se o tem, ou seja, se realizou a identificação paterna, pois bem, uma coisa é certa, e é que, esse falo, ele não o é.

Eis aí o que significa, no nível simbólico, diria eu, mais radical, a introdução da dimensão do Édipo. E tudo o que se vier a elaborar a esse respeito sempre retornará a esse *ou... ou...* que introduz uma ordem no nível do objeto que não se pode demandar.

O neurótico, como ele se caracteriza? Ele faz uso, claro, dessa alternância e, na medida em que se situa plenamente no nível do Édipo, de sua estruturação significante, faz uso dela de uma maneira que chamarei de metonímica. Digo até que essa metonímia é regressiva, na medida em que *ele não o é* se apresenta aqui como primeiro com relação a *ela não o tem*.

Explico. O neurótico utiliza a alternativa fundamental sob uma forma metonímica na medida em que, para ele, *não tê-lo* é a forma sob a qual ele se afirma, e de modo mascarado, *sê-lo*. Ele *não tem* o falo *para ser* o falo de forma escondida, inconsciente. Foi com esse *para ser* um pouco enigmático que eu tinha terminado nossa última conversa.

Observem bem que *é um outro que o tem*, enquanto *ele o é* de modo inconsciente. Na sua função de desejante, o sujeito pega um substituto. Esse é o fundo da neurose. Vejam o que se passa efetivamente no final dos complicados procedimentos do obsessivo – não é ele quem goza. Do mesmo modo, para a histérica, não é dela que se goza.

A substituição imaginária em questão é precisamente a do sujeito – o $\not{S}$ de que se trata no nível do desejo – pelo eu. Na medida em que há substituição do sujeito pelo seu eu, aquele introduz a demanda na questão do desejo. Alguém que não é o sujeito, mas sua imagem, o substitui na dialética do desejo.

Por isso é que o neurótico só pode demandar, no fim das contas, substitutos. O que sua experiência tem de característico, e que condiz com seu próprio sentimento, é que tudo o que ele demanda, ele demanda por outra coisa. Essa é a outra consequência do papel que o imaginário vem desempenhar no que chamei de metonímia regressiva do neurótico, pois, nesse campo, ele não pode ser detido: uma vez que o sujeito substitui a si mesmo no nível de seu desejo, ele só pode demandar substitutos acreditando demandar o que deseja.

Mais ainda: a experiência mostra que o eu, justamente em razão de sua forma – a saber, na medida em que é reflexo de um reflexo, e a forma do outro –, também substitui aquele de quem o sujeito demanda algo. Em nenhum lugar mais que no neurótico esse eu separado vem facilmente ocupar o lugar desse objeto separado que eu designo como sendo a forma original do objeto do desejo.

O altruísmo do neurótico, ao contrário do que se diz, é permanente. Para obter as satisfações que busca, nada mais comum do que vê-lo tomar uma via da qual se pode dizer que ela consiste em *se dedicar a satisfazer* – mas, nesse caso, o máximo que puder –, no outro, todas as demandas, embora saiba que, nele, elas constituem um perpétuo fracasso do desejo. Em outras palavras, na sua devoção ao outro, ele fica cego para sua própria insatisfação.

Estas não são, creio, coisas compreensíveis fora da perspectiva que estou tentando articular para vocês aqui.

Para o neurótico, o S barrado da fórmula ($\$\lozenge a$) se transforma – digo isso com reservas e sumariamente – em uma coisa onde se inscreve a identificação de seu ser inconsciente com o falo. Por esse motivo, daremos a este o mesmo signo que para o sujeito e, assim como há *sujeito barrado*, escreveremos *falo barrado* – isso, em presença de um objeto que escrevemos sob a forma mais geral de um objeto do desejo, a saber, sob a forma desse outro imaginário onde o sujeito se situa e se reencontra. Ou seja: $\not\Phi\lozenge i(a)$.

Temos de passar agora para a perversão, mas como é tarde, deixarei para a próxima vez a continuação desse discurso. Se não consigo fazê-lo avançar mais rápido, não vejam nisso nada além do efeito da dificuldade daquilo em que temos de progredir.

17 de junho de 1959

XXVI
A Função do *Splitting* na Perversão

Lugar do desejo perverso em Lolita
Um traço do gozo masoquista
A máquina da esquizofrenia
A mulher ídolo na homossexualidade
Desejo no horizonte ou desejo no coração

A dificuldade que enfrentamos não é de ontem, é daquelas sobre as quais toda a tradição moralista especulou. Há necessidade de eu fazer ressoar do fundo dos tempos a amargura dos sábios, ou pseudossábios, pelo caráter decepcionante do desejo humano?

A questão ganha uma forma explicitada na análise, onde logo aparece a natureza parcial das pulsões e o fato de que é de seus agenciamentos complexos, complicados, incrivelmente arriscados, que depende a conjunção com o objeto. Todo acesso ao objeto, na medida em que depende da combinação das pulsões parciais, tem um caráter profundamente problemático.

Se há teoria aqui, é a mais contrária à noção de instinto que se possa conceber. Por mais flexibilidade que se dê a sua hipótese finalista, toda teoria do instinto é, por assim dizer, uma teoria da centralização do objeto. Ou seja, o processo natural do organismo vivo faz com que um objeto seja progressivamente fixado num certo campo e ali seja captado numa certa conduta. O próprio processo se apresenta sob a forma de uma concentração progressiva do campo.

Completamente diferente é o processo, completamente diferente é a dialética que nos mostra a análise. Nela, progride-se, pelo contrário, por adição e combinação das pulsões parciais. É só ao preço da síntese de todo tipo de pulsões intercambiáveis e variáveis, e ao final de combinações muito diversas, que se chega a conceber o advento de um objeto satisfatório, aquele que corresponde aos dois polos: da masculinidade e da feminilidade.

Isso poderia levá-los a pensar que o ($\$\lozenge a$) – situado no esquema ou grafo de que fazemos uso para expor a posição do desejo num sujeito falante – é uma notação muito simples. Nessa perspectiva, dirão: no desejo, algo é exigível, que é a relação do sujeito com o objeto; o *a* minúsculo é o objeto; o S maiúsculo barrado é o sujeito; e nada mais. O mais original nessa notação continua sendo a pequena barra sobre o S, que lembra que, nesse ponto de ápice que a presentificação do desejo constitui, o próprio sujeito é marcado pela fala – mas, afinal, isso nada mais é que o lembrete de que as pulsões são fragmentadas.

Convém destacar que essa notação tem um alcance maior.

Ela designa não uma relação do sujeito com o objeto, mas a fantasia, na medida em que ela sustenta o sujeito como desejante, ou seja, num ponto para além de seu discurso. Ela significa que o sujeito está presente na fantasia como sujeito do discurso inconsciente. Está presente na fantasia porque está representado pela função do corte, isto é, pela função essencial que lhe é própria num discurso – e que não é um discurso qualquer, mas um discurso que lhe escapa, o discurso do inconsciente.

Se vocês seguirem o fio dessa notação, não poderão deixar de ficar impressionados pelo fato de ela destacar dimensões sempre omitidas quando se trata das fantasias perversas.

1

Já lhes indiquei no outro dia a prudência com que convém abordar as fantasias perversas.

A fantasia perversa não é a perversão.

O maior erro é imaginarmos que compreendemos a perversão, todos nós, sem exceção – quer dizer, na medida em que, de algum modo, somos mais ou menos neuróticos –, na medida em que temos acesso a essas fantasias perversas. Mas o acesso abrangente que temos à fantasia perversa nem por isso fornece a estrutura da perversão – embora convoque, se assim podemos dizer, sua reconstrução.

Se me permitirem tomar certas liberdades no meu discurso de hoje e dar uma voltinha aí fora, evocarei esse livro que carrega o selo da época contemporânea chamado *Lolita*.

Não lhes imponho a leitura dessa obra mais do que de uma série de outras que parecem indicar certa constelação de interesses em torno do motor do desejo. Existem coisas mais bem elaboradas que *Lolita* no plano teórico, digamos, mas assim mesmo é uma produção bastante exemplar.

Aos que folhearem o livro, nada parecerá obscuro quanto à função reservada a *i*(*a*). Nele, essa função se manifesta de modo ainda menos ambíguo na medida em que, curiosamente, o autor manifesta uma franca oposição ao que chama de charlatanice freudiana. Nem por isso deixa de fornecer, em várias oportunidades e de uma maneira que realmente passa despercebida para ele, o mais claro testemunho da função simbólica da imagem *i*(*a*). Por exemplo, o herói, pouco tempo antes de se aproximar da tal Lolita de maneira decisiva, tem um sonho que a faz aparecer sob a forma de um monstro peludo e hermafrodita.

Mas o importante não é isso. O importante está na estrutura da obra e, precisamente, no flagrante contraste entre a primeira e a segunda parte, entre o caráter cintilante do desejo enquanto é meditado pelo sujeito durante uns trinta anos de sua vida e, depois, sua prodigiosa degradação numa realidade estancada no curso da lamentável viagem desse casal pela bela América, em que o sujeito se vê desprovido de qualquer meio para atingir sua parceira. É assim que *Lolita* apresenta todas as características da relação do sujeito com a fantasia propriamente neurótica.

O que é exemplar é o modo como, apenas pela virtude de uma coerência construtiva, o desejo perverso se mostra. Esse desejo não aparece no herói, mas num outro que é mais que seu duplo e algo bem diferente, que é literalmente seu perseguidor. Ele aparece à margem da aventura, como se o desejo em questão no sujeito não pudesse viver senão num outro, e ali onde ele é, literalmente, impenetrável e totalmente desconhecido. Essa substituição é tudo o que há de mais manifesto no livro.

O personagem que substitui o herói num momento da trama é, ele sim, o perverso propriamente dito. Ele tem realmente acesso ao objeto. A chave desse personagem só nos é fornecida por ocasião de seu último suspiro ao cair sob os tiros de revólver do herói. É nessa espécie de negativo do herói que repousa efetivamente a relação com o objeto. Essa configuração tem algo de bem exemplar e que pode nos servir de esquema para entender que nunca podemos realizar a estrutura perversa senão ao preço de uma extrapolação.

A estrutura do desejo na neurose é de natureza totalmente diferente da estrutura do desejo na perversão, mas, assim mesmo, podemos dizer que essas duas estruturas se opõem.

O que nos servirá aqui de polo para nossa abordagem da perversão é a mais radical das posições perversas do desejo, aquela que é posta, pela teoria analítica, na base do desenvolvimento, como seu ponto mais original, e também no ponto terminal das regressões mais extremas, a saber, o masoquismo.

Por que não começar apontando uma evidência proporcionada pela fantasia, a fim de tornar palpável para vocês o quanto os planos são desconsiderados no modo como, na análise, se precipitam para dar fórmulas compactadas da natureza daquilo em cuja presença estamos?

Com efeito, qualquer um sabe que tendemos a reduzir o masoquismo, em suas diversas formas, à relação radical do sujeito com sua própria vida. Tomam-se como pretexto algumas indicações válidas e preciosas de Freud sobre esse tema para fazer o masoquismo confluir com um instinto de morte e para afirmar que algo contrário à organização dos instintos se faz sentir de forma imediata no nível mesmo da pulsão, considerada um impulso orgânico. Sem dúvida, há aí, no limite, um ponto no qual não é em absoluto indiferente se fixar para formular algumas questões.

Se voltarmos agora ao nosso esquema e às letras que situam o desejo numa relação dividida do sujeito com o discurso, um traço singular, que erramos ao negligenciar, aparece para nós de maneira flagrante no interior mesmo da fantasística do que se chama masoquismo.

Embora façam do masoquismo o resultado de um dos instintos mais radicais, os analistas estão sem dúvida nenhuma de acordo em admitir que, no essencial, o gozo masoquista exige não ultrapassar certo limite nas sevícias. Ora, a natureza de alguns traços desse gozo, se postos em destaque, pode, acho, nos esclarecer sobre pelo menos um veículo [*médium*] desse gozo, no qual podemos reconhecer a relação do sujeito com o discurso do Outro.

Basta, com efeito, ter escutado as confidências de um masoquista – ou mesmo ter lido um mínimo dos inúmeros escritos dedicados ao masoquismo, dos quais alguns mais ou menos bons andaram saindo recentemente – para reconhecer uma dimensão essencial do gozo masoquista no tipo particular de passividade experimentada pelo sujeito quando ele goza imaginando sua sorte como algo sendo decidido acima de sua cabeça, entre um certo número de pessoas que ali, à sua volta, sem literalmente levá-lo em conta, discutem que destino lhe reservar. Não é verdade que esta é uma das dimensões mais eminentemente notórias, perceptíveis, do gozo masoquista? Aliás, o próprio sujeito insiste nisso como sendo um dos traços constituintes da relação masoquista.

Em suma, nada permite apreender melhor o fato de que o sujeito se constitui enquanto sujeito no discurso do que essa fantasia, na qual esse discurso está escancarado, explícito, revelado. Aqui, é levada ao extremo a possibilidade de que esse discurso considere esse sujeito como nada.

Encontramos aí um dos primeiros degraus – um degrau, meu Deus, bem importante, pois é a partir dele que se desenvolverá certo número de manifestações sintomáticas –, o degrau de onde podemos ver desenhar-se no horizonte a relação que pode haver entre o instinto de morte, considerado uma das instâncias mais radicais e, por outro lado, o que, no discurso, nos dá o suporte sem o qual não poderíamos ter acesso a ele, a saber, o corte – suporte desse não ser que é uma das dimensões originais, constitutivas, implícitas, nas próprias raízes de qualquer simbolização.

Durante um ano inteiro, o que dedicamos ao "Além do princípio do prazer", já articulamos que a função própria à simbolização deve ser localizada, essencialmente, no fundamento do corte. O corte é aquilo por cujo intermédio a corrente de uma tensão original, seja ela qual for, é inserida numa série de alternativas que introduzem o que podemos chamar de máquina fundamental. Essa máquina é, propriamente, o que encontramos desatado, avulso, no princípio da esquizofrenia. Nesta, o sujeito se identifica com a discordância como tal dessa máquina com relação à corrente vital.

Aqui torna-se palpável para vocês – noto-o de passagem –, de forma exemplar, ao mesmo tempo radical e plenamente acessível, uma das formas mais eminentes da função da *Verwerfung*. Uma vez que o corte é ao mesmo tempo constitutivo do discurso e irremediavelmente externo a ele, pode-se dizer que o sujeito, na medida em que se identifica com o corte, é *verworfen*. É a isso que ele deve o fato de se apreender e se perceber como real.

Nada mais faço aqui do que lhes indicar outra forma do *Penso, logo existo*, uma forma decerto articulada e aprofundada de forma muito diferente do que em Descartes, mas que não acredito ser profundamente distinta. O que há a mais em relação à dimensão cartesiana é que o discurso de que o sujeito participa lhe escapa, e que ele é dois sem que o saiba. Na medida em que é o corte desse discurso, o sujeito está no grau supremo de um *Eu sou*, cuja propriedade singular é apreender-se nessa realidade que é realmente a última onde um sujeito pode se apreender, isto é, na possibilidade de cortar em algum lugar o discurso, de colocar a pontuação.

É nessa propriedade que jaz o ser essencial do sujeito. Pois a única intrusão real que ele, como sujeito, traz radicalmente ao mundo o exclui, no entanto, deste.

Resulta daí que, a partir de todas as outras relações vivas, serão precisos todos os rodeios que nós, os analistas, conhecemos para que [eu] nele o reintegre.

2

Na última vez, falamos brevemente sobre o modo como as coisas se passam nos neuróticos.

Como dissemos, para o neurótico o problema passa pela metáfora paterna, pela ficção, real ou não, daquele que goza em paz do objeto. A que preço? Ao preço de algo perverso.

Com efeito – também isso dissemos –, a metáfora paterna é a máscara de uma metonímia. Por trás da metáfora do pai como sujeito da lei, como possuidor sereno do gozo, esconde-se a metonímia da castração.

Olhem de perto e verão que a castração do filho não é aqui senão a consequência e o equivalente da castração do pai. É o que indicam todos os mitos primitivos existentes por trás do mito freudiano do pai: antes de chegar ao reino celeste, Cronos castra Urano, Zeus castra Cronos.

A metonímia em questão decorre, em última instância, de que há sempre apenas um único falo em jogo. E isso é justamente o que, na estrutura neurótica, se trata de impedir que se veja. O neurótico só pode ser o falo em nome do Outro. Ele não o tem – como todos sabem, é o que se chama "complexo de castração". Há, portanto, alguém que o tem, que é aquele de quem depende seu ser. Mas se ninguém o tiver, ele o tem menos ainda, naturalmente.

Qual é o desejo do neurótico?

Como todo o desenvolvimento da obra de Freud indica, ele depende inteiramente da boa-fé do significante. O sujeito se agarra a essa garantia mítica para poder viver de outra forma que não na vertigem. Por outro lado, todos sabem que há uma relação estreita, histórica, entre a anatomia que o freudismo faz desse desejo e as características da época em que vivemos, e da qual não podemos saber em que forma humana, vagamente vaticinada por profetas de diversas índoles, ela desembocará, ou com qual esbarrará.

Isso nos permite chegar a uma fórmula condensada, ainda que um pouco resumida do que pretendo que percebam: o desejo do neurótico, digo eu, é o que nasce quando não há Deus.

Isso é perceptível na nossa experiência, desde que não hesitemos em articulá-la. Mas não me façam dizer o que eu não disse, a saber, que a situação é mais simples quando há um. Estou dizendo que essa suspensão do Fiador Supremo é o que o neurótico esconde dentro de si, e que é nesse nível que se situa, se detém e se suspende o desejo do neurótico.

O desejo do neurótico só é um desejo no horizonte de todos os seus comportamentos. Com efeito, se posso lhes comunicar uma dessas fórmulas que lhes permitem reconhecer o estilo de um comportamento, direi que, em relação ao desejo em que ele se situa, o neurótico está sempre no horizonte de si mesmo e prepara seu advento.

Se me permitirem uma expressão que acredito estar calcada sobre todo tipo de coisas que vemos na experiência cotidiana, o neurótico está sempre ocupado fazendo as malas, ou seu exame de consciência – é a mesma coisa –, ou organizando seu labirinto – é a mesma coisa. Ele junta suas malas, esquece-as ou as coloca no guarda-volumes, mas são sempre malas para uma viagem que ele nunca faz.

É absolutamente essencial considerar isso se realmente quisermos perceber que – independentemente do que diz um pensamento preguiçoso que se arrasta feito lesma ao longo do fenômeno sem nunca querer reunir uma perspectiva qualquer – há um contraste absoluto entre a estrutura do desejo do neurótico e a do desejo perverso.

Também no perverso, é claro, trata-se de uma hiância. Do mesmo modo, só pode tratar-se do sujeito representando seu ser no corte, já que esta é a relação subjetiva fundamental. A única questão, portanto, é saber como, no perverso, esse corte é vivido, é suportado.

Aqui, podemos certamente registrar o trabalho dos analistas ao longo dos anos, na medida em que suas experiências com doentes perversos lhes permitiram articular teorias que, embora às vezes contraditórias ou mal concatenadas entre si, sugerem, contudo, a ordem de dificuldade com que lidam. Podemos dizer que são um material que por si só, revela certas necessidades estruturais, que são precisamente aquelas que estamos tentando formular aqui. Digo, portanto, que, essa tentativa que estamos fazendo de instituir a função real do desejo pode incluir até o delírio discreto, até o delírio bem organizado a que foram levados aqueles psicanalistas que se aproximaram desse tema pela via dos comportamentos.

Cito um exemplo. Acredito que, atualmente, considerando tudo o que existe, ninguém falou melhor da perversão do que um homem muito discreto e uma pessoa cheia de humor, ou seja, o sr. Gillespie. Aconselho aqueles que leem inglês a tomar conhecimento dos seguintes artigos, todos eles publicados no *IJP*, dos quais tirarão grande proveito. São eles: o primeiro estudo de Gillespie, que abordou esse tema a respeito do fetichismo, "Contribuição ao fetichismo", outubro de 1940 – em seguida, suas "Anotações sobre a análise das perversões sexuais", de 1952 – e, por fim, o último texto, publicado no número de julho-outubro de 1956, "A teoria geral das perversões".

Vocês ficarão com a impressão de que o autor é um espírito livre e que avalia bastante bem as diversas vias pelas quais se tentou abordar a questão. Esta é, claro, nitidamente mais complexa do que se imagina quando se fica apenas na perspectiva sumária segundo a qual a perversão seria pura e simplesmente a pulsão mostrando-se com o rosto descoberto. Isso, no entanto, não significa legitimar a abordagem que tende a homogeneizar perversão e neurose.

Vou direto àquilo que se trata de expressar e que nos servirá, doravante, de referência para interrogar a perversão sob vários aspectos.

A noção de *splitting* é essencial na concepção do sr. Gillespie. Poderíamos aplaudi-la – mas não creiam que vou me precipitar a fazê-lo – pensando que ela coincide com a função na qual lhes ensino a reconhecer a componente subjetiva da fantasia, ou seja, a identificação do sujeito com a fenda ou com o corte do discurso. Aliás, constata-se que o tipo de precipitação que esse reconhecimento implica já proporcionou, a um dos escritores que se ocuparam da perversão, a oportunidade de compor uma espécie de apanhado, um pouco envergonhado de si mesmo.

Para dar provas disso, basta eu me reportar ao terceiro caso a que se refere o sr. Gillespie no segundo de seus artigos. Vou esboçá-lo brevemente para vocês. Trata-se de um fetichista de trinta anos. Após análise, verifica-se que sua fantasia é expressamente a de ser cindido em dois pelos dentes da mãe, a qual ele teria acabado de penetrar e que, subitamente, vira uma criatura parecida com um gorila peludo. A proa penetrante, se me permitem, da criatura é representada pelo fato de ela arrancar do sujeito, à base de mordidas, os mamilos desses seios de mulher de que ele se acha provido, e de que ela rasga com uma sapatada seu ânus e seu reto.

Em suma, há ali toda uma decomposição-recomposição, com a qual o sr. Gillespie relaciona o que chama de angústia de castração. Nos desdobramentos, intervêm tanto a primitiva exigência, ou a primitiva nostalgia, da mãe, quanto a identificação do órgão genital feminino a uma fenda. Essa identificação, concepção kleiniana, não é, devo dizer, demonstrada no caso, só é suposta pelo analista no final da análise.

O sr. Gillespie conclui com uma espécie de apanhado ou de intuição meio assumida, interrogativa, questionadora – muito significativa, a meu ver, do ponto extremo a que é levado alguém que acompanhou com atenção a maneira como se desenvolveu no tempo a explicação, que somente a análise pode nos dar, do que se encontra no mais profundo da estrutura perversa. Ele escreve: *A configuração do material naquele momento nos conduziu a uma especulação em torno da fantasia associada a esse* split ego. Traduzamos por "*esse ego cindido*" [*refendu*] – se aceitarmos o termo "*cindido*", usado com muita frequência para falar desse *splitting* com que Freud, de certo modo, terminou sua obra.

Acho que vocês sabem que a pena de Freud caiu-lhe das mãos, pode-se dizer, no momento em que redigia seu artigo sobre *Die Ichspaltung*, o *splitting* ou a cisão do eu, e ele o deixou inacabado. O artigo foi encontrado depois da sua morte. Ele levou o sr. Gillespie a uma especulação sobre a fantasia associada à cisão do eu e ao objeto cindido, o *split ego* e o *split object*.

Gillespie se pergunta:

> *O órgão genital feminino não é o objeto cindido, o split object par excellence?* – estas duas últimas palavras em francês no texto. *E a fantasia de um split ego não poderia provir de uma identificação com o split female genital, o órgão genital que é uma fenda? Estou ciente de que, quando falamos de splitting do ego e do objeto correspondente, estamos nos referindo aos mecanismos*

> *mentais que presumimos estar subjacentes aos fenômenos…* Ele nos diz, em suma: fazemos ciência, movimentamo-nos com conceitos científicos… *e que as fantasias pertencem a um nível diferente do discurso.* Aqui, a ordem de interrogações que o sr. Gillespie se coloca é interessante.
>
> *No entanto, as fantasias, as nossas não menos que as de nossos pacientes, devem sempre desempenhar algum papel no modo como conceitualizamos esses processos subjacentes. Parece-me, por conseguinte, que a fantasia de estar cindido em dois pedaços assim como a vulva é fendida, pode ser plenamente apropriada ao mecanismo mental do splitting do objeto e da introjeção do objeto cindido, conduzindo assim ao splitting do ego. Está implícito, é claro, nessa fantasia da vulva como sendo um objeto cindido, que ela outrora foi intacta e que o splitting é resultado de um ataque sádico, seja por parte do pai ou de si mesmo.*

Tais considerações, vindas de um espírito tão prudente e comedido, não podem deixar de nos impressionar. Fica claro que o sr. Gillespie se arrisca a ir ao extremo de seu pensamento quando reduz a explicação que dá da estrutura da personalidade do sujeito a uma espécie de esquema identificatório primordial, o do *splitting*. Não há só esse caso para citar, é disso que se trata ao longo de todo esse artigo.

Esses *splittings*, que são o que comumente se chamaria de cisões da personalidade, são, com efeito, algo tangível, e que se decompõe, na transferência com os perversos. Contudo, querer juntar a cisão da personalidade do perverso com as duas valvas de um órgão original do fantasiar é feito para sorrir, ou até para confundir.

O que encontramos aí sob o nome de *splitting*, e que deve ser apreendido, sob formas extremamente diferentes, em todos os níveis da formação da personalidade dos perversos, já o indicamos, por exemplo, no artigo que dedicamos ao caso de André Gide, notavelmente estudado pelo prof. Delay.

3

No caso de André Gide, o *splitting* se apresenta sob a forma de uma oposição entre duas vertentes identificatórias, uma mais especificamente ligada à imagem narcísica de si mesmo, $i(a)$, e a outra, à mãe.

Desse ilustre paciente, temos a confidência sob mil formas em sua obra, e devemos, sem dúvida nenhuma, levar em conta a dimensão dessa obra, pois ela acrescenta algo ao equilíbrio do sujeito.

Mas não é a esse respeito que pretendo desenvolver plenamente o que lhes estou indicando. Como o tempo do ano está prestes a se esgotar, tenho de lançar alguns pequenos esboços, destinados a lhes mostrar o que nossas visões permitem abordar.

No próprio título do artigo sobre Gide, pus em primeiro lugar a relação, particularmente flagrante no caso dele, que o esquema da fantasia articula entre o desejo e a letra. O que isso quer dizer senão que devemos situar o processo da sublimação – se quisermos dar a esse termo um sentido conveniente –, na reconversão do desejo nessa produção que se expressa no símbolo? Símbolo que não é a suprarrealidade que se imagina; muito pelo contrário, ele é essencialmente feito da fratura da realidade, de sua decomposição em partes significantes. A sublimação, como eu dizia, está na reconversão do impasse do desejo na materialidade significante.

André Gide merece incontestavelmente ser situado na categoria dos sujeitos que nos colocam o problema da homossexualidade, e, aí, o que vemos senão a dupla relação do sujeito com um objeto dividido?

Por um lado, o objeto é narcísico, reflexo desse menino sem graça – *desgraçado* até, como se exprimia um escritor a esse respeito – que foi o pequeno André Gide na origem. Nessa relação furtiva com um objeto narcísico, a presença do atributo fálico é essencial. É nisso que Gide é homossexual.

No entanto, e o mérito da obra do sr. Delay foi tê-lo mostrado, é totalmente impossível concentrar a visão numa anomalia sexual do sujeito Gide sem contrapor aquilo que ele mesmo testemunhou com esta fórmula: *Vocês não sabem o que é o amor de um uranista*. Trata-se, aí, de seu amor hiperidealizado por sua mulher.

Tendo os elementos de sua gênese sido apontados com enorme cuidado pelo sr. Delay, não tenho nenhuma dificuldade em reuni-los e em assinalar tudo o que o vincula à relação do sujeito com sua mãe. Não se trata apenas da mãe real tal como a conhecemos, mas da mãe como encobrindo uma estrutura cuja verdadeira natureza será agora questão de descobrir. Nessa estrutura, vou logo dizendo que a presença do objeto mau – digo mais, sua topografia – é essencial.

Não posso me demorar aqui retomando ponto por ponto toda a história de André Gide, tal como sua obra, em suas diferentes etapas, teve o cuidado de mostrar. Vou me contentar em citar as seguintes passagens:

> *Porém, para dizer até que ponto o instinto de uma criança pode errar, quero indicar mais precisamente dois de meus temas de gozo: um me tinha sido fornecido, bem inocentemente, por George Sand, no encantador conto de Gribouille, que se joga na água, num dia em que chove bastante, não para se proteger da chuva, como seus malvados irmãos tentaram nos fazer crer, mas para se proteger de seus irmãos que zombavam dele. No rio, ele se esforça e nada por certo tempo, depois desiste; e, assim que desiste, boia; sente então que fica pequenininho, leve, estranho, vegetal; nascem-lhe folhas por todo o corpo e, logo, a água do rio pode deitar na margem o delicado ramo de carvalho em que nosso amigo Gribouille se transformou.*
>
> *Absurdo!* – o escritor faz seu interlocutor exclamar – *Mas é por isso precisamente que eu conto; é a verdade o que digo, não o que me honra. E, sem dúvida, a avó de Nohant absolutamente não pensava em escrever ali algo depravado; mas testemunho que nenhuma página de Afrodite perturbou tanto um estudante quanto essa metamorfose de Gribouille em vegetal o pequeno ignorante que eu era.*

Antes de retornar a essa passagem, cuja dimensão não se deve ignorar, acrescento o outro exemplo que Gide nos dá de uma fantasia provocadora de seus gozos primitivos.

> *Havia também, numa estúpida peçazinha da Mme de Ségur: Les Dîners de Mademoiselle Justine, uma passagem em que as criadas aproveitam a ausência dos patrões para fazer a festa; fuçam em todos os armários; se refestelam; e eis que, enquanto Justine se inclina para tirar uma pilha de pratos do armário, o cocheiro vem de fininho e lhe belisca a cintura; Justine, com cócegas, larga a pilha; cataplum! Toda a louça se quebra. O estrago me fazia rebentar de prazer.*

Precisam de mais para entender como essa segunda fantasia ilustra essa coisa totalmente primordial que se trata de articular na relação do sujeito com o corte? Nesses sujeitos, é muito comum que uma das fantasias fundamentais de sua iniciação masturbatória seja também a fantasia de uma revelação verbal. Cito, por exemplo, um sujeito cuja fantasia tinha como tema uma iniciação sexual enquanto tal.

Na primeira dessas fantasias, a relação desvelada do sujeito com algo destacado e que progressivamente floresce nos mostra a ordem de identificação do sujeito com o falo, na medida em que este surge de fantasiar um objeto interno da mãe. Essa estrutura é comumente encontrada, demonstrada por centenas de observações analíticas, de modo que nenhum analista oporá qualquer dificuldade em reconhecê-la. Mas não basta ver que uma identificação que representa para o sujeito uma das experiências de sua vida erótica inicial é incluída na fantasia e suportada por ela – o importante determinar o tipo de identificação de que se trata.

Na metonímia do neurótico, o sujeito, como dissemos, é o falo – no limite, ou seja, num ponto que ele só alcançará na perspectiva fugidia de seus sintomas – somente na medida em que não o tem. É o que se trata de não revelar. Disso resulta que, à medida que a análise progride, encontraremos nele uma crescente angústia de castração.

Em contrapartida, na perversão, há algo que podemos chamar de uma inversão do processo da prova. O que tem de ser provado pelo neurótico, a saber, a subsistência de seu desejo, torna-se, na perversão, a base da prova. Isso de certa forma recoloca em lugar de honra o que chamamos na análise de raciocínio pelo absurdo.

Para o perverso, com efeito, estabelece-se a conjunção que une num só termo o *ele o é* e o *ele o tem*. Para isso, basta a tênue abertura possibilitada por uma identificação muito especial com o Outro, qual seja, que o *ele o tem* seja, no caso, um *ela o tem*. Esse *ela* é o objeto da identificação primitiva. Ele terá o falo – quer esse objeto tenha se transformado em fetiche, num caso, ou em ídolo, no outro. Temos aqui todo o leque dos amores homossexuais, da forma fetichista à forma idolátrica ilustrada por Gide.

O laço se institui, se assim podemos nos expressar, no suporte natural. Diremos que a perversão se apresenta como uma espécie de simulação natural do corte. É aí que a intuição de Gillespie nos serve de índice. O que o sujeito não tem, ele o tem no objeto. O que o sujeito não é, seu objeto ideal é. Em suma, certa relação natural é tomada como matéria dessa fenda subjetiva que, tanto na perversão quanto na neurose, se trata de simbolizar. O sujeito é o falo enquanto objeto interno da mãe, e ele o tem no seu objeto de desejo.

Eis, aproximadamente, o que vemos no homossexual masculino. O que vemos na homossexual feminina? Vocês se lembram do caso conhecido como da jovem homossexual, que analisamos aqui em comparação com o caso Dora? O que se passa no ponto de virada em que a jovem paciente de Freud se precipita na idealização homossexual? Ela é realmente o falo, mas a título de quê?

Ali também se trata do falo como objeto interno da mãe. Isso se percebe nitidamente quando, no auge da crise, ela se atira por cima da barreira da linha de trem. Freud reconhece nesse *niederkommen* a identificação com esse atributo materno. Ao decair como objeto, ela se faz ser o falo. Seu suicídio constitui um supremo esforço para dar esse falo a seu ídolo. Mais precisamente, ao dar à pessoa específica que é o objeto de seus amores homossexuais o que ela não tem, a saber, esse falo objeto de sua adoração, ela a conduz ao máximo da idealização.

Pretendo apresentar isso como uma estrutura. Vocês a reencontrarão sempre, em cada caso, se fizerem o esforço de interrogá-lo – não só na perversão em geral, mas especialmente na homossexualidade.

É decerto pertinente objetar que essa forma é extremamente polimorfa, tanto mais que o uso corrente do termo "homossexualidade" leva a subsumir nele não sei quantas formas diversas que a experiência nos apresenta. É decerto legítimo admitir todo tipo de formas periféricas, intermediárias, entre a perversão e, digamos, a psicose, tal como a toxicomania ou outras formas de nosso campo nosográfico. Mas, afinal, não seria inclusive do nosso interesse situar no nível da perversão algo que poderia constituir o centro da homossexualidade?

Tomemos como referência, por exemplo, o que tentamos formular da última vez como sendo o ponto sobre o qual se apoia o desejo de desejo que o neurótico tem. Dissemos que é graças à relação do eu com a imagem do outro que pode se estabelecer todo esse jogo de substituições no qual o neurótico nunca tem de fazer a prova daquilo de que se trata, a saber, que ele é o falo – ou seja, efetivamente, $\Phi \lozenge i(a)$. Pois bem, na homossexualidade, diremos que lidamos com a relação entre a identificação primitiva, simbólica, I, e a identificação narcísica, especular, $i(a)$.

No homossexual, já existe no sujeito uma esquize, desenhada entre I, seu primeiro acesso identificatório, simbólico, à relação primordial com a mãe, e suas primeiras *Verwerfungen*. Isso se articula com a segunda identificação do sujeito, sua identificação imaginária com sua forma especular, $i(a)$. E é isso que o sujeito utiliza para simbolizar o termo em que ele se inscreve na medida em que intervém na relação fantasística, esse termo que, seguindo Gillespie, chamaremos de "fenda".

No neurótico, o desejo do Outro é o que apavora o sujeito, que se sente correndo ali todos os riscos. No homossexual, em contrapartida, esse desejo encontra seu símbolo, que surge da mãe, no falo, que é aqui o elemento significante essencial, o centro em torno do qual vai se organizar toda a construção do perverso. Decorre daí que, no seu caso, o desejo do Outro é o que há de mais recôndito, de mais difícil acesso. É isso que constitui a profundidade e a dificuldade das análises da experiência infantil que nos permitiram ter acesso às construções e especulações especialmente ligadas às identificações objetais primitivas do sujeito.

Tivesse Gide se oferecido, por sua conta e risco, à exploração analítica, nada diz que teria sido possível levá-la muito longe. Não o fez. Sua análise só se desenvolveu na chamada dimensão sublimada. Mas, por mais superficial que seja, mesmo assim ela nos dá estranhas indicações, sobre sua relação com o objeto. Há uma, em particular, com a qual terminarei.

Trata-se de um pequeno traço que se revela uma singularidade de comportamento. Ninguém, que eu saiba, deu-lhe seu devido valor, embora quase assine com seu acento sintomático aquilo de que se trata, a saber, o para-além do personagem materno, ou, mais exatamente, o interior deste, seu coração mesmo. Pois, o que está no coração da identificação primitiva encontra-se no fundo da estrutura do próprio sujeito perverso.

No neurótico, o desejo está no horizonte de todas as suas demandas, longamente desdobradas e literalmente intermináveis. No perverso, o desejo *está no coração* de todas as suas demandas e, se o lermos em seu desenrolar, ele aparece incontestavelmente enodado em torno de exigências estéticas. O mais impressionante, porém, é a modulação dos sucessivos temas em torno dos quais se desenrola.

Quando vemos aparecer, desde as primeiras linhas do volume e nas suas seis ou sete primeiras páginas, as relações do sujeito com uma visão fragmentada, um caleidoscópio, como não se sentir levado ao mais longínquo da experiência fragmentadora? Mas não é só isso. Num determinado momento, Gide tem uma certa percepção, que ele articula na noção de que sem dúvida há, diz ele, a realidade e os sonhos, mas que há também *uma segunda realidade*. Mais adiante ainda, conta-nos a chamada história do nó na madeira de uma porta. É aí que quero chegar. É o mais minúsculo dos índices, mas, para nós, como todos sabem, são estes os mais importantes.

Na madeira dessa porta, em algum lugar em Uzès, há um buraco, porque um nó foi extraído. E, no fundo, o que há é uma bolinha de gude, dizem-lhe, que o seu papai enfiou ali quando tinha a sua idade. E ele nos conta, para a admiração dos amantes de personagens, que a partir daquelas férias, ele passa um ano deixando crescer a unha do dedo mindinho para que, no próximo encontro, ela esteja suficientemente longa para poder extrair a bolinha de gude do buraco na madeira.

Consegue fazê-lo, de fato, mas o que tem na mão não é mais que um objeto cinzento, que ele teria vergonha de mostrar a quem quer que fosse. Diante disso, recoloca-o no lugar, corta sua pequena unha e não conta para ninguém – exceto para nós, a posteridade que irá imortalizar essa história.

Acredito ser difícil encontrar melhor introdução à noção de objeto, no fim das contas repudiado numa magnífica *Sublimierung*. É esta efetivamente a forma sob a qual se apresenta a relação do sujeito perverso com o objeto interno. Pois o objeto que ele caça com perseverança é um objeto no coração do Outro.

A dimensão imaginária do desejo do Outro, no caso o da mãe, de ordem primordial, desempenha aqui o papel central, decisivo, simbolizador – o que nos permite considerar que, no nível do desejo, o perverso está identificado com a forma imaginária do falo.

É em cima disso que daremos, a próxima vez, nossa última lição do ano.

24 de junho de 1959

Conclusão e Abertura

XXVII
Rumo à Sublimação

Crítica da pretensa realidade
Defesa da dimensão do desejo
Posição inexorável do real
Redução da pulsão ao significante
Valor contestatário da perversão

Chegamos ao final deste ano, que dediquei, por minha conta e risco – mas de vocês também –, ao desejo e a sua interpretação.

A questão que me ocupou, e da qual não arredei, foi, vocês puderam ver, a do lugar do desejo na economia da experiência analítica. Penso, com efeito, que toda interpretação particular de qualquer desejo deve partir daí.

Não foi um lugar fácil de circunscrever. Hoje, gostaria simplesmente, numa palavra de conclusão, indicar-lhes os pontos cardeais com relação aos quais se situa a função do desejo, tal como a definimos este ano, de uma maneira cuja importância espero tê-los feito perceber.

1

No momento analítico que vivemos, e que já começou faz uns vinte anos, as observações que se comprazem em comunicar contêm casos chamados, com relação às neuroses típicas da antiga literatura, de *caracteres neuróticos*, de casos-limite quanto à neurose.

É um traço constante, como demonstra a menor experiência que possam ter tido dos trabalhos analíticos modernos.

Li alguns deles nestes últimos tempos, como que para fazer um balanço: qual é o modo de abordagem do tema que aí encontramos? Por onde anda a cogitação analítica no que concerne ao que constitui o essencial do progresso implicado pela experiência? Pois bem, grosso modo, pode-se dizer que, com surpreendente constância, e seja qual for o ângulo pelo qual um analista tome suas palavras de ordem, o estado atual das coisas na análise está dominado pela relação de objeto. Tudo converge para a relação de objeto.

Entre os centros de organização do pensamento analítico que estruturam a pesquisa, é à experiência kleiniana que essa rubrica se vincula. É verdade que sua presença nos trabalhos depende mais do sintoma do que da difusão teórica de uma noção que tenha sido particularmente aprofundada. Contudo, nenhum dos outros centros está profundamente afastado disso, pois a relação de objeto acabou dominando toda a concepção acerca do progresso da análise.

Essa constatação não é a menos impressionante das que se apresentam a nós nesta ocasião, esta outra é ainda mais. Quando se acompanha concretamente o desenrolar de uma observação relatada com o intuito de ilustrar uma estrutura qualquer pertencente ao campo de nosso objeto nosológico, percebe-se que a análise parece andar, pelo menos por certo tempo, sobre uma linha que poderíamos qualificar de normatização moralizante.

Não digo que as intervenções do analista vão diretamente nesse sentido – varia conforme o caso –, mas que é dentro dessa perspectiva que o analista toma seus pontos de referência. Isso se percebe na própria maneira como ele articula as particularidades da posição do sujeito em relação ao que o cerca, em relação ao objeto de que se trata. Ele sempre toma como referência uma suposta normal da aproximação do outro como tal, e é em função dessa normal que ele avalia as deficiências da apreensão do objeto pelo sujeito que está em análise. A mente do analista detém-se essencialmente nas gradações da dimensão do outro, sempre situado como algo que a todo instante é ignorado, esquecido, decaído de sua condição de sujeito autônomo independente, decaído de sua condição de outro puro, de outro absoluto. Só isso. Em toda vida, toda a atenção se concentra na avaliação do outro em seu relevo, em sua autonomia.

O mais impressionante não é tanto esse balizamento, com todos os pressupostos culturais implicados, pois, afinal, ela vale tanto quanto qualquer outra. É a adesão implícita do analista ao que se pode chamar de um sistema de valores, que, por ser implícita não está menos presente.

No começo da análise, vemos o analista elaborar longamente com o sujeito as insuficiências de sua apreensão afetiva do outro. Produz-se, em seguida, um ponto de virada qualquer da análise concreta, a menos que não seja simplesmente uma espécie de pressa do analista para resumir o que lhe parecem ser os termos últimos da experiência. De todo modo, vemos em geral a articulação essencialmente moralizante da observação cair bruscamente numa espécie de andar inferior e encontrar seu último termo de referência numa série de identificações extremamente primitivas, que, seja qual for a forma como as intitulemos, sempre se aproximam, em maior ou menor medida, da noção de objetos bons e maus, internos, introjetados, ou externos, *externalised*, projetados.

A referência às experiências de identificação primordial sempre trai algum pendor kleiniano. Pode acontecer de esse pendor estar mascarado pelo destaque dado às forças motoras a que são atribuídas as fixações, e que são designadas com nomes mais antigos, emprestados das referências instintivas – dir-se-á, por exemplo, que, num certo caso, um sadismo oral inflectiu profundamente a relação edipiana. Mas, como motivo, em última instância, desse acidente do drama edipiano, sempre se acabará fazendo referência, em última análise, a algo da ordem das identificações primitivas. Em suma, todo o desenvolvimento do drama subjetivo da neurose está relacionado com elas, sem falar das perversões.

Ora, essas identificações deixam numa ambiguidade profunda a própria noção de subjetividade. Nelas, o sujeito aparece essencialmente como identificação com algo que ele pode considerar como sendo, mais ou menos, dele mesmo. E a terapêutica apresenta-se como um rearranjo dessas identificações, ao longo de uma experiência que toma seu princípio numa referência à realidade.

As coisas ganham a partir daí um aspecto extremamente arriscado, porque, no fim das contas, *a* realidade referida não passa de *uma* realidade, a realidade suposta pelo analista. E ela implica, agora sob uma forma ainda mais implícita, ainda mais mascarada e que pode ser totalmente escabrosa, uma normatividade ideal, que faz dos ideais do analista a medida definitiva à qual se solicita que a conclusão do sujeito se agregue, que é uma conclusão identificatória: *No fim das contas, eu sou o que reconheço ser em mim o bom e o bem. Aspiro a me adequar a uma normatividade ideal que, por mais oculta, por mais implícita que seja, não deixa de ser aquela que, depois de tantas voltas, reconheço como aquela que me é designada*. A análise procede aqui por algo que nada mais é que uma sutil – mais sutil que outras, mas, no fim das contas, não diferente – ação sugestiva.

A experiência que assim se organizou por uma espécie de deslizamento progressivo a partir da indicação freudiana primordial, mascara cada vez mais a questão essencial que jaz em seu cerne e sem a qual não há, acho eu, justa apreciação da ação analítica, ou seja, a questão do lugar do desejo. A articulação que damos do desejo tem como efeito devolver ao primeiro plano de nosso interesse – de uma maneira que, por sua vez, não é ambígua, mas realmente crucial – a noção de que aquilo com que estamos lidando é uma subjetividade.

O desejo é ou não é subjetividade? Essa questão não esperou a psicanálise para ser formulada. Existe desde sempre, desde a origem do que se pode chamar de experiência moral. O desejo é a um só tempo subjetividade – ele é o que está no âmago mesmo de nossa subjetividade, o que é o mais essencialmente sujeito – e é, ao mesmo tempo, o contrário, opõe-se à subjetividade como uma resistência, como um paradoxo, como um núcleo rejeitado, refutável.

É a partir disso, insisti várias vezes, que toda a experiência ética se desenvolveu numa perspectiva ao final da qual temos a fórmula enigmática de Espinosa, de que *o desejo, cupiditas, é a própria essência do homem*. Ela é enigmática na medida em que deixa em aberto a questão de saber se o que desejamos se confunde ou não com o que é desejável.

Mesmo na análise, a distância entre o que é desejado e o que é desejável está plenamente aberta. É a partir daí que a experiência analítica se instaura e se articula. O desejo não está simplesmente exilado, repelido para o nível da ação e do princípio de nossa servidão, como fora até então. Ele é interrogado como sendo a chave, ou a mola em nós, de toda uma série de ações e comportamentos compreendidos como aquilo que representa o mais profundo de nossa verdade. É esse o ponto máximo, o ponto culminante de onde, a cada instante, a experiência tende a descer novamente.

Será que isso significa, como se acreditou por muito tempo, que o desejo de que se trata é pura e simples emanação vital? Não é nada disso, pois, desde o primeiro momento em que soletramos nossa experiência, esse desejo, à medida mesmo que o aprofundamos, o vemos se confundir cada vez menos com um elã puro e simples, e se decompor, se desarticular, se afastar mais e mais do que seria uma relação harmônica. No remontar regressivo em que se constitui a experiência analítica, não há desejo que não se mostre como um elemento problemático, disperso, polimorfo, contraditório e, para resumir, bem longe de qualquer coaptação orientada.

Era a essa experiência do desejo, no que ela tem de absolutamente original, de absolutamente irredutível, que se tratava de nos dedicarmos. Não podíamos deixá-la sem aprofundá-la e sem produzir alguma elaboração que fixasse para nós seu sentido – apesar de que, como já disse, no modo como se articula atualmente a experiência analítica, tudo é feito para esconder de nós esse sentido do desejo e nos desviar dele.

A experiência de transferência é, na análise, a única via pela qual se opera a desobstrução das vias que levam ao objeto. Porém, defini-la como uma experiência de repetição obtida por uma regressão, ela mesma dependente de uma frustração, é mostrar-nos apenas seu negativo, pois é deixar de lado a relação fundamental dessa frustração com a demanda. Somente nosso modo de articular os termos nos permite ver que, se a demanda regride na análise, é porque, tal como nela se apresenta, como demanda elaborada, fica sem resposta.

O analista atual pretende dar essa resposta ele mesmo, por meios indiretos, a fim de guiar o analisando para o objeto. Donde todo tipo de ideias incríveis, entre as quais essa *regulagem da distância* do objeto, que já critiquei. Embora essa noção tenha um papel sobretudo no contexto francês, ela, por si só, mostra bastante bem em que tipo de impasse contraditório a análise cai quando se centra estritamente na relação de objeto, na medida em que, o que quer que se diga, toda relação, seja ela qual for, seja qual for a normal que supusermos para ela, parece de fato pressupor a conservação de certa distância. A bem dizer, podemos reconhecer nisso uma aplicação precária, e tomada a contrapelo, de nossas breves considerações sobre a relação entre o estádio do espelho e a relação narcísica, que serviram de bagagem teórica para os autores que puseram em primeiro plano a chamada *ação analítica*, numa época em que não podiam situar o lugar dela em referências mais amplas.

Com efeito, referir a experiência analítica a algo que, em última instância, se apoiaria na pretensa realidade, tomar essa realidade como medida, como padrão do que se trataria de reduzir na relação transferencial, fazer corresponder a essa ação de redução a noção mais ou menos elaborada de uma *distorção do eu* com referência ao que, nesse eu, subsistiria de possível aliado da redução da análise a uma realidade – tudo o que é organizado nesses termos nada mais faz do que restaurar a separação entre o médico e o doente em que se baseia toda uma nosografia clássica.

Isso, em si, não é nenhuma objeção e sim a inoperância de uma terapêutica subjetiva que não se distingue da psicoterapia pré-analítica. Nesta, a experiência do paciente é entregue à norma onipotente do juízo do médico. Embora o paciente seja seguramente considerado um semelhante, é um semelhante que incorreu no erro, com tudo o que isso comporta, precisamente, de distância e de desconhecimento impossível de reduzir. A estruturação intersubjetiva que a análise instaura se distingue estritamente da precedente, pelo fato de que, por mais afastado de nossas normas que o paciente possa estar – e isto até os limites da psicose, da loucura –, nós o supomos um semelhante, ao qual estamos ligados por laços de caridade, de respeito de nossa imagem.

Esta é, sem dúvida, uma relação que constituiu um progresso histórico na maneira de nos comportarmos com relação ao doente mental. Mas o passo decisivo instaurado pela análise é considerá-lo essencialmente, por sua própria natureza, um sujeito falante como tal, que, seja qual for sua posição, está tomado exatamente como nós nas consequências e nos riscos da relação com a fala.

Essa perspectiva basta para mudar completamente nossas relações com esse sujeito passivo. Ela implica, com efeito, que o desejo, longe de se confundir com o sentimento de um impulso obscuro e radical, o desejo se situa, a partir daí, para além.

Essa pulsão, esse grito, esse impulso, só vale para nós, só existe, só se define, só é articulado por Freud na medida em que está tomado numa sequência temporal de uma natureza especial, que chamamos de cadeia significante. Esta tem fortes incidências em tudo com que temos de lidar da ordem do impulso: a cadeia significante o desconecta de tudo o que o define e o situa como vital, torna-o separável de tudo o que o garante na sua consistência viva, ela torna possível que – tal como o articula desde o começo a teoria freudiana – o impulso seja separado de sua fonte, de seu objeto e, pode-se dizer, de sua tendência. O próprio impulso está separado dele mesmo, pois pode ser reconhecido sob uma forma invertida na tendência. Ele é primitivamente, primordialmente, decomponível, decomposto e, resumindo, numa decomposição significante.

O desejo não é essa sequência. Ele é uma localização do sujeito com relação a essa sequência, de onde ele se reflete na dimensão do desejo do Outro.

Tomemos um exemplo sob a forma mais primitiva que a experiência analítica nos oferece, a saber, a relação do sujeito com o recém-chegado na constelação familiar.

O que nessa ocasião se chama uma *agressão* não é uma agressão, é um anseio [*souhait*] de morte. Por mais inconsciente que o suponhamos, é algo que articula *Que ele morra!* – e isso só pode ser concebido no registro da articulação, isto é, ali onde os significantes existem. O semelhante rival é agredido em termos significantes articulados, por mais primitivos que os suponhamos, ao passo que o animal, quando se entrega a agressões contra os pequenos semelhantes, ele os mordisca, os empurra, joga-os inclusive para fora do recinto onde poderiam ter acesso ao alimento. Que a rivalidade primitiva passe para o inconsciente é algo ligado ao fato de uma articulação, por mais rudimentar que a suponhamos, cuja natureza não é essencialmente diferente daquela da articulação falada: *Que ele morra!*

É por se tratar aqui de articulações que esse *Que ele morra!* pode ficar por baixo do *Que bonito que é!* ou do *Gosto dele*, que é o outro discurso que se superpõe ao precedente. No intervalo entre esses dois discursos, situa-se aquilo com que lidamos como desejo.

Digamos, se quiserem, que é nesse intervalo que se constitui o objeto mau da dialética kleiniana. Vemos como podem vir convergir aqui a pulsão rejeitada e o objeto introjetado, numa ambiguidade parecida.

Contudo, de que modo se estrutura a relação entre eles nesse intervalo? Que forma a função imaginária adota aqui, enquanto apensa, atinente às duas cadeias de discurso, a cadeia recalcada e a cadeia patente, manifesta?

Para saber em que nível exato se situa o desejo, vemo-nos agora convocados a configurar essa articulação.

2

Nesta ou naquela ocasião, vocês podem ter pensado, sugerido, que dou aqui uma concepção falocêntrica do desejo.

Que o falo desempenhe um papel essencial nessa dialética é totalmente evidente. Mas como verdadeiramente entender sua função, se não é no interior das referências ontológicas que estamos tentando introduzir?

Vejamos inicialmente como conceber o uso que dele faz a sra. Melanie Klein, no nível mais arcaico da experiência da criança.

Num momento em que uma criança está enredada nessa ou naquela dificuldade do desenvolvimento, que pode, eventualmente, ser severa, na primeira oportunidade que surja, Melanie Klein lhe interpretará o brinquedinho que ela está manipulando e que faz tocar algum outro elemento da brincadeira com que se instaura a experiência, dizendo-lhe: *Isso é o pênis do papai*.

Alguém, embora viesse de fora, contou-me essas experiências de maneira muito fiel. Qualquer um nessa posição não pode deixar de ficar um pouco desconcertado pela audácia absolutamente brutal da intervenção – mais ainda pelo fato de que, no fim das contas, funciona. É certo que, em alguns casos, o sujeito pode resistir – mas, se resiste, é certamente, e Melanie Klein não tem a menor dúvida, porque ali há algo em jogo, a cujo respeito não há motivo para desesperar quanto à futura compreensão. E Deus sabe o quanto ela se permite, se for o caso, insistir.

É claro que o símbolo fálico entra na brincadeira nesse período ultraprecoce como se o sujeito não esperasse nada além disso. Conforme o caso, Melanie Klein justifica seu uso interpretativo do falo dizendo que se trata apenas de um mamilo simplesmente mais manejável e mais cômodo, mas isso é uma singular petição de princípio. No nosso registro, o que justifica semelhante intervenção só poderia ser expresso nos seguintes termos: na maioria dos casos, o sujeito só tem, desse objeto, a experiência mais indireta, e só a aceita como significante. É como significante que a incidência desse falo se justifica de forma muito clara.

Saber se um sujeito, na idade em que está, toma o falo por um significante ou por um elemento da realidade, talvez seja algo destinado a permanecer indiscernível. O certo, porém, em contrapartida, é que, se Melanie Klein se refere a esse falo, é porque, saiba ela ou não, não encontra coisa melhor como significante do desejo.

Se há algo que o falo como significante significa, é o desejo do desejo do Outro, e é por esse motivo que ele assumirá seu lugar privilegiado no nível do objeto. Contudo, estamos bem longe de nos atermos à posição falocêntrica que me é imputada por aqueles que se atêm à aparência do que estou articulando. O verdadeiro problema não é esse, e sim que o objeto com que estamos às voltas desde a origem no que concerne ao desejo não é, em nenhum grau, um objeto pré-formado da satisfação instintiva, um objeto destinado a satisfazer o sujeito como seu complemento instintivo – o objeto do desejo é o significante do desejo do desejo.

O objeto do desejo, isto é, caso prefiram, o objeto *a* do grafo, é, como tal, o desejo do Outro, na medida em que chega ao conhecimento – se essa palavra tem algum sentido – de um sujeito inconsciente. Ou seja, o objeto está, com relação ao sujeito inconsciente, numa posição contraditória, como indica a expressão *conhecimento de um sujeito inconsciente*. Não é nada impensável, é algo que permanece aberto e que quer dizer: se o objeto chega ao sujeito inconsciente, chega como anseio [*vœu*] de reconhecê-lo, como significante de seu reconhecimento. Em suma, o desejo não tem outro objeto senão o significante de seu reconhecimento.

Portanto, temos de buscar o caráter do objeto como objeto do desejo ali onde a experiência humana o indica sob sua forma mais paradoxal, que chamamos comumente "fetiche".

O fetiche está sempre mais ou menos implícito em tudo o que é comumente objeto das trocas inter-humanas, mas, nesses casos, está sem dúvida mascarado pelo caráter regular ou regularizado dessas trocas. Falou-se do lado fetiche da mercadoria, e não se trata simplesmente de um fato de homofonia, pois esses dois empregos da palavra "fetiche" têm, sim, uma comunidade de sentido. Contudo, no que concerne ao objeto do desejo, temos, em primeiro lugar, de pôr a ênfase em que ele é emprestado do material significante.

Vi o Diabo outra noite, diz em algum lugar Paul-Jean Toulet, *e debaixo de suas vestes, ele superava seus dois...* e termina com: *Como vês, nem todos os frutos da Ciência caem!* Pois bem, esperemos que também para nós, nesta oportunidade, nem todos caiam – e que percebamos que os frutos escondidos que a miragem apresenta ao desejo importam menos que as vestes. O fetiche é, com efeito, a veste, a borda, a franja, os frufrus, a coisa que esconde, e não há nada mais indicado para a função de significante do desejo do Outro.

Partamos novamente da relação da criança com o sujeito da demanda. Nessa relação, a criança lida primitivamente com o desejo da mãe, ou seja, com o que o sujeito da demanda é como tal, fora da demanda. Ora, ela não pode decifrar esse desejo senão da maneira mais virtual, através de um significante. Esse significante, nós, analistas – e pouco importa o que façamos no nosso discurso – remeteremos a esse denominador comum, a esse ponto central da parte significante, que, no caso, é o falo.

O falo nada mais é que o significante do desejo do desejo. O desejo não tem outro objeto além do significante de seu reconhecimento. É o que nos permite deixar de ser incautos na troca que ocorre no nível do desejo, quando nos damos conta de que o sujeito passou para o outro lado da relação sujeito-objeto, que passou para *a*. Convém justamente entender que, nesse último termo, o sujeito não é mais que o significante do reconhecimento do desejo, não é mais que o significante do desejo do desejo.

Contudo, importa manter a oposição $ diante de *a*, a partir da qual essa troca se opera. No que diz respeito ao sujeito barrado, ele é, aqui, sem dúvida alguma, um sujeito imaginário, mas no sentido mais radical, no sentido de que ele é o puro sujeito da desconexão, do corte falado, na medida em que o corte é a escansão essencial sobre a qual se edifica a fala. Esse sujeito está aqui agrupado com um significante que nada mais é que o significante do ser com que se confronta o sujeito, na medida em que esse ser está ele próprio marcado pelo significante. Quanto ao *a* minúsculo, o objeto do desejo, sua natureza é ser um resíduo, um resto – nomeadamente o resíduo deixado pelo ser com que o sujeito falante se confronta, o resto de toda demanda possível.

É por aí que o objeto encontra o real, é por aí que dele participa. Digo *o real* e não *a realidade*, pois a realidade está constituída por todos os cabrestos que o simbolismo humano, de maneira mais ou menos perspicaz, passa pelo pescoço do real quando faz deles os objetos de sua experiência. O que é próprio dos objetos da experiência, notemos, é precisamente deixar de lado – como diria o sr. de La Palice – tudo o que no objeto escapa dessa experiência.

É por esse motivo que, ao contrário do que se crê, a experiência, a pretensa experiência, tem duas faces. Se vocês têm, por exemplo, que resolver uma determinada situação histórica, suas chances de cometer erros e faltas graves são igualmente grandes, quer vocês se fiem na experiência, quer a desconsiderem, pela simples razão de que, por definição, fiar-se na experiência é justamente desconhecer o elemento novo que há na situação presente.

O objeto em questão, na medida em que encontra o real, dele participa no fato de que, aqui, o real se apresenta como o que resiste à demanda, o que chamarei de "o inexorável". O objeto do desejo é o inexorável como tal. Se encontra o real – esse real a que fiz alusão no momento em que fazíamos a análise de Schreber –, é porque é sob a forma do real que ele melhor encarna esse inexorável. Essa forma do real que se chama "o inexorável" apresenta-se no seguinte: o real volta sempre ao mesmo lugar.

Foi por esse motivo que, curiosamente, vimos o protótipo do real nos astros. Como explicar de outro modo a presença, na origem da experiência cultural, desse interesse pelo objeto efetivamente menos interessante que existe para o que quer que seja de vital, ou seja, as estrelas?

Se a cultura e a posição do sujeito no terreno do desejo – desde que esse desejo se instaure – instituem-se profundamente na estrutura simbólica como tal, o interesse pelas estrelas explica-se pelo fato de que, de toda a realidade, elas são o mais puramente real que existe.

Seu assinalamento exige uma única condição. O pastor na sua solidão, o primeiro que começa a observar o que não tem outro interesse senão ser localizado como algo que volta sempre para o mesmo lugar, com relação a que ele as localiza, senão com relação àquilo com que ele se institui radicalmente como objeto, a saber, com relação a uma forma de fenda?

Por mais primitiva que vocês a suponham, a forma de fenda é o que permite localizar o real quando ele retorna ao mesmo lugar.

3

Eis então o ponto no qual chegamos a formular que o objeto do desejo se define fundamentalmente como significante de uma relação que é ela mesma uma relação, assim repercutida indefinidamente, de certa maneira.

O desejo, se ele é desejo do desejo do Outro, abre-se para o enigma do que é o desejo do Outro como tal. O desejo do Outro como tal está articulado e estruturado fundamentalmente na relação do sujeito com a fala, ou seja, na desconexão de tudo o que, no sujeito, está vitalmente enraizado.

Esse desejo é o ponto central, o pivô de toda a economia com que lidamos na análise. Se não localizamos sua função, somos necessariamente levados a só encontrar referências no que é efetivamente simbolizado sob as expressões "realidade", "realidade existente", "contexto social". Se nos agarramos a essa dimensão, somos levados, parece, a desconhecer outra: a dimensão do desejo, que o freudismo, em especial, reintegrou à experiência humana como algo absolutamente essencial.

Aqui é onde ganham valor os fatos sobre os quais tantas vezes me apoiei e que mostram no que vai dar toda intervenção que tende a restringir a experiência transferencial à realidade atual da sessão analítica – essa realidade tão simples, dizem, como se ela não fosse o artifício mesmo. Tudo o que o sujeito produza ali, do jeito mais normal do mundo – e não sem motivo, pois é o que esperamos –, temos sem dúvida de retomar, mas certamente não reduzir a nenhuma realidade imediata.

Insisti muitas vezes, sob diversas formas, no caráter comum dos fenômenos que se produzem cada vez que as intervenções do analista pretendem, de maneira demasiado insistente ou até brutal, provar que na realidade da análise se reatualiza uma relação objetal considerada típica. Embora muitos relatos de caso demonstrem a constância desses fenômenos, nem sempre os analistas parecem tê-los identificado.

Seja como for, vou me referir de novo ao famoso relato de caso publicado no *Bulletin d'Activités de l'Association des Psychanalystes de Belgique*, que uma vez foi objeto de nossa crítica, pois encontro uma notável coincidência entre ela e o artigo no qual Glover já tenta situar a função da perversão em relação com o sistema da realidade do sujeito.

No primeiro relato, a analista, quando o sujeito expõe a fantasia que elabora de ir para a cama com ela, responde-lhe textualmente o seguinte: *Você está se assustando com algo que sabe que nunca acontecerá.* Tal é o estilo em que se apresenta a intervenção analítica. Não vou falar do que ressalta aqui das motivações pessoais da analista. Vou me limitar ao que orienta a analista na sua ação, uma vez que ela foi supervisionada por alguém que é precisamente aquele a quem já aludi hoje no tocante à temática da distância.

Independentemente do que haja de pânico em relação à análise numa tal intervenção, tentaremos justificá-la por uma justa apreensão da chamada realidade, a saber, das relações entre os objetos em presença. É certo que essa relação é decisiva, pois, imediatamente depois desse estilo de intervenção, desencadeia-se aquilo que é o objeto da comunicação, qual seja, o surgimento brutal no sujeito de uma vergonha que o acossa, a de ser grande demais. Ademais, há nisso toda uma série de temas que se aproximam da despersonalização e aos quais toda importância dada é pouca.

Esse sujeito talvez não tenha sido muito bem qualificado do ponto de vista diagnóstico: diagnosticaram uma fobia, embora o caso seguramente nos pareceu mais próximo de rudimentos de ilusões paranoides. O que é certo, porém, é que o que se produz é uma neoformação. O artigo tem, aliás, explicitamente como objeto – não somos nós que o dizemos – o que se chama de perversão transitória do sujeito. Ou seja, ele sai correndo para o ponto geográfico – é um cinema – onde encontrou as circunstâncias particularmente favoráveis para observar, através de uma fenda, pessoas, especialmente femininas, satisfazendo suas necessidades urinárias. Até então, esse elemento não tivera lugar na sintomatologia.

Ora, um fenômeno similar é notado na página 494 do *International Journal*, volume XIV, outubro de 1933, parte 4, no artigo de Glover, "The Relation of Perversion-Formation to the Development of Reality-Sense". Trata-se de um caso muito próximo do anterior, no sentido de que Glover o diagnostica antes como paranoide, mas que nós, inversamente, associaríamos a uma fobia. Intervenções sem dúvida alguma análogas por parte de Glover produzem a encenação análoga de uma explosão perversa transitória e ocasional. Não há qualquer diferença essencial entre esses dois casos.

Isso também deve ser associado a um exemplo que destaquei no discurso sobre a "Função e campo da fala e da linguagem", ou seja, a intervenção de Ernst Kris a respeito do temor fóbico que um paciente sentia do plágio. O analista lhe explica que ele absolutamente não é um plagiador, o que faz o outro sair correndo para a rua e pedir um prato de miolos frescos – para grande alegria do analista, que vê nisso uma reação realmente significativa à sua intervenção.

De nossa parte, digamos que, sob uma forma atenuada, é assim que a dimensão própria do sujeito reage cada vez que a intervenção tenta compactá-la, comprimi-la numa pura e simples redução aos dados considerados "objetivos", quando, na verdade, são tão somente coerentes com os preconceitos do analista.

4

Se me permitirem, vou terminar com um comentário que introduz o lugar em que nós, analistas, temos de nos situar em relação ao desejo.

Com efeito, a coisa não funcionará se não conseguirmos construir uma concepção coerente de nossa função em relação às normas sociais. Se há uma experiência que deve nos ensinar o quanto essas normas sociais são problemáticas, o quanto devem ser interrogadas, o quanto sua determinação se situa num lugar diferente do que na sua função de adaptação, é justamente a do analista.

Nessa nossa experiência do sujeito lógico, há uma dimensão que se descobre para nós, sempre latente, mas também sempre presente, em toda relação intersubjetiva. Essa dimensão, a do desejo, está numa relação de interação, de troca, com tudo o que, a partir dali, se cristaliza na estrutura social. Se levarmos isso em consideração, devemos chegar mais ou menos à seguinte concepção.

O que designo pela palavra "cultura" – palavra de que gosto muito pouco ou mesmo nada – é certa história do sujeito na sua relação com o *logos*. Seguramente, essa instância, a relação com o *logos*, permaneceu mascarada no curso do tempo e, na época em que vivemos, é difícil não ver a hiância que representa, a que distância se situa em relação a certa inércia social. Por isso é que o freudismo existe na nossa época.

Algo do que denominamos "cultura" passa para a sociedade. Podemos definir provisoriamente a relação entre ambas como uma relação de entropia, na medida em que o que passa da cultura para a sociedade inclui sempre alguma função de desagregação.

O que se apresenta na sociedade como cultura – e que, portanto, entrou, a títulos diversos, num certo número de condições estáveis, também elas latentes, que determinam os circuitos das trocas no interior do rebanho – instaura nela um movimento, uma dialética, que deixa aberta uma hiância igual àquela no interior da qual situamos a função do desejo. É nesse sentido que podemos formular que o que se produz como perversão reflete, no nível do sujeito lógico, o protesto contra o que o sujeito sofre no nível da identificação, uma vez que esta é a relação que instaura e ordena as normas da estabilização social das diferentes funções.

Aqui, não podemos não ver o que aproxima toda estrutura semelhante à da perversão do que Freud, no seu artigo "Neurose e psicose", enuncia nos seguintes termos.

É possível para o eu, diz ele, *evitar a ruptura de qualquer um dos lados que a ele se proponha naquele momento como conflito, como distensão, desde que deixe de lado toda reivindicação à sua própria unidade e, eventualmente, se cinda e se divida.* Freud nos dá, então, um desses apanhados que sempre tornam seus textos especialmente esclarecedores, em comparação com os textos mais comuns da literatura com que lidamos em psicanálise. *É assim que podemos perceber o parentesco existente entre as perversões, na medida em que nos poupam uma repressão, e todas as Inkonsequenzen, Verschrobenheiten und Narrheiten der Menschen.*

Ele visa precisamente, da maneira mais clara, a tudo o que se apresenta no contexto social como *paradoxo, inconsequência, forma confusa e forma de loucura.* O *Narr* é o *louco*, no texto da vida social mais comum e mais ordinária.

Poderíamos dizer, em suma, que algo se instaura como um circuito que gira entre, por um lado, o conformismo, ou as formas socialmente conformes, da atividade dita cultural – essa expressão se torna excelente aqui para definir tudo o que, da cultura, se barganha e se aliena na sociedade – e, por outro lado, a perversão, na medida em que, no nível do sujeito lógico, ela representa, por uma série de gradações, o protesto que, em relação à conformização, se eleva na dimensão do desejo, já que o desejo é relação do sujeito com seu ser.

Aqui se inscreve a tão falada sublimação, de que talvez comecemos a falar ano que vem. Na verdade, nada justifica melhor tudo o que estou tentando expor a vocês do que a noção que Freud trouxe sob o nome de sublimação.

O que é a sublimação, com efeito? O que ela pode ser, se, com Freud, a definirmos como *uma atividade sexual na medida em que é dessexualizada*? Como podemos sequer concebê-la, quando já não se trata nem de fonte, nem de direção da tendência, nem de objeto, mas da própria natureza do que, no caso, se chama energia envolvida?

Acho que lhes bastará ler o artigo de Glover no *International Journal of Psychoanalysis*, no qual ele aborda, com a preocupação crítica que lhe é própria, a noção de sublimação, para entender até que ponto ela é problemática. E continua sendo, a menos que se defina a sublimação como a forma mesma em que se cunha o desejo. O que lhes indicam, de fato, em Freud é justamente que essa forma pode se esvaziar da pulsão sexual – ou, mais exatamente, que a própria pulsão, longe de se confundir com a substância da relação sexual, é essa própria forma. Em outras palavras, fundamentalmente, a pulsão pode se reduzir ao puro jogo do significante. E é assim também que podemos definir a sublimação.

A sublimação, como escrevi em algum lugar, é aquilo que possibilita que desejo e letra se equivalham. Aqui – num ponto tão paradoxal quanto é a perversão, entendida em sua forma mais geral como o que, no ser humano, resiste a toda normalização – podemos ver produzir-se esse discurso, essa aparente elaboração vazia que chamamos sublimação e que, tanto em sua natureza como em seus produtos, é distinta da valorização social que posteriormente lhe será dada. As dificuldades de apor ao termo "sublimação" a noção de valor social são particularmente bem destacadas no artigo de Glover de que lhes estou falando.

A sublimação se situa como tal no nível do sujeito lógico, ali onde se instaura e se desenrola tudo o que é, propriamente falando, trabalho criador na ordem do *logos*. Daí vêm, em maior ou menor medida, inserir-se na sociedade, vêm em maior ou menor medida encontrar seu lugar no nível social, as atividades culturais, com todas as incidências e os riscos que elas comportam, inclusive o remanejamento dos conformismos anteriormente instaurados, ou até sua explosão.

Para situar no seu plano próprio, no seu plano animador, aquilo de que se trata no tocante ao desejo, poderíamos, pelo menos provisoriamente, indicar o circuito fechado constituído por estes quatro termos do grafo: d, $(\$\lozenge a)$, S(Ⱥ) e $(\$\lozenge D)$.

O problema em que desembocamos aqui é o mesmo em que os deixei no ano passado, com meu relatório sobre "A direção do tratamento" no Congresso de Royaumont.

O desejo do sujeito, como desejo do desejo, abre para o corte, para o ser puro, manifestado em Ⱥ sob a forma de falta. No fim das contas, com que desejo o sujeito vai se confrontar na análise senão com o desejo do analista? É precisamente por esse motivo que é tão necessário mantermos diante de nós essa dimensão sobre a função do desejo.

A análise não é uma simples reconstituição do passado, tampouco é uma redução a normas pré-formadas, a análise não é um *epos*, não é um *ethos*. Se tivesse de compará-la com algo, seria com um relato que fosse, ele mesmo, o lugar do (re)encontro em questão no relato.

O problema da análise reside na situação paradoxal em que se encontra o desejo do Outro que o sujeito haverá de reencontrar, nosso desejo, por demais presente no que o sujeito supõe que lhe demandamos. Com efeito, o desejo do Outro, que é para nós o desejo do sujeito, não devemos guiá-lo para o nosso desejo, mas para um outro. Amadurecemos o desejo do sujeito para outro, não para nós. Estamos na posição paradoxal de sermos os casamenteiros do desejo, seus parteiros, aqueles que presidem a seu advento.

Como sustentar semelhante posição? Ela seguramente só pode ser sustentada mediante a manutenção de um artifício que é o da regra analítica como um todo. Mas qual é o motor último desse artifício? Como sempre, essa é a verdade mais trivial e ao mesmo tempo mais oculta.

A análise é sem dúvida uma situação em que o analista se oferece como suporte para todas as demandas e não responde a nenhuma, mas será apenas nessa não resposta – que está bem longe de ser uma não resposta absoluta – que reside o motor de nossa presença? Não caberia dar um papel essencial a um elemento que é imanente à situação e que se reproduz ao final de cada sessão? Quero dizer, esse vazio a que nosso desejo tem de se limitar, esse lugar que deixamos para o desejo para que ele ali se situe – em suma, o corte.

O corte é, sem dúvida, o modo mais eficaz da interpretação analítica. Querem tornar esse corte mecânico, submetê-lo a um tempo pré-fabricado. Pois bem, nós não só o colocamos efetivamente num lugar totalmente diferente, mas acrescentamos que é um dos métodos mais eficazes de nossa intervenção. Insistamos nisso com dedicação.

Dito isso, não esqueçamos a presença, nesse corte, do que aprendemos a reconhecer sob a forma do objeto fálico, latente em toda relação de demanda como significante do desejo.

Para terminar esta lição e fazer sei lá que chamado que será como uma pré-aula anunciando-lhes o que irá inaugurar nossos encontros do ano que vem, gostaria de concluir com uma frase que lhes proporei como enigma. Vamos ver se vocês são melhores no deciframento de "*contrepèteries*"* do que constatei em experiências feitas com legiões de visitantes meus.

Numa revista publicada em Bruxelas por volta de 1953-54 com o título de *Phantômas*, um poeta, Désiré Viardot, propôs este pequeno enigma fechado, e vamos ver se um grito do público vai nos mostrar logo a chave: *La femme a dans sa peau un grain de fantaisie* [A mulher tem na sua pele um grão/marca de fantasia].

---

* Interversão de letras ou sílabas de um conjunto de palavras especialmente escolhidas, a fim de obter outras que também tenham um sentido, mas vulgar, obsceno. Também conhecido como *contrepet*, nome dado por Luc Etienne. No caso, trocando as sílabas em itálico "La femme a dans sa *peau* un grain de *fant*aisie", obtemos "La femme a dans sa *fant u*n grain de *peau*aisie", que se escuta "La femme a dans sa fente un grain de poésie ", a mulher tem na sua fenda um grão de poesia. (N.T.)

Esse *grain de fantaisie* é seguramente aquilo de que se trata, no fim das contas, no que modula e modela as relações do sujeito com aquele, seja quem for, a quem ele demanda. E, sem dúvida, não é por acaso que foi sob a forma da Mãe universal que encontramos no horizonte o sujeito que contém tudo.

É o que fez com que pudéssemos, eventualmente, nos equivocar sobre a relação do sujeito com o Todo, acreditando que ela nos seria oferecida pelos arquétipos analíticos, quando se trata de algo bem diferente, a saber, da hiância que abre para esse algo radicalmente novo que todo corte da fala introduz.

Aqui, não é só da mulher que devemos esperar esse grão de fantasia – ou esse grão de poesia –, é da própria análise.

1º de julho de 1959

Anexos

Marginalia do Seminário sobre o Desejo

algumas referências úteis, com associações que me ocorreram

Jacques-Alain Miller

1. CONSTRUÇÃO DO GRAFO

p.12: O sr. Fairbairn

Hoje, quando vocês topam com um nome como Fairbairn, que não conhecem, vão à Wikipédia e encontram um verbete muito bem-feito que, para mim que o conhecia, ensina umas tantas coisas. Há uma foto dele de uniforme, mas acho que, na verdade, é de seu homônimo, o tenente-coronel William E. Fairbairn. Excepcionalmente, reproduzo o verbete.

> *William Ronald Dodds Fairbairn é um psicanalista escocês, nascido em 1889 e falecido em 1964. Filósofo, teólogo e depois médico, voltou-se para a psicanálise. Seu analista foi Ernest Connel. Estudou sobretudo na Alemanha, o que lhe permitiu, dado seu conhecimento da língua, ter acesso direto aos textos de Sigmund Freud. A filha dele e pessoas próximas da obra do psicanalista demonstraram a forte influência que Aristóteles e Hegel tiveram em sua obra. Este é um detalhe de certa importância quando se sabe até que ponto Freud desconfiava de qualquer sistema filosófico, o de Hegel em particular. A guerra de 1914 foi crucial em sua decisão de iniciar estudos de medicina, com o objetivo de se tornar psicoterapeuta. Trabalhou, portanto, sobre as neuroses de guerra e depois com adolescentes delinquentes, e suas ideias inspiraram os educadores. Foi um dos primeiros a falar de responsabilidade atenuada no contexto de uma perícia psiquiátrica. Foi, sobretudo, um dos pioneiros das teorias da relação objetal. Manteve-se afastado das controvérsias entre kleinianos e "anna-freudianos". Em determinados pontos, era muito próximo das ideias de Melanie Klein (os estados*

esquizoides de Fairbairn, 1940; a posição esquizoparanoide de Klein). Sobre a questão do objeto, a teoria de Fairbairn difere da de Freud na medida em que, segundo ele, o que predomina não é nem a satisfação da pulsão nem a fantasia, mas o fato de ele estar orientado para a realidade.

Seguem-se referências. Quanto aos *Psychoanalytic Studies of the Personality*, foram publicados em 1952 pela Tavistock, que os reeditou em *paperback* em 1994, e pela Routledge nos Estados Unidos e no Canadá.

p.14: Les roses et les lys / As rosas e os lírios
Digitem essas palavras no Google e obterão um verbete da Wikipédia sobre uma canção escrita em homenagem a Henrique IV; afirma-se que ela foi "popular na França durante muito tempo". Intitula-se *Vive Henri IV!* [Viva Henrique IV!] Na segunda estrofe, acrescentada em 1770, encontra-se o seguinte refrão:

Comme nos pères/ Chantons en vrais amis/ Au choc des verres/ Les roses e les lys. [Como nossos pais/ Cantemos como bons amigos/ No tilintar dos copos/ As rosas e os lírios]

O que poderíamos tomar como exemplo do que Lacan chama de "poesia figurativa"? Tomo o mais simples: os *Blasons du corps féminin.**

p.14: John Donne
Divirtam-se à vontade com Donne. Eu poderia glosar longamente o homem e a obra. No colégio, em Janson-de-Sailly, nosso professor de inglês era o excelente Kerst, autor de manuais de alta qualidade. Ele não hesitou em nos fazer ler, traduzir e comentar o poema de Donne *The Flea* ("A pulga"), uma das peças mais espirituosas e eróticas que já li.** Daí nasceu meu gosto por Donne, que continua sendo meu poeta inglês predileto. Quando conheci Lacan, fiquei contente que ele conhecesse e apreciasse Donne. O fato de sua doutrina explicar

* O "*blason*", gênero poético, é um curto poema celebrando uma parte do corpo feminino, constituindo-se essa parte como brasão ou emblema (*blason*) digno de ser cantado. Conhecido na poesia francesa em meados do século XV, ressurgiu com o poeta Clément Marot (1497-1544). Alguns desses *blasons* podem ser lidos em http://www2.ac-lyon.fr/enseigne/lettres/louise/lyon/blason.html. Para saber mais: http://www.edtl.com.pt/index.php?option=com_mtree&task=viewlink&link_id=156&Itemid=2 (N.T.)

** Este poema pode ser lido, em tradução de Augusto de Campos, em *O anticrítico*, São Paulo, Companhia das Letras, 1996. (N.E.)

o que sempre senti, o forte teor libidinal das sutilezas significantes, contribuiu muito para me fazer aderir a suas concepções. Admiro muito a tradução de Jean Fuzier.

p.15: Teoria física e teoria extática do amor
Lacan, aqui, segue a tese de Pierre Rousselot, *Pour l'histoire du problème de l'amour au Moyen Âge* [História do amor na Idade Média]; Rousselot inventa essa bipartição. Os adeptos da concepção física, ou seja, natural, fundamentam o amor na "necessária propensão que os seres têm a buscar seu próprio bem". Os da concepção extática separam o amor ao outro das tendências egoístas: no entender deles, quanto mais o amor põe o sujeito "fora de si", mais conforme ele é a seu conceito.

Rousselot era jesuíta e mestre de Henri de Lubac. Conheci a obra de Rousselot por meio de Lacan, mas já conhecia Lubac pelo seu *Le Drame de l'humanisme athée* [O drama do humanismo ateu]. Regnault me fez ler sua súmula sobre *Les Quatre Sens de l'Écriture* [Os quatro sentidos da Escritura] e me presenteou no meu aniversário com seu *Joachim de Fiore*. Que admiráveis eruditos! O drama do meu humanismo ateu é que não atraio os jesuítas. A Companhia assediava Lacan, mas me desertou, responsabilizando-me pela deriva lógica de Lacan. Senhores, essa tese, além de falsa e absurda, é superdesagradável, mas, como diz André Maurois citado pelo *Robert* no verbete *faux* [falso], "nada mais difícil de refutar do que aquilo que é totalmente falso".

p.16-7: Aristóteles sobre os animais, Espinosa e o desejo, o Vocabulário *de Lalande*
Virem-se! A expressão "o encantador Lalande" dá a entender que Lacan o conhecia. Nada sei a respeito disso. E, na minha geração, não frequentávamos seu *Vocabulaire*.

p.17: Rauh, Revault d'Allonnes
Descubram por conta própria.

p.19-20: O ciclo estímulo-resposta
Naquela época, refletia-se muito sobre esse tema. Falta escrever sua história, ou, provavelmente, ela já foi escrita. Em todo caso, há o livro clássico de Canguilhem sobre *La Formation du concept de réflexe aux XVII*^e^ *e XVIII*^e^ *siècles*, PUF, 1955, reed. Vrin [A formação do conceito de reflexo nos séculos XVII e XVIII]. Sobre o reflexo na reflexão de

Lacan, é preciso conhecer pelo menos 1) *Die Aufbau des Organismus*, de Kurt Goldstein, 1934, traduzido para o francês em 1951 com o título *La Structure de l'organisme* [A estrutura do organismo], na col. Bibliothèque de Philosophie, ed. Gallimard, dirigida por Sartre e Merleau; 2) do próprio Merleau-Ponty, sua tese secundária, *La Structure du comportement* [*A estrutura do comportamento*, São Paulo, Martins Fontes, 2006], publicada pela PUF em 1942. Lacan não cessou de reformular sua doutrina sobre esse ponto.

p.20: Três termos
Lacan pensa no esquema proposto em *The Meaning of Meaning* [*O significado de significado,* Rio de Janeiro, Zahar, 1972] por Ogden e Richards.

p.20: O grafo
Remeter-se, a montante, ao *Seminário 5*, no qual Lacan introduz o primeiro andar do grafo; a jusante, ao escrito no qual estabelece sua concepção quatro anos depois: "Subversão do sujeito e dialética do desejo no inconsciente freudiano", *Escritos*, Rio de Janeiro, Zahar, 1998, p.807-42. Como Lacan indica, esse artigo, que retomava suas colocações feitas em 1960 no famoso colóquio de Royaumont, em princípio destinado a difundir seu pensamento fora do círculo de seus alunos, ficou abandonado e só veio ao conhecimento do público, assim como ao meu, em 1966, com a publicação dos *Écrits*.

p.23: O diabo enamorado *de Cazotte*
O verbete da Wikipédia sobre Jacques Cazotte, que morreu na guilhotina, é excelente. Não cita, porém, o belíssimo texto de Nerval sobre Cazotte em *Les Illuminés* [Os iluminados], que é preciso ter lido, nem o artigo de Nodier sobre *Monsieur Cazotte* nos seus *Contes* [Contos], nem o prefácio de Breton para a edição de 1954 de *Melmoth ou l'Homme errant* [Melmoth ou o homem errante] publicado por Pauvert, nem a edição Bastien de 1816-17 das *Œuvres badines et morales, historiques et philosophiques* [Obras jocosas e morais, históricas e filosóficas], primeira edição completa da obra, com exceção das duas brochuras escrita por ocasião da *Querela dos Bufões*. Eu conhecia Cazotte e tinha lido *Le Diable amoureux* antes de conhecer Lacan, por intermédio de Nerval, Nodier, Breton, e pelo livro que se tornou clássico de Max Milner, *Le Diable dans la littérature française, de Cazotte*

à Baudelaire, 1772-1861 [O diabo na literatura francesa, de Cazotte a Baudelaire], comprado na livraria de Corti, que eu frequentava na saída do liceu Louis-le-Grand. Um manual publicado por Hatier, 1984, estendeu a pesquisa de Cazotte a Gracq. Pierre Castex, na sua *Anthologie du conte fantastique français* [Antologia do conto fantástico francês], Corti, 1963, considera Cazotte "o verdadeiro iniciador do fantástico moderno". Borges escreveu um prefácio para a edição do *El diablo enamorado* na col. Biblioteca de Babel; ele é comentado com inteligência por Ricardo Romera Rozas em *Jorge Luis Borges et la littérature française* [Jorge Luis Borges e a literatura francesa], L'Harmattan, 2011, que possuo em e-book. As edições do *Diable* se multiplicaram.

p.25: A barra
Ver *Escritos*, op.cit., p.499-504.

p.26: Hilflosigkeit
A esse respeito, ver *Inibição, sintoma e angústia*, de Freud, e o *Seminário 10*.

p.27: Urbild
O termo retorna constantemente nos primeiros textos e seminários de Lacan dedicados ao imaginário em suas relações com o simbólico. A referência a seus esquemas de espelhos também é constante em Lacan.

p.28: O homem pensa com sua alma
Esta é uma frase favorita de Lacan. Esse *com* está no título "Kant com Sade". Ao enfatizar o caráter instrumental da alma, Lacan está perfeitamente alinhado com o *De anima*. A alma, diz Aristóteles, é análoga à mão (432a1).

p.29: Darwin
Lacan se engana ao julgar ter lido essa anedota no livro de Darwin sobre a expressão das emoções. Ela figura em *The Life and Letters of Charles Darwin, including an autobiographical chapter*, organizado por seu filho, Francis Darwin, Londres, John Murray, vol.I, p.75. Eis o texto:

> *Of other great literary men, I once met Sydney Smith at Dean Milman's house. There was something inexplicably amusing in every word which he uttered. Perhaps this was partly due to the expectation of being amused. He*

*was talking about Lady Cork, who was then extremely old. This was the lady who, as he said, was once so much affected by one of his charity sermons, that she borrowed a guinea from a friend to put in the plate. He now said: "It is generally believed that my dear old friend Lady Cork has been overlooked", and he said this in such a manner that no one could for a moment doubt that he meant that his dear old friend had been overlooked by the devil. How he managed to express this I know not.**

Quem era Sydney Smith? "*An English wit, writer and Anglican cleric*", responde a Wiki americana. Brilhante verbete. Descubro que ele teria sido o modelo do sr. Henry Tilney, herói de *Northanger Abbey*, talvez o mais belo romance de Jane Austen.

p.32: Volpone
A peça de Ben Jonson *Volpone, or the Fox* [*Volpone ou a raposa,* Rio de Janeiro, Ediouro, 1987], essa raposa odiada por Christine Angot, que só jura pelo porco-espinho.

O texto integral foi disponibilizado online pelo *Projeto Gutenberg*. Boa introdução: "*The greatest of English dramatists except Shakespeare, the first literary dictator and poet-laureate, a writer of verse, prose, satire, and criticism who most potently of all the men of his time affected the subsequent course of English letters: such was Ben Jonson.*"**

Conheci a peça primeiro pelo filme de Maurice Tourneur, 1941, com os atores Harry Baur (Volpone), Louis Jouvet e Charles Dullin. Era um filme prezado por mim, pois o pequeno papel de Voltore era representado por Jean Témerson, irmão caçula de Louis Témerson, vulgo Bébé, um vizinho, gravemente ferido na guerra de 1914, que, junto

* Em inglês no original. "Entre outros grandes literatos, encontrei uma vez Sydney Smith na casa de Dean Milman. Havia algo inexplicavelmente divertido em cada palavra que ele pronunciava. Isso talvez se devesse em parte à expectativa de se divertir. Ele falava sobre Lady Cork, que, então, já era extremamente velha. Era aquela senhora que, como ele contava, certa vez ficou tão tocada por um de seus sermões de caridade, que pediu um guinéu emprestado de um amigo para pôr no prato. Agora ele dizia: "Todos acreditam que minha querida velha amiga Lady Cork foi esquecida", e ele disse isso de um modo tal que ninguém duvidou por um instante sequer que ele queria dizer que sua querida velha amiga tinha sido esquecida pelo diabo. Como ele conseguia expressar isso eu não sei." (N.T.)

** Em inglês no original. O maior dramaturgo inglês excetuando Shakespeare, primeiro ditador literário e poeta laureado, escritor de verso, prosa, sátira e crítica que, de maneira mais poderosa do que todos os homens de sua época, afetou o curso subsequente das letras inglesas: esse foi Ben Jonson … . (N.T.)

com sua mulher, Juliette, apelidada Yéyette, cuidava de nós, meu irmão e eu, quando meus pais saíam. A sabedoria de Bébé me deixou uma marca. Ele era um *grand marcheur* [homem do mundo], como se dizia, e me recomendou vivamente não tardar em experimentar os prazeres que o outro sexo podia oferecer. Devo a ele ter conhecido, desde os dez anos, o sentido da expressão hoje pouco utilizada *demi-vierge* [semivirgem]. Os Témerson eram judeus. Atuar num filme em 1941 não devia ser simples. Quando li pela primeira vez a versão estenografada deste seminário, fiquei encantado de ver que Lacan conhecia a peça.

O verbete da Wikipédia americana é bom. Gostaria de ter lido tudo o que está indicado em "*Further readings*", mas a verdade é que não li nenhuma dessas referências.

p.32: O senhor absoluto
Alusão à dialética do senhor [*maître*] e do escravo em Hegel.

p.33: As palavras da tribo
Referência ao verso de Mallarmé: "*donner un sens plus pur aux mots de la tribu*" [dar um sentido mais puro às palavras da tribo], em *Le Tombeau d'Edgar Poe* [O túmulo de Edgar Poe].

p.33: Orelha, pele, falo
São chamadas "oreilles du diable" [orelhas do diabo] as folhas pontudas de uma alface-romana vermelha. A "pele do diabo": o mar, quando ele está agitado por ondas irregulares. O rabo do diabo figura na expressão "*tirer le diable par la queue*" ["puxar o diabo pelo rabo"].

II. EXPLICAÇÃO SUPLEMENTAR

Passim. *Glover, Sartre, Schreber (presidente), Abelardo e Heloísa, Freud*
Deixo vocês se instruírem sozinhos.

III. O SONHO DO PAI MORTO

p.63: Marjorie Brierley
Foi uma analista kleiniana (1893-84), cujas contribuições estão reunidas em *Trends in Psychoanalysis*, 1951. Seu artigo de 1937, "Affects in Theory and Practice", marcou época.

p.68: Crer-crer, como diz o sr. Prévert
Referência à famosa "Tentative de description d'un dîner de têtes à Paris-France" [Tentativa de descrição de um jantar de máscaras em Paris-França], em *Paroles*, 1946.

p.68-9: Os psicólogos da Escola de Marburgo; Brentano
Brentano é um cruzamento onde se encontram Freud, Husserl e Heidegger. Freud, por sua *Psychologie vom empirischen Standpunkt* (1874), da qual Husserl extrai a intencionalidade, Heidegger, por seu livro sobre Aristóteles, *Von der mannigfachen Bedeutung des Seienden nach Aristoteles* (1862). Freud e Husserl vinham, ambos, da Morávia. Judith e eu fizemos a peregrinação a Praga, quando a Tchecoslováquia ainda existia. Visita ao Špilberk, em memória de Fabrizio del Dongo; a Freiberg (Příbor), por Freud; a Prostějov, por Husserl; e também ao castelo de Kroměříž, para contemplar durante uma hora o *Marsias e Apolo*, de Ticiano. Também Ernst Mach nasceu na Morávia, e Gödel, sem contar Mendel, Mucha, Schumpeter, Zatopeck e Alfred Brendel. Mais Janáček e Kundera. É uma terra bafejada pelo genial Espírito [*l'esprit*].

O Império Austro-Húngaro era uma prisão dos povos, mas também permitia que garotos nascidos em fins de mundo, como Freud e Husserl, fizessem carreira, um em Viena, o outro na Alemanha. Lacan via os impérios com ternura. Aos vinte anos, imaginava instalar-se nas colônias – para difundir a doutrina de Charles Maurras.

Brentano era sobrinho de Bettina von Arnim, que era uma figura e tanto. Deem uma espiada no sugestivo verbete sobre ela na Wikipédia.

IV. O SONHO DA PEQUENA ANNA

p.85: Binet
O exemplo ficou famoso depois da publicação do *Seminário 11*, onde Lacan o retomou. A referência: Alfred Binet, Théodore Simon, *La mesure de développement de l'intelligence chez les jeunes enfants*, 1905 [*Testes para medida do desenvolvimento da inteligência nas crianças*, São Paulo, Companhia Melhoramentos, 1929], no capítulo "Critique des phrases absurdes" [Crítica das frases absurdas], foi reeditado em formato digital pela Harmattan. Eu gostaria de passar a editar em e-book. Tenho o desejo, falta a técnica.

Binet nasceu Alfredo Binetti: era de Nice. Foi o protegido de Babinski. "Casou com a filha do embriologista Édouard-Gérard Balbiani e iniciou os estudos de ciências naturais na Sorbonne, sob a orientação do sogro." Incrível! Estudou sob a orientação do pai de sua mulher! Não é algo proibido por lei? E pretende medir a inteligência!

V. O SONHO DO PAI MORTO (II)

p.101: Être une belle fille / ser uma bela moça
A poeta em questão é Lise Deharme (1898-1980), uma das musas do surrealismo. André Breton teria ficado "fascinado" por ela e a põe em cena em *Nadja* sob o nome de Lise Meyer. Lacan a chamava de "noire": era morena e melancólica. Recebia no seu salão em Neuilly e, em 1933, criou uma revista, de duração efêmera, *Le Phare de Neuilly*, à qual Lacan entregou seu famigerado soneto, "*Hiatus irrationalis*". No mesmo ano, publicou uma pequena coletânea poética, *Cahier de curieuse personne*, Cahiers Libres, Paris, 1933, onde figura, na p.27, o poema intitulado "Vœux secrets". O texto é precedido de uma epígrafe de Aragon, "*Des chansons sortaient de la bouche des égouts*" [Canções saíam da boca do esgoto], extraída de seu poema "Transfiguration de Paris" (in *La Grande Gaîté* [A grande alegria], Gallimard, Paris, 1929).

VII. A MEDIAÇÃO FÁLICA DO DESEJO

p.132: O sonho de Trótski
Pode ser encontrado na p.178 do *Journal d'exil* na coleção "Folio" [p.116 de *Diário do exílio*, São Paulo, Edições Populares, 1980]. Trótski valia mais que os trotskistas, assim como Lacan mais que os lacanianos. Com relação a Jesus e seus adeptos, isso é óbvio. Os mestres sempre valem mais que seus discípulos? Não. Por exemplo, Aristóteles e Alexandre. Ou Raymond Aron e Kissinger. Em ciência, o discípulo existe para ir mais longe que o mestre. O mecanismo enguiça quando o espírito científico está ausente. Mas em ciência há também brigas de faca.

p.141: Um romance recente
História d'O. É kitsch demais. Nunca gostei dessa história. É uma embromação. Via-se bem que era um *made in Gallimard*, assim como

o erotismo de Robbe-Grillet era um *made in Minuit*. Eu o li pouco depois de ter entrado na École Normale. O único momento engraçado é logo no começo, quando ele pede para O tirar a calcinha no táxi. Nada muito excitante, é o caso de dizer. A *Juliette* de Sade ou a *Justine*, isso sim é sólido, ouro em barra. Nada a ver.

VIII. A MENSAGEM DA TOSSEZINHA

p.160: Ella Sharpe
O livro é, portanto, *Dream Analysis*, de Ella Freeman Sharpe, publicado por Hogarth Press em 1937 [*Análise dos sonhos,* Imago, 1971]. Uma nova edição saiu em 1978, com um prefácio de Masud Khan. Uma tradução francesa do capítulo V pode ser encontrada em *Ella Sharpe lue par Lacan* [Ella Sharpe lida por Lacan], Hermann, 2007.

IX. A FANTASIA DO CÃO LATINDO

p.184-5: Darwin
Darwin deu a seu jovem discípulo George John Romanes acesso a suas notas. O episódio é relatado no livro que este publicou em 1888, *Mental Evolution in Man: Origin of Human Faculty*, no capítulo XIII, "*Roots of language*", p.283. Os psicólogos especialistas em aquisição da linguagem consideram essa passagem a primeira observação do fenômeno hoje conhecido como superextensão (do nome de um objeto);

> *For instance, the late M. Darwin gave me the following particulars with regard to a grand-child of his own, who was then living in his house. I quote the account from notes taken at the time. "The child, who was just beginning to speak, called a duck 'quack'; and, by special association, it also called water 'quack'. By an appreciation of the resemblance of qualities, it next extended the term 'quack' to denote all birds and insects on the one hand, and all fluid substances on the other. Lastly, by a still more delicate appreciation of resemblance, the child eventually called all coins 'quack', because on the back of a French* sou *it had once seen the representation of an eagle. Hence, to the child, the sign 'quack', from having originally had a very specialized*

*meaning, became more and more extended in its signification, until it now serves to designate such apparently-different objects as 'fly', 'wine', and 'coin'."**

X. A IMAGEM DA LUVA PELO AVESSO

p.196: Limericks

Tudo me leva a pensar que a coletânea consultada por Lacan foi a obra, em seu tempo a mais completa, de Gershon Legman, publicada em inglês em Paris pela École des Hautes Études em 1953, *The Limerick: 1700 Examples with Notes, Variants, and Index.* O autor, um norte-americano processado por obscenidade pelo US Postal Service, tivera de se exilar. Publicou em 1977, em Nova York, por Crown, *The New Limerick: 2750 Unpublished Examples, American and British.* O verbete sobre ele na Wikipédia americana retrata um pitoresco inconformista. Já que aqui estamos, indico outros *limericks* vaginais.

There was a fat lady of China
Who'd a really enormous vagina,
And when she was dead
They painted it red,
And used it for docking a liner.

There once was a lady from China
Who went for a cruise on a liner
She slipped on the deck
And twisted her neck
And now she can see right behind her

---

* Em inglês no original. "Por exemplo, o falecido sr. Darwin contou-me os seguintes pormenores sobre um neto seu, que estava então morando na sua casa. Cito seu relato a partir de notas tomadas na época: 'A criança, que estava começando a falar, chamou um pato de *quack*; e, por uma associação especial, também chamou água de *quack*. Por meio de uma avaliação da semelhança de qualidades, estendeu em seguida o termo *quack* para denotar todos os pássaros e insetos, por um lado, e todas as substâncias fluidas, por outro. Finalmente, por uma avaliação de semelhança ainda mais delicada, a criança acabou chamando todas as moedas de *quack*, por ter certa vez visto no verso de um *sou* francês a representação de uma águia. Portanto, para a criança, o signo *quack*, tendo originalmente tido um significado muito especializado, ganhou uma significação mais extensa, até que agora designa objetos aparentemente tão diversos como mosca, vinho e moeda.'" (N.T.)

There was a young lady from Cue
Who filled her vagina with glue.
She said with a grin,
"If they pay to get in,
*They'll pay to get out of it too..."**

p.199: Cristina da Suécia
O médico lisonjeiro era francês: o abade Bourdelot. Suponho que Lacan tenha lido a anedota na tese de medicina de René-Jean Denichou, *Un médecin du Grand Siècle* [Um médico do Grande Século], 1928. O dr. Bertrand Lahutte teve a gentileza de procurar a obra na Bibliothèque Interuniversitaire de Santé: não estava lá.

XI. O SACRIFÍCIO DA RAINHA TABU

p.218: Femina penem devoret
A estenografia dá *femina curam et penem devoret*, preceito evidentemente errôneo. Fazendo variar a forma desses termos, e associando-os de diversas maneiras, não encontrei no Google nenhuma máxima literária ou médica. Foi em vão que consultei a patrologia latina, a *Psychopathia Sexualis, The Latin Sexual Vocabulary* (James Noel Adam, Baltimore, 1982) e várias coletâneas de sentenças. Contudo, há no Google uma ocorrência, e uma só, das duas palavras contíguas *penem devoret*: encontra-se na passagem de uma edição alemã do *Kamasutra* (II, 9, 19) que trata do "congresso da boca", *auparishtaka*, sob a forma última dita *sangara* (em latim, *devoratio*), em que a parceira introduz o membro viril inteiro na boca para estimulá-lo até a ejaculação.

Em todo caso, a antiga tradição médica preferia o latim quando eram evocados o sexual, o devasso, o escabroso. Neste caso, a fórmula escolhida por Lacan remete sem dúvida nenhuma à felação, que ele associa fugazmente ao *to get my penis* antes de descartar essa leitura. É

* Em inglês no original. "Havia uma senhora gorda da China/ Que tinha uma vagina realmente enorme/ E quando ela morreu/ Pintaram-na de vermelho,/ E a usaram para atracar um navio// Houve uma vez uma senhora da China/ Que fez um cruzeiro num navio./ Ela escorregou no convés/ E torceu o pescoço/ E agora ela consegue ver bem atrás dela.// Havia uma jovem de Cue/ Que encheu a vagina de cola./ Ela dizia com um sorrisinho 'Se eles pagam para entrar./ Também vão pagar para sair...'" (N.T.)

possível que não se trate aqui de uma citação na forma correta, mas de uma alusão aproximativa.

Preferi expor no texto um preceito que, embora não completo, é correto; ele significa que *a mulher engole* ou *traga o pênis*.

p.221: Roland Penrose
Talvez Lacan o tenha conhecido quando ambos frequentavam Picasso. Penrose introduziu o surrealismo na Inglaterra e se tornou o principal artista surrealista inglês. A datação fornecida por Lacan sugere que a obra em questão foi exposta em Paris em 1947, por ocasião da famosa Exposição Universal do Surrealismo, na galeria Maeght. Nunca vi nenhuma cópia.. Ignoro seu paradeiro atual.

p.230: Lewis Carroll
Os versos citados foram extraídos do poema *The Mad Gardener's Song*, que figura em *Sylvie and Bruno* [publicado em português com o título *Algumas aventuras de Sílvia e Bruno*, trad. Sergio Medeiros, São Paulo, Iluminuras, 1997].

He thought he saw a Garden-Door
That opened with a key:
He looked again, and found it was
A Double Rule of Three:
"And all its mystery", he said,
*"Is clear as day to me"**

XII. A RISADA DOS DEUSES IMORTAIS

p.239: Santo Agostinho
A passagem tantas vezes evocada por Lacan figura no capítulo VII do livro I das *Confissões*.

* Cito a tradução que consta da ed. brasileira: "Ele pensou ter visto o portão abrir-se/ Com a chave no lugar certo:/ Mas ao olhar de novo para decidir-se,/ Viu uma Dupla Regra de Três de perto./ 'Esse mistério todo', concluiu então,/ 'Parece-me agora claro como o verão!'" (N.T.)

p.250: A risada dos deuses
O episódio é narrado na *Odisseia*, VIII, I. 266-369. Foi muitas vezes encenado, mas geralmente são omitidos os deuses convocados por Vulcano. Eles figuram, por exemplo, num quadro de Maarten van Heemskerk, *Marte e Vênus apanhados na rede de Vulcano* (1536), que está no Kuntshistorisches Museum de Viena.

XIII. O ATO IMPOSSÍVEL

p.256: Essas duas Alices são quase um grande poema sobre os avatares fálicos
Lacan desenvolveu o tema num textinho encantador que publiquei na revista *Ornicar?*, n.50, Navarin/Seuil, em 2002, p.9-12, com o título: "Hommage rendu à Lewis Carroll".

p.261: Soletrar esse grande drama de Hamlet
Usei como referência o texto de Hamlet editado em 2006 por Ann Thompson e Neil Taylor em *The Arden Shakespeare*, agora na terceira edição, desde 1899. O texto tem a reputação de ser o melhor, e suas notas são valiosas para resolver diversas dificuldades.

p.262: Um veneno misteriosamente chamado de Hebenon
Pode-se encontrar um artigo exaustivo sobre o *cursed hebona* (*Hamlet*, I, 1) e as múltiplas hipóteses feitas ao longo do tempo a esse respeito na excelente obra de Anatoly Liberman, *An Analytic Dictionary of English Etymology: An Introduction,* The University of Minnesota Press, 2008, p.110-1. O autor conclui que *hebona* está, sem dúvida, posto no lugar de *henbane*, mas que é impossível saber por que Shakespeare, e antes dele Marlowe (que fala do "*juice of Hebon*" em *The Jew of Malta*, 1589 [O judeu de Malta]), não o designaram pelo seu nome: "*It remains a mystery*" [O mistério subsiste].

Quanto a mim, parece-me que os dois poetas talvez possam ter recuado diante da trivialidade da palavra *henbane*, que literalmente significa "veneno para galinhas". Em francês, o nome da planta em questão, o *Hyoscyamus niger*, ou seja, o meimendro, significa "fava de porcos".

Há interesse em conhecer o perfil farmacológico e o destino histórico dessa planta tóxica. Como a beladona e a datura, ela exerce influência sobre o sistema nervoso central. Possui virtudes anestésicas, inebriantes e soporíficas, provoca alucinações visuais e dá ao sujeito a sensação de sair voando. Fazia parte da farmacopeia da magia negra. Sua utilização como alucinógeno já é mencionada nas tabuinhas de argila da Suméria; assinala-se seu uso como afrodisíaco na Idade Média, quando era chamada de "erva do sono"; entrava na composição do unguento que as bruxas, nos séculos XVI e XVII, passavam no corpo antes de sair voando para ir ao sabá. Ver, entre outros, Anthony John Carter, "Narcosis and nightshade", *British Medical Journal*, 1996; 313, p.1630-2; "Myths and mandrakes", *Journal of the Royal Society of Medicine*, 2003, 96, p.144-7; Claude Meyers, *Mythologies, histoires, actualités des drogues*, L'Harmattan, 2007; e também o verbete da Wikipédia, muito documentado, sobre a *jusquiame noire* [meimendro].

Supõe-se ter sido com a ajuda de um alcaloide venenoso extraído do meimendro, a escopolamina, que o famoso dr. Crippen envenenou sua mulher em 1910.

p.267: Ofélia em seu vestido flutuando
Houve um tempo em que imaginei a capa do *Seminário 6* ilustrada com a *Ofélia* de Millais. Na hora de decidir, dei para trás. Como ilustração do desejo, há coisa melhor. Preferi o corpo sinuoso, luminoso, da *Vênus* de Bronzino, em meio a figuras enigmáticas, cujo segredo não foi completamente desvendado. Lacan gostava desse quadro.

p.268: Letourneur
Pierre-Prime-Félicien Letourneur, livreiro do Rei, foi o primeiro divulgador de Shakespeare na França, cuja obra integral traduziu, e portanto *Hamlet,* em 1779. Foi essa tradução que Queneau escolheu para reproduzir na coleção Écrivains Célèbres, da editora Mazenod, em 1971.

XIV. A ARMADILHA DE APANHAR DESEJOS

p.274: The Impediment of Adipose
Esse artigo foi publicado em *Popular Science Monthly*, vol.17, 1880, com o título "The Impediment of Adipose: A Celebrated Case". Sua autora: Euphemia Vale Blake. Pode ser lido na Wikisource.

p.274: Um tal Vining
Edward P. Vining, *The Mystery of Hamlet*, Filadélfia, J.B. Lippincott & Co., 1881. "For Vining, Hamlet was not only a 'womanly man', but

'in very deed a woman, desperately striving to fill a place for which she was by nature unfitted'..." [Para Vining, Hamlet não era apenas um "homem feminino", mas "de fato uma mulher, lutando desesperadamente para ocupar um lugar para o qual sua natureza era imprópria"...]

p.275: Goethe
Wenn Shakespeare und Goethe Bridge gespielt hätten: Ein heiterer Versuch, Dichtern und Schriftstellern, die über Bridge nichts geschrieben haben, zu unterstellen, sie hätten das getan! [Se Shakespeare e Goethe tivessem jogado bridge. Uma tentativa alegre de supor que poetas e escritores que não escreveram nada sobre bridge o tivessem feito!] Autor: Wolfgang Höllriegl. Editora: Idea Verlag GmbH. Data de publicação: 1999.

p.275: Coleridge
Samuel Taylor Coleridge, *Lectures and Notes on Shakespeare and Other English Poets*, reunidas por T. Ashe, 1ª ed. 1883.

p.275: Hazlitt
William Hazlitt, *Lectures on the Literature of the Age of Elizabeth, And Characters of Shakespeare's Plays*, 1817.

p.290: O sr. Valdemar
É o personagem criado por Edgar Allan Poe em seu conto de 1845, "The Facts in the Case of M. Valdemar" [O caso do sr. Valdemar], publicado depois separadamente com o título *Mesmerism in Articulo Mortis* e, mais tarde, como "The Last Days of M. Valdemar". Assim como "A carta roubada", integra, com o título "La Vérité sur le cas de M. Valdemar", a antologia organizada por Baudelaire com o título *Histoires extraordinaires* [*Histórias extraordinárias*, trad. José Paulo Paes, Companhia das Letras, 2008], 1856. Lacan refere-se a ele na p.490 dos *Escritos*: compara a IPA ao sr. Valdemar e dá a entender que seu "retorno a Freud" equivale a dar uma sepultura decente para uma organização que sobreviveu a si mesma.

XV. O DESEJO DA MÃE

p.291: Dover Wilson
John Dover Wilson, *What Happens in Hamlet*, Cambridge University Press, 1935, 3ª ed. 1951; trad. fr. Seuil, 1992.

p.293: Kyd
A fonte do *Hamlet* de Shakespeare é, provavelmente, uma peça hoje perdida de Thomas Kyd, que os eruditos designam como *Ur-Hamlet*.

p.293: T.S. Eliot
"*Hamlet and His Problems*", ensaio escrito em 1919, publicado em 1920 na coletânea *The Sacred Wood: Essays on Poetry and Criticism*, e depois incluído nos *Selected Essays, 1917-1932*, Faber and Faber, 1932.

p.299: Um artigo publicado alguns anos atrás
Trata-se de um artigo de P.C. Racamier, "Hystérie et théâtre", publicado em *L'Évolution psychiatrique*, 2, 1952, p.257-89.

XVI. NÃO HÁ OUTRO DO OUTRO

p.315: Uma tirada de Coleridge
Essa observação de Coleridge consta das anotações que ele fez no seu Shakespeare interfoliado, e precisamente daquelas destinadas à preparação de sua conferência de 7 de janeiro de 1819: "*Hume himself could not but have faith in this Ghost dramatically, let his anti-ghostism be as strong as Samson against ghosts less powerfully raised.*"* A passagem está registrada em *Coleridge's Criticism of Shakespeare. A selection,* R.A. Foakes (org.), The Athlone Press, 1989, p.81.

Trata-se de uma suposição de Coleridge, pois Hume não evoca em parte alguma o *ghost* de Hamlet. Sua bem conhecida crítica dos fantasmas figura no capítulo X, intitulado "Miracles" [Dos milagres], de *An Enquiry upon Human Understanding* (1748) [*Investigação acerca do entendimento humano*, 2001].

p.319: A onelha [oneille], como diz Jarry
A palavra é encontrada pela primeira vez na cena VIII do ato III de *Ubu rei*. "Um soldado diz: Senhor Ubu, a tesoura-de-cortar-onelhas vai cair." É encontrada na cena V do ato IV: "Pai Ubu: Ei, senhor

* Em inglês no original. "O próprio Hume não podia deixar de ter dramaticamente fé nesse fantasma, apesar de sua descrença em fantasmas ser tão forte quanto Sansão contra fantasmas que se erguem menos poderosamente." (N.T.)

Cotice, como vai sua onelha? – Cotice: Vai tão bem como pode, indo mal como vai." Etc.

Por outro lado, *O Almanaque do Pai Ubu* (1899) contém um calendário no qual 29 de setembro é o dia de santa Onelha. Já no *Almanaque de 1901* temos o "calendário patafísico", em que 25 de abril se torna o dia 6 de palotino, dia de santa Onelha puta. Não procurei outras ocorrências.

Um volume recente dedicado a *Ubu enchaîné* [*Ubu acorrentado*] indica, a respeito de "*oneille*": "O 'r' da orelha (que emigrou para 'merdra') é substituído aqui pelo 'n' para criar um novo neologismo ubuesco. A 'onelha' é uma parte do corpo submetida aos suplícios de Ubu: as onelhas são esfregadas, puxadas, torcidas, arrancadas ou tapadas pela barriga. Essa deformação fonética causa estragos na língua de Ubu sempre que ele perde a calma (o que também vemos acontecer com as vogais, exemplo 'ji ti...')". In "Dossier pédagogique", editado pela Délégatio Académique à l'Action Culturelle de Caen, organizado por Nicole Cellier e Ivan Perrot, 2012.

Segundo o sr. Carey Taylor, "Le vocabulaire d'Alfred Jarry", *Cahiers de l'Association Internationale des Études Françaises*, 1959, 11, p.307-22, a palavra provavelmente fazia parte da gíria dos colegas do jovem Jarry no liceu de Rennes.

Enfim, o Collège de Pataphysique editou em 1947, com Les Films Arquevit, uma brochura intitulada *Zoneilles*. Trata-se de um roteiro de filme, de autoria de Michel Arnaud, Raymond Queneau e Boris Vian.

XVIII. LUTO E DESEJO

p.356: A forma como a aposta foi acertada

A edição Arden de 2006, p.444, considera os termos precisos da aposta "um problema insolúvel", e assinala que um debate a esse respeito no *Times Literary Supplement* de 6 de fevereiro de 2004 não conseguiu resolver o assunto.

XIX. FALOFANIAS

p.372: As funções da castração, da frustração e da privação

Lacan afirma aqui mesmo, no *Seminário 6*, que outrora tinha deixado vazias, na coluna "agente da frustração", as casas correspondentes à castração e à privação. Ora, o *Seminário 4*, de dois anos antes, *A relação de objeto*, contém, na p.59, um quadro das três funções, completado na p.220: nos respectivos lugares, encontramos escrito "Pai imaginário" e "Pai real", o que é justificado nas p.225-7. Lacan tinha evidentemente esquecido disso.

p.374: Ver Raymond Queneau
Lacan se referiu várias vezes ao romance de Queneau, *Le Dimanche de la vie* [O domingo da vida] (Gallimard, 1952), vendo nele a ilustração do que esperava o homem que alcançasse o "saber absoluto" caso ele existisse, *das absolute Wissen*, etapa final do percurso da *Fenomenologia do espírito* de Hegel (1807).

Não há dúvida de que o romance de Queneau está recheado de indícios e alusões que remetem a essa obra, cuja presença é constante no ensino de Lacan – especialmente sob a forma da tão falada dialética do senhor e do escravo, que Kojève transformou na matriz do conjunto. É bem sabido que Lacan e Queneau participaram do seminário que Kojève dedicou à *Fenomenologia* de 1933 a 1936. Queneau foi seu editor, sob o título *Introduction à la lecture de Hegel* (Gallimard, 1947) [*Introdução à leitura de Hegel*, Eduerj, 2002]. Quanto a Lacan, que não era pródigo em tais reconhecimentos, referiu-se a Kojève como "meu mestre" no seu seminário sobre *A transferência*. Pensando bem, acho que só Clérambault recebeu essa honra de sua parte, quando ele o chama nos *Escritos* de "nosso único mestre em psiquiatria" (p.69).

Segundo Lacan, o romance de Queneau tornaria ridículo o homem do saber absoluto. A esse respeito, ele evoca "o advento do desocupado e do inútil, mostrando numa preguiça absoluta o saber próprio para satisfazer o animal", e também "o repouso farto de uma espécie de sétimo dia colossal nesse domingo da vida em que o animal humano poderá enfim enfiar o focinho na grama, a grande máquina estando doravante regulada no máximo quilate desse nada materializado que é a concepção do saber".

Esta não é uma interpretação original. Procede em linha direta de Kojève. Para este, o acesso ao saber absoluto e o concomitante surgimento do "Sábio" implicam a extinção do que ele chama de "Homem", o fim da história e o retorno à animalidade. No seu entender, o romance de seu aluno Queneau descrevia esse estado "pós-histórico" da humanidade, e o fez saber num artigo escrito pouco depois da publicação do romance ("Les romans de la sagesse", *Critique*, LX, 1952). Esse texto causou impacto.

Ora, essa doutrina do saber absoluto é totalmente kojèviana. Hegel absolutamente não pretendia fechar sua *Fenomenologia* com esse ubuesco "fim da história" que viria a inspirar um acadêmico, então neoconservador, a escrever um bestseller, *The End of History and the Last Man*, The Free Press, 1992 [*O fim da história e o último homem*, Rocco, 1992], logo traduzido para o francês pela editora Flammarion. Entusiasmado com a queda do Muro de Berlim e o desaparecimento da União Soviética, Francis Fukuyama profetizara, então, "*the universalization of Western liberal democracy as the final form of human government*" [a universalização da democracia liberal ocidental como a forma final de governo humano].

No final da *Fenomenologia* como ciência da consciência, "se expõe o saber puro, como a verdade última e absoluta dessa consciência", a qual "se liberta de seu caráter imediato e concreto", escreve Hegel na *Ciência da lógica*. Como apontam Gwendoline Jarczyk e Pierre-Jean Labarrière, cuja valiosa análise sigo aqui, o saber absoluto é, antes, um "nível de inteligibilidade" em que a consciência supera seu dualismo, o que permite que a contingência encontre lugar no elemento do conceito (*De Kojève à Hegel*, Albin Michel, 1996, p.221, e a totalidade da conclusão).

Por outro lado, embora *Le Dimanche de la vie* se refira à *Fenomenologia do espírito*, a própria expressão figura na *Estética* de Hegel, no final do capítulo dedicado à pintura (p.317 do volume II na edição Livre de Poche, 1997), do qual é extraída a epígrafe do livro: "... é o domingo da vida, que nivela tudo e afasta tudo o que é ruim; homens tão bem-humorados não podem ser essencialmente maus ou vis."

Essa passagem é extraída dos elogios solidamente fundamentados que Hegel prodigaliza aos holandeses protestantes, vencedores do "despotismo clerical e monárquico da Espanha". Trata-se, segundo ele, de um povo ao mesmo tempo heroico, probo e modesto, que se ergueu "sem medo contra as monstruosas pretensões da dominação espanhola sobre metade do mundo". Por meio da pintura, essa população "quer gozar uma segunda vez desta existência, tão forte quanto honesta, satisfeita e alegre". A expressão "o domingo da vida" figura igualmente na introdução às *Lições de filosofia da história*: é o dia do Senhor, que nos permite "consagrarmo-nos ao que é Verdadeiro e levá-lo à consciência" (citado na edição da Pléiade das *Œuvres complètes* de Queneau, vol.III, 2006, p.1678).

A simpatia de Hegel pela instituição do domingo da vida e pela burguesia holandesa, industriosa, corajosa, sem orgulho, é, portanto, indubitável, assim como a de Queneau por seus personagens, "gente simples, mas não imbecil", diz ele numa entrevista (citada na Pléiade, p.1674). Em *L'oeil écoute* [O olho escuta], Claudel também se referiu à pintura holandesa em termos calorosos, e Roland Barthes leu nela "toda a história conduzida ao seu próprio mistério" (in *Essais critiques*, Seuil, 1964, p.28 [*Ensaios críticos*, Portugal, Ed. 70, 2009]).

Esses sentimentos positivos contrastam com o desprezo com que Kojève e Lacan criticam os personagens de *Le Dimanche de la vie*. Devemos ver nisso uma reação aristocrática a essa "gente simples" de que Queneau se fez o romancista e de quem fala com ternura? A coisa é mais complicada e precisamos separar aqui os três compadres.

Kojève não podia se identificar com o povo rebelde que Hegel descrevia na *Estética*. Ele era, por assim dizer, um imperial. Sua admiração pelo marechal Stálin é bem documentada, e ele sonhava para a França um império latino. As ambições dos Habsburgo certamente não lhe pareciam, como pareciam a Hegel, monstruosas.

Queneau, e não Kojève, que eu saiba, foi aquele que operou, maliciosamente, uma sínfise entre domingo da vida e saber absoluto, entre o capítulo "pintura" da *Estética* e o capítulo VIII da *Fenomenologia*. Inscreveu, desse modo, a gente simples de seus romances na gesta grandiosa de seu mestre sardônico, que se tornou membro da alta administração do Mercado Comum.

Quanto a Lacan, a noção de sabedoria, promovida por Kojève em *Critique* como um estado de "perfeita satisfação ... acompanhada de uma plenitude da consciência de si" só podia repugná-lo. Louvar a ausência de divisão, seja no sujeito, no saber ou na satisfação, era contrário a suas concepções mais constantes. O presente *Seminário* demonstra isso de maneira eminente: Hamlet, filho de rei que se faz de louco, é o oposto de Valentin Brû. Valentin "dedica seus vastos lazeres", diz Kojève faceiro, "à identificação do nada de sua certeza-subjetiva com a Nadificação do Ser-em-si temporal". O atropelo em que a incerteza precipita Hamlet se expressa na dimensão da linguagem, e o tempo com que ele está às voltas não é "em-si", mas "para-outrem", regido pela hora dos outros, diz Lacan. Com Hamlet, Shakespeare renova o herói trágico, ao passo que Queneau encarnou o Sábio kojéviano no soldado Brû.

Homenagem ao mestre? Ou sua ridicularização? A questão já teria sido levantada faz tempo se Kojève, que publicava pouco, não tivesse corrido para abençoar a obra. Mas esse Sábio já era uma ridicularização de Hegel por seu comentador.

Lacan voltou a falar mais tarde do *Le Dimanche*... no seu seminário. Mas já falei o bastante.

p.377: Um bezerro capital
Alusão a *Hamlet*, III, 2, verso 101. Polônio indica que representou no teatro o papel de Júlio César, morto por Brutus. Hamlet qualifica César de "*so capital a calf*". A edição Arden vê no adjetivo *a pun* [jogo de palavras] sobre "o Capitólio", e aponta que *calf* tem também o sentido de *fool* [bobo, bufão].

XX. A FANTASIA FUNDAMENTAL

p.387: "The relation of perversion-formation to the development of reality-sense"
Publiquei a tradução francesa desse artigo ["La Relation de la formation de la perversion au développement du sens de la réalité"], de Jean-Louis Henrion e Sophie Poloczanska, na revista *Ornicar?*, n.43, Navarin, 1987, p.17-37.

p.395: O flatus nada menos que olente
A referência é "A psychoanalytic study of the Holy Ghost concept" (1922). Esse artigo pode ser encontrado em *Essays in Applied Psychoanalysis*, vol.2, The Hogarth Press and the Institute of Psychoanalysis, 1951, p.358-73; trad. fr. Payot, 1973.

XXI. A FORMA DO CORTE

p.402: O processo da geração lógica
Nas anotações dos ouvintes encontramos o seguinte esquema, que parece ser uma retomada por Lacan do esquema da aula anterior, modificado para mostrar como "não é do lado do Outro, é considerando o que se passa no nível da demanda que vamos prosseguir com o processo da geração lógica". Trata-se, a meu ver, de um esboço destinado a ilustrar, de passagem, um ponto preciso. Não quis incluí-lo no texto, pois, ao prosseguir a lição 21, Lacan retoma o comentário do esquema mais amplo da lição 20.

A	$D \rightarrow S(\not{A})$
Ar *a*	S $\not{S}$

p.405: Retomemos, por exemplo, o Wo Es war, soll Ich werden
Essa frase é a penúltima da XXXI conferência de Freud, intitulada "A dissecção da personalidade psíquica", publicada em 1933 nas suas *Novas conferências introdutórias sobre psicanálise* (trad. fr. Gallimard, 1984, p.110). Última frase: "É uma obra de cultura, não diferente da drenagem do Zuyderzee."

p.410: Sie lieben also den Wahn wie sich selbst
Essa frase está numa carta a Fliess. Ver *Briefe an Wilhelm Fließ*, Fischer Verlag, 1986, p.110; trad. fr. PUF, 1956, sob o título *Naissance de la psychanalyse*, p.101.

p.411: A respiração
Lacan evoca aqui, para negá-la, a existência de uma fase respiratória, comparável à fase oral ou anal. Um autor se apropriou desse comentário para tentar demonstrar o contrário: Jean-Louis Tristani, *Le Stade du respir* [A fase da respiração], Minuit, 1978.

p.414 e 415: Maine de Biran, Cocteau
Já não tenho tempo para retomar o *Mémoire sur la décomposition de la pensée* [Digressão sobre a decomposição do pensamento], nem *La Voix humaine* [A voz humana].

XXII. CORTE E FANTASIA

p.420: Que uma imagem especular subsistisse independentemente de qualquer suporte subjetivo

Lacan alude aqui ao romance de Adolfo Bioy Casares, amigo de Borges, *A invenção de Morel*, e ao comentário que dele faz no *Seminário 2*. Esse romance, publicado em 1940, não deixa de lembrar o de H.G. Wells, *A ilha do dr. Moreau*. Pode ser encontrado em francês pela 10/18, e também nos *Romans*, volume da col. Bouquins da editora Robert Laffont.

p.422: A fábula dos discos
Lacan remete seus ouvintes a seu artigo dos *Cahiers d'Art*, 1940-44, "Le temps logique et l'assertion de certitude anticipée" [O tempo lógico e a asserção de certeza antecipada], reproduzido em 1966 nos *Escritos*, p.197-213. Esse texto foi objeto de um livro: Erik Porge, *Se compter trois. Le temps logique de Lacan*, Érès, 1990. Eu mesmo o estudei no meu curso de *L'Orientation lacanienne*, no prelo.

p.425: Platão comparou o filósofo ao bom cozinheiro
Alusão ao *Fedro*, 265e. O dialético tem de "ser capaz de detalhar cada coisa observando as articulações naturais e se empenhar em não mutilar nenhuma parte evitando os modos de um mau destrinchador".

p.427: Um artigo muito interessante, aliás, muito equilibrado, do sr. Kurt Eissler
Trata-se de "The Function of Details in the Interpretation of Works of Literature", *The Psychoanalytic Quarterly*, 28, 1959, p.1-20.

p.433: Walter Wilson Greg
Um dos principais eruditos shakespearianos do século passado, a ele é dedicado o livro de Dover Wilson, *What Happens in* Hamlet, publicado em 1935. A "*epistle dedicatory*" do livro é antológica. Greg publicara, em outubro de 1917, em *The Modern Language Review*, um artigo intitulado "Hamlet's Hallucination", que destacava, a respeito de Cláudio, o ponto evocado por Lacan. Ao dar com esse texto no mês seguinte, Dover Wilson tem um lampejo: "desde o primeiro instante, soube que tinha nascido para contestá-lo". Com efeito, dedicará a vida a *Hamlet*. Esse episódio extraordinário inspirou Pierre Bayard a escrever seu *Enquête sur Hamlet. Le dialogue de sourds*, Minuit, 2002 [Investigação sobre Hamlet. O diálogo de surdos].

XXIII. A FENDA SUBJETIVA

p.437: Quero falar do Ser e do Um
Observo, a propósito, que Lacan se interessou por Étienne Gilson. Ele apreciava muito seu estilo de erudição.

p.438: A psicologia inglesa
Desisti de fazer uma nota sobre Stuart Mill, por quem outrora me interessei.

p.441: Não poderia haver satisfação de cada um sem a satisfação de todos
É a versão lacaniana, inspirada em Kojève, do comunismo. Essa formulação, ou algo parecido, é encontrada no relatório de Roma, se bem me lembro.

p.443: Tartufo
Lacan alude à famosa cena do ato V. Lembro de um *Tartufo* montado por Planchon, o melhor que vi, e foi na companhia do dr. Lacan. Quando o conheci, ele quase já não ia a espetáculos, excetuando Fellini, Molière e Mozart.

p.443: Arnolfo
Lacan comentou *A escola das mulheres* no seu Seminário. O *uf!* de Arnolfo aparece em V, 9, verso 1765. Na última edição do teatro de Corneille na edição da Pléiade, há uma nota de Georges Couton sobre *uf*.

p.443: O desejo ... podemos agarrá-lo pelo rabo
Lacan alude à peça de Picasso, *Le Désir attrapé par la queue* [O desejo pego pelo rabo]. A célebre fotografia de grupo feita por Man Ray foi realizada por ocasião da apresentação privada da obra.

p.443: Um valioso relato de caso publicado na Bélgica, num pequeno boletim
Trata-se de uma observação de Ruth Lebovici, cf. *Escritos*, p.651, n.23.

p.445: O medo do desaparecimento do desejo
É a famosa *aphanisis*. Ela chama a atenção de Lacan. Volta a ela em várias ocasiões. Acabará aplicando esse significante ao sujeito: "não há sujeito", diz ele no *Seminário 11*, p.209, "sem, em alguma parte, *afânise* (desaparecimento) do sujeito, e é nessa alienação, nessa divisão fundamental, que se institui a dialética do sujeito". Todo o capítulo deve ser lido, além de "Posição do inconsciente..." (*Escritos*, p.843-64), o escrito que ele comenta.

p.446: Paul Éluard
A coletânea *Donner à voir* [Dar a ver] foi publicada em 1939; pode ser encontrada agora nas *Œuvres complètes* da Pléiade", no volume I. Não encontrei as "encantadoras pulsões vitais".

p.449: Anatole France … se refere ao Comte de Gabalis
Na estenografia aparecia o nome de Cabanis. Absolutamente não se trata do fisiologista do século XVII. O contexto mostra que Lacan estava se referindo à célebre obra do abade Henri de Montfaucon de Villars, *Le Comte de Gabalis, ou Entretiens sur les sciences secrètes* [O conde de Gabalis. Conversas sobre as ciências ocultas].

Seria proveitoso consultar a excelente edição publicada pela editora Champion em 2010 e organizada por Didier Kahn, com a adaptação do *Liber de Nymphis* de Paracelso por Blaise de Vigenère, 1583. Remetemos à sua apaixonante introdução. Montfaucon de Villars toma emprestado do Pascal das *Provinciais* o estilo e de Descartes, as ideias: ele quer "arruinar a crença na ação do Demônio".

Lacan gostava de Anatole France. Em *La Rôtisserie de la reine Pédauque*, não tem como evitar "notas do editor", que se referem aos cabalistas, às suas crenças nos silfos, salamandras etc. e, sobretudo, ao *Comte de Gabalis*, do qual recomenda a edição de 1700.

Vindo depois do empréstimo do *Che vuoi?*, que toma de Cazotte, essa alusão ao *Comte de Gabalis* mostra o interesse de Lacan pela literatura negra, e também pelo período que vive o declínio da magia e a ascensão do discurso da ciência.

XXIV. A DIALÉTICA DO DESEJO NO NEURÓTICO

p.454: Unerkannt
É menos *o desconhecido* que *o não reconhecido*. Lefebvre traduz por *o não conhecido*. A palavra figura na *Traumdeutung*, VII, A, a propósito do umbigo do sonho: "Esse novelo é, pois, o umbigo do sonho, o lugar em que ele se assenta no não conhecido" (Seuil, p.568).

Lacan, em resposta a uma pergunta, se explica longamente a esse respeito nas *Lettres de l'École Freudienne de Paris*, n.18, 1976. Sua "resposta atual", diz ele, é aquilo de que se trata no que Freud designa, em outro escrito, com o nome de *Urverdrängt*, traduzido: recalque primordial.

p.455: A neurose do pequeno Hans
Lacan dedicou metade do *Seminário 4* ao comentário do Pequeno Hans. Hans sem recursos diante do desejo da mãe: *Hilflosigkeit.* Freud emprega essa palavra no seu texto metapsicológico de 1917 sobre *O inconsciente.*

p.457: Minha apresentação de Royaumont
Trata-se de "A direção do tratamento...", *Escritos,* p.591-652.

p.460: A chamada lei da aliança e do parentesco
Lacan está evidentemente pensando na tese de Lévi-Strauss, *As estruturas elementares do parentesco.*

p.462: Melanie Klein
O caso Dick é relatado por Klein no seu artigo de 1930, "A importância da formação do símbolo no desenvolvimento do ego".

p.463: Esquema cibernético
Ver, no *Seminário 2,* o capítulo "Psicanálise e cibernética".

p.463: "Bate-se numa criança"
O texto de Freud foi publicado pela primeira vez em *Internat. Zeitschrift für ärztliche Psychoanalyse,* V, 1919. Lacan o comentou no ano anterior, no *Seminário 5.* Fará muitas vezes referência a esse artigo. A revista da Société Française de Psychanalyse, de que Lacan era um dos diretores, *La Psychanalyse,* tinha publicado sua tradução.

p.464: Diógenes, o Cínico
Diógenes Laércio, no Livro VI, 69, de *Vida e opiniões de filósofos,* relata o seguinte sobre Diógenes de Sinope, também conhecido como o Cão: "Ele tinha o hábito de fazer tudo em público, tanto as obras de Deméter quanto as de Afrodite ... . Masturbava-se constantemente em público e dizia: 'Ah! Que pena que massageando o ventre não se possa também aplacar a fome!'" Na edição de La Pochothèque, 1999, organizada por Marie-Odile Goulet-Cazé, essa passagem está na p.736.

XXV. O OU... OU... DO OBJETO

p.467: Nossos colegas parisienses
Lacan visa ao artigo de S. Nacht, R. Diatkine e J. Favreau, "The Ego in Perverse Relationships", publicado, de fato, no *IJP*, 1956, vol.37, p.404-13, e na revista da SPP no mesmo ano.

p.468: Polymorph-perverse Anlagen
As tendências ou disposições perversas polimorfas foram destacadas por Freud nos seus *Três ensaios sobre a teoria da sexualidade*. Bem conhecido.

p.469: Os chamados quadros de fases correlatas
Ver, de Karl Abraham, os textos traduzidos no volume II, *1915-1925*, das *Œuvres complètes* pela editora Payot: "Examen de l'étape prégénitale la plus précoce du développement de la libido" [Exame da etapa pré-genital mais precoce do desenvolvimento da libido] (1916), trabalho que, segundo Ferenczi, valeu ao autor o Prêmio Internacional de Psicanálise, e "Esquisse d'une histoire du développement de la libido basée sur la psychanalyse des troubles mentaux" [Esboço de uma história do desenvolvimento da libido baseada na psicanálise dos distúrbios mentais] (1924), em particular p.298-313. De Sándor Ferenczi, ver "Thalassa, essai sur la théorie de la génitalité" [*Thalassa, ensaio sobre a teoria da genitalidade*, São Paulo, Martins Fontes, 2004], no volume III das *Œuvres complètes* publicadas pela Payot.

p.470: A pretensa "distância equivocada mantida com relação ao objeto" do obsessivo
É a tese de Maurice Bouvet, que Lacan frequentemente toma como bode expiatório nos anos seguintes à cisão de 1953. Ver seu artigo de 1958, "Les variations de la technique (distance et variations)" no volume I de suas *Œuvres psychanalytiques*, Payot, p.251-93.

p.471: Um artigo do ano anterior sobre as "drug addictions"
Trata-se do artigo de Glover "*On the aetiology of drug addictions*" [Sobre a etiologia das drogadições], 1932.

p.471-2: Melanie Klein
Lacan comenta seu artigo de 1930 sobre "The Importance of Symbol-Formation in the Development of the Ego", já citado.

p.479: Uma tese importante sobre a significação social da análise
Trata-se, certamente, da tese de Serge Moscovici, que viria a ser publicada em 1961 pela PUF, *La Psychanalyse, son image, son public* [A psicanálise, sua imagem, seu público].

p.481: Sua filha está muda
É uma expressão de Molière. É uma réplica de Esganarelo, referindo-se a Lucinda, filha de Geronte, em *Le Médecin malgré lui* [*Médico à força*], ato II, cena IV. Eis a passagem: "Que é causada pelo amargor dos humores produzidos na concavidade do diafragma, às vezes esses vapores... *Ossabandus, nequeys, nequer, potarinum, quipsa milus*. É justamente isso que faz que vossa filha esteja muda."

p.481: Nestroy
A frase figura em *Die Frage der Laienanalyse* [*A questão da análise leiga*], publicado em livro em 1926. Em francês é *La Question de l'analyse laïque* ou *profane*, aquela que é praticada pelos não médicos. Episódio crucial: Freud argumenta contra o controle dos médicos sobre a psicanálise. A passagem é a seguinte: "Se pareço agressivo, é só um meio de defesa. Mas, se penso nas besteiras que alguns analistas fizeram com a interpretação dos sonhos, fico desanimado e quase dou razão à declaração pessimista de nosso grande satirista Nestroy, quando afirma que todo progresso é só a metade do que parece de início."

Johann Nestroy, 1801-62, foi, a partir de 1833, um farol na vida cultural austríaca. Era um satirista. Jogava com a ironia, o subentendido, o dialeto vienense, para fazer passarem as críticas com que prodigalizava a sociedade do Antigo Regime que Metternich se empenhava em defender na Áustria e na Europa da Sagrada Aliança. Escreveu mais de oitenta peças durante os anos 1840 e 1850. Exerceu forte influência sobre Karl Kraus. É citado várias vezes por Freud, que o apreciava.

XXVI. A FUNÇÃO DO *SPLITTING* NA PERVERSÃO

p.487: Lolita
Não se apresenta mais *Lolita*. O livro e, depois, o filme de Kubrick suscitaram uma enorme literatura crítica. O comentário clínico de Lacan contrasta com tudo que conheço. Nabokov desdenhava da psicanálise.

p.489: O "Além do princípio do prazer"
O ano que Lacan dedicou ao "Além do princípio do prazer" é o do *Seminário 2*.

p.489: Penso, logo existo
Lacan várias vezes comentou e variou a fórmula do *cogito*. Ver, especialmente, nos *Escritos* "A instância da letra...", p.519, e "Subversão do sujeito...", p.833-4, onde Lacan identifica a $\sqrt{-1}$ o significado do nome próprio, "isso que falta ao sujeito para se pensar esgotado por seu *cogito*, ou seja, o que ele é de impensável". Mais tarde, importante retomada no *Seminário 12* e no resumo desse seminário destinado ao *Annuaire de l'École Pratique des Hautes Études*.

p.492: Gillespie
Eis as referências precisas dos artigos de W.H. Gillespie citados por Lacan, todos publicados no *IJP*: "A contribution to the study of fetishism", 1940, XXI, p.401-15; "Notes on the analysis of sexual perversions", 1952, XXXIII, p.397-402; "The general theory of sexual perversion", 1956, XXXVII, p.396-403.

p.493: Die Ichspaltung
A pena de Freud caiu-lhe das mãos, por assim dizer, no momento em que ele redigia seu artigo sobre "*Die Ichspaltung* – o *splitting* ou a cisão do eu – *im Abwehrvorgang* – no processo de defesa", e ele o deixou inacabado. Lacan o evoca na última frase de seu relatório sobre "A direção do tratamento...", in *Escritos*, p.649. Tradução francesa na coletânea *Névrose, psychose et perversion*, PUF, 1973, p.283-6.

p.494: O artigo sobre Gide
Trata-se de "Juventude de Gide ou a letra e o desejo", *Escritos*, p. 749-75. O artigo, publicado na revista *Critique* de abril de 1958, faz uma resenha de Jean Delay, *La Jeunesse d'André Gide*, e de Jean Schlumberger, *Madeleine et André Gide*.

p.495: Menino sem graça – desgraçado até, como se exprimia um escritor
Trata-se de Mauriac, citado por Jean Delay em sua *Jeunesse d'André Gide*, I, p.225, nota 1.

p.495: A história de André Gide
As passagens citadas por Lacan foram extraídas de *Se o grão não morre*. Na edição da Pléiade do *Journal, 1939-1949*, ver p.386 e 387.

XXVII. RUMO À SUBLIMAÇÃO

p.506: O desejo, cupiditas
A frase vem da *Ética* de Espinosa. Abre o apêndice do Livro III, intitulado "Definições dos sentimentos". Para citá-la completa: "O desejo, *cupiditas*, é a própria essência do homem, na medida em que esta é concebida como determinada a fazer algo por uma afecção nela encontrada."

p.509: Uma concepção falocêntrica
Em "De uma questão preliminar...", Lacan faz o "problema das perversões" girar em torno da identificação da criança com o objeto imaginário do desejo da mãe, na medida em que esta o simboliza no falo. E ele acrescenta: "O falocentrismo produzido por essa dialética é tudo o que temos a reter aqui." Ver *Escritos*, p.561.

p.511: Paul-Jean Toulet
Lacan tinha uma especial predileção por esse poeta de sua mocidade. Cita aqui um poema da coletânea *Les Contrerimes*, de 1921, que pode ser encontrado nas *Œuvres complètes*, publicadas em 1986 na coleção Bouquins, ed. Robert Laffont. Transcrevo aqui o texto completo do poema em questão, "J'ai vu le Diable, l'autre nuit".

J'ai vu le Diable, l'autre nuit;
Et, dessous sa pelure,
Il n'est pas aisé de conclure
S'il faut dire: Elle, ou: Lui.

Sa gorge avait l'air sous la faille,
De trembler de désir:
Tel, aux mains près de le saisir,
Un bel oiseau défaille.

Telle, à la soif, dans Blidah bleu,
S'offre la pomme douce;
Ou bien l'orange, sous la mousse,
Lorsque tout bas il pleut.

"Ah!" dit Satan, et le silence
Frémissait à sa voix,

"Ils ne tombent pas tous, tu vois,
*Les fruits de la Science."**

p.515: A intervenção de Ernst Kris
Trata-se de seu relatório "Ego psychology and interpretation in psychoanalytic therapy", apresentado em Nova York em dezembro de 1948 e publicado no *The Psychoanalytic Quarterly*, vol.XX, I, janeiro de 1951, p.15-30. Lacan refere-se a ele em "Função e campo da fala e da linguagem", mas sobretudo à sua resposta a Hyppolite nas páginas 395-401 dos *Escritos*. Voltou várias vezes a ele. Eu o publiquei em *Ornicar?* 46, 1988, traduzido por Jacques Adam, p.5-20.

p.516: "Neurose e psicose"
Esse texto de Freud está incluído na compilação *Névrose, psychose, perversion*, PUF, 1973. A passagem em questão está na página 286. Lacan retoma longamente o tema da sublimação no ano seguinte, no *Seminário 7*.

p.519: Um grão de fantasia
A revista *Phantômas* foi o órgão do surrealismo na Bélgica. O primeiro número foi impresso em 15 de dezembro de 1953. Désiré Viardot era um dos três membros do conselho de redação. A pedido meu, Philippe Hellebois fez a gentileza de procurar o lugar exato da *contrepèterie* citada por Lacan. Encontrou-o em *Ripopée*, de Désiré Viardot, Bruxelas, 1956, p.7, sob a seguinte forma: "*Comme toutes les femmes, j'ai dans la peau un grain de fantaisie.*" [Como todas as mulheres, tenho na pele um grão de fantasia]. Essa brochura de quinze páginas é apresentada como a primeira obra da "coleção de literatura experimental" das edições Phantômas.

* Em tradução livre: "Vi o Diabo a outra noite/ E debaixo de suas vestes/ Não é fácil concluir/ Se cabe dizer *Ela* ou *Ele*.// Sua garganta parecia sob o manto/ Tremer de desejo/ Como um belo pássaro desfalece/ Ante as mãos que o vão pegar// Assim, à sede se oferece,/ Em Blidah azul, a maçã doce,/ Ou bem a laranja, sob a espuma,/ Quando chove suavemente.// 'Ah!', disse Satã, e o silêncio/ Estremecia ante sua voz,/ 'Como vês, nem todos/ Os frutos da Ciência caem.'" (N.T.)

Índice Onomástico

1ª EDIÇÃO [2016] 5 reimpressões

ESTA OBRA FOI COMPOSTA POR MARI TABOADA EM
HELVETICA E ADOBE GARAMOND E IMPRESSA EM OFSETE
PELA GRÁFICA PAYM SOBRE PAPEL ALTA ALVURA DA SUZANO S.A.
PARA A EDITORA SCHWARCZ EM JANEIRO DE 2025

FSC
www.fsc.org
MISTO
Papel produzido
a partir de
fontes responsáveis
FSC® C133282

A marca FSC® é a garantia de que a madeira utilizada na fabricação do papel deste livro provém de florestas que foram gerenciadas de maneira ambientalmente correta, socialmente justa e economicamente viável, além de outras fontes de origem controlada.